【図説】

日本呪術全書

普及版

真言宗はとくに祈禱を重んじる。
儀軌にしたがい、
供養法を修して諸天あるいは
諸尊の真言を口で誦し、手に印を
結び、心に観念をこらすと、
本尊の三密と行者の三密とが相応する三力加持の理により、その祈りが成就する。

山は聖なる場であるとともに
死者の霊が集い、魔が横溢する異界である。
修験を行う者は先師の教えを守って修行すれば、
仏神が感応し、神秘的な呪力が授かる。

豊嶋泰國

日蓮宗における祈禱加持は、心構えが重要である。心に邪悪な念なく、正念を保持していなければ、
邪神邪鬼が応ずる恐れがある。神道でいう祟りとは、神の意に反した言動によって生ずる咎めや罰のことである。
祟りを祓うには、禊ぎ祓えを修し、祓えの物を供え、罪科の許しを神明に祈請する。

原書房

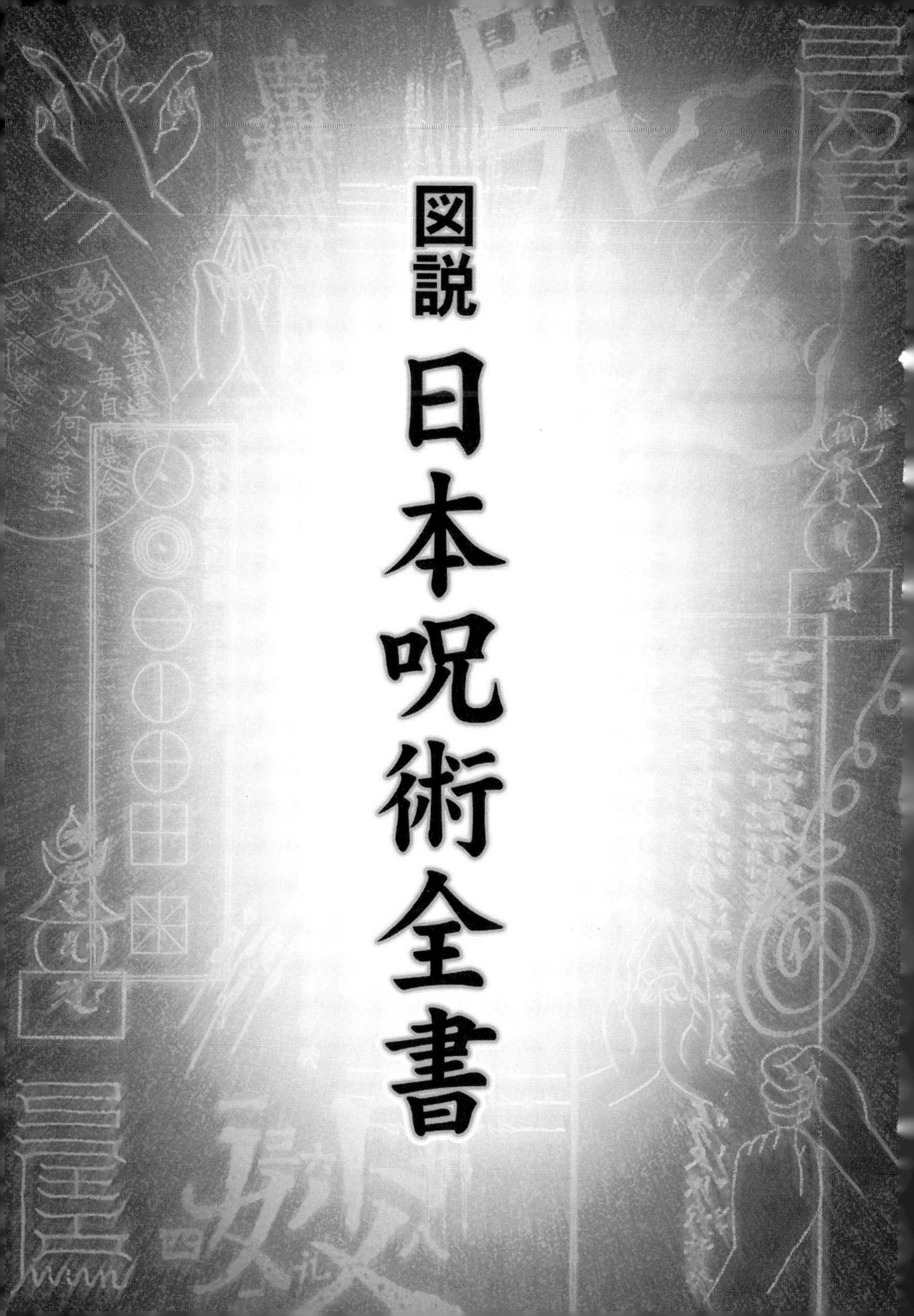
図説
日本呪術全書

図説 日本呪術全書

目次

第1章 密教系の呪術

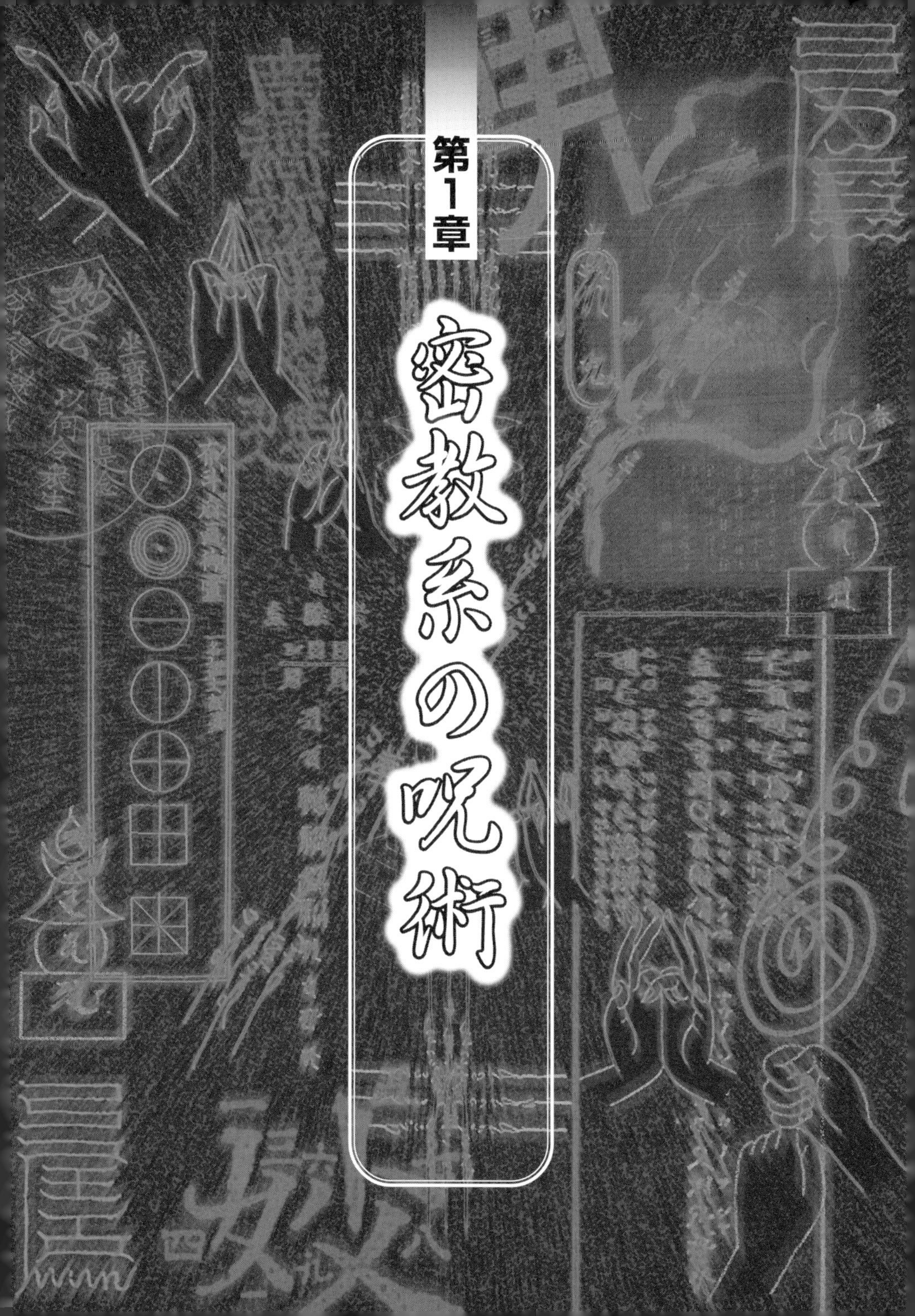

日本に数多くある呪術のなかでもっとも本格的な呪法といえば、密教修法《しゅほう》が中心である。密教は、インドの伝統宗教ヒンドゥー教の影響を受けて、大乗仏教成立史上の末期にあたる西暦七世紀後半にインドで発生した仏教の一流派で、仏教の教説中、最高深秘《じんぴ》とされる。中国を経由して真言《しんごん》密教の開祖・空海や天台宗の最澄、円仁、円珍らによって日本に移植された巨大宗教である。その思想は、人間が身体と口と意の三つを通じて仏尊と交流し、その加護を受けて即身成仏《そくしんじょうぶつ》することを目的としているが、それにともない、さまざまな願望を成就させる現世利益《げんぜりやく》の重要性が強調され、そのためのシステマティックな加持《かじ》、祈禱の諸術が集成され、継承されてきた。密教は日本では真言密教と天台密教の二系統に分類されるが、密教思想の影響は各宗教に陰に陽に及んでいる。

基本的な祈禱の修法としては儀軌《ぎき》にしたがい、供養法を修してから、諸尊を召請《しょうしょう》（ちょうしょう、ともいう）して行う。諸尊とは、仏教を守護する善神とされているものの、その前身は鬼類《きるい》や外道神《げどうしん》であった歓喜天《かんぎてん》（聖《しょう》天《でん》）・荼吉尼天《だきにてん》・大黒天《だいこくてん》・訶梨帝母《かりていも》（鬼子母神《きしもじん》）などの諸天、あるいは忿怒《ふんぬ》の相を現して諸悪魔を降伏《ごうぶく》する不動・金剛夜叉《こんごうやしゃ》・降三世《ごうざんぜ》・大威徳《だいいとく》・軍荼利《ぐんだり》・愛染《あいぜん》などの明王《みょうおう》、大日如来《だいにちにょらい》の変化《へんげ》とされる釈迦、薬師、弥勒《みろく》、阿弥陀などの如来、さらには三宝荒神《さんぼうこうじん》や摩多羅神《またらじん》などの垂迹神《すいじゃくしん》などに至る諸尊のことで、それらを本尊としながら手にそれぞれの本尊固有の象徴とされる印契《いんげい》を結び、口に真言（陀羅尼《だらに》）を唱え、心に観念を凝らして専念すれば、各本尊の三密《さんみつ》（身《しん》密・口《く》密・意《い》密）と行者（祈禱者）の三密とが感応《かんのう》する三力加持《さんりきかじ》の理により、祈りが速やかに成就するとされている。つまり、願望が叶うというわけである。

これが密教における祈禱法、呪法の根本である。祈禱修法には、おおむね次の四種の法がある。すなわち①健康に暮らし、病気や災難や災害を免れるための息災法《そくさいほう》、②財政面と精神面の両面に満足でき、幸福で安楽な人生を送るための増益法《ぞうやくほう》、③人から愛されて和合するための敬愛法《けいあいほう》、④自己に危害を加える者や基本的な生活を脅かす者、あるいは自他の中に起こる悪魔の心を排除するための調伏《ちょうぶく》（降伏《ごうぶく》）法である。

これを細分すれば、①物欲所望の法②除災与楽の法③滅罪成仏の法④息災（仏力で災害や障碍《しょうげ》を消滅する）

・延命長寿の法⑤生産向上の法⑥請雨《しょうう》・天候自在の法⑦呪詛《じゅそ》（諸尊に祈願して怨みに思う者を呪う）の法――などに分類される。

①物欲所望の法は、聖天（歓喜天）法、吉祥天《きちじょうてん》法、摩利支天《まりしてん》法、大黒天法、毘沙門天《びしゃもんてん》法、大自在天《だいざいてん》法などの諸天法を主として、仏眼仏母《ぶつげんぶつも》法、千手観音《せんじゅかんのん》法、六字文殊《ろくじもんじゅ》法、弥勒法、求聞持《ぐもんじ》法、地蔵法、不動法、愛染《あいぜん》法、降三世法、軍荼利法、大威徳法、北斗《ほくと》（妙見《みょうけん》）法などがある。

②除災与楽の法は、薬師法、釈迦法、聖観音《しょうかんのん》法、千手観音法、十一面観音法、白衣《びゃくえ》観音法、五字文殊法、般若法、不動法、降三世法、軍荼利法、北斗法、水天法、摩利支天法、大黒天法、毘沙門天法、地蔵法などがある。病気平癒祈禱には薬師法、大般若経転読《てんどく》の際の釈迦法、仁王法時の般若法などが多い。

③滅罪成仏の法は、阿弥陀法、阿閦《あしゅく》法、釈迦法、如意輪《にょいりん》法、虚空蔵《こくうぞう》法、地蔵法、普賢《ふげん》法などがあり、忌日法要の際の滅罪の法として十三仏（初七日から三十三回忌までの十三回の追善供養の仏事に配当した仏菩薩）の各法、人間以外の動物の供養のためには馬頭《ばとう》観音法がある。

④息災・延命長寿の法は、北斗法、仏眼法、薬師法、寿命経法、准胝《じゅんてい》法、虚空蔵法、地蔵法、普賢法、閻魔《えんま》法などが知られる。

⑤生産向上の法は、一字文殊法、一字金輪《きんりん》法、千手観音法、金剛童子《こんごうどうじ》法、薬師法、訶利帝母法など多数がある。

⑥請雨・天候自在の法は、北斗法、守護経法、孔雀経《くじゃくきょう》法、後七日御修法《ごしちにちみしほ》、水天法、愛染法などがある。

⑦呪詛の法は、大元帥《たいげんの》法《ほう》、六字経法、六字文殊法、降三世法、軍荼利法、大威徳法、転法輪《てんぽうりん》法などがある。

このうち、とくに呪詛の法は呪殺を含めて敵を調伏したり、降伏させる特別修法で、現在ではやむをえない場合以外は行われないことになっている。歴史的には元寇のときに筑前の観音寺で蒙古調伏のために五大尊供（不動・降三世・軍荼利・大威徳・金剛夜叉の五明王を本尊とする五壇の法）を修法したことは有名である。また太平洋戦争においても「鬼畜米英」を調伏するために、真言宗所属の東京布教師会が中心となって東京都文京区湯島の霊雲寺《りょううんじ》を舞台にして太元帥明王《たいげんみょうおう》法を修した事実もあった。また往古より個人的な呪詛の修法に関しては数知れないほど行われている。

いずれにせよ、密教修法でもっとも重要な修法が護摩《ごま》法である。護摩とは古代インドで物を焼く意味のホーマの音写で、炉のなかで火を燃やして、そこにさまざまな香や供物を入れて焼き、神々や仏を供養することをいう。密教の呪法においても護摩法が不可欠といっても過言ではない。

護摩の修法では如来、菩薩、明王などの諸尊を召請するが、通常、如来は息災に、菩薩は敬愛に、明王は降伏・調伏に用いられる。とはいえ例外も少なくない。たとえば如来部に属している一字金輪（最強最秘の仏）は調伏法にも修されている。明王を祈禱しても顕著な効果がみられない場合は一字金輪などの強力な如来を召請して行うのである。そうすれば必ず調伏が可能になると信じられている。

護摩の火中には護摩木とともに各種の供物が捧げられる。供物の内容は経軌によって異なるが、日本密教では芥子《けし》・丸香《がんこう》・散香《さんこう》・塗香《ずこう》・薬種《やくしゅ》（クコ）・切花《きりばな》（香の花）の六種を基本とする。また護摩で燃やす護摩木も儀軌に従って区別され、たとえば増益法では果木の中枝、敬愛法では花木、息災法では樹木の最上の枝、降伏法では苦木の木の根の部分などに定められている。日本密教では増益法や息災・敬愛法は松・杉・檜《ひのき》などを、降伏法ではヌルデなどの特殊な木を用いることも多い。いずれにせよ、息災法や増益法では木の節目がまっすぐで、あまり乾燥していない質のよいものが選ばれ、節や歪みがあったり、虫食いや腐っているような質の悪い木は絶対に用いない。けれども、調伏法や降伏法の場合はあえて悪い木などを使用する特徴がある。

修法の方法は各利益《りやく》の種類に応じて原則的に次のような方法で行われることになっている。

修法種類	行者の座向	行者の衣色	炉の形	炉中印契
息災法	北方	白	円形	輪宝印
増益法・延命法	東方	黄	方形	三股杵《さんこしょ》印

調伏法・降伏法	南方	赤・黒	三角形	独股《とっこ》杵《しょ》印
敬愛法	西方	赤	方形	八葉蓮華《はちようれんげ》印

なお、修法を行ずるに際して、密教では十八道・金剛界《こんごうかい》・胎蔵界《たいぞうかい》・護摩の四度加行《けぎょう》とよばれる修道システムの修行が必須で、その階梯を踏まなければ秘法の体得は不可能とされる。四度加行の準備的な前行として十八道加行がある。これは六種の修法（六法）——行者の身・口・意の三業《ごう》を加持し浄化するための荘厳《しょうごん》行者法（護身法）、障魔の及ばぬ仏法修法の世界をつくるための結界法、諸尊勧請の道場を設けるための荘厳道場法、道場に本尊を勧請するための勧請法、道場内外の諸々の障碍を除くための結護法、最後に諸尊を供養するための供養法を行うとともに、十八の契印《げいいん》を修する。

六法・十八道（十八契印）

1.荘厳行者法（護身法）
①浄三業《じょうさんごう》
②仏部三昧耶《ぶつぶさんまや》
③蓮華部三昧耶
④金剛部三昧耶
⑤被甲護身

2.結界法
⑥金剛橛印《こんごうけつ》（地結）
⑦金剛墻《しょう》印（四方方結）

3.荘厳道場法
⑧道場観（如来拳印）
⑨大虚空蔵

4.勧請法
⑩宝車輅《ろ》
⑪請車輅
⑫召請

5.結護法
⑬馬頭明王
⑭金剛網（虚空蔵）
⑮金剛炎（火院）

6.供養法
⑯閼伽《あか》
⑰蓮華座（華座《けざ》）
⑱五供養（普供養）

密教では正式にはこうした四度加行を修したのちに初めて各種の秘法秘術を行う資格が与えられているのである。ともあれ、各種行軌に記された個人祈禱から国家レベルの大法にいたる密教の各種呪術を以下に紹介してみよう。

摧魔怨敵法（転法輪法）

一切の悪魔や怨敵《おんてき》を摧《くだ》き滅ぼす最高最勝の調伏法で、国家の安全が脅かされ、存亡の危機に瀕したときなど、大義名分が叶うときに修されるのを原則としている。必殺の怨敵調伏法であるため、真言宗の野沢《のざわ》十二流中、随一の安《あん》流（安祥寺流）ではとくに厳重に秘法として伝承している。真言宗系小野《おの》流の始祖仁海《にんがい》（九五一～一〇四六）が万寿二年（一〇二五）にこの法を修したのが最初とされる。

個人のために修されないこともないが、その場合は菩提《ぼだい》の大敵である無明《むみょう》・煩悩《ぼんのう》を降伏する方法をとることになっている。

この修法は空海請来《くうかいしょうらい》の不空訳『転法輪菩薩摧魔怨敵法《てんぼうりんぼさつさいまおんてきほう》』を本拠とし、もし隣国から侵略を受け、国内の軍勢が少なかったり脆弱《ぜいじゃく》である場合、あるいは国内に反逆が起こったときには、壇《だん》上に転法輪筒をつくって安置して修法せよとある。

転法輪筒は苦練木《くれんぼく》（楝《おうち》＝栴檀《せんだん》）を材料にして制作する。これは長さ十二指、周囲八指に削り、ごく丸くすると記されているが、日本では通常、金銅製か桐あるいは竹などでつくられている。筒の周囲や上下には十六大護や八幅輪などの彫り込みをして荘厳され、筒のなかには施主あるいは怨家（あだをなす者）の人形《ひとがた》を折りたたんで封じ込める。施主の人形はその両足に怨家の姓名を記し、怨家の人形はその頭や腹を不動像などで踏ませ、その姓名を足下に書く。作法は壇上に転法輪筒を奉安したら、十六大護、王城鎮守などを勧請して十八道（真言密教の入門の行法で、十八種の印明を用いて修法する）の方式で行じて加護を祈るのである。修法結願後は、怨家の人形をとりだし、炉に入れて焼くのである。転法輪筒はその後も再利用される。

本尊は諸説あり、摧魔怨敵の相を表した弥勒《みろく》所現の大輪金剛《だいりんこんごう》とも、摧魔怨敵菩薩とも、転法輪智を表した大威《だいい》徳明王《とくみょうおう》、あるいは金剛薩埵《さった》、金輪仏頂《ぶっちょう》、さらには転法輪筒そのものともいわれる。

土砂加持法・光明真言

亡者を成仏させる秘法を本来とする土砂加持《どしゃかじ》は、光明《こうみょう》真言《しんごん》加持土砂秘法といい、人跡の稀な海や川、あるいは深山幽谷から採取した土や砂を清水で洗い浄め、それを七日間、日光にさらしたのち、器に盛り、壇上に置いて光明真言の秘法を修して加持する。土砂加持は当初、死者の罪業滅却と成仏のために行われていた。『不空羂索《ふくうけんじゃく》神変《じんぺん》真言経』には、百八遍加持した土砂（清めの砂）を亡者の死骸の上に散じたり、墓の上や塔の上に散ずれば、その亡者が地獄、餓鬼、修羅《しゅら》などのなかにあったとしても、一切不空如来の大灌頂《かんじょう》光明真言加持土砂の功力によって光明を得て、諸々の罪報を除いて、受けるところの苦身を捨て、西方極楽浄土へ往《ゆ》き、蓮華に化生《けしょう》し、菩提を成ずると書かれている。

明恵上人像（樹上坐禅像）部分（国宝　高山寺蔵、末木文美士『日本仏教史』新潮文庫より）

土砂を死者に少しかけるだけで、死後硬直していた死体は柔らかになるとされ、実際にそのような話は今も少なからず聞く。蓮休和尚の『光明真言金壺集』によれば、「情《こころ》なき砂なりといえども真言加持の力の故に不思議の利益《りやく》あり。オコリ（瘧）をふるうもの、この土砂を飲めば忽《たちま》ちオコリおち、難産に臨むとき此《これ》を服すれば安産することを得、墓所の燃ゆるに此れを散ずれば火自ずから消え、屍体の強直たるにこれをかければ柔らかになりて、活《い》たる人の如くになること、みな光明に照らされて罪を滅するの験《しるし》なり」とある。つまり、加持した土砂を呑んで病気を治したり、安産にも霊験があり、さらに墓地で発生する火の玉と思われる怪火現象も消えるなど

真言律宗総本山西大寺の本堂

の利益があるというのである。

また、『不空羂索神変真言経』には、土砂加持で業病や難病が治ることが記されている。「この真言（光明真言）をもって病者の前において、百二十三日毎日、高声にこの真言を千八十遍誦すれば、宿業病障を除滅し得る」

文永元年（一二六四）、真言律宗の興正《こうしょう》菩薩叡尊《えいそん》（一二〇一～一二九〇）が奈良の西大寺《さいだいじ》で光明真言を初修したのを契機に、同寺では毎年九月四日、一山の僧尼ともども七日間昼夜不断に読誦するようになった（現在では毎年十月三、四、五の三日間、昼夜不断の修法を行っている）。『西大寺毎年七日七夜不断真言勤行式』には、七日間ぶっとおしの光明真言の読誦が無縁の亡者を含む自他の極楽往生の益があるだけではなく、現世の富貴長寿の望みを遂げ、鬼神病苦の愁《うれ》いを除くと強調されている。

絶大な効能がある光明真言は基本的に浄土真宗以外のどの宗派でも用いられている。密教では普門万徳の法身・大日如来の真言、諸仏諸菩薩の総体の真言とされている。この真言を唱えるだけで、あらゆる仏菩薩を同時に拝むことになるというのである。

鎌倉時代の高僧で華厳《けごん》宗の中興の祖と讃えられている明恵《みょうえ》（一一七三～一二三二）が、一心不乱に光明真言を唱えていたところ、修法壇上に文殊菩薩が出現、土砂加持の秘法を授けるとともに、七種の印契《いんげい》を伝授したという。それをもとに明恵は『光明真言加持土砂』『光明真言土砂勧信記』を著し、世に広めた。現在の土砂加持法則は明恵の上記の著作に基づいているといわれる。後者には「この真言にて、すなご（砂子）を加持しつれば、このすなごすなわち真言の一一の文字となりて、この真言の字義を具足し、句義を成就して、其《そ》のすなごを亡者の屍《しかばね》、墓の上にもちらしつれば、この亡者一生の間、罪をつくりて、一分の善根をも修せずして、無間《むけん》地獄等におちたれども、このすなごたちまちに真言の光をはなちて、罪苦のところにおよぶに、その罪おのずからきえて極楽世界へ往生するなり」とある。また、明恵の従者であった定龍《じょうりゅう》が重い病気で死に、冥界へ旅立った。そこにおいても光明真言を一心に唱えていると、閻《えん》魔《ま》庁の役人らが定龍をひじょうに尊敬し、もとの本国に帰してくれることになった。喜んだのも束の間、まっくら闇でどの方向へ進んで行ったらいいのか、わからずに困った。そこでひたすら光明真言を誦すと、一筋の明るい光が道を照らしだしたので、その方向をたどっていくうちに、蘇生したと『光明真言土砂勧信記』に書かれている。

地獄の諸様相について詳細に描出した浄土教の名著『往生要集《おうじょうようしゅう》』の著者として知られる天台僧の恵心《えしん》僧都《そうず》源信《げんしん》（九四二〜一〇一七）も『三昧起請文』で光明真言を百八遍誦し、土砂を加持して亡者の死骸に置くことの功徳の意義を説いている。ついでながら、土砂のかわりに他の物を光明真言で加持すると、その咒力《じゅりょく》で物が霊化され、不思議な力を現すことがある。按察《あんさつ》入道の子息、宰相阿闍梨《あじゃり》が疫病のために絶命したとき、行慈《ぎょうじ》上人はみずからの爪を光明真言

死霊成仏の呪歌供養

世に亡霊騒ぎは尽きないが、般若心経《はんにゃしんぎょう》などを唱えて供養したのち、「死霊《しりょう》を切りて放てよ梓弓《あずさゆみ》、引き取り給え経《きょう》の文字」という呪歌《じゅか》を誦すれば、廻向《えこう》される。亡霊（死霊）ではなく、生《いき》霊《りょう》の場合は、「死霊」のかわりに「生霊」と詠みかえるのである。

昭和三十四年六月頃、和歌山県伊都郡花園村の花園中学の寄宿舎で亡霊騒ぎがあった。複数の教諭がそこに宿泊すると必ず安眠できなくなるという事件が起こったのである。それを聞いた高野山真言宗の井上龍雄遍照寺《へんじょうじ》住職は、亡霊のしわざであると直感した。というのも昭和二十八年七月十八日、この地域を襲った水害により山が崩れ、百余の人たちが川に押し流され、そのほとんどが死体すらあがっていなかったというのである。井上住職は内密に読経供養し、この呪歌を唱えて懇《ねんご》ろに亡霊供養を行うと、その後、寄宿舎で眠れなくなるということはなくなったという。なお、古い墓を移す作法のときにも、供養のために勧請《かんじょう》した仏を奉還《ほうかん》する撥遣《はつけん》ののちに、この歌を唱えて、墓跡をなめ十文字で切る修法を行うことがある。

で加持して死者の口に含ませたところ、ただちに蘇生した話が伝えられているのである。

六字経法（六字法）

文徳《もんとく》天皇の二人の皇子（異母兄弟）の皇位継承をめぐって宮中で暗闘が行われたとき、真済《しんぜい》（八〇〇～八六〇）と真雅《しんが》（八〇一～八七九）の二人の真言宗の高僧がそれに巻き込まれ、はからずも呪術合戦を呈するようになった。その際、惟仁《これひと》親王側の真雅僧正《そうじょう》が、文徳天皇の勅命を受けて、この法を修して真済側を調伏したので、天安元年（八五七）、惟仁親王が清和《せいわ》天皇になったとされている。すなわち真雅の六字経法《ろくじきょうほう》が、清和天皇を誕生させることになったという秘話である。

このように調伏加持において修されたのが、この六字経法である。むろん、調伏に威力があれば、当然、息災にも功を現すとされるので、病魔除去などのためにも行われた。

六字経法は『六字神咒経《じんじゅ》』を所依の経典とし、六字法ともいう。流派によってこの呪法の本尊が異なり、真言宗の二大流派の一つの広沢《ひろさわ》流や天台密教（台密）では聖《しょう》観音を祈るが、真言宗の理性院《りしょういん》流では一字金輪《きんりん》を祈禱し、真言宗系勧修寺《かじゅうじ》流や小野《おの》流においては六字明王を祈念し、さらに真言宗の三宝院《さんぼういん》流では六観音（馬頭《ばとう》・聖観音・

六字経曼荼羅（『覚禅鈔』）

六字明王（大正新修大蔵経）

一字金輪曼荼羅（『図像抄』）

千手《せんじゅ》・如意輪《によいりん》・十一面・准胝《じゅんてい》）を祈るのである。ただし、それは原則であって、調伏には六字明王、息災には聖観音を本尊とする場合もある。調伏法の場合、修法を覚《さと》られないように本尊を秘す場合が往々にしてあり、修法者みずから本尊を黒墨《くろずみ》に青色を混ぜて描いたりもする。この黒墨の本尊を黒六字明王といって珍重する。また、如意輪観音の呪文の一つの小咒を六字陀羅尼《だらに》というところから、如意輪観音を調伏の本尊として修することもあったようである。

作法は護摩壇《ごまだん》に調伏炉を置き、六人一組の僧で行う。六字経曼荼羅《ろくじきようまんだら》を本尊とし、護摩の本尊段ののち、天狐《てんこ》（鳶《とび》の形を描いた紙）・地狐（狐の形を描いた紙）・人形《ひとがた》（呪う相手に見立てたもの）の三類形《さんるいぎよう》を焼き、その灰を願主に呑ませるのである。さらに、桑の木で作った弓で葦《あし》の箭《せん》（矢）を六方に、東南西北上下の順番で射る。口伝として本尊の方向に射るときは本尊の右側に、上方は天井へ向け、下方は左脇机と礼盤の間または炉壇の下に射るべしというが、流派によって若干異なる。

いずれにせよ、修法を終えたら、使用した箭はすべて焼納する。

また別に白い糸を使う結線《けっせん》の法がある。白糸を二本縒《よ》り合わせて数珠《じゅず》の緒《お》のようにしながら三尺五寸の長さのものをつくる。供養法を修したのち、他の僧が護摩や読経を行っているあいだに、僧の一人（結線師）が真言を一回唱えるたびに一つ結ぶという一呪一結を行い、百八結をつくるのである。この百八結を一筋という。このようにして毎日修法し、七日間で百八結にした糸を二十一筋つくったら、結願である。そうすると、願意がほどなく成就するというのである。

三類形

六字河臨法

調伏や息災のために河川に船を浮かべて六字経法を行う大がかりな修法が、六字河臨法《ろくじかりんぼう》である。密教と陰陽道《おんみようどう》系の河臨の祓《はらえ》が結合した特殊な修法で、天台宗では大法扱いになっていたものである。天台密教系の伝法書『勝林決』には、慈覚大師円仁《えんにん》（七九四～八六四）が唐においてこの秘法を受けたとあり、『乳味鈔《にゅうみしょう》』にはこの法はもとは東寺不共《ふぐう》の伝来で、熙承内供《きしょうないぐ》が天台僧の皇慶《こうげい》（九七七～一〇四九）に伝えて以来、勧修寺に伝来するようになったとある。天台密教を集成した『阿娑縛抄《あさばしょう》』には正統的な六字河臨法は天台宗が独占しており、他門は六字法ばかりであるという旨を記している。他の密教との差別化をはかるために台密が中心になって修していたのである。

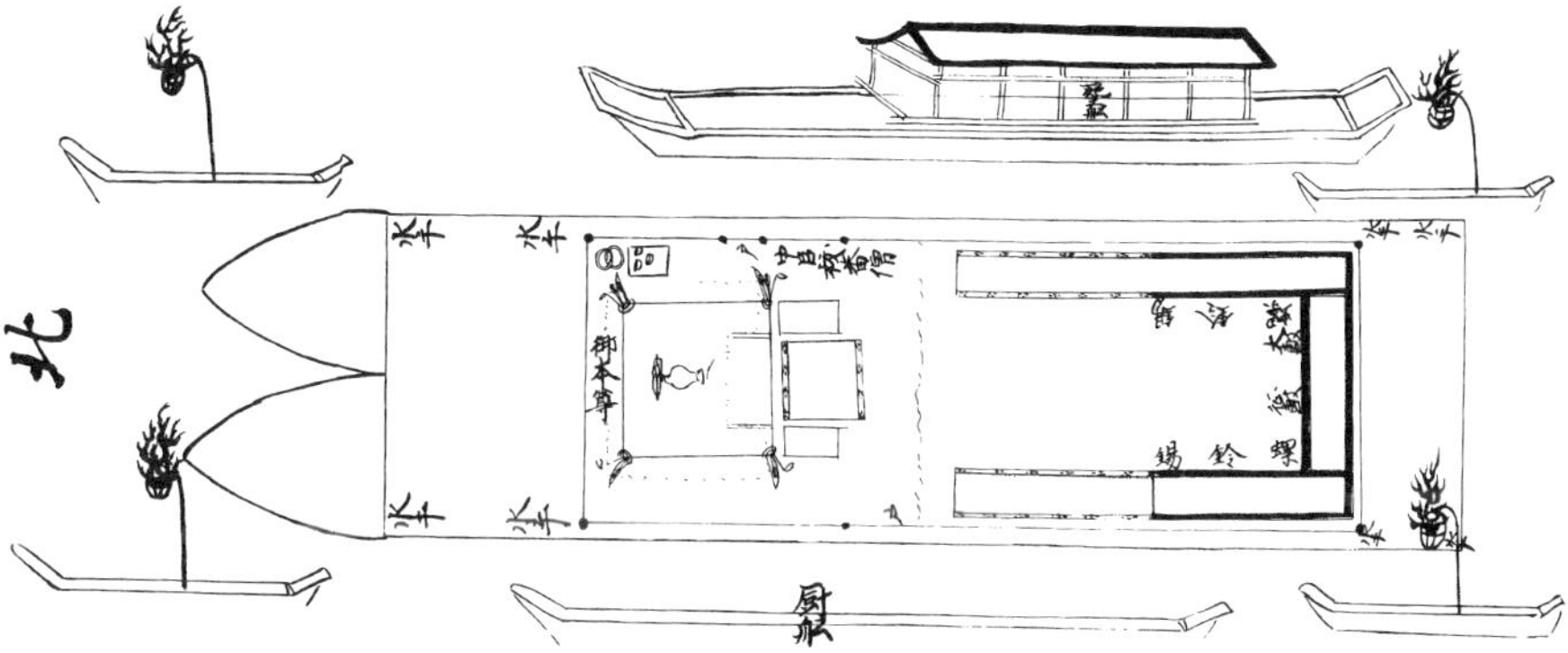

六字河臨法道場図（『阿娑縛抄』）

この修法は船上で行う。船中に壇を設置し、その周囲に幕を張り、壇の中心には火炉を置く。本尊は必ず川下に向け、川上に向けてはならない。つまり船の進行方向と逆に向ける。調伏法には北流している川が、息災法には南流している川が最適であるという。川下から川上に向けて船を走らせ、川瀬になっている場所で各一座ずつ計七座修法する。つまり七つの瀬に達するところまで合わせて七座の供養を修することになる。

津島神社天王祭り、川渡御

各座は同じ修法である。護摩法のあいだに、読経と念誦を並行して行う。護摩を終えると、一人が中臣祓《なかとみのはらえ》を唱えるあいだに、行僧が大鈴や錫杖《しゃくじょう》を振りながら六字咒《ろくじしゅ》を誦し、また法螺《ほうら》を吹き鳴らし、太鼓や磬《きん》（金属製の鉢形の仏具）を連打するなどの音もともなう。念誦・読経の仕方は怒鳴るような高声、威圧するような瞋《いか》りの眼光で勇猛壮烈に行わなければならない。そして川瀬での一座ごとの修法の最後に、前もって用意していた人形を流して供養する。これは鉄・蘖《ひこばえ》（木の切り株から出る芽）・藁《わら》でつくった人形（各七体ずつ）を願主（檀越《だんおつ》）が自分の体につけて撫ぜまわし、また強く息を吹きかける。そして壇越に越えさせた茅《ち》の輪や散米とともに川下へ投ずるのである（七瀬ごとにそれぞれ一体ずつ流す）。

六字河臨法は現在は修されていないが、悪霊《あくりょう》・怨霊《おんりょう》・疫病《えきびょう》を祓《はら》う祇園《ぎおん》信仰系神社（明治の神仏分離までは祭神は素戔嗚尊《すさのおのみこと》ではなく、陰陽道系の神・牛頭天王《ごずてんのう》であった）の夏の祓いの祭礼の川渡御《かわとぎょ》（たとえば愛知県津島市神明町の津島神社）にその片鱗が窺える。

大聖歓喜天（聖天）の呪法

象頭人身の男女二体の神が抱き合っている異形の天尊、聖天《しょうでん》（歓喜天）は秘仏中の秘仏である。財福はもちろん、病気平癒、災難除去、悪人駆除など祈れば成就しないことはないとも信じられている聖天は正式名は歓喜天《かんぎてん》といい、金胎《こんたい》両部の教主、諸仏諸菩薩の母とされ、その姿は陰陽和合、天地一体の秘義を顕現している。

双身歓喜天（『阿娑縛抄』）

聖天に対する信仰は、信者の熱禱《ねっとう》と行者の法力と聖天の妙智力の三力冥合の結果、その心願が成就するとされている。あまりにも霊験がありすぎるため、子孫の七代までの福を一代でとるといわれている。自分一代までは人もうらやむばかりに大繁栄するが、子孫を絶やされたり、死後の財産はきれいさっぱり失われるとも目される。それはまだ良いほうで、一代のうちに一時的に幸運を勝ちとり、絶頂をきわめるが、その直後、運命が急転落下して悲惨この上もない不運に陥ったという話も聞かれる。

このように聖天を祈れば御利益がえられるのは間違いないが、とにかくその代償が恐ろしいとされ、聖天だけには近づかないようにしているという人は昔から少なくないのである。

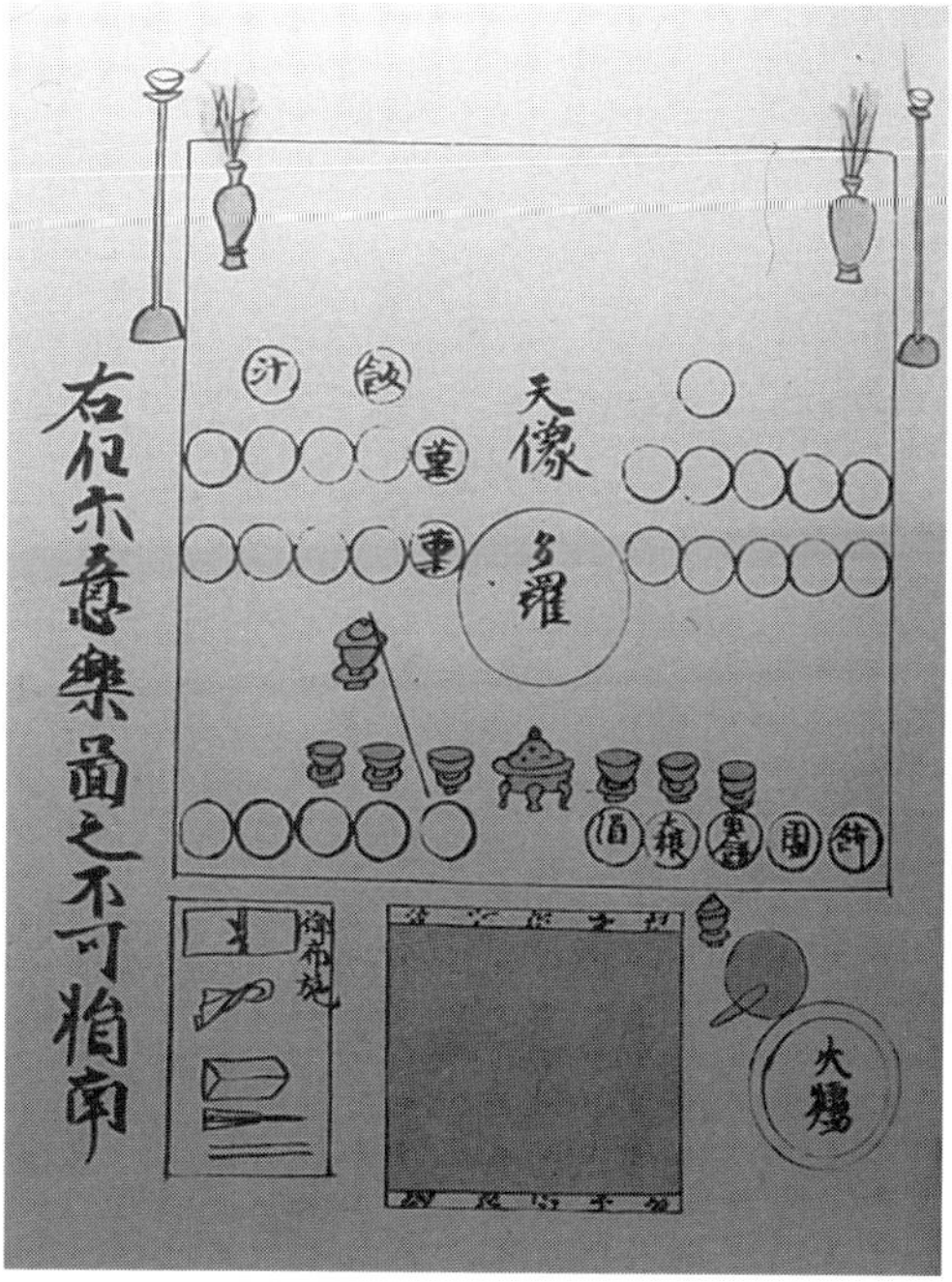
聖天壇（『阿娑縛抄』）

その反面、財閥三井家の祖先・三井高利《たかとし》や、川崎造船所の創設者・川崎正蔵、さらに巨利をなした材木商・紀伊《きの》国屋《くにや》文左《ぶんざ》衛門《えもん》、初代総理大臣の伊藤博文、義太夫界の三世竹本津太夫など、著名な富豪や政治家、芸術家などに聖天信者が多かったのも事実である。

聖天の本誓は、その神紋である宝袋に表されている。宝袋は砂金を入れる巾着で、そこには財産、健康、名誉、栄達などすべての財福が入っていて、祈願者にそれを福分としてあたえるというのである。寿命の尽きた人間の命を無理につなぐという場合の命続《めいぞく》祈禱は、聖天に対する祈禱が一番であるとされる。延命するか絶命するかを占うには、口伝があるが、

単身の歓喜天（『阿娑縛抄』）

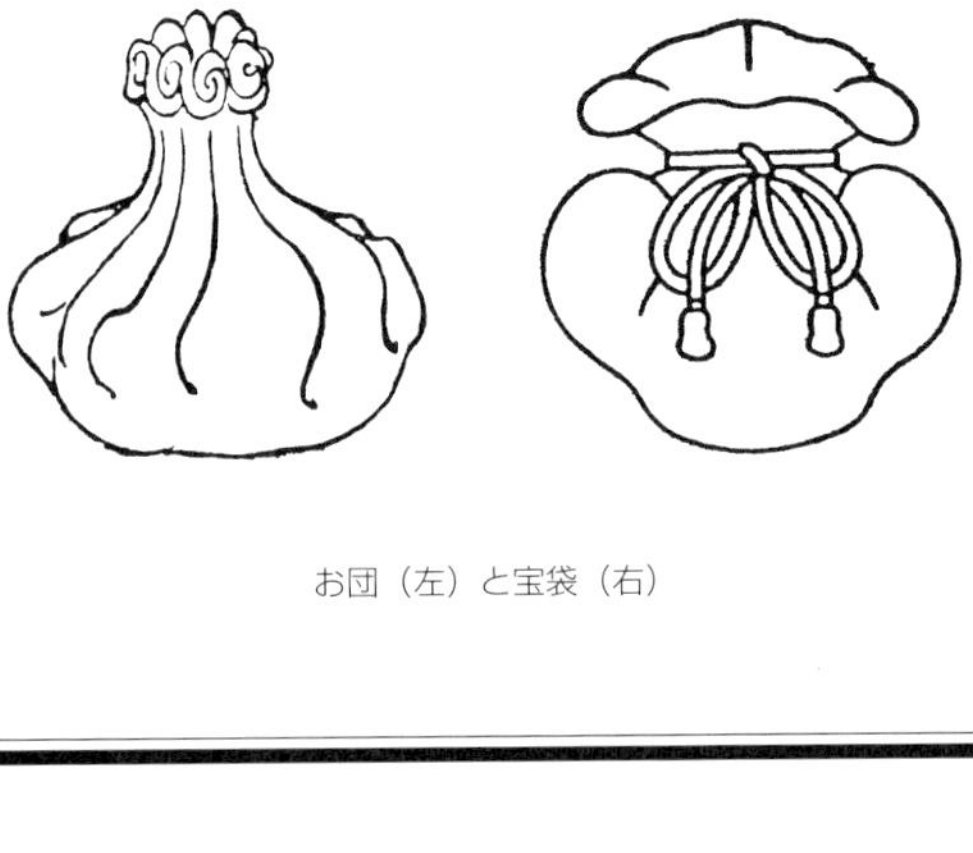

お団（左）と宝袋（右）

その一例をあげれば、灯明がわりのローソクの炎が風もないのに消えかかったりすれば、絶命まもないとみる。

寺院ではもっぱら聖天法によって聖天壇を設けて修法する。聖天壇は聖天を生きた神として供養するための壇で、『阿娑縛抄』には天台僧の増命《ぞうみょう》が修法中、聖天が出現して供物を求めたため、爾来、聖天壇を道場に設置したと記されている。

聖天を個人が直接供養するのはひじょうに困難であるといわれる。他の仏尊諸神にくらべて厳重に供養しなければ、厳罰があたるとされているためである。聖天は不浄や穢れを極端に嫌うところから、在家信者は聖天を自宅で祀らず、そのかわりに十一面観音像を聖天として祀るのが原則になっている。聖天の護符も十一面観音で代用する寺院があるほどだ。専門の住職ですらも聖天供養だけは敬遠するという者が少なくない。都内にある新義

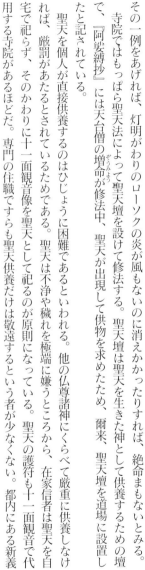

真言系の某大寺でもかつては聖天供養をあえて避けていたほどである。というのも日々の供養・祈禱を絶対に欠かすことができないのはもちろん、粗相《そそう》も許されないとされているからである。不浄や怠慢は厳罰として行者の身に即座に降りかかるというのである。

また聖天には双身と単身のものがあるが、前者よりも後者のほうが気難しいとされる。双身でも取り扱いに慎重を期さなければならないのであるから、単身を祀る厳重な格護のほどは想像するに余りある。そのため、一般の家庭では双身、単身にかかわらず、あえて聖天を祀らず、そのかわりとして十一面観音を聖天として奉祀することが普通なのである。

供物としては聖天の大好物とされる大根、酒、お団（歓喜団《かんぎだん》＝餡《あん》入りの団子をゴマ油で揚げたもの。『秘鈔問答《ひしょうもんどう》』によれば蘇《そ》・蜜・麵・干薑《しょうが》・クルミ・ザクロ・イチゴなど十一種を調合し、小豆粉と干し柿の切ったものを加え、それらを米粉を水でとき餅状にしてものでこ包み、植物油で揚げる）が中心で、聖天を祀る寺、たとえば生駒《いこま》の宝山寺《ほうざんじ》などではそれを日々丁寧に給仕している。

聖天を供養する方法には、浴油供《よくゆく》、華水供《けすいく》（花水

聖天信仰による心願成就法

この方法は聖天《しょうでん》（歓喜天《かんぎてん》）に限らず、他の仏尊にもあてはまるものである。聖天の前に安坐し、「入我我入観《にゅうががにゅうかん》」による修法を行う。聖天の真言である「オン・キリ・ギャク・ウンソワカ」を唱えるとともに、その梵字《ぼんじ》を心に思い浮かべて、その文字が一字一字口から飛び出すように観想する。そしてその文字が一字一字つながりながら聖天の臍《へそ》のなかに入り込むと想念する。その後、聖天の胸に「ギャク（𑖐𑖾）」という種字《しゅじ》があるとし、聖天の臍から入った真言の文字が一字一字そのギャクの種字を一回りして、聖天の口から出るように観想する。これを我入の修法というが、その後、聖天の口から出た真言の文字の行列が、自分の頭のなかに入り、さらに胸までくると、その胸には聖天と同一の文字が観想されているので、文字の行列は種字を回って、自分の口から出てまた前と同様に聖天の臍に入る。この聖天の口から出て、行者の胸のなかにある種子を一廻りする過程を入我の修法という。

この入我我入の方法で真言を一万遍以上、唱えつづけていると、聖天と一体化できるようになり、思う通りのことが実現できるとされる。

別な方法もある。駒沢大学教授の林屋友次郎が東京鋼材会社（のちの三菱鋼材会社）を経営していたときに行っていたもので、経営が行き詰まったときに、聖天に祈り絶対に無理と思える借金もすべてまかなうことができたという。それは頼みにゆ

供）、酒供《しゅく》などがある。秘法中の秘法として香油で尊像を洗う浴油供を行うが、この方法は『歓喜天《かんぎてん》使呪法経《しじゅほうきょう》』などに記されている。それによれば、聖天供養には上品《じょうぼん》、中品《ちゅうぼん》、下品《げぼん》の三品の供養がある。上品が浴油供、中品が華水供、下品が「時に限らず、できたるものの上分を採りて聖天尊に供じ奉る」という。いずれにせよ、供養すれば、富貴きわまりないとある。

また、浴油供をすれば「我、人中の王を与える」、華水供をすれば「我、帝師となることを与える」、下品で供養する者に対しては「富貴無窮なり」と説かれている。

なお、後七日《ごしちにち》の御修法《みしほ》においても障害なくすみやかに願いが成就するよう、必ず聖天供養を行っている。天台・真言系の寺院でも寺の繁盛をはかるために聖天に祈願している場合が多い。長野の善光寺《ぜんこうじ》大《だい》勧進《かんじん》でも毎月一週間、聖天に浴油供を行っているという。

また、どんな悪人であってもこの聖天を信仰していれば、平等に利益をあたえるというのが、聖天の特徴である。『証文使呪法経《しょうもんしじゅほうきょう》』には「もし人があって、諸天のために捨てられたとしても、我（聖天）

く相手を聖天にしてしまうという強引ともいえる秘法である。銀行に行き、金を貸す権限をもっている交渉相手の重役を聖天とみなすのである。銀行へ行き、応接間で待たされているあいだに林屋は、聖天を祈禱する。重役がきてすわるであろう席を聖天の御座と思い詰め、そこに聖天の招印《しょういん》を結び、重役がくるまで聖天の真言を唱えつづけていたというのである。そうして重役がでてくると、聖天に拝眉《はいび》する気持ちで会い、その重役を聖天と思い込むのである。聖天は自分を助けようとしている存在であるから、自分から無理を頼まなくても、貸せるだけの金を貸してくれると。林屋はこの方法で人と会ったが、基本的に要求を聞いてくれたと述懐する。それでも話を聞いてくれない場合は、祈禱が足りないと反省し、途中で何度も招印を結び直し、心からその人に嘆願すると、不思議にも必ず効果があったという。

たとえば、取引銀行であった三菱銀行の会長だった瀬下清は、林屋の会社に対する援助停止を何度も決議していたにもかかわらず、停止に踏み切ったことはなかった。瀬下はいつしか林屋に会うのを避けるようになったが、その理由は林屋に会うなり、縛《しば》られたように感じて、その申し出を拒絶できなくなるからというものだった。林屋が何かしら知れぬ秘仏を熱烈に信仰し、特別な呪術をつかっていると、瀬下は感じ取っていたという。

また、聖天を祈って、自分に不当に危害を加える相手の悪心を調伏《ちょうぶく》する祈禱法もある。ただ悪心調伏は素人では無理なので、専門の聖天行者に依頼するのが原則である。その祈禱の期間は一週間から三週間であるが、依頼者も開白《かいびゃく》（初日）と結願《けちがん》（最終日）の両日は寺へ参詣し、その間は自宅で朝夕祈りを熱心にを念ずれば、即時に現じて皆円満にする」とある。『聖天講式《しょうでんこうしき》』にも「加護すべき者を加護するは、これ諸仏神の通例である。加護すべきでない者を加護するのは、大聖天の別願に限る」とあり、聖天だけは、たんなる善悪の観念といった人知の分別を越えて、その信仰者を絶対に見放さず、徹底的に加護するというのである。それだけに聖天にそむいたら、誡《いまし》めも格別であるとされ、世にも恐ろしい神とされてきたのである。

次の霊験話がある。京都府宇治市木幡《こわた》の御蔵山宝《ほう》寿寺《じゅじ》住職をしていた小松澄光《こまつちょうこう》は著名な聖天行者であったが、大正六年に参議院議員・林屋亀次郎の長男善作の病気（肺炎）平癒祈願を頼まれた（そのころは小松はまだ京都山科の善願寺住職であった）。その祈禱をしていたところ、京都の大学病院に入院中の善作が重体となり、完全に息を引き取った。医師もそれを確認した。亀次郎が遺体の引き取りなど葬式の手筈をするために一端、宇治の木幡の自宅に帰る途中、小松澄光を訪ねて長男が死んだ旨の挨拶を述べた。すると、小松澄光は「そんな馬鹿なことがあるものか、私は今朝からご祈禱を続けて、今壇から下りてきたばかりだ。そうして祈禱中何の支障も

行わなくてはならない。悪心調伏の祈禱をすると、相手の態度がひじょうに改まり、協力的、親和的になる。あるいは相手が社会的に罰せられたり、急病になるなど、何らかの打開策が生ずるという。

聖天に祈願する際、絶ちものをしたり、願がけをする場合があるが、中途半端な気持ちでそのようなことをしてはならないとも戒められている。邪道に陥りやすいというのである。絶ちものは聖天の好物とされる大根を生涯、食べないかわりに、心願成就を祈願するというようなものである。絶ちものを万一破ったりすると、聖天は必ずそれなりの咎《とが》めや罰を与えて反省させるといわれる。そのため、聖天信仰者はよほどのことがない限り、安易に絶ちものをしてはならないとされているのである。

大聖歓喜天の浴油法

専門の行者が行う浴油法には幾通りも作法があるが、『毘那《びな》夜迦深秘浴油供養次第《やかじんぴよくゆくようしだい》』によれば、まず本尊の聖天像をつくることから始まる。材料は白鑞《はくろう》か銅、または香木を用いて尊像を制作するのであるが、材料費を惜しんではならないという。本尊は象頭人身の夫婦二身が抱擁しあう立像である。完成したら、白月《びゃくげつ》（太陰暦で一日から十五日までを白月といい、十六日から月末までを黒月という）一日に浄室内に浄牛の糞を用いて円壇をつくる。そして一升の浄油（胡麻油《ごま》）を熱して、本身咒《ほんしんしゅ》「ナムビナヤカ・シャアシッチ・モクキャシャチニャタ・アチヤナ

起こらず、きわめて順調にご祈禱をすることができたのだから、この病気は癒《い》えるにきまっている。病気で死ぬなんていうことは絶対にあるものじゃない。棺桶等というそんなものは全然必要がないから、早く病院へそのまま帰って看病してやりなさい」といった。

　とはいえ林屋亀次郎にしてみれば、今しがた息を引き取ったところを見てきたばかりであり、医師が死を宣告したのだから、小松澄光の独断的な話を聞いたからといってもとうてい信ずるわけにはいかなかった。

　それで「しかし、実際死んだのはこの眼で見てきたことですし……」と抗弁すると、小松澄光は不機嫌な顔をして「あんたの見たことなどあてになるものか。私が死なないといったら本当に死んではいない。早く病院に帰りなさい」と大変な剣幕で叱られたという。

　平素ならばそんなことで引き下がる男ではなかったが、小松澄光がこれほど真剣に死んでいないというからには、本当にそうかもしれない、万が一ということもあると一縷《る》の望みを抱いて病院に駆けつけることにした。すると病院は大騒ぎで大勢の医師た

チヤシュバテイヤウシッタン・カヤシツバタバヤバタサツシャヤヤバリチ・ソワカ」を誦しながら百八遍、清浄な銅器にて熱くなった油を盛る。その後、尊像を銅盤の熱油のなかに入れ、壇内に安置し、銅匙《さじ》もしくは銅杓《しゃく》で油を、その像の身頂に百八遍注ぐのである。この百八遍注ぐ作法を一日七度行う。うちわけは平旦（午前）四度、日午（午後）三度である。こうして七日間つづければ、心願は成就する。その間、歓喜団、大根、酢、酒など飲食を日々捧げたのち、自分でそのお下がりをいただけば、気力を得る。一週間で効果が認められなければ、反省の上、潔斎しなおし、日程を定めて修法を再開する。なお、聖天壇は道場の東北（伊舎那天《いしやなてん》）に設けるのが原則である。

　聖天の呪文に関してであるが、『毘那夜迦王帰依念誦供養法《びなやかおうきえねんじゆくようほう》』などによると、息災《そくさい》と敬愛《けいあい》には大身咒を用いる。大身咒は「ナムビナユカシャ・カシチイモキヤシャ・チニヤタ・オンダユアダユカ・ビナユカ・ビナユカ・ダラユカ・ハリダラユカ・シャキャキャラシツチイ・シャキャキャキャラシツタ・センチキャラ・ソワカ」。

　増益《ぞうやく》・福聚《ふくじゆ》には心中咒「オン・キリ・ギャク・ウンソワカ」、怨敵降伏《おんてきごうぶく》・調伏《ちようぶく》には心中心咒「オン・ギャクギャク・ウンハッタ」をそれぞれ唱える。

　大身咒の印契《いんげい》は、二手の小指を無名指内に相こまぬき、二中指と二頭指を相重ねてこもごも立てて二大指並びにまっすぐ立てる。これを身咒印とも根本印ともいう。この印を結び、心・額・喉・頂に印すれば、護身法ともなる。心中咒印は、右の小指・無名指に中指・頭指を把り相重ねて横に立て大母指を同じく真っ直ぐに立てる印で、身咒印の片印のみである。心中心咒

ちが病室に詰めかけて「奇蹟だ、奇蹟だ」といっている。病室に入ってみると、さっき死んだ息子が生き返っていたというのである。

林屋亀次郎の従兄弟《いとこ》の駒沢大学教授で、また熱心な聖天信仰者でもあった林屋友次郎によれば、「小松師が善作君が死んでおらないことを断乎と言い放ったということは、聖天様のご祈禱というものを余りよく知らない人には、甚だ独断的な一か八かのことを言ったもののように聞こえるかも知れないけれども、これは小松師でなくとも、相当自信を持った聖天行者ならば誰でもこの位の事は言い切れなければならない筈のことである。というのは聖天様のご祈禱に限って、その祈禱の結果の良し悪しは、必ずそれが祈禱の間に現れてくるのが常であるからである」と記している（『新篇歓喜大利生記・聖天さまの御利益とその受け方』）。

また、いくら祈禱をしても治らないような寿命の尽きた病人を祈禱する場合は、初めから聖天像の顔がひじょうに悲しそうにみえるだけではなく、浴油をするときにも火が熾《おこ》らなかったりする。たとえ火が熾《おこ》っても油が沸かなかったりして思うように祈禱することができなくなるという。それを無理に祈禱

印は、二手を金剛《こんごう》縛につくり、相並べて額にあて、心中心咒を唱えながら、悪人や怨賊などの敵がいる方向に向けてその二手をうちおろすようにすれば、必ず調伏することができるという。また、悪人を降伏させる簡易法として、聖天咒を唱えるたびに粗塩《あらしお》を焼くことを千八十回繰り返し、最後に悪人の名前を告げる。それを一週間つづければ、必ず降伏するとされる。

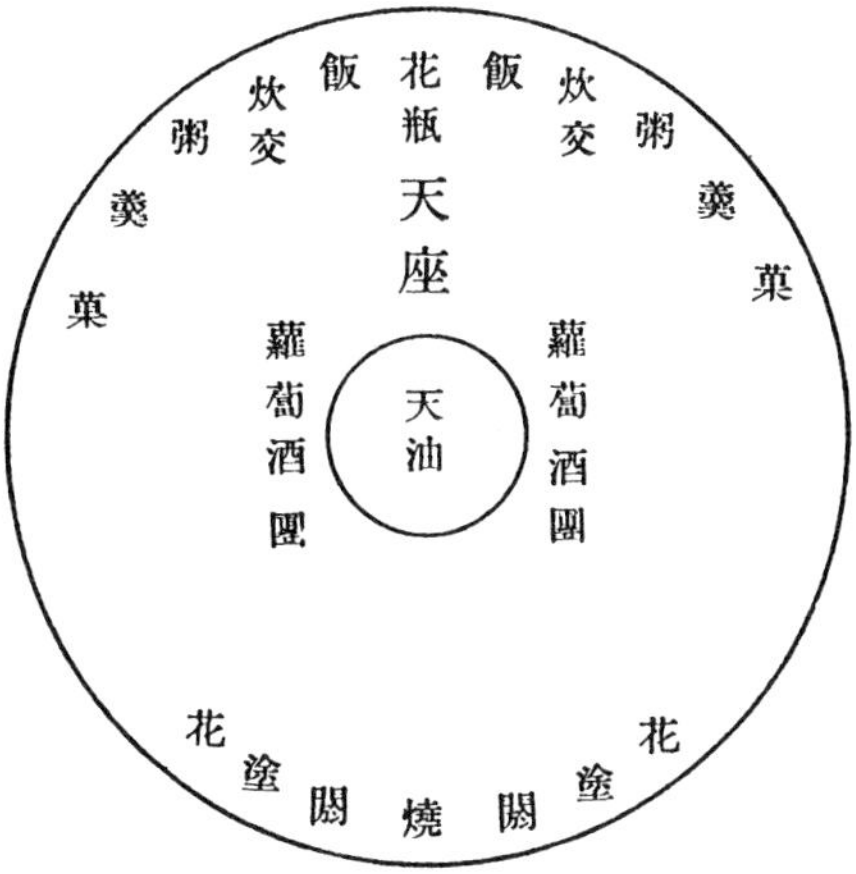

大聖歓喜天法の配置（『別尊雑記』）

しようとすると、「行者が壇から蹴落《けお》とされたりして、その御祈禱を実際に不可能ならしめるのが常である。だからお浴油の際には、その御祈禱の成績は自信のある行者には直ぐに解るのである」と林屋友次郎は述べている。

林屋友次郎の伯父の林屋新兵衛という八十以上の老齢の者が重体に陥ったときに、小松澄光に祈禱を依頼したことがあった。祈禱に臨んだが、浴油供の聖天の顔は悲しそうにみえただけでなく、こんな祈禱をしてもむだであるといわんばかりにじつに恐ろしそうにみえたという。浴油をしようとすると、火は消え、油が少しも沸こうとしない。小松澄光は無理やり火を熾して油を沸かせ、祈禱を進めたが、今度はその祈禱を妨害するかのように壇から転び落とされた。しかも、三、四度も落とされたという。

そのようなときは聖天だけを祈っても駄目で、四部大将などの聖天の眷属を一心に祈ってから進めなければうまくいかないとされる。眷属を通じてとりなしをはかり、聖天の心をやわらげなければならない。そうしているうちに、初めは悲壮にみえていた聖天が柔和にみえてきて、一週間もつづけると、順調に祈禱ができるようになり、それと時を同じくして伯父の病気も癒え、健康を取り戻したのである。

調伏と息災の五大明王法（五壇法）

五大明王《みょうおう》とは、不動《ふどう》、降三世《ごうざんぜ》、軍荼利《ぐんだり》、大威徳《だいいとく》、金剛夜叉《こんごうやしゃ》で、胎蔵界曼荼羅持明院《たいぞうかいまんだらじみょういん》の五尊である。『仁王般若経』の五大力尊を密教に採り入れて組織された。この五尊を本尊とする五大明王法は平安時代に日本で考案されたもので、国家の重大な祈禱の際に行われた。五大明王法は五壇法（五壇の御修《みし》法《ほ》）ともいう。五壇とは中央が不動、東方が降三世、

呪殺法

三角炉をつくり、そこに屍《しかばね》を焼いた灰を入れる。調伏修法の時間帯である日没から修法に取りかかる。壇の中央に不動明王《ふどうみょうおう》、東方に薬師如来、北方に観音、南方に金剛夜叉《こんごうやしゃ》明王、西方に毘《び》

南方が軍荼利、西方が大威徳、北方が金剛夜叉（天台宗系では烏枢沙摩《うすさま》をかわりに配する）の五座とし、五人の僧が各座に陣取って修するもので、もっぱら怨敵や悪霊を降伏する調伏祈禱に活用されてきた。それは五大明王がいずれも忿怒《ふんぬ》相《そう》をとっていることと関係がある。醜悪で恐ろしい形相であればあるほど、よく調伏できるとされている。

　五大明王法は真言宗では天徳三年（九五九）、天台宗では応和元年（九六一）に初めて修されたといわれる。周知のように、不動明王を本尊とする不動法は、調伏や息災を目的として古来より修されている。調伏には不動法だけでも充分に効力はあるが、

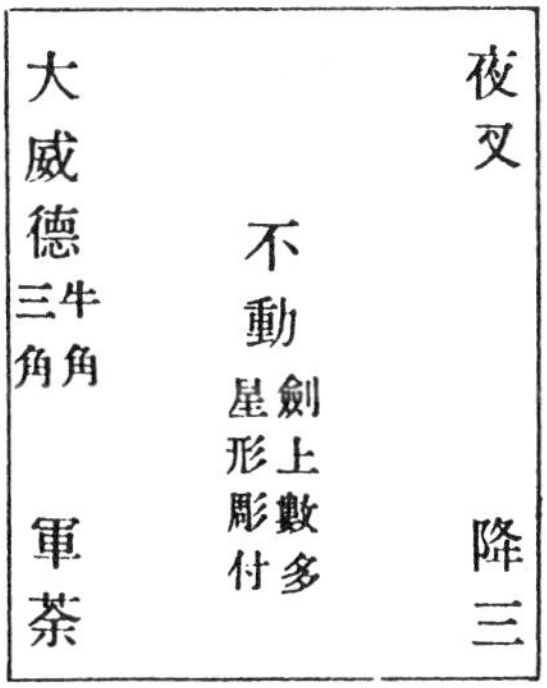

五大明王法壇図（『阿娑縛抄』）

沙門《しゃもん》天を置きそれぞれの咒を唱える。

　東方に帝釈天になった気持ちで金剛杵を置き、南方に閻魔《えんま》天《てん》に化したつもりで髑髏杖《どくろじょう》を持ち、西方に龍王に変化したつもりで縄をとり、北方に毘沙門天になった心で経文を置く。また帝釈天は白、閻魔天は黒、龍王は紅、毘沙門天は金の帛《はく》を壇上に置いて、各印を結んで呪力を込めるのである。

　ここで相手の呪力を封じるために、白芥子《しろけし》を撒《ま》き、あるいは弓矢を八方に向けて置く。壇の前で本尊の印契《いんげい》を結びつつ、相手を呪殺しようと念ずる。

　途中で疲れを感じたら、壇の前から離れ、口をすすいで軍荼《ぐんだ》利《り》明王《みょうおう》の咒「アミリティ・ウンハッタ」を唱え、水を三度のむ。または不動の真言「ウンタラタ・カンマン」を唱えて牛絡からとった油を少し含む。

　さて、祈禱の途中に降雨となったり、雷鳴の音がしたら、帝釈天の加護があったとみる。また、一種のヴィジョンとして、死体が喚き髑髏杯（髑髏でつくった杯）で人の血を飲み、あるいは頭上に火が燃えているように感ずれば、閻魔天の加護があるとする。さらに落雷や激しい雹を感じたら龍王の、竜巻が起こると感ずれば毘沙門天の効果が現れたとみなすのである。祈願の効力は暖気と煙と光が一致した瞬間に現れるといわれる。

　護摩《ごま》法《ほう》においては死体を焼いた残りの柴《しば》に己の血を塗ったものを護摩木とし、火が燃えてきたら、死体を焼いたあとにでた灰に自分の血を混ぜて、毒薬と芥子の油と赤芥子を用いて、呪殺する相手の人形をつくり、それを護摩木の上に置いて左手で打ち砕くというのである。護摩の咒は「オン・アギヤノウタクカウシヤ・バ・カノウヤタラビチラッビジハヤ・ソワカ」である。

五壇法のほうがそれ以上に有力であることを実証したのが、元三大師《がんざん》良源《りょうげん》（九一二〜九八五）らであった。良源は五壇のうちの中央の中壇（不動明王）を担当し、その祈禱により冷泉《れいぜい》天皇の病気を治癒。その後、天禄三年（九七二）円融《えんゆう》天皇の病気も五壇法で治している。関係者が見守るなか、加持しはじめると、たちまち良源の姿が変容し、背から火炎が立ち、右手に剣、左手に索《さく》を握り、ついに不動明王そのものと化したように見えたので、天皇や公卿は生身の不動明王と畏《おそ》れて合掌礼拝したという。

東密と台密を統合した比叡山《ひえいざん》系の密教僧・皇慶《こうげい》（九七七〜一〇四九）は「五大尊の法（五壇法）」こそ、調伏法の妙諦《みょうてい》としていた（『四十帖決』）。修法の秘訣としては、どんなに質《たち》が悪い霊でも決して呪縛せず、慈悲の心をもって接することである。呪縛《じゅばく》したままにしておくと、一時凌《しの》ぎにはなるものの、その後、必ずといっていいほど、ひどいぶり返しがくるという。

五大明王法を調伏として修する場合、基本的に役割分担がある。不動は種類を問わず、全般的な調伏に汎用《はんよう》されるが、降三世は天魔、軍荼利は障㝵神（毘那夜迦《びなやか》＝聖天など）、大威徳は人魔や悪毒龍、金剛夜叉は煩悩をもに降伏するとされている。いずれにせよ、各明王の印と真言を結誦《けつじゅ》するなどして行うが、総咒《そうしゅ》には不動明王の慈救咒《じくのしゅ》を誦す。

大威徳明王の怨敵調伏法・大威徳法

もっぱら戦勝祈願で行われていた密教修法が大威徳明王《だいいとくみょうおう》の調伏法である。悪魔を降伏し、悪人や法敵を調伏、あるいは呪殺する際にも積極的に用いられていた。これを修すれば、相手は血を吐いて絶命するという。

青黒色の忿怒形《ふんぬぎょう》で火炎に包まれ、六つの顔と十八の眼、六臂《ぴ》六足を有し、髑髏《どくろ》を瓔珞《ようらく》（首飾り）にしている大威徳明王は、五大明王の一つで、「死神ヤマ（閻魔《えんま》）を倒す者」（降閻魔尊《ごう》）という意味のヤマーンタカを梵名《ぼんめい》としている。『八大童子法』には悪龍、魔、怨敵を降伏させるとある。左右の両手には檀陀印《だんだいん》を結び、そのほかの手には利剣、宝棒、三股戟《こげき》、輪を持つ。印形は内縛して二中指を立て合わす。別に大独股印か内三股印などを用いる儀軌《ぎき》もある。『摂無礙経《しょうむげきょう》』では無量寿仏《むりょうじゅぶつ》（阿弥陀《あみだ》仏）が怒った姿の忿怒形とも、煩悩を破壊し尽くす自性《じしょう》輪文殊師利《りんもんじゅしり》菩薩《ぼさつ》（文殊菩薩の化身）とも記し、『大妙金剛経』では妙吉祥《みょうきっしょう》菩薩の変化《へんげ》としている。

修法は、調伏用の護摩壇である三角壇をつくり、大独股印を結んで、真言「オン・キリクシュチリビキリ・タダノウウン・サラバシャトロダシャヤ・サタンバヤサタンバヤ・ソハタソハタソワカ」、あるいは「オンシュチリ・キャラロハ・ウンケンソワカ」を一万遍誦する。

それが終わり次第、粘土状の黒泥で怨敵《おんてき》に見立てた人形を練《ね》りあげてつくり、それを仰向けに臥《ふ》せ、その腹中に驢（ロバ）の糞を付ける。さらに驢の骨を用いて杭をつくる。杭は長さ六寸のものを五本用意し、一つの杭ごとに上記の真言を百八遍ずつ誦し、そのうちの二本の杭を黒泥の人形の左右の肩に釘付けし、別の二杭を両脛に釘付けする。さらに残りの一本の杭を心臓の上に釘付けしてから、南面して坐し、安悉香《あんしっこう》を焼いて真言を一万遍

大威徳明王（『別尊雑記』）

大独股印

誦すと、怨敵は急病になり、血を吐いて死ぬという。また「オンアクウン」の呪を唱えつつ、粘土状の黒泥でつくった人形を金剛杵《こんごうしょ》で一撃のもとに砕き、それを護摩の火中に投ずる呪法も修された。

また別の修法として、佉陀羅木《きょだらぼく》をとって四指の長さの杭をつくる。その一方で三角炉のなかに火葬した残灰で人形を描き、真言をもって杭を百八回誦してから、その杭を人形の心臓の上に釘付けしたのち、自分が大威徳明王になった心になり、左足で人形の心臓の上を踏みつけると観想しながら、真言を一千回唱える。真言の句のなかに怨敵の名を唱えれば、その怨敵は確実に死ぬとされる。

大威徳明王法による呪法がいかに強烈だったか、天台僧の相応《そうおう》（八三一〜九一九）のエピソードが有名である。天狗《てんぐ》に憑《つ》かれて精神を病んでいた染殿《そめどの》の后《きさき》（文徳天皇の皇后藤原明子《ふじわらのあきこ》）に当時高僧と称された者たちが入れかわり立ちかわり加持《かじ》したが、まったく効果がなかった。そこで天台宗第一の験力《げんりき》を持った有徳の相応が召されて、得意の不動明王法で修法したのである。ところが、どうもままならない。そこでいったん、本坊の無動寺《むどうじ》に戻り、本尊の不動明王に祈請《きせい》。すると、どういうわけか、その本尊は相応に背を向けるのである。あらためて対座すると、またもや対座を避けたという。この異常事態に相応は必死になって不動明王に祈禱を凝らすと、ついに不動明王は告げた。それは染殿の妃に憑依している天狗の正体は、空海の高弟であった真済《しんぜい》（紀僧正《きのそうじょう》）であり、真済は生前、不動明王呪《しゅ》を受持していたので、いくら相応が同じ不動明王呪で加持しても呪縛することはできないというものであった。さらに不動明王は

大威徳明王の明咒による他人の呪詛を避ける法

三股《さんこ》印《いん》を結んで、毎日「オン・シュチリ・キャラロハ・ウンケンソワカ」を一千回ずつ唱えると、一切の悪人が近寄らない。また自分に対する呪詛《じゅそ》はみな破壊されることになっている。悪夢を見たときにもこの真言を七回誦せば、吉夢に転ずる。

敵国の方角に向かって心中心法印を結びながら、この真言を千八十遍唱えれば、その国家の境界に疾病などが起こり、大打撃をあたえることができるという。敵が降伏してこの法を解く場合は、慈悲心を起こして、それまでの敵を父母、あるいは相愛の男女のように思い描きながら、真言を一万遍誦せば、災いは終息する。

天狗を調伏する秘策として相応に大威徳明王呪を授けたのであった。再度、宮中へ足を運んだ相応はそれによってやっと天狗を結縛することができた（『拾遺往生伝《しゅういおうじょうでん》』『古事談《こじだん》』など）。調伏には不動明王法よりも大威徳明王法が格段に優れていることを強調しているわけである。

また、永久元年（一一一三）清水寺《きよみずでら》の別当《べっとう》補任権をめぐって興福寺《こうふくじ》と延暦寺《えんりゃくじ》の双方の衆徒（悪僧＝僧兵）が対立抗争し、朝廷を巻き込んで紛糾したときに、朝廷は打開策として仁和寺《にんなじ》の寛助《かんじょ》（一〇五七〜一一二五）に大威徳調伏法を修法させ、鎮静させたこともあった。

大威徳明王を本尊として相思相愛のものを不和にする行法・男女離愛の法としては、本尊の前に三角の火壇をつくり、護摩行を七夜つづける。棘刺《きょくし》の柴《しば》（刺《とげ》のある木）をもって火を燃やし、苦練（栴檀《せんだん》）の葉を二つとり、その葉の表に不和を願う相愛同士の氏名を別々に書き、両方の葉の裏側を合わせて蛇の皮で包み、鼠あるいは狼の毛を縒《よ》り合わせて縄をつくり、その縄で縛《しば》る。それを百八枚用意し、相愛同士の氏名を真言のなかに折り込みながら、護摩の火中に投ずれば、必ず不和になって離反するという。

また怨敵や悪人につきまとわれて難儀していれば、次の一法でその怨敵を遠くに去らせることが可能という。これには鳥の羽根百八枚を用意し、芥子《からしな》の油をそれに塗り、三角炉で焼き、さらに棘刺の柴で燃やし護摩《ごま》を一夜焚《た》きつづけ、真言のなかに怨敵の名を一遍唱えて、火中に投ずるのである。すると、怨敵は自由を得られず、遠くに去るという。悪縁や魔縁を絶つにも効果がある。

敵に勝利するには、茅《かや》草の葉を百八枚、長さ十二指のものを用意し、油麻《ゆま》油を塗り、三角炉のなかに棘刺の柴を入れて火を焚き、七夜護摩を行う。真言を百八回誦し、さらに真言句のなかに敵の代表の名を唱えてから、真言を一回誦し、火中に投ずると、敵の軍勢は破れて自然に勝ちを得るという。敵を破る別の一法としては、鉄末（鉄の粉末、砂鉄）六両をとり、真言の間に敵の名を唱え、その後、鉄末をひとつかみとって、真言で一遍加持し、三角炉のなかに一擲《ちゃく》する。このようにして護摩をすること、七夜つづければ、怨敵は衰亡する。

注意事項として、これを行うことができるのはすべての行を成満《じょうまん》した行者に限られ、目的を達したのちは、必ず懺悔《さんげ》の法を行わなければならないとされている。

金剛夜叉明王（『別尊雑記』）

金剛夜叉曼荼羅（『曼荼羅集』）

阿尾舎法——降神法

密教的な神憑《かみがか》り法の阿尾舎法《あびしゃほう》（阿尾捨・阿尾奢などとも記す）で用いられるのが、金剛夜叉明王《こんごうやしゃみょうおう》の咒《しゅ》である。金剛夜叉明王は「金剛杵《しょ》の威力を持つ夜叉」を意味するヴァジュラヤクシャという梵名で、北方羯磨部《かつま》の忿怒身にして、不空成就如来、釈迦の変化《へんげ》ともいわれる。すべての悪、穢触や染欲心を平らげると同時に駆除しつくすとされ、その点で烏枢沙摩《うすさま》明王と相通ずるところもある。姿は三首五眼火髪の忿怒形で、六つの臂《ひじ》を持ち、弓、箭《せん》（矢）、剣、宝輪の武器を所持し、蓮華座の上に立つ。三昧耶形は羯磨輪《りん》、牙《げ》、鈴《りん》、五股杵《ごこしょ》、剣など。印形は羯磨首印、二小指を立て鉤のようにして、各頭指と大指を捻《ね》じて円形にする。また根本印もある。

金剛夜叉明王を本尊として行う阿尾舎法は、根本印を結び、「オンマカヤシャ・バザラサトバ・ジャクウン・

迦楼羅（金翅鳥）（『別尊雑記』）

バンコク・ハラベイシャヤウン」の真言を百八遍ないし千八十遍唱えて霊媒《れいばい》役の相手を加持すれば、必ずや神憑り状態にすることができるとされている。相手の男女の別は問わず、年齢もとくに関係ないというが、神憑りになるにふさわしい素質の者がいるので、それを選ぶようにすればよいと儀軌にある。神憑りになったら、三界三世（世界の現在・過去・未来）のことを聞けば、あらゆることがわかるといい、事の吉凶禍福、善悪などを占うにも阿尾舎法が効果的だとされている。

迦楼羅《かるら》（金翅鳥《こんじちょう》）の修法においても阿尾舎法が行われる。迦楼羅の修法のなかでもっとも秘奥の法とされているのが阿尾舎法なのである。これは健康で聡明な四、五歳の童男、または七、八歳の童女を選び、一週間粗食させておく。その一方で行者は鬼宿日《きしゅくにち》、または甘露日《かんろにち》などの吉日に沐浴したのち、全身に香を塗り込め、浄衣を着衣し、口に龍脳豆蔻《りゅうのうずく》を含む。

そして真言を唱え、東に向いて座り、白檀香《びゃくだん》で小壇を一定量塗る。次に童男あるいは童女を壇上に立たせて、散華《さんげ》し、安息香《あんそくこう》をとり、大印と真言「ノウマクサンマンタ・ボダナン・アラハチカタ・シャサナウナン・タニヤタ・オンシャクダ・マカシャクダ・ビタダハキシャ・サラバハノウ・ギャナウキャ・キャキャキャキヨキャ・サンマヤ・マドサンマラ・ムチシュタボウヂサトバ・キジャハヤチ・ソワカ」を唱えて、七度加持して焼く。しかるのち、加持して焼いた安息香で童男の手を薫染するのである。

その後、赤華を七度加持し、童男に持たせ、瞑目させる。さらに大印を結び、自分の額、左右の肩、心、喉、頂を加持したあと、印を解いて、陀羅尼《だらに》「ソウマリバキャバチマカボナギ・カタラシキチリ・シギチリ・ロサジイジャ・ジュハバテイ・ソワカ」を誦す。

次に童男の頂に大印を向け、童男の頭上に三角の火輪光《かりんこう》が赤くさかんに燃え上がっていると観想しながら、「ネンアギジ・シキ・ソワカ」と七遍唱える。

次に同じ印を童男の頭上から口の上に向け、その口中に白い半月形の水輪があると観じつつ、「オン・ジャラタンリタマニ・ソワカ」の陀羅尼を七回唱え、また心臓のあたりに印を移動し、そこに方形の地輪が黄色に光っていると思い描きながら、「オン・マカバラバラキマラ・ソワカ」の陀羅尼を七遍誦す。さらに印を臍に移し、円形の風輪が黒く存在していると観想し「オン・ビノウタリラノウナ・ソワカ」と七回唱え、その後、両脚に印を向け、迦楼羅を観じながら、「オン・ハキシラジャハナ・ソワカ」と七回誦すのである。

次に大印を結び、童男に「オン・カバサマブタチハテイ・ソワカ」と加持したのち、行者はみずから摩醯首羅《まけいしゅら》天《てん》と同一になったと観想し、大印で童男の百八命節を呪す。真言は「オン・ミリテイビャタタジャバユラカセン」。

次に十方を結界し、童男に向かって摩醯首羅天の使者の真言を読誦する。この真言は「リセイタカ・バタナキャ・ビシャタハダ・サツマダキャラ・ビキツマラ・ビラサツキャチ・リセイタカ・フラリバタンラン・サラサラ・サリサリ・ハダハダ・ハタハタ・ハンニハンニ・キャチキャチ・アビシャアビシャ・リセイタカ・ロヌソキニヨウハヤチ・ソワカ」であるが、これを七遍唱えると、やがて童男は戦慄し、神憑りの状態に入るという。

なかなか神憑りの状態にならない場合は、催促使者の真言を唱えれば必ず応験があるとされる。その真言は「リリヤ・マロキャタ・ソロソロ・フニタカナカナハラカンハナニ・ナトロニトロニ・モニモニ・ハニハニ・キャチキャチ・アビシャ・アビシャ・リセイタカ・ロヌソキニヨウハヤテイ・ソワカ」である。

童男が神憑りになったら、未来の一切の災厄、あるいは吉祥事を問えば、すみやかに応答がある。返答がない場合は捧印を結んで「オン・ボナキカチ・トロトロトロ・ソワカ」と唱えて童男を加持すれば、語りだす。神降ろしを終えるには、大印を結び、その真言を誦して閼伽《あか》（水）を呪し、その閼伽を童男に三度振りかければ、元に復する。

このようにいささか煩瑣《はんさ》な作法を踏むのであるが、日頃から催促使者の真言を唱えつづけ、一万回に達すれば、阿尾舎法は成就し、使者（眷属）が出現して行者を陰に陽に加護するといわれる。一度使者が出現すれば、これを篤《あつ》く供養し、誠心誠意念ずれば、その使者を使役することができるようになる。阿尾舎法を修するにもすぐに応験があることはもちろん、行者の求めるところにしたがって、増益、延命、強敵打破なども思いのままになるという。だが、行者に悪念や悪意があれば、厳罰を被ることになるので、みだりにこの法を修したり、伝授してはならないと戒められている。

摩多羅神

唐からの帰朝のときに船中で円仁《えんにん》が感得した比叡山特有の異形神《いぎょうしん》である。みずから摩多羅神《またらじん》にして障碍神《しょうげしん》と名乗り、自分を崇敬しなければ、往生《おうじょう》させないとすごんだ。そこで円仁は延暦寺常行三昧堂《えんりゃくじじょうぎょうざんまいどう》（常行堂）に勧請《かんじょう》して祀《まつ》ったという（『渓嵐拾葉集《けいらんしゅうようしゅう》』）。以後、摩多羅神は浄土経典と念仏を護持し、それを害する者を破折《はしゃく》するとされる。念仏会《ねんぶつえ》が修されるときには後戸《うしろど》で修行者を護持するのである。

また大黒天信仰と習合し、災厄《さいやく》を祓い、福をもたらす神として民間信仰の対象にもなった。鎌倉時代には比叡山のタントラ密教ともいうべき玄旨帰命壇《げんしきみょうだん》の本尊として祀られた時期もあったが、江戸初期までに、セックスを交えた灌頂《かんじょう》儀礼をともなう玄旨帰命壇は淫祀邪教《いんしじゃきょう》として完全に葬り去られた。そのため、比叡山の念仏行の守護神としての神格と、大黒天的な福神としての要素に集約されて今日にいたっている。茨城県真壁郡大和《やまと》村の真言宗豊山《ぶざん》派楽法寺《らくほうじ》（雨引《あまびき》観音）の摩多羅鬼神祭は厄除《やくよけ》行事として名高い。

金剛夜叉明王法

金剛夜叉《こんごうやしゃ》明王の修法は五壇法において息災や調伏のために行われるものであるが、源平合戦のときにも調伏で使用されたことがある。だからといって、金剛夜叉の真言をみだりに用いれば、かえって修法者側に災いが及ぶといわれているのも事実である。あらゆる修法を踏まえた温厚忍辱《にんじょく》のベテランの行者が、ここ一番のときを見計らって、結誦修法すれば、確実に効果があるということになっているのである。

金剛夜叉明王の真言を千八十遍唱えると、みな刃向かうことなく、従順になって伏《ふく》するようになるとされ、そのために傲慢横暴《ごうまんおうぼう》な者を根本から改心させたり、相手の愛を得たりする場合にも、この印と真言が重宝されている。また食事の前に、飲食物に「バザラヤキシャウン」を七回唱えれば、食中毒にならないといわれる。怪しげな食事や毒が入っていると思われる食事を勧められたときにも、この真言を二十一回誦すれば、毒が無毒化され、事なきをえる。万一、食中毒の症状が現れたとしても、自分が金剛夜叉明王と一体化したと観想して真言を唱えれば、毒は消えるという。

金剛童子法

源平合戦では金剛夜叉明王法も修された。図は平治の乱における三条殿焼討ち（『平治物語絵巻』東京国立博物館蔵）

降伏《ごうぶく》や除病や安産などに格別の効験があるとされる金剛童子《こんごうどうじ》法は通常、台密系の黄《き》童子法と東密系の青《あお》童子法の二法がある。前者は『倶摩羅儀軌《ぐまらぎき》』に基づき、黄色い体の忿怒形で、赤い怒髪を逆立たせ、左手に金剛杵《こんごうしょ》を持ち、右手を施無畏《せむい》にして青い蓮を踏む。後者は『聖迦抳《しょうかに》忿怒《ふんぬ》金剛童子菩薩《ぼさつ》成就儀軌経《じょうじゅぎききょう》』を基にしており、海中から湧出《ゆうしゅつ》し、赤く血走った三目六臂《ぴ》の尊形で、狗牙《こうが》を剝《む》き出し、下唇を嚙《か》みしめ、眉《まゆ》を顰《ひそ》めて右手に三股杵《さんこしょ》・棒・斧鉞《ふえつ》、左手に棒・剣を持ち、毒蛇を身にまとっている。黄童子法は三井《みい》流（三井寺系＝天台寺門宗）では阿闍梨《あじゃり》位を持つ者だけが修法を許される特別な秘法として尊重されてきた。天台寺門宗の修験者などは十万金剛童子が修行者を護持する霊地とされる紀州の熊野の地に赴き、そこを修練所として修法する。真言は「オン・キャニドニ・ウンハッタ」。

降三世明王の怨敵調伏法・除病法・戦勝法

過去・現在・未来の三世と貪欲《とんよく》・瞋恚《しんい》（怒り）・愚痴《ぐち》の三毒を降伏させる明王《みょうおう》で、東方金剛部の忿怒尊《ふんぬそん》。一般に三面八臂《ぴ》、火炎髪で、左右の二手に印契《いんげい》を結び、右の第一手には三股鈴《さんこれい》、次手に箭《せん》（矢）、次手に剣、左の第一手に三股戟《げき》、次手に弓、次手に索《さく》を持つ。左足で大自在欲王《だいじざいよくおう》（シヴァ神）を踏んで地に倒し、右足で王妃烏摩《うま》（ウマー）の乳房を踏みつけている形像が多いが、蓮華に坐す場合もある。真言には「ソンバ・ニソンバウン・バザラ・ウンハッタ」あるいは「ニソンバ・バザラ・ウンハッタ」などがある。

降三世明王《ごうざんぜみょうおう》の修法に際して行者は前もって念入りに準備しなければならない。四十九日間、五穀《ごこく》と塩を絶ち、真言を十万遍ひたすら唱えつづけるのである。満願の頃には本尊が大悪怖魔《だいあくふま》の形状で現れ、行者を試みることがある。が、けっして恐れず謹んで心を乱さないようにする必要がある。そうすれば一切のものが降伏し、行者を加護するばかりか、諸法がすみやかに成就するようになる。

悪人や怨敵を調伏したいというときには三角壇をつくる。壇は南に向けて、悪木（刺《とげ》のある木など）を用意し

「オン・ソンバ・ニソンバウン・ギャリカンダギャリカンダウン・ギャリカンダハヤウン・アナウヤコクハギャバン・バザラ・ウンハッタ」と一遍唱えて加持し、その木を焼く。そのようにして三百二十四遍行えば、悪人は降伏して帰服するとされる。それを唱えると、三千世界（全宇宙）が六種に振動し、天魔、魔界、魑魅魍魎《ちみもうりょう》などに損害をあたえるので、彼らはとてつもない恐怖と不安に駆られて、ついには明王のもとに帰服して憐憫《れんびん》を乞うにいたるというのである。

悪人を病気にして懲らしめるには、調伏壇をつくり、根本真言一千八十遍と根本五股印を結び、その後、赤黒二種の芥子を一千八十粒焼く。焼き方は真言を一遍唱えながら、一粒焼くのである。その際、真言のなかに悪人の姓名を誦すれば、その人物は床に就いて長病になる。病気を回復させるには、息災壇を設置し、東に向かって治癒するよう強く念じ、真言を唱えつつ、白米を一千粒焼く。この一咒一焼で、病は癒《い》える。

この真言は調伏だけではなく、病気除去、富貴栄達の修法にも用いられている。重病人を救いたいと望むならば、尊像を前にして香水《こうずい》を百八遍咒したのち、それをすばやくつまんで病者の懐《ふところ》のなかに入れれば、覚醒《かくせい》し治るにいたるという。気の病や精神病を癒《いや》すには、龍神が棲《す》んでいると言い伝えのある池の水をとり、それに対して真言を唱えて咒すること百八回、その後、その加持《かじ》した水で病者の両目、口舌を洗えば、自然に治癒するとされている。

どうしようもない悪人、改心の見込みのない者に対しては降三世呪殺法もある。調伏壇の炉のなかに調伏すべき悪人の氏名と、その悪人に見立てた人形を置き、必ず呪殺すると念じて百八遍真言を唱えたのち、砂で悪人の人形を打ち、それを焼けば、悪人は死んだようになるという。その悪人を蘇生させるには、降三世明王の本尊に対座して慈悲心をもって百八遍誦すと、一定の時間内であれば後遺症もなく、生き返る。

また戦闘で勝つための修法として降三世明王法を行うこともある。これには香華《こうげ》百八枚をとり、五股印《ごこいん》を結び、降三世明王の真言を唱えながら焼く。そうすれば、どんなに手ごわい強敵であっても、また魔軍であっても退却、退散すると信じられている。山林で悪獣や毒蛇に遭遇したとしても、降三世明王を念じつつ両手に石を持ち、それを二十四回ないしは十四回加持して投げつければ、それらは降伏して危害を加えることはないという。

不倫疑惑にある者を白状させる行法としては、一丈二尺の柘榴《ざくろ》の木を用意し、それを一万遍真言で加持したのち、疑惑の渦中にある男女の人形を一体ずつつくり、別々に置き、各局所（陰部）を一咒一打（一回真言を唱えるたびに一打ちすること）する。その後、相手を問いつめると、白状におよぶという。国王や大臣から寵《ちよう》を被《こうむ》りたい場合は、敬愛壇をつくり、菊根百八枚を焼いて一咒一焼する。自然に敬愛を受けて出世するようになるとされる。

軍荼利明王の延命招魂法・怪異消滅法

重病重体で死にそうになっている者を延命させる秘法で、真言宗の醍醐寺《だいごじ》系や仁和寺《にんなじ》系では極秘とされている。普賢延命法《ふげんえんめいほう》とともに行うことが多いようである。作法は施主（病者）の衣服を用意し、洒水《しやすい》ののち、三股杵《さんごしよ》を左に旋転してその衣服を加持し、軍荼利小咒《ぐんだりしようじゆ》「オン・アミリテイ・ウンハッタ」を誦し、続いて活命《かつみよう》印明を結誦《けつじゆ》する。秘密鉤印を結んで、辟除《へきじよ》を行う。すべての指を外に向けて伸ばすなどして、「オン・バザラ・サッタ・ウンジャク」を唱える。次に金剛合掌して偈頌《げじゆ》を唱え、ふたたび軍荼利小咒を誦して三股杵を右に旋転して衣服を加持するのである。これは病者の肉体から分離しかかっている魂を招いて結界内に入れてそこから去らせないための呪法である。その後、その衣服を施主に着用させるのである。

また、火の玉が去来したり、霊現象などの異変があったときにも、この方法を用いれば、鎮静するといわれる。

軍荼利明王の除魔治病法・鉱物の探査法

軍荼利《ぐんだり》明王は十八道で用いる結界の主尊で、原義は「甘露《かんろ》の容器」と「髑髏《どくろ》を巻く者」の二重の意味があり、宝生《ほうしよう》如来の忿怒身《ふんぬじん》と目されている。一切の難事を破壊して、阿修羅《あしゆら》、悪鬼などの外敵を除き、人間を守護してやまない強い威力の持ち主とされる。五壇では南方に配されているが、仏部蓮華金剛部の弁事《べんじ》明王として甘露《かんろ》軍荼利、金剛《こんごう》軍荼利、蓮華《れんげ》軍荼利の三身がある。

軍荼利明王には四面四臂《ひ》、あるいは一面八臂があるが、いずれも第一手の左右の両手を拳印にして、大瞋印《だいしん》を結び、身には威光焰、鬘を帯びて、月輪のなかに住している。その威力は凄まじく、歓喜天法を修して霊験がない場合は、軍荼利明王法で歓喜天（毘那耶迦《びなやか》）を責め立てれば、必ず妙験があるとされ（『八大童子法』）、また最勝最強の仏尊とされる金剛仏頂《ぶっちょう》が統轄《とうかつ》する五百由旬《ゆじゅん》内の一切を封ずる結界《けっかい》の法力に対しても、軍荼利の大三昧《だいさんま》耶印明《やいんみょう》を結誦すれば、対抗できるというのである（『軍荼利記』）。

生霊や死霊など霊魂が原因となって起こるとされる鬼病には牙印《げいん》を結び、法印呪《しゅ》か大心呪を誦す。法印呪は「オンウウン・カタトダ・マタビジャ・ケッシャヤ・サラヤハッタ」で、大心呪は「オンコロコロ・チシュタチシュタ・マンダマンダ・カナウカナウ・アミリテイ・ウンハッタ」。しかるのち、病患部を加持すれば癒《い》えると伝える。いずれにせよ、鬼病に対してはこの印明を用いて鬼神を呪縛《じゅばく》すると観ずれば、病人は口中から血を吐き出すなどして、やがて快方へ向かうという。

食欲不振、胃病、胃痛に苦しむ場合、あるいは肝臓病系の黄眼や黄腹、または喘息《ぜんそく》、喉《のど》の痛みに際しては、石《せき》鹽《えん》、阿魏薬《あぎやく》、訶梨勒《かりろく》、茴香《ういきょう》子、乾薑《しょうが》、蓽茇《ひっはつ》、胡椒《こしょう》を等分にとり、それぞれ半両くらい、ともに搗《つ》いて粉とし、砂糖を加えて丸薬《がんやく》として棗《なつめ》のようにしたものを空腹時に食す。その際、牙印と真言を百八遍唱えて丸薬と病者を加持する。

また毎日の食事前に、その一部を軍荼利に供養して心呪「オン・アミリテイ・ウンハッタ」を七遍唱えるようにしておけば、どんな状況下であっても軍荼利の守護を受けるという。

鉱物の探査法にもこの軍荼利明王の真言を使う秘事がある。毎日三回、金剛印を結び、大心呪を千八十回ずつ念誦し、金銀銅などが地中に伏蔵していると見込みをつけた地点に立って、錫杖《しゃくじょう》などでその地を打てば、その音の響き加減によって自然に鉱物の有無が知覚できるようになる。三日間のうちに鉱物がでなければ、さらに七日間行法をつづけて、飯食を供養し、呪を誦すれば出現するとされている。

烏枢沙摩明王の増益・降伏法・変性男子秘法

烏枢沙摩《うすさま》（烏枢渋摩《うすしま》・烏枢瑟摩・烏芻渋摩などとも記す）は北方羯磨部《かつま》の教令輪身《きょうりょうりんじん》（衆生を導くために方便として現われた姿）で、不浄や穢れを浄めるという金剛夜叉明王《こんごうやしゃみょうおう》と同じ本誓《ほんぜい》（根本的な誓願）を持っている。心の不浄を食らうのが金剛夜叉であるのに対して、烏枢沙摩は物の不浄を食い、浄化し尽くすという。智証《ちしょう》大師円珍《えんちん》（八一四〜八九一）を開祖とする天台寺門宗では五大明王法において烏枢沙摩を金剛夜叉のかわりとして用いているほどである。梵語ではウッチュシュマという。元は火の神アグニで、そのため、世界の汚穢《おえ》の一切を焼きつくす明王とされ、火頭《かず》金剛、不浄金剛、穢触《えしょく》金剛などともよばれる。

烏枢沙摩明王の真言は「オン・クロダヤ・ウン・ジャク・ソワカ」あるいは「オン・シュリマリ・ママリマリ・シュシュリ・ソワカ」など。これらの真言を十万遍唱えれば、明王が出現して守護し、物心ともに満足をあたえるという誓願がある。同時に、悪鬼や魔障を祓い、病苦を解き放ち、枯れ木に花を咲かせることすら可能であるとされる。

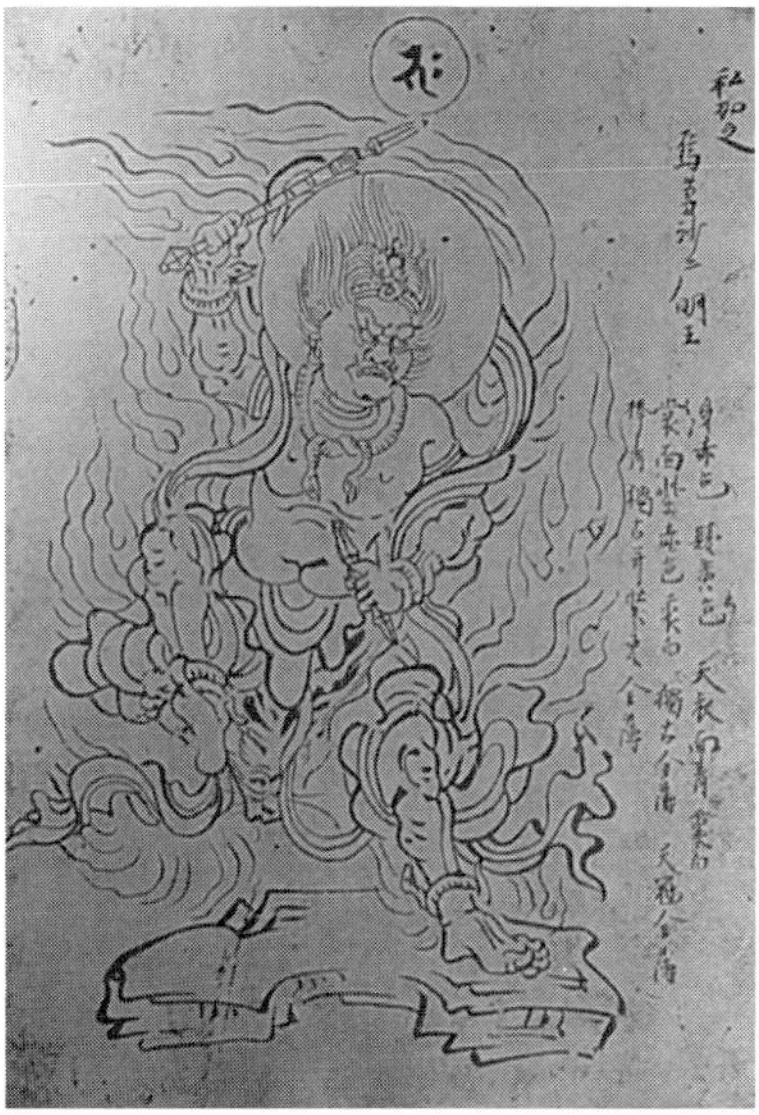

烏枢沙摩（『別尊雑記』）

悪人を降伏させる行法には、その人物の氏名を紙に書き、それを行者が踏みつけながら真言を百回唱えて加持すると、その人物はすぐに行者のもとにきて憎悪の心を捨てて帰服するにいたるという。また特定の人から憎まれていて、それを解消したいのであれば、その人物の氏名を書いたものを脚下に置いて烏枢沙摩の真言を百八回誦すれば、憎しみの心を捨ててその人物は敬愛の心を持つようになる。

逆に仲がよい者同士の関係を引き裂くには、人形に両者の氏名を書き、踏みしめながら、二百十八回真言を唱えれば離反するという。

病気治しにも烏枢沙摩の修法が効果的とされる。急病であれば、左手の頭指と中指で索文《さくもん》を押さえ、百遍誦したのち、病人に七回、その印のまま加持すればたちどころに治るといい、また病人が死にそうであれば、無名指を屈して掌内に向け小指を立てて百遍、真言を呪すれば、難を逃れるという。邪霊による病気であれば、病人の枕許《まくらもと》で安息香《あんそくこう》を焚《た》き、真心を込めて真言を唱えつつ加持すれば正気づき、中毒病や流行病のものであれば、病者の氏名を紙に書き、安息香とともにそれを呪すとよいとされる。精神性の病気で、長らく床に伏すような病気ならば、その病人の氏名と病をなす鬼の名前を紙に書いて、患う人が寝ている床下に埋めたのち、加持する。すると思いのもとになっている鬼霊（怨霊）が病人より浮かび上がってくるので、その鬼にその病人から離れるよう仏の理を説いて説法すれば、病気は癒えるとされる。

男子出生を望む者に対する変成《へんじょう》男子法の本尊としても用いられてきた。烏枢沙摩の真言で妊婦を加持すれば、胎児が女性から男性に変わり、男子が生まれるとされ、しかも必ず安産になるとされた。白河《しらかわ》天皇の中宮藤原賢子が懐妊すると、天台密教僧の長宴《ちょうえん》（事相の蘊奥《うんのう》をきわめた皇慶《こうげい》の高弟）がこの修法を執り行い、のちの堀河《ほりかわ》天皇を誕生させている。烏枢沙摩に祈る安産祈願は今日でも行われている。

また、渇ききった泉を復活させるのにも、烏枢沙摩の法を行う。これは浄化された灰で泉を囲み、井戸水を三升とり、泉のなかに置き、寅の刻に真言を百八遍唱えれば、清い水が出るようになるとされる。枯れ山に緑を復興させる場合は、賓鉄刀《ひんてつとう》一口をもって四方において山を囲み、真言を三千回誦することを七日間つづけるのである。すると木や草花が生えてくるという。

野獣を手なずける方法としては、安息香を焼き、獣の住処《すみか》に向かって千遍、真言を唱えれば、その野獣が夜間に行者の門前にいたり、帰服すると儀軌に記されている。

太元帥明王の鎮護国家・朝敵退治の秘法・太元帥御修法

太元帥明王法《たいげんすいみょうおうほう》は鎮護国家、天皇安泰、朝敵退治、諸魔降伏、諸畏怖《いふ》消滅などのために特別に修せられてきた最高の大法である（東密系では太元帥をもっぱら「たいげん」と称する）。この明王は梵語では「曠野夜叉大将《こうややしやだいしょう》」を意味する「アータヴァカ」という鬼神（古代インドの王国・舎衛城《しやえじょう》外の曠野に住み、子供を食していたが釈迦《しやか》により調伏される）で、その姿態は筋骨隆々とし黒青色の肌をした怒髪の忿怒形《ふんぬぎょう》である。密教化されてからは、国土鎮護の仏神となった。つとに明王中の最強といわれる。

国家転覆を謀《はか》るような朝敵を調伏するために朝廷の威信をかけて密教僧に行わさせたのが、太元帥明王の大秘法、すなわち太元帥法《たいげんのほう》で、『阿吒薄倶元帥大将上仏陀羅尼経《あたばくげんすいたいしょうじょうぶつだらにきょう》』などに基づいて修された。有名なところでは、平《たいらの》

太元帥明王（『図像抄』）

日本で初めて太元帥明王が示現したとされる秋篠寺の井戸の上に建てられた香水閣

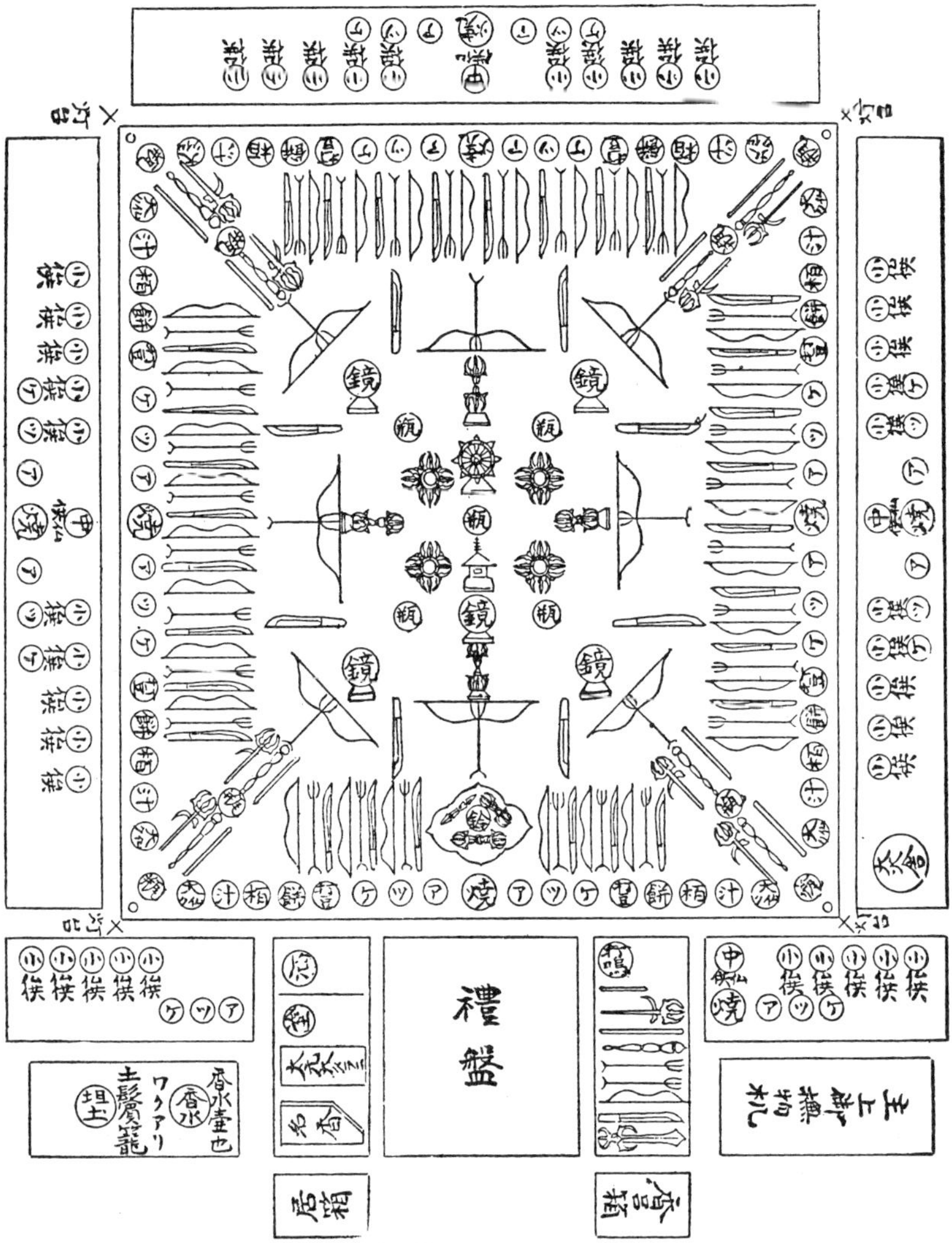

太元帥明王法大壇

将門《まさかど》の乱や元寇《げんこう》にはこの法で朝敵を撃破し、国難が回避されたとされる。朝廷では恒例の大会《だいえ》として毎年正月八日から十四日までこの修法を行い、それにより護国はもとより、悪疫《あくえき》、水害、旱魃《かんばつ》、暴風雨などの諸災害をもっともよく防除すると考えられてきた。であればこそ、この大秘法は朝廷の独占であったが、のちには一部の武将や貴族のために限定的に修法されるようになった。

　入唐した霊仙《れいせん》が日本僧では初めて太元帥法を受法したが、皇帝の寵《ちょう》を得て、その護持僧として帰朝を許されないままに示寂《じじゃく》。その後、空海の弟子・常暁《じょうぎょう》（?〜八六六）が渡唐し、花林寺《かりんじ》の元《げん》照《しょう》や栖霊寺《せいれいじ》の文璨《ぶんさい》阿《あ》闍梨《じゃり》などに太元帥法を受け、霊仙の唐在住の弟子からも太元帥法にともな

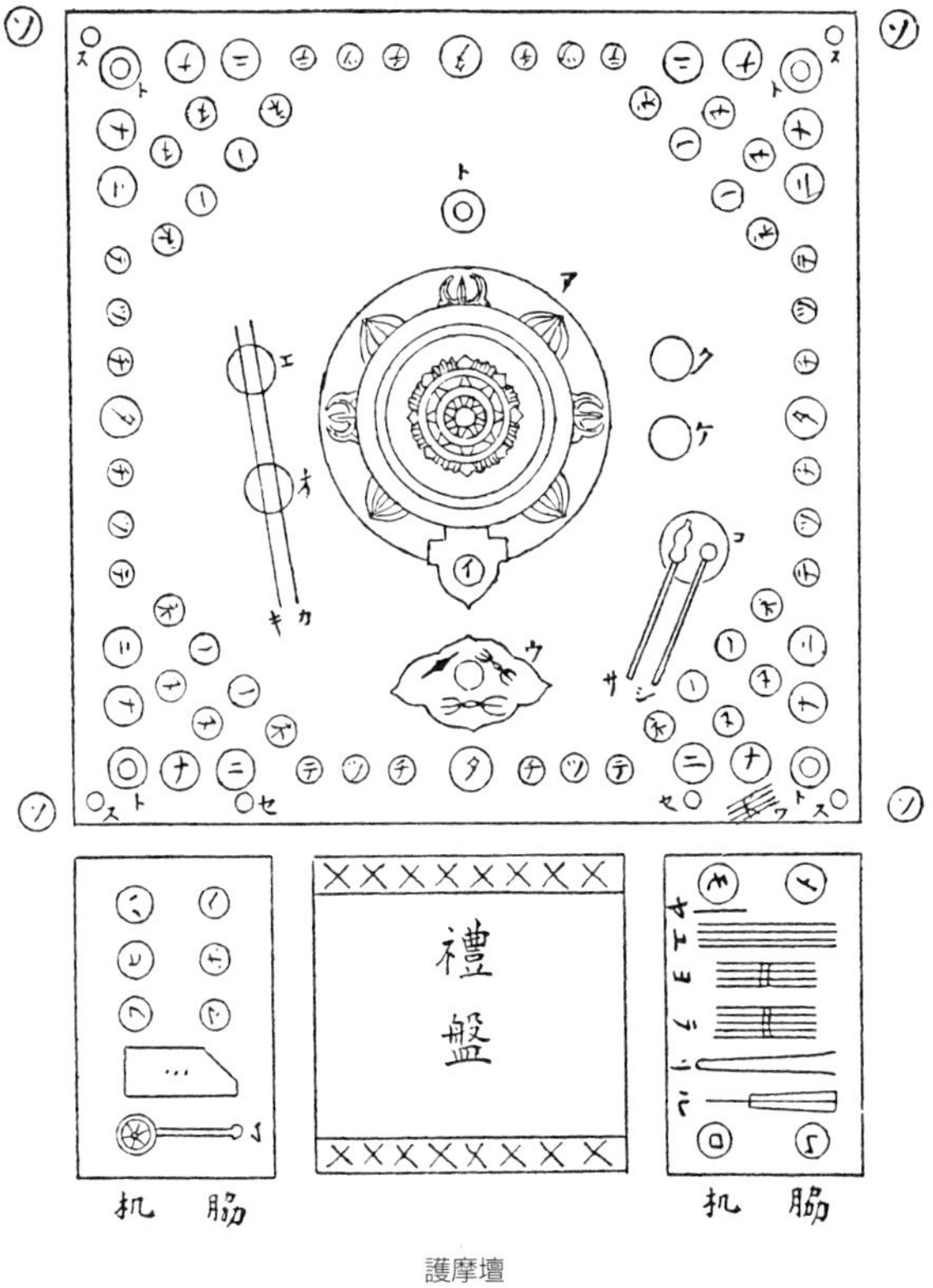

護摩壇

う霊仙の遺品などを受け取り、承和六年（八三九）に帰朝、「治国の宝・勝敵の要」の法ゆえに唐朝がみな帰依《きえ》していると奏上《そうじょう》したので、仁明《にんみょう》天皇はこの法の神験を尊重し、翌年に日本で初めて修法された。伝説では入唐前に常暁が奈良の秋篠寺《あきしのでら》の井戸で後夜《こや》供養の閼伽水《あかすい》を汲むときに井戸の底に六面八臂《ぴ》の忿怒形の鬼神を見て、そのあまりの恐ろしさに卒倒、息を吹き返したあと、その尊像をスケッチし、その後、唐で太元帥法を修法するにおよんで、その尊像が井戸で見た影像と同じものであることを知り、深い因縁を感じたという。太元帥明王が出現したとされる井戸が今も秋篠寺の境内に霊跡として残っている。

太元帥法は基本的に明治四年に廃されるまで宮中や秋篠寺のほか、常暁が別当を勤めた京都小栗栖《おぐるす》の法琳寺《ほうりんじ》、醍醐《だいご》寺《じ》理性院《りしょういん》において行われた。国家の管理を離れたあとも密教系の寺院で太元帥法を修しているところもある。

太元帥明王の正式な修法は十八道行法による。道場の中央に大壇、西側に息災および調伏《ちょうぶく》護摩壇、東北に聖天壇、東方に十二天壇を設け、各種の作法ともに甘露《かんろ》陀羅尼、心咒などの真言を唱える。御衣《ぎょえ》加持《かじ》では御衣を壇所に送って加持し、結願日《けちがんび》に御衣を返上した。太元帥明王の修法にともなう真言は「ナウボ・タリツ・ボリツ・ハラボリツ・シャキンメイ・シャキンメイ・タラサンダン・オエンビ・ソワカ」、ないしは「アシャアシャ・ムニムニ・マカムニムニ・アウニキウキウ・マカナカキウキウ・トウカナチコ・アカナチアタナチ・アダアダ・リウヅ・キウキウヅリウ・キニキニキニ・イククマイククマ・クマクマキリキリキリ・キリニリニリ・マカニリ・ソワカ」などがある。

諸災厄を防ぐ太元帥明王の真言としては「リウムリウムリウム、リウマリウマ、キリキリ、キリキリ、キリキリ、クナクナ、クナクナクナ、クトクト、クトクト、クルクル、クルクル、キウルキウル、キリ、ボキウボキウ、ボキリボキリ、ボキリホキリ、キウムキウム、キウムキウム、キメイテイ、マメイシマカテイカラメイト・ソワカ」。

病気加持の修法では香水《こうずい》（原則として秋篠寺の井戸水）で密壇を清め、太元帥明王をはじめ、諸仏、諸天善神を密壇に招聘《しょうへい》、加持の守護を祈請したのち、三密加持の定に入る。護摩《ごま》を実際に焚《た》く外護摩《げごま》もあるが、イメージで焚き上げる内護摩《ないごま》の方法を用いる場合もある。太元帥明王と一体化した行者が病人に宿った怨恨の鬼霊や悪霊を三鈷《さんこ》杵《しょ》などの法具で粉砕し、その病患を火炎で焼いて浄化すると観想するのである。それにより病根は絶たれる。

孔雀明王の祈雨・害毒消去・延命秘法

仏母大孔雀明王《ぶつもだいくじゃくみょうおう》、仏母金剛などの異名がある孔雀明王法は祈雨《きう》や止雨《しう》、除病や安産などの息災《そくさい》に鮮やかな霊験があるとされ、密教はもとより、修験道《しゅげんどう》でも活用されている。『日本霊異記《にほんりょういき》』によれば、修験道の開祖・役小角《えんのおづぬ》は孔雀明王の呪文を唱えて超人的な仙術を会得できたと書かれている。天台宗の宗祖・最澄《さいちょう》（七六七～八二二）

孔雀明王（『図像抄』）

空海（東京国立博物館蔵）

は弟子に孔雀明王とその呪文の功徳を説く『孔雀明王経』を読むことを勧めて、必要に応じて祈雨を行い、天下を利するよう教えていた。真言宗でも空海（七七四～八三五）が弘仁元年（八一〇）、嵯《さ》峨《が》天皇に『孔雀明王経』が『仁王経《にんのうきょう》』『守護国界主経《しゅごこっかいしゅきょう》』などの経典とともに七難を摧滅《さいめつ》し、護国や家内安全などに抜群の利益《りやく》がある「秘妙の典」であることを上奏し、その後も東寺長者の寛静《かんじょう》（九〇一～九七九）が天延元年（九七三）藤原《ふじわら》兼通《のかねみち》に息災、増益、調伏等の法として孔雀経の採用を説いた記録がある。また、醍醐寺《だいごじ》を開創した理源大師聖宝《りげんだいししょうぼう》（八三二～九〇九）も神泉苑で孔雀明王法を修し雨を降らせているし、観賢《かんげん》や観朝《かんちょう》らもこの法を行って祈雨に効験があったことを伝えている。雨乞《あまご》いでは洛東《らくとう》の小野《おの》流が請雨経法《しょううぎょうほう》を修したのに対し、洛西の広沢《ひろさわ》流は孔雀経法を行った。なお、天台宗系では孔雀明王を孔雀仏母と表現することが多い。

嵯峨天皇（宮内庁蔵「芸術新潮」新潮社より）

各種の孔雀経典には孔雀明王法の利益が記されている。蛇の咬《か》んだ傷の治療や毒を消すのにその呪《しゅ》（真言）が利益になると『孔雀王呪経《じゅきょう》』（僧伽婆羅《そうがばら》訳）に出ている。これは孔雀明王がその前生の比丘《びく》（僧）の時代に毒蛇に咬まれて悶絶したため、蛇毒を除くことを本誓としたことにちなむという。孔雀は毒蛇や毒虫を食べるので、一切の害毒を平らげて浄化するという功徳を孔雀明王として尊格化したのである。また『仏説大孔雀王呪経』（義浄《ぎじょう》訳）には、孔雀咒を唱えると、夜叉《やしゃ》、鬼類《きるい》、天部《てんぶ》、善神《ぜんしん》らがその人を守護するとある。この印明《いんみょう》（印と真言）を持していれば、一切の障碍《しょうげ》から守護され、安穏《あんのん》を得て延命長寿するとされている。祈雨や止雨の典拠は

孔雀経曼荼羅（『曼荼羅集』）

『仏母大孔雀明王経』（不空《ふくう》訳）にある。

孔雀を尊格化した孔雀明王の形像は諸像があるが、眼に触れやすいものとしては右手に孔雀の尾を持ち、左手には開いた蓮華を執り、赤い蓮華の上に安坐する姿勢をとっているものか、四つの手を持ち、金色の孔雀の上に坐す像である。

印相としては、二手を外縛《げばく》して二大指と二小指を立て合わしたものがある。これは大指は孔雀の頭部、小指はその尾、残りの六指は羽根を象徴しているとされる。また、真言を唱えつつ、その六指を羽根を羽ばたかせるように動かす場合もある。

孔雀経法の達人として忘れてはならない人物に空海の再来とまで謳《うた》われた広沢流の傑僧性信《しょうしん》（一〇〇五～一〇八五）がいる。勅令で孔雀経法を二十回修法し、雨乞いはもとより、除病に卓越した法力を示し、貴顕の絶大な信任を得た。ついにはその袈裟《けさ》にも霊力が宿り、それを拝するだけで治病したといわれる。

孔雀明王の陀羅尼《だらに》は「オン・マユラキ・ランデイソワカ」、または「ノウモボタヤ・ノウモタラマヤ・ノウモソウキヤ・タニヤタ・ゴゴゴゴゴゴ・ノウギャレイレイ・ダバレイレイ・ゴヤゴヤ・ビジャヤビジャヤ・トソトソ・グログロ・エイラメイラ・チリメイラ・イリミタソ・チリミタソ・イヅチリミタソ・ダメ・ソダメ・トソテイ・クラベイラ・サバラ・ビバラ・イチリ・ビチリ・リチリ・ビチリ・ノウモソトハボダナン・ソクリキシ・クドキャウカ・ノウモラカタン・ゴラダラ・バラシャトニバ・サンマンテイノウ・ナシャソニシャソ・ノウマクハタナン・ソワカ」。

愛染明王の敬愛法調伏法など

梵語《ぼんご》で「ラーガラージャ」「マハーラーガ」という愛染明王は、主として他からの愛や和合を願う敬愛《けいあい》や、恋愛成就、立身出世といった増益《ぞうやく》、さらに調伏《ちょうぶく》などの修法に使用される。金剛薩埵《こんごうさった》の所変、金剛愛菩薩の化身《けしん》として菩提速疾《ぼだいそくしつ》の法で修されることも多い。菩提速疾の法とは善用にも悪用にも利用できるものである。鎌倉時代の台密僧・承澄《しょうちょう》（一二〇五〜一二八二）の密教大全ともいうべき『阿娑縛抄《あさばしょう》』には、後冷泉《ごれいぜい》天皇の皇太子が真言宗系の護持僧（祈雨《きう》の第一人者で、雨僧正を異名を持つ高僧・仁海《にんがい》の弟子）に天皇の在位が長いと不平をこぼすと、その意を察した護持僧が愛染明王法を七日間修したところ、天皇は忽然《こつぜん》と薨《みまか》ったという。愛染明王法《あいぜんみょうおうほう》による調伏が行われたことは疑いない。ちなみに、非人や貧民救済など社会事業の先駆者とも称される鎌倉時代の真言律宗《しんごんりつしゅう》

愛染明王（『図像抄』）

の高僧・叡尊《えいそん》（一二〇一〜一二九〇）とその弟子の忍性《にんしょう》（一二一七〜一三〇三）は愛染明王の信仰者として知られ、叡尊は弘安《こうあん》の役に際して愛染明王を本尊（奈良市の真言律宗総本山西大寺《さいだいじ》に現存）に蒙古降伏《もうこごうぶく》の祈禱を行い、神風を吹かして敵を追い払ったとされている。京都府宮津市の金剛心院《こんごうしんいん》には忍性が祈っていたという愛染明王像がある。

　尊像の種類はいくつかあるが、通常は一面六臂《ぴ》で、怒髪に赤い忿怒《ふんぬ》の形相をして蓮華座の上に結跏趺坐《けっかふざ》の姿勢をとる。右手には金剛杵《しょ》、矢、蓮華を執るが、左手には金剛鈴《れい》と弓と、もう一つ何かを持つのであるが、図像では何も持たない金剛拳のままである。金剛拳のままというのには理由があり、修法の目的によって持つものが異なるためであると、平安時代の真言宗僧・心覚《しんかく》（一一一七〜一一八〇）が著した密教事相書『別尊雑記《べっそんざっき》』に書かれている。『阿娑縛抄』にも「行者の求むる所に随《したが》って、彼《か》の三昧耶《さんまや》を持つなり。この故に、ある師、画像を作《な》す時、六臂《ぴ》の中、左手、空手《くうしゅ》をなし、求むる所に随って、その時に臨み、三昧耶を加え、彼の手を置き、願を成し已る」とある。つまり、物質的な利益を得たいというような増益《ぞうやく》の場合には宝珠《ほうじゅ》を持っている姿をイメージして祈禱を凝らすのである。同様に、災いをとり除く息災《そくさい》祈願には輪《りん》（日輪）、調伏には一鈷《こ》、愛情に恵まれる敬愛を祈るには蓮、衆生を仏道に引きよせるための鉤召《こうちょう》には鉤《こう》（かぎ）、命を延ばすための延命には甲冑《かっちゅう》を持たせるのである。

天弓愛染明王（『覚禅鈔』）

　愛染明王を本尊とする修法には既述のように敬愛法のほか、調伏、息災、増益、鉤召の五種の法がある。敬愛法では根本印を結び、陀羅尼《だらに》

「オンマカラギャ・バザロシュニシャ・バザラサトバ・ジャクウンバンコク」と唱え、心、額、喉、頭頂に加持する。そうすると、怨敵も心を改めて、帰服し、親睦《しんぼく》の情愛を示すという。この印明を三十万遍行えば、一切のものに敬愛されると同時に、すべてを調伏して身心の安穏が得られることになっているのである。

飲食物をこの印明で加持すれば、毒消しとなり、中毒にかからないという。悪星の影響を摧破《さいは》するのにも愛染法を修する。一切の災禍《さいか》を免れるというので、陰陽道家《おんみょうどうけ》などにも採り入られたほどである。

異形の愛染明王として怨敵調伏を主目的とした天弓《てんきゅう》愛染明王がある。高野山の金剛峯寺《こんごうぶじ》愛染堂の本尊は、弓を天へ向けて今まさに射ろうとしているポーズをとっているが、後醍醐《ごだいご》天皇が朝敵退散と玉体加持を祈願して、みずからをモデルに彫像したものと伝えられている。この明王を召請《しょうしょう》して祈れば、敵を必ずや粉砕できると信じられている。

また、怨敵の徹底的な調伏や呪殺を行うために編み出されたと思われるのが、両頭《りょうとう》愛染明王である。驚くべきことに、天弓愛染明王に不動《ふどう》明王を合体しているのである。六つの手のすべてに敵を苦しめて敗滅させる武器――五鈷杵《ごこしょ》、五鈷鈴《れい》、弓、矢、剣、索を持っている。

なお、異端とされた真言立川流《しんごんたちかわりゅう》でも愛染法は深秘《じんぴ》の修法として重視された。これは愛染明王が馬陰蔵三昧《ばいんぞうざんまい》に入ったという伝があるためである。馬陰蔵とは、馬が淫欲を起こしたときに陰部を出し、淫欲を満たしおわると陰部を蔵することから、煩悩《ぼんのう》の動静も同じであると解し、欲望を全開した至楽の状態を愛染明王の三昧、すなわち菩提《ぼだい》そのものとした。それがのちに思想的レベルを超えて、男女の性交にともなう淫楽こそ、大日如来《だいにちにょらい》の本願であると実践的にセックスを交えて説かれたため、邪義として斥けられるにいたったのである。

大黒天の秘法

戦勝祈願の本尊であるが、福利福徳を祈っても際立った効験がある。大黒天《だいこくてん》は梵名を「マハーカーラ」という。

当初、人を食っていた荼枳尼天《だきにてん》に対して「お前を食うぞ」と呵責《かしゃく》して降伏させたという伝説がある。魔性《ましょう》の荼枳尼天を恫喝《どうかつ》して従わせるほどの大暴虐神《だいぼうぎゃくしん》的な性格を併せ持っており、大日如来の忿怒《ふんぬ》身《じん》の一種とされる。

三面六臂《ぴ》で裸形《らぎょう》、毒蛇を剣に、髑髏《どくろ》を瓔珞《ようらく》（首飾り）とする忿怒形《ぎょう》が古代インドで発祥したオリジナルであるが、日本では大国主命《おおくにぬしのみこと》と習合し、烏帽子《えぼし》あるいは頭巾をかぶり、狩衣《かりぎぬ》姿で打出《うちで》の小槌《こづち》を持ち、袋を背負って俵《たわら》に乗っている二臂の像が主流となった。大黒天の発展系として毘沙門天《びしゃもんてん》、弁才天《べんざいてん》と合体した三面大黒天《さんめんだいこくてん》の尊像もあ

三面六臂の大黒天（『覚禅鈔』）

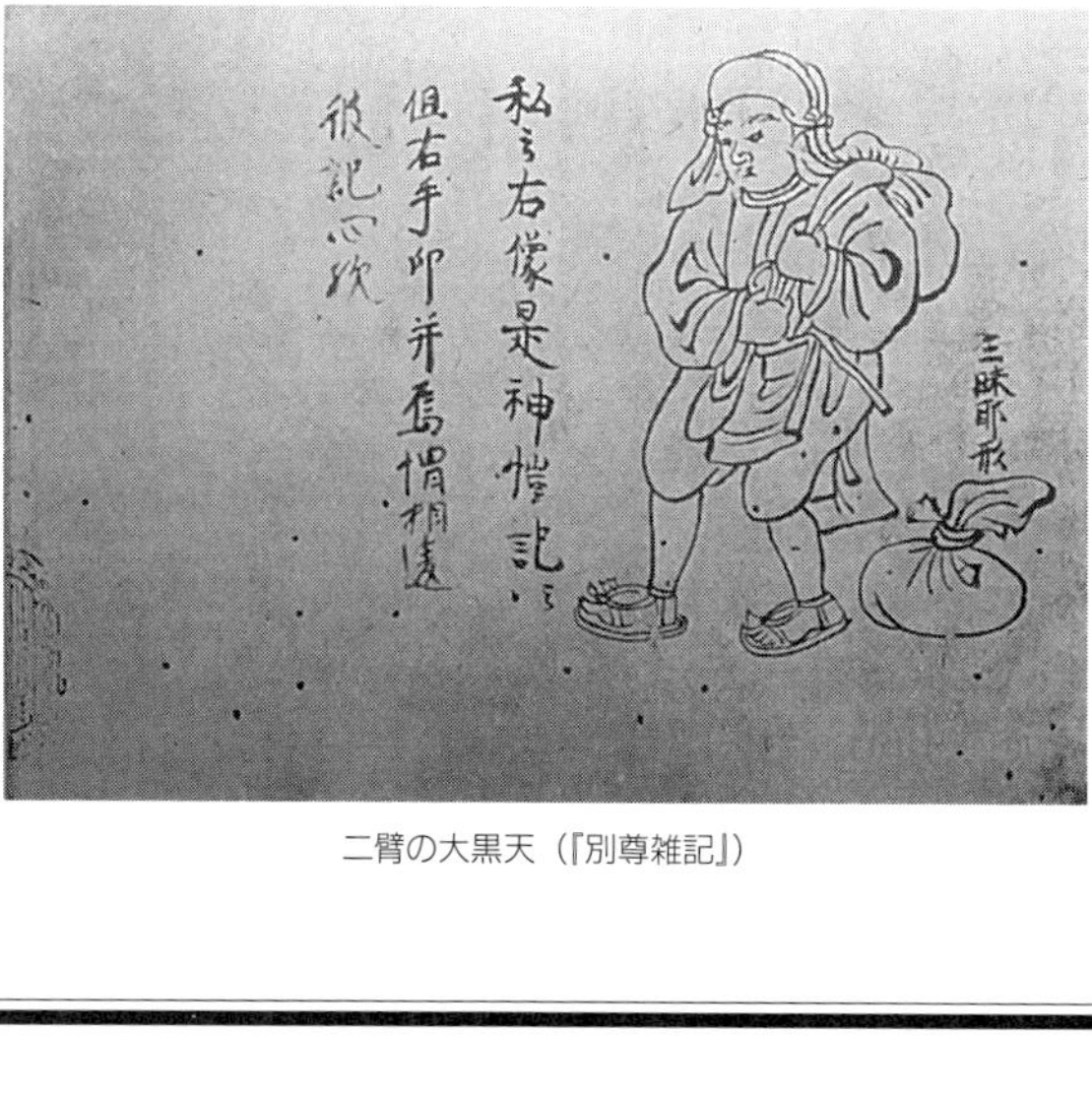

二臂の大黒天（『別尊雑記』）

る。比叡山を護持しているのが、この三面大黒天とされている。

大黒天を安置している寺院では、毎日供養を怠ることがなければ、寺の経営に困らず、毎日千人の僧を養うだけの財益をもたらすともいう。歓喜天《かんぎてん》の浴油供《よくゆく》と同じように、大黒天の尊像に銅の杓《ひしゃく》で粥《しゅ》をかけて供養する浴餅供《よくべいく》を厳格に行えば、すみやかに願いが聞き届けられるといわれる。つまり、福神的な要素がきわめて強い。

普通の在家《ざけ》においても大黒天に対して最低三年間毎日懇《ねんご》ろに供養すれば、大黒天がその家にきて富貴栄達をあたえるとされている。商家や飲食店などでも大黒天を祀ったり、その御札《おふだ》を貼るなどして熱心に信仰して繁盛しているところは多い。五更《ごこう》（午前四時から同六時まで）のあいだに日供《にっく》を上げて供養すると、必ず自然に栄えるという。大黒天信仰者は億万長者も夢ではないのである。

『大黒天神法秘密成就次第』には、十八道（真言密教の入門の行法で、十八種の印契《いんげい》を用いて修する。護身法、結界法、道場荘厳法、召請法、結護法、供養法の六法からなる）をもとにした常途《じょうと》の法があり、大黒天の本尊の前に、少々の菓（果実）を供え、香水《こうずい》一杯、塗香《ずこう》一杯、華鬘《けまん》一杯、焼香一杯、酒一杯、洗米一杯、銀銭（銀貨）一棒を用意する。そして護身法を行ったのち、入堂し、礼仏、着座ののち、塗香して手を清め、香水加持し、供物を灑浄《しゃじょう》する。次に飲食《おんじき》加持の印を結び、真言を唱え鑁字《ばん》観を行う。鑁字観とは梵字の鑁字 वं を観想して自己を本尊と同化していく方法である。このあと勧請《かんじょう》し、閼伽水《あかすい》の加持などを行い、『般若心経《はんにゃしんぎょう》』を読誦、願っていることを随意に祈願し、大黒天の根本印と真言「オン・マカキャラヤ・ソワカ」

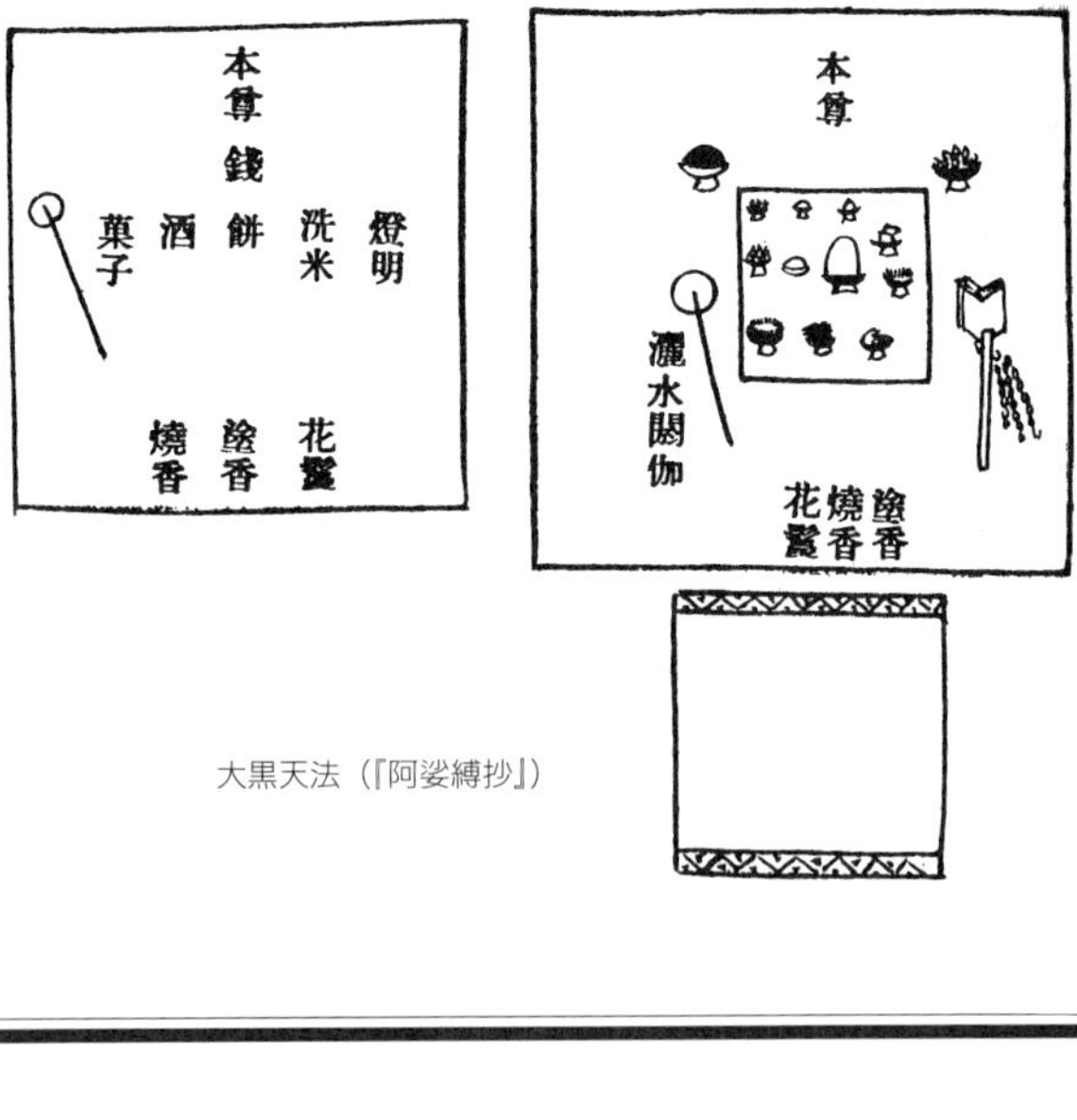

大黒天法（『阿娑縛抄』）

と唱えるなどすれば、必ず諸願は達成されるという。

　別の修法としては七日千座秘密法がある。供物を用意し、護身法、灑水、供物加持、飲食印、道場観、法界定印を結び、大日如来の真言を誦すのである。また鑁字観を行う。壇《だん》上に鑁字があると観じ、その鑁字が変化して法界塔婆《とうば》となり、さらに大日如来に変じ、次いで不動明王となり、不動明王から大黒天に変化《へんげ》すると観想する。次に五股印《ごこいん》と陀羅尼《だらに》を唱え、さらに大黒天の根本印明を結誦したあと、祈願するのである。大黒天の根本印は内縛して両方の無名指と小指を散じ立てる。あるいは普印で代用する場合もある。また、一時千座法として、子の日、子の刻（午後十一時から午前一時）に大黒天を大日如来と観ずる修法ののち、疵のない白米千粒をとって浄水で洗って乾かし、白紙に包んで、浄器に入れる。それから小三股印と「オン・キリキリ・ヴァジラ・フーン・パット」の咒《しゅ》で二十一回加持して大黒天の根本印で不動小咒を唱え祈願しながら、一粒ずつ大黒天へ投げかけて供えるのである。すると、願意が成就するとされている。

　てっとり早く福分を得る秘法もある。大黒天飛礫法《ひれきほう》で、金持ちの豪邸のなかに、早朝、大黒天の真言「オン・マカキャラヤ・ソワカ」を唱えながら、蕎麦粉《そばこ》を練《ね》り上げてつくった宝珠《ほうじゅ》を投げ込むと、その同家の財福を吸い寄せることができるというものである。

右手に宝棒、左手に宝塔を執り、二鬼の上に乗る毘沙門天（多聞天）（『別尊雑記』）

最澄

軍神としての毘沙門天（『阿娑縛抄』）

毘沙門天（多聞天）の呪殺法と息災法

毘沙門天《びしゃもんてん》は四天王の一つ、北方の守護神で、故地《こち》インドでは財宝と護法（護国）の神として知られていた。『功徳経《くどくきょう》』によれば、毘沙門天を本尊として供養すると、無際限の福徳を得ること、一切世間でたとえるものがないほどという。また、毘沙門天の左手のなかからは限りない数の七珍宝を出し、右手のなかからは一切の法蔵を顕《あらわ》し、衆生《しゅじょう》の乞《こ》いに従い、一切の宝物をあたえる。毘沙門天の名を聞けば、ただちにすべての罪業が消滅し、菩提《ぼだい》を成就する。多門天とも称されているのは、「仏の道場を守護し、つねに説法を聞くので多聞という」と、隋の嘉祥《かしょう》大師《だいし》吉蔵《きちぞう》の『法華義疏《ほっけぎしょ》』にある。

甲冑《かっちゅう》をまとい、左手に宝塔、右手に宝棒を握り、煩悩に見立てた二鬼の上に坐す尊像である。七福神の一つとしての信仰も厚い。特別な修法として歓喜天《かんぎてん》同様、浴油供《よくゆく》や酒浴供も行われる。この場合、妻の吉祥天《きつしようてん》を抱擁した双身《そうじん》毘沙門天を本尊として用いることが多いようである。吉祥天とのあいだの五太子に最勝《さいしよう》、独健《どつけん》、那吒《なた》、常見《じようけん》、善賦《ぜんに》師《し》がいる。悪人滅却や福徳を祈れば、効験《こうげん》がある。

諸夜叉《やしや》（鬼類）の首領であるため、最強の軍神、武闘神としても信仰され、楠木正成《まさしげ》、武田信玄、上杉謙信など主だった戦国武将の第一の守護神でもあった。古くは東北の蝦夷《えぞ》の平定のために征夷《せいい》大将軍の坂上田村麻呂《さかのうえのたむらまろ》が、清水寺《きよみずでら》の廷鎮《ていちん》法師に戦勝祈願を頼んだのち、出陣。東北の戦いで苦戦していると、突然未知の二人の人間が現れて田村麻呂の軍勢を助けた。その後、田村麻呂が清水寺に戦勝のお礼に参詣したところ、戦陣に出現した謎の二人が勝敵毘沙門《しようてきびしやもん》と勝軍地蔵《しようぐんじぞう》の仮の姿であったことが判明したという（『元亨釈書《げんこうしやくしよ》』）。毘沙門天を補佐、護衛する五大鬼神として五丈《ごじよう》、曠野《こうや》、金山《こんざん》、長身《ちようしん》、針毛《しんもう》がおり、また八大薬叉将《はちだいやくしやしよう》や二十八使者の部下もいる。これらの眷属に願いを取り次ぐことによって祈願は、すみやかに成就するともいわれる。いずれにせよ、毘沙門天の利益の強烈なことは、歓喜天（聖天《しようでん》）とともに天部《てんぶ》中の双璧とされる。

毘沙門天信仰といえば、空海は『毘沙門天王経《びしやもんてんのうきよう》』などの儀軌を、最澄は『多聞天法《たもんてんほう》』を、円仁《えんにん》は『毘沙門天王経』と『北方毘沙門天王真言法』を、それぞれ請来《しようらい》し、毘沙門天信仰を広めた形跡がある。『山門堂《さんもんどう》舎記《しやき》』によれば、円仁が帰朝中、激しい風雨で難破しそうになり、観音を祈念すると、毘沙門天が加護し無事であった。そのため、比叡山の横《よ》川中堂《かわちゆうどう》に両尊の像を祀った。その後、比叡山中興の慈恵《じえ》大師良源《りようげん》が不動明王を加え、観音を中尊《ちゆうそん》として毘沙門天と不動明王を脇侍《わきじ》とする天台宗独特の三尊形式が成立するにいたった。

毘沙門天を本尊として怨敵や悪人を降伏するには、どうすればいいの

比叡山延暦寺横川中堂

か。『北方毘沙門天王随軍護法儀軌《ほっぽうびしゃもんてんのうずいぐんごほうぎき》』によれば、毘沙門天とその孫の那吒《なた》天神を描くことから始める。毘沙門天の左手に三戟《さんげき》を執らし、右手は腰の上に据え、その足の下に一夜叉が結跏趺坐《けっかふざ》している図像を描くのである。彩色には膠《にかわ》を加えず、毘沙門天の身体の色は青黒色に少し赤色を加える。完成したら、種々の華を献じ、焼香する。さて修法は、黒月《こくがつ》（太陰暦の月の欠けていく下半月をいう。満月からのちの十五日である）の十五夜に起首し、尊像の前に毘沙門天の降伏の陀羅尼《だらに》を三十万遍、至心に連誦する。途中、厠《かわや》（便所）へ行くなど中座する場合は必ず護身法を行う。調伏の陀羅尼は「オン・チシャナバイシラ・マグヤマカラシャヤヤクカシャ・チバタナホバガバテイマタラハタニ・ソワカ」。連誦を終えたら、香泥をとり尊像を供養すると、験が現れるという。国王や大臣など高官の方針に従わず反逆する者や怨敵の不善を強く懲《こ》らしめる場合は、調伏の陀羅尼を唱え、松葉で護摩し、七日のうちに、金剛杵《こんごうしょ》をもってその怨敵の頭、あるいは心臓を砕く所作をイメージトで行う。その際、とどめの一撃として「バサラ・チシツバン」と叫べば、相手は死んだも同然になる。

千手観音の諸悪鬼降伏・除病大法・千手観音敬愛法

「千の腕を持つ者」という原意がある千手観音《せんじゅかんのん》は、地獄に堕《お》ちている者をはじめ、一切衆生《しゅじょう》を漏《も》れなく救うため、諸観音中、最大の威力を有するとされ、利益も万能である。

密教では千手観音は蓮華部《れんげぶ》の主尊・蓮華王である。千一体の千手観音を奉安している京都東山の三十三間堂《さんじゅうさんげんどう》（天台宗）の正式名を蓮華王院というのは、そのためである。

『千手千眼観世音菩薩姥陀羅尼身経《せんじゅせんげんかんぜおんぼさつもだらにしんぎょう》』によれば、両手を相背《そむ》けて合掌し大母指を前に向けて伸ばす観世音弁才印を結び、浄水ないし浄灰を七遍加持し、自分に注いだのち、四方に向けて散《さん》灑《しゃ》して結界を成す。この前行《ぜんぎょう》のあと、諸修法を行えば功徳がある。通常の真言は「オン・バザラ・ダルマ・キリク」。

諸魔や鬼類、妖霊邪霊に惑《まど》い、患っている病人に対して、ザクロの枝か柳の枝をとって密かに陀羅尼《だらに》を千八十遍唱えて、その枝で病人を打てば、それらの魔怪や魑魅魍魎《ちみもうりょう》は去り、煩悩も消えるので病はよくなる。陀羅尼は「ナムサツバボツダダルマソウギヒヤ・ナムアリヤ・バロキテイシハラヤ・ボダイサッタバヤ・ナムバサラハニヤ・ボダイサッタハヤタチタトヒトヒキヤ・トヒハラジャバラニ・ソワカ」。

この陀羅尼を日の出、正午、日の入りの毎日三回、それぞれ二十一遍ずつ誦すと、種々の珍宝、香華《こうげ》、飲食を十億の諸仏に供養するのと同等の功徳があり、寿命が尽きたのちも、餓鬼・

改心の見込みがない凶暴な悪人を調伏して死にいたらしめるには、苦練木《くれんぼく》で護摩を行う。火の勢いで苦練木の木の汁がふつふつと煮え出したら、その煮え汁に黄土を混ぜて、その悪人に擬《ぎ》した人形（設都《せっと》嚧形《ろぎょう》）を七体つくり、各胸の上に悪人の氏名を書き加えて、七日間のうちに火中に投ずる。その間にも陀羅尼「オン・チシャナバイシラ・マダヤマカラシャヤヤクカシャ・チバタナホバガバテイマタラハタニ・ソワカ」を折々唱え、夜叉印を結んで修する。夜叉印は内縛し、二つの無名指を立て合わせて、両方の頭指を立てて開く印契《いんげい》である。そうすれば、怨敵は死を免れないという。

敵に勝利するには、黒月（太陰暦の一日から十五日までを白月《びゃくがつ》とし、十六日以後を黒月とする）の十五夜から修法を開始し、松の木で三戟矟《さんげきしょう》（三股戟《げき》）をつくり、壇底に敵の人形を三体置き、三戟矟で何度も打ち叩き、印明《いんみょう》を行えば、悶絶する。また、胡《ご》粉《ふん》を温水に混ぜてそれを護摩すれば、必ずや天供《てんぐ》四万人が援軍としてやってきて、敵兵を破るともいう。随軍《ずいぐん》護法の真言は「ノウマクアラタンノウタラタヤヤ・アタキャロボタラヤチシャヤ・バイシラマンダヤ・マカラジャヤ・ヤキャシャチバタバ・ソトタソ

千手観音（『図像抄』）

畜生・地獄の各界に堕《お》ちることはなく、阿弥陀仏国《あみだぶっこく》に往生《おうじょう》できるという。

また未来の出来事を知る秘法として、眠る前に呼召印《こしょういん》を結び、「オン・クチグチ・グヤリ・シャリシャリ・シャリレイ・ソワカ」の咒を唱えること百八遍行えば、未来に知りたいことが夢のなかでわかるという。また、この真言を毎日誦すと、悪夢が吉夢に変わるばかりか、運勢もしだいに好転してゆくとされている。

ソシツラバラソワカ・ダヤキマタタタビハラシャヤメイバタヤタホセイジクシャ・バイシラバイシラマダヤ・マカラシャヤキバダカヂタラマジャウトババ・ナバシャタヤシャナホバ・ギャバテイシツデントバタラハタヂ・ソワカ」である。心印は、二手内縛して二小指、二大指を来去させる。

外道《げどう》を帰服させるための呪法として、自己の血と魚の血を混ぜ、怒りの念を込めながら陀羅尼を二十一遍唱え、加持したのち、火中に投ずれば、外道はたちどころに降伏するという（異説あり）。

毘沙門天の災禍を解消する息災法の場合は、修法の開始を黒月ではなく、白月の十五夜からとする。薫陸香《くんろくこう》百八顆《か》をとり、呪《しゅ》を唱えるたびに一顆を護摩の火中に投ずる。やがて毘沙門天が出現すると観想し、毘沙門天が顕現《けんげん》したときに、食事を供養すれば、一切の所願は叶うという。たとえ壇上に天尊がありありと顕現しなくとも、その声を聞くか、あるいは壇上に風雲が通過すれば、成就の徴《しるし》とみるのである。

心願成就法としては、赤銅鉾《しゃくどうほこ》を一枚用意し、雄黄《ゆうおう》（黄色い顔料）を三両、細かく搗《つ》いて密水（砂糖をまぜた水）に混ぜ合わせて丸薬《がんやく》とし、尊像の前に置き、護摩をする。丸薬の上に荷葉《かよう》（蓮の葉）で覆い、

現在・過去・未来の三世にわたって天命を知る方法もあって、これを七世宿命通《しちせしゅくみょうつう》の秘法というが、方法は、呼召天龍八部鬼神《てんりゅうはちぶきじん》印《いん》を結んで「ナムニケンダ・ナムアリジャバダ・ソワカ・ナムアリジャラ・ソワカ・インケイイケイ・ソワカ」の真言を唱えるだけでよい。この真言を毎日読誦すれば、千手観音の眷属《けんぞく》である二十八部の鬼神が現れて守護し、蛇の毒や薬毒の害を受けず、刃物などの凶器で傷つけられることもない。鬼魔が原因となっていると思われる病人の調伏加持《ちょうぶくかじ》にも絶大な効果があり、真言を一遍唱えるたびに白縷《びゃくる》（白い糸）を一回結ぶ一咒《じゅ》一結《けつ》を四十九回行ったあと、その白縷を鬼魔に憑依《ひょうい》された病者の首に掛ければ、即座に退散するとされる。

夫婦和合・男女相愛の修法として真言宗系の小野流の秘事とされている千手観音敬愛法《けいあいほう》がある。かつて白河《しらかわ》上皇と祇園女御《ぎおんにょご》が不和になった際、護持僧の小野曼荼羅寺《まんだらじ》三世・範俊《はんじゅん》がこれを修して功験があったといわれる。これは『千手陀羅尼経』に基づいて修されるもので、水と火のごとく不和の状態になっている夫婦（あるいは男女）に対して行う。一対の鴛鴦《えんおう》（オシドリ）の剣羽（軍配形の羽）を抜き取り、羽の裏に茎をはさんで雄鳥の羽に夫（男）の姓名を、雌鳥の羽に妻（女）の姓名を書いて、裏のほうを合わせて（名前を書いた面を合体させる）糸で括《くく》り、紙で包み、行者の脇机に置く。このあと、散念咒を唱え、仏眼《ぶつげん》と大日の真言の次に、蓮華五鈷《こ》印を結び、千手観音の真言を百八遍あるいは五十遍を読誦してそれを加持して結願したのち、さらに紙で包んで封じ、施主にあたえるのである。使用法はこれをつねに首にかけておけば、必ず和合し、相思相愛になるという。

さらにその上から手で覆って願いごとを念じながら加持し、丸薬に何からの変化があればその願意は叶うといわれる。煙が出たら、それをとって身に塗り、火が出たならば、その炎をすくいとるようにして顔に塗ればよい。仏舎利《ぶっしゃり》を祀った堂塔の前でこの行法を行えば、すべての福徳が集まるとされる。異法として舎利殿前で香を地に塗り、香華を壇上に散華して、最高の供養をしたのち、安《あん》繕那《ぜんな》石《せき》（青黒色の石で、その細末を眉を塗る材料とする）を砕いて粉にしたものに、秦膠水を加えて丸子にし、それを梨の木でつくった合子《ごうし》（蓋《ふた》のある器）に盛って壇中に置く。そして行者は絶食したまま陀羅尼を千八十遍唱えて、護摩を焚く。煙と火と煖の三相が現出したら、さらに千八十遍陀羅尼を誦し、その後、眼と両脚、掌、胸、両髆《はく》（両腕）、頭頂に塗り込め、誠心誠意合掌して「身は虚空の如し」と思いなし、自己の想念を虚しくすれば、一切の事業が成功するという。

財宝、宝物を獲得したいという場合や配偶者や子を得たいと望む場合は、柏《かしわ》の木を護摩木として焚いて修法するのが基本である。

祈雨《きう》には杏子《あんず》百八個を二十一回加持し、龍神《りゅうじん》が棲息《せいそく》するという池のなかに沈めれば、間違いなく雨が降るという。大雨を止めるには、梧桐《ごどう》（あおぎり）の実を火中に投じて焼いて護摩を行えばすぐにやむ。

吉祥天（『図像抄』）

行者が必ず食を得る呪法は、托鉢《たくはつ》用の鉢を百八遍呪す。また他人の尊敬を受けるには、墨を加持して額に塗り、灰を呪して身にまぶすと、やがて福徳の人相に変ずるという。

なお、毘沙門天の陀羅尼によって童男童女を加持して神憑《かみがか》りにさせ、病人の病気の原因を探り、治病法を聞き知ることもかつては行われていたようである。

吉祥天の百福成就法

インド神話のヴィシュヌ神（那羅延天《ならえんてん》）の妃、ラクシュミーを前身とし、仏教化されてからは父・徳《とく》叉迦《さか》、母・鬼子母神《きしもじん》のあいだの子として生まれ、毘《び》沙門天《しゃもんてん》の妃になったとされる。観音菩薩《かんのんぼさつ》の化身《けしん》（『吉祥天十二名号経《きちじょうてんじゅうにみょうごうきょう》』）とも、金剛宝菩薩《こんごうほうぼさつ》の所変（『吉祥天百八名経』）とすることもあり、別名を吉祥天女《にょ》、吉祥功徳天《くどくてん》、功徳天などという。

主要な霊験は福徳・福祥授与である。『陀羅尼《だらに》集《じっ》経《きょう》』などには吉祥天を供養すれば、この居家、村邑、僧坊、露地などのいたるところに金銭、珍宝、牛、

聖観音

観音のスタンダートにあたるものが聖観音《しょうかんのん》（正《しょう》観音）である。ふつうに観音という場合はこの尊をさす。施餓鬼《せがき》供養の本尊として修することが多い。真言は「オン・アロリキヤ・ソワカ」で、蓮華が泥に染まらないように、諸法に染着しないことを三《さん》昧《まい》（心を動かさずに定める）とするという意味である。

観音の利益《りやく》は多彩で、ほとんど宗派を問わず、信仰者が多い。『観音経《かんのんぎょう》』には人の身分や境遇に応じて観音が三十三種の自由自在な姿に変化してそれぞれの者を救うという。不動と並んで絶大な人気がある。厳格に修法して供養する作法を行えば、もちろんのことではあるけれども、たんに観音を思い、「南無観《なむかん》世音菩薩《ぜおんぼさつ》」と、その名を唱えて願うだけでも必ず苦難を救済してくれるとされている。

歴史的に観音信仰者は膨大な数にのぼる。聖徳太子《しょうとくたいし》が観音の生まれ変わりとされたことはあまりにも有名である。また、鎌倉幕府を開いた源 頼朝《みなもとのよりとも》の念持仏《ねんじぶつ》は聖観音で、それを自分の髻《まげ》（もとどり）のなかにつねに入れていたといわれる。頼朝は平家の追討や奥州の平泉氏を討《う》ったために、秘仏の観音を本尊としている東京浅草の浅草寺《せんそうじ》（聖観音宗総本山）に戦勝を祈願している。浅草寺では天下泰平、万民安楽を祈願する温座秘法陀羅《おんざひほうだら》尼会《にえ》を毎年一月十二日から一週間昼夜不断に厳修しているが、この百六十八座におよぶ観音秘法で用いる本尊は、頼朝の父義《よし》朝《とも》が榎《えのき》を霊木《れいぼく》としてみずから彫って奉納した一尺八寸の観音像

羊、穀米など一切の所願を叶えて、悉《ことごと》く快楽《けらく》を授けてくれるとしている。

望むものはすべてあたえ、満足をもたらすという如意宝珠《にょいほうじゅ》を三昧《ざんまい》とする吉祥天は、奈良時代より篤《あつ》く信奉された。聖武《しょうむ》天皇の頃から『金光明最勝王経《こんこうみょうさいしょうおうきょう》』などが説く吉祥天の功徳に基づき、国家主催で罪を懺悔し、災厄《さいやく》を祓《はら》い、豊作などの福徳を祈る儀式の吉祥悔過会《きちじょうけかえ》を行ってきたが、後七日御修法《ごしちにちみしほ》においても吉祥天を供養するなど、密教でも尊崇の対象になっていたことはいうまでもない。尊像のおもな特徴としては左手に宝珠を持ち、右手は施無畏印《せむいいん》を結ぶものである（『陀羅尼集経』）。

個人の秘密修法では前もって尊像画の作成から行う。そのためには、まず十五歳の処女に絹《きぬ》一丈四尺を織らせたのち、黄牛の尿を吉祥天の陀羅尼で千八十遍加持する。その陀羅尼は「ハラチホラタ・シャレイサンマンダ・ダラシャデイマカビカラギャチ・サンマンダビダンマデイ・マタキャリャハラチ・シユタハデイ・サラバラタダンデイ・ソハライホレイ・アヤナアタラマタ・マタビクヒテイ・マカマイトロウハソウギャテイ・マカキリシソウギテイ・サンマンダアラタドハラデイ」。陀羅尼加持を終えるである。

合掌法の秘事として右手を観音、左手を自分と思い、所願を念じ、合掌して観音と自分を合わせる。両手がぴったり合えば、観音の妙智力《みょうちりき》が起こり、早急に願意が叶うといわれる。

また、懺悔して苦悩を脱し、果報を得る観音懺法《かんのんせんぼう》も昔から天台宗系を中心にして行われている。

聖観音（『図像抄』）

と、その尿を絹に注ぎ、白月の八日から十四日のあいだに清浄な湿地に四肘《ちゅう》（一肘は一尺三寸五分）の水壇を設置し、釈尊像を一体その壇中に安置する。香華・飯食・燃燈五盞《せん》を供養し、精進潔斎した仏画師に吉祥天を描かせるのである。吉祥天の身長は一尺三寸五分とし、顔料に牛乳をまぜて画き、白檀《びゃくだん》などの香で薫染する。顔料には膠《にかわ》を用いてはならないとしている。

修法するには、正月・三月・七月の各月に入壇すれば、祈願は成就しやすいが、それ以外の月は成功はおぼつかないとする伝がある。また、吉祥天の妹に災厄《さいやく》神・黒耳天《こくにてん》がいて、つねに吉祥天に影の如く付き添《そ》っている（『涅槃経《ねはんぎょう》』）ので、この黒耳天に供養を施すことが吉祥天法の成就の秘鍵《ひけん》であるとされる。また黒耳天と、双身毘沙門天《そうしんびしゃもんてん》を併せて供養する秘法（浴油供《よくゆく》・酒浴供《しゅよくく》もある）は主として台密系で行われているが、この秘法は東密系では伝法院流《でんぽういんりゅう》と勧修寺流《かじゅうじりゅう》だけに伝承されている。

豊満な美女神として特別な存在とされる吉

帝釈天（『図像抄』）

祥天の福徳を得るには、尊像前に四肘の水壇を設置し、それらの壇の中心に一肘の火抗を穿《うが》つ。その深さは七寸で、十二葉の蓮華形を描き、そのなかに紫《し》壇木《たんぼく》、桑木の柴（柴の長さは一肘で、一束は百八本）を毎日三回焼いて供養する。同時に酥酪《そらく》（牛の乳でつくったヨーグルト状の飲料で、チーズをさす場合もある）、粳米華《こうまいか》（穀を炒《い》って華状に裂けたものをいう。以下の蕎麦華《きようばくか》も同様）、蕎麦華を焼き、大身咒《だいしんしゅ》を十万遍唱えると、吉祥天は大歓喜して、はかりしれない幸をもたらすという。

帝釈天の諸天護衛一切歓喜成就法

インドのヒンドゥー教の神々のなかでも最強の軍神インドラ（因陀羅《いんだら》）であったが、仏教に採用されてからは、十二天の一人、東方の守護神となった。帝釈天《たいしゃくてん》を祈れば、日天《にってん》、月天《がってん》、宿曜《しゅくよう》（星《せい》宿《しゅく》）の守護が得られ、国土は泰平といい、帝釈天を怒らせれば、国家は安定を欠き騒乱状態に陥り、戦闘や災難がたえないという。帝釈天の持ち物である三昧耶形《さんまやぎょう》は独鈷杵《とっこしょ》あるいは三鈷杵で、印相《いんぞう》は通常、内縛《ないばく》して二頭指を立て合わせて二大指を並べるものである。

戦勝祈願に絶大な威力を発揮するとされ、欽明《きんめい》大皇のときに密教的修法として初めて修されたと

弁才天（『図像抄』）

いわれる。

真言は「ノウマク・サンマンダ・ボダナン・インドラヤ・ソワカ」「インダラヤ・ソワカ」「シャキャラヤ・ソワカ」「オン・バザラ・ユタ」などである。三日あるいは一七日（七日）間など日程を定めて正式に供養すれば、勝負ごとには必勝するといわれる。

諸天護衛一切歓喜成就法として帝釈天法の印を結び、「オンキョバミリキャ・キャバカミリキャ・ナラアロウジンニョウ・アロウバカ・アキャシュロウキャ・バカテイ・ジナハラソク・ソワカ」の真言を受持し、供養すれば、諸天がその者を加護し、物心ともに安穏《あんのん》をあたえるとされている。密教寺院のみならず、日蓮宗系寺院では帝釈天を除災招福のために多く祀っている。なかでも「柴又の帝釈天さん」とよばれる日蓮宗題経寺《だいきょうじ》（東京都葛飾区）が有名である。

弁才天の香薬三十二味の洗浴法

インドのサラスバティー川を神格化した天女とされ、水神、技芸、福徳の神として崇められている。密教では学問、芸能、戦勝、福徳の女神として、信仰が篤い。

疫病《えきびょう》、闘争、鬼神、悪夢、蠱毒《こどく》、厭魅《えんみ》（妖術を用いて人を呪咀する）、呪術、死霊《しりょう》の祟《たた》りなど諸悪の障難をなす者をすべて除滅し、あるいは悪星の影響による災い、悪しき因縁や宿命《しゅくみょう》をすべて好転させるという弁才天《べんざいてん》の香薬三十二味の洗浴法がある。それは香薬三十二味（菖蒲《しょうぶ》・牛黄《ごおう》・苜蓿香《もくしゅくこう》・麝香《じゃこう》・雄黄《ゆうおう》・合昏樹《ごうこんじゅ》・白及《びゃくきゅう》・芎藭《きゅうきゅう》（センキュウ）・枸杞根《くここん》・松脂《まつやに》・桂皮《けいひ》・香附子《こうぶし》（ハマスゲの根）・沈香《じんこう》・栴檀《せんだん》・零凌香《れいりょうこう》・丁子《ちょうじ》・鬱金《うこん》・婆律膏《ばりつこう》・蓽香・竹黄・肉豆蔻《にくずく》・甘松・藿香《かっこう》・茅根香・叱咱《しつし》・芥納・安息香・芥子《けし》・馬芹《ばきん》・龍華鬚・白膠・青木）をすべて均等に分けて、布灑日《ふしゃにち》（暦の下段の日取り）にそれらを一つの器のなかで搗《つ》いたあと、篩《ふるい》でこした香末を、次の呪文で百八遍、加持するのである。

「チチタ・ソキャリテイ・キリテイゴウマチリ・ゼンヌキャラタイ・カクキャラタイ・インタラジャリニ・シュウキャラタイ・ハセニャレイ・アハチキャサイ・ケイダクトクト・キャカビレイ・ゴウビレイゴウビライ・ゴウビラマチ・シラマチセンチドラマチリ・ハラチハチレイシツレイシツレイ・サチシツタイテイ・ソワカ」。

その後、祈念しながら、静寂なところに壇場（一辺が八肘・一肘とは一尺三寸五分）を設置し、牛糞（まだ地に落ちない前の糞＝瞿摩夷《くまい》という）を塗って壇をつくり、その上を華で覆う。さらに清潔な貴金属の器に美味な飲食物や乳蜜を盛って供養する。壇場の四方には、四人の童子に瓶水を持たせ、安息香を焼き、妙なる五音の楽声を絶やさないようにし、さらに絵をかけて荘厳しておく。場内に鏡と刀と矢をそれぞれ四枚ずつ重ねておき、壇の中心にそれを置き、そこに大盆を埋め、漏版をその上に置く。そして前の香末に湯を混ぜ合わせて、壇のなかに安置する。

このあと、壇を印咒《いんしゅ》で結界する。真言は「タチタ・アンラケイ・ダヤニキャレイ・ミレイキレイ」。次に壇内に入り、水を二十一遍誦したあと、四方に散じて注ぎ、次に先の香湯を「タニャタ・サケイチ・ビケイチ・ビケイタバチ・ソワカ」の真言とともに百八遍加持し、それがすんだら、他者から洗浴しているところを見られないように四辺に覆いをし、加持した香湯で身を洗って浴するのである。洗浴に用いた湯と、壇に供えた飲食物はすべて川や池に捨てる。

このようにして浴し終わったら、浄衣を着て壇場を出て、浄室に入り、悪を捨て諸善を行い、慈悲の心をおこすことを誓願すれば、一切の障碍《しょうがい》は解消され、限りない意のままの福報が得られるという。

摩醯首羅天（大自在天）（『図像抄』）

ちなみにこの法は『金光明最勝王経』「大弁才天女品」に説かれているものであるが、この経典を読誦し、弁才天を日夜念じて信心し、その護身呪を二十一遍唱えれば、次の功徳がある。すなわち、あらゆる病苦を消除し、貧困を脱して富裕となり、四方の星辰《せいしん》と日月《にちがつ》の威神が擁護して長命を得るとともに、吉祥・安穏・福徳を増し、災難厄難がみな除かれるという。

護身呪は「チニャタサンメイ・ビサンメイ・ソワカ・サケイタイ・ビケイタイ・ソワカ・ビケイダ・バチ・ソワカ・バケイラ・サンブタヤソワカ・サイケンダ・マタヤソワカ・ニラケンダヤ・ソワカ・アバラシタ・ビリヤヤソワカ・キャマハンダ・サンブタヤソワカ・アニミラ・ハチラヤソワカ・ナムバカバト・バラカンマシャソワカ・サムサラサンチ・モカタイビシャソワカ・シッテントマン・マンチラハシソワカ・チラトイバツタ・バツラカンマヌマツト・ソワカ」。

摩醯首羅天（大自在天）の男女召呼法

摩醯首羅天《まけいしゅらてん》はヒンドゥー教のシヴァ神を仏神化したもので、大自在天《だいじざいてん》ともいう。『教王経疏《きょうおうきょうしょ》』『大智度論《だいちどろん》』では白牛に乗った三眼八臂《ぴ》の天尊として表現される。摩醯首羅天を本尊とする単独の修法はないとされているが、例外もある。すなわち、男女を召喚する秘法。とりわけ女性を得る呪術として次のようなものがある。

七日間絶食し、終日、三戟印《さんげきいん》（あるいは三股杵印《さんこしょいん》など）を結び、真言を唱えるのであるが、その印の中指の上に牛乳からつくったバター状の酥蜜《そみつ》を塗ることを忘れてはならない。そして真言は「オンマケイ・シツバラヤ・ソワカ」のあとに、意中の女性（あるいは男性）の氏名と「急々《きゅうきゅう》来たれ」と付け加えるのである。そのようにして七日目に至れば、意中の女性がその行者の家にやってくるか、行者に接触するようになるというのである。この呪法は他者には一切秘密にして行う掟となっている。

別の呪法としては、泥で四つの像（丈《たけ》は三、四指）をつくり、それぞれ闍者《じゃしゃ》、毘闍夜《びじゃや》、阿自多《あじた》、阿婆羅自多《あばらじた》と名づける。同じように泥で摩醯首羅天像をこしらえる。壇上の中央に摩醯首羅天像を安置し、その右に闍夜と毘闍夜、左に阿自多と阿婆羅自多を置く。それらの前に火炉を点火し、子猫の糞と人の爪、人の頭髪の三種を混ぜ合わせて、それを火炉で燃やして七日間にわたって毎日供養する。供養中は三戟印か三鈷杵印を結んで、摩醯首羅天の真言を唱え、しばしば求愛の異性の名前と「急々来たれ」の文句を折り込む。この呪法では三白食《さんびゃくじき》（行者の浄食とされる乳・酪・粳米《こうまい》の三種の食物）と菜食は許されている。ただし、呪法を行っていることを他者に一切悟られてはならない。いずれにせよ、七日後には求愛の対象が行者のもとにやってくることになっている。一座で効果がなければ、間をおいて再度行う。その場合は先につくった像などを流用しても構わないとされている。

摩利支天の隠形法

（隠行法）

陽炎《かげろう》ないしは威光を神格化した天尊。摩利支天《まりしてん》は、梵名をマリーチといい、不死の威徳を有する。旅行や外出時にこの天尊の守り札《ふだ》を肌身離さず携行すれば外敵に襲われることはなく、安全が保たれ、魔事や魔障の類《たぐい》からも害を受けないとされている。

姿は三面六臂《ぴ》か八臂で疾走する猪《いのしし》の背に立つ尊像が有名だが、別の形像もある。摩利支天が持つ持物《じぶつ》である三昧耶形《さんまやぎょう》は金剛杵《こんごうしょ》、羂索《けんさく》、弓、箭《せん》、棒、刀、無憂樹枝《むゆうじゅし》など。印形《いんぎょう》は大金《だいこん》

三面六臂の摩利支天（『阿娑縛抄』）

剛輪印《ごうりんいん》のほか、隠形印《おんぎょういん》などがある。

隠形法《おんぎょうほう》には大金剛輪印をなして心臓にあて「オン・マリシエイ・ソワカ」と七回唱え、心臓、額、左肩、右肩、頂の五か所を加持する。さらに隠形印を結び、「オン・アビテヤマリシ・ソワカ」と百八遍念誦《ねんじゅ》すれば、どんな天魔や悪鬼、あるいは外道でも行者を見いだせず、したがって害を受けることはないという。

この隠形法の印明を七種所行、すなわち睡眠時、覚醒時、沐浴時、外出時、接客時、飲食時、用便時に用いて加持すれば息災《そくさい》となる。

摩利支天は武家の守護を司る天尊とされていたので、武具の加持《かじ》にもこの印明《いんみょう》が用いられた。具体的には日天《にってん》、不動明王《ふどうみょうおう》、愛染明王《あいぜん》の諸法とともに摩利支天の隠形咒《しゅ》で加持すれば、いかなる敵の攻撃を受けても防御可能であるだけでなく、勝利疑いなしとされたのである。

常途の法としては摩利支天の現身法、増力法、呪縛法、敬愛法などがある。なかでも呪縛秘密成就の大法とよばれる呪縛法は、さまざまなことに応用できる大秘法である。これは怨霊《おんりょう》、あるいは鬼神《きじん》が、ある家などに棲み憑《つ》いてしまったため、その家では病人や死人が絶えず、通常の供養をしてもまったく効果がないという場合に、それらの激しく祟る怨霊神を完全に呪縛してみずからの使役神《しえきしん》にしてしまうという恐るべき修法なのである。

まず清浄な水が流れる川の両岸の泥土をとり、百体の鬼形《きぎょう》の像をつくり、そのなかの一体を鬼王《きおう》として毘那耶《びなや》迦《か》と名づける。その頭部を白象の頭の形にする以外は、両手、両足、胴体を人間の形にする。また、そのほかの鬼形の頭部はあらゆる種類の動物の形にし、身体だけはすべて人間の形につくっておく。大きさは四指から八指まで大小長短の違いがあっても構わない。

紫檀木《したんぼく》をとり、泥に水を混ぜてかき回して泥をやわらげ、地に塗り固めて壇をつくり、五色（赤白青黒黄）の土で壇上に鬼の坐所をしつらえる。中心に一座、北面に二座、東面に二座、西面に一座、中心の一座の中央の坐上に鬼王の像を置き、そのほかの六座に九十九の鬼像を平均的に分散させて置く。それから諸香華《こうげ》、燈《ともしび》七盞《さん》、酥灯《そとう》（バター油の燈）、飲食《おんじき》などを供え、安悉香《あんしつこう》を酥《そ》（バター）に混ぜて火で焼いて供養する。

行者は西門に坐し、東に向かって摩利支天咒（身印明）を七回誦し、五色の色線を二十一回加持し、その後、壇中の諸鬼像を中央の鬼王のところに一か所に集めて、その五色の色線で百体の鬼の像に縛《しば》りつけるのである。それから子牛の糞をとり、百八の数に固めて、それを一つずつ火で焼く。焼くときに「一切の鬼を縛《ばく》す」という。

その後、地面に人間の腰の深さまで穴を掘り、前に縛った百鬼像と壇に供えた飲食をその穴のなかに入れ、あらためて香華や種々の飲食を供養したのち、穴を土で埋めてしまえば、完了である。その修法により行者は今後、鬼神を自在に使役できるとされる。もしその行者が業病で臨終になったときに、心中で鬼神を放すと念ずれば、やっとその鬼神は行者使役状態から脱することができるという。

堅牢地神（『別尊雑記』）

地天（『図像抄』）

堅牢地神の地天法——福神召請法・土祟秘密修法・各種護摩成就法

釈迦《しゃか》が成道《じょうどう》の際に、それを証するため、大地から湧出《ゆうしゅつ》したという伝説で知られる堅牢地神《けんろうじしん》（地天《じてん》）は、古代インド神話の『リグ・ヴェーダ』では神々の母として、また地の豊穣をもたらす地母神《ちぼしん》（大地神）として高い神格を具備していた。密教においては男神化したが、男女の両性を描いた儀軌《ぎき》もある。善無《ぜんむ》畏《い》が訳した『堅牢地天儀軌《けんろうじてんぎき》』には「男天は肉色で、左手には鉢に花を盛ったものを持ち、右手は掌を外に向け、女天は白い肉色で、右手は抱いて心にあて、左手も抱いて股《また》にあてる」とある。地中から湧出するときは男天の形像をとるともいう。持物《じぶつ》は所依《しょえ》の経典により変化し、『大日経《だいにちきょう》』では、地天は宝瓶《ほうびょう》を両手で捧げている。また、天部の尊格ではなく、菩薩として崇拝対象にしている経典『不空羂索神変真《ふくうけんじゃくじんぺんしん》言経《ごんきょう》』などもある。

堅牢地神の功徳には仏法守護、万物生育、作物豊穣、延命長寿が知られる。土地の祟《たた》りなどの災いがあった場合でも、地天に供養すれば祟りは解消され

十一面観音

十一面の顔をもつ観音で、『十一面観世音神呪経《じゅういちめんかんぜおんしんじゅきょう》』には「我に心呪《しんじゅ》あり、十一面と名付く。この神呪は十一億の所説なり」とある。慈悲を表す柔和な三面のほかは、圧倒的に忿怒形《ふんぬぎょう》が強調されており、この観音を用いて息災《そくさい》、調伏《ちょうぶく》、増益《ぞうやく》などを祈れば、すべて著しい妙験がある。『十一面観世音神呪経』には十種の果報を記している。すなわち「心呪を誦持する者は、身が常に無病で、恒《つね》に十方諸仏のために憶念《おくねん》され、財物・衣服・飲食が自然に充足して恒に乏少《ぼうしょう》することはなく、よく怨敵《おんてき》を破り、衆生《しゅじょう》に慈悲心を生じさせ、蟲毒《ちゅうどく》・熱病が侵害することはなく、刀杖《とうじょう》の害を受けず、水難・漂溺《ひょうでき》や火難・焚焼《ふんしょう》に遇わず、横死を受けない」とあり、別に四種の果報として「臨終には、十方無量の諸仏を見ることができ、永く地獄に堕《お》ちず、一切の禽獣《きんじゅう》は害をなさず、命終《みょうじゅう》ののちに無量寿国《むりょうじゅこく》に生まれる」のである。つまり、十一面観音を信じてその心呪を唱えていれば、現世の諸難事を脱し、来世には無量寿国という阿弥陀仏の極楽浄土に転《てん》生《しょう》できるのである。

るといわれる。また堂塔伽藍《どうとうがらん》、墓碑、家屋などの建立に先立ち、地天を本尊にしてその土地にまつわる諸神諸霊を鎮《しず》め、永久に障碍《しょうげ》や災難がないことを祈念する儀式として地鎮法《じちんほう》がある。諸修法のために土壇を造築する場合、堅牢地神を招いて土地使用の断りと感謝の祈りを捧げることが不可欠とされ、そうしなければ修法は成満《じょうまん》しがたいという。また、堂塔を建立し終えたのち、本尊を安置する土壇を鎮《しず》めるために地天を本尊として修する法を鎮壇法《ちんだんほう》という。

地鎮法の種類は数多くあるが、『諸尊要鈔《しょそんようしょう》』などによれば、金銅の瓶《びょう》（一口）と五色の玉（各色五個ずつの計二十五個）を埋める。瓶（五寸）には五宝などを入れ、蓋をして五色の糸で結び、大日如来と地天の真言を唱え、建立予定地の中心部に埋める。五色の玉は瑠璃《るり》（青）、琥珀《こはく》（黄）、赤珠《せきじゅ》（赤）、水精《すいせい》（白）、黒石《こくせき》（黒）の五種（これらの石がない場合は小石二十五個に五色の各色を五個ずつに塗って代用する）で、これを四方に埋める。次に五穀の粥《かゆ》を二桶用意し甘露味法の真言で加持し、一桶は壇外に、もう一桶は壇外の四方に注ぐのである。一方、鎮壇法は法輪《ほうりん》（輪）八枚と杙《くい》八本を壇の八方に埋納するのであるが、これには法輪の中央に穴を穿《うが》ち、

十一面観音（『図像抄』）

十一面観音は、聖天《しょうでん》の怒りを宥《なだ》める働きがあるともいわれるが、それは十一面観音が有無をいわさず、聖天を包み込む力があるとされるためである。聖天の罰を受けた者がこの観音にとりなしをはかって供養すれば、罰もやむという。

また己《おのれ》の過去生（前生《ぜんしょう》）の罪や現在の罪を懺悔《さんげ》し、無病などの果報を願う「十一面悔過《じゅういちめんけか》」はこの観音を本尊として修されるもので、この行事はなんといっても奈良の東大寺二月堂の「お水とり」が有名であろう。真言は「オン・ロケイ・ジンバラ・キリク」。

その穴に杙を立てたのち埋める。埋め方は東方からそれぞれ八方天の真言を誦し、供養品として五穀の粥二桶を注ぐ。また鎮壇法に地鎮法を兼ねる略儀の方法では、壇の中央に金銅の瓶を、八方には法輪と杙をそれぞれ埋めるのである。

　幸福を獲得するために修される地天法は、地天の印をなし、陀羅尼《だらに》「オン・ハラチビエイ・ソワカ」を唱える。地天の印は瓶印《びょういん》、すなわち頭指と小指を屈して掌のなかに入れる（『陀羅尼集経《じっきょう》』）。あるいは左右の十指を円形に屈し合わせて、大指を掌の中に入れる方法（『大日《だいにち》経疏《きょうしょ》』）がある。真言は「オン・ヒリチビエイ・ソワカ」。大咒《だいしゅ》の場合は「ノウマク・サンマンダ・ボダナン・オンハラバラチニ・セツリサンマンダ・アタアタ・アヅアヅ・ヒリチビ・ヒリチビエイ・ソワカ」。いずれにせよ、この大咒を十万遍唱え、地天を供養すれば、富貴きわまりなく、金銭に困窮することはないという。

伎芸天（『図像抄』）

　地天法によって福神《ふくじん》を眷属《けんぞく》として得る秘法もある。これは青馬の尾を一寸の長さに切ったものを二十一本用意し、それを毎時護摩して地天の真言を念ずれば、福神が出現して、行者をつねに外護《げご》しつづけるとされる。

　また成功者の家の竈《かまど》（台所）の土を、地天の真言を二十一遍念誦しながら採取して、それを十二月八日の日に自宅の竈に安置すれば、必ず富と福を得るという。もし竈の土を採った咎《とが》めのために病気になったら、地天の真言で加持すれば咎めが解消して癒える。一説に財産家の台所の臼《うす》（現在では米びつ）の下の土を採るか、同じく財産家の墓石の裏の土を取り、護摩をすると間違いなく富裕になるともいう。いずれも完全に秘密のうちに行わなければ効果はないといわれる。

また地大の印明《いんみょう》とともに、炒《い》った米（もみがらを残したままの米を火であぶり、華のようにしたもの＝稲穀《とうこく》華《げ》）で護摩を行えば、五穀豊作が約束されるといい、粳米《うるちまい》で護摩をすれば、無尽蔵の福徳が得られるという。さらに大麦か小麦で護摩を焚《た》けば、同様に富貴を獲得し、蒬蔞草《くるそう》によって護摩を行えば数多くの家畜が手に入るとされる。このように地天を本尊とする呪法のほとんどは、富貴と密接に関係しているのである。

伎芸天の秘密陀羅尼成就法

摩《ま》醯首羅《けいしゅら》大《てん》の髪から化生《けしょう》した絶世の美貌の天女が伎芸天《ぎげいてん》である。伎芸天を祈れば、弁才天《べんざいてん》と同様、とくに芸事上達、芸能美術関係の成功に効験がある。そのほか、止雨法《しうほう》、降伏法《ごうぶくほう》、敬愛法《けいあいほう》、鉤召法《こうしょうほう》、使鬼法《しきほう》、現身法《げんしんほう》などの諸法が知られている。

技芸天の修法には原則として禁欲が要求される。セックスは厳禁であり、性愛に関係することを思ってもならない。また食事のタブーもあり、肉や酒などを食してはならない決まりがある。

どんな願望も成就するという秘法、すなわち技芸天の秘《ひ》密陀《みつだ》羅《ら》尼成就法《にじょうじゅほう》を行うには、壇を立て、香華《こうげ》を捧げて供養する。供養の期間は十四日か七日、斎戒して淫欲を絶ち、「ノウマク・オンシマボシキャチビバラ・バチヤ・シカラジャロリン・チニヤ・タシバ・ジャチレイベイラマジャリニ・ウンハッタ・ソワカ」の陀羅尼を一万遍、あるいは十万遍誠心誠意唱え、種々の供物を備えればよい。これを成就すれば、以後は生活上の支障は一切なくなるという（『摩《ま》醯首羅《けいしゅら》大自《だいじ》在天神通化生伎芸天女念法儀軌《ざいてんじんずうけしょうぎげいてんにょねんぽうぎき》』）。

また、次の念誦功力内証法《ねんじゅくりきないしょうほう》がある。結界してから、水か灰を七遍加持し、四方に散ずる。次に合掌して無名指と中指を外に相交え、二頭指を少し縮めて宝珠のように印を結び、伎芸天の真言「ナウボ・マケイジンバラヤ・オンキマボウシキャヤ・ソワカ」を持呪《じしゅ》すると、伎芸天が感応して霊験がある。このようにして伎芸天の真言を二千回誦すれば、一切の鬼神がみな現れて行者を護衛し、三千回では薬草の精霊《しょうりょう》が出現し、華果林神《けかりんしん》が歓喜して行者に随従する。四千回ではすべての毘多羅鬼《びたらき》が行者を深く慎んで敬い、五千回ではすべての龍神やその眷属などが歓喜・景仰《けいごう》し、七千回では一切の天王、八千回では五種類の神通力を持つ一切の仙人が行者を賛嘆し、一万回あるいは十万回にいたれば一切の天龍、薬叉《やくしゃ》、乾闥婆《けんだつば》、阿修羅《あしゅら》、緊那羅《きんなら》、摩呼羅迦人《まこらかにん》、あるいは一切の鬼神が大歓喜を生じて行者を擁護するので、その行者は富み、幸福になるという。

種々の鬼神《きしん》（死霊《しりょう》）を自在に見たり、あるいはその鬼神を召使として自由に操る秘法がある。鬼神現身成就秘法という。儀軌によれば、「屍陀林《しだりん》の焼死人の柴」というから、火葬場で死体を焼いて残った燃えかすを取って護摩を行うのである。護摩の方法は一咒一焼、つまり伎芸天の真言を一回唱えるたびに、その燃えかすを一摘《ひとつま》み護摩の火に投じて真剣に祈る。これを百八回繰り返すと、鬼神は悉く姿を現すという。姿を現した鬼神は行者に希望を訴えることがあるが、そうしたらひたすら真言を唱えつつ、その希望内容を念ずればよい。病気を治すには佉陀羅木《きやだらぼく》を二十一本に伐《き》り、真言一遍につき一本を焼くのを二十一回行えば癒《い》える。精神の病には阿魏薬《あぎやく》、安《あん》悉香《しつこう》、雄黄《ゆうおう》、白芥子《しろけし》、青木香、苦練葉を擣《つ》いて篩《ふるい》にかけ、均等に調和させて四十九の丸薬《がんやく》をつくり、一誦一焼すると験が現れる。狐魅《こみ》（狐憑《きつねつ》き）などの症状には、雄黄、白芥子、芎藭《きゅうきゅう》、独頭《どくず》、萩、犀角《さいかく》、羝羊尿《ていようにょう》、白馬懸蹄、驢馬夜眼を用意し、それらをついて篩《ふるい》にかけて丸薬とし、百八回呪し、それを燻《いぶ》して病人にかがせ、なおかつ病人の身体に塗り込めれば、狐魅は消滅し、正気に戻るという。

また、伎芸天の怨敵降伏法には以下のようなものがある。自分を怨んでいる者がいて、もしその人間と和解したければ、夜更けに朱砂《しゅしゃ》か赤土で相手の名前かその姿を書き、これを左脚で踏みつけながら百八回、真言「ナウボ・マケイジンバラヤ、オンキマボウシキャヤ・ソワカ」を念誦すれば、その者が来て怨みを悔い、敬愛するようになるとされる。身に危険を感ずるほど相手が自分を怨んでいるならば、真言を心を込めて百八回唱えつづければ、相手が熱病のようになって倒れるという。その相手を元に戻すには真言を七回誦して「放つ」といえば平常になるとされる。

雨を止めるには、浄い灰を伎芸天の印明で百八回加持し、空中にその灰を投ずると雨は上がる。逆に雨を降らすには結界壇で護摩を行い、印と真言を一万回唱えれば降雨となる。家出人や失踪《しっそう》事件があって行方不明になっている者がいれば、赤土で地面に相手の名前を書き、それを踏みながら真言を誦す。真言は毎日三回ずつ、一回二十一遍唱える。それでも消息が判明しなければ、灰を用いて相手の全身像を描き、上記と同じ方法で加持《かじ》すれば、相手はどんなに遠くにいても底知れぬ恐怖を感じて、戻ってくるとされる。

また愛敬成就法《あいきょうじょうじゅほう》や男女相楽秘密法もある。多くの人気を得たい場合は、水を七回加持し、それを四方に散じ、遠近を問わずに人間が集まっている場所の方向を向き、百八回真言を唱えれば、次第に人気者になる。自分が密かに愛する女性、あるいは男性と恋愛をして楽しみたければ、胡燕脂《こえんし》、または紅藍汁《こうらんじゅう》（なければ赤い口紅などで代用する）を加持して両足の裏（土踏まず）の部分に塗るのである。どうして胡燕脂や紅藍汁を用いるのかというと、いずれも紅であり、色彩的には赤系である。この赤は愛敬法に相応した色彩であるからという。女性が唇を紅で塗ってその赤を強調したり、頬紅を薄く塗るのも、自然の愛敬法の発露なのである。それはともかく、愛染明王《あいぜんみょうおう》の愛敬成就法において赤色を用いるのも同じ理由であるという。足の裏を塗ったら、それを火で炙《あぶ》り、両手をその上に覆って、好きな相手の名前をいい、真言「ノウマク・オンシマボシキャチビバラ・バチヤシカラジャロリ

深沙大将（『図像抄』）

ン・チニヤ・タシバ・ジャチレイベイラマジャリニ・ウン・ソワカ」を一万八千遍、一心に念誦すると、その相手がすぐにやってきて恋愛関係になり、終生、愛し合うという。夫婦でありながら、心がまったく通わず、冷えきっていても、技芸天法でよりを戻すことが可能である。それには密かに相手の名前を書き、同じように左脚で踏みつけながら千八十回、念誦すれば、再び相思相愛の関係になり、以後憎しみ合うことはないとされる。

深沙大将の三十二種成弁秘密法

『西遊記《さいゆうき》』などでお馴染みの玄奘三蔵《げんじょうさんぞう》（六〇〇／六〇二〜六六四）がインドに渡る際、流砂のなかで危機に陥ったときに感得して命を救われたという仏法守護神で、『大般若経《だいはんにゃぎょう》』を護持する十六善神の一つとされ、北方多聞《ほっぽうたもん》天《てん》ないしは毘沙門天《びしゃもんてん》などの化身説がある。深沙大将《じんじゃたいしょう》を日本に初めて伝えたとされる常暁《じょうぎょう》（？〜八六六）の請来目録（『常暁和尚請来目録』）には「北方多聞天の化身」と明記され、唐国の人々が総じてこの神を「災いを救い、益を成し、その験《げん》、現前たり」とあり、唐代の現世利益《げんぜりやく》の流行神の一つであったことがわかる。また『覚禅《かくぜん》鈔《しょう》』によれば「吾れは毘沙門天の仕者にして七千薬叉《やくしゃ》の上首なり。その形たる頭は火炎、口は血河、髑髏《どくろ》をもって頸《くび》の瓔珞《ようらく》（首飾り）となし、畜皮をもって衣となし、象皮の面をもって袴膝となし、小児をもって腹臍となし、足は蓮花を踏む」と記されている。『小野厚草紙《おのこうそうし》』には東寺長者で、高野山と醍醐寺《だいごじ》の両座主でもあった観賢僧《かんげんそう》正《じょう》（八五三〜九二五）の伝として太山府君《たいざんふくん》（泰山府君《たいざん》）としているように、道教・陰陽道《おんみょうどう》系の冥界を主宰し、生

迦楼羅（『阿娑縛抄』）

死や寿命を司る神・泰山府君との同体説もある。最近の研究では央掘摩羅《おうくつまら》の名から古代インドの梵名アングリマーラという説が有力視されている。

いずれにせよ、一切の悪業や煩悩《ぼんのう》を消滅する、除災招福の仏神とされ、単独で本尊として修されることは少ないが、三十二種成弁秘密法など深沙大将の修法がいくつかある。悪人を降伏《ごうぶく》するには手印をなし、忿怒《ふんぬ》心《しん》をもって真言を読誦すること百八回で、一切の外道《げどう》は滅び去るという。また心臓病には黄土を加持して心臓部に塗れば癒《い》え、眼病には杏子《あんず》の油を呪して塗ると治り、魔事や凶事を防ぐには桃の若木を百八回加持すれば、それらは遠くに去るという。

真言は「ナモラニナ・タラヤヤ・ナモアリヤバリョキテイ・タニヤタ・ジャエイジャエイ・ジャヤ・バケイニジャユタリ・カラカラ・バラバラ・シャラキダ・サバキャラタラダニ・メイバチソワカ」などがある。

また印咒《いんじゅ》とともに天上使者《てんじょうししゃ》の費迦羅《ひから》（浄満《じょうまん》）、虚空《こくう》使者の大仙《たいせん》（嚩斯《ばし》）、下地《げち》使者の水火雷自在《すいからいじざい》（大羅惹《だいらじゃく》）の三使者を呼び出すことによって、水害・火害・兵害の三災と、飲食・睡眠・淫欲の三種執《しゅう》を滅する三使者秘密成就法も行われていたようである。三使者は深沙大将の変化神という。この修法をマスターすれば、悪業が消え、人は仙人となり、意のままに天龍《てんりゅう》・薬叉《やくしゃ》・鬼神《きじん》を召集し、成仏させることが可能であるとされている。

迦楼羅天の祈雨法・止雨法・諸成就法

迦楼羅《かるら》は古代インドの神話に出てくる巨鳥ガルーダの訳語で金翅鳥《こんじちょう》、妙翅鳥《みょうじちょう》ともいう。鳳凰《ほうおう》さながらに美しく、翼を広げれば三三六万里の長さにおよぶとされる。不動明王の火焔《かえん》の光背を迦楼羅炎というのは、迦楼羅が翼を広げた姿を擬《ぎ》したためといわれる。大暴風雨を起こして災いをよぶ悪龍や煩悩と化した毒龍を食らい、衆生を利する働きがある。迦楼羅は一日に一匹の大龍と五百の小龍を常食し、妙高山《みょうこうざん》近郊の金山の淡水に棲息するという。

そのためか、請雨《しようう》、止風雨《しふうう》など龍神に関わる修法に迦楼羅天法が用いられる場合がきわめて多い。護摩壇を設置し、苦練木《くれんぼく》を燃やし、白芥子《しろけし》で護摩を焚き、千八十回加持すれば、やがて雨となるという。また雨を止めるための修法を主とする金翅鳥法が天台密教系で行われている。金翅鳥法には止雨だけではなく、邪鬼や魔怪を滅したり、疾病を除去して延命させる祈禱なども修される。

怨敵調伏においては蛇の皮を加持して火に投じる修法を二十一回繰り返すと、怨敵を破滅させることができるという。蛇の皮のかわりに鳥の翼を二十一遍護摩すれば、怨敵は発狂して鳥が跳ぶように迷走するといわれる。変わった修法として相手の言語能力を奪い、物をいわせなくするものがある。これは灰を加持して、蛇の口のなかに詰めて塞ぎ、その相手の名前を唱えて真言「オン・ギャロダヤ・ソワカ」を二十一遍誦すのである。二人の人間を互いに憎悪させる呪法は、白氈華《はくせんげ》を毒薬と混ぜ合わせ、二十一回護摩をなせば、必ず憎しみあうようになるという。反対に男女を相思相愛にさせるには、白芥子に酥《そ》（牛乳から作った飲料）を混ぜて、護摩を二十一遍行うと、愛し合うようになる。

大自在大迦楼羅陀羅尼成就法《だいじざいしんかるらだらにじようじゆほう》のうちの調伏法《ちようぶくほう》として、赤芭蕉《あかばしよう》の葉をとって、そこに呪うべき悪人あるいは怨敵《おんてき》の名前を書き、人を調伏する陀羅尼である「ナモハキャバチ・ロタラヤ・シンナゴウハラヤ・サバビナエンカラヤ・サツバセツトロビナシャナヤ・オンカバラシツルシンナカバラブロ・ロトロキニョウハヤテイ・ソワカ」を百八遍唱えたのち、牛糞のなかに埋めれ

天女形の訶梨底母（『図像抄』）

ば調伏が成就する。下劣な者同士を敵対させるには、二枚の多羅樹《たらじゅ》の葉に別々に各人の姿と名前を書く。書きおえたら、その多羅葉の文字を書いたほうを背《そむ》け合わせて糸でくくり、鼠狼の毛、山鶏の毛、蛇の脱《ぬ》け殻《がら》で焼燻《しょうくん》して前記の陀羅尼を百八回誦す。しかるのち、刧波羅《ごうばら》（綿の木の一種で、刧貝《ごうばい》ともいう）のなかに安置し、墓地に埋める。

また迦楼羅天の小呪《しょうしゅ》「オン・ギャロダヤ・ソワカ」を唱えることによって、一切の毒が消え、毒の害を受けないという伝もある。

密教では大自在天が衆生救済のために鳥の姿をとったものとされ、『文殊師利菩薩根本大教王経金翅鳥王品《もんじゅしりぼさつこんぽんだいきょうおうきょうこんじちょうおうぼん》』には文殊菩薩の化身《けしん》と説かれている。日本では迦楼羅炎を光背にする天狗《てんぐ》もいるなど迦楼羅天は飛行《ひぎょう》という共通性において天狗信仰とも結びついている。

訶梨帝母（鬼子母神）現身法・髑髏使役秘密法

訶梨帝母《かりていも》（歓喜母《かんぎも》）とは鬼子母神《きしもじん》のことで夜叉身《やしゃしん》

馬頭観音

火焔《かえん》の光背《こうはい》をもち、忿怒形《ふんぬぎょう》をしている観音で、煩悩をはじめ一切の障碍《しょうげ》を破却する徳を司る。観音に属しながら、八大明王の一つでもあるという、明王部にも関係している特徴がある。馬頭《ばとう》観音を念誦すれば、大忿怒形を現して諸々の魔障を破滅し、また大いなる威光をもった太陽（日輪《にちりん》）となって念誦者の迷妄を照らして破り、あるいは地獄・餓鬼・畜生《ちくしょう》・修羅《しゅら》の悪い因縁に通ずる苦悩をすべて打破し尽くすとされる。その功徳はあたかも大きな馬が濁水《だくすい》をあますところなく呑んだり、飢えた馬が脇目も振らず一心に雑草を食べるようなものであるという。

また忿怒形の馬頭観音を怠《おこた》りなく供養していれば、その修行者がいるところを中心にして四十里以内に魔事が入り込めず、鬼神《きじん》なども近寄れず、つねに諸大菩薩と共同に住むことができるとされている。さらに調伏《ちょうぶく》や治病、裁判勝利、刑務所入りを免れ、天変地異を安息し、外寇《がいこう》内乱を除くなどの功徳《くどく》がある。民間習俗として家畜（とくに馬）の守護と追悼供養にも馬頭観音を本尊とすることが多い。

この観音はその名から窺われるように馬頭をいただいているが、その馬頭に次の色を塗って祈禱を行う方法がある。青色は悪人調伏《ちょうぶく》や怨敵降伏《おんてきごうぶく》などの調伏法、白色は災いの除去や除病などの息災《そくさい》法に用いる。ふつう、初めから白馬頭にしていることが多い。真言は「オン・アミリト・ドハンバ・ウンハッタ」。『仏説陀羅尼経《ぶっせつだらにきょう》』によれば、毒虫・毒蛇に噛《か》まれたり、悪人にと天女形《てんによぎょう》がある。法華行者《ほっけぎょうじゃ》の守護神として絶大な尊崇を受けているが、密教僧においてもしばしば修法に活用されている。

鬼子母神は『根本説一切有部毘奈耶雑事《こんぽんせついっさいうぶびなやぞうじ》』によると、みずから五百人の子供を産み育てながらも、他人の子をとって食べていた。釈迦がそれを戒めるために鬼子母神の子の一人を隠すと、鬼子母神は半狂乱になってわが子を探した。そこで釈迦が子を返し、仏法の道理を説くと、鬼子母神は自分のこれまでの所業を懺悔《さんげ》して仏法に帰依し、以後、一切の子供の守護神（了を愛育する神）になることを誓ったという。このような縁起から、安産、子育ての守護を願って修法が行われてきた。

強力な敵対者、あるいは怨念や悪意をもって攻撃してやまない怨敵の家庭を、原因不明の狂乱状態に追い込み、一時も休む暇すらあたえないという恐るべき呪法が歓喜母法《かんぎもほう》のなかにある。その方法は、髑《ど》髏《くろ》を一個、墓場などから入手し、鬼子母神の大咒（後述）と印契《いんげい》（被甲《ひこう》の印）で、その髑髏を二十一遍、あるいは百八遍加持したあと、密かにそれを呪うべき相手の邸内に隠し置くというものである。

その呪法で相手の一家は全員、鬼魅《きみ》の邪霊に取り

馬頭観音（『図像抄』）

遇ったときには、護身法などの前行《ぜんぎょう》のあと、馬頭大法身印咒《ばとうだいほっしんいんじゅ》を結誦すれば無事という。また女性から愛されたい場合は蘇摩那《そまや》華《け》（赤い美花）をとり、馬頭の像前に対面して「オン・トナトナ・マタマタ・カダカダ・カヤキリバ・ウウンハッタ・ソワカ」を二十一遍唱え、蘇摩那華の一本を馬頭観音の脚に散じ、その後、右手に華をとると、女性があとからくるという。別法として蘇摩那華を七遍加持し、女性がいる方向に散じても、同じようにやってくるとしている。

憑かれ、互いに激しく罵《ののし》り憎しみ合い、ついには暴力あるいは流血沙汰にまでおよぶというのである。そのための髑髏を自己に災いがおよばぬよう、安全に確保するには、鬼子母神の真言で自己を二十一遍呪して、召印《しょういん》を結んで行うのが鉄則とされた。髑髏は墓地から採取することが多かったようであるが、選択基準として狂暴で執着心の異常に強い者の髑髏ほど、奇験があるものとして珍重されたらしい。

その後、怨敵が改悛《かいしゅん》や和順の態度を見せるようになったら、法を解いてやるのが礼儀とされた。それにはやはり同じ真言を二十一遍唱えてから、髑髏を密かに回収、撥遣《はっけん》（勧請した霊を元の場所に奉送《ほうそう》すること）して元の場所に返したのである。それにより相手の一家のノイローゼ状態は即座に終息するとされた。ちなみに、呪法に用いた髑髏を一度回収すれば、そこで効力が失われる。また、注意事項として、この法を他に漏泄《ろうえい》すれば、まったく効果がなくなり、呪法をかけた相手が、この法の解法を心得ていれば、行者は命に関わるほどの重い災禍を受けるといわれている。

金鉱や宝石など鉱物がどこに埋まっているかを知る方法として歓喜母法を用いる方法がある。これは神降ろしの一種で、心身が清くて端麗《たんれい》な童女を沐浴させ、浄衣を着せて芳しい香りの華をもたせ、その顔を覆わせる。次にその童女を壇《だん》の側に立たせて真言を唱えつづけて、欝《う》金香水《こんこうずい》を呪して童女の身に注げば、準備完了である。すでに童女は神憑りになっているので、希望の鉱物がどこに埋まっているかを尋ねれば、たちどころに的確に答えるとされる。そのようにして鉱石などを発見したら、私利のために蓄財せず、衆生《しゅじょう》に施さなければ、結局、失敗することになるという。

婚期を逸した女性や、さまざまな理由で結婚できない女性でも成婚が可能になる呪法を紹介しよう。まず灰を集めてそれで人形をつくり、印明（印は召請印《しょうしょういん》、真言は後述の大咒参照）を結誦《けつじゅ》して百八回加持する。毎日この人形を七回拝すれば、結婚できるという。愛する人がどんなに遠方にいても、急いでやってくる次の秘法も上記と類似している。その秘法は、灰あるいは塩で愛する人の形を造り、刀をその人形の心臓の上にのせ、彼の姓名を毎日午後八時、午前零時、午前四時の三回、召請印を結び、大咒を唱えて百八回加持すれば七日以内に彼が現れるという。もし現れなければ、彼は必ず重病になり倒れるとされている。

鬼子母神の諸法を成就するには、実は現身法を修しておかなくてはならない。白月《びゃくがつ》（太陰暦）一日、五日、十六日、二十日のいずれかの日の夜から修法を始めるのである。鬼子母神の尊像を前に、行者は東面して坐し、陀羅尼《だらに》（大咒）を間断なく念誦する。陀羅尼は「ノウモラチノウチラヤ・ダモガリチエイ・マカヤキャシテイ・アボキャエイ・サツチエイハジネイ・ボタバリヤエイ・ジャダカリニエイ・ハンサホチラ・シャタハリバエイヒリカラエイ・バキャタサバサチバ・ノウバソキリタエイ・バキャバンカリチエイ・キリタイヤバベイタイシャメイ・ボタテイジャバニチ・サバラタエイ・バガバンホララキシャシ・バガバンモシタシ・ハラホチラ・ビキンノウビノウヤカ・ボリハサンバニタトラダラ・マンチラバダホダラ・カラシャエイ・チニヤタ・シバタイ・バリバテイ・ネイチラカツチ・サツバキツバカラダエイソワカ」。この陀羅尼を絶対に誰にも知らせず、一人で一万回誦すのである。念誦する場所は清浄にしておき、灯明を用いず、沈香《じんこう》を焼きこめておかなければならない。

すると、歓喜母（鬼子母神）がその姿を現して、行者の願望を叶えようとする。姿を現したからといって恐れてはならないし、それを他者に漏らしてもいけない。もし第三者に知らせれば、鬼子母神の禍《わざわ》いを招くことになるといわれる。また鬼子母神が出現してもただちに話しかけてはならない。ひらすら念誦し供養をつづけるのである。そのようにしていると、折りに触れて姿を現し、行者に「私に何をしてもらいたいのか」と聞いてくる。と同時に、その行者のために瓔珞《ようらく》（首飾り）・環釧《かんせん》（腕輪）などの宝飾品を

水天（『図像抄』）

授けることもある。それでもまだ絶対に口をきいてはならないが、授けられた宝飾品はすべて必ず使用し、決してそのままにしておいてはならない。

　そのようにして鬼子母神は何度も出現するが、接触に充分慣れてきたら、初めて会話が許される。ただし、最初に「汝を我が母、あるいは我が姉もしくは妹とする」と宣言して、断っておく必要がある。というのも美麗豊満な肉体をもった鬼子母神はしばしばみずからの染欲《ぜんよく》（肉欲）を満たそうとして、行者の体を強く求める場合があるからで、鬼子母神がそうした欲望を抱いて執拗に迫ってきたとしても、決して相手にしてはならないという。もし受け入れてしまうと、行者は鬼子母神の種族（餓鬼や夜叉《やしゃ》などの鬼類《きるい》）に転生《てんしょう》してしまい、解脱《げだつ》できなくなると戒められているのである。

　鬼子母神と縁を結んだ行者は食事のたびにその一部を供養することになっている。その方法は真言「オン・ドドマリ・ギャキテイ・ソワカ」を七遍唱えて、加持するのである。供養した食事は、清いところに捨てて水に流せばよい。すると、鬼子母神は行者をつねに擁護し、その左右を離れることはないという。その後、吉宿日か鬼《き》宿日《しゅくにち》、あるいは日月蝕《にちげつしょく》のときを選んで、最高クラスの沈香《じんこう》にバターをぬったものを千八十遍加持して、護摩すれば、この行は成就するのである。以後、行者は自分の思うままに人生を送ることができるようになる。

水天法・祈雨・止雨の法

　諸々の龍王のなかのトップ・水天《すいてん》が歓喜すれば、世界は潤いに満ち、五穀豊穣となるが、怒れば旱魃《かんばつ》となり人間は飢餓に苦しむか、大雨を降らして洪水を起こして草木や衆生《しゅじょう》を流損するという（『供養十二大威徳天報恩品《くようじゅうにだいいとくてんほうおんぼん》』）。

　十二天の一つで、西方を守護する神でもある水天は、古代インドのヴェーダ神話の天地を保つ神であったが、のちに水の支配者ヴァルナになり、『大日経疏《だいにちきょうしょ》』では諸龍王の主、嚩嚕陀《ばるだ》龍王として位置づけられた。この嚩嚕陀龍王と八大龍王は三熱の苦がない龍宮を本拠地とし、仏教を守護し世間を利益《りやく》して人々を成仏へ導くことを本《ほん》誓《ぜい》としている。そのため、菩薩の資格をもつ、善龍ということになっているわけである。それに対して普通の龍は基本的には悪龍とされる。というのは日々、三熱の苦しみを受けて煩悩に悩み、また仏法に害をなすなど増長が甚だしいためである。したがって畜生の身を脱せず、阿修羅界《あしゅらかい》に属しているという（『正法念処経《しょうぼうねんしょきょう》』など）。

修法にはもっぱら祈雨《きう》、止雨《しう》、航海安全、海中ないし水中求宝（水中に沈んでいる財宝などを得る方法）があり、その印契《いんげい》は龍《りゅう》索印《さくいん》や九頭龍印《くずりゅういん》などである。

水天の代表的な修法である祈雨、止雨の方法についていえば、東西南北の四門を擁《よう》した水壇（縦横の長さは各四肘）の北面に本尊の水天曼荼羅《まんだら》をかけたのち、行者は沐浴してから、浄衣を着用し、北面して祈禱する。北面する理由は、北の方角は五行説で水にあたるためである。また西に面する場合もあるが、それは西が十二天の水天の方角ゆえである。この際、修法に使う法具一切は水天が感応しやすいという理由で、すべて青色に着色しておく決まりがある。行者の着る浄衣も例外ではない。十六盤の飲食《おんじき》を供養し、薫陸香《くんろくこう》を焼いて、内縛し二頭指を立て合わせた龍索印を結び、真言「タニヤタ・ウダカダイバナ・エンケイエンケイ・ソワカ」あるいは「ナウマク・サンマンダ・ボダナン・バルナヤ・ソワカ」を千八十回を唱えれば、旱天には慈雨が降り、長雨が続く場合はやむという。

すぐに霊験が現れる秘事として、水天の大好物であるという梨を供養しておく。密教では水天をはじめとする九頭龍を金剛界《こんごうかい》の九会《くえ》、ないしは胎蔵界中台《たいぞうかいちゅうだい》九尊とする深秘の義があり、また長野県北部の戸隠山《とがくしやま》を本拠地と

青面金剛（奈良、元興寺庚申堂のお札、飯田道夫『庚申信仰』人文書院より）

する戸隠権現《とがくしごんげん》の使者でもある。

青面金剛の除病・降魔歓喜秘密法

中国の道教などで庚申《こうしん》の本尊とされる青面金剛《しょうめんこんごう》は、病気除去、四魔降伏《しまごうぶく》などに霊験があり、とくに天台密教では重視していた。そのうち四魔とは、人間の身心を悩ます貪欲・怒り・愚癡《ぐち》などの煩悩魔《ぼんのうま》、種々の苦しみを生ずる五蘊《ごうん》の陰魔《おんま》、死の苦悩そのものの死魔《しま》、人間の善行をさまたげる天魔《てんま》（第六天魔王）をいう。四魔を降伏させるには、壇の東北に薬叉《やくしゃ》を召請《しょうしょう》し、薬叉立身印という特別な印契《いんげい》を行い、「オンデイバ・ヤキシヤ・バンダバンダ・カカカカ・ソワカ」の真言を誦して、みずから忿怒の形相を露《あらわ》にしながら壇を右回りに巡る。一度の右回りで真言を一回唱えるのである。

除病祈禱には日月蝕のときに壇を築き、食事や菓子を供える。修法にあたっての注意事項として五辛（臭みのある五種の野菜で、韮《にら》、葱《ねぎ》、ラッキョウ、生姜《しょうが》）や酒肉を食してはならない。それを破れば、妙験はないという。また庚申の日の夜に青面金剛を祀って酒や肉を喫し、歌や踊りを楽しんでさわいだり、邪淫に耽る者は、咎《とが》めを受けるともいわれる。

除病に際しては薬叉心咒「バテイタ・マカマカロ・ウコウコ・ラアチュウタテイ・ソワカ」を何度も唱える。

天女形の荼吉尼（笹間良彦『ダキニ信仰とその俗信』第一書房より）

荼枳尼天法・即位灌頂

荼枳尼天《だきにてん》はヒンドゥー教のシヴァ神の妃カーリーの眷属とされ、人間の身中にあるという人黄《じんおう》を食べる鬼類《きるい》といわれる。人黄は、人間の頭部にあるものとも、心肝であるともいう。その人黄は人間の魂魄《こんぱく》、あるいは垢や穢れの象徴である煩悩とする説もあるが、いずれにせよ、人黄を食えば、大成就を得て、意の欲するままになる、つまり自分の思いどおりの世界が実現できるというのである。

荼枳尼天が成道《じょうどう》する前は、呪法をつかって人間が六か月前に死ぬのを知り、人黄を食っていた魔物であったという。そのために人間が死ぬのを待ち望み、病気にするよう不摂生を仕向け、病気になれば喜び、極力治病をさまたげていた。それを毘盧遮那仏《びるしゃなぶつ》（大日如来）が化した大黒天《だいこくてん》が呵責《かしゃく》し、生きた人間ではなく、死人の人黄を食うことを許したことは大黒天法のところに既述したとおりである。

荼枳尼天は天女《てんにょ》の姿をしているとされているが、インドでは基本的に餓鬼形《がきぎょう》で、右手に人間の脚を、左手に人間の手を持ち、死体を踏みつけている姿態

不空羂索観音

一面三目八臂の不空羂索観音（『図像抄』）

煩悩《ぼんのう》の原野に慈悲の羂《けん》（網）を張って、流転《るてん》（輪廻《りんね》転生《てんしょう》）する「衆生《しゅじょう》の鳥」（人間のこと）をかけて救済し、あるいは生死《しょうじ》の苦しみの海（輪廻転生を繰り返すこと）のなかに救済の索《さく》（綱《つな》）を入れて、そこに沈んでいる「有情の魚」（人間のこと）

をとる。

茶枳尼天法の行者は神通力《じんずうりき》を得て、この世において栄華福徳を享受し、あらゆる願いを成就できるかわりに、自分の臨終に際して、自己の人黄を茶枳尼天に捧げることを誓約しているともいう。西欧の伝説に悪魔に自分の死後の魂をあたえるかわりに、地上ではあらゆる願いが叶うというものがあるが、さしずめその日本版といったところである。ともあれ、茶枳尼天法を正確に修法すれば善にも悪にも効験が著しいのは確かなようである。


またかつては実際に人間の髑髏《どくろ》や肉体の一部をともなう秘法もあった。十三世紀の誓願坊心定《せいがんぼうしんじょう》は『受《じゅ》法用心集《ほうようじんしゅう》（破《は》邪帰《じゃき》正 法抄《しょうほうしょう》）』で、讃岐守高太夫《さぬきのかみこうだゆう》の茶枳尼天法の伝を詳細に紹介している。それによれば、茶吉尼は閻魔《えんま》天《てん》の眷属、小夜叉神で、一切の生類の肉を常食している。なかでも人間の人黄とよばれる頭頂の十字のところにある六粒の「あまつひ」を最高の好物としている。人黄は人間の魂魄《こんぱく》で、呼吸の出入の息となって人間の命を保ち、あるいは懐妊の種となってくだり人身をつくるという。閻魔大王は茶枳尼天をみずからの使者（死に神）として娑婆《しゃば》に放ち、定命が尽きかけた人間を茶枳尼天の自由にさせているのである。人間にとり憑いた茶枳尼天は、頭頂から足の裏にいたるまで六か月のあいだ、全身をその舌でしゃぶり回す。しゃぶり尽くしたら、その人間の息を呑み、血を吸いとって命を奪いとる。もし寿命を延ばしたいのならば、不動明王法を修する。不動明王は悪魔降伏の請願をもっているので、茶枳尼天のような小夜叉神を降伏して退散させ、人間を延命させることができるという。これを不動能延六月《ふどうのうえんろくがつ》の法と称する。


をとって救うとされる観音である。不空羂索《ふくうけんじゃく》の救済事業から漏れる人間はいないという。

真言は「オン・アボキヤ・ビジャヤ・ウンハッタ」。『不空《ふくう》羂索神変真言経《けんじゃくじんぺんしんごんきょう》』によれば、不空羂索の真言を誦すものは、無病で、身体は細くて美しくなり、衆人から愛され、財宝に恵まれ、賊の害を受けず、水難・火難に遇わず、厳しい取り立てや飢餓からも無縁で、鬼神《きじん》の害に遇わず、怨敵《おんてき》は自ずから和睦《わぼく》し、厭魅呪詛《えんみじゅそ》を受けず、諸悪煩悩が消え、弓箭《ゆみや》や毒薬の害も受けず、諸天がつねに守護してくれるなど、現世に二十種の利益を得る。また臨終にも極楽往生などの八種の功徳を得るという。

平安時代に藤原氏がみずからの守護仏として供養していたことは有名である。奈良の法相宗大本山興福寺《こうふくじ》南円堂《なんえんどう》にある不空羂索観音がそれである。

荼枳尼が好む魚や鳥の肉類や、人黄（人間の黄燕）をつねに供養すれば、荼枳尼は歓喜して納受し、行者の祈願はなんであれ、すみやかに成就する。また人間の髑髏や狐の頭蓋骨を壇上に置き、これらの供養物を供えて修法すると、荼吉尼天はその頭骨のなかに入って住みつき、その頭骨の元の持ち主の三魂七魄を使者として種々の神変《じんぺん》を現し、無数の法術を施すという。ちなみに人間には三魂七魄の十種の魂魄が備わっているが、死後、三魂は遺骸を離れて六道に輪廻転生《りんねてんしょう》し、のこりの七魄は現世にとどまってみずからの遺骸を守る鬼神になるという説がある。鬼神となった七魄だけではなく、転生していたはずの三魂まで荼枳尼天法は己の従者とするというのである。

この荼枳尼天法を修したいと望む行者は、おおっぴらに袈裟《けさ》を身につけたり、銅リンを鳴らしたり、髪を剃ってはならない。袈裟を布で覆い隠し、銅リンのかわりに石を打ち、頭には烏帽子をかぶり、僧形《そうぎょう》を隠すのが鉄則である。僧形であれば、諸仏菩薩が来て現れ、天衆地類が集まるため、荼枳尼が恐れをなして遠くに逃げ去ってしまい、修法はうまくいかなくなるためであるという。

中世から近世にかけて、ある種の行者の祈禱成就法として陀羅尼《だらに》真言「オン・キリカクウン・ソワカ」などを唱え、片目をえぐりとるなどして肉体の一部を荼枳尼天に捧げる凄まじい法もあったといわれている。

天皇が代替わりする儀式の即位灌頂《そくいかんじょう》においても、大日如来の印である智拳印《ちけんいん》とども

不動明王（『図像抄』）

に荼吉尼天法の明呪《みょうしゅ》が唱えられていた。その明呪は南北朝時代に成立したとされる『神代秘決《じんだいひけつ》』の「東寺御即位品」によれば、金剛界の「荼吉尼縛曰羅駄都鑁《だきにばさらだとばん》」と胎蔵界の「荼吉尼阿卑羅吽欠《だきにあびらうんけん》」であり、これを誦すことで、財宝を持ち、障碍《しょうげ》を除き、栄華を開くとされた。「荼吉尼縛曰羅駄都鑁」の明呪のみを記す『近衛家文書』のような史書もあるにせよ、即位灌頂のたびに荼枳尼真言が不可欠とされた。

『神代秘決』によると、空海が天照大神《あまてらすおおみかみ》からの相承《そうじょう》の印に、荼枳尼天の明呪を加えて印明一具とした。その印明の本尊は荼枳尼天であるといい、荼枳尼天はまた天照大神の変化身《へんげしん》であるという。天照大神は大日如来の化身とも考えられていたから、密教関係者のあいだには荼枳尼天＝大日如来＝天照大神の等式がごくあたりまえのこととして認識されていたのである。明治になって皇室行事はすべて神道化されたため、密教系の即位灌頂も廃止された。史実では十四世紀の南北両朝が合一して一本化された天皇の後小松《ごこまつ》天皇から即位灌頂の際の荼枳尼呪が定着し、明治天皇の父の孝明《こうめい》天皇の代まで唱えつづけられてきたのである。

不動行者でもあった新義真言宗の祖・興教大師（長谷寺蔵）

不動明王の秘呪一切成就法・御加持作法

外には恐ろしいばかりの怒りの姿を現して魔障《ましょう》を恐怖させ、内には煩悩や苦悩を消滅するという、広大無辺の慈悲をもった不動明王《ふどうみょうおう》は一切衆生の救済の菩薩とされている。菩薩でありながら、蓮華座ではなく、岩にすわるのは行者の奴僕《ぬぼく》として仕えることを本願としているためであるという。愛《あい》染明王《ぜんみょうおう》が王者三昧《おうじゃざんまい》であるのに対して不動明王は奴僕三昧なのである。だが、この不動明王こそ、諸明王のなかの総主であり、諸仏に通じた教令輪身《きょうりょうりんじん》とされている。

不動を拝んでいれば、絶対に横死はないと、『不動経《ふどうきょう》』にある。同経にはまた「行者がもし諸々の仏土を見ようと欲すれば、不動明王はたちまち出現して、行者を頂戴《ちょうだい》し、よくをこれを見せるであろう。ましてや行者が何ごとかを求める場合は、たちどころにこれを成就《じょうじゅ》させ、地獄・餓鬼《がき》・畜生《ちくしょう》・修羅《しゅら》の四悪趣《しあくしゅ》に堕《お》とさず、決定《けつじょう》して妙果を証せずにはおかない」とある。成仏であれ、何事であれ、祈れば必ず絶大な利益をあたえるというのである。真言を唱えるだけで、どんな祈願も叶えるという点においてこの明王にくらべられるものはないといわれる。

『勝軍不動明王儀軌《しょうぐんふどうみょうおうぎき》』には不動明王の画像（尊像）前で毎日三回、本咒を念誦して六か月を経て、祈願者の力に随って一華飲食を供養すれば、種々の願を求めてみな満足することを得るとある。

「諸仏の主」（『底哩三昧耶経《ていりさんまやきょう》』）と称される不動明王の真言は火界咒《かかいしゅ》（大呪）、慈救咒《じくのしゅ》（中呪）、一字《いちじ》心咒《しんじゅ》、残食咒《ざんしょくしゅ》があるが、一般的には慈救咒と小咒が浸透している。不動尊信仰で名高い千葉県成田市の真言宗智山派《ちざんは》の大本山、成田山新勝寺《しんしょうじ》（成田不動尊）に参れば、「ノーマクサンマンダー・バーザラダン・センダー・マーカロシャーダー・ソワタヤ・ウンタラター・カンマン」（慈救咒）、あるいは「ノーマクリンマンダー・バーザラダン・カン」（小咒）

不動護摩法

不動明王《ふどうみょうおう》の修法といえば、なんといっても護摩《ごま》が中心である。護摩は梵語ホーマの音写で「供物を火中に投じて神に捧げる」という意味である。不動明王の本体が「火生三昧《かしょうざんまい》」、すなわちその火光・火焔で一切の煩悩や悪業を焼き尽くし、智慧《ちえ》の火を成す不動の禅定《ぜんじょう》を行っていることから、不動明王には護摩がもっともふさわしいとされているのである。

成田山新勝寺《なりたさんしんしょうじ》では不動明王を本尊とし、もっぱら息災《そくさい》を目的とした五壇護摩を行っているが、不動尊を祀る寺では依頼者の願いに応じて調伏《ちょうぶく》を引き受けているところもある。

五段護摩は道場観、本尊観、理供養、事供養などの作法を行ったのち、火天《かてん》を招き、部主（降三世《ごうざんぜ》）、本尊（不動尊）、諸尊（大日《だいにち》・阿閦《あしゅく》・宝生《ほうしょう》・無量寿《むりょうじゅ》・不空成就《ふくうじょうじゅ》の五如来など曼荼羅《まんだら》の諸尊）、世天《せてん》（十二天・七曜・二十八宿などの神々）の五段の真言の声が絶えることはない。また不動明王には十四の印契《いんげい》がある。列記すれば、根本印（独鈷印《とっこいん》・火界印《かかいいん》）、宝山印《ほうさんいん》、頭密印《とうみついん》、眼密印《げんみついん》、口密印《くみついん》、心密印《しんみついん》、四処加持印《ししょかじいん》、師子奮迅印《ししふんじんいん》、火焔印《かえんいん》、火焔輪止印《かえんりんしいん》、商佉印《しょうぎゃいん》、剣印（渇誐印《かつがいん》）、羂索印《けんさくいん》、三股金剛印《さんここんごういん》）で、ふつう、火界咒には根本印、慈救咒には剣印を用いる。

成田山新勝寺といえば、信者が不動明王の利益を授けられた話は枚挙にいとまがないほどである。なかでも和泉国《いずみのくに》出身の浄土宗僧・道誉貞把《どうよじょうは》（一五一五〜一五七四）の利生記《りしょうき》は出色である。出家後、武蔵国《むさしのくに》の三縁山増上寺《ぞうじょうじ》（浄土宗大本山）で学び、説法するため高座《こうざ》に登ったものの、言葉につまり大恥をかいた。「これではいかん」とみずからを励まして、再修行中、成田不動尊に参詣、二十一日間籠《こ》もって祈願した。夢現《ゆめうつつ》の状態のなかで、利剣と鈍剣をもった不動明王が出現、物凄い形相で「どちらを呑むか」と道誉に迫った。思わず、「利剣を呑みます」と答えた瞬間、明王は渾身の力をこめて道誉の喉を突き刺したのである。あっと思うまもなく、道誉は一升あまりの血を吐き出し、息絶えたが、痛みはなかった。生き返ってからは、なかなか覚えられなか

の護摩を修する。護摩は格段ごとに印明《いんみょう》はもとより、乳木《にゅうもく》（汁のでる木）などの護摩木を火炉に井桁《いげた》に組み、点火してそのなかに供物（酥油《そゆ》・飲食《おんじき》・五穀《ごこく》・切花《きりばな》・丸香《がんこう》・散華《さんげ》・薬種《やくしゅ》など）を投ずるのである。乳木の数は段により異なり、最重要の本尊の段では百八本を焼く。

不動明王秘呪一切成就法

火界咒《かかいしゅ》（金剛手最勝根本大陀羅尼《こんごうしゅさいしょうこんぽんだいだらに》）を唱えさえすれば、一切の魔軍を焼き尽くすとされる。三千世界（宇宙）はすべて大忿《だいふん》怒王《ぬおう》の不動明王の威光に焼かれて大火となり、生き残るのはかろうじて仏菩薩《ぶつぼさつ》などと一切の仏土《ぶつど》だけであるという。同時に大魔王を降伏させ、すべての所願が成就する。また、火界咒を唱える者を十二天（東北の伊舎那《いしゃな》・東方の帝釈天《たいしゃくてん》・東南の火天《かてん》・南方の閻魔天《えんまてん》・西南の羅刹天《らせつ》・西方の水天《すいてん》・西北の風天《ふうてん》・北方の毘沙門天《びしゃもん》・上方の梵天《ぼんてん》・下方の地天《ちてん》・日天＝照衆闇《しょうしゅあん》・月天＝清涼光《せいりょうこう》）が加護し、不動明王の使者（眷属《けんぞく》）の矜羯羅《こんがら》と制吒迦《せいたか》などが、釈迦を敬うように奉仕するという。さらに火界咒を受持する者は阿修羅《あしゅら》、畜生・餓鬼・地獄の四悪趣に堕《お》ちることはなく、必ず成仏する。

火界咒「ノウマク・サラバ・タタギャテイビャク・サラバ・ボッケイビャク・サラバタ・タラタ・センダ・マカロシャダ・ケン・ギャキギャキ・サラバ・ビキンナン・ウンタラタ・カンマン」。

空海が師の恵果から授けられたとされる波切不動尊（高野山南院蔵、「空海と高野山をたずねる旅」大日本絵画より）

った経典や儀軌でもすぐに頭に入り、毎日多くの経典を楽々暗誦できるようになったという。仏教全般に精通し、優れた学僧になり、増上寺第九世住持になった（『三縁山志』巻九）。中世期から不動明王は観音菩薩と同じように宗派や寺院に関係なく民衆に信じられていたが、浄土宗僧であっても不抜《ふばつ》の不動信仰を堅持して成功した事例は意味深いものがある。

不動明王秘密法

墓地に遺棄《いき》してある死人の衣をとり、不動明王《みょうおう》の絵を描く。尊像の色は行者自身の血をもって塗るのである。その画像を西に向けて置き、行者は東に面して坐して念誦する。毎日三回、洗浴して湿衣を着て念誦するが、十万遍を満たし終わったら、一切の所作がみな成就する（『底哩《ていり》三昧《さんま》耶経《やきょう》』）。

『立印軌《りゅういんき》』によれば、敵を呪縛《じゅばく》するにはみずからの旗の上に四面四臂の黄色い不動明王を描く。尊顔は上下に牙を出し、大激怒した怖畏《ふい》の容貌にし、遍身に火光があり、敵兵を呑む勢いで描写するのである。行者はこの旗を敵の方向に翻《ひるがえ》し、不動明王がその武器の羂索《けんじゃく》をもって敵兵をすべて呪縛すると観想する。するとたちまちにして敵は底知れぬ恐怖を感じてすっかり身動きがとれなくなるという。

不動明王の身代わり札

不動明王の守《まも》り札《ふだ》で、万一事故に遭《あ》っても、九死に一生を得るなど難を免れるといわれる札である。不動明王あるいはその従者――矜羯羅《こんがら》と制吒迦《せいたか》の二童子、八童子・三十六童子・四十八使者（奴僕《ぬぼく》）などある――が、身代わりになって救ってくれるというもので、この霊験譚は無数にある。従者は不動明王の変化身《へんげしん》であって、どの従者でも拝すれば明王を祈ることになる。

鳥羽上皇《とばじょうこう》の援助で大伝法院《だいでんぽういん》と密厳院《みつごんいん》を建立《こんりゅう》し、東密と台密を統合して密教を再編、高野山を復興した興教大師《こうぎょうだいし》覚鑁《かくばん》（一〇九四〜一一四三）は、智山派や豊山派《ぶざんは》といった新義真言宗《しんぎしんごんしゅう》系の祖である。金剛峯《こんごうぶ》寺《じ》座主《ざす》になったが、教義上の問題で伝統護持の高野山衆徒の嫉《ねた》みを受け、辞して根来山《ねごろさん》に逃れた。保延六年（一一四〇）十二月八日未明、高野山衆徒が覚鑁を殺そうとして密厳院に乱入した事件があった。しかし、覚鑁の姿は見えず、不動明王が二体あるだけであった。そこで股に錐《きり》をあてて確かめたのが、根来山に残る錐鑽《きりもみ》不動とされる。伝説では、二体の不動尊がいずれも猛烈な迦楼羅焔《かるらえん》に包まれていたので（不動の火生三昧）、とても近づけず、投擲《とうてき》した礫《つぶて》もまったくあたらない。両方の不動尊の股に錐を刺すと、いずれも血が滲み出たので、怖《お》じ気づいて退散したとある。『太平記』には覚鑁が深い禅定《ぜんじょう》（不動の三摩地《さんまじ》）に入り、不動明王になっていたため、拉致《らち》しようとしたが、重くて持ち上げることができない。石を投げつけてもことごとく跳ね返される。そのうち禅定から覚めかけた覚鑁の額に石があたり、血が浮かんだので、衆徒らは引き上げたと記している。覚鑁は、諸修法のエキスパートであり、不動尊などの教相研究でも第一人者であっただけにこのような伝説が残されたのである。

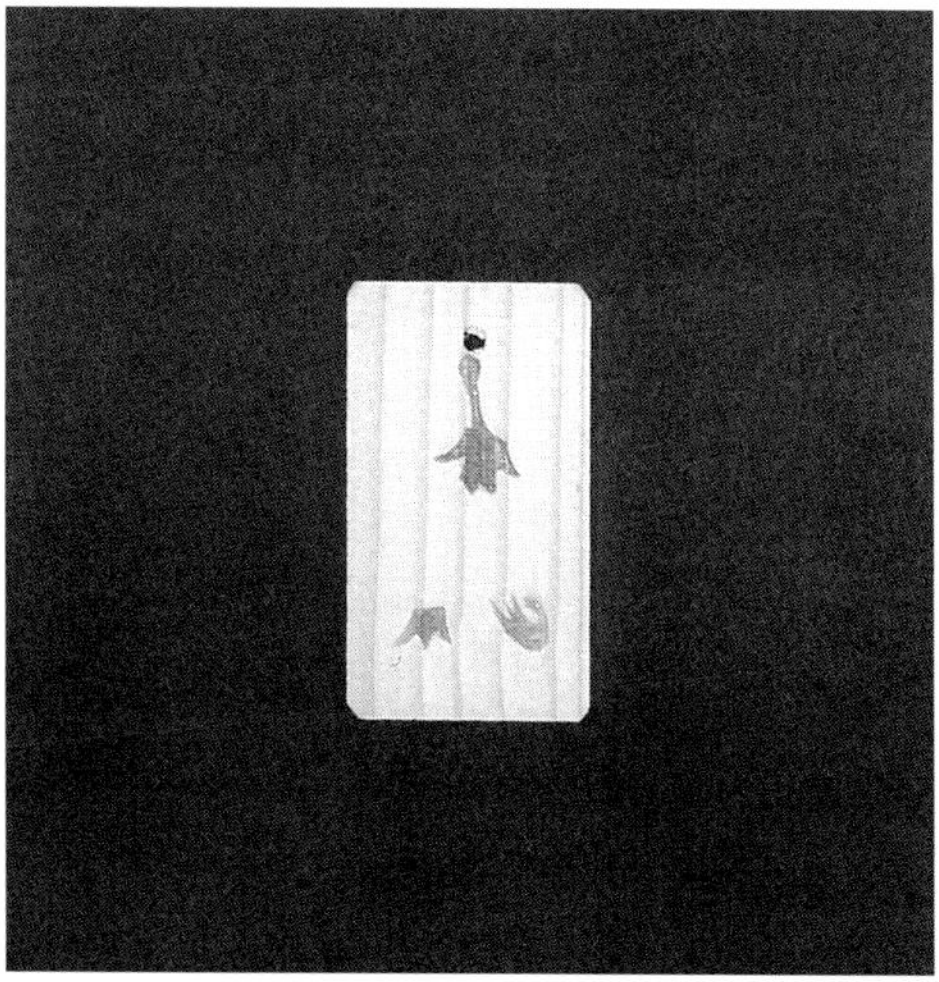

不動明王の身代わり札

不動明王を本尊とする「御加持作法《おかじさほう》」は不浄仏霊を成仏させる修法である。これに関して高野山真言宗の高僧・三井《みつい》英光《えいこう》の霊験譚《れいげんたん》がある（『加持力の世界』）。昭和三十五年五月、本山金剛峯寺での結縁灌頂《けちえんかんじょう》の法会《ほうえ》に際して、参加者の一人、二十歳前後の娘が突然激しく震え出し、入壇できないと、三井英光のもとに急報が入った。駆けつけてみると、娘の身体が硬直しきっている。三井英光はなんとか、その場に座らせ、彼女の前に中啓《ちゅうけい》（半開きの扇子）を広げて五鈷杵《ごこしょ》を置き、別に洒水器《しゃすいき》と散杖《さんじょう》を安置して心中深く弘法大師を念じ、御加持作法を始めた。この加持法は、かつて宮中で後七日御修法《ごしちにちみしほ》を営んだ際に大阿闍梨《だいあじゃり》が天皇に行ったものとして伝授されたという由緒がある。

護身法ののち、地結、四方結の印明《いんみょう》を結誦《けつじゅ》して自己と受者の心地を築き堅める作法をして、洒水器の蓋をとり数珠《じゅず》をつまぐって水を加持。そうして受者の心頂にその加持水を注ぎ、つづいて発願《ほつがん》して道場観に入ると、受者の体の震えが止まったという。そして三井英光は大虚空蔵《だいこくうぞう》、小金剛輪《しょうこんごうりん》の印明を行い、召請《しょうしょう》して拍掌《はくしょう》し、つづけざまに辟除結界《びゃくじょけっかい》し、普供養三力《ふくようさんりき》をして本尊加持の三印明を結誦。不動明王の三昧に入って仏眼《ぶつげん》の印明を唱え、数

黄不動（『覚禅鈔』）

珠を摺《す》り祈願をこらした。その頃にはすでに受者の体の硬直が解かれて、我に返って、付き添っていた母親に何事かを告げたという。その母親によると、婚約中に急死した娘の姉が、とり憑いていたが、今の加持の法力で成仏した。娘がそのように口走ったので、わかったのである。

ちなみに、高野山は昔から霊験があるとされている不動尊を安置している。元寇《げんこう》の折りには各地でさまざまな祈禱が行われたが、空海（七七四～八三五）がその師恵果阿闍梨《けいかあじゃり》（七四六～八〇五）からあたえられたとされる波切不動尊像《なみきりふどうそん》（高野山南院に安置）も筑前鹿島《ちくぜんかしま》に遷《うつ》され、それを本尊として外敵調伏《ちょうぶく》を祈っているのである。蒙古軍の敗退後も火焔光背《かえんこうはい》のみを現地にとどめ、守護に備えていた経緯がある。

天台密教系では比叡山の回峯行者《かいほうぎょうじゃ》の拠点となっている無動寺《むどうじ》が不動信仰の中枢で、そこで行われる夏安吾《げあんご》に七度参加すると、本尊と一体化する十九種の観想法（十九観）や十四種の印契《いんげい》、布字《ふじ》などからなる不動明王の行法を体系化した「不動立印供《ふどうりゅういんく》」の伝授を許される。

求聞持虚空蔵菩薩（『阿娑縛抄』）

この「不動立印供」と真言宗系の不動明王に関する行法とは基本的に同じである。

天台寺門宗の総本山三井寺《みいでら》（園城寺《おんじょうじ》）や天台宗門跡寺院曼殊院《まんしゅいん》には、智証大師円珍《ちしょうだいしえんちん》（八一四～八九一）が感得したという黄不動《きふどう》の画像がある。別名を金色《こんじき》不動明王という。不動明王に必須の条帛《じょうはく》（肩にかける細帯状の懸章）がない異形の不動尊で、円珍が入唐途次、琉球（台湾）に難破、人食いの風習のあった原住民に襲われそうになったときに、金色不動明王が出現して真言「オン・マイタラシテイ・ソワカ」などを円珍に授けた。それを唱えて祈ると原住民の戦意が喪失する一方、船が再び動きだして、難を逃れたという。このような由緒にちなみ、三井寺では灌頂《かんじょう》を受けた者以外には拝観させない秘仏となっている。

五大虚空蔵（『覚禅鈔』）

虚空蔵求聞持法・天変消除の五大虚空蔵法

「爰《ここ》にひとりの沙門《しゃもん》あり、余に虚《こ》空蔵《くうぞう》求聞持《ぐもんじ》の法を呈《しめ》す。その経に説く、もし人、法に依《よっ》てこの真言一百万遍を誦《じゅ》すれば、すなわち一切の教法の文義、諳《あん》記《き》することを得《える》と。焉《ここ》に大聖《だいしょう》の誠言《じょうごん》を信じて飛燄《ひえん》を鑚燧《さんすい》に望み、阿国大瀧《たいりょう》の嶽にのぼり攀《よ》じ、土州室戸の崎に勤念《ごんねん》す。谷響《たにひびき》を惜しまず、明星来影《らいえい》す」（空海『三教指帰《さんごうしいき》』）。

空海（七七四〜八三五）は三論宗《さんろんしゅう》の勤操《ごんそう》（あるいは讃岐《さぬき》出身の戒明《かいみょう》とする説もある）から虚空蔵求聞持法を授かり、阿波《あわ》の大徳（大徳寺）や土佐の室戸岬で修行し、ついにその法をなし遂げると、明星が飛んできて口に入ったという。

満月のなかにある金色の本尊虚空蔵菩薩に向かって真言を百万遍唱えれば、目や耳に入るものをすべて暗記することが可能とされている虚空蔵求聞持法。その作法は白い絹布に満月（円）を書き、そのなかに金泥で宝蓮に半跏趺坐《はんかふざ》した虚空蔵像を描いて本尊とする。これを清浄な部屋の西向きか北向きに奉安し、供物を用意し、眼を閉じて印を結び、真言を読誦する。行者の能力に応じて一日一座、または二座とし、一座の場合は一度に真言一万遍、二座の場合は一度に五千遍を唱える。本尊の虚空蔵の心の上に満月があり、唱える真言の種字《しゅじ》が満月上に現れて金色に輝きながら、月から飛び出して行者の頭に降《ふ》り注いで浸透し、ふたたび口から出て虚空蔵のもとへ帰ってゆくと念ずるのである。初日に定めたことは途中で変えてはならず、原則的に百日間で終了することになっている。終了日は、日食か月食の日を結願《けちがん》とするので、あらかじめ逆算して開始日を設定しておく必要がある。なお、結願のときに念誦を唱えて、用意していた牛蘇《ぎゅうそ》＝酥《そ》（チーズ）を加持すると、酥は神薬となり、これを食べると一度読んだ経典は二度と忘れることはないといわれる。

虚空蔵求聞持法の印は、右手を拳にして頭指と大指とを相捻して、ちょうど香をひねるようにし、その頭指の第二節を屈して、第一節をできるだけまっすぐにする。真言は「ナウボウ・アキャシャ・ギャラバヤ・オン・アリキャ・マリボリソワカ」。

古来、虚空蔵求聞持法を修し法験を得た高僧には空海のほか、法相宗《ほうそうしゅう》の学僧護命《ごみょう》、空海の弟子の道昌《どうしょう》や真済《しんぜい》、興教《こうぎょう》大師覚鑁《かくばん》などがいる。

虚空蔵菩薩は一切衆生を利益する広大無辺の宇宙の徳に由来した仏なので、その功徳《くどく》ははかりしれないものがある。密教で虚空蔵を金剛蔵、金剛宝とも呼ぶゆえんである。

金剛界の五智如来《ごちにょらい》（大日《だいにち》・阿閦《あしゅく》・宝生《ほうしょう》・阿弥陀《あみだ》・不空《ふくう》）の所変、または虚空蔵の五智が開いたとされる五尊を五大虚空蔵というが、それを本尊として辛酉《かのととり》の年に修法される五大虚空蔵法（金門鳥《きんもんちょう》敏法《びんぽう》＝かのととりとしの法と読める）は、東密系の天変消除、怨《おん》敵調伏《てきちょうぶく》、富貴成就などの秘法である。祈雨《きう》に法験抜群であった小野僧正仁海《にんがい》（九五一〜一〇四六）が治安元年（一〇二一）百日間

金亀舎利塔（東大寺戒壇院蔵）

にわたって五大虚空蔵法を行い、天変の異変を息災《そくさい》した。のちには後醍醐《ごだいご》天皇が関東を調伏するための修法の一つとして、この法を行っている。

舎利会

釈迦の遺骨である仏舎利《ぶつしゃり》を供養する法要・舎利会《しゃりえ》は、滅罪・成仏などの利益《りやく》があるとされる。『宝悉《ほうしっ》地成仏陀羅尼経《じじょうぶつだらにきょう》』には「仏舎利を一心に礼拝供養し、心底ら仏徳を念じてやまなければ、その身のままに仏の清浄心を得て金剛頂《こんごうちょう》に住する」とし、『摂真《じょうしん》実経《じっきょう》』には、宝珠《ほうじゅ》（仏舎利）は「あらゆる災難を除き、七宝が自《おの》ずから授かる」という功徳を記す。釈迦が涅槃《ねはん》に入ったのちに、弟子たちがその身を荼毘《だび》に付し、遺骨を八分し、八か国に分配、塔を建てて供養したのが、仏舎利信仰の始めとされる。日本で釈迦の真骨として間違いないとされているのは、明治三十三年にタイの国王から日本に授与されたもので、名古屋市千種《ちくさ》区の覚王山日泰寺《かくおうざんにったいじ》に奉安されている。仏舎利は釈迦の真骨とされるものであるが、高僧の遺骨の一部や蠟石《ろうせき》、あるいは貴重な石などをそ

南無大師遍照金剛

南無阿弥陀仏《なむあみだぶつ》を念仏（名号）、南無妙法蓮華経《なむみょうほうれんげきょう》を題目《だいもく》というように、南無大師遍照金剛《なむだいしへんじょうこんごう》を宝号《ほうごう》という。遍照金剛とは、空海が中国の青龍寺《しょうりゅうじ》で入壇灌頂《にゅうだんかんじょう》したときに、恵果和上《けいかわじょう》からあたえられた金剛号である。遍照金剛は大日如来の名称であり、空海は生身《しょうじん》の大日如来でもある。この遍照金剛のなかに胎蔵界と金剛界の諸仏諸菩薩の一切がこもっているとされ、南無遍照金剛と唱えれば、現世は安穏に、未来は浄土に往生できること間違いないという。

真言宗の病気観

空海の『十住心論《じゅうじゅうしんろん》』に人間の身心の病は四大不調と鬼と業《ごう》より発病するとある。四大不調の四大とは地水火風のエレメントで、その構成要素の崩れが病気の原因になる。これは医療医薬と加持祈禱で治るが、問題は鬼と業の病である。鬼は強い執念をもった霊魂で、それが無念を晴らそうとして因縁がある者にとり憑《つ》いて病気になるという。また業病はその人間が前世に病気になる原因を作っていて、それが現世で応現したものとみる。鬼と業の病は通常の医法では治らず、密教行法によってのみ治癒できるという。

のように見なして本尊として祀っている場合が多い。ほとんどが硬い粒状のもので、乳白色、赤色、黒色、黄色などの色の別がある。うっすらと光沢があったり、透《す》けて見えるものもある。『宝悉地成仏陀羅尼経』には、「末法になって正しい法が得られないようになったら、仏塔を造り、そこに仏舎利を安置せよ」とあり、さらに「徳がなくて仏舎利が得られない者は、金・銀・銅・鉄・摩尼《まに》・海宝・牛王・鹿王・真珠・瑪瑙《めのう》・霊石・奇木のどれかを、芥子粒《けしつぶ》の大きさにして代用せよ」と書かれている。この仏舎利を代用したものを駄都《だと》と称した。

チベット密教僧の遺骸から仏舎利が出るという話があり、また現在の韓国でも高徳の僧であれば、その死体を火葬すれば必ず仏舎利が出ると信じられている。仏舎利の有無が、高僧か否かの判断材料になっているのである。昨今でもある僧を火葬したところ、単なる遺骨とは異なる粒状の玉石が多数現れて、話題になったことがあった。

空海は唐から帰国したときに八十粒を将来した。そのなかに金色の舎利が一粒だけありそれが大いなる霊験を示すとされた。ちなみに空海は仏舎利の異名でもある如意《にょい》宝珠《ほうじゅ》の制作方法として仏舎利三十二

髑髏本尊の真言立川流秘密成就法

『受法用心集《じゅほうようじんしゅう》（破邪帰正法抄《はじゃきしょうぼうしょう》）』によれば、本尊の髑髏《どくろ》をまず用意する必要がある。この髑髏は智者、行者、国王、将軍、大臣、父、母、千頂《せんちょう》、法界髑《ほっかいどく》の十種のうちから選ぶ。このうち千頂とは、千人の髑髏の頂上を取り集めて細かく砕いて粉末状に

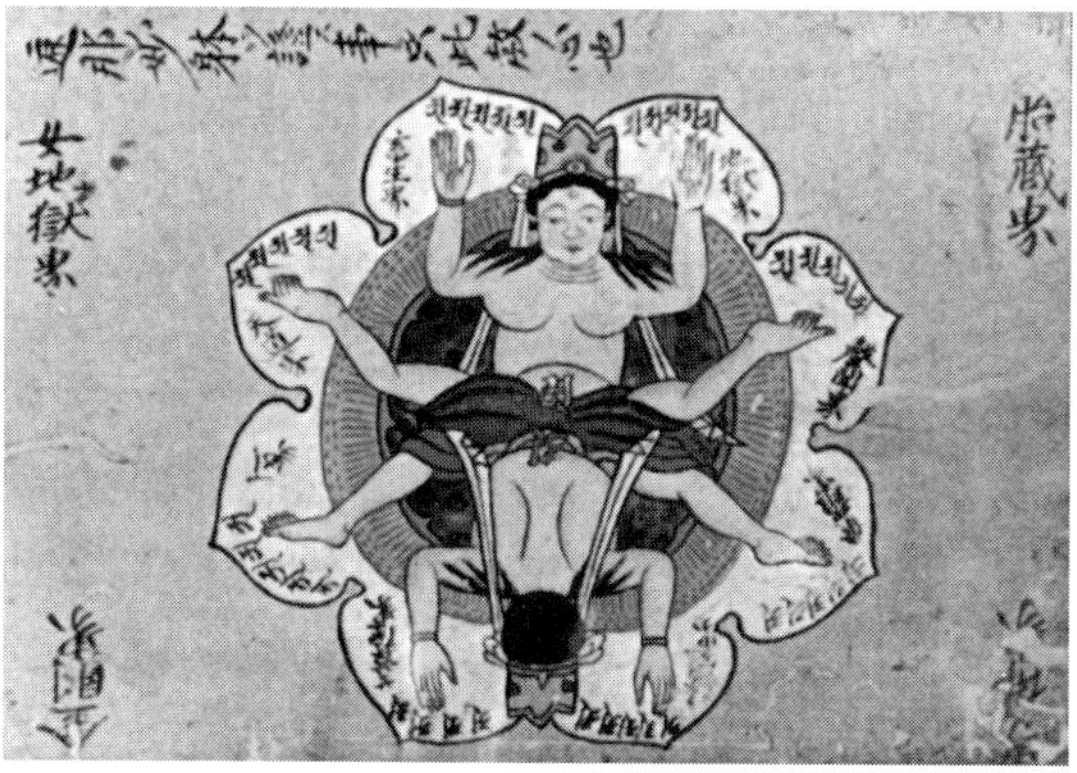

真言立川流敷曼荼羅（村岡空『狂気の系譜』伝統と現代社より）

粒を純金と数種類の香木で練《ね》って玉にすると、その遺告《ゆいこく》で記しているが、金色の舎利もこのようにしてつくられたのかもしれない。如意宝珠の制作法といっても、もとの仏舎利をしかるべく加持して如意宝珠とするのであって、紛《まが》い物の練玉《ねりたま》をつくることではないと秘伝（醍醐寺《だいごじ》の勝賢《しょうけん》僧正の伝）にある。また、駄都法の口伝では、本物の仏舎利を本尊として、仏舎利に擬《ぎ》した霊石や霊木などに修法すれば、仏舎利と同等になるという。

台密系では円仁《えんにん》が請来《しょうらい》している。また律宗《りっしゅう》の高僧・鑑真《がんじん》和上なども仏舎利をもたらしている。

空海の請来した仏舎利は甲乙の二つに分けて納められ、東寺（教王護国寺《きょうおうごこくじ》）の宝物館に安置されているが、奇瑞譚《きずいたん》として天下が泰平のときにはその舎利の数が倍増するなど自然に増え、国家が乱れて衰退しているときには減少したという話が伝わっている。そのために仏舎利は朝野の信仰を集めることにもなった。久安二年（一一四六）高野御室の覚法親《かくほうしん》王《のう》が東寺の舎利を二粒奉請して、七宝塔に納め、金堂に安置して、仏舎利会を行ったのが、高野山における仏舎利会の最初である。真言宗系の仏舎利会はのちに仁和寺《にんなじ》、泉涌寺《せんにゅうじ》、善通寺《ぜんつうじ》などでも行われるよ

したものを練り丸めて一個の髑髏としたもの。法界髑とは、九月九日の重陽《ちょうよう》の日に死骸を葬った場所（屍陀林《しだりん》＝墓地）へいき、数多の髑髏を一か所に集めて、荼枳尼天《だきにてん》の神呪を誦して加持したときに、下のほうに並べ置いているにもかかわらず、つねに上のほうに浮上して見える髑髏、あるいは霜《しも》が降りた早朝でも、霜がついていない髑髏のことで、頭に縫い目のない髑髏を取るのが最上であるという。

次に髑髏の「建立《こんりゅう》」。用意した髑髏を加工して組み立てる。これには大頭《だいず》、小頭《しょうず》、月輪形《がちりんぎょう》の三種類の制作法がある。大頭とは、髑髏をそのままにして、頤《おとがい》（あご）と舌をつくって髑髏にしつらえ、また歯をつけて、髑髏全体に生身の肉がついているかように見えるまで、何度も漆《うるし》を念入りに塗ったあと、箱のなかに納めておく。

つづいてすでに訳知《わけし》りの容姿端麗な美女と性交し、その和合《わごう》水《すい》（淫水＝男性の精液と女性の愛液）をこの髑髏に百二十回塗り重ねるのである。髑髏を守っているという七魄《はく》（人間の魂魄は三魂七魄からなるとされる）に、和合水（三魂の象徴）を加えることで三魂七魄の本尊としての準備が整うわけである。それから毎夜子丑《ねうし》の刻《こく》（午前零時と午前二時）に反魂香《はんごんこう》を焚《た》いて髑髏を薫染《くんせん》する。反魂香とは、漢の孝武帝《こうぶてい》が李《り》夫人の死後も恋しくてならず、方士《ほうし》に香を造らせ、それを焚いて夫人の面影を見たという故事にちなむもので、それを焚けば死者の姿が煙のなかに現れるとされる香である。その一方で反魂の真言を千回唱える。そうすれば死者の魂が戻るというのである。

このような修法を行ったのち、髑髏のなかに種々の相応物や秘密の符を書いて納め、頭頂に銀箔《ぎんぱく》と金箔《きんぱく》をそれぞれ三重につ

うになった。

真言宗では舎利を如意宝珠として祈禱する厳秘の修法があり、舎利の大事という秘印（智拳印《ちけんいん》）が伝承されている。法式には興教大師覚鑁《こうぎょうだいしかくばん》が撰《せん》した舎利供養式があり、四座講式でも涅槃《ねはん》講、羅漢《らかん》講、遺跡《いせき》講とともに舎利講式が勤められている。舎利講式は舎利供養、当代利益、結願《けちがん》廻向《えこう》の三段から成り立っている。

摩多羅神（撮影＝荒川健一　山本ひろ子『異神』平凡社より）

け、その上に曼荼羅《まんだら》を書き、その上に金銀箔をおす。さらにその上に曼荼羅を書き、銀箔と金箔をおし重ねてはりつける。このような曼荼羅画を交えた箔おしの所作を略式では五重か六重、通式では十三重、最高では百二十重とする。曼荼羅を書く染料はすべて男女の交合の二渧（和合水）を厳守する。舌や脣《くちびる》には朱をさし、歯には銀箔をおし、眼には絵の具で若々しく綺麗に彩色するか、義眼に用いる玉を入れてもよい。顔には、お白いを塗り、紅をつけて、美女か、童子《どうじ》（美少年）のように化粧する。その際、表情は貧相にせず、笑みをたたえ、決して怒ったような顔つきにしないことが大切である。

髑髏の「建立」を終えたら、人の通わないところに道場を構え、種々の美食や美酒を用意し、細工（職人）と行者と女性のほかは絶対に人を入れない。壇上に髑髏を据えて山海の珍味、貴重な魚鳥兎鹿の肉を供《そな》え物として反魂香を焚き、子《ね》丑寅《うしとら》の三時（午前零時、同二時、同四時）に種々に祀り行じて、卯《う》の時（午前六時）になったら、七重の錦の袋のなかに髑髏を包み込んで納める。一旦、袋のなかに納めたら安易に出してはならず、夜は行者の肌で温め、昼は壇に据えて美食を給仕して養い行ずる。このように昼夜、余念なく心配りをして七年間供養しつづければ、八年目から行者は髑髏の功徳で悟りの境地に達するという。

悟りの境地には上中下の差別《しゃべつ》がある。上品《じょうぼん》に成就した者は、この本尊の髑髏が言葉を発して、過去世の因縁から現在のこと、さらに未来にいたる三世の事を何でも告げて諭《さと》すとされているので、それを聞いて行動すれば、神通力を得たようなものである。髑髏が話をするというのはいかにも怪異であるが、次のよ息災《そくさい》と増益《ぞうやく》を目的とした如意宝珠法は、密教の最極深秘の法といわれる。儀軌《ぎき》がなく、空海の遺告と師資相承の口伝のみで修法されるものである。悉地《しっち》成就《じょうじゅ》（修法を成就する）の秘訣として、諸尊の法を行ずる際に、壇のなかに仏舎利を安置しておけば、そのはかりしれない功徳で必ず成就するとされている。

真言立川流の性的秘儀

茶枳尼天《だきにてん》を本尊として男女がセックスすることによって即身成仏《そくしんじょうぶつ》を説いた左道密教を真言立川流《しんごんたちかわりゅう》という。天台密教系では本尊を摩多羅神《またらじん》として秘儀的な性行為を行い、その絶頂を極めた瞬間に即身成仏が約束されるという玄旨《げんし》帰命壇《きみょうだん》が説かれた。いずれも中世に淫祀《いんし》邪教《じゃきょう》の異端として退けられたが、とくに真言立川流は徹底的に弾圧された。

真言立川流は平安時代後期、醍醐《だいご》三宝院《さんぼういん》を開基した勝覚《しょうかく》の実弟仁寛《にんかん》（のちに蓮念《れんねん》と改名）が鳥羽《とば》天皇の暗殺を謀り、伊豆に流され、同地で武蔵国立河（立川）の陰陽師《おんみょうじ》・見蓮《けんれん》（兼蓮）に付法したといわ

うな姿で出現することもある。行者が怠りなく修行すれば、七魄の本体である七鬼女《きじょ》、あるいは七匹の野狐《やこ》や七仏の形をとって現れる場合もあるという。この七仏は真の仏菩薩ではなく、鬼神《きじん》の変化《へんげ》とされる。つまり天女形《てんにょぎょう》の鬼神である

中品《ちゅうぼん》に成就した者は、行者の夢のなかで髑髏が一切のことを告げるという。下品《げぼん》に成就した者は、現実や夢の中でのお告げはないけれども、一切の願望が意のままに成るというのである。

さて、大頭の髑髏制作法は以上で終わり、前に触れた小頭と月輪形に移る。小頭とは、大頭は持ちにくいため、その頂上を八分に切り、その骨を面像（顔）とし、霊木で頭をつくって具したものである。頭頂部に金箔などをおし、曼荼羅を書いて、和合水を塗り、相応物と秘符を納め、顔を化粧することは前述のとおりである。小頭を昼夜首にかけて入念に供養を営むと、八年目から悟りの境地に入ることも同じであるとされる。

月輪形とは、大頭の頂上もしくは眉間《みけん》などを切断し、大頭のなかの脳の袋をよく洗って干したものをいう。月輪形の裏に漆でふせて、そのなかに種々の相応物と秘符を籠《こ》めたり、金箔をおしたり、曼荼羅を書き、和合水を塗ることなども前のとおりである。月輪の表の面には行者が信奉している本尊を絵の具で描き、裏には朱をさしておく。このように仕立てたら、女性の月水で染めた絹で九帖の袈裟をつくって包む。さらにそれを九重の桶のなかに入れて七重の錦の袋に納めて、行者の首にかけて篤く供養する。八年目から悟りの境地に達することは前述と同様である。

れる。この両者によって男女の交会《こうえ》こそ、煩悩即菩《ぼ》提《だい》、即身成仏の道という密教を創唱したとされる。

見蓮が中心に布教し、その後、密かに道場を設けて敷曼荼羅《しきまんだら》の上で、髑髏を本尊にして専門の阿闍梨《あじゃり》と美人巫女《みこ》とを介して秘法を伝授する者が多数出現し、高野山をはじめ、真言宗や天台宗など諸宗にも多大な影響をあたえた。鎌倉にも京都を追放された天王寺真慶《しんけい》父子によって布教され、禅宗の一部にも支持者を得た。また南北朝時代にいたって真言立川流の大成者とされる南朝の護持僧文観弘真《もんかんこうしん》が後醍醐《ごだいご》天皇に直伝、朝野に浸透するにいたった。

神聖な口伝法流として行われていた天台密教の玄旨帰命壇は、真言立川流の影響を受けて「淫祀邪教」の烙印《らくいん》を押された。比叡山《ひえいざん》の常行念仏堂に祀られた摩多羅神を本尊とし、鏡と灯を置いて、壇上で灌頂《かんじょう》を修し、弟子に公案をあたえて、秘密裡に印可した。

地蔵菩薩法・福徳成就法

地蔵《じぞう》は釈迦《しゃか》の滅後、弥勒如来《みろくにょらい》の下生《げしょう》まで釈迦のか

地蔵（『別尊雑記』）

わりとして衆生を仏道に教化する菩薩で、地獄など悪趣《あくしゅ》に堕《お》ちた人を救うことを第一の利益にしているとされている。浄・不浄を問わず、いつでもどこでも地蔵を念ずれば、平安と延命が得られ、諸々の災難や障碍《しょうげ》を消除するのである。地蔵の真言は普通

「オン・カカカ・ビサンマエイ・ソワカ」である。胎蔵界曼荼羅観音院《たいぞうかいまんだらかんのんいん》の地蔵のそれは「オン・カカカ・ソ・タダ・ソワカ」。印は諸説あり、真言密教系では鉢印などを用いる。

地蔵菩薩の霊験は数知れないほど膨大にあり、なかでも人々の罪業を滅し成仏させるとか、苦悩する人々の身代わりになって救済するという説話が多い。

『地蔵菩薩儀軌《じぞうぼさつぎき》』にはあらゆる福徳を授けるといっても過言ではないくらい、利益が横溢《おういつ》している。不動明王の護摩《ごま》次第の応用で、主なものは次のとおりである。護摩の修法はいずれも白月《びゃくがつ》八日、十四日、十五日に開始すれば成就しないことはないという。

①大福徳を得るには、阿迦《あか》木で護摩して真言を七万遍唱える。
②五穀豊穣には稲実華《とうじつげ》（籾《もみ》つきの米を炒《い》って華のようにしたもの）を護摩する。
③立身出世には、比里華で護摩を焚く。
④他者を幸福にするには、同家の竈《かまど》の土（台所の床下の土）をとって護摩する。
⑤煩悩打破、怨敵調伏には、苦練木《くれんぼく》（梅檀《せんだん》）で護摩を行う。
⑥悪霊憑依者・邪気のある家を救うには、毒草で護摩する。
⑦精神病・気狂いを除くには、蓮宝草《れんぽうそう》で護摩を三万遍焚く。
⑧悪人の呪詛《じゅそ》をその本人に返すには、苦草を火中に投じて三万遍護摩する。
⑨極楽往生には、草を用いて護摩する。
⑩大成功と大金を得るには、白華烏草《びゃくげうそう》で三万遍護摩を焚く。
⑪億万長者を願うのなら、屈婁草《くつろそう》（からすうり）をもって護摩を三万遍行う。
⑫一切衆生の苦しみを抜き、楽をあたえるには、白芥子《しろけし》で三万遍護摩を行う。

⑬罪深い無仏の衆生を成仏させるには、釈迦《しゃか》草《そう》で二十一万遍護摩を焚く。
⑭枯死した田畑に五穀を生やすには、古蔓菁《ふるかぶら》を加持して散らす。
⑮万病を癒《いや》すには、牛膝草《ごしっそう》を三万遍護摩する。
⑯熱病を癒すのなら、陰干しした天門草《てんもんそう》で護摩を行う。
⑰夫婦和合には、比罪草《ひざいそう》で三万遍護摩する。
⑱友人同士を仲直りさせるには、藤葉草（ふじばかま）で三万遍護摩を行う。

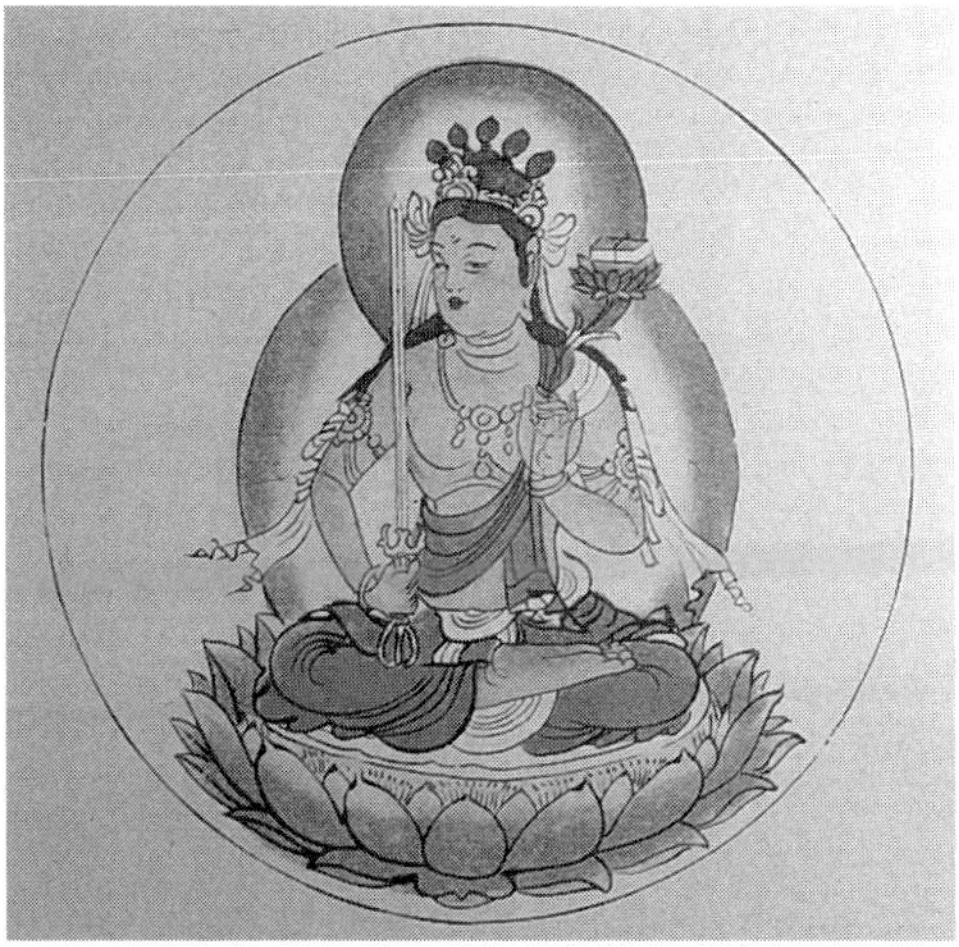
五字文殊（『図像抄』）

六字文殊（『図像抄』）

日本独自の地蔵に勝軍地蔵《しょうぐんじぞう》がある。『与願金剛《よがんこんごう》地蔵菩薩秘記』には「蓮華三昧経《れんげざんまいきょう》にいわく、勝軍地蔵は、頭に畢竟空寂《ひっきょうくうじゃく》の冑《かぶと》を戴き、身には随求陀羅尼《ずいぐだらに》の鎧《よろい》を著《つ》け、金剛智《こんごうち》の大刀《たち》をはき、発心修行《ほっしん》の幡《はた》をなびかし、悪業煩悩の軍に勝つ剣を執る」と記す。戦に臨んで勝軍地蔵を念ずれば、向かうところ無敵と信じられ、武士たちの信仰を集めた。足利尊氏《あしかがたかうじ》が地蔵を深く信仰したのも、勝軍地蔵の利益ゆえであったとされる。勝軍地蔵には降魔《ごうま》、火伏《ひぶせ》の利益もある。

文殊菩薩法・五字文殊法・六字文殊法・八字文殊法

普賢《ふげん》とともに釈迦《しゃか》の脇侍《わきじ》であり、智慧第一の大菩薩（『維摩経《ゆいまぎょう》』など）として広く親しまれている文殊菩薩《もんじゅぼさつ》は、梵名マンジュシュリーの音訳で、文殊師利《しり》ないし曼殊室利《まんじゅしり》とも書かれる。形態的に多様な像があり、その頭の髻《もとどり》（マゲ）の数が、衆生《しゅじょう》にもたらす利益《りやく》の種類と基本的に相応してい

八字文殊曼荼羅（『図像抄』）と円盤

る。一髻《けい》であれば増益《ぞうやく》・除病・安産、五髻ならば敬愛《けいあい》、六髻では罪障消滅・呪詛調伏《じゅそちょうぶく》、八髻であれば天変地妖《てんぺんちよう》の除去・延命・鎮宅《ちんたく》（安鎮）をおもに司る。髻の数はまた、真言の数とも対応している。

智慧《ちえ》を求めるために修されることが多いが、修法としては五字文殊法《ごじもんじゅほう》がもっともよく用いられる。五字とは「ア・ラ・ハ・シャ・ナ」で、天台宗の最高経典『妙法蓮華経《みょうほうれんげきょう》』の五字と同じ意義を持つとされる。数ある五字の秘密法中、最勝のものであると『五字陀羅尼頌《ごじだらにじゅ》』は記す。また『文殊五字真言勝相《しんごんしょうそう》』にはこの五字真言を一遍唱えれば、一切の苦難を除き、二遍では億劫《おくこう》の生死重罪を消滅し、三遍では文殊三昧が現前して文殊と一心同体となり、四遍では経典を忘れず、五遍ではすみやかに無上菩提を成ずるという。五字文殊法の印は外縛《げばく》して二中指を立てて、その上節を屈する利剣の形である。

滅罪はもとより、呪詛調伏、病魔消滅のために修されるのが、六字文殊法《ろくじもんじゅほう》（台密では文殊六字法という）。ふつうの八葉印《はちよういん》の指頭を少し屈する青蓮華《しょうれんげ》印《いん》を結び、「オン・バ・ケイ・ダ・ナ・モ」の六字を唱える。護摩法では、沈香木《じんこうぼく》を二指の長さに切り、酥合香《そごうこう》を点じて真言一遍ごとに火中に投じて焚《た》き、千八遍を成満すれば、怨敵の調伏、除病など一切の願望が成就するという。ただし、この修法では淫欲を満足させることだけは不可能であるとされる。また、六字を百八遍唱えるか、あるいは一か月読誦しつづければ、頭脳明晰となり、大聡明を得て、一切の経論や経法をよく暗記して忘れることはなく、しかもこれまでの罪業が消滅するという。

文殊法はとくに天台宗で重んじられる。生身《しょうじん》の文殊が住んでいるという伝説をもつ文殊信仰の霊地、中国山西省の五台山《ごだいさん》を巡礼した慈覚大師《じかくだいし》円仁《えんにん》が、文殊関係の儀軌《ぎき》を比叡山に伝える一方、騎獅文殊像《きしもんじゅぞう》を安置する文殊楼《もんじゅろう》を建立したことと関係がある。嘉祥三年（八五〇）、日本で初めて八字文殊法を修したのも、円仁であったが、そうした由緒により、のちに八字文殊法が慈覚大師流の最極秘法ともいわれるようになった。現在でも穴太流《あのうりゅう》の極秘伝という最高の秘法であることに変わりはない。

八字文殊法は新築であれ、旧家であれ、火災や風水害に遭わないなどの建物の安泰祈願や、魔障怪異が家の中で起こった場合はそれを祓い除く鎮宅法《ちんたくほう》で用いられる。そのほか、天変地妖の除去や魔物降伏、怨敵《おんてき》を和睦させたり、病気平癒や勝負ごとに勝利するために修される。印契《いんげい》は内縛《ないばく》して二大指を並べ立てて少し屈する大精進《だいしょうじん》印《いん》を結び、「オン・ア・ビ・ラ・ウン・キャ・シャ・ラ」の八字真言を用いる。家の凶事を除く鎮宅の呪《まじな》いとしても活用され、その方法は文殊の種字マンと八字真言を、檜《ひのき》・榧《かや》・白檀などの板でつくった円盤（直径六寸・厚さ三分の大きさで、梵字を書く前に害虫除けのための胡粉《ごふん》を塗っておく）に記し、護摩法などで加持したあと、家の梁《はり》の上や天井裏に置いておくのである。この八字文殊法の鎮宅法を行う場合、他の不動法などの鎮宅法を併用してはならないとされている。

七仏薬師（『阿娑縛抄』）

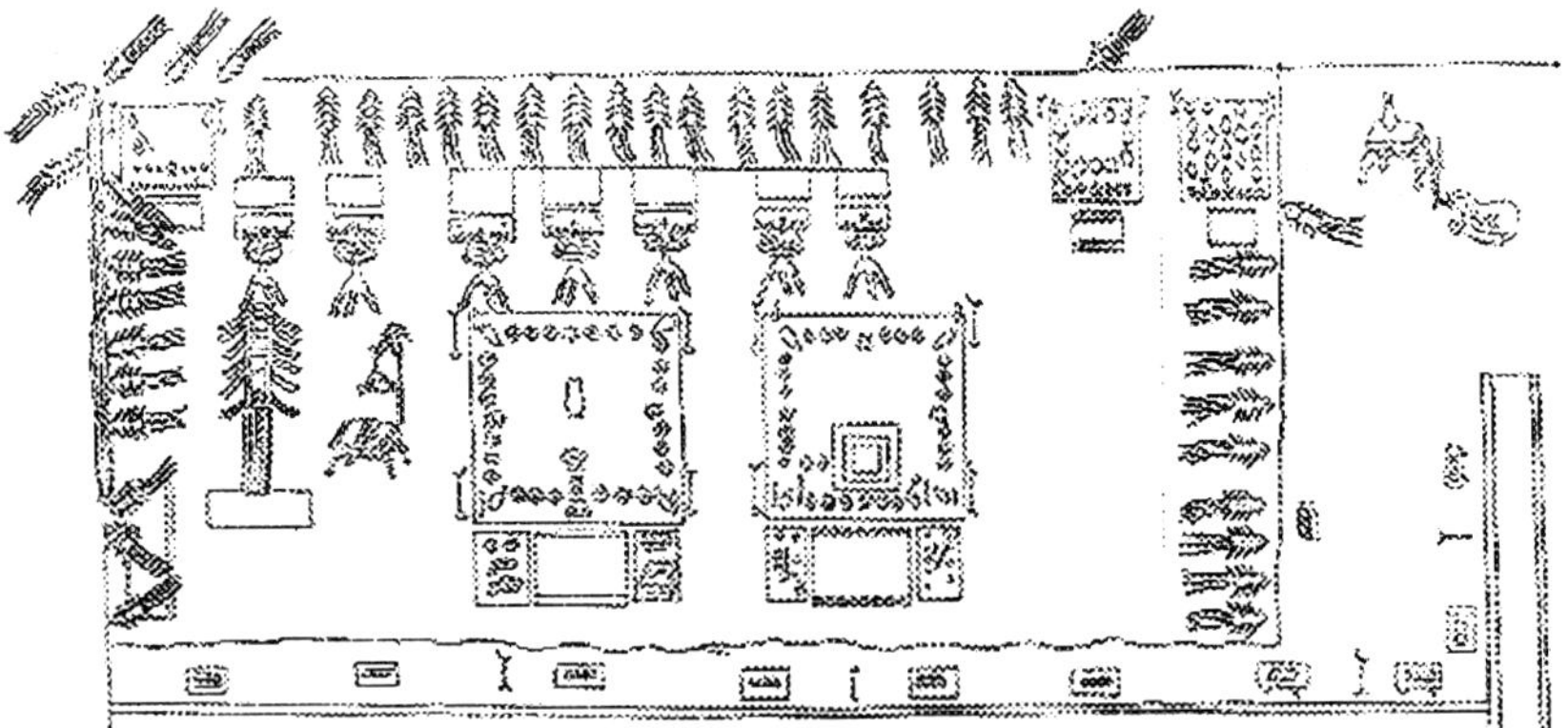

七仏薬師法壇図（『阿娑縛抄』）

七仏薬師法

嘉祥三年（八五〇）、御所《ごしょ》の清涼殿《せいりょうでん》の上に妖しい赤雲が覆い、仁明《にんみょう》天皇の病が重くなったので、慈覚大師円仁が天皇の除病のために七仏薬師《しちぶつやくし》画像を御簾《みす》の前に掛けて祈禱したのが、この法の最初と伝える。病気除去、安産には絶大な利益があると、殊《こと》に天台宗で説かれて修されてきた。

薬師《やくし》如来《にょらい》は東方浄瑠璃《とうほうじょうるり》の教主で、詳しくは薬師瑠璃光如来という。「医療の首領（大医王）」の意味を持ち、そのため医王如来《いおうにょらい》の呼称もある。請願《せいがん》を発して、衆生《しゅじょう》の身心両面の病患を救い、衆生の持病とされる無明《むみょう》を癒《いや》す仏であるが、密教的には釈迦牟尼仏《しゃかむにぶつ》の現世救済の姿を示すだけではなく、正統のすべての法が薬師如来の顕現《けんげん》であるとされている。そして薬師如来の現世における姿が七仏薬師であり、同時に北斗七星として表現されているという（『渓嵐拾葉集《けいらんしゅうようしゅう》』）。

陰陽道《おんみょうどう》では生まれた年によって北斗七星のどれかがその人の運命や生死を決定しているとしているが、その北斗七星の秘義にぴったり対応しているのが七仏薬師であると、天台密教で説かれるようになった。また北斗七星の星の一つが自分の運命の鍵を握る本命星《ほんみょうせい》であるとされ、その本命星にあてはまる七仏薬師の一仏を祈ることによっ

七仏薬師（『覚禅鈔』）

て自己の安祥《あんしょう》が得られるとも考えられたのである。北斗七星の不動の星、北極星は天皇を守護する本命星とも見なされた。

陰陽道の影響を受けて成立した七仏薬師法の直接的なもとになった経典が、八世紀の中国僧義浄《ぎじょう》訳『薬師浄瑠《やくしじょうる》璃《り》光如来七仏本願功徳経《こうにょらいしちぶつほんがんくどくきょう》』である。そこには七仏薬師を供養して読経《どきょう》すれば、諸願成就となるといい、長寿・官位・富裕・男女などは求めるままに叶い、薬師如来を中心にした七仏の前に七燈を灯すなどして修すれば一切の災いや厄難《やくなん》を受けないと記されている。前に触れたように七仏薬師法は円仁がその端緒を開いたが、七体の尊像を並べた修法の成立は比叡山中興の祖・良源《りょうげん》を待たなければならなかった。すなわち、天徳元年（九五七）右大臣藤原師輔《ふじわらのもろすけ》の室康子《やすこ》の安産を良源が祈ったのがその嚆矢《こうし》である。

天台宗では息災・増益を祈願する七仏薬師を本尊とした七仏薬師法を、熾盛光法《しじょうこうほう》、普賢延命法《ふげんえんめいほう》、鎮将夜叉法《ちんじょうやしゃほう》とともに四箇大法《しかのたいほう》の一つとしてきわめて重んじている（四箇大法は以上の法と安鎮家《あんちんか》国法《こくほう》のなかから四つを数えて台密の特徴とする）。除病延命、産出安祥《さんしゅつあんしょう》（安産）、日月蝕などの天変、風雨の難、時節叛逆《ほんぎゃく》の難などに七仏薬師法を修するものであると、十三世紀の天台僧承澄《じょうちょう》の密教関係書『阿娑縛抄《あさばしょう》』に書かれている。また十二世紀の真言僧覚禅《かくぜん》は『覚禅鈔《かくぜんしょう》』で、七仏薬師法が、重罪を滅し、病を除き、菩提に至らしめ、悪夢や怪鳥（ある種の鳥、またはその鳴き声が人間に災いをもたらすものとされた。また怨霊や死霊が鳥に変化して祈禱を妨害するとも考えられていた）の難を除き、出産の苦しみを除去し、子を求める者には子をあたえ、呪詛を返し、四天王の守護をあたえ、悪人を伏し、心病を除き、頭病・腫病を癒《いや》し、瘧病《おこりやまい》を滅し、悪法を滅し寿命を延ばすなどの利益をもたらすとしている。

治病、延命などに効果があるとされてきた修法の方法は、礼拝供養、経文読誦、燃燈に加えて、一丈（または一丈五尺）の五色の糸を用意し、陀羅尼《だらに》（頂上光明真言《ちょうじょうこうみょうしんごん》＝薬師大咒《やくしたいしゅ》）を唱えつつ、三日間のうちに四十九の結び目をつくって加持し、それを施主の首にかけてあたえるというものである。四十九の数を結ぶのは、七仏薬師の七の功徳を二乗した大功徳が得られるとする呪法が折り込まれているためである。あるいは十二か百八の結び目をつくることもある。十二の数は十二神将《じゅうにじんしょう》（十二夜叉大将《やしゃたいしょう》）の加護を、百八は人間のすべての煩悩の数を消し、菩提に至らしめる意味がある。また、五色の糸は、七仏薬師法の成立にも介在した玄奘三蔵《げんじょうさんぞう》訳『薬師浄瑠璃光如来本願功徳経』などにでてくる五色の続命神幡《ぞくみょうしんぱん》の意味と同等のものである。同経によれば、薬師に帰依し、同経を昼夜六回にわたり四十九遍読み、七層（四十九）の燈を燃やして五色の続命神幡を四十九枚懸ければ、魂は蘇生するとある。薬師如来は死に瀕している者の魂を回復させるほか、国土を安穏し、九種の横死を免れさせるなど十二の請願を説いている。薬師如来の説法を聞いた十二夜叉大将はこの経典を受持する者を擁護することを誓っている。十二夜叉大将は呪詛調伏の尊格としても知られ、十世紀に活躍した天台僧浄蔵《じょうぞう》はこの神咒《しんじゅ》を誦して除病祈禱を行っていた。

　また、平安時代には政治的陰謀の犠牲者の怨霊《おんりょう》が、さまざまな天災や飢餓や疫病、あるいは皇室の不祥などの災害災難をもたらす原因とされ、その怨霊を御霊《ごりょう》とよんだが、その御霊を鎮《しず》めるべくとくに夜間に修されたのが、薬師を本尊とする薬師悔過《やくしけか》であった。薬師悔過そのものは奈良時代から罪滅を消すために全国の国分寺などで行われていたが、御霊の鎮圧にも霊験があるとされたのである。

　頂上光明真言＝薬師大咒「ナウボウ・バギャバテイ・バンセイジャ・グロ・バイチョリヤ・ハラバア・ランジヤヤ・タタギャタヤ・アラカテイ・サンミャク・サンボダヤ・カニャタ・オン・バイセイゼイ・バイセイゼイ・バイセイジャ・サンボドギャテイ・ソワカ」。

熾盛光法

　熾盛光法《しじょうこうほう》は天台密教成立の功績者でもあった円仁《えんにん》が唐から将来した除災招福を祈る修法の一つで、文徳《もんとく》天皇に奏上《そうじょう》して国家の大法になった経緯がある。熾盛光とは、宇宙を身体とする熾盛光仏《しじょうこうぶつ》（熾盛光仏頂《ぶっちょう》・熾盛光如来）のことで、日月星宿《せいしゅく》などのすべての光を眷属《けんぞく》として使っているという。その光の中心は、帝王や天皇の運命を象徴する最高の徳をもつといわれる巨星、北極星から放射される仏光である。この無量の光明に照らされれば、そ

熾盛光曼荼羅（『阿娑縛抄』）

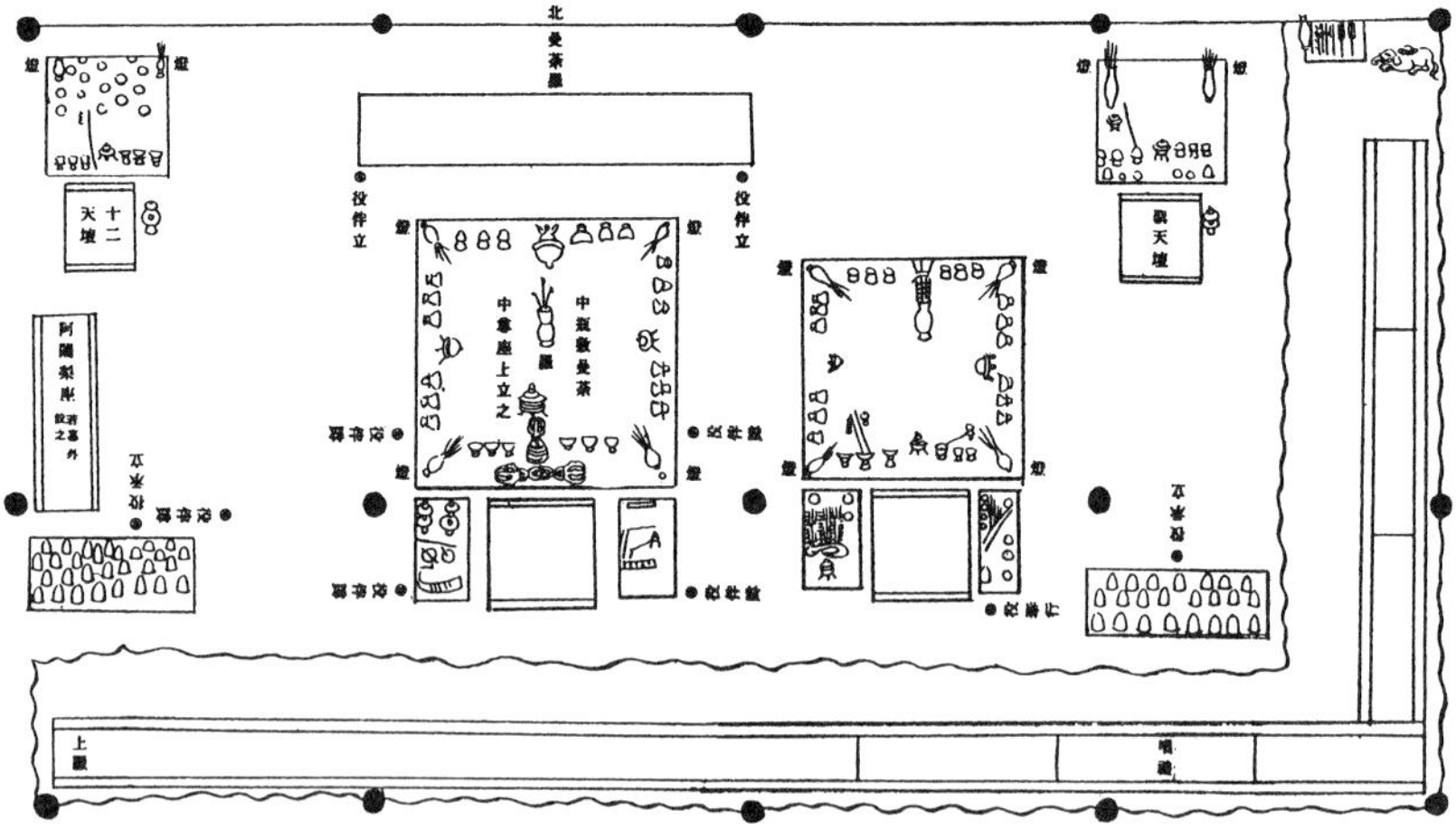

熾盛光法壇図（『阿娑縛抄』）

のあまりの光の眩《まぶし》さに、いかなる凶悪暴辣《ぼうらつ》な悪魔や邪鬼も盲目同然となって動きを封じられ、居場所を失ってしまうとされる。

その一方で日月蝕の天妖や、あるいは悪星や妖星が現れれば、天皇をはじめとする人間の運命を司っているとされる星（いわゆる本命星《ほんみょうせい》で、人によって異なるが天皇の場合は北極星とされる）が犯され、身体の調和を乱されて不調をきたし病気になるとされた。この天地照応説に基づいて、熾盛光法が修されたのである。それにより、ふたたびその光明で天変が一掃され、天皇は快復、国も安泰になると説かれた。

つまり熾盛光法を修すれば、妖魔鬼類の介入する余地はなくなり、天下が太平になるとされている。そのため、天台宗では、天変地妖の折々に鎮護国家の大法として営々と行ってきたのである。この法は天皇中心、皇室安泰の祈禱法《きとうほう》として定められているが、往古には高官に限って個人祈禱のためにも修された。

『熾盛光仏頂儀軌《しじょうこうぶっちょうぎき》』によれば、大疫疾病流行、鬼神暴乱、異国兵賊侵入などにより国民が侵されたときに、先見の明のある者が、熾盛光仏の曼荼羅《まんだら》を置いて奏上すれば、帝王は日々敬虔の心を発し、親しくみずから発願して加護を祈請《きしょう》するので、必ず魔軍に勝利し、悪賊は消滅するとある。熾盛光法の本尊は、八葉白蓮《はちようびゃくれん》上の熾盛光仏頂を中心に八大菩薩、十六天、黄道《おうどう》十二宮神、二十八宿、八方天、四大明王などが配された敷曼荼羅《しきまんだら》である（円仁伝来の本尊曼荼羅は掛《かけ》曼荼羅で秘仏扱いとなっているので、その代用の敷曼荼羅を壇上に敷いて用いる）。熾盛光仏頂が顕現すれば、釈迦如来が宇宙大の忿怒《ふんぬ》相《そう》となって、想像を絶する強力なパワーを発揮するため、どん

普賢延命菩薩（『図像抄』）

なものでも即、折伏《しゃくぶく》されてしまうとされる。真言密教に対抗すべく天台密教側は院政時代に、この熾盛光法を完成しおおいに面目を施したのである。

普賢菩薩（『図像抄』）

普賢延命法

普賢延命菩薩《ふげんえんめいぼさつ》を本尊として増益《ぞうやく》、延命を祈る修法である

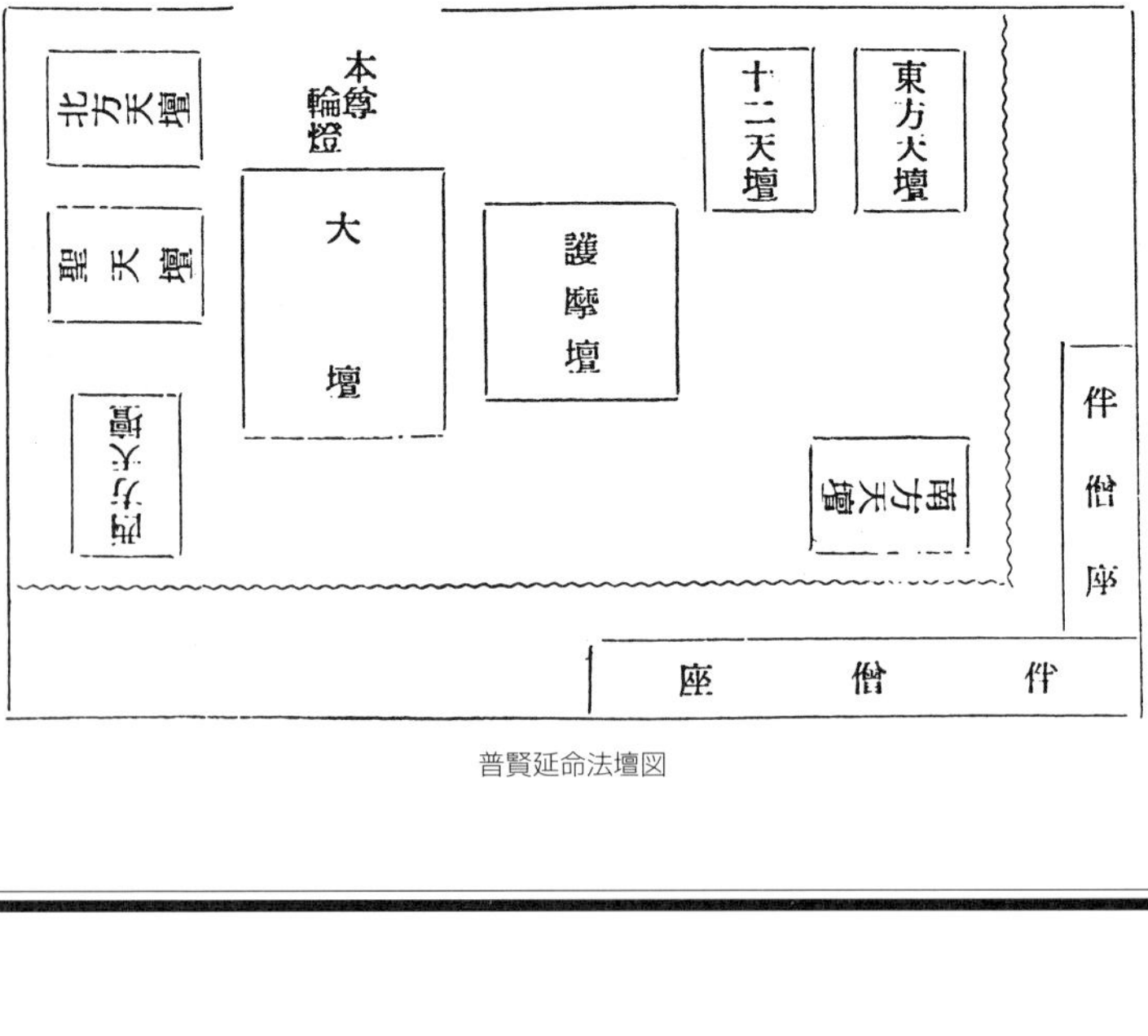

普賢延命法壇図

普賢延命法は、『金剛寿命陀羅尼念誦経《こんごうじゅみょうだらにねんじゅきょう》』などを所依《しょえ》の経典としている。本尊を信じて陀羅尼を唱えれば、過去の悪業因縁は消滅し、短命夭折《ようせつ》と思われるような運命も転換されて健康を回復し、寿命が延びるとされ、天台密教（台密）の四箇大法《しかのたいほう》の一つとして重視されている。台密と東密を統合した天台僧の谷阿闍梨《たにあじゃり》皇慶《こうげい》（九七七～一〇四九）がこの法をしばしば行った。東密でも長承二年（一一三三）、仁和寺《にんなじ》の覚法法親王《かくほうほっしんのう》が法勝寺で修している。

この法の由来は古代インドの伝説に基づく。降三世《ごうざんぜ》明王《みょうおう》が諸天を調伏して三宝《さんぼう》に帰依させた。すると大自《だいじ》在天《ざいてん》が激しく敵対したので、怒り心頭に発した降三世明王が、ついに踏み殺したが、のちに慈悲を催し、金剛寿命の印明《いんみょう》を結誦《けつじゅ》して大自在天を蘇生させたのであった。大自在天を生き返らせた金剛寿命の印明こそ、普賢延命の印明だったのである。そこから死者をも甦らせる普賢延命の信仰が強調されるようになった。

別に普賢菩薩を本尊とする延命法がある。普賢延命法と儀軌は同一であるが、両者の違いをいえば、通常の延命法は修法のための壇は一壇の普通法で、二臂《ひ》の普賢を本尊とし、普賢延命法は四壇の大法立てで二十臂《ぴ》の普賢延命を本尊としている点である。要するに普賢延命法のほうが通常の延命法よりも本格的な分だけ、いっそう強力な霊験をもっているとされているのである。

普賢延命法の修法は道場内の東向きに大壇を立て、

双身毘沙門天

その奥に本尊普賢延命曼荼羅を懸け、その前に四十九燈《とう》の輪燈台《りんとうだい》を置く。そのほか、護摩壇《ごまだん》、東西南北の四方の天壇、十二天壇、聖天壇を置いて修する。延命真言や『寿命経《じゅみょうきょう》』の読経のなか、護摩師が護摩壇で延命護摩を行う。金剛寿命陀羅尼を一遍誦すたびに、骨屢草《こつるそう》（芝の根ともカラスウリの蔓《つる》ともいう）を一茎《くき》、火中に投ずる。これを百八遍か千八遍修するが、七日から十五日の日程内で行うことになっている。

金剛夜叉（『別尊雑記』）

鎮将夜叉法

戦乱、戦争、反乱が起こったとき、あるいはそのような不穏な気運が醸成されたときに、それを鎮圧するために行われてきた調伏修法。天台宗の開祖最澄《さいちょう》が将来した唯一の四箇大法が、この鎮将夜叉法《ちんじょうやしゃほう》であるという伝承がある。鎮将夜叉とは、天台密教の説では鬼神《きじん》の首領にあたる毘沙門天《びしゃもんてん》の別名である。毘沙門天の比類ない猛威が、戦乱などの原因とされる鬼神類の跳梁跋扈《ちょうりょうばっこ》を鎮めるものと考えられたのである。

修法に際して、本尊毘沙門天をはじめ、その妻の吉祥天《きちじょうてん》、五大王子（五太子）、八大夜叉大将、二十八使者、半天婆羅門《はんてんばらもん》、黒児童子《こくじどうじ》が召請《しょうしょう》され、一切の障碍《しょうげ》を除く印明を結誦した。

このうち、半天婆羅門は、双身毘沙門天《そうじんびしゃもんてん》の片身とされる（異説もある）。伝説では毘沙門天と半天婆羅門は同時に仏道修行を志し、毘沙門天は精進苦行《しょうじんくぎょう》の甲斐《かい》あって、すみやかに悟りの境地に入ったが、半天婆羅門は懈怠《けたい》の性格で楽をしていたので、今だに悟れない。自分が悟れないのを逆恨みした半天婆羅門は、毘沙門天法を修するところならばどこへでも行って妨害する障碍神《しょうげしん》になることを誓った。これにより毘沙門天は法性《ほっしょう》を、半天婆羅門は無明《むみょう》を表す。双身毘沙門天像が背中合わせになっているのも、相反しているためであるという。だが、煩悩（無明）は即菩提《ぼだい》（法性）でもあるという仏教の理がある。鎮将夜叉法は、戦乱という煩悩を安泰（菩提）に転ずるために、半天婆羅門をこの修法に導入しているのである。また、黒児童子は吉祥天の妹の、黒耳天《こくにてん》のことで、災厄《さいやく》の神である。黒耳天は、幸福の神の吉祥天に必ず付き添っているという。これも吉凶はあざなえる縄のごとしで、この両神も凶事を吉事に転換する修法には欠かすことはできないとされている。

真言宗にも同じ利益《りやく》を有する同名の修法、鎮将夜叉法があるが、こちらは本尊が金剛夜叉《こんごうやしゃ》である。康平六年（一〇六三）十月に五壇御修法《ごだんみしほ》において仁和寺《にんなじ》華蔵院《けぞういん》の済延僧都《さいえんそうず》がこの法を営み、その後、大治四年（一一二九）には勧修寺《かじゅうじ》流祖の寛信《かんじん》が修している。天台の同名の修法と対抗していたのである。

安鎮曼荼羅

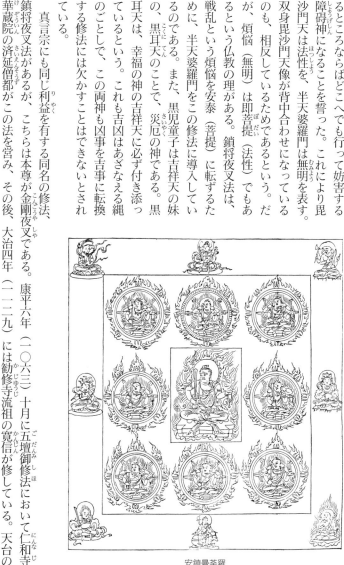

安鎮家国法（大安鎮法）

国家の大地に潜伏し、妖しく息づき、ときとして跳梁《ちょうりょう》して大きな災厲《さいれい》を起こす地霊《ちれい》を鎮め、火災などの建物の禍いを防ぐ、いわば大がかりな鎮護《ちんご》の法が天台密教の安鎮家国法《あんちんかこくほう》である。もとは不動法をアレンジして大法にしたものとされる。もとより全国土に赴いてこの法を修することは不可能であるから、その象徴としての皇室を結界し、修法した。通常は内裏《だいり》の新築造営前に四壇立てで行うのが原則であった。それによって宮殿の火災をはじめ、宮中の妖異などが息災《そくさい》し、つまるところ、国家の安泰にもなるという呪法である。本尊は安鎮曼荼羅《まんだら》で、中心に二臂不動を配し、その八方を四臂不動が取り囲み、さらにその外を八方天が囲繞《いにょう》する（東密では八方天のかわりに十二天が囲む）。

安鎮家国法は台密（天台密教）が誇る四箇大法《しかのたいほう》の一つと位置づけられているが、修法自体が複雑きわまりないので中絶していた。しかし、昭和五十九年の慈恵《じえ》大師一千年遠忌《おんき》に際して大正十年以来六十三年ぶりに修された。四箇大法に安鎮家国法を加えて五箇大法とも称されている。

安鎮家国法の儀式の一つに、大地の地霊に供える鎮《しず》め物の作法として穴中作法《けっちゅうさほう》がある。他のほとんどの修法同様、時代によってこの法は複雑化するなど様相を異にしているが、おおむね五穀《ごこく》・五香《ごこう》・五色幣《ごしきへい》・七宝・銭などからなる九種類の鎮め物（九種物という）を、建設予定地の中心と八方に埋めることになっている。その後、調《ちょう》

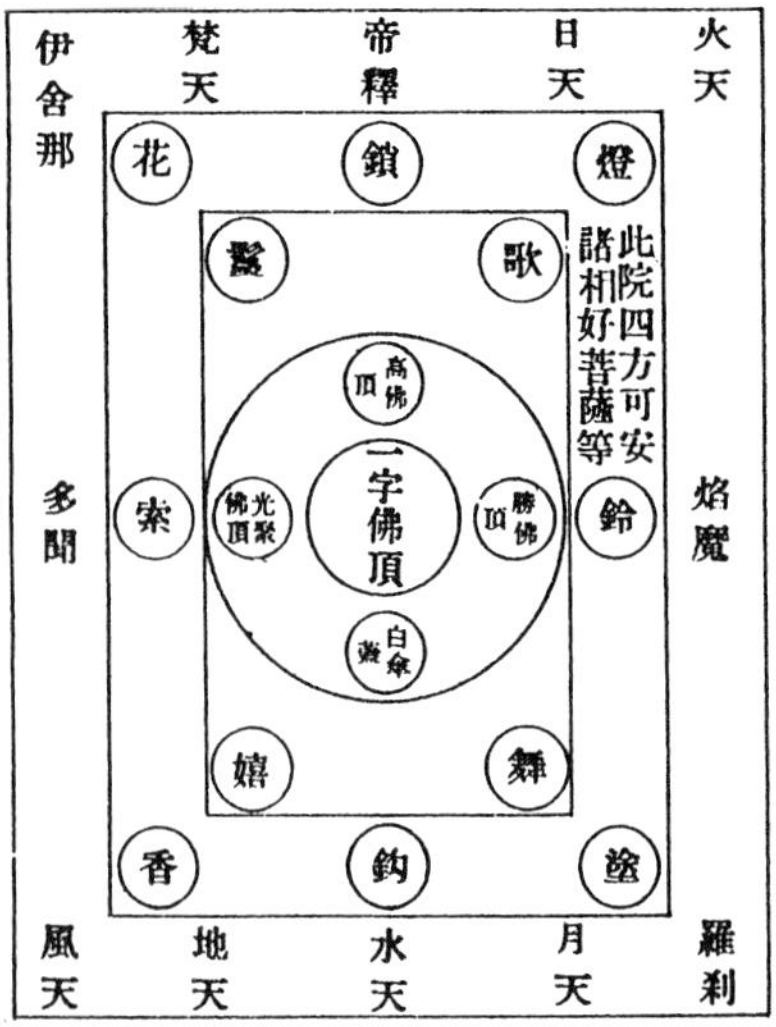

五仏頂曼荼羅（『阿娑縛抄』）

伏《ぶく》の咒《しゅ》「ウンハッタ」を百八遍誦して法具を打ちつけて地霊を封ずるのである。

なお、大法ではない通常の鎮宅法《ちんたくほう》には、不動鎮宅、葉衣《ようえ》鎮宅、八字文殊鎮宅の各法がある。不動尊、葉衣観音を本尊とする前二者は新築家屋の、八字文殊菩薩を本尊とする後者は中古宅の怪異を除去するために修される。

御衣加持御修法

比叡山根本中堂《ひえいざんこんぽんちゅうどう》で毎年四月四日から十一日まで厳《ごん》修《しゅ》される御衣加持御修法《ぎょえかじみしほ》は、延暦寺《えんりゃくじ》の年中行事中、最高の大法要とされる。延暦二十四年（八〇五）、円澄和尚《えんちょうかしょう》が最澄の意を体して宮中紫宸殿《ししんでん》で桓武《かんむ》天皇のために五仏頂《ごぶっちょう》の秘法を修法したのを濫觴《らんしょう》とする。五仏頂は『大日経《だいにちきょう》』の説では白傘蓋《はくさんがい》仏頂・勝《しょう》仏頂・最勝《さいしょう》仏頂・火光聚《かこうじゅ》仏頂・捨除《しゃじょ》仏頂で、これらを本尊として天下泰平、万民豊楽、玉体安穏などの息災法《そくさいほう》や増益法《ぞうやくほう》が行われる。

宮中での護国利民の代表的な祈禱法で、明治維新後、廃絶されたが、大正十年から復活、比叡山根本中堂において天皇の御衣に対して御修法が勤行されている。御修法では四箇大法（七仏薬師法《しちぶつやくしほう》、普賢延命法《ふげんえんめいほう》、熾盛光法《しじょうこうほう》、鎮将夜叉法《ちんじょうやしゃほう》）が修されることになっているが、現在はこの修法を毎年一法ずつ行い、四年で一周期としている。

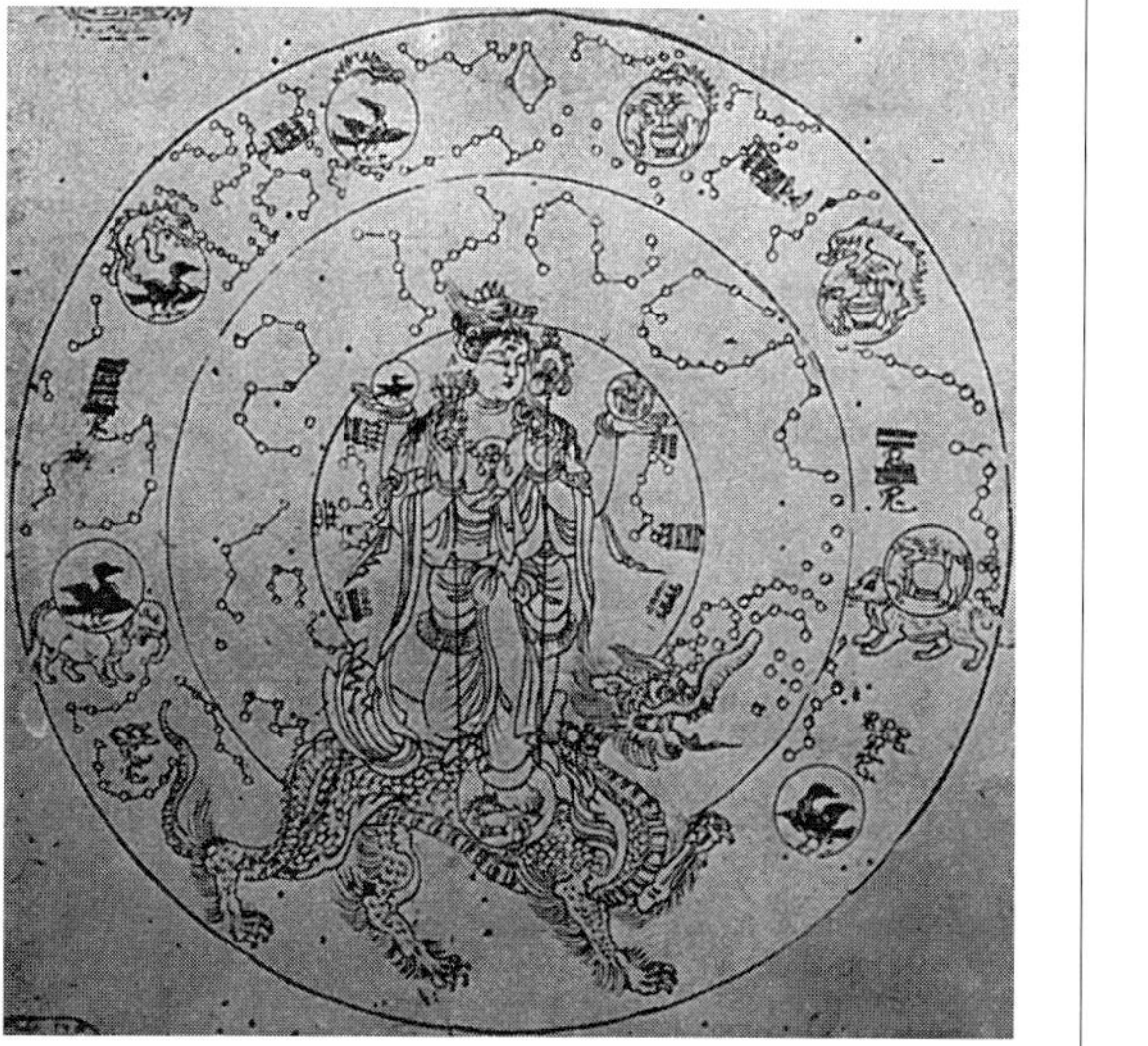

妙見菩薩（『別尊雑記』）

尊星王法

尊星王《そんじょうおう》とは、北極星を神格化した妙見菩薩《みょうけんぼさつ》のことで、衆星《しゅうせい》（宇宙の星）のなかの最勝、神仙のなかの仙、菩薩の大将とされる。台密成立の功績者・智証大師《ちしょうだいし》円珍《えんちん》の門流である天台寺門宗《てんだいじもんしゅう》（総本山園城寺《おんじょうじ》＝三井寺《みいでら》）の最高の大法としておもに延命、除災招福のために修される。同宗では妙見菩薩を幸福をもたらす女神・吉祥天と同体としている。修法では吉祥天が好むという麝香《じゃこう》、銀鏡《ぎんきょう》、棗《なつめ》などが供えられる。

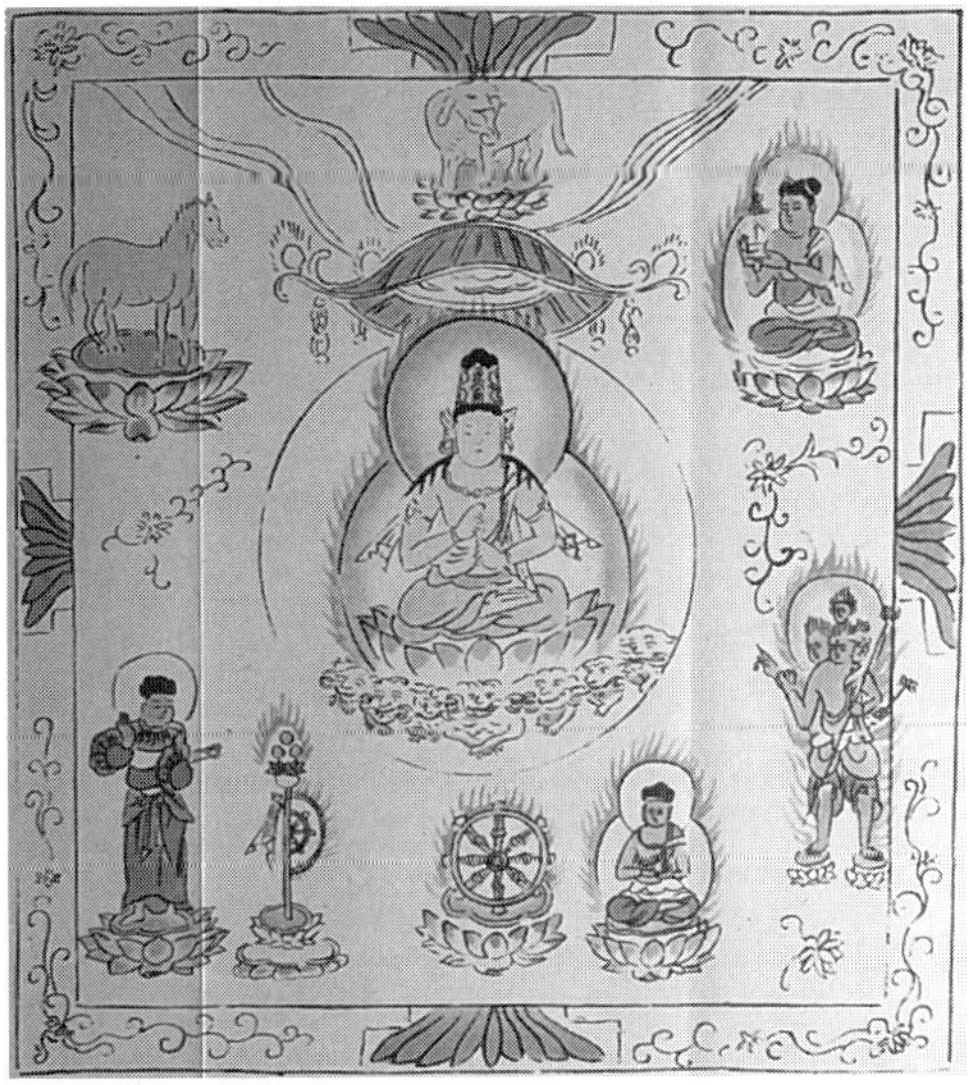

一字金輪曼荼羅（『阿娑縛抄』）

尊勝曼荼羅（『阿娑縛抄』）

一字金輪法・五百由旬断壊の法

仏のなかでも最勝至尊の仏を仏頂《ぶっちょう》というが、その仏頂中、最高のものが一字金輪《いちじきんりん》である。一字とは梵語の𑖥𑖿𑖨𑖳𑖽（ボロン）で、すべての仏菩薩《ぶつぼさつ》の功徳《くどく》を集約しているとされる。金輪とは、古代インド神話時代の世界最高の王を金輪聖王《じょうおう》（金銀銅鉄の四種の転《てん》輪《りん》聖王中、金輪聖王が最勝）といったことから、一字金輪と命名された。

息災《そくさい》、調伏《ちょうぶく》、敬愛《けいあい》の修法が主で、多いのは止雨《しう》、除病、延命などである。この修法を一日行えば、そこを中枢にして五百由旬《ゆじゅん》（約三千五百キロ）以内で他のどんな呪法が行われようとも、それらの呪法はまったく効力を失って成就しないという。これを五百由旬断《だん》壊《え》の法と称している。つまり、一字金輪の抜群の功徳によって五百由旬内に霊的な結界が張りめぐらされることになる。もし同一エリア内で呪術合戦が行われたら、一字金輪法を行った方が確実に勝利するのである。しかも、この法を行えば、一切の罪を免れ、必ず成仏するといわれる。一字金輪法の特色として、他の法を修しても法験が見られない場合、一字金輪の真言「ボロン」を唱えさえすれば、その助けを得て成就するとある。まさに諸法中の王法である。

こうした恐ろしいばかりに強烈な功徳をもった修法であるから、真言宗では「最深秘」とされ、かつては真言宗の最高権威である東寺長者《とうじちょうじゃ》でなければ、修することを許されなかったものである。一字金輪には、智拳印《ちけんいん》をな

尊勝仏頂曼荼羅（『大正新修大蔵経』）

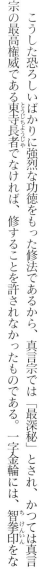

して日輪《にちりん》（太陽）に住むとされる大日金輪《だいにちきんりん》と、法界定印《ほっかいじょういん》を結び須《しゅ》弥山《みせん》に坐す釈迦金輪《しゃかきんりん》がある。両者は同体とされるが、修法の本尊には大日金輪を用いるのがふつうである。本尊、護摩、十二天、聖天の四壇構えで修法することになっている。

尊勝仏頂陀羅尼法

尊勝仏頂《そんしょうぶっちょう》の陀羅尼《だらに》（尊勝陀羅尼）の効験は、数ある陀羅尼のなかでもおそらく最強の一つであるといわれる。大日印《だいにちいん》を結び、「ナマサマンダ・ボダナン・カロン・ビギラナハン・ソ・ウシュニシャ・ソワカ」と誦すだけで、煩悩を除き、罪を滅し、寿命を延ばし、病を治し、あるいは雨乞い、男子出生など、あらゆる祈願に著しい法験があるとされる。これを書写し、読経し、供養して卒《そ》塔婆《とば》や家屋の上部に安置すれば、はかりしれない功徳があるともいわれ、毎日の勤行《ごんぎょう》時のほか、亡者の廻向《えこう》

『蒙古襲来絵詞』（東京国立博物館蔵）

叡尊像（西大寺蔵、『叡尊・忍性』吉川弘文館より）

（往生祈念）などのために唱えられている。

尊勝曼荼羅《まんだら》を本尊とする尊勝仏頂法は尊勝法ともいうが、染殿《そめどの》皇后（藤原明子）のために空海の実弟真雅僧正《しんがそうじょう》（八〇一～八七九）が、この法を行い、惟仁親王《これひとしんのう》（のちの清和《せいわ》天皇）を誕生させた実例がある。

その本尊が最勝最強とされるがゆえに、敵国調伏にも尊勝陀羅尼の威力が功を奏すると信じられていた。いわゆる弘安の役で蒙古が攻めてきたとき、真言律宗《しんごんりつしゅう》の中興、叡尊《えいそん》（一二〇一～一二九〇）は弘安四年（一二八一）に朝廷から石清水八幡宮《いわしみずはちまんぐう》での七日間昼夜不断の尊勝陀羅尼法に門徒を率いて出仕せよとの沙汰を受けた。そのため、叡尊は閏《うるう》七月一日、南北二京の僧五百六十余人と一緒に八幡宮の神前で陀羅尼読誦を勤行、必勝の神とされる八幡大菩薩（八幡神）に国難の危機を訴え、「東風《こち》を以て兵船を本国に吹き送り、来人（蒙古軍）を損なわずして、乗るところの船をば焼き失わせたまえ」と祈った。尊勝陀羅尼に加えて、『最勝王経《さいしょうおうきょう》』と『仁王経《にんのうきょう》』を百部ずつ、さらに『大蔵経《だいぞうきょう》』を転読し終わって、七月十八日に帰山した叡尊はその翌日、大風で蒙古軍の兵船がみな破損したことを知ったのであった。

また祈雨《きう》のためには尊勝仏頂祈雨曼荼羅を本尊として修法する。この曼荼羅は浄《きよ》めた土で土壇をつくり、その縁に八大龍王《はちだいりゅうおう》とその妃や眷属を描いたものである。

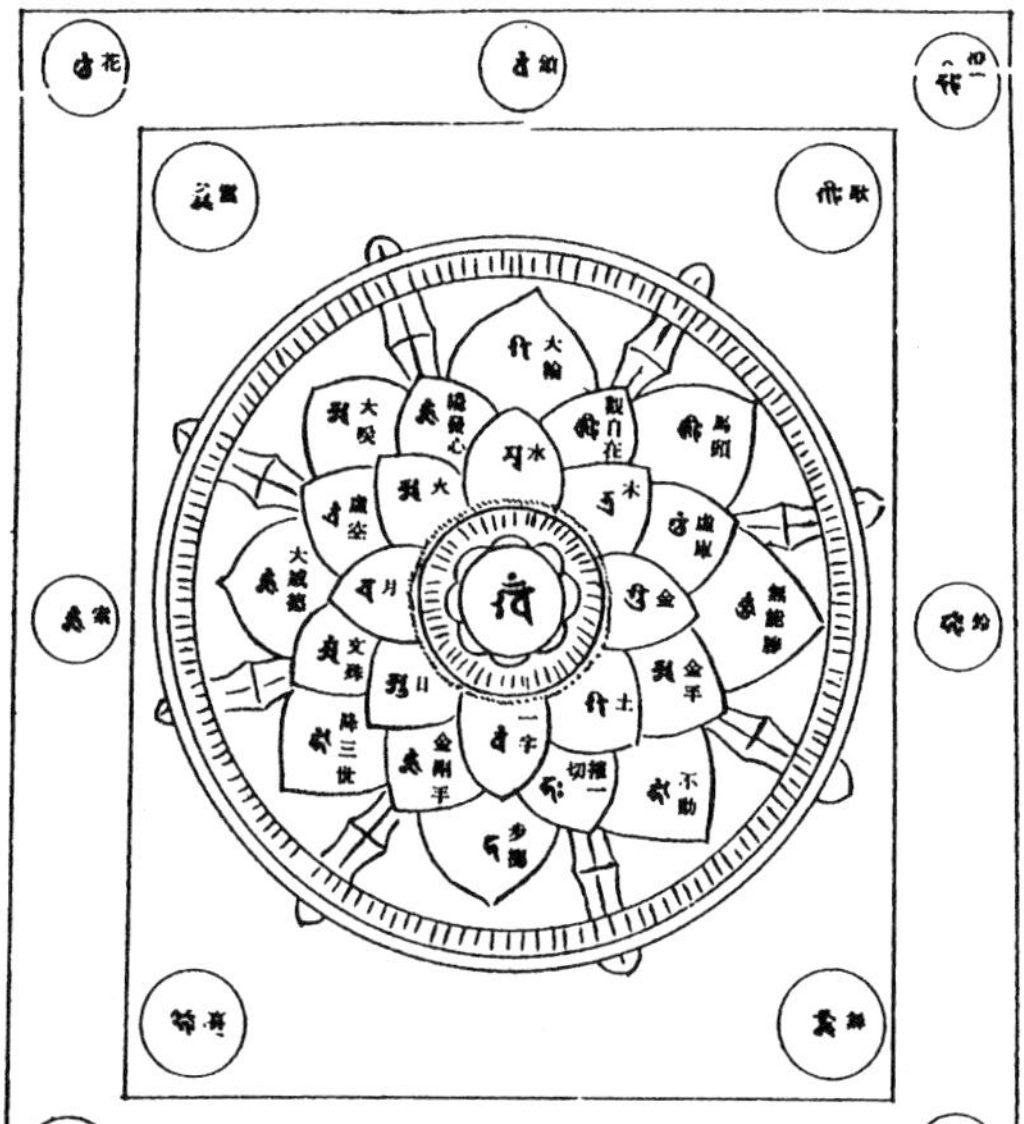

仏眼仏母法

尊勝陀羅尼の布教で有名だったのは、江戸末期から明治初頭にかけて活躍した比叡山《ひえいざん》大行満《だいぎょうまん》阿闍梨《あじゃり》の大悲《だいひ》願海《がんかい》（一八二三〜一八七三）である。孝明《こうめい》天皇の玉体を直接加持した願海は明治天皇が幼い頃、大病になったときに、尊勝陀羅尼と歓喜天《かんぎてん》法《ほう》で治したという（『尊勝陀羅尼《そんしょうだらに》明顕録《めいけんろく》』）。願海はまた京都に尊勝陀羅尼塔を建立しているほか、泥土製のミニチュアの尊勝陀羅尼塔を多数つくり、信者らに授けている。

仏眼曼荼羅（『阿娑縛抄』）

准胝観音

准胝観音（『別尊雑記』）

信仰的には頭脳明晰、知恵増大、論争勝利、裁判勝利、夫婦和合、他人敬愛、求児、安産、病難除去、滅罪招福、寿命長久、行者守護、悪鬼悪賊の難を脱するなどの功徳がある。准胝観音《じゅんていかんのん》はもともと密教系の女神で、密教では通常、准胝仏母《ぶつも》、七倶胝《しちぐてい》仏母とよび、そのため天台宗（天台密教）や真言宗の広沢流《ひろさわりゅう》では基本的に仏部に加えている。だが、真言宗の醍醐《だいご》派系（小野流）では貞観十八年（八七六）、派祖の理源《りげん》大師聖宝《しょうぼう》（八三二〜九〇九）が如意輪《にょいりん》観音とともに准胝観音に深く帰依して醍醐寺

仏眼仏母法

息災《そくさい》と降伏《ごうぶく》を祈ってすみやかに成就するとされるのが、仏眼仏母法《ぶつげんぶつもほう》（仏眼法）である。京都の醍醐寺《だいごじ》座主《ざす》の勝賢《しょうけん》が文治三年（一一八七）三月、行方をくらましていた源義経を発見せよとの宣旨《せんじ》を受けて仏眼仏母の法を修法している。

仏眼とは肉眼・天眼・恵眼・法眼・仏眼の五種の眼の最高の徳を司るとともに、仏の智慧、宇宙の真理を意味する。また仏母は仏を生じさせる意義がある（異説もある）。仏眼の印明《いんみょう》は、諸尊法になくてはならないものである。天台宗では仏眼仏母を最深秘法の一つとして位置づけている。この真言は諸仏や仏壇、塔婆《とうば》などの開眼法《かいげんほう》に不可欠である。この真言は「オン・ボダロシャニ・ソワカ」。または「ノウマク・サンマンダ・ボダナン・オン・ボダロシャニ・ソワカ」。

仏眼仏母法は先に挙げた一字金輪法に唯一対抗しうる修法でもある。密教では一字金輪と仏眼仏母とは一対の父母の関係にあるので、一字金輪法の威力を和らげることができるといわれる。

を創建した由緒から、蓮華部のなかに位置づけて、六観音の一つとする。ちなみに修験道当山派《とうざんは》の祖でもある聖宝は子授けの准胝法を修して朱雀《すざく》・村上《むらかみ》の両天皇を誕生させることになったとする伝説もある。

准胝観音の形像は多種あり、それを観るだけで仏道に至ると『准胝大明陀羅尼経《じゅんていだいみょうだらにきょう》』に記されている。もし不二の法門を求める者は、まさに両臂《ひ》（二本の腕）の尊を観るべしとある。四無量には四臂の尊、六神通には六臂の尊、八聖道《しょうどう》には八臂の尊、十波羅蜜円満十地《じっぱらみつえんまんじっち》には十臂の尊、八万四千の法門には八十四臂の尊をそれぞれ観るべし、としている。つまり、悟りを得ることを目的としているのが、准胝観音の本質なのである。真言は「オン・シャレイ・シュレイ・ジュンテイ・ソワカ」。

如意輪観音・如意輪求聞持法・如意輪加星供

地獄から天までの六道《ろくどう》の最高位である天を司り、無尽蔵《むじんぞう》の智《ち》慧《え》と富を願いのままに授けるという観音で、真言は「オン・バラダ・バンドメイ・ソワカ」。『如意輪陀羅尼神呪経《にょいりんだらにしんじゅきょう》』などの経軌《きょうき》によれば、おもな功徳は出世と珍宝（財産）をあたえ、命を延ばし、雷を除き、悪星の怪異を除去し、鬼賊の難を除き、風雨を止め、さらには安産、治病、悪瘡《あくそう》を癒し、四悪趣（地獄・餓鬼・畜生・修羅）に堕《お》ちず、記憶力が増大し仏智を得て、極楽に生まれるという。災害や病気を除くなどの息災を中心にし仏眼仏母法の利益の例として『瑜祇経《ゆぎきょう》』には、仏眼仏母の真言を千回読誦すれば、転輪聖王《てんりんじょうおう》の七宝さながらの福に恵まれ、寿命も延長される。また、いつもこの真言を唱えていれば、金剛薩埵《こんごうさった》および諸菩薩がつねに随って護衛し、大神通《だいじんずう》を得て、なすこと

豆大師

角大師

如意輪観音（『図像抄』）

た如意輪法を修して孝謙《こうけん》天皇に認められ、出世の糸口をつかんだとされるのが、奈良時代末期を代表する法相宗《ほっそうしゅう》の怪僧・道鏡《どうきょう》（?～七七二）である。その後、称徳《しょうとく》天皇の寵愛を受けて政界にも進出、太政大臣禅師《だいじょうだいじんぜんじ》を経て、ついには法王にのぼりつめ、権勢をふるい、皇位を得る寸前までいったのである。

如意輪観音を本尊とした如意輪求聞持法《にょいりんぐもんじほう》がある。真言僧の宗叡《しゅうえい》、天台僧の円仁《えんにん》もこれらを修したといわれるが、一度耳目にしたものは決して忘れないという記憶力増大法であるとともに、

やることがすべて成就する。さらに、百万遍唱えれば、大涅槃《だいねはん》を得るとある。

仏眼仏母呪には「ナウボウ・バギャバテイ・ウシュニシャヤ・オン・ロロ・ソボロ・ジンバラ・チシュタ・シッダ・ロシャニ・サラバアラタ・サダニエイ・ソワカ」もある。

元三大師像（重文、比叡山西塔本覚院蔵、山田恵諦『元三大師』第一書房より）

仏の智慧を開く法である。

作法についていえば、山中の清い静寂な場所に堂を設け、室内に壇（高さ一尺四寸）を造り、如意輪観音を東に向けて安置、花や菓子や食事を日々供養し、行者はその間、三白食《さんびゃくじき》（乳・酪《らく》・粳米）をなす。こうして準備が整ったら、諸尊諸天に所願を奏上し、閼伽水《あかすい》・香・花・飲食《おんじき》・菓子などを献じて修法し、聞持の印明を結誦しつづけるのである。期間は七日、二十一日、四十九日、ないし一年のうちに十万遍を唱える。成満《じょうまん》したら、黄牛の乳一升を煮て菖蒲《しょうぶ》の粉末をその乳のなかに入れて、真言を百八遍誦して加持したのち、飲み干すのである。もしそれでも吐かなければ、効能は成就するとされるが、吐瀉《としゃ》すれば成就しない。さらに七日間修し、同じようにして吐かないようであれば、宿業《しゅくごう》の罪を脱して仏智《ぶっち》を開くという。

如意輪観音は天を主宰しているという観点から、星宿《せいしゅく》をコントロールして除災招福を祈る道教系の如意輪加星供《にょいりんかしょうく》の修法が存在している。九曜《くよう》を対象にして修される星宿法《せいしゅくほう》で、羅睺《らご》・土曜・水曜・金曜・日曜・火曜・計都《けいと》・月曜・木曜の九曜が順番に人間の運命に重大な影響をあたえるので、如意輪観音の力でその悪い影響を消すとされる修法である。

元三大師供・角大師・豆大師

「元三大師《がんざんだいし》を信仰するものは、僧にあってはその寺院は必ず興隆するし、一般にあっては無事であり、息災《そくさい》であり、家運は永続する。信仰が薄れたり、信仰を他に移したときには必ず変化がある。歴史がこれを伝え、事実がこれを証明している、不思議である」（山田《やまだ》恵諦《えたい》『元三大師』）。

近くでは天台座主山田《やまだ》恵諦《えたい》（元三大師信仰により天台座主という最高の地位をきわめたといわれる）、古くは東叡山《とうえいざん》寛永寺《かんえいじ》の開祖で徳川家康の側近でもあった天海《てんかい》も篤く信奉してやまなかった十世紀の高僧・元三大師は、降魔《ごうま》厄除《やくよ》け、富貴栄達などの利益をもたらす仏尊として多くの人々の信仰対象になっている。元三大師の名は良源《りょうげん》（九一二〜九八五）。比叡山第十八代座主であり、比叡山中興の祖とされる。その諡号《しごう》は慈恵《じえ》大師であるが、命日が正月三日だったことから、元三大師とよばれて親しまれているのである。

魔を降伏させることにかけてはかなう者はなく、降魔大師の異名を有するほど、強力きわまりない法力があった。みずからを律する姿勢も厳格であったためか、悪に染まった僧や、怠惰な修行僧がいれば、霊的な方法で必ず厳しく咎《とが》めると信じられ、今も畏敬されているのである。

良源が感得した二つの魔除けの護符《ごふ》、角《つの》大師と豆《まめ》大師は、あまり

比叡山の横川中堂の奥にある元三大師御廟。三大魔所のひとつとされる。

にも有名である。角大師は疫病《やくびょう》除去、病気平癒、厄難祓いに抜群の効能があるとされている。これは貞観二年(九八四)、良源が七十三歳のときに居室で止観《しかん》を行じていたところ、一陣の風とともに妖しい気配を感じたので、「そこにいるのは誰か」と尋ねた。

すると、「疫病を司る疫神である。お前の身体を侵しに参った」と答えた。良源が左手の小指を差し出し、「ではこれに憑《つ》いてみよ」というと、その直後に全身に悪寒《おかん》が走って発熱、苦しさにたまらなくなった。そこで円融《えんにゅう》の三諦《さんたい》を観じ、みずから夜叉《やしゃ》の鬼形《きぎょう》となって指弾《しだん》すると、さしもの疫神も必死になって退散したので、やっと苦痛が癒《いや》された。

この体験から良源は、疫神に侵された衆生は逃れる術《すべ》を知らず、哀れであると深く感じて、弟子を集め、鏡に映った自分の姿を写生するように命じて禅定に入った。すると、その姿は徐々に変化し、骨だらけの鬼の姿になった。弟子たちは恐怖におののき、写生どころではなかったが、明普《みょうふ》だけがその姿を写しとっていたのである。やがて禅定より戻った良源は明普の画をみて、それを元画にして版木《はんぎ》に彫り、御札《おふだ》にするよう申しつけた。御札が刷り上がってくると、良源は開眼供養し「家々の戸口に貼ってもらうようにしなさい。そうすれば、その家では疫神の害を受けることはないだろう」と告げた。以来、この御札は角大師として疫病をはじめ、すべての厄災を除き、盗賊や邪悪な心をもつ者は進入できないなど、幅広い魔除けの習俗となっているのである。良源の鬼形《きぎょう》の像は「厄除け大師」として比叡山横川《よかわ》の元三大師堂(四季講堂)や京都市上京区の廬山寺《ろざんじ》、大津市坂本の天台《てんだい》真盛宗《しんせいしゅう》総本山西教寺《さいきょうじ》、長野市の善光寺《ぜんこうじ》大勧進《だいかんじん》、埼玉県川越市の喜多院《きたいん》などに祀られ、角大師などの護符も出されている。なお、角大師の護符の秘事として他人に知られないように、密かに仏壇に祀って祈念すれば、良縁が結ばれるとされている。

一方、豆大師は良忍の影像を三十三体捺《お》した護符で、五穀豊穣《ごこくほうじょう》、生業や商売の繁盛、金運増強などの妙験があるとされている。豆大師にともなう縁起は二種類ある。一つは、寛永年間、河内国《かわちのくに》寝屋川《ねやがわ》の百姓が、比叡山にある良源の御廟《みみょう》に参詣して不在中、豪雨のため、川が氾濫、田が水没の危機にさらされたが、突然現れた三十三人の若者の助けによって被害を免れた。その後、比叡山にお礼参りに行った百姓は、三十三人の若者は、観音(如意輪観音）の化身とされた良源が三十三種の観音に変化していたことを覚り、それを記念して豆大師がつくられるようになったという。

もう一つは、祈禱のために御所《ごしょ》に出入りしていた良源が美男子であったため、女官らは露骨に良源を追いかけ回すようになった。このままでは自他ともに魔界に堕《お》ちかねないと自戒した良源は、御所入りに際し、豆粒ほどの大きさの鬼に変身して女官らを遠ざけたとする伝説にちなむ。

良源はまた御神籤《おみくじ》の元祖とされている。「元三大師の再来」ともいわれた天海があるとき、元三大師に七日間祈念を凝らして垂示《すいじ》を仰いだところ、大師が示現《じげん》して「生前みずから用いていた観音の百籤《ひゃくせん》を信州戸隠山明神《とがくしやまみょうじん》の社殿奥に納めておいた。これを取り出し、自分の影像の前に置き、信心を凝らして吉凶を占えば、その願いに応じて禍福を知らせるぞ」と告げた。さっそく、人を遣わして入手し、元三大師の関係寺院に広めたのが「元三大師の御神籤」であるという。戸隠山と元三大師信仰との関わりを窺ううえで意味深いものがある。大師発案の御神籤は観音籤《かんのんくじ》ともいうが、これは元三大師の本地《ほんじ》（本体）が如意輪観音《にょいりんかんのん》とされていることにちなむ。そのため、御神籤をひく前に『観音経《かんのんぎょう》』普門品《ふもんぼん》三十三巻を読誦してから無心になって引くのが正式な作法とされている。略式では如意輪観音咒（小心咒）「オン・バラダ・ハンドメイ・ウン」を百回唱えたのちに引く方法などもある。

増益《ぞうやく》・息災・降伏などの本格的な修法としては、元三大師片供作法《へんくさほう》・元三大師本地供《ほんじく》・元三大師秘密供《ひみつく》・元三大師弓箭法《きゅうせんほう》などがある。天台宗宗務総長、大正大学学長などを歴任した塩入亮忠《しおいりりょうちゅう》は戦後、これらの修法を通じて川越の喜多院を復興したのは、関係者のあいだでは有名な話である。

個人が請願（たとえば試験合格、金運増大などを願う）を立てて勤行するには、三十三巻読誦作法がある。これは元三大師御祥忌の正月三日、もしくは毎月三日に元三大師の尊像あるいは画像の前で『観音経』三十三巻を読誦し、三十三度礼拝供養するものである。また毎日供養を欠かさず、「オン・良源・ソワカ」と唱える。

六観音法

六観音《ろくかんのん》は地獄《じごく》・餓鬼《がき》・畜生《ちくしょう》・修羅《しゅら》・人間《じんかん》・天《てん》の六道を教化《きょうけ》して人間を救済する六種の観音をさす。天台宗の三大部の一つ天台智顗《てんだいちぎ》著『摩訶止観《まかしかん》』は、次の六観音説を記している。

大悲《だいひ》観音　（地獄の三障を破る）
大慈《だいじ》観音　（餓鬼の三障を破る）
獅子無畏《ししむい》観音　（畜生の三障を破る）
大光普照《だいこうふしょう》観音　（修羅の三障を破る）
天人丈夫《てんにんじょうぶ》観音　（人間の三障を破る）
大梵深音《だいぼんじんおん》観音　（天の能化）

これらの六観音がそれぞれ変化したのが、千手《せんじゅ》、聖《しょう》、馬頭《ばとう》、十一面《じゅういちめん》、不空羂索《ふくうけんじゃく》、如意輪《にょいりん》の六観音ということとなっている。このうち不空羂索観音のかわりに准胝《じゅんてい》観音を加える場合もある。真言宗の二大流派の一つ、小野流《おのりゅう》（醍醐寺《だいごじ》を中心とする）では准胝観音を重視している。いずれにせよ、これらの六観音を合わせて祀《まつ》る修法が六観音合行法《ごうぎょうほう》である。修法は道場観として六観音を観じ、本尊加持として総印明《いんみょう》、あるいは個別の印明を結誦し、正念誦として六観音の各真言をそれぞれ百八遍唱えるというものである。あらゆる所願が叶うとされるが、とくに滅罪のために勤行《ごんぎょう》すれば、死者は絶対に救済されることになっている。

不空羂索観音の印

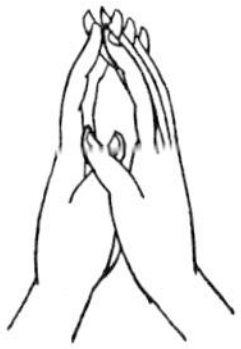

如意輪観音菩薩の印

金剛童子の印

十一面観自在菩薩の印

地蔵菩薩の印

金剛夜叉菩薩の印

伎芸天の印

自在天

大黒天の印

愛染明王

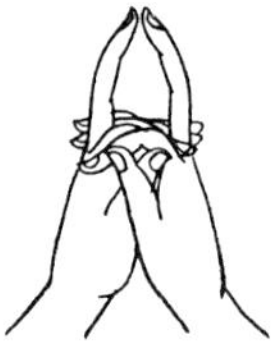

五字文殊の印

不動明王の印、根本印

閻魔天の印

聖天の印(2)

聖天の印(1)

千手観音の印

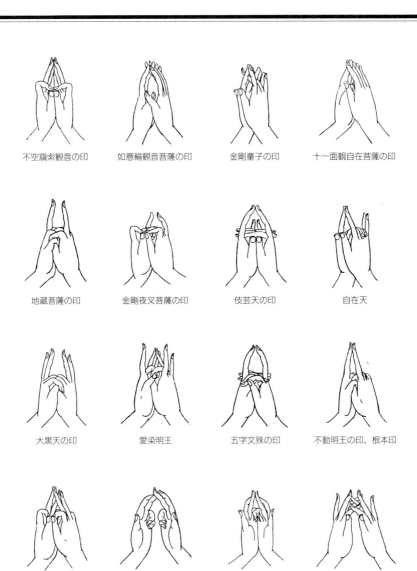

観自在の印

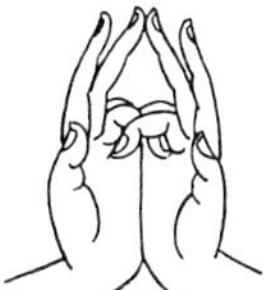
大三昧耶印

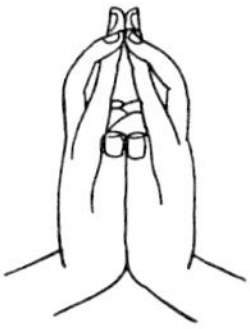
大金剛輪印

降三世明王の印

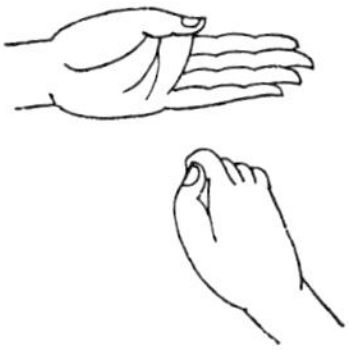
荼吉尼天の印

訶梨帝母の印

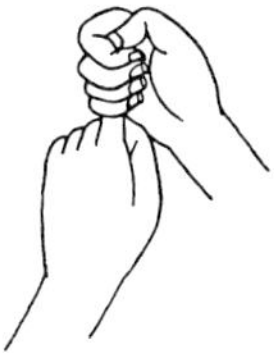
智拳印

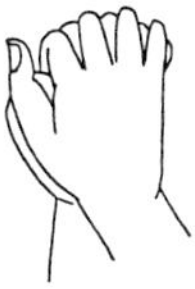
召請

深沙大将の印

帝釈天の印

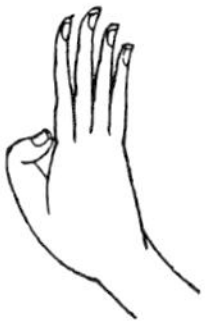
妙見菩薩の印

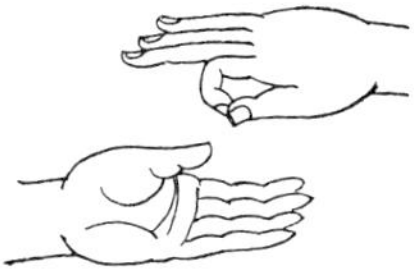
弁才天の印

孔雀経の印

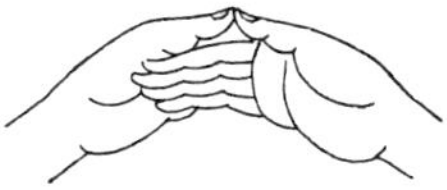
鉢の印

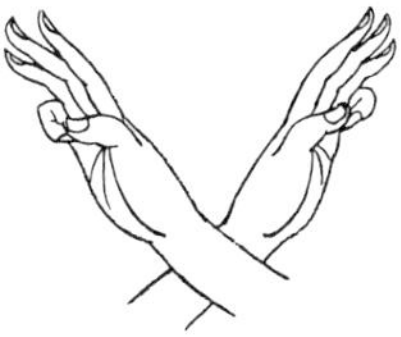
軍荼利明王の印

第2章

修験道系の呪術

山はそれ自体仏神が座す聖なる場であるとともに死者の霊が集い、魔が横溢《おういつ》する異界でもある。山岳霊地を主要舞台にした修験道は呪術性の強い加持祈禱の宗教である。加持を分析すれば、加持の加は仏神の加被力《かびりき》で、持は修行者が仏戒と先達の教えを受持する意味が込められている。修験を行う者は先師の教えを守って修行すれば、仏神が感応し、神秘的な呪力が授かるというものである。祈禱は祈りであるが、修験道は現世や現在を祈禱することにこそ、もっとも大きな意味があるとする。現世に即応して現実の世界を救済すれば、結局、過去・現在・来世という三世一貫の祈りになる。

修験道は人間的欲望をそのまま捉えてそれを菩提化しようとする。だから仏神に全身全霊を傾けて祈禱を捧げて、仏神の力に生きようとすれば、信じがたい利益が得られるとされる。「仏を見奉らんとせば、質実柔軟にして、不惜身命《ふしゃくしんみょう》の行をせよ」（法華経寿量品《じゅりょうほん》）という言葉があるが、それを実践しているのが修験道系の行者ということができる。

大峯山《おおみねさん》や金峯山《きんぷせん》、御嶽山《おんたけさん》、羽黒山《はぐろさん》、英彦山《ひこさん》などの名峰霊山に入峰《にゅうぶ》修行する者の信仰は、修験道のみというのは意外に少なく、神道、真言宗、天台宗、日蓮宗、禅宗、浄土宗、浄土真宗、新宗教系など多岐にわたっている。宗旨に拘束されていないのが特徴である。

修験道では、折々の修法、印や真言を万一忘れたとしてもあわてる必要はない。諸尊に通ずる真言、たとえば「アビラウンケン」で汎用させてしまうなど、融通性がある。真言を失念しても梵字を真言とし、複雑な印相でも普通印で間に合わせてしまうというような方法がとられるのである。修験道の儀軌《ぎき》は密教のそれにくらべて融通無碍《ゆうずうむげ》であるため、より実践的といえるかもしれない。密教では正式な作法を略したりして変容させると、越罪《おつざい》といって外道扱いされるが、修験道も定まった形式はあるものの、山野を修行の道場としているためか、その状況に応じて即応体制がとられている。必ずしも形式に囚われないのである。それは修験道が懐の深い、在俗中心の宗教でありつづけてきた理由でもある。

古代の山岳信仰に端を発し、雑密《ぞうみつ》呪術や密教を中心に、道教、陰陽道などとの習合過程を経て成立した修験道は山岳修行によって超自然的な験力《げんりき》の獲得を目指してきた。超自然的な験力の獲得こそ、修験道の生命線であり、醍醐味なのである。たゆまぬ山を大曼荼羅として実地に苦修練行することによって絶大な験力を獲た修験者（山伏）らは里に降りてきて治病などの利益を施し、あるいは調伏や憑物《つきもの》落としなどを行ってきた。賀《か》茂《も》役君《えのきみ》の出で葛城《かつらぎ》山を拠点とし、のちに修験道の開祖に仮託された優婆《うば》塞《そく》・役小角《えんのおづぬ》（役行者＝神変《じんぺん》大菩薩）もそうであったといわれる。孔雀明王咒を誦して密行《みつぎょう》をきわめた役小角は病気平癒、天災地変の消除などに験を示す一方、鬼神を使役し、意に従わない者に対しては呪縛する強力な呪力の持ち主であった。

当山派の祖で醍醐寺を創建した理源大師聖宝《しょうぼう》も修験道の大先達《せんだつ》として尊崇されている。金峯山にのぼり、長らく廃れていた役小角修行の旧跡を再興して金剛蔵《こんごうざ》王権現《おうごんげん》に対する信仰を大いに鼓吹し、炎天で作物収穫

木造理源大師聖宝坐像（醍醐寺蔵）

の見込みが立たないときに孔雀経法で雨を降らして庶民を利益するなどしている。聖宝は霊験顕著な仏尊でもあり、「南無聖宝尊師《そんじ》」という聖宝の宝号を唱えるだけで、修行者の現前に聖宝が出現して量り知れない力を与えてくれたり、ある種の奇跡をもたらしてくれるとされている。

修験道の本尊は不動明王を中心に、役小角が感得したという蔵王権現（蔵王菩薩）、金剛童子などである。修験道の流派は天台密教系の本山派と真言宗醍醐派の当山派を双璧とし、そのほか備前の児島五流、彦山修験道などの独立系に分けられる。本山派では阿弥陀経、法華経、法華懺法、孔雀明王経、不動経、神変大菩薩講式と各種真言・陀羅尼《だらに》を奉じ、当山派は般若心経と諸尊の神咒陀羅尼の誦持を要諦とする。

修験者の修行法は大日如来や不動明王などの本尊と一体化することにあり、その方法論として室町時代中期頃に成立した十界修行が基本である。十界修行とは仏教の十界、すなわち地獄・餓鬼・畜生・修羅・人間・天の六道と、声聞・縁覚・菩薩・仏の四聖の各段階に当たる修行を行うことである。

①地獄行――床固め《とこがため》（小打木《こうちぎ》とよばれる木で自らを打ち叩きながら、自分は大日如来であると観想する行）。

②餓鬼行――懺悔《さんげ》（密室に入り、先達に五体投地して礼拝し、罪の懺悔をして、懺悔文を読誦）。

③畜生行――業秤《ごうびょう》（両手を縛り、その体を釣り上げて秤にかけて罪業の重さを計る）。

④修羅行――水断（水の使用を禁じられる修行）。

⑤人間行――閼伽《あか》（先達から散杖《さんじょう》で頭上に水を注がれ、水の使用を許される）。

⑥天の行――相撲《すもう》（相撲をとり、地霊を鎮める行）。

⑦声聞行――延年（扇をもって舞う天道快楽《けらく》の修行）。

⑧縁覚行――小木《こぎ》（小木とは皮を剝いだ白小木――白骨を意味する――と皮のついたままの黒小木――皮肉を意味する――の二種があり、それらの木を拾い集めて護摩で燃やす行）。

⑨菩薩行――穀断《こくだち》（穀断の修行）。

⑩仏――正灌頂《しょうかんじょう》（柱源護摩《はしらもとごま》。小さい柱を建てて観法を行い、先達から秘印を授けられて自ら仏になる）。

このような十界修行（現代の修験道教団では、このとおりの儀礼を行っているわけではなく、理論的に説明しているだけである）の教示を受けたのちに、即身成仏する最高の修行として七日間百八十キロの行程に及ぶ大峯山の奥駆けが用意されているのである。

修験道行法としては密教のそれと通底している。修験道独特の護摩法では野外で焚く大がかりな柴燈《さいとう》（採燈）護摩、室内で燃やす天蓋護摩、鳴り護摩がある。このうち、柴燈護摩は国家安全、万民安穏などを祈る。天蓋護摩は護摩壇上に奉書などの紙製の天蓋を吊るして護摩を修するのであるが、ベテランの行者が行えば炎が天蓋に達しているにもかかわらず、決して燃えることがない。もし燃えてしまうようであれば、本尊の効験がないともいう。鳴り護摩は釜の上に甑《こしき》を乗せて、沸騰する音と蒸気で邪気を祓い清めるという祈禱法の一種として用いられる。護摩の本尊は原則的に不動明王であるが、病気祈禱には千手観音・十一面観音・薬師如来・普賢延命菩薩などの本尊を勧請して修法されることもある。また修験道寺院においては本尊名などを記した呪符の配付なども盛んに行われている。

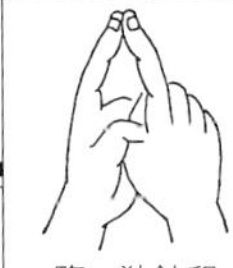

臨＝独鈷印

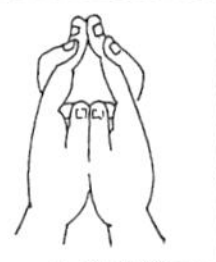

＝大金剛輪印

九字法

煩悩や魔障一切の悪魔を降伏《ごうぶく》退散させ、災難を除く呪力があるとされる修法が、九字《くじ》である。「臨《りん》・兵《びょう》・闘《とう》・者《しゃ》・皆《かい》・陣《じん》・列《れつ》・在《ざい》・前《ぜん》」を唱えながら、刀印《とういん》を結んで九字を切るか、諸印契《いんげい》を結印して行うものである。道士が入山する際の魔除けの呪文で、道教系の葛洪《かっこう》著『抱朴子《ほうぼくし》』内篇の「臨兵闘者皆陣列前行」に由来する。すなわち「山に入るときは、よろしく六甲秘呪を知るべし。祝《いのり》に曰く、『臨兵闘者皆陣列前行』と。およそ九字は常に密にこれを呪すべし」とある。兵法文献の『軍林宝鑑《ぐんりんほうかん》』速用の篇にも「門内に立ち、空中を叩くこと三十六回。右手の親指を用いてまず四縦を書き、そのあと五横を切る。すなわち咒して曰く、『四縦五横、吾、今、出てゆく。禹《う》王、道をまもり、蚩尤《しゆう》、兵をしりぞく。盗賊起こらず、虎狼行かず、故郷に還帰《かんき》せん。吾に当たる者は死し、吾に背く者は亡ぶ。急々如律令《きゅうきゅうにょりつりょう》』。このように咒しおわってから、行くこと。その際、身を慎み振り返ってはならない」とあり、もとは護身法の一つであった。それが密教や修験道や陰陽道などに採りいれられ、九字を切ることで、五陰魔《おんま》、煩悩魔、死魔および一切の悪魔、魔民を切断するというような調伏的要素をもつことになった。つまり九字は護身法であるとともに有力な調伏法としても活用されているのである。

邪鬼《じゃき》は陰気にたよるものとされ、それを破断するのが九字である。九字の九は、陽の最高の満ち数であるから、それによって陰を降伏させうると考えられたのである。九字ではなく、十字を切る場合もあるが、これは一説には「臨兵闘者皆陣列在前」に『抱朴子』の九字の一字の「行」を加えたものといわれる。

九字にともなう呪文の「急々如律令」は、漢朝の行下の書ごとにみな「如律令」（律令の如くせよ）と記すことにちなむ。

九字の印は流派によって差異がある。たとえば「臨兵闘者皆陣列在前」の九字のそれぞれの呪に合わせて、金剛鈷印《こんごうこいん》（独鈷印《とっこいん》）、大金剛輪印《だいこんごうりんいん》、外獅子《げしし》（外師子）印《いん》、内獅子《ないしし》（内師子）印《いん》、外縛印《げばくいん》、内縛印《ないばくいん》、智拳印《ちけんいん》、日輪印《にちりんいん》（日光印）、宝瓶印《ほうびょういん》（隠形印《おんぎょういん》）の各印を結ぶ。

闘＝外獅子印

＝内獅子印

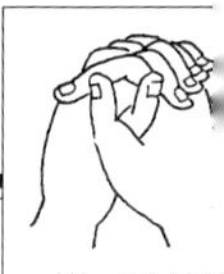

皆＝外縛印

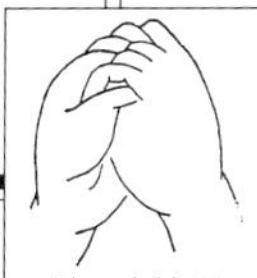

陣＝内縛印

また九字の印明《いんみょう》には密教的な神仏同体説ともいうべき本地垂迹《ほんじすいじゃく》思想が反映している。仏（本地仏《ほんじぶつ》）は衆生を済度・救済するために日本の神（垂迹神《すいじゃくしん》）として化現《けげん》し、仏を信じる行者《ぎょうじゃ》を加護するなどの利益《りやく》を施すと考えられている。たとえば、臨の印を結び、呪を唱えれば、その臨の本地仏である毘沙門天《びしゃもんてん》とその垂迹神の天照大御《あまてらすおおみ》神《かみ》が発動し、その修験者を護《まも》るのである。九字の本地仏と垂迹神の配当は諸説あるが、一例をあげれば次のとおりである。

①臨には、毘沙門天《びしゃもんてん》――天照皇大神《あまてらすすめおおみかみ》
②兵には、十一面観音《じゅういちめん》――正八幡大神《しょうはちまん》
③闘には、如意輪観音《にょいりん》――春日大明神《かすがだいみょうじん》
④者には、不動明王《ふどう》――加茂大明神《かも》
⑤皆には、愛染明王《あいぜん》――稲荷大明神《いなり》
⑥陳には、聖観音《しょう》――住吉大明神《すみよし》
⑦列には、阿弥陀如来《あみだ》――丹生大明神《にう》
⑧在には、弥勒菩薩《みろく》――日天子《にってんし》
⑨前には、文殊菩薩《もんじゅ》――摩利支天《まりしてん》

伝書によっては「臨」＝多聞天《たもんてん》、「兵」＝降三世《ごうざんぜ》、「闘」＝持国天《じこくてん》、「者」＝金剛夜叉《こんごうやしゃ》、「皆」＝不動明王、「陳」＝軍《ぐん》荼利《だり》、「列」＝広目天《こうもくてん》、「在」＝大威徳《だいいとく》、「前」＝増長天《ぞうちょうてん》が配されている。

十字の大事として、「臨兵闘者皆陳列在前」の九印の次に十字の印を結んだり、十字を切る方法がある。十字を切るには「臨兵闘者皆陳列在前」の九字ののち、十字目に次の文字を空中（あるいは左手のなかに）に手剣印で書いたり、唱えたりする。

「行《ぎょう》」＝出掛けるときに書いて唱えれば無難。如意満足の意味があり、十字の基本形である。
「勝《しょう》」＝勝負ごとの迷いを除く。必勝を期すときに書く。
「天《てん》」＝仏神あるいは高位の人に向かうときに手の中に書く。

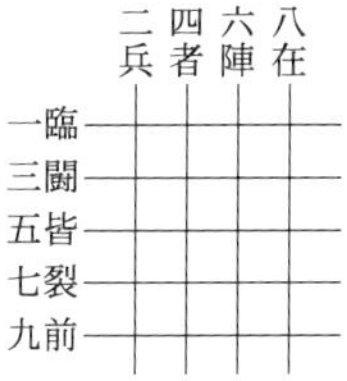

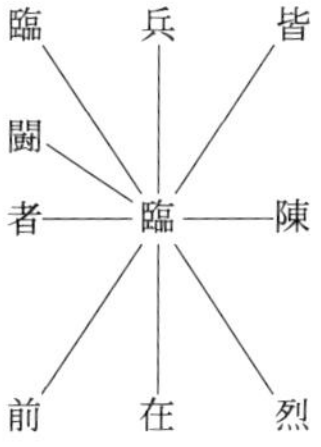

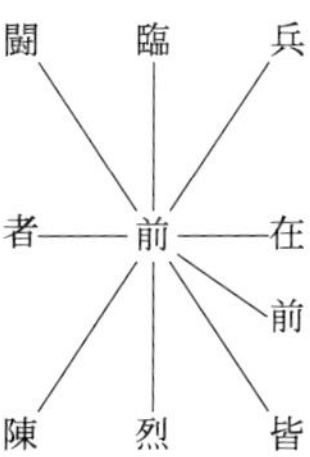

九字切りの主要なパターン。上図の四縦五横の九字が早九字に用いられる

在＝日輪印

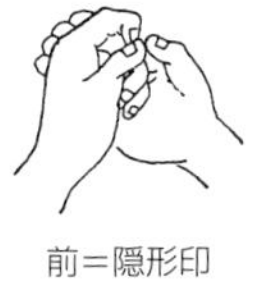

前＝隠形印

裂＝智拳印

「鬼《き》」=疫霊《やくれい》のところへ行くときに書けば、移らない。疫病《やくびよう》除《よ》りと邪霊除《じやれいよ》けの呪《まじな》い。

「一《いち》」=山野に向かって行く際に書けば、道に迷わない。

「龍《りゆう》」=海や川を渡るときに、これを書いて唱える。

「虎《こ》」=一切の獣に合うときに、この字を書く。動物の害を受けない。

「啰《こう》」=病人に向かうときに書けば、諸病が移らない。

「命《みよう》」=怪しい飲食物に対してこれを書けば、食中毒などの害を逃れる。寿命安穏の意。

「水」=これを書けば、大酒にも酔わない。また諸毒を消す。

「王《おう》」=兵難賊難に遭遇したときに、書いて唱えると難を逃れる。

「大《だい》」=悪人・悪縁や怨敵《おんてき》に向かうときにこれを書けば、一切無事である。

「合」=人に対して大事の用をいうときに、これを書くとうまくいく。

不動法と不動金縛法

原則的に修験道《しゆげんどう》の本尊は不動明王《ふどうみようおう》である。不動明王の姿は眼を怒らし、両牙を咬み、右手の剣は煩悩悪魔を断伏し、左手の索は方便の自在を示している。また、右手に五鈷《ごこ》、あるいは一鈷をもつ場合や、両手に印を結んだ

大日如来（『図像抄』）

役行者大島に配流　不二山飛行の図

役小角

りする姿をとる場合もあるが、つねに大火焔のなかにある。

不動明王は梵名アチャラナータで、仏教の外護神《げごしん》となり、密教では大日如来《だいにちにょらい》の教令輪身《きょうりょうりんじん》（仏が救われない者のために教え諭す姿）とされている。大日如来は一切の悪魔を降伏するために不動明王に変化しているので、その姿は見るも恐ろしげな忿怒身《ふんぬしん》をとっているが、その根本は慈悲であることはいうまでもない。

修験道の基本的な法術が不動法で、修法者は本尊不動明王を招いて供養し、己と不動明王が一心同体化すると観じて修するのである。この不動法は加持祈禱《かじきとう》、護摩《ごま》、諸供作法、諸尊法、祭りなどの修法の根本をなしており、①荘厳行者法②結界法③荘厳道場法④勧請法⑤結護法⑥供養法⑦作業法⑧後供方便法⑨破壇作法の九種に分類される。不動法は十八の根本的な印契から成立するので、十八道と称されることもある。

不動法のなかで有名なのが不動金縛《ふどうかなしば》りの調伏法であろう。不動明王がもつ索《さく》で、成仏できない悪霊《あくりょう》・生霊《いきりょう》・死《し》霊《りょう》・動物霊《どうぶつれい》などの障碍霊《しょうげれい》や怨敵を呪縛し、調伏したうえで除災招福をはかるものである。修験道の開祖・役小角《えんのおづぬ》（役行者《えんのぎょうじゃ》）が、一言主神《ひとことぬしのかみ》を呪縛したときに、この調伏法を用いたとされ、修験道では一般的に用いられている。いわゆる邪霊にとり憑かれた者に対して行うことが多い。不動金縛りは「宗（修験道）の肝心《かんじん》・事相《じそう》の骨《こつ》目《もく》」とされるため、その伝授は原則的に唯授一人で、「たとえ千金を運ぶといえども、他に伝与すべからず。秘すべし秘すべし（尊海《そんかい》「不動明王金縛りの大事」）」というほど重要なものである。

不動金縛りの基本形は、修験者が護身法により不動明王（あるいは五大明王）と一体になり、その索で障碍霊を呪縛する印を結び、真言を唱えながら、降伏させるというものである。強力な法力をもつ行者が不動明王に化した瞬間、憑霊者《ひょうれいしゃ》が震えだし、呪縛印を突きつけるだけで、憑霊者が苦悶の表情をうかべて許しを乞う光景が見られることも少なくない。不動金縛りには不動明王の眷属である童子をつかって縛《ばく》するなど、一法だけではなく、多くの法がある。陸奥国《むつのくに》西津軽郡深浦村の当山派円覚寺の僧・尊海《そんかい》（一八二六～一八九二）の『大聖不動明王《だいしょうふどうみょうおう》深秘修法集《じんぴしゅほうしゅう》』には、「大聖不動明王金縛り秘法」「不動空《から》縛り法」「役仙流《えんせんりゅう》金縛りの秘法」などを録している。

「大聖不動明王金縛り秘法」は、まず護身法（自分自身の身《しん》・口《く》・意《い》の三業《さんごう》を清め、身を堅固《けんこ》に防護する法）ののち、五大尊（五大明王）の印明《いんみょう》（印と咒文）を行う。咒文は「南無《なむ》東方降三世夜叉明王・南無南方軍荼利明王・南無西方大威徳明王・南無北方金剛夜叉金剛・南無中央大日大聖不動明王」。次に金剛合掌と咒「見我身《けんがしん》者《しゃ》・発菩《ほつぼ》提心《だいしん》・聞我名者《けんがみょうしゃ》・断惑修善《だんわくしゅぜん》」、忿怒拳印と咒「聴我説者《ちょうがせつしゃ》・得大智慧《とくだいちえ》・知我心者《ちがしんしゃ》・即身成仏《そくしんじょうぶつ》」、同印、大金剛輪印明と歌「知らせばや成せばや何にとも成りにけり心の神の身を守るとは」を三遍唱える。

次に四明印と咒「一身微塵大盤石《いっしんみじんだいばんせき》・日光月光《にっこうがっこう》・愛宕《あたご》・摩利支天《まりしてん》・守護せしめたまえ」、次に同印と咒「𑖌𑖼《オン》・矜《こん》羯羅《から》童子《どうじ》・制吒迦童子《せいたかどうじ》」を三遍。次に金剛器印と不動一字咒を三遍。同秘印と慈救呪を三遍。金縛印と不動一字咒を三遍。同秘印と不動一字咒。内証秘密印と不動一字咒。被甲護身印と不動一字咒。無所不至印と不動一字咒。同秘印と不動一字咒。火焔印と不動一字咒。不動秘印と不動一字咒。火刀秘印と不動一字咒。刀秘印と不動一字咒。

次に結界護身法。火焔咒と智拳印。三貼印と𑖮𑖯𑖽𑖮𑖯𑖽𑖮𑖯𑖽、三貼印と「オン・枳利枳利《キリキリ》・吽発吒《ウンハッタ》」を右左に三遍。次に結界護身観念。この観念とは観想法のことで「印の上に𑖀字あり、𑖀《ア》字変じて𑖮𑖯𑖽《カン》字となる。𑖮𑖯𑖽字変じて不動尊となる。不動尊の遍身《へんしん》より無量無辺の火焔を出《い》だし、大龍となる。大龍変じて金厳の相となる。大力の夜《や》叉《しゃ》も一縛して動かすことなかれ」と観ずる。

次に金縛印と咒「日光月光・愛宕・摩利支天・不動明王・守護せしめたまえ」。転法輪印と咒「オン・カラカラビシバク・ソワカ」を左右に二遍。小転法輪印と咒「ウン・ジャクバンジャクギャカーシカーン」を左右に二遍と咒「綜《す》べて綜べよ、金剛童子《こんごうどうじ》。膝《ひざ》ひっしと綜べよ、童子。搦《から》めよ、童子。不動明王の正末《しょうまつ》の本誓願《ほんせいがん》を以てし、この悪魔を搦めとれとの大誓願なり。搦めとりたまわずんば、不動明王の御不覚《ごふかく》、これに過ぎず、タラータ・カーンマーン・ビシビシバク・ソワカ。立てさまなれや、十文字。横さまなれや、十文字。不動山倶利迦羅獄《ふどうさんくりからだけ》のカラ縛り。ビシバク・ソワカ。南無三十六童子・八大童子。何れもよりて悪風をカラめとりたまえ。オン・カラカラ・ビシバク・ソワカ」。次に金剛合掌と咒「オン・ソンバニソンバ・ウン・ギャリカンダギャリカンダ・ウン・ギャリカンダハヤ・ウン・アナウヤコクバギャバン・バザラウンハッタ。つなぎ留《と》めたる津《つ》まかいの綱《つな》、行者解《と》かずんば、とくべからず」。次に九字を切って完了する。

より簡易な修法としては、護身法を行い、『不動経《ふどうきょう》』を唱え、九字を切る。それから転法輪印を結び、「緩《ゆる》くともよもやゆるさず縛《しば》り縄《なわ》、不動の心あるに限らん」と唱え、呪縛印を結んで五大尊の印明を行い、「オン・ビシビシ・カラカラ・シバリ・ソワカ」を五回唱える。

上記のような不動金縛法を行う時間的余裕がない場合は、自分は不動尊の化身であると確信しながら、九字を矢継ぎ早に繰り出し、憑霊者の身動きを封じたうえで、化導《けどう》するという実戦的方法をとることが多い。

不動金縛りを解く解綱法（解縛法）と九字を戻す法

不動金縛りで相手がすっかり降伏《ごうぶく》し、帰服したら、解縛《げばく》の法である解綱法《げこうほう》を行う。術を解いておかないと、後々障《さわ》りになるとされるためである。これは五大尊（五大明王）の総印明《いんみょう》（外五股印《げごこいん》と慈救咒《じくのしゆ》）を結誦し、五方加持を行ったのち、「行者、今、搦《から》めの綱《つな》を解き、ほとほと三途《さんず》の道に、放ち道ぎり」と唱え、さらに「オン・

アビラウンケン・ソワカ」を三遍読誦する。

あるいは「オン・キリキャラ・ハラハラ・フタラン・バソツ・ソワカ」を三遍唱えてから、「オン・バザラドシャコク」の陀羅尼《だらに》を誦して、弾指《たんじ》（指を弾《はじ》き鳴らすこと）する。九字だけではなく、十字の呪縛を解く場合も同じ解縛法を行う。

悪魔・外道の障碍を除く魔界偈

悪魔や外道が障碍《しょうげ》をなすときに、この魔界偈《げ》を誦せば、災いはなくなるという。

天魔《てんま》外《げ》道皆仏性《どうかいぶっしょう》・四《し》魔三障成道来《まさんしょうじょうどうらい》
魔界《まかい》仏界同如理《ぶっかいどうじょり》・一相平等無差別《いっそうびょうどうむしゃべつ》

この偈を唱えるには手順がある。まず不動明王《ふどうみょうおう》の火界呪《かかいしゅ》（大呪《だいしゅ》）である「ナウマク・サラバタターギャテイビヤク・サラバボッケイビヤク・サラバタ・タラタ・センダ・マカロシャダ・ケン・ギャキギャキ・サラバビギナン・ウン・タラタ・カンマン」のあとに、𑖨𑖽《ラン》字と魔界偈を唱えるのである。

病人祈禱、あるいは魔物に憑かれて狂乱する者を加持する際にも、魔界偈を用いれば妙験《みょうげん》があるとされている。九字切りのあとに、使用することも多い。この魔界偈は高野山にある塔頭《たっちゅう》寺院の一つ、光台院《こうだいいん》の住持であった木食純良《もくじきじゅんりょう》房の相伝とされる。

憑り祈禱

山林抖擻《とそう》して苦行し験力を得た修験者は、憑坐《よりまし》（霊媒）に神仏諸霊を憑依《ひょうい》させて、憑霊状態にし、それらの託《たく》宣《せん》を聞いたり問答して吉凶禍福を占ったり、病気治しなどを行ったりしている。修験者（行者）と憑坐の組み合わせで憑《よ》り祈禱は成立するが、そこに依頼者（信者）が加わることによって、より大きな社会的影響力をもつことになった。修験道が普及することになった強力な武器の一つが、憑り祈禱でもあったのである。

憑り祈禱は、病人にとり憑いた霊や物の怪《け》を調伏する加持祈禱と関係していた。平安時代の『紫式部日記《むらさきしきぶにつき》』には、藤原道長《ふじわらのみちなが》が各山各寺を訪ねて修験者をあつめ、中宮彰子《しょうし》に憑依した物の怪を調伏させている記述がある。修験者はとり憑いた物の怪を憑坐とよばれる巫女《みこ》に移し、憑坐が口走る物の怪の主張と問答して、その正体を見極めたうえで、調伏をはかっているのである。病人に直接加持祈禱を施す方法とは別に、病状がはっきりしない場合は、より慎重を期すために憑り祈禱を行って、適切な処置を施したのであった。

憑り祈禱で神の託宣をうかがう方法は現在も行われている。木曽の御嶽講《おんたけこう》の御座立《おざた》てや、福島県の葉山籠《はやまこ》もり、岡山県久米郡中央町の両山寺での護法飛《ごぼうと》びなどは、いずれも憑り祈禱をジョイントさせた神事である。修験道系の憑り祈禱は民間の習俗儀礼にも流れているのである。また、江戸末期には憑り祈禱を介して天理教《てんりきょう》が発祥した事実がある。病気治しのために地域に浸透していた修験道系の憑り祈禱を方法として用いたところ、加持台《かじだい》になった教祖にあまりにも巨大な神霊が降臨してしまったために、そのような新宗教が出現してしまったのであった。通常の神霊を元に戻す修法や強制的な調伏がまったく効かなかったのである。

憑り祈禱は基本的には安坐（あるいは胡座）状態の憑坐に御幣《ごへい》をもたせ、目隠しさせるなどしてから、修法者が特別な印明を唱えて、神憑の修法を行う。憑坐は平たくいえば霊媒で、中座、尸童《よりわら》、御幣持ち、御法種《ごぼうだね》、加持台などともいい、原則的には十歳から二十歳くらいの童貞童女であるが、修法者が職業化するにつれて、その妻が憑坐になる場合がほとんどである。なかには中年から初老にかけての男性が憑坐になることもある。いずれにせよ、憑坐は本番前に参籠するなどして一定期間修行して俗気を抜いておく。神憑の修法は修法者を導師にして行うが、修法者の助手が経文や呪文を唱えたり、法螺《ほうら》や錫杖《しゃくじょう》や太鼓などを鳴らすなどして斎場を神秘化する。そのうちに憑坐は自分が持っている御幣を微妙に上下させたり、体を震わせたり、安坐したまま飛び跳ねたりしはじめると、修法者は神霊などが憑《かか》ったという判断を下す。そして修法者は憑坐に憑霊の名前を聞いたりしてその正体を探り、正神界系のものと判断したら、依願者の質問や祈願を取り次ぐのである。質問事項は今年の作柄の吉凶や祭りの仕方や病気治療にはどうするかなど、現世利益に関することが多い。また、いわゆる浮かばれない霊が憑坐にかかってくることもある。

厳密には、憑坐に憑いた神の素性を見定める眼力《がんりき》がなければ、憑り祈禱の修法者になる資格はない。というのも憑依する多くの霊は高位の神を名乗ってでてくるからであり、そのまま信奉すれば、荒唐無稽なものになってしまうからである。だからこそ、修法者は練行苦修《れんぎょうくしゅう》を重ねることで、真贋《しんがん》を見通す眼識を養うわけである。

また、依頼者の意向に応じて、その関係者（先祖など）を招請したりもするが、憑坐に憑依する霊は、山や地域で祀られていた神仏（観音《かんのん》・不動《ふどう》・龍神《りゅうじん》など）であるとか、修行していた行者であると名乗るケースがほとんどである。奇妙なことではあるが、どこどこの地中に地蔵が埋もれていて、それが病気の原因になっているから、地上に出してほしいと訴え出てくる霊もしばしばあり、該当箇所を掘ると実際に地蔵が発掘され、それを祀《まつ》りなおすと、病気が治ったという話も聞く。いずれにせよ、憑り祈禱で憑依する霊は、その地域の宗教的文化的状況に必ずまつわるものであり、土地柄とまったく関係のないような神格、たとえばブードゥー教の神々などが降臨することは絶対にない。

また、かつては狐や狸のような動物霊――野狐《やこ》・野干《やかん》ともよばれる――が記紀《きき》の神や仏教系の明神《みょうじん》・権現《ごんげん》などを名乗って出てくることが多かった。ちなみに、昨今では狐や狸が身近ではなくなり、地域の文化状況が都会化するにつれて動物霊を原因とする病気は少なくなっているという。

修験道では死霊や生霊などが憑《つ》くことにより難病になるとされるが、死霊《しりょう》よりも生霊《いきりょう》のほうが、タチが悪いとされている。調伏するにしても生霊のほうが、本体が生きているだけに、はるかに困難なのであるという。これらを除去するには憑霊者の耳元で読経や真言を唱えて、すみやかに立ち去るよう教化する。憑霊と問答して論破し、相手を退散させたり、あるいは調伏加持で強制的に追い出したりすることも少なくない。調伏加持には、九字法、不動金縛法、摩利支《まりし》天鞭法《てんべんぽう》、調伏護摩、竹筒封《たけづつふう》じ、蟇目《ひきめ》の法などの修法がある。

邪気加持

みずから信奉する神仏などの崇拝対象と同化し、その力を借りて憑物《つきもの》を嚇《おど》しつけ、あるいは宥《なだ》めて立ち退かせるという邪気加持は、物の怪に憑《つ》かれた病人を治すための効果的な呪法である。狐憑きや犬神《いぬがみ》、生霊、死霊、悪魔が原因していると思われる精神的障碍《しょうげ》などにも、この加持を用いる。ただし、行者の修力や体力が弱ければ、この種の病気は治しがたいといわれる。すでに確立している体系化された調伏加持のメカニズムに全面的に頼ることはもちろんであるが、最後には行者の、邪気にけっして負けないという信念、気力、体力のほうが重視されるのである。

『修験深秘行法符呪集《しゅげんじんぴぎょうほうふじゅしゅう》』によれば、この修法を行うには、行者はまず沐浴して身体を清め、内衣《うちごころも》（身にじかに着る衣）や袈裟《けさ》などの装束も清潔なものを着用して、病人の家へ向かう。その際の必需品は、行者が不断に尊信している仏像（あるいは守り本尊）と、五鈷杵《ごこしょ》などの法具である。口訣《くけつ》（口伝）として五鈷杵は清浄な紙に包み、加持のときも紙に包んだまま使用する。

さて、病室に入り、病人の加持作法を行う。加持作法は、護身法ののち、本尊の印明《いんみょう》を結誦し、降三世明王《ごうざんぜみょうおう》の辟除《びゃくじょ》結界などを行い、行者はみずからの崇拝対象と同化する修法を行ずる。そのためには観想法を活用することが多い。たとえば「本尊の種子《しゅじ》が三摩耶形《さんまやぎょう》（本尊の持ち物）に変じて自身が本尊となる。本尊は熾《も》えること盛《さかん》にして病人の罪障病患を焼き浄める」と心の中で観ずるのである。それによって、行者は本尊と一体化しているので、病人の病の原因になっている悪霊は行者に刃向かえなくなる。次に本尊印明の結誦《けつじゅ》ののち、念珠《ねんじゅ》を摺《す》りながら、本尊真言を百遍ないしは千遍唱え、小三鈷印を結んで病人を加持し祈念する。

それから病人の後ろに座し、不動尊の一般的な真言である慈救咒《じくのしゅ》を百遍か三百遍唱えて、病人を教化し、その仏性を開かせる。さらに慈救咒を誦しながら、持参した五鈷杵を病人の大髄の骨の上にあてて押して憑物を追い出す調伏儀礼を開始する。病人が男ならば左から右へ、女はその逆にする。次に五鈷杵で両肩の端を押す。男は左肩、右肩の順（女はその逆）である。大髄と両肩の三か所に五鈷杵を押すときは、それぞれ慈救咒を七遍ずつ唱える。それが終わると、五鈷杵をあてた患部に梵字のカン字を七遍ずつ指で書く。

それから病人の両足を伸ばさせ、両足の親指の端から小指の端まで五鈷杵をあてて押していく。男は左足、女は右足から行う。もし病気の原因が生霊・死霊・野狐（狐憑き）によるものであれば、それらの憑物は、行者の加持力《かじりき》に耐えられず、小指の端から逃げ去ろうとするといわれる。その際、男は右足の小指から、女は左足の小指から逃げるという。また、行者の強力な法力《ほうりき》の責めに圧倒されて、病人に憑依している霊が病人の口を借りて「出ていきます」と口走ることがある。けれども、その憑霊が逃げだしたとしてもほとぼりがさめれば、また戻ってくる可能性が高いので、行者は右手で病人の小指の端を握ったまま、すぐには放さず、「この病人に二度と憑いてはならない」と憑霊に強く言い聞かせて、教化しなければならない。また狡猾《こうかつ》な憑霊であれば、行者の加持をやめさせるべく、「これから成仏します」と、しおらしく装ったり、一時的に権威ある行者の関係者の名前を名乗って、いい逃れようとすることすらあるという。したがって行者は注意深く慎重に対応し、調伏しなければならないとされている。

また、死狐が憑いている場合は、いかに加持を施しても病人から「離れざる死病」であるから、通常の邪気加持では効果はないといわれる。

狐憑きの除霊符

狐憑き（野狐）の除霊秘事

病者に対して九字を切り、不動三種印明、仏眼印明に続いて、愛宕三種印明を行う。その後、男の病者ならば左足の裏に、女の病者ならば右足の裏に、上記の図を書く。

これにつづいて、病者の額にカン字、後頭部にマン字を書き記す。そして「昔、霊山《りょうぜん》（釈迦が『法華経《ほけきょう》』を説いたとされる王舎城《おうしゃじょう》の東北にそびえる霊鷲山《りょうじゅせん》の略）在り、法華《ほっけ》と名づく、今、西方《さいほう》に在り、弥陀《みだ》と名づく、濁世末代《だくせいまつだい》には観音と名づく。三世《さんぜ》の利益《りやく》は同じく一体」、また「諸仏は世を救う者なり、於《おい》て大神通《だいじんつう》に住して、衆生悦びとなすが故に、無量の神力《じんりき》を現す」という頌《じゅ》を唱え、達磨《だつま》（数珠《じゅず》にとおしてある大珠《おおだま》）で病者の額を強く押せば、憑物《つきもの》は落ちるとされる。この加持作法は犬神憑き落としなどにも応用されている。

呪詛返しの秘法

誰かから呪詛《じゅそ》を受けていることが判明した場合は、呪詛返しを行うが、これにはいくつかの方法がある。

人形《ひとがた》をつくり、そこに「アビラウンケン・バンウンタララキリリアク・三本文士八五水急急如律令」と「年を経て身をさまたぐる荒見《あらみ》前《さき》、今は離れて本の社へ」を書き入れ、祈念して憑依霊を人形に移す。そして包み紙に梵字のボロンの一字を書いて封じ、それを「河の瀬に祈り続けて払《はら》ふれば、雲の上まで神ぞ登りぬ」という秘歌を唱えながら、河川に流せば、身に受けた呪詛はそれを行った本人に返されるという（その本人はみずから放った呪詛に逆襲されて苦しむことになる）。

また、人形に「今日よりはよもや祟《たた》らじ荒見前、悦びなして返へり給へや」「年を経て家に住みつる荒見前、出《い》でて行きぬる又かえりくな」の歌と九字（四縦五横《しじゅうごおう》）を書いて、川に流して送るという方法もある。

さらに、上記の神歌に加えて、呪詛が生霊であれば「呪詛《じゅそ》諸毒薬《しょどくやく》　諸欲害身者《しょよくがいしんしゃ》　念彼《ねんぴ》観音力《かんのんりき》　還着於本人《かんちゃくおほんにん》」、死霊であれば「若以色見我《じゃくいしきけんが》　以音声求我《いおんじょうきゅうが》　是人行邪道《ぜにんぎょうじゃどう》　不能見如来《ふのうけんにょらい》　迷故《めいご》三界城《さんがいじょう》　悟故十方空《ごこじっぽうくう》　本来無東西《ほんらいむとうざい》　何《か》処有南北《しょゆうなんぼく》」と書き記し、祈念してから、『般若心経《はんにゃしんぎょう》』三遍、『観音経《かんのんぎょう》』七巻、『尊勝陀羅尼経《そんしょうだらにきょう》』七遍を誦して勤行《ごんぎょう》。ついで大金剛輪《だいこんごうりん》の印明《いんみょう》（弥勒《みろく》が変化した金剛輪菩薩の印言）を唱えて、その人形を河川に流すこともある。人形を流す際の歌は「ももの木にももせの罪はありながら、外道《げどう》あらしと払ひこそすれ」、あるいは「払ひして立ち出でみれば西の海、忍びぬままに富ぞ入《い》ります」とも、唱える。獅子印で人形を封じ固め、それを依頼者に託して河川等に流させてもよい。

筒封じ（竹封じ）

通常の調伏加持を行ったにもかかわらず、悪霊など強力な魔物がどうしても離れなければ、竹筒や壺や瓶などのなかに封じ込めて、地中に埋めたり、流したり、あるいはそのまま焼却してしまうことがある。「精誠丹祈《せいせいたんき》すれども妖魅《も》若し遠離《おんり》せざる時は、是《こ》れを筒《つつ》に呼び入れ呪縛して、或《あるい》は焼き、或は流すことあり」と江戸中期の法華行者でもあった覚耀院日栄《かくよういんにちえい》の著『修験故事便覧《しゆげんこじびんらん》』にある。

筒封じは、いわゆる封じ物で、密教などでも古くから行われていた。天長元年（八二四）にひどい旱魃《かんばつ》がつづき、淳和《じゆんな》天皇が弘法大師空海に勅《ちよく》して京都の神泉苑で請雨経法《しようううぎようほう》を修せしめたことがあった。ときに空海をライバル視していた守敏《しゆびん》法師が、降雨に必要不可欠の諸龍をあらかじめ一瓶に入れて封じておいていた。守敏法師は筒封じを行っていたわけである。そのため、空海が修法すること七日を過ぎても、雨が降らなかったという伝説がある（その後、空海は守敏の修法を見破り、筒封じを解いて雨を降らしたということになっている）。

邪鬼・悪魔化した生霊・死霊を封じ込めるために、使用される竹封じの青竹は一節管《ふしくだ》（両端に節を残したもの）を用いる。その管の中央部分を鋸《のこぎり》などで長方形にきり、蓋をつける。そのなかに、祟られている者（病人）の名前・性別と願意（たとえば「悪霊封じ・喼急如律令」など）を記した人形《ひとかた》（紙製・内符）を包み紙に包んで入れる。その人形には病人の息を充分に吹きかけておく。そのあと、悪霊をそこに封じ込めたと祈念して、青竹に蓋をし、麻糸《あさ》で巻いて縛《しば》る。口伝として、封印して縛っている最中だけは、行者は息をとめたまま、絶対に呼吸してはならないという。途中で息をしてしまったら、ふたたび初めからやり直さなければならない。麻糸を巻きおえたら、九字を切って原則的に土中に埋める。

竹封じの竹のなかに人形とともに、煎《い》り豆や粗塩《あらじお》などを入れるなど、異なる方法もあるが、基本的には同じである。煎り豆を用いるのは、煎り豆にはけっして芽が生えてくることはない。つまり、悪霊が復活しないという調伏的な意味があるためである。また、粗塩は邪気悪気を祓い清めるために広く用いられている。煎り豆を入れて埋める場合は、秘歌「この煎り豆に花の咲くまで、この封じ決してゆるまじ」を詠《えい》ずることになっている。また、青竹は両方の節を残した一節管ではなく、一方の節を切り落として用いる方法もある。ただし、その場合は、切り落とした節のほうをそのままにせず、人形などを入れたあと、四つ折りにした奉書紙《ほうしょがみ》で封じて、麻糸でしっかりと括《くく》る。

封じものは、なかなか治癒しがたい原因不明の病魔はもちろんのこと、ノイローゼ、酒乱、淫乱なども封ずることができるとされる。竹筒や壺の封じもののほか、胡瓜《きゅうり》封じや卵封じ、ホウロク(焙烙《ほうろく》=素焼の土鍋)封じなどがある。胡瓜封じは陰陽道《おんみょうどう》系の邪気祓いの神・牛頭《ごず》天王信仰(神道でいえば祇園《ぎおん》信仰)と結びついており、胡瓜を病患につけて邪気を胡瓜につけて加持したのち、それを川などに流すものである。卵封じは蛇神《じゃしん》信仰に関係があるとされるが、病気の原因とされる邪霊を生卵に移し、それを埋めたり、川へ流したりする。ホウロク封じはホウロクに悪霊封じの符と氏名を墨で書き、縄で縛って地中に埋納したり、あるいはそれを地面に叩きつけてこなごなに割り、その破片を地中に埋めて封ずる。またホウロクを頭に被せて、その上から灸をして息災を祈る儀式もある。

摩利支天鞭法

悪魔降伏の九字法の本尊とされる摩利支天《まりしてん》は元来、陽炎《かげろう》を神格化した神で、梵語マリーチーの音写である。天女に似た姿で表されることもあるが、通常は武神形《ぶしんぎょう》である。尊像は三面六臂《ぴ》(あるいは三面八臂)で、猪に乗っているのが普通である。この神は日輪《にちりん》(太陽)や月輪《がちりん》(月)を行き来してもまったく見えず、捉えることもできず、何者にも害されたり、損なわれることがないという不死身の神格を誇っている。本尊は持ち運びが至便の半寸(約一・五センチ)か一寸二分以下でつくられることが多いので、常に身に所持して信仰する持仏《じぶつ》としてうってつけである(その本尊の大きさの規定は『摩利支提婆華鬘経《まりしだいばけまんきょう》』の定めるところによる)。

摩利支天を祈念し、その加護を得れば、一切の災厄から護られ、同時に敵から姿を隠すことができるとされた。そうであればこそ、武士の守り本尊としての崇敬を得たのである。。戦国武将の多くが軍旗を立てるときに摩利支天の真言「オン・マリシエイ・ソソカ」を唱えたり、なかにはその梵字を立物にしていたのは、上記のような理由があったためである。『続群書類従《ぞくぐんしょるいじゅう》』の「兵具雑記」には摩利支天の四文字を別々に切り離したものを兵具に縫い付けて護符としていたことが記されている。

摩利支天は隠形《おんぎょう》の術の守護神でもあったから、忍者も尊崇してやまなかった。忍術諸流派を収録した『万川集海』には「隠形の大事」として摩利支天の真言「オンアニチマリシエイソワカ」（原文は梵語十字）を載せている。むろん、この真言を唱えれば身が隠れると信じきっていたわけではなく、そのように観念することによって、冷静沈着に行動するための精神統一をはかったのであろう。

摩利支天の鞭法《べんぽう》（神鞭法）は、修法者がみずからを固め、阿字門に入る瞑想法を行って、本尊摩利支天と同化したのち、調伏すべき相手の名前などを書いた紙を鞭《むち》（革製ではなく、棒状の呪具）で叩けば、相手を破《は》り（破敵《てき》）、摧滅《さいめつ》するとされる調伏修法で、鬼宿日《きしゅくにち》（暦注《れきちゅう》の一つで、縁組以外は万事に吉祥《きっしょう》とされる。二十八宿日の最吉日）に始める。まずヌルデの木（勝軍木。ウルシ科の落葉喬木）でつくった鞭をとり、紙に日輪《にちりん》（太陽）に見立てた一円相のなかに本尊摩利支天を象徴する種字《しゅじ》𑖦《マ》と実名を書く。それから宝瓶印を結び、その宝瓶のなかに日輪があり、日輪のなかに我が身があると観想する。我が身が日輪であり、日輪が我が身であると観ずるのである。それから鞭を用いて一円相のなかに「光」の字を書く。

さらに「オン・マリシエイ・ソワカ」の真言を唱え、我が身が日輪の化身である三足の烏（八咫烏《やたがらす》）と一体になったと観想する。そして三足の烏が変じて摩利支天を象徴する𑖦字となり、その𑖦字が変化して日輪、摩利支天に化したと観ずるのである。太陽のなかに住んでいるともいわれる八咫烏は、空より翔《と》び下って神武《じんむ》天皇のもとにつかわされ、天皇を大和へと導いたことで知られる。神武天皇の東征という、まつろわぬ民を降伏させる先駆的役割を果たした八咫烏の呪力＝摩利支天の呪力を同化活用する方法といえる。

そのあと、一円相のなかに「破敵」と記し、もしほかに祈願があればその旨と、敵の名前を書く。右手で鞭をとり、左手を握りしめて腰におき、鞭で敵の名を三度つくのである。そして「サラティ・サラティ・ソワカ」と「オン・マリシエイ・怨敵即滅・ソワカ」と唱え、三回、弾指《たんじ》する。あるいは「オン・マリシエイ・ソワカ」を千回繰り返しつつ、鞭で名前を突きまくるという激しい方法もある。それを百日間から千日間など一定期間、毎日行えば、必ずや敵の攻撃は受けず、一切の災難厄難が消滅するという。

なお、摩利支天鞭法などで用いる鞭は、ヌルデの木で作った棒で、長さは唐尺（一尺＝三一・一センチ）で一尺八寸か一尺二寸（あるいは八寸）。先端部分に「日・月・星」を記し、棒の胴体には種字を書き入れ、中央部分に緒を付ける穴を開ける。柄の部分は錦を包み、六節に結ぶ。

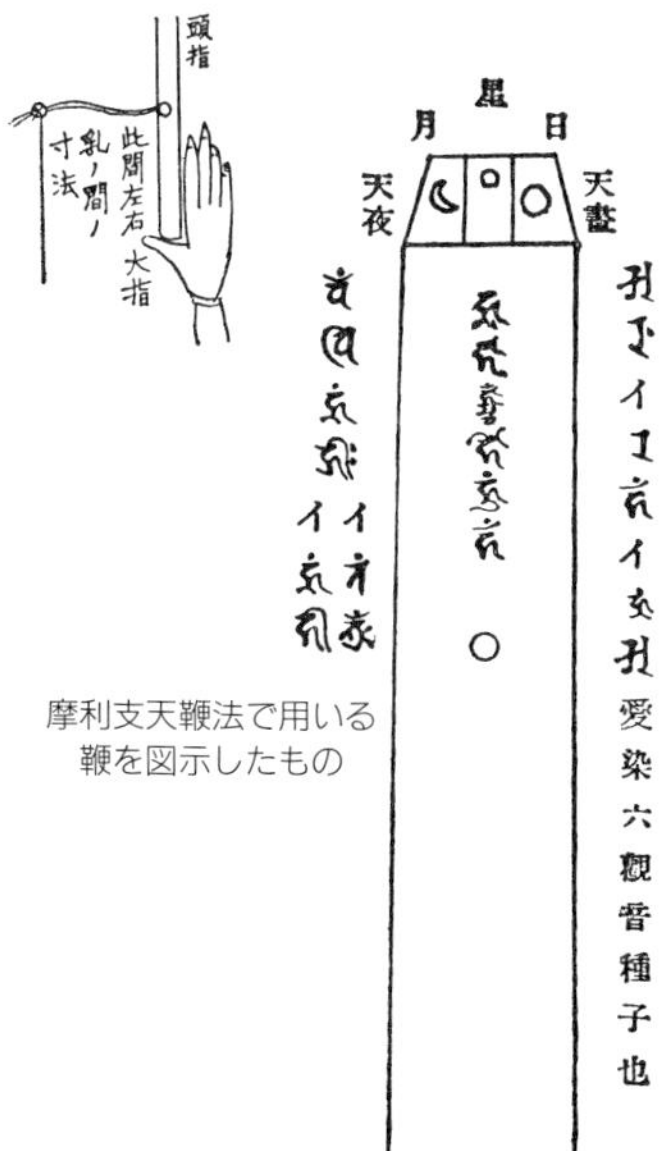

摩利支天鞭法で用いる鞭を図示したもの

飯縄権現の呪法・飯縄法

飯縄《いいづな》（飯綱）は山の名で、信州の北部にあり、戸隠山《とがくしやま》に続いている修験道屈指《くっし》の名山である。保食神《うけもちのかみ》の降臨地といわれる飯縄は、「命の綱」という意味がある。飯縄大明神《いづなだいみょうじん》（飯縄権現）を祈念すれば、明神が変幻自在に身を転ずるなどして、種々の術ができるとされてきた。とくに後世には呪術的な意味合いが強化され、そうした伝承が多い。飯縄の秘伝は、後代どういうふうに信じられていたのか。

飯縄権現《いづなごんげん》の秘伝による護符などの作成方法を江戸時代の甲賀《こうが》忍学者《にんがくしゃ》・大原数馬《おおはらかずま》が『甲賀《こうが》軍鑑的流《ぐんかんてきりゅう》』で伝えてい

る。夫婦二頭の鹿をつかまえ、生きたまま皮を剥《は》ぎ、陰干しにしてから鞣《なめ》す。それとは別に、周囲一尺ほどの甲羅をもった石亀を一匹捕らえて、清水をはった盥《たらい》のなかに入れる。盥のまわりには榊《さかき》をめぐらし、三日のあいだ、毎日三回、酒を少しずつ飲ませる。それからその石亀をやはり生きたまま包丁を入れて、甲羅を剥ぎとるが、その際、石亀に申し渡す次のような口上《こうじょう》がある。「決して悪事を行うために、おまえの甲羅を剥ぐのではない。世のため人のため、正しい社会を築くためであるから、許されよ」と誓約し、甲羅を剥ぎとるのである。その肉と臓物などの遺物は、浄地を卜《ぼく》して埋め、そこに密かに祠《ほこら》を建て、飯縄権現を勧請《かんじょう》して祭るのである。

剥ぎとった甲羅をヌルデの木（あるいは桜の木）などで燃やし、黒焼きにして粉末状にする。そのあと、鞣《なめ》しおわった鹿皮に手を加え、牡鹿は長さ二尺八寸・幅三寸、牝鹿は長さ二尺六寸・幅三寸の大きさに切り、甲羅の黒焼きと、糯米《もちごめ》の粉をよくこねまぜ、鹿皮の裏に塗り付けて、夫婦二枚の皮を張りつけて一枚の秘符とするのである。

完成した陰陽（雌雄）一体の鹿皮を、さきの飯縄権現の神前に供え、女の節句（雛《ひな》祭り）の三月三日から男の端午《たんご》の節句の五月五日まで毎日誠心誠意、祈願する。そのための祓《はら》えの詞《ことば》は「高天原《たかまがはら》に神とどまります神のまなこのこのイヅナききとめて、祓えたまえ浄めたもう」で、これを唱えたのち、「神の加護により忍びの秘術を授けたまえ」などと祈願するのである。忍者であれば忍びの秘術となるが、それ以外の任意の願望でもよい。満願《まんがん》日《び》まで祈りを捧げたら、この秘符をいただき、肌身離さず、所持する。以後、敵の攻撃の防御・破敵の護符として機能するわけである。

この飯縄権現の秘符を応用した「狐猩《こしょう》の伝」もある。秘符を円形に結び、赤飯と油揚げを供えたのち、深い谷に入って狐群を誘って手なずければ、三夜のあとからは狐《きつね》を自由自在に使役《しえき》できるということになっている。

飯縄法は狐を使役することから、飯縄の本体は荼枳尼天《だきにてん》と思われているが、それは稲荷神を狐とする俗信と同じように正確ではない。飯縄法の一つとして狐（地狐《ちこ》＝狐霊《これい》）を眷属として使うということにすぎず、本尊は飯縄権現（飯縄大明神）である。この狐が、いわゆる憑物系の管狐《くだぎつね》、御先狐《おさききつね》（大崎狐）などの信仰と結びつき、特定の地域ではひじょうに恐れられ、忌避されている。そのため、飯縄法といえば、今もって邪法の権化とみる向きもある。

伝説では嘉祥三年（八五〇）、学問行者《がくもんぎょうじゃ》が飯綱山（飯縄山）で修行中、飯縄権現から飯縄の法を授かったとされる。その後、水内郡荻野に伊藤兵部太夫豊前守忠縄《いとうひょうぶだゆうぶぜんのかみただなわ》というものがいて、後堀河《ごほりかわ》天皇の天福元年（一二三三）に飯縄山に登り、幣座を構え、穀物を絶ち、祈願を凝らしたところ、ついに大自在力を得て、応永七年（一四〇〇）に死んだという。それから飯縄の法が始まったとする伝説がある。忠綱の子の次郎丈夫盛綱が法を継承、同じく奇瑞《きずい》を現した。飯縄の先達《せんだつ》である千日家《せんにちけ》（千日太夫《だゆう》）の法灯はこの親子を濫觴《らんしょう》とし、飯縄明神の別当になり、徳川時代初期には百石の御朱印《ごしゅいん》を受けていた。明治維新の神仏分離で飯綱神社になったが、戸隠山なども含めてそのあたり一帯は幸田露伴《こうだろはん》が「密教修験的の霊区」と称したように、神仏習合色がきわめて強い土壌である。

飯縄明神は金翅鳥王《こんじちょうおう》とも同一視されている。金翅鳥王は、ヒンドゥー教神話の鳥類の王ガルーダで、迦楼羅《かるら》ともいい、ヴィシュヌ神の乗りものでもあった。仏教守護の八部衆の一つとなり、須弥山《しゅみせん》の四方の大海を自在に飛び回り、龍を餌として食うとされる。金色の翼をもち、如意輪を頭にいただくことから金翅鳥王と称された。儀軌によれば、末世において飯縄明神は摩利支天、三宝荒神《さんぼうこうじん》、勝軍地蔵《しょうぐんじぞう》、不動尊《ふどうそん》、宇賀神《うがじん》などに変化して衆生を救うという。そのために毎日、金丸《きんがん》という不老不死の仙薬を呑むとされているが、そこには仏教・道教・修験道の混淆《こんこう》や、神仏習合の過程がみられる。

飯縄法は日本で独自の発達を遂げた修法である。飯縄明神の修法者である飯縄使いを妨害する者や攻撃する者がいれば、護法神や天狗や狐などの眷属が現れ、微塵《みじん》に砕くという恐ろしい側面をもっている。天狗は天縛《てんばく》ともいう。「天縛には大小あり、また天狐《てんこ》とも称する。室町時代の学僧・行誉《ぎょうよ》の『壒嚢鈔《あいのうしょう》』には「天狗とも天狐とも書きて通《かよ》い用いる」とある。ちなみに普通の狐は地狐に相当する。天狐から地狐のあいだには多くの異なる位階がある。天狐や地狐は荼枳尼天法でも使われる。

基本的な飯縄法の呪法は、飯縄六印法などの印契に、観想法で飯縄明神と化した己の息を吹きかけ、さらにみずからの想念をもって天狐や地狐を飛ばして操《あやつ》るものである。それができるようになるには、資質に応じて上根《じょうこん》の者は百日、中根の者は百二十日、下根の人は百四十八日のあいだ、修行が要求される。

　戦国時代の関白・九条稙通《くじょうたねみち》は輪袈裟《わげさ》を掛けて印を結び、真言を唱えるなどして飯縄法を修行し、ついに成就したと弟子の長頭丸《ちょうずまる》こと松永貞徳《まつながていとく》に語っていた。それを自覚した理由は、どこに身をおいて寝ても、夜半頃になれば寝たところの屋根の上に必ず鳶《とび》がきて鳴き、また道を歩けば、歩く先々には絶対に旋風が起こったためであるという（『戴恩記《さいおんき》』）。鳶は天狗が化したものであり、遍照《へんじょう》僧正も天狗が変化したとされる梟《ふくろう》を金網に閉じ込めて焼いて灰にしたという史話がある。また旋風は不可視の眷属が守護して前を駆けるから生ずるというのである。

　上杉謙信《うえすぎけんしん》は毘沙門天などとともに、飯縄明神を信仰していた。謙信が用いていた飯縄権現の前立兜《まえだてかぶと》は上杉神社に所蔵されているし、謙信の印も「飯縄大明神」と刻まれていたのである。謙信のライバルであった武田信玄《たけだしんげん》も飯縄明神を武運長久の軍神として信じていた。信玄も飯縄本尊をつねに身につけ、飯縄法を修していたのである。

出行大事

　出掛けるに際して、如来拳印《にょらいけんいん》を結べば、善悪諸神は、すべて修験者の眷属となるといわれる。そして「一切方諸《いっさいほうしょ》・皆是吉祥《かいぜきっしょう》・無有遍際《むゆうへんさい》・離障礙故《りしょうげこ》・如風於空《じょふうおくう》・一顧無礙《いっこむげ》」の頌文《じゅもん》を唱えると、自分にとって悪い方角（凶方）もすべて善い方角（吉方）に変わるという。

方違守り・地鎮祭・方除けの呪い

　陰陽道《おんみょうどう》的な方位観によって凶方とされている方角を犯しても、無事安全が保たれるという方違守《かたたがえまも》りは、修験道にも伝えられている。相当多く出回っているが、代表的なものがこの守り符である。この符を書いて、それを清浄な紙に包んで所持して使用する。包み紙の表には「[illegible]南無光明天王[illegible]」と記しておく。

　また地鎮《ぢちん》の守りとして、縦八寸幅一寸に切ったヌルデの木を五本用意し、図のように書いて、家の中央と東南西北の各方位に埋める。地鎮に際しては五帝龍王《ごていりゅうおう》に供物を捧げ、『般若心経《はんにゃしんぎょう》』『観音経』のほか、正《しょう》（聖）観音の咒千遍、五大尊《ごだいそん》の咒各百遍、愛染明王《あいぜんみょうおう》の咒百遍、四天王の総咒百遍を誦して祈念するなど諸法がある。

護法童子法

護法童子《ごぼうどうじ》とは、仏や権現《ごんげん》（明神《みょうじん》）、修験者《しゅげんじゃ》を守護し、その命令に従う神霊・護法善神をいう。護法善神は年若いイメージがあるために護法童子とよばれる。だが、老人の護法《ごぼう》もおり、もとは老少に関係なく、仏あるいはその化身に仕える修行者をすべて童子としていたのである。不動明王の使役に従う護法童子として矜羯羅《こんがら》童子と制吒迦《せいたか》童子、同じく役小角《えんのおづぬ》には前鬼《ぜんき》と後鬼《ごき》、北陸の白山《はくさん》を開いた泰澄《たいちょう》には臥《ふ》せり行者《ぎょうじゃ》と浄定 行者《じょうじょうぎょうじゃ》があり、ペア（一対）になっていることが多い。護法童子は人間の姿をしているだけではなく、鬼や天狗や龍神といった異形神、あるいは烏、狼、犬、狐、蛇など動物霊もある。仏や権現と護法童子の関係は、密教・修験道といった仏教勢力が先住の土地神を取り込んでゆく過程を象徴している。力のある修験者であれば、悪霊や妖怪を護法童子にしてしまうことも難しいことではない。

本来的には本尊の眷属神が護法童子の役割をはたし、その本尊を信奉する修行者を擁護するのであるが、修験者の修行のレベルに応じて、本尊から専属の護法童子がその修験者に授けられるということもある。つまり、修験者は、意のままに操作する護法童子を持つこともできるのである。播磨国《はりまのくに》・書写山《しょしゃざん》

移転の場合は、寅卯への方角は火（浄火）をもち、午・丑未・辰戌への方角は水（浄水・井戸水）を持参し、亥への方角は土（清めの砂）をもって引っ越す。申・酉の方へは家内の吉方から出ればよいという。火を移動しがたい場合は現地で火打ち石により清める。

引っ越しには日柄が悪くても次の呪文を唱えれば、悪日《あくにち》は解消されるという。

「南《な》無光明《むこうみょう》天王・ボロン・ソワカ。一切日皆善《いつさいにちかいぜん》・一切宿皆賢《いつさいしゆくかいけん》・諸仏皆威《しょぶつかいい》徳《とく》・羅《ら》漢皆断漏《かんかいだんろう》・以此《いし》誠実言《せいじつげん》・願我常吉祥《がんがじょうきちじょう》・迷故《めいご》三界《さんがい》城《じょう》・悟故《かくこ》十方空《じっぽうくう》・本来無《ほんらいむ》東西《とうざい》・何《か》処有南北《しょゆうなんぼく》」。

迷故三界城
悟故十方空
本来無東西
何処有南北

方違守り。清浄な紙に包んで所持する

地鎮の守り。各方位を示す

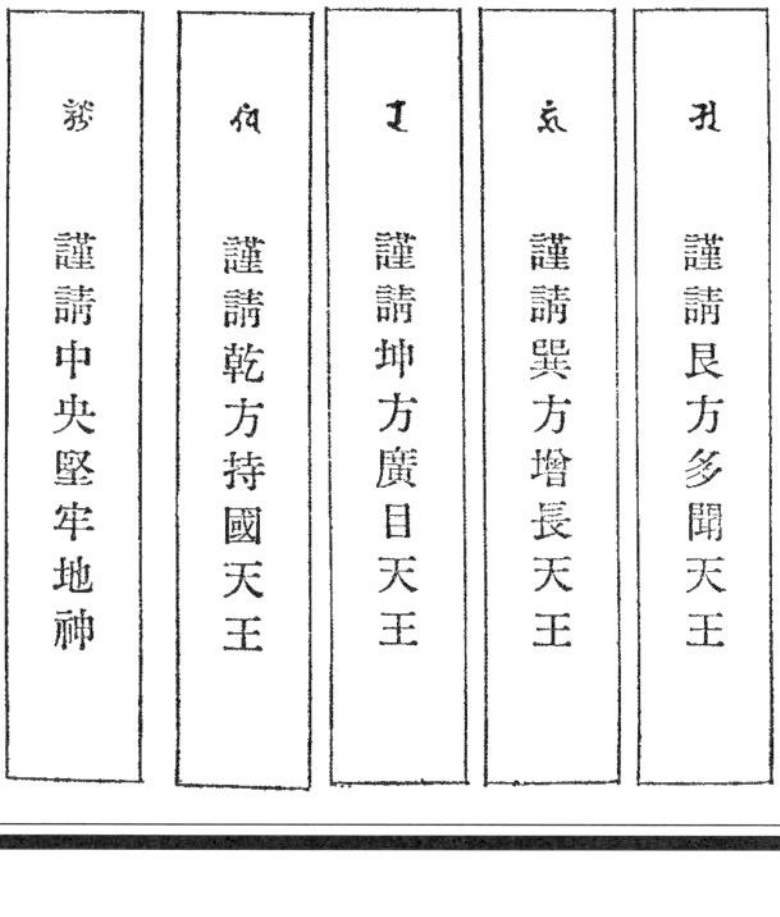

謹請艮方多聞天王
謹請巽方増長天王
謹請坤方廣目天王
謹請乾方持國天王
謹請中央堅牢地神

両山寺

の性空《しょうくう》（天台宗系の僧）は毘沙門天《びしゃもんてん》から乙《おつ》と若《わか》の護法童子を授けられた。また性空の弟子筋の高僧・皇慶《こうげい》も性空の護法であった乙を護法童子として使役していた伝説がある。

修験道がもっとも重視する修行法である大峯山《おおみねさん》への峰入りのときには、護法童子が修験者の道中の安全を守ることになっている。病気治しの加持祈禱には護法童子を使役して行うことが少なくないし、また憑り祈禱でも護法づけといって、本尊の護法童子を憑坐に憑依させて操作する方法がとられる。岡山県久米郡中央町の両山寺《りょうざんじ》（高野山真言宗）では山伏の祈禱で神憑りとなった者（護法実《ごぼうざね》・護法種《だね》）が境内を激しく飛び回るが、それは護法実に護法童子が憑依しているためであるとされている。

火傷を治す呪文

「猿沢《さるさわ》の池に大蛇がすんでおわします、この水たむけるときは、はれず痛まず、あとつかず」を唱え、火傷《やけど》の箇所へ水をかけ「アビラウンケンソワカ」と念じ、三度息を吹きかける。猿沢の池とは奈良市の法相宗大本山興福寺《ほっそうしゅうだいほんざんこうふくじ》の脇にある池である。

止雨法など

修験道では調伏儀礼の特定の修法がたくさんあるが、種字《しゅじ》（梵字）の書き順で調伏にもなる。たとえば、「ボロン日」（梵字の𑖥𑖿𑖨𑖳𑖽《ボロン》を用いて日の形にしたもの、次ページの図）の字を順に書けば、息災《そくさい》であるが、逆から書けば調伏になる。陀羅尼《だらに》の真言も逆から唱えれば、調伏と関係する。

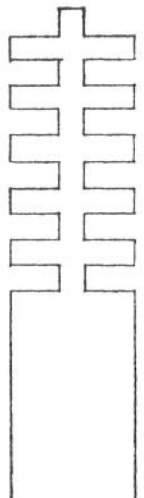
止雨法の符形

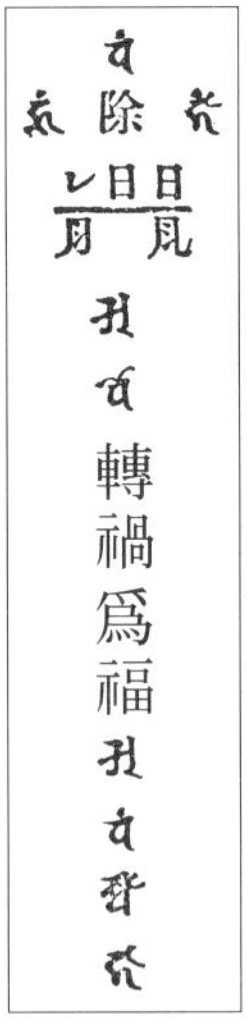

家の中に怪異がある時の札守り

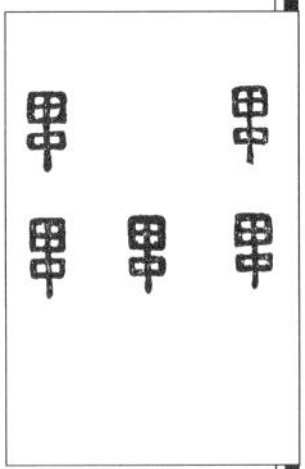
悪狐の障りを除くための同狐の符

盗賊除けの札

悪人の来訪を防ぐ符呪。門の蹴放しの下に埋める

墨符口伝。諸病、呑めば即時に平癒

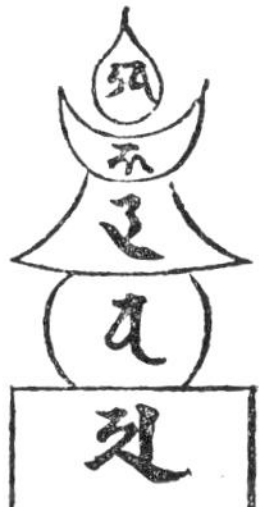

天照大神墨符。諸病、祟り呑めば即時に平癒

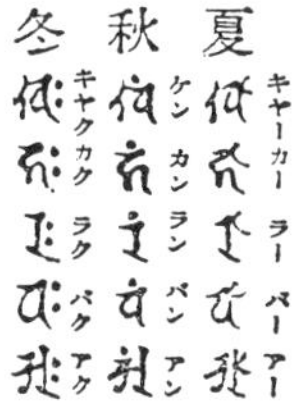

順に書けば息災、逆は調伏となる

諸病を押さえる符

墨符

邪悪な霊、悪霊妖霊に憑依された者や、その他の一切諸病に悩まされている者にいたるまで、この墨符を謹製して呑めば、即効があるとされる。注意としては墨をするときに、不動明王《ふどうみょうおう》の慈救咒《じくのしゅ》（一七二ページ参照）を唱えることと、和紙に符を書きおえたら、その和紙の表面全体を黒く塗りつぶすことである。それにより墨符《ぼくふ》が開眼される。

また符に記す梵字《ぼんじ》は四季によって異なる。すなわち、春は「ア・バ・ラ・カ・キャ」、夏は「アー・バー・ラー・カー・キャー」、秋は「アン・バン・ラン・カン・ケン」、冬が「アク・バク・ラク・カク・キャク」である。墨符を呑む前には、春ならば「ア・バ・ラ・カ・キャ」を百遍読誦し、「喼急如律令《きゅうきゅうにょりつりょう》」と唱える。他の夏秋冬には上記のそれぞれの真言を同じようにあてはめればよい。墨符は古来から「不可思議殊勝《ふかしぎしゅしょう》の秘符」といわれて尊ばれているが、悪霊に憑かれた者は、この符を用いれば、何事かを口走ったのちに癒えるとされる。墨符は仏教の根本思想の一つである五輪《ごりん》（五大）を形象化したもので、下から順に地《ち》輪（方形）、水《すい》輪（球形）、火《か》輪（三角形）、風《ふう》輪（半球形）、空《くう》輪（宝珠形）となっている。この墨符の同工異曲ともいうべき符に、真言律宗の高僧・叡尊《えいそん》が天照大神《あまてらすおおみかみ》から授かったという「天照大神墨符《てんしょうだいじんぼくふ》」がある。

病者加持作法

修法者が不動明王《ふどうみょうおう》の印明《いんみょう》を結誦《けつじゅ》し、病者の罪障や病患を焼き浄めると観じ、念珠《ねんじゅ》を摺《す》って本尊真言を百遍から千遍唱え、小三鈷《しょうさんこ》の印を結んで加持する。ふたたび念珠を摺って祈念するというものである。

簡単な加持としては病人に錫杖《しゃくじょう》、金剛杵《こんごうしょ》、『大般《だいはん》若経《にゃきょう》』をあてて祈禱する方法がある。ほかに、瘧《おこり》（マラリアなどの熱病）の病人にはその頭頂に修法者が「不動明王」と書き、つぎに左肩に「降三世明王《ごうざんぜみょうおう》」、胸に「軍荼利明王《ぐんだりみょうおう》」、右肩に「大威徳明王《だいいとくみょうおう》」、また頭頂に「金剛薬叉明王《こんごうやくしゃみょうおう》」と記す。そのあと、背中に五つのアの種字を書く。背中上部にア字・アーク字、背中の右にアー字、背中下部にアン字・アーク字、背中の左にアク字を書く。同様にして胸部の中央、上部、左、下部、右の順番にバン、ウン、タラク、キリク、アクの種子を記す。ついで左臂に「唵三摩耶薩埵バン」、右腕に阿闍梨位《あじゃりい》真言の「オン・バサラ・ソキシマ・マカサトバ・ウンウン」、額にバン、左にキリク、右にカンの種字を書いたのち、慈救呪《じくのしゅ》を百回唱え祈念する。

歯痛、疱瘡《ほうそう》、疫病《えきびょう》など特定の病を加持して治す方法もある。

願望成就法

あらゆる願望が叶うという祈禱法は、まず本尊に向かって三礼し、内獅子印《ないししいん》を結んでそれを上へ向けて歯を三度嚙《か》み合わせてから、真言「オン・バンバク・タアタ・ウン・シツチ・アキネイ・ウンウン・ソワカ」と唱える。

不動悉地成就の秘法

印は内縛《ないばく》して二風（両方の人指し指）と二火（両方の中指）を立て合わせ、二地（両方の小指）を開き立て、二空（両方の親指）で二水（両方の薬指）の側をおす。その印の形で「ウン・シッチ」と唱えれば、不動明王《ふどうみょうおう》と同化し、一切所修《いっさいしょしゅう》の法が成就《じょうじゅ》する。

次に外獅子印《げししいん》を下に向けて歯を三度嚙み合わせ、上記の真言を誦す。このとき行者は一切衆生の罪障を嚙《か》み尽くすと観想する。それから、『般若心経《はんにゃしんぎょう》』七巻（七回）、『般若心経秘鍵《ひけん》』一巻、不動明王・大黒天・梵天の各咒を唱える。すなわち、「ナウマク・サンマンダ・バザラダン・カン」「オン・マカキャラヤ・ソワカ」「ナウマク・サンマンダ・ボダナン・バラマネ・ソワカ」。

そして本尊の左の耳に指をつけて祈念し、「アバンランカンケン」「アビラウンケン」「アラハシャナウ」の真言を唱えて、願意を述べれば、その願いは聞き届けられるという。ちなみに、歯を嚙み合わせるのは、道教の叩《こう》歯《し》の術に由来するものである。

窃盗犯を足止めさせる秘術

伝書では「西大寺流走人盗賊足止《さいだいじりゅうそうじんとうぞくあしどめ》」とある。図のような人形《ひとかた》の護符をつくり、泥棒が逃げ去った戸口に貼っておけば、七日間以内に戻ってくるか、泥棒の居場所が判明するとされる。護符のなかには

「何年男隠急如律令
甲弓山鬼神大急用」

と書いた紙をいれておく。「何年」とは泥棒に入られた者の年齢で、もし女性ならば性別を女と記す。一週間で判明しなければ、荒神咒《こうじんじゅ》「オン・ケンバヤ・ケンバヤ・ソワカ」を唱えながら、針で人形の臍《へそ》の部分を刺したのち、人形の周囲を刺しまくる。

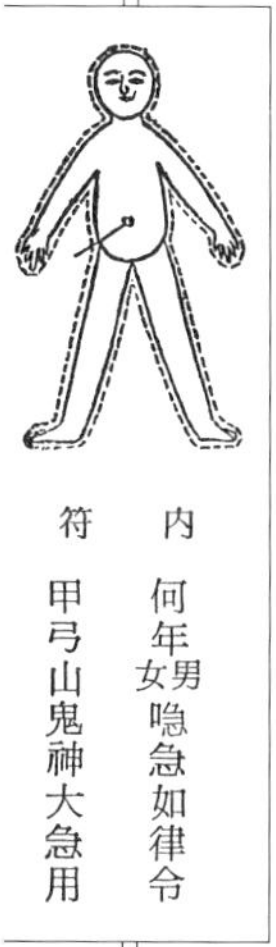

泥棒が逃げた戸口に貼る

盗人を調伏する呪《まじな》いには、その足跡の土をとり、火で焼く方法がある。水行（禊《みそ》ぎ）して朝昼晩の一日三回、その土を焼き、一週間つづけてから、それを神社の境内（一説に本殿下の土地）に埋める。ほどなくして盗人はつかまるか、たとえつかまらなくてもそうとうの神罰を受けることになるといわれている。

家出人を帰らせる呪術

家出した者を帰らせるには、東の方向へ突き出た胡桃《くるみ》の枝を念珠《ねんじゅ》（数珠《じゅず》）に用いられている糸で巻き付けて結び、毎日、光《こう》明真言《みょうしんごん》を一万遍、『般若心経《はんにゃしんぎょう》』を七回ずつ唱える。その後、「不動」の文字を書いた護符をつくり、それを家出人の履物《はきもの》に刺して、三叉路《さんさろ》の道端に埋めれば、やがて戻るといわれる。

祈雨法—孔雀経転読

御読経《ごどきょう》祈雨《きう》作法《さほう》ともいう。理源《りげん》大師聖宝《しょうぼう》が撰《せん》した一座行法を踏まえて、真言密教僧・仁海《にんがい》が五穀成就・甘雨《かんう》祈誓を祈って修法したとされる。日にちを限って本尊仏母孔雀明王に祈誓し、『孔雀経《くじゃくきょう》』を転読《てんどく》して雨を請うと必ず効験がある。この場合の転読とは、孔雀明王の真言「オン・マユラギ・ランディ・ソワカ」を唱え、『孔雀経』をパラパラとめくって読んだことにするものである。孔雀明王の真言は諸真言の王とされているため、転読の霊験はあらたかであるといわれている。このほか孔雀明王を本尊として修する呪法は数多い。昔から治病にも絶大な効果があるとされてきた。修験道の開祖・役行者の時代には『孔雀経』による修法が中心であり、役行者はそれをもとに多くの奇跡を行ったと伝えられている。

敬愛法・恋愛成就法「恋合咒」

意中の人と一緒になりたい、また人から愛されたいという願いを叶える呪術が敬愛法《けいあいほう》である。東の方に突き出た柳の枝を切ってそれを筆とし、別に紙で人形《ひとがた》を二体つくり（柳の枝そのもので人形をつくる場合もある）、それぞれに男女の姓名を墨で書き、文字を書いたほうの面を合わせて合体させ、念珠《ねんじゅ》の糸で三か所をしっかりと結わえる。それを五穀の供え物と一緒に、道の辻に埋める。男女の姓名を書くのに用いる水は、二つの川が合流する地点の水を用いる。作法としては毎朝、朝日に向かって七日間、『般若心経《はんにゃしんぎょう》』を四十巻読誦する。

別れた異性と是が非でもよりを戻したいと望むのであれば、次のようないささか強引な方法もある。一つがいのオシドリを生きたまま捕らえ、その尾羽を各一枚ずつ抜き取る。そして雄鳥の尾には男性の姓名を、雌鳥の尾には女性のそれを朱砂で書く。

敬愛法

両者の姓名がぴったり重なり合わさるように合体させ、その茎《くき》の部分を念珠の糸でしっかりと結び、清浄な和紙でそれを包み、紙の上下を折り曲げて封じ、仏眼真言《ぶつげんしんごん》「ナウマク・サンマンダ・ボダナン・オン・ボダロシャニ・ソワカ」を誦して魂を入れるのである。つまり、呪法が効くように命を吹き込む。これを開眼《かいげん》させるともいう。それから千手観音陀羅尼《せんじゅかんのんだらに》「オン・バザラ・ダラマ・キリク」を五十遍唱えて加持。そのあと、これを紙で包み、糊で封印し、封印の継ぎ目の上下に[梵字]《ボロン》字を書き、その上からさらに[梵字]《キリク》字を重ね書きする。これを依願者の首にかけておけば、霊験顕著とされる。

このオシドリを用いた敬愛法の元は『千手千眼合薬経《せんじゅせんげんごうやくきょう》』にある。「もし夫婦が不和の状態にあって水と火のように合わないのであれば、オシドリの尾をとり、大慈悲の像（千手観音像）の前において咒一千八遍唱えてから、肌身につけておけ。すると夫は歓喜して妻を終生、愛し敬う」とある。

簡単にできる恋愛成就法としては「恋合咒」がある。これは紙で人形を二つこしらえ、それぞれに男女の姓名と生まれ年の干支《えと》を書き、字を書いた面の紙同士を合体させ、糸でしっかりと結び合わせて、その上に図のように書く。なお、字を書くための墨を硯《すずり》でするにあたっては必ず「ランバン」という真言を唱えながら行う。符を書きおえたら、愛染明王《あいぜんみょうおう》の真言「オン・マカラギャ・バザロ・ウシュニシャ・バザラサタバ・ジャクウン・バンコク」と唱え、神歌「世のなかは三つ世の神の誓いにて、思うあいだのなかとこそ、キヤラカラバア」と詠み、好きな人の枕の下に置いておくというものである。

恋合咒

伊弉諾尊
伊弉冊尊　猿田彦明神

離別法

良縁があれば、悪縁もある。別れたくても別れてくれないという者の悩みに応えるべく、昔の行者《ぎょうじゃ》は次のような離別法を編み出している。これには符を作成して用いる。二股になっている川の別流に切り変わったところの水を、墨をとくための水として使用する。墨には、茗荷《みょうが》と山鳥（オジなど）の尾とを黒焼きにした灰を若干加えておく。符の文字は図のとおりである。加持作法には『観音経《かんのんぎょう》』『般若心経《はんにゃしんぎょう》』をそれぞれ読誦し、さらに金剛咒「オン・マカヤシャ・バザラサトバ・ジャク・ウン・バンコク・ハラベイサヤ・ウン」と荒神咒「オン・ケンバヤ・ケンバヤ・ソワカ」を唱えて祈禱する。符の使用法は、別れたい相手の襟《えり》（着物）のなかに入れておく。

離別法でもかなりおどろおどろしいものとして、スケの木の人形二体を作り、死体を火葬した際にでる煤《すす》に膠《にかわ》を混ぜて墨とし、それを用いて人形に男女（一方は別れたい相手）の姓名を書き、その人形を背中合わせにして行う方法がある。墨をとく水は二股に別れたところの川の水を使用し、男に見立てた人形の胸にはカーン字を、

離別法

女の人形の胸にはウン字を書き、人形のあいだには山鳥の尾羽を差し挟み込んで、別れたい相手の枕の下に置いて祈念する。それから、人形の四か所を糸で結び、五穀の供え物とともに道の辻に埋める。そして朝日に向かって『般若心経』を逆から読む。逆読の方法は西欧の黒魔術の呪文とも共通する。読誦の回数は七回。そうしてから人間の運命を司っているとされる星神の真言である妙見咒《みょうけんじゅ》「オン・ソチリシュタ・ソワカ」を唱えて祈念するのである。

簡単な方法としては紙製の人形を二体作り、両手、両足の各先端部、頭の頂上、両耳の各部位に「鬼」の字を

墨書する。人形の胸には「障礙神《しょうげしん》」と記し、さらに男女の姓名をそれぞれ書いておく。その人形を二股に別れるところの川に流す。

子宝（求児）祈禱

子供が欲しくてもできない場合は、ヌルデの木（勝軍木）を人形とし、『観音経秘鍵《かんのんぎょうひけん》』を写経した紙で巻き、子供を願う女の寝床の下の地面に埋める。それから半紙に「」の五字を書いて丸め、水などと一緒に呑ませる。

また和紙に符を書き掲載した図を朱砂（朱色の墨汁でも可）で書き、如意輪《にょいりん》の印を結び、次にその真言「オンバラダ・ハンドメイウン」を百八回唱えて加持してから、その符を呑めば、妊娠しやすくなるといい、また小豆を七粒、真言で加持して呑ませる

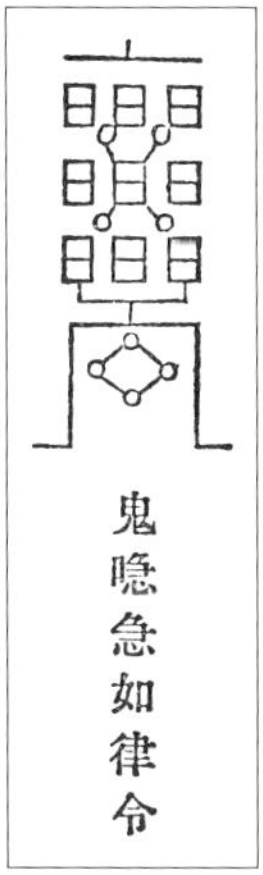

子宝祈禱の符

安産の符「易産護符」・「生子握符」

図のように半紙に墨書して「易産護符《えきさんごふ》」を作成したら、分娩《ぶんべん》前に「ウンコクウン・ソワカ」と誦し、それを揉《も》み丸めて呑む。加持真言には、易産陀羅尼《だらに》「オン・ホラニホラニ・ソワカ」を唱える。それにより安産が約束されるという。あるいは「人平生丸刀」の字を書き、その五字を別々に切り取って呑んだり、「伊勢」の二字を書いて呑む伝法もある。いずれもその前に仏《ぶつ》眼印明《げんいんみょう》「ナウマク・サンマンダ・ボダナン・オン・ボダロシャニ・ソワカ」と大日印明「ナウマク・サンマンダ・ボダナン・アビラウンケン」を唱えてその符を開眼させておく必要がある。開眼させなければ効き目はない。作法として准胝観音呪《じゅんていかんのんじゅ》・不動《ふどう》慈救呪《じくのしゅ》・太元帥明王呪《たいげんすいみょうおうしゅ》・易産陀羅尼・六字明王呪などを唱えて万全をはかる方法もある。

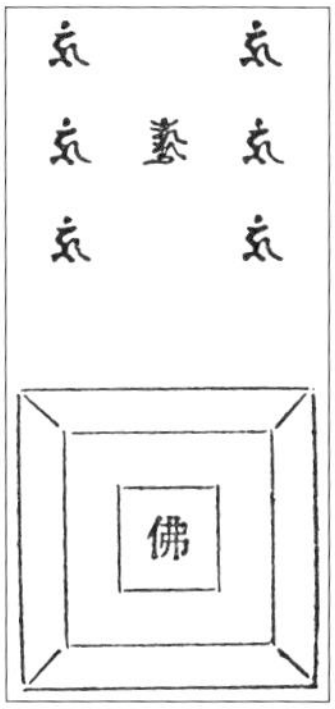

易産護符

難産時に護符「生子握符」を妊婦に呑ませれば、子供が無事に出産するだけでなく、産まれてきた子がその手にこの符を握

という方法もある。小豆加持真言は「オンシャキャラバリチ・シンダマニ・マカハンドメイ・ロロ・チシュタ・ジンバラ・アキャリ・シャ・ヤウンハッタ・ソワカ」。

男の子が欲しい場合は、妊娠三か月以内ならば必ず男子が得られるという変成男子法《へんじようなんしほう》がある。まず符を作成し、それを行住坐臥、肌身離さず所持する。その一方で同じ符を複数つくり、それを七枚ずつ二十一日間呑む。その間、毎日、真言「アビラウンケン」「アバンランカンケン」「バザラダドバン」を唱え、さらに十一面観音咒「オン・ロケイシバラ・ラジャ・キリク」千遍、金剛童子咒「オン・キャニドニ・ウンハッタ」千遍、『仁王経《にんのうぎよう》』『般若心経《はんにやしんぎよう》』を各百遍読誦する。伝書によれば、万一この祈禱法を不信に思うならば、鶏が卵を生んだら、卵の下にこの符を置いて試みればよいとある。必ずみな雄鳥になるという。これはつまりそれほど真剣に信じきって修法せよということなのであろう。

変成男子法

りしめているという、なんとも奇怪な符である。おそらく山伏が産婆と仕組んで赤子に握らせたのであろうが、かつてはそう信じられていたようで、江戸時代の随筆などにもしばしば散見される。「生子握符」にウツギ（ユキノシタ科の落葉灌木《かんぼく》）の青い実の汁で、《ボロン》字を書いて呑ませれば「(子が) 握ること決定《けつじよう》なり」と『修験伝授切紙類蔵鈔《しゆげんでんじゆきりがみるいぞうしよう》』にある。

生子握符

また「秘中の秘」として「難産之護符」を服用させると、男子は左手に、女子は右手にもって産まれてくるというものもある。

子供の夜泣きを止める加持は、子供の臍に《ボ》字を書き、准胝観音咒「ナウマク・サタナン・サンミャクサンボダ・クチナンタニャタ・オンシャレイシュレイ・ソンデイ・ソワカ」を七遍唱えるか、犬の頭の下毛を切り取り、袋に入れて准胝観音咒を七遍誦して加持し、子供の両手に掛ければ泣き止むという。

妊娠しない呪《まじな》い

「流水月」の文字を和紙に書いて符とする。別に蚊の頭の白いものを黒焼きにして、八重《やえ》山吹《やまぶき》を陰干しにして刻んで符とともに呑むと、女は妊娠しないとされる。

延命の最秘法・能延六月法

瀕死の病人に向かい、まずどんな方法でもよいから加持、祈禱を修法したのちに、この延命法、能延六月法《のうえんろくがつほう》を行えば、命を六か月間延ばすことができるという。

①「見我《けんが》見者発菩提心《けんしやほつぼだいしん》」と唱え、根本印を結び「ア」と発声
②「聞我名者断悪修善《もんがみようしやだんあくしゆぜん》」と唱え、剣印を結び「カン」と発声
③「聴我説者得大智慧《ちようがせつしやとくだいちえ》」と唱え、智剣印を結び「マン」と発声
④「知我《ちが》心者即得成仏《しんしやそくとくじようぶつ》」と唱え、無所不至印を結び「ウン」と発声

①から④まで続けて行う。注意点として③の智剣印を結んだときに、左手の人指し指を、病人の命とし、その命を右の掌でしっかりと握り占め、命を強めると観想する。そうすれば、たとえ寿命が尽きかけている者でも基本的には六か月、最悪の場合でも一旦は命を延ばすことが可能であるとされる。

能延六月法とは別に、病者を延命させる方法として、散杖《さんじよう》をとり、病人の衣服に𑖨𑖽𑖪𑖽《ランバン》加持を各二十一回行ったのち、散杖で香水をその衣服の上に三度注ぐ。次に軍荼《ぐんだ》利明王《りみようおう》の真言「オン・アミリテイ・ウン・ハッタ」を唱えながら、三鈷杵《さんこしよ》で病人の衣服を二十一回加持し、活命印を結んで「オン・バサラ・サトバ・ウンジャク」を三度誦す。そして偈文《げもん》「大哉一切正覚尊《だいさいいっさいしようかくそん》・諸仏大智無有上《しよぶつだいちむうじん》・能令死者有情身《のうれいししやうじようしん》・去識還来得活命《きよしきかんらいとくかつみよう》」を唱えたのち、

その衣服を病人に着用させるのである。

別に簡単な方法としては二手金拳の印をなし、腰に安じ、「オン・ナチマカナチ・ソワカ」と誦す。

臨終作法・成仏作法

臨終時に修すれば必ず成仏する作法として外縛二《げばくに》火《か》蓮葉《れんよう》という印を結び、観自在王如来真言《かんじざいおうにょらいしんごん》「オン・ロケイ・ジンバラ・アランジヤ・キリク」を三遍唱える。

死んだ亡者に対しては成仏法印を結び、「オン・サンマユカン・マカサンマユカン」と咒《じゅ》し、智拳《ちけん》印と羯磨《かつま》咒、外五鈷印と五字咒、普利衆生印、六大印明を次々と行えば、成仏は間違いないという。

また、修法者みずからのために生前に行う「不動断末魔《ふどうだんまつま》の大事」がある。断末魔とはなにか。死の瞬間、まさにこの身が滅するときに、風力が起こって人体にある三百六十の骨肉の節々を吹き破る恐ろしい激痛であると修験道では説かれている。その苦しみは、多くの剣で肉体を切り割かれるような大苦痛をともなう。文字どおり、死の苦しみが一挙に押し寄せるので、断末魔というのである。だが、次の印明を死の三日前に修すれば、それだけで効験があるとされる。しかも毎日行えば、断末魔の苦しみから免れて正念《しょうねん》に安住できるといわれている。この作法は智拳の印明。すなわち智拳印を結び、慈救咒《じくのしゅ》「ナウマクサンマンダ・バザラダン・センダマカロシャダ・ソハタヤ・ウンタラタ・（行者の実名）・マリシ・カン・マン・ソワカ」を唱えればよいのである。智拳印を結ぶ各指は宇宙を象徴するものであるが、その印契《いんげい》により蓮華《れんげ》の上に戴かれた行者は不動明王《ふどうみょうおう》と一体化し、しかも四大明王《しだいみょうおう》に囲まれて護持されているので、諸魔は行者を絶対に障碍《しょうげ》することはできないという。しかるに行者は自分が願っている浄土へと往生《おうじょう》することができるというのである。

呪殺秘法・軍勝秘咒

南九州の修験道に伝わっていた呪殺法、それが軍勝秘咒《ぐんしょうひじゅ》である。壇上三門《だんじょうさんもん》と称される護摩壇を設け、香炉《こうろ》を置き、猟犬の首を切って生贄《いけにえ》とし、桑、蘇《そ》合香《ごうこう》、龍脳《りゅうのう》、蛇の皮、塩などを百八本の護摩木とともに燃やして行う修法で、幕末の島津《しまづ》藩《はん》のお家騒動として知られる「おゆら騒動」においても行われたとされる。保守派が島津《しまづ》斉《なり》興《おき》の側室おゆらの子・久光《ひさみつ》（一八一七〜一八八七）に家督を継がせようとして、この呪術を修し、正室の子・島津斉彬《なりあきら》（一八〇九〜一八五八）と子女を呪殺しようとしたという。軍勝秘咒では、人髪、人骨、人血、肝、ネズミの毛、イノシシの糞、牛頭、牛皿、丁子《ちょうず》、白檀なども一緒に護摩壇に投じられたといわれる。この呪術を行っていたのは吾平《あびら》郷の郷士で、兵道家の牧《まき》家である。作家の海音寺潮五郎によれば、兵道家は南九州特有のもので、武士と山伏を兼ね、戦争時には陣中で敵を呪詛調伏する修法をもっぱら行っていたとし、呪術が修されたのは事実であると述べている（『西郷隆盛』）。

天狗経

修験道は山を主要舞台にしているためか、天狗《てんぐ》と関係が深い。天狗と一口にいっても時代や地域によってそのイメージが異なっている。赤ら顔に鼻が高く、羽団扇《はうちわ》をもっているという天狗像は中世以降の所産であり、もとは山の異人や神霊を総称していた。天狗の初出は『日本書紀』舒明《じょめい》天皇九年（六三七）

父母成仏法

まず塔印を結び、「アビラウンケン」を三度唱えれば、一切の障碍《しょうげ》苦悩を脱し、仏智《ぶつち》の身を得るとされる。次に弥陀定印《みだじょういん》と「オンサラバサラサタナウシャン」を三度誦すと、一切の怨《おん》敵《てき》・煩悩《ぼんのう》・諸苦が除かれ、すみやかに金剛身《こんごうしん》を得るという。最後に弥陀定印のまま、父母成仏の真言を百度ないし千度唱えれば、百億万劫の重罪を除去し、両親はたちまちにして成仏するという。

羽黒山の護符（知切光歳『図聚天狗列伝』より）

に「大いなる星東より西に流れる。すなわち音あり雷に似たり。時の人曰《いわ》く、流星の音なり。また曰く、地雷《つちいかづち》なりと。是《ここ》において僧旻《みん》曰く、流星に非ず、これ天狗《あまつきつね》なり、その吠ゆる声、雷に似たるのみ」とあるように、天狗は流星の一種にすぎなかったのである。その後、鎌倉時代の『平家物語《へいけものがたり》』に「天狗と申すは人にて人ならず、鳥にて鳥ならず、犬にて犬ならず、足手は人、かしらは犬、左右に羽根生えて飛び歩くもの」とあり、この頃、烏天狗《からすてんぐ》に変化したとされている。山伏姿の天狗が頻繁に登場するようになるのは鎌倉から南北朝時代かけてで『今昔物語集《こんじゃくものがたりしゅう》』『太平記《たいへいき》』などに出ている。そのイメージをつくったのはほかならぬ、修験者であった。山の異怪であったものを護法天狗《ごぼうてんぐ》として山領の守護神に任じていったのである。修験者のなかには山中の修験者同士のネットワークを生かして、南朝の運動とも連携し暗躍したものもいた。異常な速さで峻険《しゅんけん》な山界を跋渉《ばっしょう》する動きが天狗の飛行自在などの神通力《じんずうりき》伝説と相まって、山伏と天狗がダブルイメージになってみられたこともあったのである。

閑話休題、天狗を祀《まつ》って祈禱を行っていた修験者（聖《ひじり》）の存在は、円融《えんゆう》天皇の頃にもあった。その法力は野を走る獣は呪縛されて止まり、飛ぶ鳥も落ち、空からいろいろな花を降らせることができたという。高僧たちが祈禱で治せなかった円融天皇の病気も、東大寺裏山で修行していたこの聖が祈ったところ、たちどころにして快癒した。怪しいとにらんだ広沢《ひろさわ》流の寛朝《かんじょう》僧正（九一六〜九九八）と叡山の余慶《よけい》律師（九一五／九一九〜九九一）が、几帳《きちょう》のなかにいた聖に向けて破折《はしゃく》の祈りを修すると、几帳のなかでバタバタと音がし、汚穢《おわい》の臭いが立ち込めた。すると、そこから聖が飛び出してきて倒れ伏した。彼らがつめよると、天狗を祭り法術を会得して人に敬われてきたが、祈り負かされたといって許しを求めたという。なんとも怪しからぬ天狗の邪法を修する聖とされたが、在野では天狗の法術のほうが、国家認定の密教よりも利益があったと考えられていた事情を物語るものである。

密教系の『万徳集《ばんとくしゆう》』には『天狗経《てんぐきよう》』が出ている。これを唱えれば、日本有数の天狗が来臨し、悪魔を退散させ、怨敵を調伏するなど諸願成就すると信じられてきた。天狗研究で名高い知切光歳《ちぎりこうさい》によれば、四国の石槌山《いしづちさん》修験道系の「勤行法則」と似通った称《とな》え癖《ぐせ》があることから、石槌行者によって称えはじめられたと推測している。知切光歳は時代を特定していないが、室町時代にはつくられていたと考えられている。

南無《なむ》大天狗小天狗《だいてんぐしようてんぐ》十二天狗有摩那《うまな》天狗《てんぐ》数万騎《すうまんき》天狗《てんぐ》、先ず大天狗には、愛宕山《あたごさん》太郎坊《たろうぼう》、比良山《ひらさん》次郎坊《じろうぼう》、鞍馬山《くらまやま》僧正坊《そうじようぼう》、比叡山《ひえいざん》法性坊《ほうしようぼう》、横川《よかわ》覚海坊《かくかいぼう》、富士山《ふじさん》陀羅尼坊《だらにぼう》、日光山《にっこうさん》東光坊《とうこうぼう》、羽黒山《はぐろさん》金光坊《こんこうぼう》、妙義山《みようぎさん》日光坊《にっこうぼう》、常陸《ひたち》筑波《つくば》法印《ほういん》、彦山《ひこさん》豊前坊《ぶぜんぼう》、大原《おおはら》住吉《すみよし》剣坊《けんぼう》、越中《えっちゆう》立山《たてやま》縄垂坊《なわたれぼう》、天岩船《あまのいわふね》壇特坊《だんとくぼう》、奈良《なら》大久杉《おおひさすぎ》坂坊《さかぼう》、熊野《くまの》大峯《おおみね》菊丈坊《きくじようぼう》、吉野《よしの》皆杉《みなすぎ》小桜坊《こざくらぼう》、那智《なち》滝本《たきもと》前鬼坊《ぜんきぼう》、高野山《こうやさん》高林坊《こうりんぼう》、新田山《にったさん》佐徳坊《さとくぼう》、鬼界ケ島《きかいがじま》伽藍坊《がらんぼう》、板遠山《ばんえんざん》頓鈍坊《とんどんぼう》、宰府《さいふ》高《たか》桓高林坊《がきこうりんぼう》、長門《ながと》普明鬼宿坊《ふみようきしゆくぼう》、都度《つど》沖普賢坊《おきふげんぼう》、黒眷属金比羅坊《くろけんぞくこんぴらぼう》、日向《ひゆうが》尾畑《おばた》新蔵坊《しんぞうぼう》、医王島《いおうがしま》光徳坊《こうとくぼう》、紫黄山《しおうざん》利久《りきゆう》坊《ぼう》、伯耆《ほうき》大仙清光坊《だいせんせいこうぼう》、石鎚山《いしづちさん》法起坊《ほうきぼう》、如意ケ《にょいが》嶽薬師坊《だけやくしぼう》、天満山《てんまんざん》三尺坊《さんじやくぼう》、厳島《いつくしま》三鬼坊《さんきぼう》、白髪山《しらがやま》高積坊《こうじようぼう》、秋葉山《あきばさん》三尺坊《さんじやくぼう》、高尾《たかお》内供奉《ないぐぶ》、飯綱《いづな》三郎《さぶろう》、上野《うえの》妙義坊《みようぎぼう》、肥後《ひご》阿闍梨《あじやり》、葛城《かつらぎ》高天坊《こうてんぼう》、白峰《しらみね》相模坊《さがみぼう》、高良山《こうりようざん》筑後坊《ちくごぼう》、象頭《ぞうづ》山金剛坊《ざんこんごうぼう》、笠置《かさぎ》山大僧正《ざんだいそうじよう》、妙高山《みようこうざん》足立坊《あだちぼう》、御嶽山《みたけざん》六石坊《ろくせきぼう》、浅間ケ嶽《あさまがだけ》金平坊《こんぺいぼう》、総じて十二万五千五百、所々の天狗《てんぐ》来臨影向《らいりんえいごう》、悪魔《あくま》退散諸願成就《たいさんしよがんじようじゆ》、悉地《しっち》円満随念擁護《えんまんずいねんようご》、怨敵降伏一切成就《おんてきごうぶくいっさいじようじゆ》の加持《かじ》、おんあろまやてんぐすまんきそわか、おんひらひらけん、ひらけんのうそわか

『天狗経』は現在の行者の一部が用いている『真言行者祈禱秘経《しんごんぎようじやきとうひきよう》』のなかにも収録されている。これを用いた修法として『彦山豊前坊《ひこさんぶぜんぼう》の法』がある。祭壇上に豊前坊とその眷属・天行《てんぎよう》、飛行《ひぎよう》に相当する赤紙の御幣《ごへい》を三本立て、『天狗経』や「豊前坊祭文《さいもん》」や印明を唱えて、豊前坊と同化して悪魔怨敵を破却するというものである。

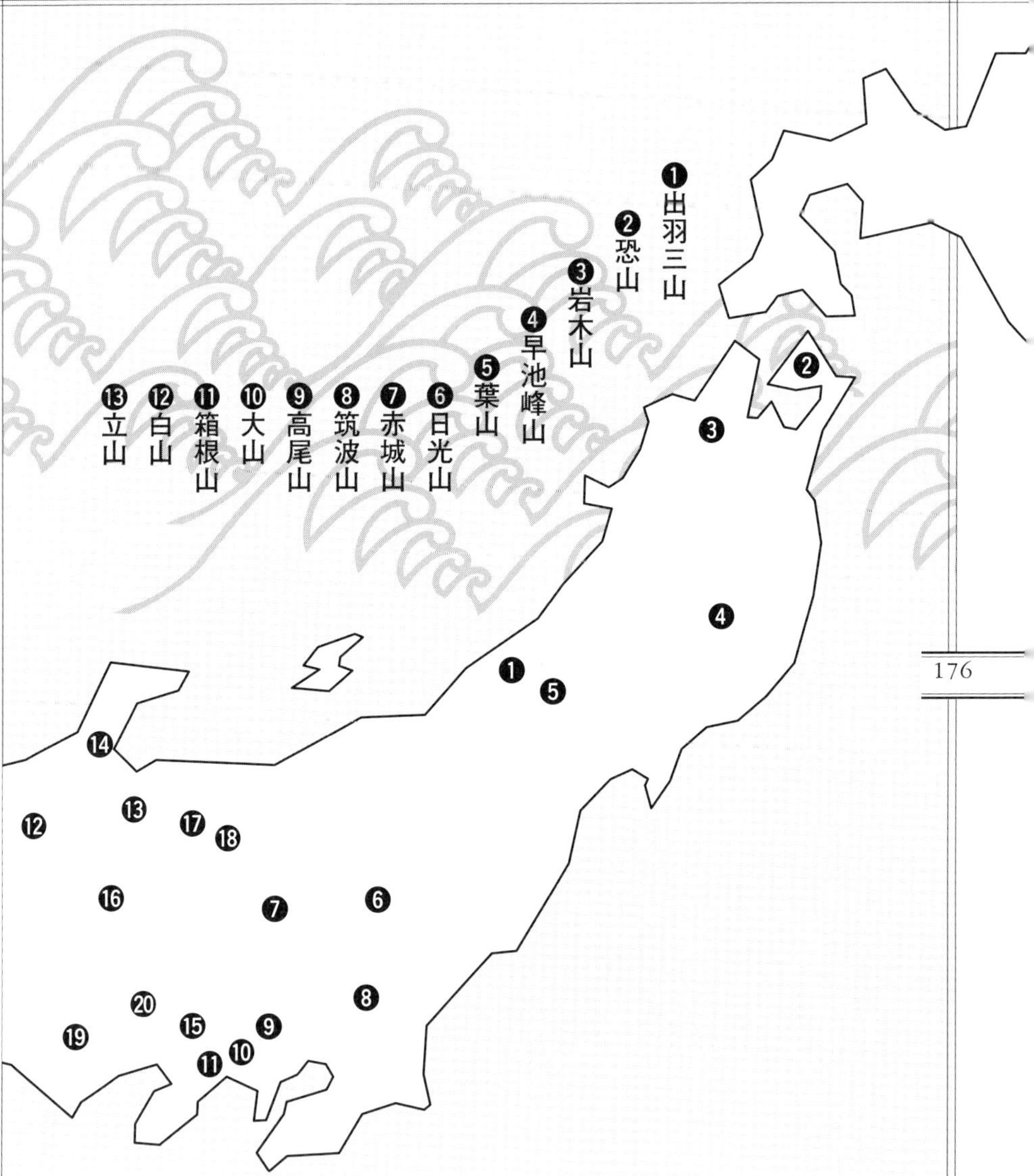
❶出羽三山
❷恐山
❸岩木山
❹早池峰山
❺葉山
❻日光山
❼赤城山
❽筑波山
❾高尾山
❿大山
⓫箱根山
⓬白山
⓭立山

日本霊山地図

⑭石動山
⑮富士山
⑯木曾御嶽山
⑰戸隠山
⑱飯縄山
⑲秋葉山
⑳七面山
㉑葛城山・金剛山
㉒熊野三山
㉓比叡山
㉔比良山
㉕愛宕山
㉖鞍馬山
㉗伯耆大山
㉘石鎚山
㉙英彦山
㉚求菩提山

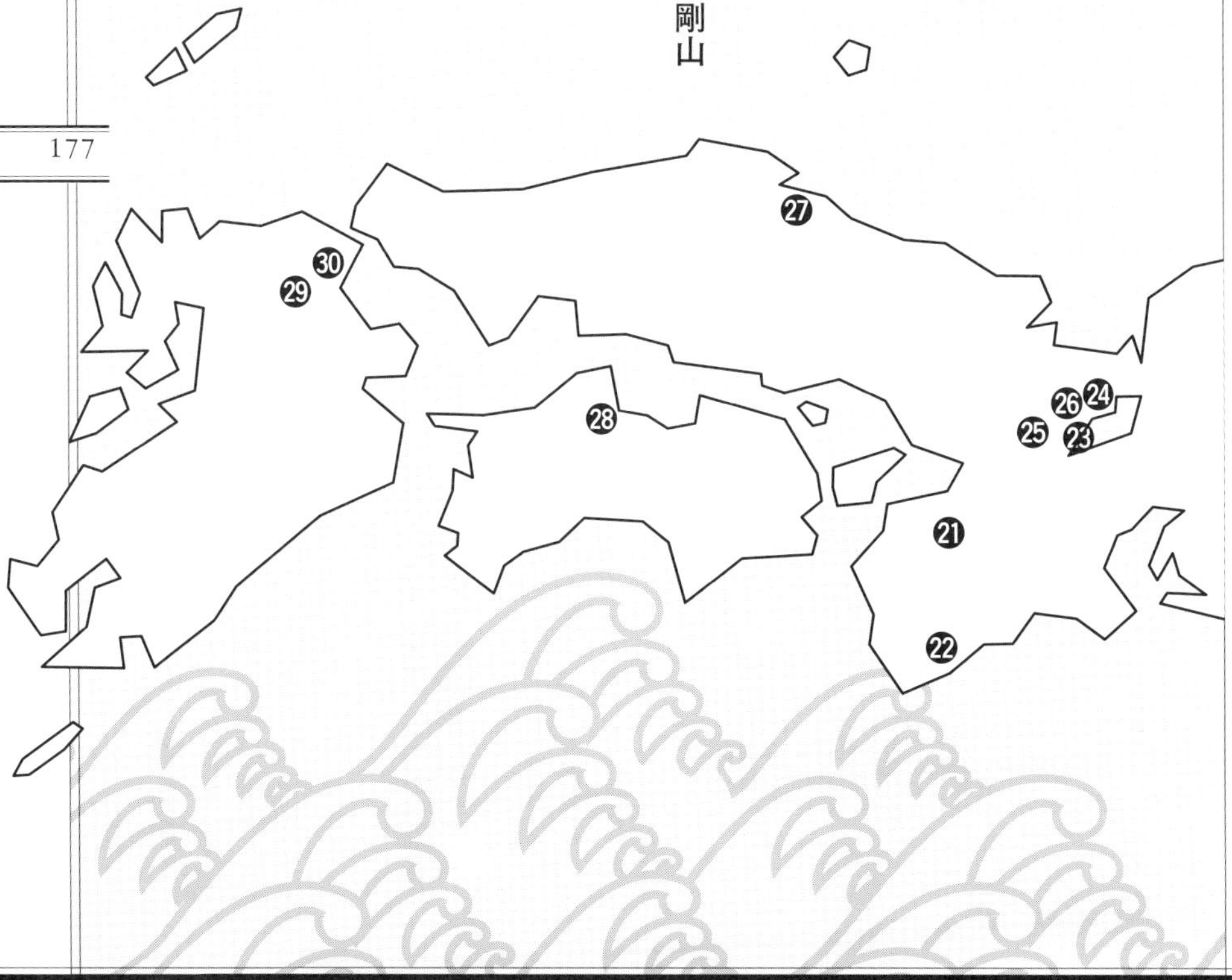

出羽三山（山形県）

羽黒山《はぐろさん》・月山《がっさん》・湯殿山《ゆどのさん》を合わせて出羽三山《でわさんざん》と呼ぶ。出羽三山の開祖は崇峻《すしゅん》天皇の第三皇子産弗理《さんぷり》大臣・能除太子《のうじょたいし》（能除仙・蜂子《はちこ》皇子）とされるが、湯殿山別当は弘法大師を開山として独自の立場を主張してきた。能除太子は世にも稀な醜い顔をしていたため、悲観して何一つ不自由のない世俗を捨て山に籠もって修行したという伝説の皇子である。

中世には羽黒山・月山・葉山《はやま》（または鳥海山《ちょうかいさん》）を出羽三山とし、湯殿山は奥の院として扱われていた。室町後期から葉山が外れて、現在の三山体制となり、三所権現《さんしょごんげん》とよばれたが、その主尊は湯殿権現（湯殿山）であった。寛永十八年（一六四一）天台宗《てんだいしゅう》が羽黒山と月山を掌握《しょうあく》。湯殿山のみは真言宗の影響力が強かった。明治の神仏分離令《しんぶつぶんりれい》などで羽黒山は出羽三山神社《でわさんざんじんじゃ》と羽黒山《はぐろさん》修験本宗《しゅげんほんしゅう》などとなり、湯殿山は別当四か寺のうち二か寺が出羽三山神社に合流、残りは真言の法流を伝える。羽黒山は本《ほん》地《じ》・正観世音菩薩《しょうかんぜおんぼさつ》、垂迹《すいじゃく》は羽黒彦《うがひこ》・玉依姫《たまよりひめ》、現在は稲倉魂命。月山は本尊・阿弥陀如来《あみだにょらい》、垂迹・月読命《つくよみのみこと》。湯殿山は本尊・薬《やく》師《し》如来と大日《だいにち》如来、垂迹は少彦名命《すくなひこなのみこと》と大山祇命《おおやまつみのみこと》。

出羽三山神社合祀殿

恐山（青森県下北郡大畑町）

寄生火山性の多数の硫気孔《りゅうきこう》から蒸気が四六時中吹き出しているため、血の池地獄、無間《むけん》地獄などの各種地獄に比定されている恐山《おそれざん》は、死霊《しりょう》のあつまる山中他界とみられている。同時に外《がい》輪山《りんざん》は蓮華《れんげ》八葉《はちよう》、すなわち極楽の展開とされた。恐山の中心伽《が》藍《らん》・地蔵堂は慈覚大師《じかくだいし》円仁《えんにん》の開創とされる。長く羽黒系・熊野系修験が支配していたが、十七世紀から曹洞宗円《そうとうしゅうえん》通寺《つうじ》（青森県むつ市田名部）が全山を管掌《かんしょう》するようになった。全盲半盲の巫女《みこ》であるイタコの口寄《くちよ》せによる死者供養で名高い。あまり知られていないが豊穣祈願などの現世利益《げんぜりやく》の

恐山・円通寺

祈禱も行っている。本尊は地蔵菩薩《じぞうぼさつ》。

岩木山（青森県中津軽郡岩木町）

中世に観音《かんのん》・阿弥陀《あみだ》・薬師《やくし》の三所大権現《さんじょだいごんげん》を本尊とする岩木山《いわきさん》修験道《しゅげんどう》が盛んになり、近世には津軽《つがる》の総氏神《そううじがみ》として任じられていた。明治の神仏分離令で百沢寺《ひゃくたくじ》が廃絶し、岩木山神社《いわきやまじんじゃ》となった。ヤマカゲという毎年のお山参詣には水垢離《みずごり》をとり別火精進《べっかしょうじん》していた多数の白装束《しろしょうぞく》の信者が御幣《ごへい》をもち、「サイギ、サイギ」と唱えつつ、登拝する。岩木山北側の赤倉《あかくら》はゴミソとよばれる晴眼の巫者などの行場《ぎょうば》となっている。

早池峰山（岩手県稗貫郡大迫町・下閉伊郡川井村の境）

『遠野物語《とおのものがたり》』の故郷ともいうべき早池峰山《はやちねさん》には修験道系の別当《べっとう》寺院があったが、明治維新後、神道化され、早池峰神社に変わった。山伏神楽《やまぶしかぐら》には修験者の呪法を取り入れた「龍王《りゅうおう》」や、女の怨念と除魔を舞いこんだ女舞「鐘巻《かねまき》」がある。神楽では権現《ごんげん》頭《がしら》（獅子頭《ししがしら》）が繰り出し、道教呪法の歯打ちや、散米、火伏《ひぶせ》祈禱《とう》をする。権現頭の下をくぐり抜ける再生儀礼「胎内《たいない》くぐり」もある。本尊は早池峰権現で、本地は十一面観音《じゅういちめんかんのん》。

葉山（山形県村山市・寒河江市の境）

貞観年間（八五九〜八七七）、従五位《じゅごい》を授けられ、白磐神として奉祀された。祖先の霊（祖霊）が宿る山とされ、修験者は葉山《はやま》の神を憑坐《よりまし》に憑《つ》けて託宣《たくせん》を行ってきた。近世には社領三千石《ごく》を擁するなど、羽州《うしゅう》葉山派修験として全盛期を迎えたこともあったが、その後、廃れた。現在は南麓に慈恩寺《じおんじ》がある。

日光山（栃木県日光市）

関東一円の修験道で最高の勢力を誇っていた日光《にっこう》修験の根拠地。開山《かいさん》は祈雨《きう》の修法に霊験《れいげん》を示した勝道上人《しょうどうしょうにん》で、その後、空海や円仁も来山したとされる。主峰男体山《なんたいさん》（二荒山）、女峰山《にょほうさん》、太《た》郎山《ろうやま》の三峰には千手観音《せんじゅかんのん》、阿弥陀《あみだ》、馬頭観音《ばとうかんのん》をそれぞれ祀《まつ》り、全体で三所権現《さんじょごんげん》の霊地として信仰される。江戸時代に天台宗の高僧天海《てんかい》が復興。その後、三所権現とは別に、東照三《とうしょう》

二荒山神社中宮祠（撮影＝中村成勝）

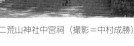

所権現が勧請された。日光修験は三峰五禅頂の峰入りと回峯行《かいほうぎょう》を中心としていた。明治になってから日光東照宮《にっこうとうしょうぐう》、輪王寺《りんのうじ》、二荒山神社《ふたらさんじんじゃ》に分離。現在も行われている修験道行法として強飯式《ごうはんしき》、延年舞《えんねんまい》、柴燈大護摩供《さいとうおおごまく》などがある。

赤城山（群馬県利根郡・勢多郡の境）

信仰の主体は主峰黒桧山《くろびやま》（地蔵）と山上にある大沼《おの》（千手観音《せんじゅかんのん》）・小沼《この》（虚空蔵《こくうぞう》）の沼神で、それらが赤城三所明神《あかぎさんじょみょうじん》として崇敬されてきた。勝道上人もこの山で修行したと伝える。近世になって赤城神社の社家《しゃけ》が発行する札が人気をよび、雨乞《あまご》いや作物豊饒《ほうじょう》を願う農民主体の講組織を中心に発達した。

筑波山（茨城県新治郡八郷町・真壁郡真壁町・つくば市の境）

筑波男神《つくばおがみ》・筑波女神《めがみ》が鎮座《ちんざ》する二峰をいただく山で、『万葉集《まんようしゅう》』などにもみえる名山。平安時代初期の法相宗《ほっそうしゅう》の高僧徳一《とくいつ》が入山、中禅寺《ちゅうぜんじ》を開創。山内には筑波山禅定《ぜんじょう》とよばれる六十六か所の岩屋めぐりが設定され、筑波山御師《おし》により大当講などの講も組織された。明治八年に筑波山神社が創建。在俗の修験者の修行は今も行われている。

高尾山（東京都八王子市）

天平十六年（七四四）行基《ぎょうき》が開山してみずから彫像したという薬師如来《やくしにょらい》を薬王院《やくおういん》の秘仏として安置している。十四世紀末に醍醐寺《だいごじ》の俊源大徳《しゅんげんだいとく》が来山、無量寿院《むりょうじゅいん》松橋《しょうきょう》の法流を伝え復興。山中の琵琶滝、蛇滝で垢離《こり》をとった俊源大徳は、護摩を焚《た》いて不動明王《ふどうみょうおう》を勧請《かんじょう》し、戦勝の守護神・飯縄大権現《いづなだいごんげん》を感得した。その縁起にちなみ、戦国武将の崇敬を受け、修験寺院として発達することになった。なお、薬王院は明治に醍醐寺派から智山派《ちざんは》へと転派した。高尾山《たかおさん》修験道護法会などの山伏組織があり、峰《ぶ》中修行《ちゅうしゅぎょう》や柴燈護摩供養《さいとうごまくよう》などの行事が行われている。

大山（神奈川県厚木市・秦野市・伊勢原市の境）

富士参詣と並ぶ大山詣《おおやまもうで》は、江戸中期以降には庶民の信仰を集めた。雨を祈って効験があったことから、雨降り山が転訛《てんか》した「阿夫利山《あふりやま》」の別称もある。古くから雨を降らしてくれる山＝農耕に福をもたらす山として、また相模湾《さがみわん》からも目印になる山なので漁民を守り、大漁を授ける神として信仰されてきた。相模国由伊郷出身の東大寺《とうだいじ》高僧・良弁《ろうべん》（華厳宗《けごんしゅう》第二祖）が不動明王《ふどうみょうおう》を感得《かんとく》して開山したとされ、天平勝宝七年（七五五）より三年間大山に住んで伽藍《がらん》を整えた。その後、弘法大師《こうぼうだいし》空海《くうかい》や天台僧・安然《あんねん》が介在し華厳・真言・天台の三宗兼学の道場になったといわれる。徳川時代に真言宗の力が強められたが、庶民のあいだで大山詣が盛んになり多くの講社がつくられた。明治の神仏分離令で大山寺は大山阿夫利神社《おおやまあふりじんじゃ》（伊勢原市）に改められた。その後、大正五年に大山寺（真言宗大覚寺派《だいかくじは》）は復興している。

箱根山（神奈川県足柄下郡箱根町・小田原市・静岡県御殿場市の境）

最高峰の神山《かみやま》・奥宮の駒ヶ岳《こまがたけ》・二子山《ふたごさん》などからなる三重式火山で、湖畔に箱根神社《はこねじんじゃ》（箱根町元箱根）がある。聖占仙人《せいせんせんにん》が開山となり、利行丈人《りぎょうじょうじん》・玄利老人《げんりろうじん》などの仙人が寺堂をつくったとする古い縁起をもつ。その後、天平宝字元年（七五七）超人的な呪力の持ち主とされた万巻上人《まんがんしょうにん》が登山し、筥根三所権現《はこねさんしょごんげん》を勧請《かんじょう》し、諸殿を造営、丈六薬師如来《じょうろくやくしにょらい》を刻んで箱根修験道を中興したという。箱根神社の裏山にある万巻の墓とされる五輪塔《ごりんとう》は、精進潔斎せずに近づけば祟《たた》りがあるといわれる。

白山（石川県石川郡・福井県大野市・岐阜県大野郡・郡上郡の境）

富士山・立山と並ぶ日本三名山の一つとされる。年中冠雪《かんせつ》していることもあって古くは「志良夜麻（シラヤマ）」（『万葉集』）とよばれた。行者の泰《たい》澄《ちょう》が養老元年（七一七）最高峰の御前峰《ごぜんぼう》・大汝峰《おおなんじみね》・剣ヶ峰《けんがみね》の三峰に登頂し、それぞれ十《じゅう》一面観音《いちめんかんのん》、阿弥陀《あみだ》、聖《しょう》観音《かんのん》の白山三所権現《はくさんさんしょごんげん》を感得したという伝説がある。その後、天台密教の三井寺《みいでら》（園城寺《おんじょうじ》）僧の宗叡《しゅうえい》が天長八年（八三一）登山し、翌年に御前峰に登拝する禅定《ぜんじょう》道の起点として加賀《かが》（本宮白山寺）・越前《えちぜん》（中宮平泉寺）・美濃《みの》（中宮長滝寺）の三方の馬場《ばんば》が開かれた。各馬場は白山修験道、白山信仰の鼓吹《こすい》の拠点となり、そこに所属する御師《おし》が全国的展開をはかった。その後、文明三年（一四七一）越前に浄土真宗《じょうどしんしゅう》の中興・蓮《れん》如上人《にょしょうにん》の道場が創建され、真宗《しんしゅう》勢力の著しい進展によって、隆盛を誇っていた白山修験道は大きく衰微。江戸時代に加賀藩主・前田氏が加賀馬場を神道化し、白山比咩《しらやまひめ》神社として復興させた。明治の神仏分離令で平泉寺は白山神社になったが、長滝寺は現存する。白山比咩神社の本社は石川県石川郡鶴来町に、奥宮は白山頂上にある。

白山奥宮

立山（富山県中新川郡）

大汝峰《おおなんじのみね》を主峰とする立山《たてやま》は、山全体に地獄と極楽が現出している「立山曼荼羅《まんだら》」の信仰がある。開山伝説として佐伯有頼《さえきありより》、あるいはその父の越中国守有若《ありわか》によるといわれるが、天台宗寺《てんだいしゅうじ》門派《もんぱ》（天台寺門宗）系の縁起《えんぎ》では、九世紀の康津律師《こうしんりつし》が開創したと伝えるなど異説もある。本尊は立山権現《ごんげん》であるが、神道的には雄《お》山神《やまがみ》として『万葉集』にも詠まれている。

江戸期に立山修験の中枢は岩峅寺《いわくらじ》と芦峅寺《あしくらじ》となり、立山中語《ちゅうご》（案内人）や立山曼荼羅による勧進《かんじん》活動で栄えた。岩峅寺修験は出開帳《でがいちょう》を行い、芦峅寺修験は諸国の壇那場《だんなば》に講中を設け、信者に札を配り翌年の立山代参を約束させたり、「血盆経《けつぼんきょう》」や霊薬を配付した。また立山曼荼羅の絵解《えと》きも行った。岩峅寺と芦峅寺は廃仏毀釈《はいぶつきしゃく》で、それぞれ雄《お》山神社《やまじんじゃ》と摂社大宮若宮となった。芦峅寺修験の最重要行事が極楽往生を約す布橋大灌頂《ぬのはしだいかんじょう》であったが、これは近年修験関係者によって復興された。

雄山神社（写真提供「山と溪谷」編集部）

なお、立山には平安時代頃には造営されていたと考えられている行者の修行所ともいうべき行者岩屋がいくつか残っている。また、雄山神社の神域になっている山頂部分には奥宮の小祠《しょうし》がある。

石動山（石川県七尾市・富山県氷見市の境）

白山修験道《はくさんしゅげんどう》を創始したとされる泰澄《たいちょう》が開山し、その後、智徳《ちとく》上人《しょうにん》が求聞持頭巾法《ぐもんじときんほう》を修法したという石動山《せきどうざん》は、五社権現《ごしゃごんげん》を本尊とする北陸有数の修験道場であった。江戸初期に前田家の外《げ》護《ご》を受けて高野山真言宗天平寺《てんぴょうじ》を中心に栄えたが、明治の廃仏《はいぶつ》毀釈《きしゃく》で修験道色は脱色された。現在は伊須流岐比古《いするぎひこ》神社《じんじゃ》と天平寺が七月に開山祭を斎行している。

富士山（静岡県・山梨県）

日本の最高峰である富士山《ふじさん》の山頂部には八峰があり、そこを一周する「お鉢廻り《はちめぐ》（八葉廻り《はちよう》）」を行えば、無病息災《そくさい》、浄土《じょうど》往生《おうじょう》などの験があるとされて庶民の信仰を集めた。また五合目を周回することを「御《お》中 道《ちゅうどう》」といった。祭神は木花咲耶姫 命《このはなのさくやひめのみこと》のほか、浅間大神《せんげんおおかみ》などとしても祀《まつ》られている。『日本霊異記《にほんりょういき》』には役行者《えんのぎょうじゃ》が富士修行を行い、『聖徳太子伝暦《しょうとくたいしでんりゃく》』では聖徳太子が甲斐《かい》の黒駒《くろこま》に乗って富士山越えをしたという話を記している。平安時代には駿河国《するがのくに》の富士上人・末代《まつだい》が富士山頂に数百回登り、山頂に大日寺《だいにちじ》を建立し、『大般若経《だいはんにゃきょう》』を埋経《まいきょう》したと伝える。埋経による浄土往生信仰を主軸とする富士信仰は末代の出現を期に広がりをみせていった。末代はその後、即身仏《そくしんぶつ》・大棟梁権《だいとうりょうごん》現《げん》として神格化されるが、山麓の村山《むらやま》（静岡県富士宮市）を拠点としていたので、村山一帯が富士修験の中心地として発展した。

一般人の富士行を創始したのは、頼尊《らいそん》で十三世紀初頭のことである。それを村山修験《むらやましゆげん》という。本山派修験の先達として富士山の八合目以上を占有していた村山修験はおおいに発展した。戦国時代には今川氏の庇護《ひご》を受け、密偵役などを務めていたが、今川氏滅亡とともに衰えていった。永禄三年（一五六〇）には、富士講《ふじこう》の祖・長谷川角行《はせがわかくぎょう》が現れ、富士西麓の人穴《ひとあな》や北麓の吉田口《よしだぐち》などで荒行《あらぎょう》を重ね、富士信仰の行法を確立した。角行の法流に連《つら》なる食行身禄《じきぎょうみろく》は末世を救済する弥勒菩薩《みろくぼさつ》の到来を修行しながら待つという自覚のもとに、富士山烏帽子岩《えぼしいわ》で断食入定《にゅうじょう》した。身禄の弟子ら（身禄派）が布教活動を展開、富士講が続々と結成され、富士山参詣が大流行した。幕府はたびたび禁令したが、富士信仰は揺るがなかったという。

なお、近世後期、本格的な富士山への参詣のかわりとして、江戸を中心に富士講の講員によって富士山を模した人造の築山《つきやま》がつくられた。これを富士塚（浅間塚《せんげんづか》）という。ミニチュア版ではあるが、富士山の本尊を勧請《かんじょう》し、富士山から持ち運んだ溶岩を配している。今でも富士講の人々は白い行衣《ぎょうえ》に金剛杖を携えて「六根清浄《ろっこんしょうじょう》」と唱えながら定期的に地元の富士塚に登拝し、本物の富士山を遙拝《ようはい》する。

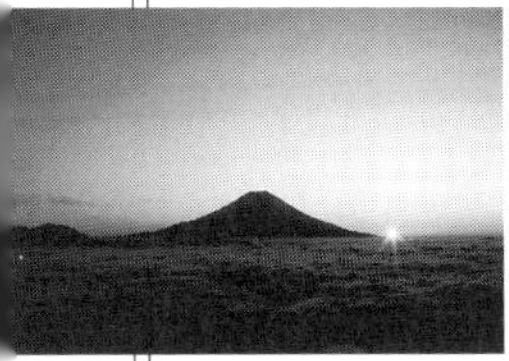

七面山より見た富士山のご来光

木曽御嶽山（長野県木曽郡・岐阜県益田郡の境）

王《おう》の嶽《たけ》という名称であったが、室町時代に大和国《やまとのくに》（奈良県）金峯山《きんぷせん》の蔵王権現《ざおうごんげん》を勧請して御嶽山《おんたけさん》と改称された。山中には奈良の大峯山《おおみねさん》・金峯山の諸神を祀り、登拝修行が行われていた。江戸時代に木曽郡三岳村黒沢の武居《たけい》家と王滝《おうたき》村の滝《たき》家がそれぞれ御嶽神社（里宮）の神主として登拝修行の道者《どうしゃ》を独占的に管理し、百日間の厳格な精進潔斎を経たうえでのみ、登拝を許した。その後、尾張《おわり》の修験者・覚明《かくみょう》が、天明五年（一七八五）水行《すいぎょう》のみの軽精進《けいしょうじん》で黒沢口から登山を決行したことがきっかけとなって、一般の修験者も軽精進だけで登拝《とうはい》するようになった。木曽御嶽山《きそおんたけさん》は一般の修行者が手軽に登れる山として隆盛し、同時に御嶽講《おんたけこう》がつくられていった。独特の儀式として、中座《ちゅうざ》に神霊を憑依《ひょうい》させて託宣《たくせん》などを得る御座《おざ》とよばれる憑《よ》り祈禱《ぎとう》がある。御嶽山で目につくのは多くの霊神碑《れいしんひ》である。これは講員は死ねば、霊神になって御嶽山にとどまるという信仰に由来している。

明治維新後、下山応助《しもやまおうすけ》が御嶽講を組織結成した御嶽教会は、明治十五年に御嶽教として正式に独立、奈良県に本部を置いた。この御嶽教とは別に、三岳村黒沢の御嶽神社を本部とする御嶽《おんたけ》本教《ほんきょう》や、その他の教団（神道大教《しんとうたいきょう》・神理教《しんりきょう》・大成教《たいせいきょう》など）に属した御嶽講もある。

御嶽山の南東麓に広がる御嶽高原には御嶽行者の禊《みそ》ぎ場である清滝と、修行場の新滝があり、滝にうたれる行者の姿が見られる。最高峰の剣ヶ峰には御嶽神社の奥社が鎮座している。

戸隠山（長野県上水内郡戸隠村）

古い由緒ある修験の山で、嘉永三年（八五〇）戸隠山《とがくしやま》山中で九頭龍神《くずりゅうしん》の示現《じげん》を得た学問行者《がくもんぎょうじゃ》が開山したという。伝説ではそのときに聖観音《しょうかんのん》・千手観音《せんじゅかんのん》・釈迦《しゃか》が湧出《ゆうしゅつ》したとある。中世に戸隠山は天台宗系と真言宗系の二派に分かれ勢力を競っていたが、戦国時代の戦乱に巻き込まれて衰微。その後、近世にいたって東叡山《とうえいざん》（寛永寺《かんえいじ》）末の天台寺院となった。戸隠山御師《おし》が各地をまわり、配札などによって広範囲の信仰を集めた。廃仏毀釈で一山は廃絶、御師はすべて神官（神職《しんしょく》）となり、職場も戸隠神社《とがくしじんじゃ》にかわったが、戸隠信仰は死なず、基本的に保たれている。

飯綱山（長野県上水内郡戸隠村・牟礼村・長野市の境）

飯綱山《いいづなやま》の名称は山頂にあった動植物性のケイソウ類の固まりを「天狗の麦飯」と称する飯砂《いいずな》に由源《ゆげん》する。隣接する戸隠山《とがくしやま》と密接な関係し、妖術とも外法《げほう》とも噂され恐れられた飯綱法《いづなほう》の伝法の枷点でもあった。飯綱法は愛宕法《あたごほう》とも関連しているといわれるが、それは両社ともに天狗《てんぐ》信仰が盛んであったためである。また荼枳尼天法《だきにてんほう》も行われていた。山頂に飯綱神社、山麓に里宮がある。

秋葉山（静岡県周智郡春野町・磐田郡龍山村の境）

天狗尊の姿をした火防《ひぶせ》の神・秋葉三尺坊大権現《あきばさんじゃくぼうだいごんげん》を祀《まつ》る。奈良時代の高僧・行基《ぎょうき》の開山といわれる。大同四年（八〇九）戸隠山《とがくしやま》などで修行していた三尺坊法印《ほういん》が来山し、千日間修行をつづけ、ついに開眼《かいげん》して飛行自在の秋葉三尺坊大権現になったと伝える。

平安時代以降、足利《あしかが》・新田両氏、上杉謙信、武田信玄などと関係があり、中世には東海地方における白山《はくさん》信仰の根拠地でもあった。江戸時代にいたって徳川家康が秋葉山《あきばさん》を曹洞宗可睡斎《そうとうしゅうかすいさい》の末寺とした。御師による火防の札の配付や秋葉講の流行があり、現在も可睡斎、秋葉寺《しゅうようじ》（曹洞宗）、秋葉神社への参詣は多い。火祭りでは修験者による護摩の火渡り、天狗尊への七十五膳供などを行っている。

七面山（山梨県南巨摩郡早川町）

法華行者《ほっけぎょうじゃ》が登拝する霊山で、日蓮宗《にちれんしゅう》総本山身延山《みのぶさん》久遠寺《くおんじ》の奥にある。『法華経』を守護する七面天女《しちめんてんにょ》が棲《す》むとされている山上には日蓮宗所属敬慎院《けいしんいん》、七面社本宮《しちめんしゃほんぐう》などがある。麓《ふもと》の白滝《しらたき》で滝行したのち、唱題行《しょうだいぎょう》をしながら登拝、敬慎院に参籠《さんろう》し、翌朝、唱題とともに富士山方面から昇るご来光を仰ぐ。

葛城山・金剛山（奈良県・大阪府）

葛城山《かつらぎさん》には願いごとを一言だけ聞いてくれるという一言主命《ひとことぬしのみこと》がいるとされ、吉野《よしの》金峯山《きんぷせん》の西北に位置する。鎮守《ちんじゅ》の法喜菩薩《ほうきぼさつ》は往古からこの山に住し、衆生を済度《さいど》し利益を施しているとされる。葛城修験の伝説によれば役行者《えんのぎょうじゃ》は葛城山から大峯山《おおみねさん》へ出て、順峯《じゅんぶ》修行の元を開き、一方、修験二大派の一つ、当山派《とうざんは》の祖・聖宝《しょうぼう》は大峯山から葛城山へいたる逆峯《ぎゃくぶ》修行を開創した。

金剛山《こんごうさん》は役行者が開山となり、鎌倉時代に長香《ちょうこう》が中興した。山頂にけ真言宗醍醐《だいご》派《は》転法輪寺《てんぽうりんじ》がある。

大峯山（奈良県・和歌山県）

大峯山《おおみねさん》は奈良県の吉野山《よしのやま》から和歌山県の熊野《くまの》へいたる山系をいい、修験道の根本道場となっている。金剛《こんごう》・胎蔵両界《たいぞうりょうかい》の曼荼羅《まんだら》とされる大峯山で修行すれば「即身成仏《そくしんじょうぶつ》、疑いなし」と信じられている。修験道の開祖・役行者《えんのぎょうじゃ》が修行地に定めたことにちなみ、修験者《しゅげんじゃ》は「大峯山奥駆《おくが》け」とよばれる、このコースを抖《と》擻《そう》して修行する。途上のおもな峰には大天井ケ岳《おおてんじょうがたけ》、山上ケ岳《さんじょうがだけ》、稲村ケ岳《いなむらがだけ》、龍ケ岳《りゅうがだけ》、大普賢岳《だいふげんだけ》、国見岳《くにみだけ》、行者還岳《ぎょうじゃがえりだけ》、弥山《みせん》、仏経ケ岳《ぶっきょうがだけ》、明星ケ岳《みょうじょうがだけ》、七面山《しちめんざん》、仏生岳《ぶっしょうだけ》、釈迦ケ岳《しゃかがだけ》、大日岳《だいにちだけ》、地蔵岳《じぞうだけ》、行仙岳《ぎょうせんだけ》、笠捨山《かさすてやま》、玉置山《たまきやま》がある。途中には「七十五靡《なび》き」とよばれる七一五か所の霊地が設定されている。原則的に天台系修験の本山派《ほんざんは》は熊野から吉野へと行をしながら峯入りし、真言系修験の当山派《とうざんは》はその逆のコースをとった。前者の方法を順峯《じゅんぶ》、後者を逆峯《ぎゃくぶ》という。中世以後は圧倒的に逆峯が多い。なお、役行者が金剛蔵王権現《こんごうざおうごんげん》を感得した霊峰・山上ケ岳は現在も女人禁制が厳格に守られている。

熊野三山（和歌山県）

熊野《くまの》本宮大社《ほんぐうたいしゃ》、熊野《くまの》速玉大社《はやたまたいしゃ》、熊野《くまの》那智《なち》大社《たいしゃ》の三社の総称で、いわゆる熊野《くまの》修験《しゅげん》の根本霊地。「常世《とこよ》の国、妣《はは》の国、根《ね》の国へ入口」という古代からの伝承のもと、奈良時代には山臥《やまぶし》が聖地として修行し、次第に仏教と習合。中世には現世《げんぜ》利益《りやく》の観音浄土《かんのんじょうど》の顕現地、さらには弥陀の引導を求める西方浄土の阿弥陀《あみだ》信仰の中核となり、ついには「日本《にほん》第《だい》一大霊験所《いちだいれいげんしょ》」として全国から貴賤《きせん》を問わず、熊野詣での道者《どうしゃ》でひきもきらない有り様であ

熊野本宮大社

ったという。熊野信仰を広める働きをしたのは聖《ひじり》たちである。彼ら熊野比丘尼《びくに》らが堂塔諸殿《どうとうしょでん》の修理造営の勧進《かんじん》のために諸国をめぐり、熊野《くまの》曼荼羅《まんだら》や観心十界絵図《かんじんじっかいえず》を絵解《えと》きをして歩いた。各地には熊野神社が勧請され、熊野三社から発行される牛王宝印《ごおうほういん》は、邪悪を滅する招福の護符として普及した。

比叡山（京都市と滋賀県大津市の境）

最澄《さいちょう》が開いた天台宗《てんだいしゅう》総本山延暦寺《えんりゃくじ》の霊地であるとともに天台修験の回峯行《かいほうぎょう》の主要な行場《ぎょうば》として有名。天台宗（山門派《さんもんは》）の行者《ぎょうじゃ》が山内の東塔《とうとう》・西塔《さいとう》・横川《よかわ》・九院《きゅういん》・山王七社《さんのうしちしゃ》その他の霊地を巡拝して抖擻《とそう》修行する千日回峯行は、貞観年間（八五九～八七七）に薬師如来《やくしにょらい》の夢告を受けて『法華経《ほけきょう》』の常不軽菩薩《じょうふきょうぼさつ》の行に徹し、ついに生身《しょうじん》の不動明王の示現を得たという相応《そうおう》が開始したものとされている。相応の加持祈禱力《かじきとうりき》は群を抜き、清和天皇から醍醐《だいご》天皇まで四代の天皇につかえた。本尊不動明王の真言を呪しつつ、行衣に桧笠と草履で山林を跋渉《ばっしょう》する苦行を七百日つづけて、無動寺明王堂《むどうじみょうおうどう》の堂入り（九日間の断食）を終えると、その行者は「行満《ぎょうまん》」とよばれる。「行満」までは自力の行で、これ以後、他力《たりき》の菩薩行となる。八百日目より一山および赤山《せきざん》明神《みょうじん》に国家安泰などを祈りながら歩く赤山修行に入り、九百日目より京都市内の仏閣などを巡拝するなどして、千日に達すると「大行満・大阿闍梨」と称され、草履をはいたまま参入する土足参内が許される。

比良山（滋賀県大津市・高島郡・滋賀郡）

比良山《ひらさん》系を抖擻《とそう》する比良山修験は、伝説によれば、東大寺《とうだいじ》の良弁《ろうべん》が開いたとも、天台座主《てんだいざす》義真《ぎしん》の弟子・法勢《ほうせい》が比良明神《ひらみょうじん》に出会い、始めたともいわれる。その後、回峯行《かいほうぎょう》の始祖・相応《そうおう》が復興したとする伝承もある。貞観元年（八五九）、安曇川《あどがわ》上流の葛川《かつらがわ》の滝の側で修行していた相応は、滝に不動明王《ふどうみょうおう》を感得、滝のなかに飛び込んで明王を抱きかかえて岩に運び上げたところ、桂《かつら》の大木であった。それを材料にみずから明王を刻み、葛川息障明王院《かつらがわそくしょうみょうおういん》（無動寺別院）を開いて安置、比良山修験の拠点にしたというのである。その後、不動明王に加えて毘沙門天《びしゃもんてん》、千手観音《せんじゅかんのん》の三尊を本尊としている。

愛宕山（京都市右京区・京都府北桑田郡京北町）

役行者《えんのぎょうじゃ》を開山《かいざん》とし、山頂には迦偶槌命《かぐつちのみこと》などを祭神《さいしん》とする愛宕神社《あたごじんじゃ》が鎮座、近世以降、愛宕講が結成され、火防《ひぶ》せの神として崇敬されてきた。神社は天応元年（七六一）和気清麻呂《わけのきよまろ》と慶俊僧都《けいしゅんそうず》が京の鷹ケ峰《たかがみね》にあった阿多古《あたご》社を遷座《せんざ》したのが始まりとされる。中世に愛宕権現の本地仏として勝軍地蔵《しょうぐんじぞう》を奉祀《ほうし》する白雲寺《はくうんじ》が建立され、修験道の行場ともなった。愛宕太郎坊という名の「日本一の大天狗」が棲息《せいそく》する山としても有名であった。

大宝元年（七〇一）役行者がこの山にきたときに突然の豪雨に見舞われ、秘咒を唱えると、「我は仏の命《めい》により大魔王となってこの山を住処《すみか》とし、衆生利益《しゅじょうりやく》のため、一山を護持《ごじ》している」といって太郎坊が現れたという伝説があるが、空海の直弟子真《しん》済《ぜい》が愛宕太郎坊になったとする異伝もある。

ちなみに、神社仏閣に祀られている天狗像を媒介にして行う呪術法があるが、それが愛宕山で行われていたとおぼしき話がある。鳥羽《とば》上皇が見た夢として『台記《だいき》』が記すところによれば、久寿二年（一一五五）八月、悪左府頼長が愛宕山の天狗像の目に釘を打ちつけて、近衛《このえ》天皇の早逝を呪詛しながら祈っていたという。「呪《のろ》い釘《くぎ》」という呪法の実例である。なお、白雲寺は廃仏毀釈《はいぶつきしゃく》で廃絶。

愛宕の天狗太老坊＝太郎坊（暁教育図書「日本発見」第16号より）

鞍馬山（京都市左京区鞍馬本町）

『今様擬源氏』（芳幾画）に描かれた牛若丸（暁教育図書「日本発見」第16号より）

京都の北にあり、山頂近くには毘沙門天《びしゃもんてん》信仰の鞍馬寺《くらまでら》がある。守護神が魔王尊《まおうそん》であることから、さまざまな憶測をよんだこともあった。鑑真《がんじん》和尚の弟子・鑑禎《かんてい》が草庵を結んだのが寺の始まりという。天台宗の延暦寺《えんりゃくじ》末だったが、戦後、鞍馬弘教《くらまこうきょう》総本山として独立。鞍馬山の西に僧正ヶ谷とよばれる行場があり、ここで牛若丸《うしわかまる》が修行したとされる。謡曲『鞍馬天狗』でも有名である。鞍馬天狗は、八天狗のうちの一つ、鞍馬山僧正坊といい、空海の弟子にあたる真如法親王《しんにょほっしんのう》の弟・壱演僧正《いちえんそうじょう》とされる。南都七大寺の一つであった超昇寺《ちょうしょうじ》座主に就任したが、名利をいとい、鞍馬山に隠棲《いんせい》、貞観九年（八六八）に行方不明になった。鞍馬山では竹伐《たけき》り会《え》や火祭りなどの行事で賑わう。

伯耆大山（鳥取県）

『大山寺《だいせんじ》縁起《えんぎ》』によれば、中国地方の最高峰、伯耆《ほうき》大山《だいせん》は出雲《いずもの》国玉造《くにたまづく》りの猟師依道《よりみち》が美保《みほ》の浦で金色の狼を見つけて大山まで追いつめ、射ようとした瞬間、地蔵菩薩《じぞうぼさつ》が現れて狼は登欖尼《とらんに》という老尼になった。登欖尼に仏性を開かれた依道は金蓮《こんれん》と改名し、大山を開いたとされる。平安時代には南光院《なんこういん》、西明院《さいみょういん》、中明院《ちゅうみょういん》からなる大山寺《だいせんじ》が成立。室町時代には下山明神《しもやまみょうじん》という御霊《ごりょう》信仰が成立した。これは大山信仰の基調にあった本地仏《ほんじぶつ》・地蔵菩薩と垂迹神《すいじゃくしん》・智明明神のミサキ神で、熊野修験と争って死んだ修験者を祀ったものという。

石鎚山（愛媛県西条市西之川・周桑郡小松町・上浮穴郡面河町の境）

西日本を代表する修験の山で、石鎚講《いしづちこう》組織によって熱心に登拝が行われている。麓から行者堂《ぎょうじゃどう》を進み、中腹の石鎚神社《いしづちじんじゃ》の中宮成就社にいたり、そこから前社ヶ森、剣山、大柱石などの霊地を経ると、険しい岩崖が立ち塞がり、延べ一六〇メートルにおよぶ鎖《くさり》がかかっている。行者たちは「ナンマイダンボ」などと唱えながら、それを攀《よ》じ登っていくのである。この鎖禅定《くさりぜんじょう》は「石鎚山最大の修行」とされている。登り終わると頂上社がある弥山山頂。そこからは裏行場《うらぎょうば》の来迎谷を経て主峰天狗岳《てんぐだけ》に到達する。天狗岳には石鎚山全山で数万におよぶ天狗たちのリーダーという法起坊《ほっきぼう》がいると信じられている。

中世には大峯山《おおみねさん》・葛城山とならぶ聖《ひじり》の住所（『梁塵秘抄《りょうじんひしょう》』）とされているなど修験関係で名高い山であったことが窺われる。また中国天台山から飛来した熊《くま》野《の》権現《ごんげん》が九州の彦山《ひこさん》（英彦山）、四国の石鎚《いしづち》山《さん》、淡路《あわじ》島《しま》の譲羽山《ゆづるはさん》（諭鶴羽山）を経由して熊野に鎮座したと『長寛勘文』に出ていることから、熊野信仰と石鎚山修験との密接な交流も指摘されている。

石鎚神社成就社

登拝の道すがら、信者らは熊笹《くまざさ》や山柴《やましば》（シャクナゲ）を採取する。それを持ちかえって家の軒先につるしておけば疫病除《やくびょうよ》けになる。また石鎚神社で授かった札と一緒に竹にはさんで田畑に刺しておけば、虫除けの呪《まじな》いになるという。

石鎚山は明治維新後の神仏分離令にともない、石鎚神社が中心となり、戦後は同神社を本社とする石鎚本教（神社本庁所属）が石鎚山修験道の伝統を継承している。

英彦山（福岡県田川郡添田町・大分県日田市・下毛郡山国町の境）

大峯山《おおみねさん》・羽黒山《はぐろさん》とならぶ日本三大修験道場とされる。嵯峨《さが》天皇の頃に彦山《ひこさん》と記していたが、享保十四年（一七二九）霊元《れいげん》天皇の院宣《いんせん》で現在名に変わった。由緒としては役行者《えんのぎょうじゃ》の法資《ほうし》で五大山伏の一人である寿元《じゅげん》が天平六年（七〇一）熊野《くまの》権現《ごんげん》を勧請《かんじょう》して開創した（『深仙灌頂系譜』）とあるが、奈良時代の法蓮《ほうれん》を本格的な入峯《にゅうぶ》の嚆矢《こうし》とする見方が有力である。以来、修験道の教相《きょうそう》・事相《じそう》両面において九州一円におよぶ信仰的影響力を保持していた。とくに弥勒兜率内院《みろくとそつないいん》四九院に対応した四九窟《くつ》は、山林抖擻《とそう》以前に行われていた洞窟参籠《どうくつさんろう》修行《しゅぎょう》の消息を物語るものとして注目されている。英彦山の呪具として農作豊穣祈願に用いる「彦山土鈴《どれい》」がある。

英彦山奉幣殿

『小早川隆景彦山ノ天狗問答之図』（芳年画）（暁教育図書「日本発見」第16号より）

求菩提山（福岡県）

猛覚卜仙《もうかくぼくせん》を開山とする求菩提山《くぼてさん》は、英彦山《ひこさん》に次ぐ九州を代表する霊峰である。行善《ぎょうぜん》というのちに天台座主《てんだいざす》になった僧が白山《はくさん》権現《ごんげん》を勧請《かんじょう》し、護国寺などの五窟を開いた。その後、行善の弟子・頼厳《らいげん》が求菩提山を中興したとされる。近世には聖護院《しょうごいん》の支配下にあり、明治の廃仏毀釈で大打撃を被った。近年、復興の兆しもみられる。

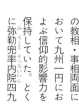

第3章 陰陽道系の呪術

陰陽道《おんみょうどう》——それは古代中国の陰陽五行説《いんようごぎょうせつ》（万物の一切やその吉凶を陰陽と、天地のあいだに循環する木《もく》・火《か》・土《ど》・金《ごん》・水《すい》の五気の相生《そうしょう》と相剋の理で説明するもの）を基にした呪法で、易や道教系民間信仰と結びつき、日本には六世紀頃に伝来したとされる。天文（日月五星《じつげつごせい》・二十八宿《しゅく》のことで、五雲の色を見て吉凶を判断し、十二の風気を候して妖兆を知る）、暦数（天体を観測して暦をつくる）、占筮《せんぜい》、相地《そうち》（地の気を観る）を扱い、吉凶禍福を察して祭祀や方術を行い災禍を避けたり、呪詛や呪殺を含む呪《のろ》いすら行われていた。密教や神道や修験道などとも結びついたため、日本のオカルティズムの中核には、陰陽道が伏在しているといっても過言ではないほどである。

仏教とほとんど時を同じくして日本に伝来したとされる陰陽道は、天武天皇四年（六七六）に行政機関として陰陽寮が設置された。その後、平安時代中期に陰陽博士賀茂忠行《かものただゆき》は、息子の賀茂保憲《やすのり》に天文と暦道を伝える一方、安倍晴明《あべのせいめい》に天文を伝えた。以後、陰陽博士に任じられるのは賀茂・安倍の二大宗家に限られるとともに、この両家の競い合いで平安時代に陰陽道の黄金期を迎えることにもなった。とりわけ天体の運行によって自然現象の推移や人間の運命を未然に予知し、式神《しきがみ》とよばれる呪法を駆使して、さまざまな超能力を発揮した安倍晴明こそ、最高の陰陽師《おんみょうじ》として揺るぎない地位を保っている。

鎌倉時代以降も、陰陽道は将軍家から民間に至るまでの行動様式に影響を及ぼしたが、明治維新とともに衰退した。とはいえ方違《かたたが》い、方忌《かたい》み、物忌《ものい》み、撫物《なでもの》などの陰陽道系の呪法には、災厄を避けるために多くの禁忌が存在しており、今もその効力を失っていないようである。とくに仏滅などの六曜や鬼門などの方位や家相に関する陰陽道説は今日も影響力を持っている。

恐るべき陰陽道系の呪術とされたものに、古代中国の呪《まじな》いに由来する蠱毒《こどく》がある。蠱毒は毒蛇、蜈蚣《むかで》、蜘蛛、蝦蟇《がま》などの多くの毒虫や昆虫を壺や皿に入れて、一切餌を与えずにしておくと、共食いし始め、やがてそのうちの一匹が残ることになる。そうして最後に生き残った一匹を蠱《こ》と称するが、その蠱を用いて呪う相手を嚙ませたり、黒焼きにして粉にしたものを怨敵に振りかけるか、食事に混ぜて呑ませ、あるいは蠱を家の床下に埋めることによって、その怨敵は原因不明の病を得て急死するとされた。興味深いことに、蠱毒の施術者のほうはその術を行うたびに富裕になると考えられていたのである。また蠱毒には対処法があり、明の本草学者・李時珍の『本草綱目』によれば、蠱毒の治療には相反する蠱を服用すれば回復するという。つまり、蛇蠱に対して蜈蚣蠱、蜈蚣蠱に対しては蝦蟇蠱を呑めばよいとされているわけであるが、治療法の根底には陰陽五行の相剋の理論が応用されていることはいうまでもない。

ちなみに人を呪殺する蠱物《まじもの》には、平城宮跡からも発掘されるように人形《ひとがた》に呪いの言葉と符号を記した魘魅《えんみ》が比較的多く行われていたが、平安時代にも藤原時平《ふじわらのときひら》が陰陽師に呪詛のための人形をつくらせ、宮城の四方にそれを埋めさせて菅原道真を呪ったことが『北野天神縁起』に記されている。

陰陽道系の呪術が現在も生きている実例として、高知県物部《ものべ》村で行われているいざなぎ流がある。依頼に応じて特定の家とその家族の厄を約一週間にわたって祓う鎮宅と先祖供養の儀式である家祈禱《やぎとう》をはじめ、病人祈禱、延命長寿、川鎮め、山鎮め、雨乞い、運命転換の秘法とされる「もりかえ祈禱」、さらに現在では行われないとされているが、呪殺という禁断領域の方術に至るまで、数多くの実践呪法のアイテムが揃っているのである。いざなぎ流は山間部の平家落人《おちゅうど》伝承地に密かに伝えられてきたため、ほとんど知られていないが、独特の信仰形態が生々しく息づいているがゆえに、このところ注目を集めている。組織化された祭祀祈禱法とその霊験により頻繁に出張しているいざなぎ流の太夫《たゆう》もいるほどである。太夫とは、呪術師と祈禱師を兼ねた物部村土着の宗教者である。

いざなぎ流と一口にいっても、実に複雑で、祈禱法も多種多様。しかも、その神事は、ユニークきわまりない。家祈禱の例をあげれば、「取り分け祈禱」からスタートする。家族や家屋敷などにかかっている罪穢れ、障りや妬み、怨霊といった災厄＝呪詛のすべてを太夫が「読み分け」とよばれる霊的な解析によって、それらを把握し、その正体を見極め、祈りを込めながら、障魔の一切を幣に吸収して集めるのである。その際、太夫は呪詛の取りこぼしがないかどうか、神意に叶ったかどうかを数珠の神占《かみうら》によって決める。それを称してクジを引くという。数珠は基本的に神意を伺うための占具として機能している。

取り分けによって一通り収拾された呪詛《すそ》の幣は、部落ごとに昔から定まっている呪詛林《すそばやし》とよばれる祭り捨ての場所か河原の石の下に埋められる。いずれにせよ、太夫は呪詛が戻ってこないように、両手で印を結ぶ五印鎮めによって封ずる。それは異界と現実界とのあいだに関所を築いて、呪詛の逆流を防ぐ呪術といってよい。呪詛の力が強烈であるからこそ、そうした霊的防御措置がとられるのだ。取り分けによって祭祀の基礎が固められたあと、家の中で精進入りという舞台の設営をする。太夫らは共同で神棚がある座敷の四方に注連縄《しめなわ》を張りめぐらすなどして、神聖な舞台の祭祀空間を構築。舞台中央には御先様《おんざきさま》（一家の先祖神）を祀る家柄の印とされる白蓋《びゃくかい》がつるされ、注連縄の四辺には妖魅魔物の類いの侵入を防ぐための三連一組のヒナゴ幣を飾りつけるのである。太夫はヒナゴ幣を設置する際、その前で印を組み、霊力を吹き込む。その紙垂《しで》が張っているあいだは、ヒナゴ幣の防御システムが機能しているといい、逆に紙垂が生気を失うと、誰かが祭祀の妨害をしていると見るわけである。

そのあと、家祈禱の圧巻ともいうべき御先様への神楽を執り行う。茫々たる五色の幣を過剰に垂らした花笠を被り、生と死を象徴したような白の浄衣を纏い、修験道や仏教の影響を窺わせる数珠を持って正装したいざなぎ流の太夫は、神々しさと、おぞましさが同居した異様な迫力に満ちている。ヒナゴ幣や紙垂を設置した注連縄を張りめぐらした結界の舞台のなかで、神楽幣を持った太夫たちは、円座を組み、胡座の姿勢のまま、上半身をゆっくりと左右に動かしながら、独特の抑揚の節回しで唱え言して祈禱。小一時間ほど、そうした状態を繰り返すと、一斉に立ち上がって、激しく舞い踊る舞い上げを行う。

このあとに先祖供養儀式ともいうべき新御子神《みこがみ》の取り上げが執行される。いざなぎ流では人間は死後、冥界＝迷妄の世界を彷徨うものとの共通認識がある。死後の魂はそこから逃れるべく、子孫や太夫にメッセージを送るが、それがしばしば家の不幸の原因となって現れたりするという。つまり、子孫は亡き祖先の霊魂を、墓から現実界に引き上げて、神格化しなければならず、そのために、太夫は新御子神となる霊魂が宿る墓へ行き、墓前で祈禱し、持参した産子《さんご》賽幣《さいへい》にその霊魂を憑依させたのち、その産子賽幣を晒しの布で包み、鈴を鳴らしながら、家へと持ち帰る。それにより、霊魂は新御子神として神の座に就くことができるとされているのである。

　そのほかの陰陽道の秘祭としては、安倍晴明の流れを汲む天社土御門神道本庁《てんしゃつちみかどしんとうほんちょう》の星祭りが福井県遠敷《おにゅう》郡名田《なた》庄《しょう》村納田終《のたおい》で毎年行われている。同所は安倍家ゆかりの旧所領地であった。陰陽道宗家として土御門の称号を賜っていた安倍家は、三十一代当主有宣のときに、応仁の乱の戦火を逃れて京都からこの地に移り住んだといわれる。以来三代、約九十年にわたり同地に居住した後、安倍家は京都に戻り、家伝の陰陽道理論を総合した土御門神道を唱導するが、明治維新の神仏分離令で廃絶した。にもかかわらず、その流れは現在も途絶えることなく、継承されているのである。

　安倍晴明大神や泰山府君大神（中国道教由来の神で万物の生死、富貴栄達、延命長寿を司る）を祭神とする本庁内の土御門殿で斎行される星祭は、星が人間を含む森羅万象の動きをコントロールしているという陰陽道思想に基づいている。具体的には、九星（一白《いっぱく》、二黒《じこく》、三碧《さんぺき》、四緑《しろく》、五黄《ごおう》、六白《ろっぱく》、七赤《しちせき》、八白《はっぱく》、九紫《きゅうし》）のうちの本命星《ほんみょうせい》と、属星《しょくせい》（月、火、水、木、金、土、日、計斗《けいと》、羅睺《らご》）が、世界と人間を操作しているものと見立てているので、それらの星を祀って、今年一年の厄除《やくよけ》祈願と無病息災を祈るのである。

禹歩の法・反閇

　禹歩《うほ》の法は中国の夏《か》の始祖の聖王・禹《う》が伝えたとされる呪術的な歩行法で、道教《どうきょう》に起源をもつ魔除けと清めを中心とした神事である。それが日本に伝来し、反閇《へんばい》とよばれて受容された。陰陽道《おんみょうどう》はもちろん、修験道《しゅげんどう》や神道などでも方術《ほうじゅつ》の一種として用いられている。また天皇が代替わりのときに行う一世一代の大祭である大嘗祭《おおなめさい》においても陰陽頭《おんみょうのかみ》が反閇をして斎行の無事を呪《まじな》っていた史実がある。

　道教の基本典籍『抱朴子《ほうぼくし》』内篇には、山中を歩行したり、霊山に入り石芝《せきし》などの仙薬を採ったり、兵を避け（辟兵《へきへい》）、悪霊を退けたりする（辟邪）ときに禹歩を行ったことがでている。鬼神の召見《しょうけん》や禳災《じょうさい》、治病、長生などにも禹歩を使った。

　禹歩の方法は術の種類によって異なるが（同じ「禹歩法」でも『抱朴子』登渉篇《とうしょうへん》と仙薬篇《せんやくへん》では相違がある）、基本的には『荀子《じゅんし》』楊涼《ようりょう》注には「歩《ほ》相過《そうす》ぎず」とあるように、後ろ足が前足を越すことがない歩みで、具体的には引きずるような歩法をとる。坂出祥伸氏によれば、秦《しん》代頃の医書『五十二病方《びょうほう》』には禹歩したのち、踏んだ土を患部に塗りつけて治療した事例が載せられているという。ある種の土は薬になることが知られていたのである。

　江戸後期の富山藩士で、陰陽道に造詣の深い国学者でもあった青木《あおき》北海《ほくかい》はその著『禹歩僊訣《うほせんけつ》』で、禹歩は心身を正す歩き方で、「その歩行の機、天理に叶うときには、天人合一となりて、邪は自《おのずか》ら避け、正は自ら到る。故に人の祈念するところの事は、天神地祇《てんしんちぎ》相感応《あいかんのう》して、その欲するところ必ず成就なすべきなり」と書いている。さらに「旅行はもとより、大川をわたり、大海に浮かび、深山に登り、幽谷に入るなどの時は云うもさらなり、勝敗、得失、損益、弁論、加冠、婚姻、何事に付いても身の大事なる時には、先ず禹歩をなして心身を正すべきことなり」と述べて強調している。

　また、「九字《くじ》の呪を唱え乍《なが》ら、禹歩すれば最もよし、真言の九字護身法というは、この道家の説を混じたるなり」としている。ここでの九字は『抱朴子』所収の「臨兵闘者皆陣列前行《りんびょうとうしゃかいじんれつぜんぎょう》」である。

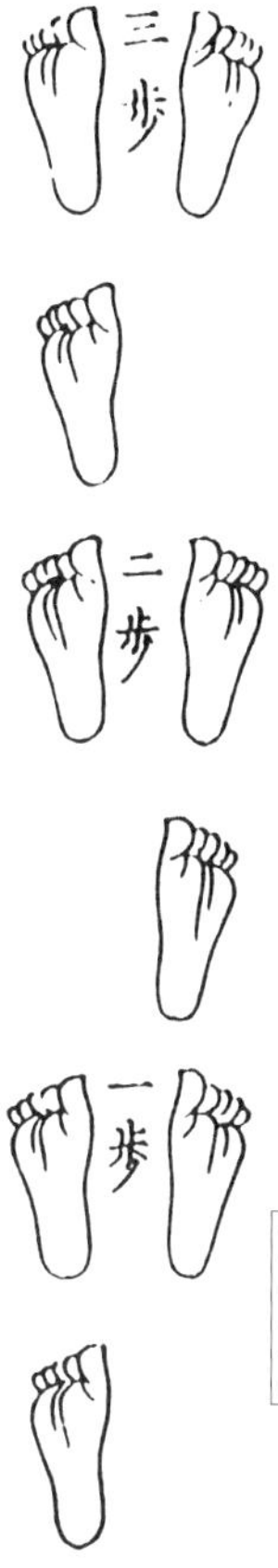

禹歩の法・反閇。九字を唱えながら九跡を踏んで行う。この九跡の図は易の水火既済 ䷾ と対応している

青木北海は、左右の歩みで九跡《きゆうせき》を踏む「九跡の図」を記し、その九跡は易の既済《きさい》の卦（水火既済）を示していると説いている。既済は易の六十四卦中、もっとも陰陽のバランスがとれた理想的な形態であるとされている。

「反閇と云うは、神拝の時する事なり。陰陽師の法なり。三足の反閇、五足の反閇、九足の反閇などとてあり」と江戸中期の有職故実《ゆうそくこじつ》研究家・伊勢貞丈《いせさだたけ》は、その著『貞丈雑記《ていじょうざつき》』（巻之十六）で述べている。反閇は閇配とも記した。「古代、貴人出御《しゆつぎよ》の前に必ず陰陽師をして反閇を行なわしむ事、旧記に見えたり」とある。

伊勢貞丈の家伝書『旗縫口伝《きほうくでん》』には「反閇ふむ儀式、御幣《ごへい》をもち、九字の文唱え、此の如くたるべし。

悪魔を祓う呪文、生死を占う秘文

神仙道系の秘文献として知られる宮地水位《みやじすいい》著『異境備忘録』によれば、悪魔が憑《つ》いた人を祓う呪言として「付くも不肖《ふしよう》、付かるるも不肖、一時の夢ぞかし。生は難の池水つもりて淵となる。鬼神に横道なし。人間に疑いなし。教化に付かざるに依りて時を切ってすゆるなり。下のふたへも推してする」と唱える。さらに足の裏に灸を三か所据えれば、すぐに退去する。

また、自分の家族・親戚が病を得て重い状態にあるときに死ぬか生きるかを占う秘法に、雪隠《せっちん》（便所）に入って目を瞑《つぶ》り、「ハニヂノ大神、生死を告げ給え」と唱えると、眼前に水色の幻が現れたら、病人は必ずその夜に死ぬという。さらに病人が病床の枕許で死んだ先祖や親などが泣きながら現れる幻影を見ると、病気は治らず、死期が間近とされている。

唱える列めぐる足の事」として、「臨兵闘者皆陣烈在前」の九字を唱えながら、足を踏み運ぶのである。陰陽道の星辰信仰によって、これから向かおうとする方向が、悪しき方角であると判断された場合、それを反閇によって踏み破る儀式が行われたことは、『吾妻鏡《あずまかがみ》（東鑑）』などのなかにも見られる。

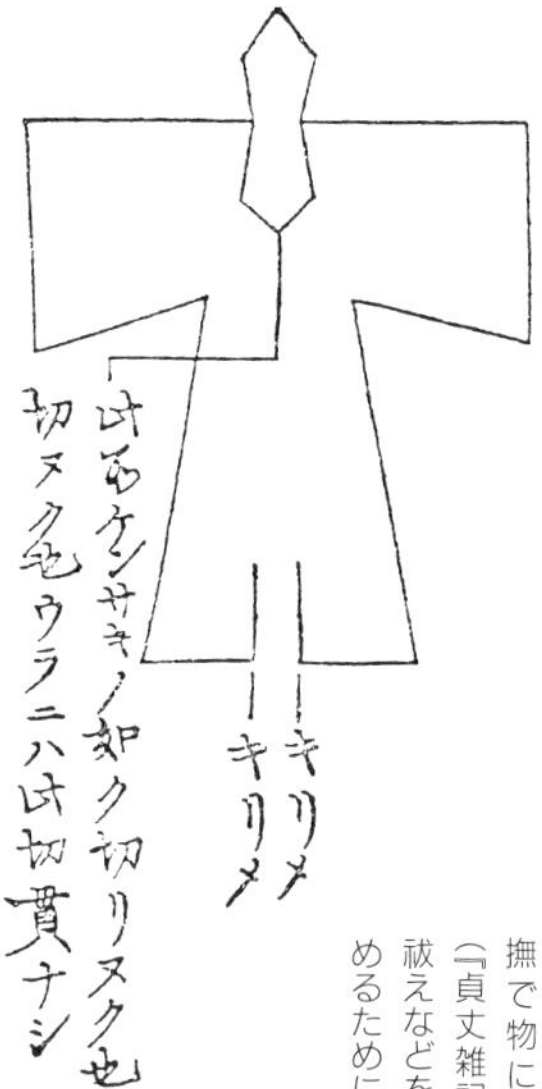

撫で物に使用される人形（『貞丈雑記』所収）。禊ぎや祓えなどをするときに身を浄めるために使う贖物《あがもの》の一種

撫で物

紙でつくった人形《ひとがた》などを、邪気・怨念・悪病などに侵された人間の五体や患部にあててそれを撫《な》でることによって、それらがその紙に移り、あるいは吸収され、罪穢れや災いや、病魔が除去されるとする呪術的処方が古代から行われてきた。それを称して撫《な》で物《もの》という。

現在でも神社や神道系教団などでは、人形を用いた撫で物を穢《けが》れや厄《やく》や禍《わざわ》いを祓う重要な呪物として活用しているが、そのルーツは陰陽道の撫で物にあると考えられている。人形で自分の体を撫でたのち、それに息を吹きかけて、自分の体にまとわりついている、マイナス要素のすべてをその人形に転移させるのである。人形には自分の名前、生年月日、年齢、性別などを書いて行う方法もある。その後、人形を河川へ流したり、燃やしたり、地中に埋めて祓い捨てるのである。その際、禊祓祝詞《みそぎはらえのりと》などを唱えることもある。

『貞丈雑記』によれば、「なで物と云うは、これも陰陽師に祈禱を頼む時、陰陽師の方より紙にて人形を作りて遣《つか》わすを取りて、身を撫でて、陰陽師の方へ送れば、その人形を以て祈禱する事有り。扨《さて》、後に川へ流すなり」

とある。『源氏物語』の東屋《あずまや》の巻にも「禊川《みそぎがわ》、瀬々にいださむ撫で物を身に添ふかげとたれか頼まむ」と、撫で物に関する記述があり、せんじつめれば、撫で物とは、祓えのための道具なのである。また陰陽道に基づくとされる祓えの呪具としては茅《かや》や藁《わら》を束ねて輪にした茅輪《ちのわ》がある。

身固め

身固めとは、身体を健全にする呪法である。魂が身体から遊離しないように体を抱えるようにして呪《まじな》う鎮魂法の一種で、将軍家には役行者の流れを汲む賀茂家と安倍晴明を祖とする安倍家が務めていた。のちには儀礼的なものになった。

物忌み

平安期の貴族社会では、夢見が悪い場合や、何か不吉なことがあって気にかかる場合は、門を閉ざし、数日間外出せずに身を慎みながら、家のなかに引き

百鬼夜行を避ける秘咒

「東海の神、名は阿明《あめい》、西海の神、名は祝良《しゅくりょう》、南海の神、名は巨乗《きょじょう》、北海の神、名は禺強、四海の大神、百鬼を避《しりぞ》け、凶災を蕩《はら》う。急々 如律令《きゅうきゅうにょりつりょう》」

様々な妖怪や鬼神の災いを避けるための秘密の神言である。陰気な往来や家屋、理由もなく鳥肌が立つような状況で使用することになっている。

山の怪異を避ける神言

どの山であっても登山前に麓で山に向かって、これを誠心誠意唱えておけば、山中の霊怪妖神に遭わず、山神の祟りを受けることもないとされる。また山での奇禍も基本的に避けられるという。万一事故に遭っても無傷か、怪我をしたとしても、軽いもので済む。奥儀として入山印を結んで奉唱したり、あるいは奉唱後、天の気を三度呑み込み、その気を腹中に納てから、強く山に向けて吹き出す息吹法《いぶきほう》を交えることも行われている。

「三山神三魂《さんさんじんさんこん》を守り通して、山精参軍狗賓《さんせいさんぐんぐひん》去る」

籠もっていることがあった。それを物忌《ものい》みという。基本的には陰陽師《おんみようじ》が陰陽五行説《いんようごぎようせつ》に基づいて日月、干支の運を考慮し、物忌みしなければならないものかどうか、その吉凶を占い、その判断に基づいて物忌みを行ったのである。物忌みのための方位や日時はすべて陰陽師が取り仕切った。平安時代には、陰陽師は冠婚葬祭はもちろん、移転移動、洗髪や爪きりまで諸事の忌みを独占的に定めたのである。それがのちに日柄の吉凶などを記した暦に採用され、民間にも広まっていった。

『貞丈雑記』によれば、物忌みのあいだは、柳の木を三分ほど削り、「物忌」と書きつけてそれに糸を付けて忍草《しのぶぐさ》（ことなし草）という草の茎に結いつけ、また冠や簾《すだれ》にもさしておいた。柳の木のかわりに桃の木や白い紙などを用いることもあった。それは物忌みをしているという目印になるわけだが、鎌倉末期の有職書《ゆうそくしよ》『拾芥抄《しゆうがいしよう》』の説として「物忌」は釈迦が生まれた迦毘羅衛国《かびらえこく》の桃林に住んでいた鬼神《きじん》の名であるという。この鬼神の近くには悪鬼が寄らないので、「物忌」と書くようになったと説かれている。道教世界において桃は邪気や不吉を攘除《じようじよ》する吉祥物であるが、日本でもそれが受容され、桃には凶を祓

蛇の害を受けないための咒歌

山道などに入るときに、この咒言を三度唱えておくと、蛇の害に遭わないという。

「東山《ひがしやま》つぼみがはらのさわらびの思いを知らぬかわすれたか」

生業繁栄の咒言

毎朝、朝日を拝したのち、八回唱えれば、自然に生業《なりわい》が繁盛して金銭に困ることはないという。たとえ曇りや雨の日でも日の出の方向に向かって行うことが原則である。

「金伯五金《きんはくごきん》の気を呼び、全家《ぜんけ》の軸となる。百幸千福《ひやつこうせんぷく》、甲（某家）の金箋《きんせん》に集まり、五方化徳《ごほうかとく》、大皓金神《だいこうこんじん》、願わくば兆家《こうか》（某家）に留まらんことを。奇一《きいつ》天心、奇増万全《きぞうばんぜん》」

家内の災禍を除祓する秘咒

いわゆる家内安全のための言葉による護符である。

「元柱固真、八隅八気、五陽五神、陽道二衛厳神、害気を攘払し、四柱神を鎮護し、五神開衢、悪気を逐《はら》い、奇動霊光四隅に衝徹し、元柱固真、安鎮を得んことを、謹みて五陽霊神に願い

い清める呪力があるとされてきた。また、物忌みのかわりに災禍を受けないための陰陽道方式の祭事や祓いなどの呪《まじな》いを行うこともあった。

陰陽道研究の第一人者、村山修一《むらやましゅういち》氏によれば、藤《ふじ》原道長《わらのみちなが》（九六六～一〇二七）の日記『御堂関白記《みどうかんぱくき》』の二十年間のうちに物忌みの回数が三百十数回にのぼり、年により五十回を超え、月によっては十数回を数えた。物忌みの期間は一日で済むこともあれば、三、四日にわたることも珍しくなく、半月以上におよんだこともあったという（『日本陰陽道史話』）。

道長はどういう場合に物忌みをしたのか。藤原氏に関係の深い大和国多武峰《やまとのくにとうのみね》（奈良県桜井市多武峰）の御神体（藤原鎌足《ふじわらのかまたり》の木像）が破裂したときや興福寺《こうふくじ》の塔に烏《からす》が巣をつくったり、寝殿に鷺《さぎ》がとまったりしたときに物忌みをした。多武峰では凶事があるたびに御神体が破裂したり、山全体が鳴動して、警告を発したという。それを凶兆《きょうちょう》として捉《とら》え、物忌みをして無事平穏を祈ったのである。物忌み中はもっぱら写経や読経、法要、講会《こうえ》（経論講述の法会《ほうえ》）などの仏事に充《あ》てられたほか、詩歌の作成や管弦の鑑賞などをして過ごした。

方違えと鬼門

『貞丈雑記』にも例として出ているが、明日、東の方向へ行こうとして、その方角がその年の金神《こんじん》の方位にあたるなど、凶方であるという場合は、前日の宵《よい》に人の家へ行き、そこに泊まって翌日向かえば凶にならないとされ

奉る」

神仙・太一真君と交感する咒言

太一真君《たいいつしんくん》（太乙真君）は天地の根源や元気を司る神仙道の神（神仙）で、神道でいう天御中主神《あめのみなかぬしのかみ》の別名であるとされる。次の咒言《じゅげん》を唱えると、太一真君と交流し、邪気や障気が一掃されて、多大な神秘力をえることができるという。

「奇一《きいつ》奇一たちまち雲霞《うんか》を結ぶ、宇内八方《うだいはっぽう》ごほうちょうなん、たちまちきゅうせんを貫き、玄都《げんと》に達し、太一真君に感ず、奇一奇一たちまち感通、如律令《にょりつりょう》」

た。このようにある特定の方向を忌み、そのために別の方角を経由して目的地へ行く手段をとることを、方違《かたたが》えという。方違えには当年の金神、天一神《なかがみ》、大将軍《たいしょうぐん》、王相神《おうそうじん》などの運行の方角や当人の本命星《ほんみようせい》などが左右するなど、陰陽道の神や星辰《せいしん》信仰とも密接な関わりをもっていた。

方違えのもっとも古い記録では、貞観七年（八六五）東宮《とうぐう》から内裏《だいり》に向かおうとしていた清和《せいわ》天皇に陰陽寮《おんみようりよう》が内裏は乾の方角にあたり、天皇の本命星《ほんみようせい》は午で、この年は絶命に相当するので、方違えをするよう進言、天皇がそれに従ったというものである。本命星とは、生まれた年を北斗七星などの星辰信仰に結びつけた信仰である。

この方違えの習俗から「忌《い》みこそは一夜めぐりの神ときけ、など逢うことの方違ふらん」（『金葉集《きんようしゆう》』）というような歌まで詠まれた。方忌み・方塞《ふさ》がりも方位をめぐる忌みであり、平安時代から行われてきたものである。移転、移動、建築、結婚、出産、仏事、墓参などにいたるまで方位を気にし、凶方であれば、方違えや物忌みをして凶事を免れようとしたのである。『枕草子《まくらのそうし》』や『源氏物語《げんじものがたり》』などにも方違えがでている。後者では光源氏《ひかるげんじ》が方違えのために空蟬《うつせみ》の家に行ったことが書かれている。後世になってその弊害が問題にされ、迷信として退けられるようになったものの、丑寅《うしとら》（東北）の方角を忌む鬼門《きもん》に対する信仰などは現在でも根強いものがある。鬼門は陰悪の気が集まり、百鬼が出入りするところとされ、忌み避けられている。

鬼門に対する信仰は、中国の邪気や穢れを祓い除くという辟邪《へきじや》の考え方に由来するといわれる。東北に鬼が棲《す》んでいるとするのは紀元前二世紀頃の東方朔《とうぼうさく》の『神異経《しんいきよう》』に出典がある。その後、六世紀の道教経典『山海経《せんがいきよう》』にも東海の度朔山《どさくさん》の東北に門があってそこから鬼が出入りするとあり、その鬼は疫神《やくじん》とも見られて、それを追い払う民間呪術が古代中国で毎年十二月一日に行われていた。

比叡山延暦寺《ひえいざんえんりやくじ》も御所《ごしよ》の鬼門を守るために最澄《さいちよう》によって建てられたという伝説が平安末期から鎌倉初期にかけて定着していた。『愚管抄《ぐかんしよう》』を書いた天台座主《てんだいざす》・慈円《じえん》も「わが山ははなの都の丑寅に鬼いる門をふさぐぞときく」という歌を詠んでいる。また『平家物語《へいけものがたり》』にも「この日域《じちいき》の叡岳《えいたけ》比叡山も帝都の鬼門にそばだちて、護国の霊地なり」と記されている。

ここで金神、天一神、大将軍、王相神を簡単に説明しておこう。

金気の精である金神はひじょうに清浄を尊び、その方向を犯すと激しく祟るとされ、甚だしきにいたっては金神七殺の祟りといって、その人の家族七人まで殺し、七人いなければ、家畜や愛玩動物、さらには隣人まで災いがおよぶとされた。金神は天竺《てんじく》（インド）の近くの国の鬼王、巨旦《こたん》大王の精魂ともいわれる。

天一神は北極星の脇にある星神で、十二神将《じゅうにじんしょう》の主将ともいわれる。遊行《ゆぎょう》せずに天上に位置するときは、「天一天上」として万事に吉とされた。『源氏物語』には天一神は中神として出ている。天一神が地上に下りれば、「ふたがり」として、この方向に向かって事をなすことを凶として避けた。

太白の精で、金星にあたる大将軍は、十二年で四方を一周するとされている。魔王天王ともいわれ、万物を殺伐するため大凶とされた。大将軍の方位を犯すと三年以内に死ぬとされ、建築、引越、結婚、仏事などすべて忌避された。祇園社《ぎおんしゃ》（八坂神社《やさかじんじゃ》）の祭神・牛頭天王《ごずてんのう》の眷属《けんぞく》・八王子の一人という説もあり、平安京（京都）の鎮護として四方に配されたが、現在では大将軍八神社《たいしょうぐんはちじんじゃ》の一社が残っている。

王相神は五行《ごぎょう》（木火土金水《もくかどごんすい》）思想と十干《じゅっかん》十二支、六

即座に人を気絶させる遠当法

宮地神仙道を開いた宮地水位が、神仙とされる杉山僧正《すぎやまそうしょう》から伝聞したという、人間を即座に気絶させる神仙道系の咒《まじな》いの略言がある。「あんたりをん、そくめつそく、びらりやびらり、そくめつめい、ざんざんきめい、ざんきせい、ざんだりひをん、しかんしきじん、あたらうん、をんぜそ、ざんざんびらり、あうん、ぜつめい、そくぜつ、うん、ざんざんだり、ざんだりはん」と唱えたのち、一拍手するというのである。

星祭りによる延命法

天上の星が人間の一生や運命を支配しているとする神仙道系の考え方によれば、太上神仙鎮宅霊符神《たいじょうしんせんちんたくれいふじん》を祭れば、どんな凶事や災難をも避けることができ、生霊や死霊の祟りを除き、命を延ばし、家業も繁栄し、諸願達成も可能とされている。

これにはまず祭壇を設け、太上神仙の画像（二一六ページの図を参照）を掲げるか、尊像を安置する。画像や尊像がなければ、七十二文（円でも可）の銭を積み重ねて霊位とするのである。また、使用前の鎮宅霊符を一緒に祭る場合もある（祭事終了後、その霊符には太上神仙の霊力が宿り、パワーが発揮されるというわけである）。

十四卦などとの組み合わせから割り出された諸相を神格化したもので、王神と相神の称号である。月塞がりとして移転、建築などを忌んだ。

五段祈禱法

陰陽五行説《いんようごぎょうせつ》に基づいて行われる祈願法で、国家安泰、五穀豊穣《ごこくほうじょう》、降雨止雨、福徳円満、男女和合、病気平癒など、ほとんどあらゆる祈願達成に効果があるとされるのが、五段祈禱法《ごだんきとうほう》である。密教の五壇法《ごだんほう》（五大明王法《ごだいみょうおうほう》）とも密接に関係していると思われる。

五段祈禱法を修するには、「五行祭壇」とよばれる道具立てが必要である。縦横二尺五寸、高さ一尺二寸の台の四隅に高さ二尺八寸の丸柱を立てて、四本の丸柱の上部には注連縄《しめなわ》を張りめぐらす。そして五行――木《もく》・火《か》・土《ど》・金《ごん》・水《すい》――の物実《ものざね》にあたるものを用意し、「五行祭壇」の上にそれを安置するのである。つまり、木＝榊《さかき》を東方に、火＝灯火（ローソクなど）を南方に、金＝小刀（金物の刃のついた守り刀、あるいは金属製の鈴）を西方に、土＝清浄な土（皿や器に盛る）を中央に、水＝井戸水・清水

榊《さかき》を供えて、燈明《とうみょう》を点け、神拝、拍手し、神酒《みき》と供物を捧げたのち、祭壇に向かって榊で左・右・左と祓い、祭文《さいもん》を唱える。

「太陰化生《たいいんかせい》、水位之精《すいいしせい》、虚危上応《きょきじょうおう》、亀蛇合形《きだごうぎょう》、周行六合《しゅうこうりくごう》、威接《いせつ》万霊《ばんれい》、無幽不察《むゆうふさつ》、無願不成《むがんふせい》、劫終劫始《ごうしゅうごうし》、剪伐魔精《せんばつませい》、救護群品《きゅうごぐんぴん》、国家咸寧《こっかかんねい》、数終未申《すうしゅうみしん》、妖気流行《ようきりゅうこう》、上帝有勅《じょうていゆうちょく》、吾固降霊《がここうれい》、戦場《せんじょう》正法《しょうぼう》、蕩邪讐兵《とうじゃひへい》、化育黎兆《かいくれいちょう》、協賛中興《きょうさんちゅうこう》、敢有小鬼《かんゆうしょうき》、欲来見形《よくらいけんけい》、五日一視《ごじついっし》、五嶽摧傾《ごがくさいけい》、急急如律令奉導誓願何不成就乎《きゅうきゅうにょりつれいほうどうせいがんかふじょうじゅや》」

この祭文ののち、拍手、礼拝し、祈願呪文《きがんじゅもん》を奏上。

「上真垂祐《じょうしんすいゆう》、災害不生《さいがいふしょう》、福寿増延《ふくじゅぞうえん》、子孫栄顕《しそんえいけん》、田蚕倍盛《でんさんばいせい》、六畜《ろくちく》興生《こうしょう》、掃除精怪《そうじょせいかい》、蕩滅妖気《とうめつようき》、霊符秘妙《れいふひみょう》、永鎮門庭《えいちんもんてい》、此符霊験《しふれいげん》、来歴甚多《らいれきじんた》、述之難尽《じゅつしなんじん》、行年護神《きょうねんごしん》、三元加持《さんげんかじ》、一切星宿《いっさいせいしゅく》、養我護《ようがご》我《が》、年月日時《ねんげつじつじ》、災禍消除《さいかしょうじょ》」

このあと、「善星皆来《ぜんせいかいらい》・悪星退散《あくせいたいさん》」と七十二遍唱えたのち、神酒を榊に注いで、四方に散ずる（通常今年の凶方とされる方角から行う）。

雷除けの秘咒法

東方　阿迦陀《あかだ》　西方　須多光《しゅたこう》
南方　刹帝魯《さっていろ》　北方　蘇陀摩抳《そだまに》

これを白紙に墨書し、家の四方の柱に貼《は》れば、落雷の恐れはないとされる。

などの清い水（壺や鉢に入れる）を北方に、それぞれ置く。さらに、五行の物実とは別に、神酒《みき》（徳利《とっくり》に入れておく）、粗塩、洗米《せんまい》、五色の餅《もち》（五色のあられ菓子でもよい）、季節の果実などの供物を用意し、五行の物実の前に置いておく。また、一番奥に高案《こうあん》を設置し、榊と五色の絹布を立てて、神霊が降臨するための神籬《ひもろぎ》とする。

この道具立ての準備が済むと、いよいよ祈禱《きとう》に入る。沐浴斎戒後、禊祓詞《みそぎはらえのことば》を唱えて修祓《しゅばつ》し、大麻《おおぬさ》で心身を清める。それから五行の神を招き寄せる招神《しょうしん》を行う。次に五行の神に献饌《けんせん》の儀を行うのであるが、すでに供物を準備しているので略す。次に祝詞奏上《のりとそうじょう》。祝詞は五行の神の霊妙な力を讃えるとともに、祈願の意を込めて唱えることはいうまでもない。そのあとにもっとも重要な五行行事を修する。五行行事は、木・火・土・金・水の五行の循環の働きを呪《まじな》って行うもので、水→木→火→土→金の順番に行う。

桃の木でつくった岐《くなど》（桃の木の東南に迫り出した一枝を切って長さ一尺二寸の杖にしたもの）を、五行の物実の一つの水の中に入れて、祈願の内容を祈念する。祈願の内容というのは、たとえば国家安泰を願うならば、それを祈るわけである。祈りを込めながら、岐を左回りに三回、右回りに三回、さらに左回りに三回まわす。次に「水生木大吉《すいしょうもくだいきち》、祈願円満」と唱えつつ、その水を東方に置いてある榊に注ぐ。そして五行拝詞《ごぎょうはいのことば》の「木《き》火《ひ》土《づ》金《か》水《み》の神霊《かむみたま》・厳《いづ》の御霊《みたま》を幸《さきわ》え給《たま》え」と唱えてから、水を少々、前後左右と願主の方向へ、岐ではねかけるようにする。

次に木＝榊に岐を差して、振るわせながら、やはり左回りに三回、右回りに三回、左回りに三回それぞれまわ

安倍晴明の辻占の吉凶占断秘術

陰陽道の第一人者とされた安倍晴明《あべのせいめい》が寿命を悟り、日頃用いていた卜筮《ぼくぜい》の器具を泉州堺《せんしゅうさかい》のある町の四辻に埋めたとする伝説がある。安倍晴明を慕う者たちがこの辻で道行く人の言葉を聞いて、万事を占ったところ、吉凶がよく適中したことから、辻《つじ》占《うら》が広まったといわれている。のちには堺だけではなく、他所の四辻でも行われるようになった。

この方法は日が暮れてから四辻に立ち、平生信仰している神仏を祈念し、「行く人の四辻のうらの言の葉に、うらかたしらせ辻うらの神」の呪歌を三遍となえたのち、道を行き交う通行人の話のやり取りを、それとなく聞いて、自分のことに当てはめて占うのである。通行人は二人連れか、あるいはそれ以上で話をしながら歩いている者を選ぶわけであるが、二回まではやりすごし、三回目の通行人の片々節句を占うのが、正式な作法である。

すのである。それを終えると、榊を手にとって、ローソクなどの火の上に翳《かざ》しつつ、「木生火大吉《もくしょうかだいきち》、祈願円満」と、上記の五行拝詞とを唱え、さらに榊を振るわせながら、前後左右、願主へと振りかざす。

同じようにして火、土、金の行事を行う。火の場合は、岐を火の炎の中に入れて、左回りに三回、右回りに二回、左回りに三回まわし、「火生土《かしょうど》大吉《だいきち》、円満成就」と五行拝詞を唱え、岐を炎の中に入れて、土に掛けるとともに、炎を前後左右と願主へ飛ばす。

土も同様に行うが、唱え詞《ことば》は「土生金大吉《どしょうごんだいきち》、円満成就」と五行拝詞で、岐を用いて土の中に入れ、その土を金（小刀など）に掛ける。金の唱え詞は「金生水《ごんしょうすい》大吉《だいきち》、円満成就」と五行拝詞である。岐を小刀などに突いてから、その岐を水の中に入れるのである。

その後、願意が成就するよう、強く祈念する。そして神饌を下げる撤饌《てっせん》と、五行の神にお帰りを願う送神《そうしん》の儀を行って、五行祈禱法は終了となる。

庚申信仰と三尸

庚申《こうしん》の日にあたる夜は、徹夜して起きている慣習が

天帝から命を受けて人体の三部位に棲息しているとされる三尸。その巻物にはその人間の悪事が細大漏らさず記されている。

平安時代から行われていた。その理由は人間が生まれたときから、胎内に三尸《さんし》という悪い虫がいて、身を離れず、その人間を四六時中監視し、とりわけ庚申の日ごとに当人が寝ているあいだに天に上り、天帝にその人間の罪科を洗いざらい、告げ口すると信じられていたためである。三尸の告げ口のせいで人間は定命《じょうみょう》を縮められると考えられてもいた。三尸を信ずる者は、庚申の夜だけは、けっして寝ることなく、徹夜する習慣になっていたのである。

三尸は上尸《じょうし》、中尸《ちゅうし》、下尸《げし》に分類される。上尸は人間の頭部に棲息《せいそく》し、眼を暗くし、顔の皺《しわ》を促進させ、頭髪を白髪にする。中尸は腸内に棲《す》みつき、大食痛飲させ、五臓を損ない、悪夢の原因ともなっている。下尸は足を住《すみ》処《か》とし、精力を減退させ、命を奪う。この三尸の害を免れるには、庚申の夜に眠らずに起きてきて、身を慎み、三尸の名前などの呪文を唱えていると、病気に罹らず、長生《ちょうせい》し、災禍《さいか》に遭わず、幸福な人生を送ることができるというのである。

庚申の夜に唱える呪文は「彭侯子《ほうこうし》、彭常子《ほうじょうし》、命児子《めいこし》、悉入窈冥之中《しつにゅうようめいしちゅう》、去離《きより》我《が》身《しん》」である。これを繰り返し唱え

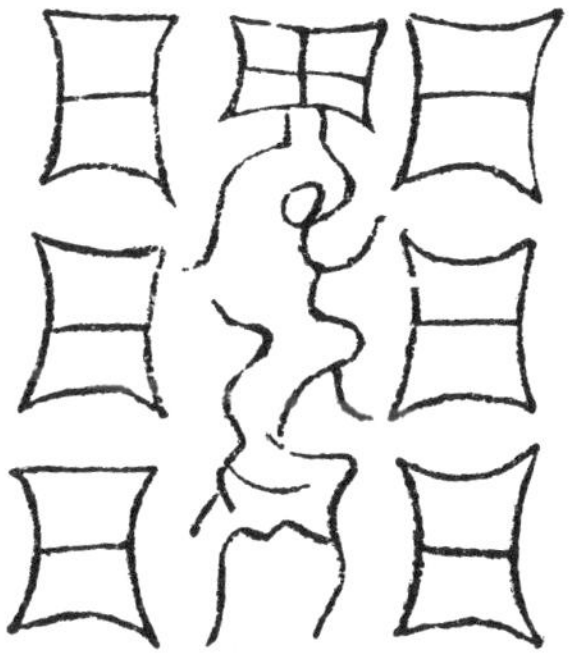

三尸九蟲の蟲を下す紫庭符

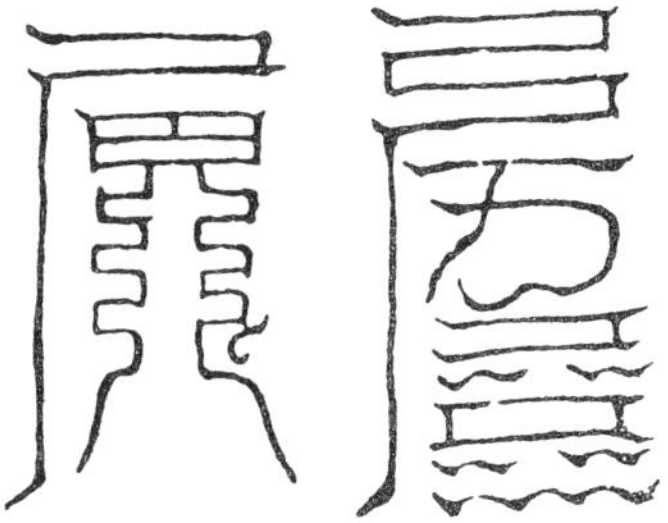

上尸三蟲を斬る宝符（左）
中尸三蟲を斬る宝符（右）

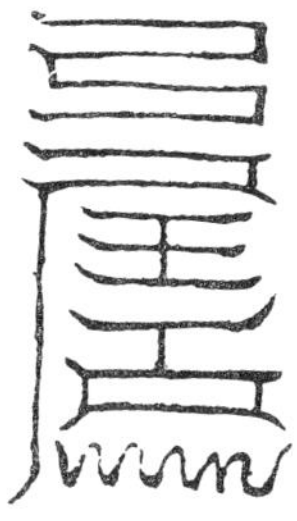

下尸三蟲を斬る宝符

ると、三尸を駆除できるとされた（『簾中抄《れんちゅうしょう》』）。また庚申の夜でも次の呪文を唱えれば、眠っても大丈夫だとされた。『袋草紙《ふくろぞうし》』に出ている呪文で「しやむしは、いねやさりねや、わがとこを、ねたれどねぬぞ、ねねどねたるぞ」というものである。

三尸説のオリジナルは、道教にある。三尸を除くには、霊符や仙薬を呑んで駆除する方法があることが『歴世真仙体道通鑑《れきせいしんせんたいどうつうかん》』巻三に記されている。また『抱朴子《ほうぼくし》』によると、仙人修行も三尸除去に効果的であるという。

式神

平安後期の歴史物語『大鏡《おおかがみ》』には花山《かざん》天皇が出家《しゅつけ》の夜、陰陽道《おんみょうどう》の祖とされる安倍晴明《あべのせいめい》（九二一～一〇〇五）の家の前を通りかかったとき、家のなかで晴明は手を何度も打ちながら「ご退位になるという天変があったが、もはや事はすんだらしい。車の用意をせよ、式神《しきがみ》ひとり、内裏《だいり》へ参れ」というと、眼に見えぬもの（式神《しきがみ》）が戸を押しあけて出てきて「ただいま帝《みかど》はご門前をお通りになりました」と告げたと記されている。式神は普通の人には見えない一種の霊体で、陰陽師《おんみょうじ》の身辺にいて外護《げご》したり、召使《めしつかい》的に働くものと信じられていた。見える人にとっては、鬼のような恐ろしい顔をしていたようである。晴明の妻は晴明が使役《しえき》する式神・十二神将《じゅうにじんしょう》が家のなかでうろうろしているのをひじょうに恐れたので、晴明は普段は京都の一条堀川戻橋《いちじょうほりかわもどりばし》の下に封じて隠し、用事のあるときだけ呪縛《じゅばく》を解いてよび出していたという（『源平盛衰記《げんぺいせいすいき》』）。式神は密教・修験道系の修験者が使う護法童子《ごほうどうじ》の信仰と対応関係にある。

式神の式は直《ちょく》接的には陰陽道の占術の道具に由来する。方盤に重ねた円盤を回転させて停止させ、両方の盤に記された文字（十干十二支、神将など）の符合をもとにして占った。優れた陰陽師であれば、この式による占い（式占《ちょくせん》＝六壬占《りくじんせん》）の見立てが現実化する要素が高いので、式の占術によって式神が働くものと見なされるようになったのである。この式は平安中期まで陰陽道の占術の中心的な道具であった。陰陽師たちは日時の干支、八卦、

疫病神と対峙する安倍晴明（東京国立博物館蔵）

天文などの相互関係から推察して式盤の上に表れた卦をみて占っていたのである。

ちなみに『今昔物語集《こんじやくものがたりしゅう》』や『宇治拾遺物語《うじしゅういものがたり》』などにもたびたび式神が登場する。

『今昔物語集』では幼少時代から賀茂忠行《かものただゆき》に仕えていた晴明が、忠行の供《とも》をして夜間に外出したときのこと、前方に鬼どもが近づいてくるのに気がついた。車のなかで寝入っていた忠行にそれを伝えると、忠行は隠形《おんぎょう》の術を使い、鬼の害を免れた。それ以後、忠行は晴明の素質を認め、陰陽道の奥儀を伝授したとされている。また播磨国《はりまのくに》の智徳《ちとく》という名の法師陰陽師《ほうしおんみょうじ》が晴明と呪法を競おうとし、十歳くらいの二人の童子（式神）を偽って晴明のもとに弟子入りさせようとした。そのたくらみを見抜いた晴明は、袖《そで》のなかで両手を合わせて印《いん》を結び、呪を唱え隠形の術で童子を隠した。智徳は自分の力量不足であることを覚り、晴明に詫びると、晴明はその童子を戻したという。

晴明は紙を鳥に変えて飛ばす術を行ったとする伝説もある。藤《ふじ》原道長《わらのみちなが》が建設中の法成寺《ほうじょうじ》を検分に出掛けると、寺門のところで飼い犬が道長の直衣《のうし》をくわえてはなそうとしないので、晴明に調べさせた。すると、晴明はそこに道長を呪詛している者による蠱《まじ》物《もの》が埋まっているはずであると告げた。そこを掘らせると、土器を二つに合わせて黄色の紙を捻《ひね》って十文字に縛《しば》ったものが出てきた。土器の底には朱砂《しゅしゃ》で一文字が書かれていた。晴明は懐から紙を取り出し、鳥形に切って呪文とともに飛ばすと、それが飛んでいった先には晴明のライバルであった道摩《どうま》法師《ほうし》がいた。道摩法師は左大臣《さだいじん》藤原顕光《ふじわらのあきみつ》に呪詛を頼まれたと白状し、播磨へ追放された。晴明が飛ばした紙も式神であったという。

相手の使う式神を調伏《ちょうぶく》して、逆に相手を呪殺するという方法もあった。『宇治拾遺物語』によれば、蔵人少将《くろうどしょうしょう》が参内《さんだい》しようとするときに、鳥が飛んできて汚物を少将にかけるのを晴明が目撃した。鳥が式神であると見抜いた晴明は、少将に「今は参内どころではありませぬ。今晩中にあなたは死んでしまいますぞ」と危急を告げ、物忌みを勧めるとともに一晩中、加持の身固《みがた》めをした。翌日、少将の関係者である五位の蔵人が、少将を嫉妬して、ある陰陽師に式神による呪殺を依頼したが、晴明に見破られたため、逆戻りした式神に打たれてその陰陽師が死にかかっていると懺悔したのである。

式神による呪殺について公卿《くぎょう》らに聞かれた晴明は、「少しばかり力を入れれば殺せます。虫くらいならば簡単です」と答えたことがある。その席上、ちょうど庭の池のところにいた蝦蟇《がま》が眼についた公家が「一匹殺してみてほしい」と頼んだ。晴明は「無益な殺生《せっしょう》はしたくはないが」とつぶやきながらも、側に生えていた草の葉を摘んで呪文を唱えつつ、蝦蟇へ投げつけた。その葉が触れた瞬間、蝦蟇はぺしゃんこになって即死し、公家たちは青ざめたという。この草の葉は式神の役割をはたしたというわけである。

式神使役法

使役者の命令に従う霊物《れいもつ》とされる式神《しきがみ》（「しきじん」ともいう）は識神《しきがみ》、職神とも記す。式神を使うには六甲壇《ろっこうだん》を設置し、六甲六丁の日を選んで秘呪を唱えて式神にあたる玉女《ぎょくじょ》をよび出すなど諸法がある。

悪夢を吉夢に変ずる誦

夢は神秘的なメッセージ、啓示、未来予知のお告げなどと考えられてきた。とくに中世には悪夢が現実にならないよう、その夢を吉に変える夢違《ゆめたが》え（「ゆめちがえ」ともいう）の呪法があった。

夢違えには夢の誦「悪夢着草木吉夢成宝王《あくむちやくそうもくきちむじようほうおう》」を唱えたのである（『拾芥略要抄《しゆうがいりやくようしよう》』）。また、吉備大臣《きびだいじん》（吉備真備《きびのまきび》＝六九三〜七七五）の夢違誦文歌《ゆめちがえじゆもんか》として「あらちをのかるやのさきにたつ鹿もちがへをすればちがふとぞきく」を詠むという方法もあった（『袋草紙』）。

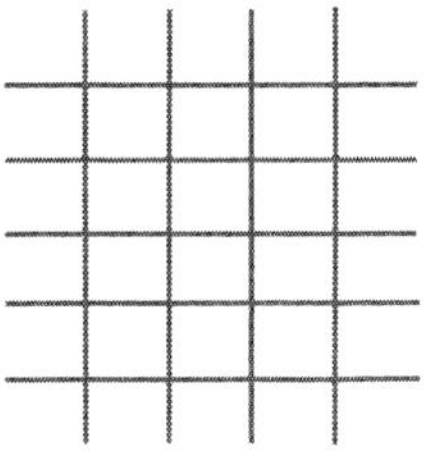

ドーマン

セーマン・ドーマン

安倍晴明がつくった魔除けの呪符（呪的文様）とされ、「晴明桔梗印《せいめいききよういん》」の別称もある五芒星《ごぼうせい》をセーマンという。晴明大神を祭る京都市上京区堀川通一条上ルの晴明神社《せいめいじんじや》の神紋《しんもん》である。三重県志摩《しま》地方の海女《あま》が魔除けや安全祈願のために鉢巻きなどにこのマークを「セーマン」とよんで付けていたことでも有名である。ドーマンは修験道などでもお馴染みの九字《くじ》（早九字《はや》）の呪符である。高知県物部村の陰陽道系の民間信仰いざなぎ流の太夫《たゆう》（神職）が用いる花笠《はながさ》の裏側にもセーマンとドーマンが護符として書かれている。

セーマン

晴明桔梗印がなぜ魔除けになるのかというと、陰陽五行の相生《そうしよう》と相剋《そうこく》を象徴しているからである。相生はたとえば五行のうちの木が火を生じ、火は土を生ずるというプラスの連鎖系である。それに対して相剋は木が土を剋《こく》し、土は水を剋すというマイナスの連鎖系をいう。つまり相生は木生《しよう》火、火生土、土生金、金生水、水生木で、相剋は木剋土、土剋水、水剋火、火剋金、金剋木となる。これらの相互作用によって宇宙万物の除災清浄を行っているのが、晴明桔梗印であるとされる。晴明桔梗印を呪するには、五芒星の真中に点を加えて開眼《かいげん》するのが原則である。

ドーマンもセーマン同様、魔除けになるものであるが、その名称は安倍晴明に拮抗《きっこう》するほどの実力をもっていたとされる陰陽師・蘆屋《あしや》道満《どうまん》の名にちなんでいるといわれる。陰陽道ではドーマンを霊符として使用するだけではなく、その形を九字法として実践することもあった。すなわち九字切り同様に、「朱雀《すざく》、玄武《げんぶ》、白虎《びゃっこ》、勾陣《こうじん》、南斗《なんと》、北斗《ほくと》、三台《さんだい》、玉《ぎょく》女《じょ》、青龍《せいりゅう》」と唱えて用いることが多かったようである。

また「臨兵闘者皆陣烈在前」の九字《くじ》を九曜星・当

晴明神社

原因不明の病を知る六三（六算）除けの秘法

医者に行ってもわからないというような病気の原因、病原を知る方法が陰陽道から派生した六三《ろくさん》（六算）除《よ》けである。古くから民間信仰系でも行われてきたもので、現代においても神道家《か》、修験者（山伏）、密教僧、法華行者などの一部でこの方法を用いて占うことがある。

病気の場所を知る六三除けの方法は、発病した年齢（数え年が正式）を九の数字で割る（除法）のである。割り切れたときは図の九の部位である頭部に、また割り切れない場合は、図のそれぞれの数の場所が病患部になっているとみる（図参照）。

もしあなたが三十五歳であるとする。三十五を九で割れば、余りの数が八である。八の場所は股に当たるので、股に障《さわ》りがあるとするのである。仮に三十六歳であれば、九で割り切れるので、九の場所の頭部に病の原因があるというわけである。

六三除けの障りの箇所を簡単に覚える歌も知られている。「九は頭、五七の肩に、六二脇、四腹、八つ股、一三の足」。男女は陽と陰の関係にあるので、肩と脇と足の数の位置がそれぞれ逆になっていることに注意されたい。

病気の原因が判明したら、その障りを除く秘法も伝えられている。これは豆腐一丁をその人の年齢（数え年）の数だけ、賽《さい》の目に切ったあと、御神酒一合と醤油を少し添えて神前に供え、病気平癒の祈願をしてから、神歌「五王《ごおう》ある中なる王にはびこ年星に配当して星の厄難を逃れる呪法がある。南方の天に向かい、九字を九遍唱えながら、そのつど、歯を噛み合わせると、その年の星がもたらす災厄《さいやく》を免れるという。

臨＝計都星《けいとせい》（七歳）
兵＝日曜星（八歳）
闘＝木曜星（九歳）
者＝火曜星（六歳）
皆＝羅睺星《らごせい》（一歳・十歳・十一歳）
陣＝土曜星（二歳）
烈＝月曜星（五歳）
在＝金曜星（四歳）
前＝水曜星（三歳）

犬の子

幼児の無病息災、無事成長を願い、その額に「犬」という字を書く呪《まじな》いがあった。これは「犬の子」という儀礼であるが、転訛《てんか》して「いんの子」といった。京都の八坂神社《やさかじんじゃ》の前身・祇園社《ぎおんしゃ》でも赭（あかつち）をといて「犬」と書く風儀があった（『神《しん》

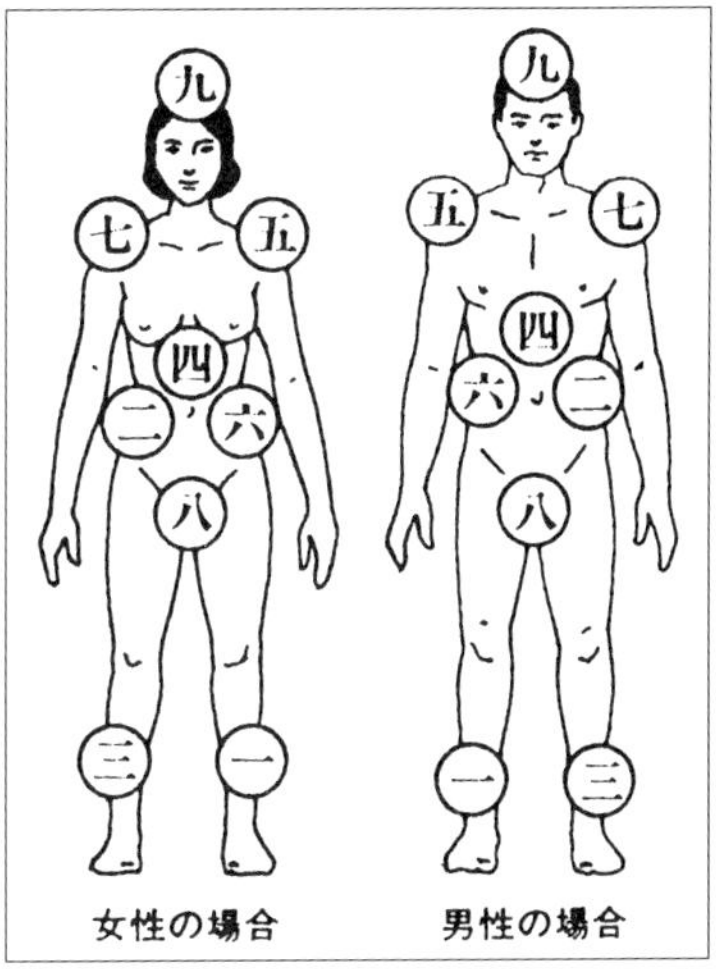

六三除けの秘法

られ、病はとくに逃げ去りにけり」を十遍唱えるのである。さらによく治るよう祈念し、柏手を四回打ち、拝を九回する。そして供えた御神酒を三口呑み、豆腐を五切れ醤油をつけて食べ、残りの豆腐は白紙九枚に包んで川か海に流す。流す際は「西のうみ大海原《おおうなばら》の沖の背は六算払え荒磯《あらいそ》のうみ」か「千早振《ちはやふ》る神の祟りを身に受けて六算除けし身こそやすけれ」の咒歌を唱えることになっている。

密教系の六三除けの呪法としては、白紙で幣帛《へいはく》をつくり、それを竹に結わえて、体の障りの箇所をその幣帛で真言を九回唱えながら、こする。真言は「オン・コロコロ・センダリマトウギ・ソワカ」「オン・オロキヤ・ソワカ」「オン・アボキヤ・ベイロシャナウ・マカホダラ・マニハンドマ・ジンバラ・ハリハリタヤ・ウン」。使用した幣帛は上記の咒歌とともに川などに

道類聚名目抄《とうるいじゅめいもくしょう》』)。

泰山府君祭

寿命延長、病気平癒、除災招福のために行われた陰陽道《おんみょうどう》最高の祭事が泰山府君祭《たいざんふくんさい》で、初期の頃には朝廷の独占祭祀となり、後代にいたっても貴族や将軍などの高位高官が独占、民間にはまったくといっていいほど流れることはなかった。

泰山府君とは、陰陽道の主神《しゅしん》で、もとは中国の五《ご》嶽《がく》の中心とされた山東省の東嶽泰山《とうがくたいざん》(大山)の神である。万物・人間の生死を司るとされ、祈願次第では延命や不老長生も可能ということから、神仙《しんせん》を志向した中国の歴代皇帝らが熱心に信仰していた。正式な記録では日本では平安京を開いた桓武《かんむ》天皇のために初めて斎行されたというが、伝説では阿倍仲麿《あべのなかまろ》(六九八~七七〇)が遣唐使として学び、それを吉《き》備真備《びのまきび》に託して天平七年(七三五)に伝来したとされる。泰山府君の祭祀を司ったのは安倍家(土御門《つちみかど》家《け》)で、江戸時代の天和二年(一六八二)霊元《れいげん》天皇から「天社《てんしゃ》」の称号を賜った。福井県名田庄《なたしょう》の天社

流して供養する。

また「天竺《てんじく》の義馬《ぎば》が迎えに吾来たと六算ここに立ち去るべし・アビラウンケン・ソワカ」といいながら、自分の年齢の数の米粒を半紙に包んで、病患部をさすったのち、治るよう祈願してから、それを川などに投げ込む。ほかに、白紙に全身の絵を描いて六算で算出した箇所に印をつけて、その部分を線香の火を焼いて仏壇に上げたのち、日の出前に川へ流したり、仏壇前で線香を一本立てて「線香が燃え尽きるまでに六算を治してください」と願をかける方法もある。

病気の長短を占う秘法

病人の年齢(数え年)と病気になり始めた月と、占う日にちの三種類の数を合計して三で割り算する。一が残れば、病は軽いものですぐに癒《い》える。二が残れば病気が重くなる危険性もあるので注意して安静にしておく必要がある。三が残ると、長びいて長期療養になるか、場合によっては急変して死ぬ場合もあるので、とくに注意すべしとされている。たとえば、病人が四十歳で三月に病気になり、二日の日に占うとすれば、その合計は四十五である。それを三で割ると十五で割り切れる。その十五をさらに三で割りつづけると、二の数字が残る(十五÷三=五。五÷三=二)。つまり、大したことのないような病気でも決して甘く見ずに節制して治療しなければならないと占うわけである。

土御門神道本庁として今日も道統を伝えている。

泰山府君祭では某の命が危うければ、その身代わりになる者の命を継ぎ足して延命させることができるとされた。三井寺《みいでら》（園城寺《おんじようじ》）の『泣不動縁起絵巻《なきふどうえんぎえまき》』の伝説では、智興内供《ちきようないぐ》が重病となり、安倍晴明に祭が依頼された。占ってみると、もはや助かる見込みはなかったので、晴明はもし智興内供の身代わりになる者がいれば、泰山府君の神に頼み込み、智興内供を延命させることはできるかもしれないというと、弟子の証空《しようくう》が身代わりになることを申し出た。そこで晴明が泰山府君に祈った。その間、すでに死を決意していた証空は守り本尊の不動の画像前でみずからの後生《ごしよう》を祈念していた。すると不動が身を捨ててまで師を救けようとする証空の態度に感激して、その両目から血の涙を流し、証空の身代わりになろうと声を発したので、証空は死を免れ、智興内供も延命したという。その不動の画像が泣不動として三井寺常住院《じようじゆういん》に秘蔵されたのである。

天曹地府祭

泰山府君祭《たいざんふくんさい》をもとにしてよりグレードアップした祭が天曹地府祭《てんちゆうちふさい》である。安倍晴明を祖とする安倍家の家伝神道とされる土御門《つちみかど》神道が独占的に行っていた天皇家最重要の祭典で、天皇が践祚《せんそ》後、原則的に一世一代に限って執行された。天皇にかかわる災厄の一切を祓い、延命長寿をことほぐ祭祀《さいし》である。

祭典は太鼓の合図とともに始まり、祭郎とよばれる役が法螺貝《ほうらがい》を吹き、祭壇には神饌《しんせん》や祭文都状の筥《はこ》が置かれる。陰陽道長官は勅使《ちよくし》が持参した天皇の衣装である御撫物《なでもの》を撫でて穢《けが》れを移し、さらに洒水加持《しやすいかじ》を行ったあと、泰山府君をはじめとする十二座の神々を降臨させ、その加護を祈るのである。そして神々に酒を三回献進し、都状を奏上、さらに日鐸や月鐸を振って呪法を行う。

鎮宅霊符神坐尊像（金華山人編著『増補鎮宅霊符神感応秘密修法集』三密堂書店より）

鎮宅霊符神

宅地《たくち》相《そう》の守護神として凶相を吉相に転じ、生命力を強化するという鎮宅霊符《ちんたくれいふ》神《じん》は、天上にあっては北辰尊神《ほくしんそんしん》と称し、地においては鎮宅霊符尊神と尊称される。眷属《けんぞく》として抱卦《ほうか》童子《どうじ》と持卦《じか》童子《どうじ》の二人を従えている。推古《すいこ》天皇の時代に百済《くだら》から渡来した聖明王子《せいめいおうじ》と琳聖太子《りんせいたいし》が伝えたとされている。その後、安倍晴明《あべのせいめい》が鎮宅霊符神の神法を復興したとされ、密教や修験道《しゅげんどう》にも影響をあたえた。楠《くす》木正成《のきまさしげ》や上杉謙信《うえすぎけんしん》、豊臣秀吉など武家からも戦勝祈願の一環として信仰された。とくに鎮宅霊符神という名称からも窺われるように、七十二種（周易《しゅうえき》の八掛《はっか》と六十四掛を合計した数）の呪法をもつ霊符の神として民間に普及した。密教的秘義として鎮宅霊符神は、北斗《ほくと》星《せい》を神格化した妙見菩薩《みょうけんぼさつ》と同体説がある。とくに江戸期あたりから延命長寿に加えて、金銀をもたらす富貴の神として多くの崇敬を得るようになった。妙見菩薩を祀っている寺には基本的に鎮宅霊符神の尊像が併祭され、そのほとんどが〝秘神〟として扱われている。祈願はもっぱら夜間秘かに行われるパターンが多いようだ。

鎮宅霊符神社（奈良市陰陽町、飯田道夫『庚申信仰』人文書院より）

霊符を書写する方法

霊符《れいふ》（神符・護符・秘符などともいう）を書く際に用いる筆や墨や紙、硯《すずり》（あるいは乳鉢）は、いずれも市販の清浄な新品を使うが、再度使用する場合は、いずれも霊符の書写専用とし、他の用途に用いないことが大事である。それらの道具を使用しないときには、清潔な場所に保管しておく。書写するための紙は、生漉きの和紙がよいとされているが、通常の半紙でも構わない。白紙のほか、赤・黄・青・黒の紙を用いる。紙ではなく、符板を使用することもある。符板の材質は白ヤナギ、木犀《もくれん》、桃木、梅木、合歓木《ねむのき》、ヌルデ＝震雷木、香木、檜《ひのき》、杉、楠などがあるが、普通は桃か梅の木で代用しておけば間違いはない。さらに剣や鏡などに書いたり、刻む場合もある。

また、墨や筆はできるだけ上質のものを使ったほうがよいとされている。墨は濃墨（古墨）を最上とし、筆は基本的には細字用の毛筆を用いる。墨のかわりに朱砂《しゆしや》を用いることも多い。朱砂には水銀などの毒性があるため、取扱には注意する（純粋な朱砂は漢方薬専門店で薬品として取り扱っているところもある）。入手が難しければ画材用の朱色で代用してもよい。また符を呑んで使用する呑符《のみふ》は、朱砂ではなく、紅花《べにばな》から採った紅を用いる。

墨をとく水は、井水（井戸水）、天水（雨水）、神水（神に捧げた水、あるいは神社から湧き出る水）、元水《もとみず》（ヘチマの茎からでる水）、露水（日の出前の草木に付いた露を集めた水）、別水（川が二股に分岐するところの水）、甘露水《かんろすい》（榊《さかき》に降る雨水）、乳水（母乳・牛乳等）、辛水（海水）、あるいは恵方《えほう》から湧き出る水を用いるなど、種々の作法が求められる場合もあるが、通常は早朝（日の出前）に汲んだ水（水道水）でもよいとされている。また往々にして清明水《せいめいすい》が用いられている。この清明水は清水三升に日本酒五合を加え、そこに粗塩《あらじお》を一摘み加えて謹製する（謹製に際しては「トホエミエミタメ、祓い給え、清め給え」を八回となえる）。清明水は謹製したその日限りのみ有効であり、余分になったものは神社の境内か、榊の根元に捨てる。朱砂を溶かすには、乳鉢に朱砂を〇・一グラムに水を茶匙《さじ》で二匙分、それに白砂糖を茶匙で少々入れて擦ると、紅色になる。

霊符を書く吉日は諸説あり、一説には大吉日が辛寅・壬子・壬寅・癸酉・癸卯、吉日が丙午・丙辰・丁酉・戊子・戊辰・戊申・戊午で、時間は午前二時から三時半が最高とされているが、日の出前の時間帯であればよい。重要な霊符を書写するには、前もって充分に潔斎《けつさい》を重ねて身を清めておく必要がある。それには重要度に応じて、大願のときには七日前あるいは二十一日前から準備するが、少なくとも三日前（最低でも一日前）から身心を清め、清潔な服を着用し、不浄な場所へ行かない。その間の食事は、酒・肉はもとより五辛などの刺激物を絶った精進料理を食する。具体的に禁物を上げておくと、亀の類、牛、犬、雁《がん》、酒、鰻、黒鯉（イセゴイ）、ドジョウ、ヤツメウナギ、五辛、生大根である。またその間、葬儀場や喪中の人と接することなく、房事（閨事）、生理中の女性をも避けなければならない。

霊符を書くには、早朝に水を浴びて沐浴するか、湯浴みして身体の汚れを落とし、清浄な衣を着て、清浄な室（家のなかで神棚を祀っている部屋など）で、南向きに掛けた鎮宅霊符神の画像の前で、二度拝してから、再拝文「オンサルバタタ、ギヤタバンナヤノキヤロニ」を二度唱える。

そして二回拝したのち、焼香（白檀《びやくだん》か沈香《じんこう》、安息香《あんそくこう》を用いる）し、両手を胸に当てて、立ちながら勧請文「一心奉請《いつしんほうしよう》、北《ほく》辰妙見《しんみようけん》、真武神仙《しんぶしんせん》、韓壇関公《かんだんかんこう》、劉進平先生《りゆうしんへいせんせい》、漢孝文皇帝《かんのこうぶんこうてい》、霊符《れいふ》天真神《てんしんじん》、喼喼如律令《きゆうきゆうによりつりよう》」を三度唱える。次に鎮宅霊符神に捧げた八種の供物（李《すもも》・栗・梅・杏《あんず》・桃・棗《なつめ》・梨・柿。これらのすべてが用意できなければ、他の果実で八種をそろえる）を普印で加持し、「黍稷《しよしよく》香《かんば》しきにあらず、明徳惟《こ》れ馨《こうば》し、沼沚之草《じようしのくさ》、蘋蘩之菜《ひんぱんのさい》、礼奠《れいてん》薄しといえども、志《こころざし》の敦厚《とんこう》なるを以《もつ》て、昭《あきら》かに之《これ》を尚享《しようきよう》す」を一度唱えたのち、さらに神酒加持を八葉印で行い、「此酒妙味《ししゆみようみ》、遍満虚空《へんまんこくう》、祭諸神等《さいしよしんとう》、祭諸霊等《さいしよれいとう》、天福皆来《てんぷくかいらい》、地福円満《ちふくえんまん》」を三度唱える。

次に柏手を二度打ち、「大なる哉《かな》、乾《けん》なる哉、乾元亨利貞《けんげんこうりてい》」と誦し、歯を八度カチカチと鳴らす。それから「乾元亨利貞」を百二十回唱え、笏《しやく》か扇子《せんす》を持ち、「心上護神《しんじようごしん》、三元加持《さんげんかじ》、胸《きよう》霧自消《むじしよう》、心月澄明《しんげつちようめい》、大願成就《だいがんじようじゆ》、上天妙果《じようてんみようか》」を三度誦す。

次に瞑目し、黙然として我が心中に、金光が焔のようにして天から舞い降りてくると思い、その金光を一息で呑み込むと同時に、その気を筆に吹き入れるように強く念じて、霊符（あるいは神への志願書など）を書写する。霊符は途中で筆を休めることなく、一気に書き上げてしまわなければならない。専門家の多くは書写している間、息を止めて霊符にありったけの気を注ぐものであるという。つまり、漫然と霊符を書くのではなく、入念な手続きをとってはじめて霊符がその真の力を発揮するというのである。霊符は一枚だけではなく、複数枚書いても併用してもまったく問題はない。

そして書写した霊符は、壇上（あるいは盆の上）に置き、「乾元亨利貞」を心中で八度唱えて入魂《にゆうこん》する（入魂方法は種々あり、これはその一例で、神道系の場合は祓詞《はらえことば》を唱えたのちに、願文《がんもん》を奏上し、霊符に対して九字を切る場合もある）。そのあと、送神文「一心奉送上《いつしんぶそうじよう》所請《しよしよう》、一切尊神《いつさいそんしん》、一切霊等《いつさいれいとう》、各々《おのおの》本宮に還《かえ》り給え、向後請《きようこうしよう》じ奉《たてまつ》らば、即ち慈悲を捨てず、急《すみやか》に須《すべから》く光降《こうごう》を垂れ給え」を三度唱え、二礼してから退座する。

書写した霊符は所持するなり、しかるべきところに貼り付ける。霊符をそのまま持つ場合は折ってもよいが、できるだけ別の紙に包んだほうがよいとされている。霊符を包むための「清め包み」もある。神道研究家の大宮司朗氏はその著『太古真法』で紹介しているが、清め包みはその中に入れた霊符を清浄に保つ働きを有しているとされる。清め包みは霊符同様に折り紙で行う折符《おりふ》＝神折符とよばれるもののひとつで、伊勢の斎宮《さいぐう》に伝承されていたものという。壁などに貼る場合は、霊符をそのまま貼るよりは奉紙などで包んで貼付しておいたほうがよいとされる。

霊符の効力の期限は正しい方法で謹書した場合は無限とされているが、願いが成就したときには感謝の念を込めながら、それを焼納する。効き目がすぐに現れないようであれば、潔斎しなおして再び書写する。急ぐ場合は一か月ごとに書き改めても

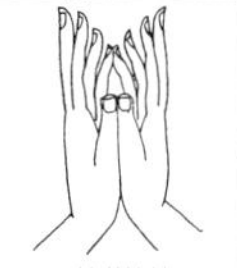

よい。また古い霊符や、書き損じた場合は、そのまま破いたりして捨てずに、必ず燃やしておくこととされている。その灰はなるべく人の踏み込まない場所に捨てる。

霊符の効力を強める秘法として祭文《さいもん》を唱える作法がある。霊符神に向かって毎日三度（時間的余裕がなければ一度）次の祭文を奏上する。

「ここに七十二道の霊符神は、身上《しんじょう》に具足し、（祈願者の氏名を入れる）を守護し給え。夫《そ》れ神《しん》は万物に妙《たえ》にして変化に通ずるものなり。天道《てんどう》を立て、是を陰陽《いんよう》と謂《い》い、地道を立て、是を柔剛《じゅうごう》と謂い、人道《じんどう》を立て、是を仁義《じんぎ》と謂う。

三才兼ねて之を両《ふた》つにす。故に六画卦《りくかくか》を成す。天地位《くらい》を定む。山沢《さんたく》気を通じ、雷風相薄《らいふうあいせま》り、水火相撃《かすいあいう》つ。八卦《はっか》相錯《あいまじわ》って往《おう》を推《お》し、来《らい》を知る者は、神なり。乾《けん》を奎と曰《い》う。坎《かん》を虚《きょ》と曰う。艮《ごん》を斗《と》と曰う。震《しん》を房と曰う。巽《そん》を角《かく》と曰う。離《り》を星《せい》と曰う。坤《こん》を井と曰う。兌《だ》を昴《ぼう》と曰う。天地吉凶、神に非ずんば、知ること無し。

故に八珍・八財・八菓・珍華・異香・美酒・甘肴《かんこう》を備え、禴《やく》祭《さい》を陳《の》ぶ。仰ぎ冀《ねがわく》ば、今日の祈主《きしゅ》（氏名）福寿増長《ふくじゅぞうちょう》、除災与楽《じょさいよらく》、心中善願《しんちゅうぜんがん》、決定成就《けつじょうじょうじゅ》、決定円満《けつじょうえんまん》」

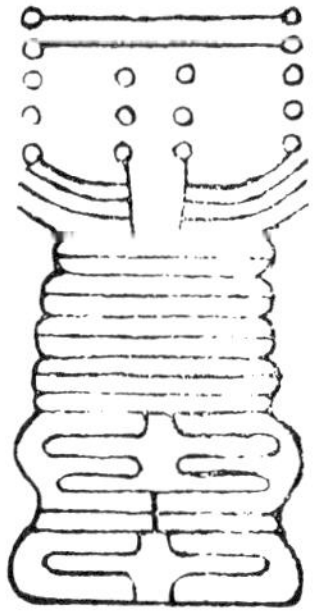

悪鬼を厭つ

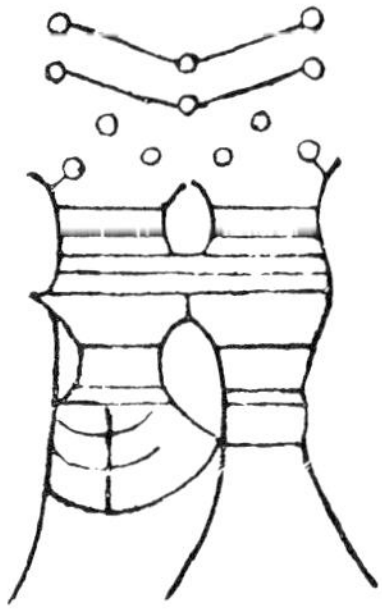

財を奪われたり謀害にあうなどの鬼を厭つ

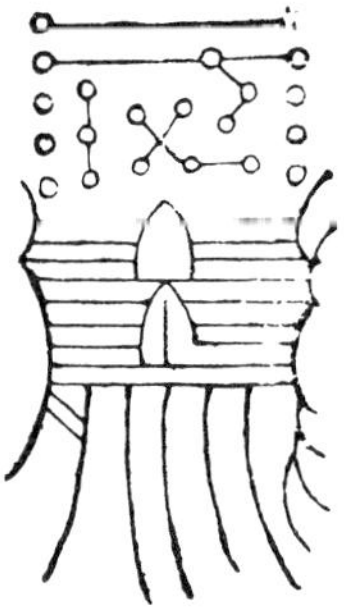

禍害の鬼を厭ち除く

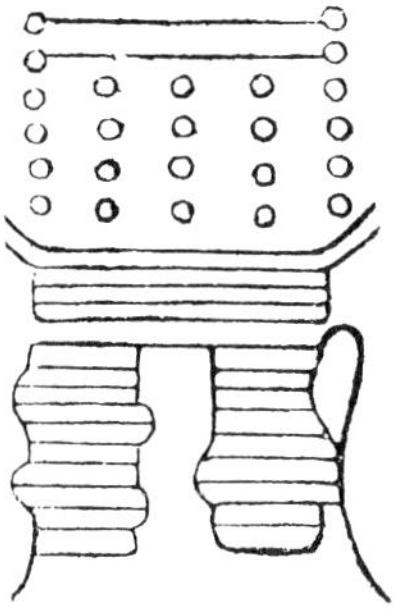

凶悪の鬼を厭ち鎮める

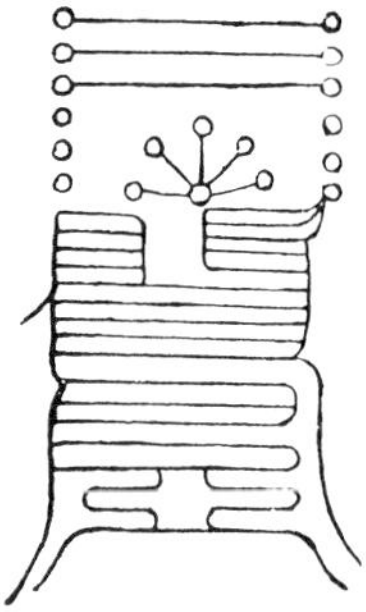

口舌悪事の侵害を厭ち除く

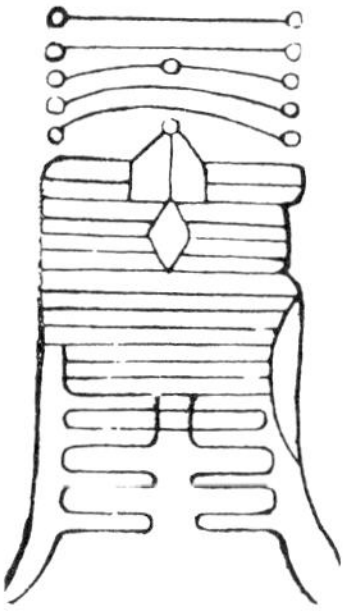

気運陰陽和せざることを厭ち除く

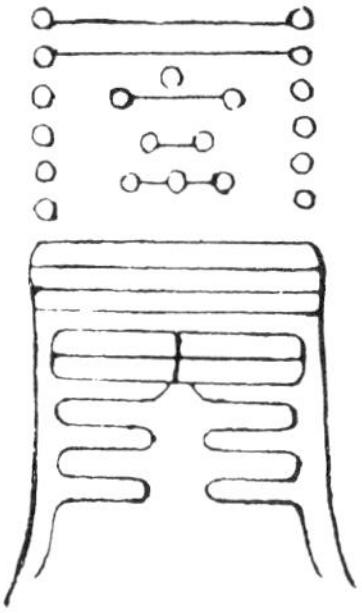

百事成就せぬを厭つ

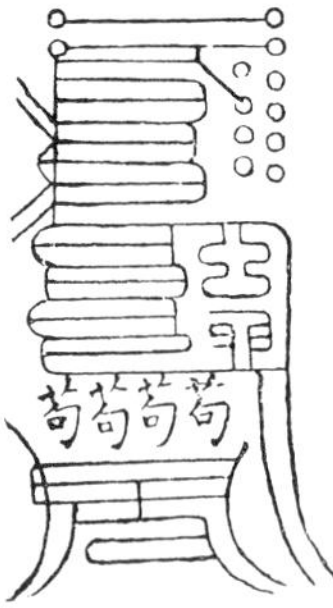

盗賊口舌たえざるの鬼を厭つ

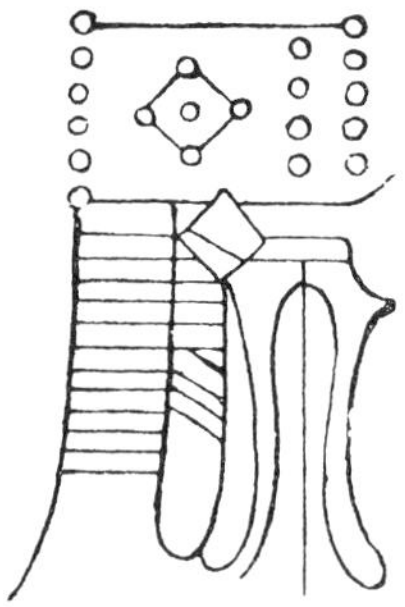

金銀入宅を招き、富貴にして殃禍に逢わず

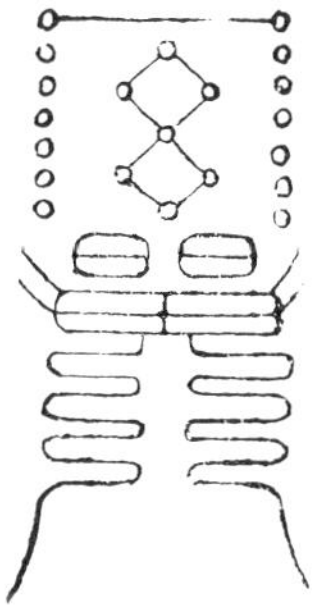

金銀おのずから入り大富貴を招く

盗賊侵さず万事意に叶う

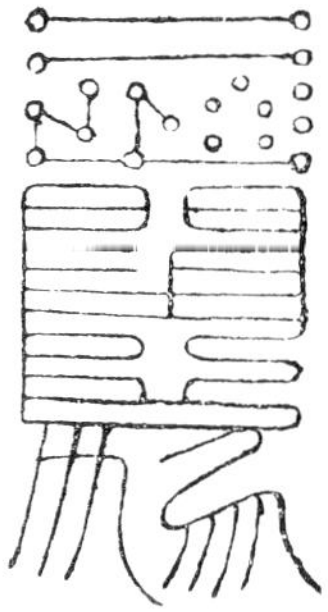

おおいに官職を招く符

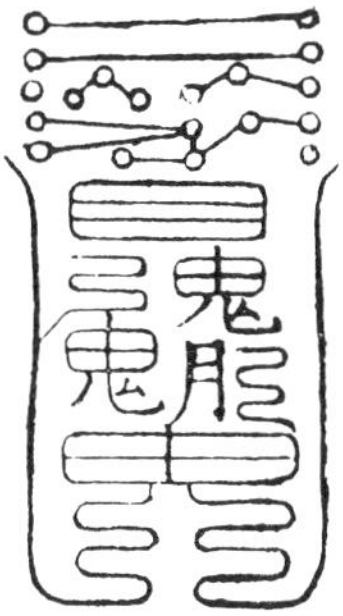

家を保く平らかに為す

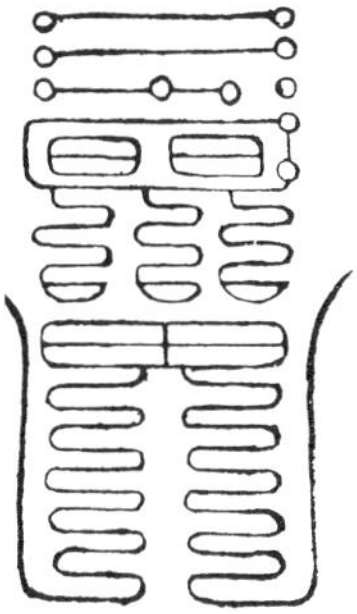

官司による災いを厭つ

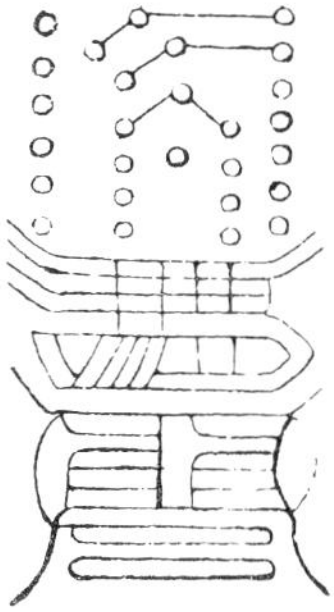

殺星を厭つ

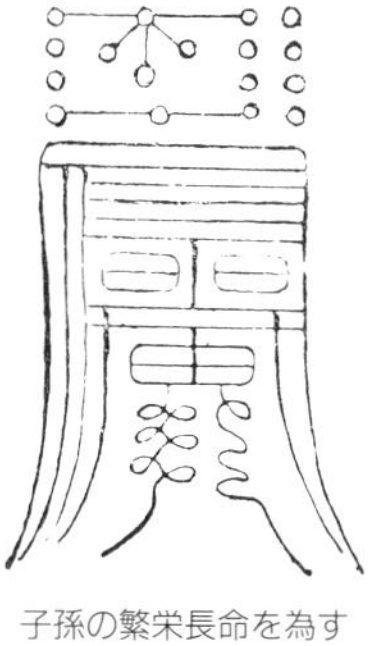

子孫の繁栄長命を為す

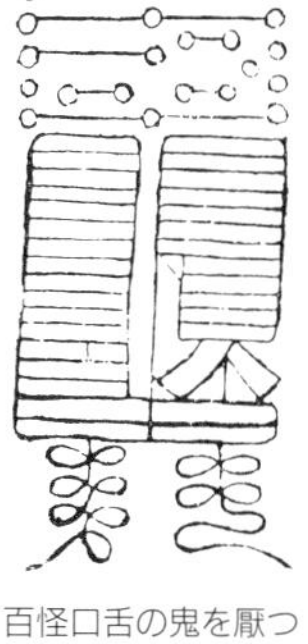

百怪口舌の鬼を厭つ

第4章 日蓮宗系の呪術

法華経に対する絶対帰依の信仰を説いた日蓮によれば、法華経信仰を離れたところに、真の成仏はもちろんのこと、現世利益もありえないとした。逆に法華経を基にした祈禱を真剣に行えば、あらゆる成仏や現世利益が可能であると強調した。それを根本として日蓮宗系の呪的祈禱法は大きな発展を遂げ、今日においても強い威力と生命力をもっている。

怨霊や悪霊、妖魔邪気にいたるまで人間に災禍を与えるとされるものに関して、日蓮はどんなに強力な魔物であっても、法華経の前には改心して正法《しょうぼう》を守護する誓約をしていると主張している。したがって魔物の類いが現れたとしても、恐れることなく、法華経護持者の権威において断固として摧滅《さいめつ》せよと日蓮は教えているのである。

日蓮御影〈水鏡の尊影〉（身延文庫所蔵）

日蓮宗系の祈禱加持には、心構えが重要であるとされる。行者は日常の行いが正しくなければならないことはもちろん、心に邪悪な念なく、正念を保持しておく必要がある。そうでなければ、祈禱しても仏祖や諸天善神の感応が得られず、邪神邪鬼が応ずる恐れすらあるとされる。邪神邪鬼が感応すると、最初のうちは目を瞠《みは》るような奇験を現すことがあるものの、最後の段になって行者自身が魔道へと転落してしまう危険性すらあるという。祈禱の際の慢心を戒めているのである。

また、加持祈禱が成就するには「よき師（修法師）とよき檀那（強い信仰者）とよき法（法華経）」の三種が合一して初めて国土の大難をも払うことができるとしている。ただし肝要なのは法華経に対する信心であるという。「祈禱においては、顕祈顕応《けんきけんおう》、顕祈冥応《けんきみょうおう》、冥祈冥応、冥祈顕応の祈禱ありと雖も、ただ肝要はこの経の信心を致し給い候わば、現当の所願満足あるべく候」（日蓮『道妙禅門御書』）。

祈禱法には大きく二種類ある。自行《じぎょう》および化他《けた》（他人を利益すること）の祈禱である。自行とは自己の修行であるとともに、それは自利（自分を利すること）でもある。

自行の祈禱は次の五種である。

①四恩に対する報謝の祈禱。四恩は三宝（仏法僧）、父母、国王、衆生の恩。

②三業（身口意）の罪業（殺生《せっしょう》・偸盗《ちゅうとう》・邪婬《じゃいん》・妄語《もうご》・綺語《きご》・両舌《りょうぜつ》・悪口《あっこう》・貪欲《とんよく》・瞋恚《しんに》・愚痴《ぐち》）を懺悔し罪障消滅を祈禱する。

③現世の病悩を除き、寿命を延ばす。

④諸願成就の祈禱。

⑤臨終の時の正念の祈禱。

一方、化他の祈禱は次の五種である。

①国家安泰。

②万民の快楽を祈禱。

③四生（胎生・卵生・湿生・化生）と六道（地獄・餓鬼・畜生・修羅・人間・天上）を含む一切の離苦得楽の祈禱。

④信者の息災除病・延命長寿を祈禱。

⑤信者の諸願成就を祈禱。

具体的にいえば、自行の祈禱には『撰法華経（祈禱経）』の読誦があり、化他の祈禱には木剣《ぼっけん》加持の作法がある。

日蓮は自ら信徒の病気祈禱や訴訟勝利祈禱を行って効験を得ているだけではなく、護符の威力をも認めていた。日蓮宗の加持祈禱は日蓮から京都弘通《ぐづう》（布教）の遺命を受けた弟子の日像が祈禱弘通によって京都に拠点（妙顕寺《みょうけんじ》）を確保してから布教が各地で広がりをみせるようになり、江戸時代に至って日蓮宗祈禱法の源流ともいうべき山梨県身延山久遠寺の積善坊流、千葉の中山法華経寺の遠寿院《おんじゅいん》流が成立した。ちなみに積善坊流の事実上の確立者で、祈禱の大験者とされている仙寿院日閑は七面山（山梨県南巨摩郡）で百日間参籠苦行し終えると、深夜に七面大明神（七面天女）の宝前に置かれていた花瓶の一枝が飛来したのを感得、その一枝で病人を加持祈禱してみたところ、著しい霊験が得られた。同じようにして子を求める者に加持すれば、速やかに子が得られ、福を願う者には福が授けられるなど自由自在に霊力を発揮したという。専心修行した結果、本仏の仏力が感応して、妙法の経力が発動し、神秘の力が顕現されたのであった。

また、仙寿院日閑の師匠で荒行の祖といわれる仙応坊日慧《にちえ》は、七面大明神から七五三の幣と身延山七面夢想加持の利益のほか、七本の楊枝木剣を授与されたとの伝説がある。楊枝木剣が日蓮宗の木剣加持の源流とされている。木剣加持は『祈禱肝文』を誦しながら、木剣に数珠を添えて九字にあわせて修される。日蓮宗の修法咒文九字の根本は、法華経方便品《ほうべんぼん》の十如是の「相・性・体・力・作・印・縁・果・報」の九字と「等」を合わせた十字である。ほかにも様々な九字十字法の秘義がある（本文参照）。いずれにせよ、この九字を振るうことによってあらゆる邪気悪魔を退散得脱させることができるという。

現在、日蓮宗で正式に祈禱の修法（木剣加持）を許されているのは、中山法華経寺内にある大荒行堂（日蓮宗加行《けぎょう》所）で厳冬期に百日間の荒行を終えた修法師だけである。荒行の中心は一日七回の水行と日課の経巻を読経することにある。とくに水行は密教の護摩行同様、日蓮宗の修法祈禱に不可欠のものとなっている。始めの三十五日の練行が済むと、伝師から祈禱秘伝書の相伝が許され、その後、祈禱で使用する木剣と九字の相承の儀など秘儀を受けるのである。木剣は剣形の板に細字で経文が記されたもので、木剣に神《たましい》を籠める開眼法は伝師が行う。

加持祈禱で特筆すべき点は、明治以降に始まったとされる多数の信者に向かって行われる法楽加持である。

それまでは祈禱は修法師と被術者との一対一が基本であったという。日蓮宗系の呪法には、封じ祈禱、鬼門除けの家祈禱《やぎとう》、交通安全祈願、五穀豊穣・大漁祈願、火伏《ひぶせ》のための荒神払い、厄除祈禱、七星・九曜・二十八宿などの星辰を祭って供養し個人の除災得幸を祈願する星供《ほしく》（星祭り）などがある。封じ祈禱は人間に憑依して魔障をなしている邪霊や鬼魅や病苦を封じ込める祈禱で、民間呪術を交えたものなどいくつかの方法がある。

また日蓮宗系の祈禱においては法華経守護の善神を本尊として供養して、その加護を祈る。法華経守護の善神には鬼子母神《きしもじん》を初め、十羅刹女《じゅうらせつにょ》、三十番神《さんじゅうばんしん》（法華信仰と神道が結びついた法華神道の神々）、七面大明神、八大龍王（天龍八部衆の一つ）などがあり、それらの諸尊に対して現世利益を祈願する。庶民レベルでは、日蓮その人を祈禱・祈願の本尊とする祖師信仰も熱心に行われている。祖師信仰の寺では日蓮が姿を現して救って下さったとする利生記《りしょうき》の類も必ずといっていいほど存在している。日蓮宗系寺院で祀られることが多い諸尊に大黒天、帝釈天、毘沙門天、摩利支天などがある。

病気祈禱

日蓮《にちれん》（一二二二～一二八二）は四大法難の一つとして知られる伊豆の法難で伊東に流された弘長元年（一二六一）五月十二日、地頭《じとう》の伊東八郎左衛門（伊東朝高）のもとに預けられた。その後、八郎左衛門が病気になった。それまで日蓮の教えを信じてはいなかったが、どうしても病気が治らないため、日蓮に祈禱を依頼した。日蓮は『法華経』へ祈請をこらして祈禱した結果、病悩は快癒した。その理由として日蓮は、『法華経』の受持者《じゅじしゃ》（信仰者）の守護神である十羅刹女《じゅうらせつにょ》が病魔を責めたためと、強調している（『船守弥三郎許御書』）。

病気平癒を喜んだ八郎左衛門は、布施《ふせ》として伊東の海中から出現したという仏体《ぶったい》（立像の釈尊像）を日蓮へ贈った。ちなみに、この仏像は日蓮の持仏《じぶつ》となり、最後に日蓮の弟子で「至孝第一」と称された日朗《にちろう》（一二四五～一三二〇）に譲られた。その後、京都の日蓮宗本山の一つ、本圀寺《ほんこくじ》に秘蔵されたと伝えられる。

さらに、日蓮は病床に伏していた実母のために病気祈禱を行っている。文永元年（一二六四）に安房国《あわのくに》（千葉県）長狭郡東条郷小湊《こみなと》に帰郷し、生家で老母を看病し、祈禱したところ、その呪力で母の病は癒《い》え、寿命が四年間延びたという（『可延定業御書《かえんじょうごうごしょ》』）。

日朗が弘安五年（一二八二）に日興《にっこう》に与えた書簡『伯耆《ほうき》公御《こうご》房《ぼう》』などによれば、日蓮は実のところ祈禱で実母を蘇生させていたと記している。生家を訪ねたとき、すでに老母は息絶えていたので、日蓮が必死に祈り、『法華経』の経文《きょうもん》を誦《じゅ》すと、母は生き返ったという。周りの者たちは驚き、日蓮に房州《ぼうしゅう》（安房）一円の疫病《やくびょう》の祓えも願った。これ以来、疫病流しが行われるようになったと伝えられる。

日蓮が母の病気を祈禱した経文は何であったか。『伯耆公御房』には次のように記されている。「この経文は二十八字、『法華経』の七の巻・薬王品《やくおうぼん》の文である。しかるに聖人《しょうにん》（日蓮）の御乳母《めのと》の重い病状が急に悪化し、こと切れたときに、この経文を唱え、浄水を施すと、たちどころに生き返った」とある。

老母を蘇生させた経文の二十八字とは、法華経薬王品の「此経則為《しきょうそくい》、閻浮提人《えんぶだいにん》、病之良薬《びょうきろうやく》、若人有病《にゃくにんうびょう》、得聞是《とくもんぜ》経《きょう》、病即消滅《びょうそくしょうめつ》、不老不死《ふろうふし》」である。

日蓮宗の祈禱は、法華経の肝要文《かんようもん》を抜粋編纂した勘文経《かんもんきょう》の『祈禱経《きとうきょう》』を根本とする。『祈禱経』の正式タイトルは『末法一乗行者息災延命所願成就祈禱経文《まっぽういちじょうぎょうじゃそくさいえんめいしょがんじょうじゅきとうきょうもん》』というが、『撰法華経《せんぽけきょう》』などとも称される。日蓮の『祈禱相承状《きとうそうしょうじょう》』によると、『祈禱経』は、末法《まっぽう》の行者《ぎょうじゃ》（法華経受持者）の息災延命《そくさいえんめい》のために撰述されたもので、実際に日蓮が用いて効果があったことを言明する。「日蓮も信じ始めた日から日毎《ごと》、これらの勘文《かんもん》を誦し、仏天《ぶってん》に祈請《きしょう》したことにより、種々の大難に遇うといえども法華経の功力《くりき》、釈尊の金言が度重《たびかさ》なる故に、今まで相違なかった」（『祈禱相承状』）。日蓮宗では現在、祈禱修法を行う場合、『祈禱経』が誦されているのである。また、病気祈願においては鬼子母神《きしもじん》を勧請して行うのが基本である。そのための祈禱文がある。

『鬼子母神勧　請　並　病　者祈禱回向《きしもじんかんじょうならびにびょうじゃきとうえこう》』

抑々《そもそも》も祈禱本尊行者擁護南無鬼形鬼子母大善神《おうごなむきぎょうきしもだいぜんしん》と申し奉るは、苟《いや》しくも其の身は鬼道《きどう》に堕住《だじゅう》し、極悪不善《ごくあくふぜん》の鬼《き》形《ぎょう》なりと雖《いえど》も五番善神の中に連《つら》なり、内証《ないしょう》には信心の悟りを開き、外用《げゆう》には十句の陀羅尼《だらに》を説いて、法華経の行者を守護し給うべき由《よし》、仏前に於《おい》て御契約なれば、争《いかで》か唐《むな》しからんや、是によって、若不順我咒《にゃくふじゅんがじゅ》、悩乱説法者《のうらんせっぽうしゃ》、頭破作七分《ずはさしちぶん》、如阿梨樹枝《によありじゅし》の誓文《せいもん》、消衆毒薬讃歎明　鏡《しょうしゅどくやくさんたんみょうきょう》なれば、謹んで（某《それがし》）経王読誦《きょうおうどくじゅ》の請願を頼み奉るに、新たに利生哀愍《りしょうあいみん》を垂れ守護を加えしめ給うべし。信心渇仰《しんじんかつごう》の山の峰には令得安穏《りょうとくあんのん》の日の光を増し、正直捨権《しょうじきしゃけん》の谷の底には利生垂現《すいげん》の月明《がつみょう》ならんかるが故に太歳○歳男（あるいは女）性当病平癒願見救　療　更賜寿命《しょうとうびょうへいゆがんけんきゅうりょうこうしじゅみょう》、是好良薬今《ぜこうろうやくこん》留　在此《りゅうざいし》、明練方薬善治衆病《みょうれんほうやくぜんちしゅびょう》、即取服之毒病皆癒《そくしゅふくしどくびょうかいゆ》、身意泰然快得安穏《しんいたいねんかいとくあんのん》、離一切苦一切病痛《りいっさいくいっさいびょうつう》、能解一切生死之縛《のうげいっさいしょうじしばく》、例え如何なる必死の重病を受くると雖《いえど》も転ぜずんばあるべからざる。機官相応《きかんそうおう》する時んば、定業《じょうごう》も亦《また》能《よ》く転ずるの真理也と、経　曰《きょうにいわく》、此経即為閻浮提人病之良薬《しぎょうそくいえんぶだいにんびょうしろうやく》、若人有病得聞是経《にゃくにんうびょうとくぶんぜきょう》、病即消滅不老不死《びょうそくしょうめつふろうふし》、法華妙利釈尊金言《ほっけみょうりしゃくそんきんげん》、当生　信心無有虚妄病　者罪障　消滅《とうしょうしんじんむうこもうびょうじゃざいしょうしょうめつ》、感応道交哀愍御守護《かんのうどうこうあいみんごしゅご》。

日蓮宗の呪詛観

善根を損なう三種の煩悩《ぼんのう》、つまり貪欲《とんよく》・瞋恚《しんに》（怒り）・愚痴《ぐち》を三毒《さんどく》というが、死霊《しりよう》と生霊《いきりよう》にはその三毒が執着《しゆうじやく》している。そこからまた呪詛《じゆそ》が発生すると法華行者《ほっけぎようじや》は説いている。

他人を怨んだり、妬んだりすると、その念が呪詛となる。また丑満時《うしみつどき》に神木に釘を打ちつけて呪ったり、あるいは山伏などに野狐《やこ》の方術や呪いを依頼することによって、恐るべき呪力が生ずるようになる。基本的に死霊の呪詛よりも、生霊のそれのほうが強力とされる。

呪詛はそれを行った者も、またそれを受けた者にも災いがあるとされる。呪詛を行った者は死んでも成仏せず、苦しみ悶《もだ》え邪霊や悪霊と化す。呪詛を受けた者は呪詛の程度にもよるが、原因不明の病気になりやすくなるという。怨みを受けた者にも、少なからぬ因縁がある。いずれにせよ、強い信仰を持っていれば呪詛から身を護ることができる。そこで行者は呪詛の悪因縁を成仏させる祈禱を行う一方で、呪詛を受けている病人が確固たる信心を持つよう、徹底して教化するのである。そうでなければ、利益《りやく》を被りがたいという。

寄加持

人間が病気や不調になってなかなか治らない場合、何が原因しているのかを調べる秘法がある。それが寄加持《よりかじ》である。

日蓮宗でいう病の概念について述べれば、病気には身心両面の病がある。身病《しんびよう》は地《ち》・水《すい》・火《か》・風《ふう》の四大《しだい》から生ずる病で、これには四百余病がある。一方、心病《しんびよう》は空体から発する病で、おおむね五病、すなわち生霊《いきりよう》・死霊《しりよう》・呪詛《じゆそ》・野狐《やこ》（狐憑き）・疫病《やくびよう》がある。この五病は元来、仏教でいう空であるが、身病と複合するなどして、ひじようにはかりしれない病状を呈するのである。

この身心の両病は『法華経《ほけきょう》』を信じ、読誦《どくじゅ》して祈れば、諸天が妙応して必ず癒《いや》されるものであるとされる。だが、現実的に即効が現れるかといえば、そうとは限らない。そのための効果的な方法が、釈迦《しゃか》牟尼《むに》仏上行所伝《ぶつじょうぎょうしょでん》の秘密の法、つまり、日蓮より代々血脈相承《けちみゃくそうしょう》されてきたという加持呪法《かじじゅほう》なのである。加持呪法は、加持の祈禱法で、そのための方法論の代表的なものが、寄加持である。いわば修験者などが、巫女を使って神を降ろして託宣《たくせん》する方法に相当するものだ。

この巫女を使用した寄加持による祈禱は、日蓮宗では室町時代にひじょうに盛んに行われていたようである。信徒のあいだであまりにも熱狂的に多用しすぎて、弊害を生じたこともあったらしく、当時の本能寺《ほんのうじ》の僧・日隆《にちりゅう》は「巫女・巫《かんなぎ》をつかってはならない。同じく瘧《おこ》りを落とさせたり、よろずの祈禱をしてはならない」「当宗の僧がいなくて、仏事や祈禱に事欠くことがあっても、他宗の僧にだけはそれを代行をさせてはならない」(『信心法度《しんじんはっと》』)と、信徒に注意を促しているほどである。つまり、それほど寄加持は他宗の僧や民間の祈禱者、おそらくは密教

生霊祈禱鈔(生霊の祟りを除く誦文)

南無《なむ》久遠実成本師釈迦牟尼仏《くおんじつじょうほんししゃかむにぶつ》。南無《なむ》霊山会上《りょうぜんえじょう》、来集《らいじゅう》の分身諸仏《ふんじんしょぶつ》。南無《なむ》諸大菩薩《しょだいぼさつ》。五番の善神。諸天等。特には鬼子母大善神《きしもだいぜんしん》。惣《そう》じては仏眼所照《ぶつげんしょしょう》の一切三宝来臨影嚮《さんぼうらいりんようこう》。妙法経力《みょうほうきょうりき》、速得自在《そくとくじざい》、諸仏守護《しょぶつしゅご》、増益寿命《ぞうやくじゅみょう》、心中所願《しんちゅうしょがん》、決定成就《けつじょうじょうじゅ》。

夫れ是の道場は三宝諸天、囲繞擁護《いにょうおうご》の砌《みぎり》なり、敬《つつし》んで信心を強盛ならしめて発露懺悔の誠情を致すべし。仮令《たとえ》、汝生霊の障《さわ》りなりとも此の妙法受持、修練加持の功徳を以て、無始已来《いらい》の五逆十悪の業障《ごっしょう》を消滅し忽ちに生死《しょうじ》の苦患を息《とど》めて疾《はや》く即証菩提の岸に到らんことを願うべきなり、経に曰く、当知是人自在《とうちぜにんじざい》所欲生《しょよくしょう》云々《うんぬん》。我等一念の無明妄想《むみょうもうぞう》は罪業の因縁を仮《か》って生《しょう》づ故に法界《ほっかい》を念ずれば、我が身法界に遍《あまね》く法界を拝すれば法界も亦《ま》た我を拝す。我れ法界を悪《にく》めば法界も亦た我を悪まん。譬《たと》えば明鏡の我が所作を浮《うか》ぶるが如きなり。一念の外に仏心なくんば、九界の生死、皆、悉《ことごと》く真如なること能《あた》わじ。有情非情、草《そう》木《もく》国土、天地法界、皆、当《まさ》に作仏《さぶつ》す。然らば則ち此の意《こころ》を得て滅罪生善を期すべき者乎《ものか》。況《いわん》や、一念無明の妄想は三悪道《さんなくどう》の因にして、差別《しゃべつ》は瞋恚《しんに》を生ず。非如の差別は迷裏《めいり》の邪執《じゃしゅう》にして人《にん》法《ぽう》の二我は覚前《かくぜん》の顚倒《てんどう》なり、平等大慧《だいえ》の慈海《じかい》には、怨念妄執の波浪《はろう》無く罪福無主の悲天には無生懺悔《むしょうさんげ》の恵日を挑《かか》ぐ、故に過現の衆罪を止め、五障深重の霜露を消除するなり、是を以て差別の念にして一たび亡《むなし》からば、執着を絶しなん。執着、已でに謝《す》するときんば、怨念無く、怨念無きが故に、妄念無し、妄念無

僧や修験者などを巻き込んでまで、狂信的に行われていたのである。

むろん寄加持は、荒行《あらぎょう》を積んだ行者なしには、修し得ないものである。修験者に相当する行者（修法《しゅほう》師《し》）が、巫女（霊媒《れいばい》）に当たる神女《しんにょ》（寄増《よりまし》・託女《たくにょ》ともいう）を用いて行う秘密修法が、寄加持であるが、では寄加持はどういうときに、どのようにして行われるのか。

一つの目安が病気になった場合であることは前述したとおりである。病には軽いものや重いものなど差異があり、さらに長患《ながわずら》いや難病、奇病もある。病気になったとしても自然に治ることもあるし、医者の診療や医薬で完治したり、手を尽くしても治らない場合もある。やっかいなのは長病、難病、奇病で、このような病気は生霊や死霊などの五病が関係していることがきわめて多いとされる。五病が関わってくると、種々の病状を呈し、医薬も効かず、治療困難になったりする。

そのような五病が関係していると思われる病気の場合に、寄加持を行うのである。神女を使う方法とは別に、修法師が直接、病人本人に寄加持を修することもある。これは『法華経』を読誦、唱題《しょうだい》したの

きが故に、始めて自心を知る。漸くに自心を知るが故に又た仏心を知る、仏心を知るが故に、衆生心を知る、是の三心平等にして如実なる時を、心遂醒悟《しんすいしょうご》とは言うなり。然れば一旦の意趣に由つて、無明、煩悩、独り熾《さか》んなるときんば、諸天善神、暫《しばら》く擁護を控《ひか》ゆるが故に悪鬼便《たよ》りを得て其の身に入り怨念妄想を動転して、病者を悩まし、其の苦患をして轉《うた》た熾盛《さかん》ならしむ。然りと雖も、仏天の御加護、無きが故に、遂には還著於本人《かんじゃくおほんにん》の本文に違わず、還て自ら煩悩の焔《ほむら》に咽《むせ》び紅蓮《ぐれん》の氷に閉じられん、傷ましい哉。偶《たま》ま受難《うけがた》き人身を受け、偶《あ》い難き妙法に値《あ》いながら、徒《いたず》らに輪廻の業障を招き空しく離一切苦の妙法に遠ざかれり。然れば現世には諸天にも捨てられ当来には記別の数にも入らざるべし、誰か之を悲しまざらんや。森羅の万法には仏の自《じ》受用身《じゅゆうしん》の事体顕照なれば同体の人を悩すは仏を悩ますに為《な》んぬべし。末法の仏とは名字の凡夫なり、仏に背くが故に輪廻あり、一雨の潤《うるお》す所、差別有ることなし、信の一字は行者の智見なり、今、是の一字の掌《たなごころ》に妙法の大良薬《だいろうやく》を捧げて之を服せしむ。何ぞ如世尊勅、当具奉行の擁護なからんや。剰《あまつ》さえ、三世諸仏の御使たる本化《ほんげ》沙門《しゃもん》の教化《きょうけ》を蒙《こう》むることは得見恒沙仏《とくけんごうじゃぶつ》にも過ぎたるべし。善智識者是大因縁等云々。速かに此の法味を聴聞して瞋恚《しんに》を除き、無明即明と証《さと》り、妄念を転じて即成の大果報を遂ぐべし、此れ、併しながら、邪見即正の道理に叶えるもの乎。仮令《たと》え又、山神・海神・水神・形疫流行神《ぎょうやくるぎょうしん》・悪鬼・蛇蝎《だかつ》の祟りなりとも、一心一念遍於法界の加持願力を以て、病者を本復せしむべし、身意泰然、快得安穏の利生、疑い有るべからず、如来秘密神通之力、今留在此の是好良薬は忽ち五内《ごだい》に通じ、六腑に遍く、其の身、清浄の行者と為《な》つて、六根明了に寿命を増益

ち、修法師が、病人に幣《へい》を持たせて加持する。すると、病気の原因になっている邪気がその病人の手先に寄り集まり、幣に移って、それを激しく揺らしたり、何事かを口走ったりするとされる。その間、行者は絶対に油断することなく、病人を注視し、五病かどうかを見定め、五病に原因があるとすれば、そのうちの何が憑《つ》いているのかを判断して、しかるべく邪霊を教化し呪して得道《とくどう》、または退散させるのである。

霊媒にはなぜ神女と称する女性がふさわしいとされたのか。『現《げん》加《か》持《じ》祈《き》禱《とうの》之事《こと》』によれば、「神は心なり、霊なり、魂なり」「女は陰にして地の体なり、是《こ》れ万物を生ずるの母なり」「神は陽なり、女は陰なり、…（神女は）陰陽合体にして、その善悪を知らせる為のものなり」とある。神女とは、神と女、陽と陰とが一体化した存在で、神意を占うのに理想的であるというのである。神女を立てて加持祈禱することを称して代寄《だいより》ともいった。

代寄は、病人のために第三者を霊媒として、つまり神女を使って病人の邪気の本体を明るみに出す秘法である。除病にはその病人を直接、加持するのが

せん、若樹若石《にゃくじゅにゃくしゃく》、若在殿堂は皆、之れ道場にして信の一字は元品の無明を切る大利剣なり、信心弥々《いよいよ》強盛ならば湿《しめ》れる木より火を出すが如く感応唐捐《とうそん》ならじ、諸天昼夜に守護し給えば遂に怨敵退散、当病平癒、疑い有ること無けん。南無霊山一会。儼然未散《がんねんみさん》。仏眼所照。一切三宝。諸天善神。自他法界。平等利益。

除病祈禱文

一般の家庭で病気の平癒を祈るために唱える祈禱文である。

南無久遠実成本師釈迦牟尼仏、南無平等大会一乗妙法蓮華経、南無本化上行高祖日蓮大菩薩。法華経擁護の諸天善神、別しては鬼子母神十羅刹女等、来到道場知見証鑑の御前に於て、○歳（ここに病人の年齢を入れる）の善男子某（ここに病人の姓名を入れる。女性の場合は「善女子某」となる）病気平癒を祈念し奉る。仰ぎ願わくば上来虔んで唱題読経若干《そこばく》、鳩《あつ》むるところの功徳に依って、縦《たと》い年の難、月の難、日の難、時の難等、所来の定難を変じ転じて、除病延寿離苦得楽と守護し給え。令百由旬内無諸衰患、受持法華名者福不可量、諸余怨敵皆悉摧滅、得聞是経病即消滅不老不死。国に謗法の音無《こえな》くんば、万民数を減ぜず、家に讃経《さんぎょう》の勤め有らば七難必ず退散せしめんのみ。南無妙法蓮華経。

原則である。しかし、どうしてもそれができない場合がある。たとえば、病人が遠方にいたり、あるいは面会謝絶のときに、基本的に神女を立てて行ったのである。また、かつては病人が高位高官であれば、行者が同座を許されない時代もあった。そのような状況では当然、代寄の方法以外にはありえなかった。しかも代寄は、行者と神女双方の厳正な準備体制が必須であり、そのため、安易に修することを許されない一大秘事に属していたのであった。

寄加持の方法

寄加持《よりかじ》はいくつかの法流が伝わっている。その方法は、まず修法《しゅほう》を執り行う修法師が、三宝本迹二門《さんぼうほんじゃくにもん》諸菩薩《しょぼさつ》・梵天四天《ぼくてんしてん》・五番神《ごばんしん》・七面天女《しちめんてんにょ》・妙見《みょうけん》・三十番神《さんじゅうばんしん》・三光・山内守護諸天などを勧請し、『法華経』の序品《じょほん》・方便品《ほうべんぽん》・寿量品《じゅりょうほん》・如来神力品《にょらいじんりきほん》・普門品《ふもんぼん》を読経する。

次に祈願、三諦、陀羅尼品の読経、五段教化鈔を読み、妖気を教化し、咒陀羅尼加持肝文《じゅだらにかじかんもん》などを唱える。

祈念文

次の祈念文を心中で念じたり、声に出して唱えることによって利益があるとされている。「南無妙法蓮華経」の唱題と併用すればよいとされる。

心中所願・如意満足を祈る祈念文

所願不虚《しょがんぷこ》、亦於現世《やくおげんぜ》、得其福報《とくごふくほう》、当於今世《とうおんこんぜ》、得現果報《とくげんかほう》、此経《しきよう》能大饒益《のうだいにょうやく》、一切衆生《いっさいしゅじょう》、充満其願《じゅうまんごがん》、如清涼池《にょしょうりょうち》、能満一切《のうまんいっさい》、諸渇乏《しょかつぼう》者《しゃ》、若不順我咒《にゃくふじゅんがしゅ》、悩乱説法者《のうらんせっぽうしゃ》、頭破作七分《ずはさしちぶん》、有供養者《うくようしゃ》、福過十《ふくかじゅう》号《ごう》、法華妙理《ほっけみょうり》、釈尊金言《しゃくそんきんげん》、当生信心《とうしょうしんじん》、無有虚妄《むうこもう》。

重病を快復させる祈念文

此大良薬《しだいろうやく》、色香美味《しきこうみみ》、皆悉具足《かいしつぐそく》、汝等可服《にょとうかぶく》、是好良薬《ぜこうろうやく》、今留《こんる》在此《ざいし》、勿憂不差《もつぷふさ》、我此土安穏《かしどあんのん》、天人常充満《てんにんじょうじゅうまん》、面目悉端厳《めんもくしったんごん》、為人《いじん》諸喜見《しょきけん》、毎自作是念《まいじさぜねん》、為何令衆生《いかりょうしゅじょう》、得入無上道《とくにゅうむじょうどう》、速成就仏身《そくじょうじゅぶっしん》。

病者を治すための祈念文

離一切苦《りいっさいく》、一切病痛《いっさいびょうつう》、病即消滅《びょうそくしょうめつ》、不老不死《ふろうふし》。此経即為閻浮提《しきょうそくいえんぶだい》人《にん》、病之良薬《びょうしろうやく》、若人有病《にゃくにんうびょう》、得聞是経《とくもんぜきょう》、病則消滅《びょうそくしょうめつ》、不老不死《ふろうふし》。若《にゃく》持法華経《じほけきょう》、其身甚清浄《ごしんじんしょうじょう》、四大調和《しだいちょうわ》、気力安楽《けりきあんらく》、除其衰患《じょごすいげん》、令徳《りょうとく》安穏《あんのん》。如来秘密《にょらいひみつ》、神通之力《じんつうしりき》、明練方薬《みょうれんほうやく》、善治衆病《ぜんじしゅうびょう》、是好良薬《ぜこうろうやく》、今留在此《こんるざいし》、即便服之《そくべんぶくし》、病尽除癒《びょうじんじょうゆ》。

狂気を正気にするための祈念文

如医善方便《にょいぜんほうべん》、為治狂子故《いじおうしこ》、顚狂荒乱《てんおうこうらん》、作大正念《さだいしょうねん》、妙法蓮華経《みょうほうれんげきょう》、

寄加持を修すると、病人や神女が持つ幣束《へいはく》の様子（幣束を持たずに、合掌の形態をとる場合もある）に異変が現れるという。『五段出託相之口伝《ごだんしゅつたくそうのくでん》』などによれば、神仏の霊ならば幣束がすっと上がる。死霊《しりょう》にせよ、生霊《いきりょう》にせよ、人間の霊ならば、大きく上下せずに真ん中あたりに留まり、畜類の霊が憑いていれば、幣束は下がる。人霊のうち、死霊か生霊かを判断するには、次の方法がある。死霊であれば、あまり口を利《き》かずおとなしくしているが、生霊ならばほとんど物を言わずに静かにしていても、幣束を持っている手を強く振るという（ただし、数多くは振らない）。また、怨霊は口を開かないが、手を上下に振り、揺らすことが多い。怨霊が行者の働きかけによって口を利くようになれば、基本的にその病は癒《いえ》ると見るのである。

　また病人や神女の態度が一変して、狂態を示すのは、野狐《やこ》の霊とされる。野狐にはいくつか種類があって、病人などに持たせている幣束を上下に大きく揺らすのは古狐の仕業であるとされる。揺らし方が一定していないのが普通の狐。また厳かに粛々と揺らすのは〝極上〟の狐で、この極上の狐はプライドがきわめて高いために、直《じか》に口を利こうとはしない

心遂醒悟《しんついしょうご》、是人意清浄《ぜにんいしょうじょう》、明利無穢濁《みょうりむえじょく》、安住実知中《あんじゅうじっちちゅう》、其心安如海《ごしんあんじょかい》、欲令衆生《よくりょうしゅじょう》、開仏智見《がいぶっちけん》、使得清浄《しとくしょうじょう》、出現於世《しゅつげんおぜ》。

除熱の祈念文

澍甘露法雨《じゅかんろほうう》、滅除煩悩炎《めつじょぼんのうえん》、如以甘露灑《にょいかんろしゃ》、除熱得清涼《じょねつとくしょうりょう》。

障害・妨害を一掃するための障礙払いの誦文

諸余怨敵皆悉摧滅《しょよおんてきかいしつざいめつ》。

道中安全、足痛祈念

有大筋力《うだいきんりき》、行歩平正《ぎょうぶびょうしょう》、遊行無畏《ゆいぎょうむい》、如師子王《にょししおう》。

悪霊を退散させる誦文

若不順我呪《にゃくふじゅんがしゅ》、悩乱説法者《のうらんせっぽうしゃ》、頭破作七分《ずはさしちぶん》、如阿梨樹枝《にょありじゅし》、令百由旬内《りょうひゃくゆじゅんない》、無諸衰患《むしょすいげん》、若於夢中《にゃくおむちゅう》、亦復莫悩《やくぶまくのう》。

呪詛遠離の誦文・他者の怨恨を除く

雖有魔及魔民《ずいうまぎゅうまみん》、皆護仏法《かいごぶっぽう》、魔即法界《まそくほうかい》、法界即魔《ほうかいそくま》。我此土安穏《がしどあんのん》、天人常充満《てんにんじょうじゅうまん》、梵天王魔王《ぼんてんのうまおう》、自在大自在《じざいだいじざい》、還着於本人《げんじゃくおほんにん》。呪詛諸毒薬《じゅそしょどくやく》。所欲害身者《しょよくがいしんじゃ》、念彼妙法力《ねんぴみょうほうりき》、還着於本人《げんじゃくおほんにん》。

餓鬼や飢餓の苦しみをもつ死霊にあたえる誦文

一者法喜食《いっしゃほうきじき》、二者禅悦食《にしゃぜんえつじき》、如従飢国来《にじゅうけこくらい》、忽遇大王膳《こつぐうだいおうぜん》、南無妙法蓮華経《なむみょうほうれんげきょう》。

首つり自殺者や縛られた霊の縛りを解く誦文（この文を唱えな

という。

死霊の場合、加持を受けた病人や神女がその背中から悪寒を感じ始め、その直後に自分をコントロールできずに狂い出すという。背中からではなく、肩や喉のあたりから寒気《さむけ》を感じて、狂い始めるのは、狐の憑霊《ひょうれい》とされる。また、野狐の霊《れい》に憑かれている病人で、腹部から悪寒を感ずるようであれば、なかなか平癒しがたい。なお、野狐の中には大崎狐《おさききつね》とよばれるものがいるが、この大崎狐については別に記すことにする。

五段祈禱法とも関係するが、口伝によれば、邪悪な霊に憑かれた者は、祈禱加持によって特有のジェスチャーを示すという。たとえば、死霊が憑依したほとんどの病人は、加持を受けると、すぐに膝を叩くものとされる。男の病人の場合、左膝を叩けば、憑依しているのが男性の死霊、右膝を叩けば、女性の死霊に憑かれているとする。女の病人の場合では、男の病人の場合と反対になる、つまり、左膝を叩けば、憑依しているのが女性の死霊というように。死霊が憑依すると、それまで瞑目していた者は、急に瞬《またた》きを繰り返したり、あるいは目を開く。神の祟り

がら、木剣《ぼっけん》で霊を縛っている縄を切る気持ちで切れば、即座に霊の苦痛を除去するという）

離一切苦《りいっさいく》、一切病痛《いっさいびょうつう》、能解《のうげ》一切《いっさい》、生死之《しょうしし》縛《ばく》。

死霊の苦痛を除く誦文

毎自作是念《まいじさぜねん》、為何令衆生《いがりょうしゅじょう》、得入無上道《とくにゅうむじょうどう》、速成就仏身《そくじょうじゅぶつしん》、於我滅《おがめつ》度後《どご》、応受持斯経《おうじゅじしきょう》、是人於仏道《ぜにんおぶつどう》、決定無有疑《けつじょうむうぎ》、（この後、唱題）、以仏教門《いぶつきょうもん》、出三界苦《しゅつさんがいく》、毎自作是念《まいじさぜねん》、以何令衆生《いがりょうしゅじょう》、得入無《とくにゅうむ》上道《じょうどう》、速成就仏身《そくじょうじゅぶつしん》。

死霊を教化成仏させる誦文

漸漸修学《ぜんぜんしゅうがく》、悉当成仏《しっとうじょうぶつ》、願以此功徳《がんいしくどく》、普以於一切《ふぎゅうおいっさい》、我等与衆生《がとうよしゅじょう》、皆共成仏道《かいぐじょうぶつどう》、毎自作是念《まいじさぜねん》、以何令衆生《いがりょうしゅじょう》、得入無上道《とくにゅうむじょうどう》、速成就仏《そくじょうじゅぶつ》身《しん》。

生霊を除去する祈念文

如日月光明《にょにちがっこうみょう》、能除諸幽冥《のうじょしょゆうみょう》、斯人行世間《しじんぎょうせけん》、能滅衆生闇《のうめつしゅじょうあん》、以漸悉《いぜんしつ》令滅《りょうめつ》、衆怨悉退散《しゅおんしったいさん》。

動物霊を教化成仏させる誦文

如是畜生《にょぜちくしょう》、発菩提心《ほつぼだいしん》、地獄餓鬼畜生《じごくがきちくしょう》、生老病死苦《しょうろうびょうしく》、以漸悉令《いぜんしつりょう》滅《めつ》。

来難を退治する誦文

衆怨悉退散《しゅおんしったいさん》、観音妙智力《かんのんみょうちりき》、能苦世間苦《のうくせけんく》、具足神通力《ぐそくじんつうりき》、広修智《こうしゅうち》方便《ほうべん》、諸余怨敵《しょよおんてき》、皆悉摧滅《かいしつざいめつ》。

郵便はがき

料金受取人払郵便

新宿局承認

6848

差出有効期限
2023年9月
30日まで

切手をはら
ずにお出し
下さい

160-8791

343

（受取人）
東京都新宿区
新宿一一二五一一三

原書房

読者係　行

1608791343　7

図書注文書 （当社刊行物のご注文にご利用下さい）

書　名	本体価格	申込数
		部
		部
		部

お名前　注文日　年　月　日

ご連絡先電話番号　□自　宅　（　　）
（必ずご記入ください）　□勤務先　（　　）

ご指定書店（地区　　）　（お買つけの書店名をご記入下さい）　帳合

書店名　書店（　　店）

5986

[図説] 日本呪術全書 普及版

愛読者カード　豊嶋泰國 著

*より良い出版の参考のために、以下のアンケートにご協力をお願いします。*但し、今後あなたの個人情報(住所・氏名・電話・メールなど)を使って、原書房のご案内などを送って欲しくないという方は、右の□に×印を付けてください。 □

フリガナ
お名前 男・女 (　歳)

ご住所 〒　-

市　町
郡　村
TEL　(　)
e-mail　@

ご職業 1会社員　2自営業　3公務員　4教育関係
5学生　6主婦　7その他(　)

お買い求めのポイント
1テーマに興味があった　2内容がおもしろそうだった
3タイトル　4表紙デザイン　5著者　6帯の文句
7広告を見て(新聞名・雑誌名　)
8書評を読んで(新聞名・雑誌名　)
9その他(　)

お好きな本のジャンル
1ミステリー・エンターテインメント
2その他の小説・エッセイ　3ノンフィクション
4人文・歴史　その他(5天声人語　6軍事　7　)

ご購読新聞雑誌

本書への感想、また読んでみたい作家、テーマなどございましたらお聞かせください。

や障りを受けている場合も開目することがある。このようなときには不動明王《ふどうみょうおう》、鬼子母神《きしもじん》を念じ、『法華経』の普門品を三回読誦すると通常の祟りや障りは解除されるとされている。

　生霊が憑いていると、往々にして胸を叩く。男の病人で左胸を叩けば、男性の生霊に、逆に右胸を叩けば、女性の生霊にとり憑かれているとみる。ただし、女の病人が左胸を叩けば、女性の生霊にという具合に女は男と逆になる。

　野狐《やこ》の場合は、合掌している両手を離して手を上下に大きく振る。また頬を膨《ふく》らますこともある。手を頭上まで高くあげれば、野狐を勧請した神が憑かっているという（野狐には一切の生霊・死霊・呪詛・疫神から頼まれて夫婦や子供とともに来るものであるので、注意が必要とも説かれている）。

　疫神が憑依しているときも頭上に手を上げることが多いとされる。頭上でなければ、胸より上のあたりに手を上げるが、いずれにせよ、口を曲げたり、笑顔になったりするので、野狐ではなく、疫神であることがわかる。疫神を病人から得道、退散させるために、第六天魔王の来臨を召請したうえで、祈禱を行っていた時代もあった。

　生霊以外の呪詛は、死霊など既述したそれぞれの現れ方の特徴に通ずる。また、人間は野狐以外の動物霊に憑かれる場合もあるとされる。猫の霊の場合は指を折り曲げ、狸は手を叩いたりする。馬の場合は指を曲げて、膝を叩き、頭を振るなど、それぞれの動物の習性や本性が現れるものであると考えられていた。

　だが、すべて必ずこのとおりに現れるかともいいきれない。憑依している霊の種類や程度によって、微妙な現れ方をするからである。畜類の霊でありながら、人霊を装う場合もあり、また生霊と死霊が複合していることもあるという。病人の因縁や病根を問いただす際、憑依霊が苦し紛れにその場しのぎで虚偽の告白や懺悔をして行者を惑わす場合もある。とくに動物霊の狸は虚言が多いとされている。正邪を見分けるのは、行者次第である。

方除の祈念文（凶とされる方位の障りを除く）
迷故三界成《めいこさんかいじょう》、悟故十方空《ごこじっぽうくう》、本来無東西《ほんらいむとうざい》、何所有南北《かしょうなんぼく》。

安産の祈念文
妙法蓮華経、安楽産福子《あんらくさんふくし》。

咳止め祈念文
妙法蓮華経、咳嗽除癒《がいそうじょゆ》。

であればこそ、寄加持を修法する行者の揺るぎない信仰心に加えて、経験や力量のほどが問われるわけである。

指相識別の秘法（診脈の法）

憑依しているものが、いったい何かを簡単に占うことができる指相識別《しそうしきべつ》の秘法が日蓮宗に伝わっている。正神、邪神の判別はもちろん、死霊、生霊、野狐《やこ》、あるいは呪詛《じゅそ》を受けているかどうか――などまで、具体的にわかるという。

『指相識別之大事《しそうしきべつのだいじ》』などによれば、左手の先をゆるく屈《かが》め、それを見つめながら「諸余《しょよ》怨敵皆悉摧滅《おんてきかいしつざいめつ》」を七回唱えたのち、五指のすべてに右手の指（または木剣《ぼっけん》）で鬼の字を書き、息を強く速く吹きかけ、すぐに掌をパッと開くのである。すると憑霊《ひょうれい》（あるいは憑神《ひょうしん》）が指先に寄ってきて、ピクピクと動いて異常を発する指があるという。

三鬼の字

その異常を発した指の箇所を掲載した図で照合すれば、何が憑依《ひょうい》しているか、判明するというわけである。たとえば人指し指が急に疼《うず》き始めれば、死霊《しりょう》に憑《つ》かれているか、その可能性がきわめて高いとみる。この修法を厳密に行うには、肩先と肘の外と肘の内の三か所に三鬼の字を書いて呪《まじな》っておく必要があるとされている。ちなみにこの三鬼を、三種の神器――神璽・宝剣・内侍所――に配当する見方もある。三鬼のうちのムの鬼を書く際、その終《おわ》の点を指先で手先のほうに押し出すよう心掛けるなどの決まりがある。憑霊は男は体の左に、女は右に憑《つ》くとされるが、必ずしもそうとは限らない場合もある。また、薬指に出るはずの野狐が、他の指を動かすこともあるとされるので、それを見極めるためにも遊び半分では決して行ってはならないと戒められている。すなわち「よくよく諸天を頼み奉《たてまつ》り、常に御経《おんきょう》（『法華経』）を読誦し、令法久住《りょうぼうくじゅう》、皆帰妙法《かいきみょうほう》の志

指相識別の秘法

し専要なり」（『指相識別之大事』）なのである。

御祈禱加持得意之大事
（祈禱・加持の心構え）

何ものかに憑かれている者（病人）の家に入って祈禱加持《きとうかじ》するには、あらかじめ心構えが必要である。真言宗や修験道などと同様、まず九字《くじ》の護身法《ごしんぽう》を行わなければならない。病人の家の門に入る際、九字を切り、「游行無畏《ゆぎょうむい》」と低く唱えながら、左足から踏み入れる。次に右足を上げるときに「如獅子王《にょししおう》」と唱えるのである。それを着座するまで、繰り返しつつ歩む。歩むときは、大いなる獅子王が威儀堂々《いぎどうどう》と歩くかのように進むのである。

『御祈禱加持得意之大事《ごきとうかじとくいのだいじ》』には「大獅子王が歩むように、大地も踏み鳴らすほどの心地で我が心をも身《しん》形《ぎょう》をも天地に満ちるほどに、広大に念じ、獅子奮迅《ふんじん》の想いをなし、家の中の人畜、殊《こと》に憑依されている者を蟻《あり》ないしは螻《けら》の如く見なし、坐するときは『安《あん》住不動《じゅうふどう》、須弥山《しゅみせん》の如し』と唱えて、そういう心持ちを保たなければならない」とある。憑依されている

死霊教化鈔（死霊の祟りを除く誦文）

南無久遠実成本師釈迦牟尼仏。南無霊山会上来集の分身諸仏。南無諸大菩薩。五番善神諸天等、殊には鬼子母大善神《きしもだいぜんしん》、惣じては仏眼所照の一切三宝来臨影嚮。妙法経力、速得自在、諸仏守護、増益寿命、心中所願、決定成就。

夫《そ》れ是の道場は三宝諸天、来臨擁護《おうご》の砌《みぎ》りなり。恭《うやうやし》く堅固の信地に住して善く諦《あきら》かに之を聴け、経に云く、常住此説法。我常於此と云々、又言《いわ》く、娑婆《しゃば》世界、其地瑠璃《そのちのうり》担然《たんねん》、平正《びょうしょう》、閻《えん》浮檀金《ぶだんごん》、以界八道云々。又云く、当知是処、即是道場、諸仏於此、得阿耨多羅《とくあのくたら》三藐 三菩提《さんみゃくさんぼだい》、諸仏於此、転於法輪、諸仏於此、而般涅槃等云々。此の経文を聴受せば如何なる死霊悪霊たりとも、速かに是の病者の住処を去つて本覚本有の都に赴くべきなり、願わくば来臨影嚮《ようこう》の三宝諸天、殊には擁護《おうご》の諸天善神、鬼子母神、十羅刹女等、惣じては日本国中、大小の神祇《じんぎ》も御照覧あれ、今、是の病者は不受余経一偈《ふじゅよきょういちげ》の信者なり、如何なる死霊悪霊たりとも一代の惣要《そうよう》たる法華経二十八品《ほん》の肝心を聴聞せば一日片時の間に其の験《しる》しを得せ令《し》め給うべき者か、然れば法華経の功徳をば一々文々、是真仏、真仏説法、利衆生《りしゅじょう》と言へり。此の経は文字即ち解脱なり、即ち応身《おうじん》なり、故に此経を見奉るは即ち一切の三宝を見奉るなり、一字を読誦し奉るは即ち一代の修多羅《しゅたら》を読誦し奉るなり、初の一字に諸字の功徳を具するが故に一々に又、八萬法蔵を具足するなり、況や、二乗作仏、久遠実成を示して十界具足の円妙を明《あ》かすこと幽遠なり、是を以

者を祈禱するには、如何に相手が「大名・高家・学匠・智識」であっても、つまり政府高官、有力権威者、名門、学者、教職者、宗教者であったとしても、絶対に劣弱の念や劣等感を持たないことが肝要であるとされる。どんなに強情な天魔や悪鬼でも三力相《さんりきそう》応《おう》の力で木端微塵《こっぱみじん》に破却《はきゃく》が可能である、というように勇猛果敢《ゆうもうかかん》に構えておく必要がある。

また、初めから極秘の修法を決して行ってはならない。初歩の修法から奥秘の修法へと、段階を進めていく。とりわけ狐憑き《きつねつき》（野狐《やこ》）、生霊《いきりょう》、死霊《しりょう》の類《たぐい》は三重五重に秘奥の修法を残しておかなければならないとされている。初めは通常の法で加持し、次第に強い秘法を修するようにするのである。そうしなければ、逆手を取られて、加持《かじ》が効かなくなる恐れがあるというのである。舞楽《ぶがく》に「序《じょ》・破《は》・急《きゅう》」という順番があるように、「初・中・後」「従浅至深《じゅうせんしじん》（浅きに従い、深きに至る）」という順序に従うことが祈禱や加持には重要なのである。

病者の祈禱加持を請け負ったときに、この病者を必ず治すという意地《いじ》（慈悲心《じひしん》）を決定《けつじょう》して、祈禱を施す。たとえその場で即効がなくても、絶対に慌てる必要はない。一日で決着がつかなければ、五日か

て、之を案ずるに過去の業因に依って之の病者を悩ますと雖も、既に過去は過ぎ未来は未だ来らず、現在には法華経受持の人、若持法華経《にゃくじほけきょう》、其《こ》身甚清 浄《しんじんしょうじょう》の信者なり、法華経は諸経中王、最為第一、之経なれば能持の人も亦《また》、諸人に勝《まさ》る、能持是経者、於一切衆生中、亦為第一、等云々、爰を以て、八歳の竜女《りゅうにょ》は大海従《よ》り来て経力を刹那に示し本化の上行は大地より湧出《ゆじゅつ》して仏寿を久遠に顕《あらわ》す法妙なるが故に能持の人亦《また》、従《よ》つて貴し、然るに何ぞ当座一旦の恨みを以て長く法華経受持の行人《ぎょうにん》を悩さんや、早や早や怨念を翻《ひるがえ》して自らの成仏を取るべし、加之《しかのみ》ならず、是の病者の苦患《くげん》を抜き、反《かえ》つて除病延命息災安穏と守護せしむべき者なり、夫れ生死一念なるを妙法蓮華経と云う、如是我聞の如とは生の義なり、作礼而去《さらいにこ》の去は死の義なり、我等衆生の念々の所作を妙法蓮華経の生死なりと知るを成仏とは云うなり、然れば生老病死の四つの相《すがた》を諸法実相の振舞《ふるまい》なりと覚る時は無明煩悩の猛火は忽然として本覚自受用の智慧の光明と為るなり、諸仏は此の旨を悟って一如の妙土《しょうど》に法楽し凡夫は此の理に迷うて生死の大海に沈淪《ちんりん》するなり、三界の衆生、寿量品の眼、開けぬれば十界本有なりと実の如く知見せり、三界の相とは生老病死なり、本有の生死なりと見れば無有生死なり、生死なくんば、退出無からん、唯だ生死なきにあらず、生死を見て、之を厭離《おんり》するを迷と云い、始覚と云うなり、是を本有《ほんう》の生死なりと智見するを本覚《ほんがく》とは云うなり、今、我等、南無妙法蓮華経と唱え奉る時、本有の生死、本有の退出と開覚するなり、則為疾得、無上仏道等云々、若し、夫れ汝、此の教化を聴聞して尚、其の怨念を翻《ひるがえ》さずんば更に、諸天に申して重ねて誡責《かいしゃく》を加うべきや、如何に又、此経を以て祈り奉らんに叶わずんば、釈尊の金口も

七日、または一か月か二か月間、あるいは百日、千日のうちに快癒させるというように請願を立てる。その間、集中力を持続することが大事であって、この集中力が途切れると、祈禱加持は成就しないという。

一々文々、身、皆、金色の仏体も多宝如来の皆、是れ真実の証明も十方三世の諸仏の上至、梵天の御語《おんことば》も、五番善神の擁護の誓状も皆、悉《ことごと》く妄語と成《な》んぬべし者《ていんば》、早や早や利生を現わさしめ給え、法華経の金言の如くんば、如何なる悪霊、死霊、呪咀、怨敵たりとも、忽ちに妄執の雲を払つて本覚の円月、鮮白ならん。今、読誦し奉る、妙法華経は八萬法蔵の肝心、一代衆経の眼目《げんもく》なり、一字の功徳は日月の光にも越え、一句の威徳は梵釈《ぼんしやく》にも勝れたり、某《それがし》、慥《たし》かに仏に申して此の病者の命を乞い奉るべし、死霊に於ては、得脱の妙因を増長し、本覚の大果報を成ぜしめん。譬《たと》えば闇に日の出《いず》るが如く、渇《かわ》けるに水の入りたらんが如くなるべし、法華経の御利生と申すは是なり。本《ほん》仏《ぶつ》・迹仏《しやくぶつ》、三世十方の諸仏諸天善神・当病《とうしよう》平癒ならしめ給え、法華妙理、釈尊金言、当生信心、無有虚妄《むうこもう》、諸仏所歎《しよぶつしよたん》、一切天《てん》人《にん》、皆応供養《かいおうくよう》、南無霊山一会、儼然未散、仏眼所照、一切三宝、諸天善神、自他法界、平等利益。

五段祈禱法

法華行法の中核に位置するのが、五段祈禱法である。人間に災いを成す障碍の原因を霊的存在として捉え、それを五種類（五段）にあてはめて、教化、得道させることによって、その人間を救済するという秘密修法である。

五段とは①生霊段、②死霊段、③野狐段（鬼畜怨霊段）、④疫神《やくじん》段（疫病段）、⑤呪咀段に分類される。行者は病人が霊的な禍いを受けていると見ると、寄加持や診脈の法などの秘伝を駆使して、その原因を探査する。そして生霊の障りがあると判断すれば、生霊祈念を行うわけである。

『五段病根之秘訣』によれば、生霊と死霊の障碍は愚痴、野狐一切の鬼病は貪欲、疫神や呪咀（呪詛）は瞋恚《しんに》（怒り）がそれぞれ原因しているという。おしなべて人間が受ける万の病根は、悉く無明ならびに煩悩によって起こるとしている。したがって摂受《しようじゆ》の教化にせよ、折伏《しやくぶく》の呵責《かしやく》にせよ、慈悲心を専らにする必要があるという。

①生霊祈念は生霊が原因になって起こる身体的病患、あるいは精神的病を滅するための妙法をいう。生霊は、相

手を怨む念が生霊と化し、祟りとなる霊で、そのような生霊は相手に憑いて障りをなすものとされる。この加行法はいくつかの伝があるが、生霊退散符をあたえる。その際には、「通序」五十返、「十如世雄偈」二十三返、『法華経』の寿量・神力・薬王・普門・陀羅尼の各品を各三十三返、「祈禱時文」と「円頓章」を読誦し、生霊教化鈔を読み聞かせる。

そのほかの②死霊祈念③野狐祈念④疫神祈念⑤呪咀祈念の次第は基本的に死霊祈念の方法論に準ずる。

木剣を振って加持する修法師

狐憑きの呪詛返し

誰かからの呪詛《じゅそ》が原因で狐憑《きつねつ》き（一種の狂気）になっている者に対して、呪詛返しの修法《しゅほう》で本復させることが可能とされる。これには藁人形《わらにんぎょう》と五寸釘と木剣《ぼっけん》を呪具として用いる。図のように藁人形の五体に誦文《じゅもん》を書き、その両手に幣《へい》を持たせるようにして付ける。狐憑きの病人にも幣を持たせる。そして人形の幣と病人の幣を五色の糸でつなぎ合わせたのち（糸は余裕をもって緩《ゆる》ませておく）、験師《げんし》（修法師）は病人の幣に現加持《げんかじ》を行う。同時に藁人形の幣に対して、脇《わき》験師（験師の助手）が加持するのである。藁人形はイスなどの上に座らせるようにして設置するが、その際、藁人形が落ちないように、その背の部分を背もたれなどに結《ゆ》わえておく。

藁人形の表に記す誦文（宮崎英修『日蓮宗の祈禱法』平楽寺書店より）
御符御守等の梵字は略付号を以て示される（必ず対をなすもの）。以下同様である
●——不動明王（右）
●——愛染明王（左）

狐憑きの呪詛返しを執行する時間は、午後七時頃から始めるのがよいとされる。この修法は験師と脇験師、病人とその付添い（看護人）、験師の補佐役以外には修法の様子を見せてはならない。また、藁人形は前もって験師がつくって準備しておくが、そのことを誰にも知らせてはならないという（脇験師にだけは修法を始める直前に知らせる）。また、あらかじめ五寸釘を三十六本、木剣数本を準備して、脇験師に渡しておく。

さて、呪詛返しの寄加持はまず、『法華経』の序《じょ》品《ほん》を数十回ほど唱えると、病人の幣が動きだし、同時に人形の幣も連動して動く。そこを見計らって、木剣で人形へ釘を勢いよく打ち込むのである。ここで用いる木剣は二本で、勝木《かちのき》（白膠木《ぬるで》）か漆《うるし》の木でつくる（大きさは長さ七寸、幅一寸八分、厚さ四分半）。一つの木剣の表面に「令百由旬内無諸衰患《りようひやくゆじゆんないむしよすいげん》　是人不為三毒所悩《ぜにんふいさんどくしよのう》　諸余怨敵皆悉摧滅《しよよおんてきかいしつざいめつ》」、もう一つの木剣には「諸余怨敵皆悉摧滅」と記す（裏面には何も書かない）。この二本の木剣を合わせ、次の誦文「呪咀諸毒薬《しゆそしよどくやく》、所欲害身者《しよよくがいしんじや》、念彼観音力《ねんぴかんのんりき》、若不順我呪《にやくふじゆんがじゆ》、悩乱説法者《のうらんせつぽうしや》、頭破作七分《ずはさしちぶん》、諸余怨敵皆悉摧滅《しよよおんてきかいしつざいめつ》」を唱え、釘を打つのである。

藁人形に釘を打つ場所は、頭部に三本、両肩に各二本、両股《また》（大腿部《だいたいぶ》）に各二本の計十一本である。そして念彼段と陀羅尼呪を病人の年の数だけ誦し、「得無生法忍《とくむしようぼうにん》」と唱えて、病人の幣を取り、五段の守りの拭取紙（この場合は「呪咀人形守」）で病人の全身を拭き取り、九字を切る。

その翌日、日中は地祈禱《じぎとう》、あるいは通常の加持を行い、夜になったら昨夜と同様の修法を行う。このようにして毎日続けて行う。藁人形に打つ釘は毎日七本から十一本までで、その人形に対して釘を三十六本まで打ったら、その人形を誰にも知らせずに箱に入れて隠しておく。そして新たな人形を用意して上記の修法を繰り返して行うのである。このようにすれば一週間ほどで必ずや効果があるとされている。病人が全快したら、人形に打ち込んでいた釘をすべて抜き取り、清浄な土地に穴（深さ約七尺）を掘ってそこに埋める。

野狐の調伏法

大崎狐（オサキキツネ）など野狐《やこ》が憑《つ》いているかどうかを、発見する方法は、『五段祈禱之事《ごだんきとうのこと》』によれば、『法華経』誦経などの後、病者の肩先と腰と脇の下に「〓」という字を人指し指で書いて押す。それを何度も繰り返せば、病者は憑依霊とは無関係だといわんばかりに笑ったりすることがあるが、それに構うことなく、続けていると、ついには行者を侮《あなど》ったり、罵《ののし》ったりするという。そのうちに、病者は修法師に許しを乞うたり、立ち去ると告げて、泣きだしたり、あるいはますます哄笑したりするともいう。それは修法師に呪術させまいとする大崎狐の偽装工作であるという。さらに念のために診脈の法で確認する。

野狐を退散させるには、『法華経』誦経、「天諸童子《てんしょどうじ》、以為給使《いいきゅうじ》、刀杖不加《とうじょうふか》、毒不能害《どくふのうがい》、若人悪罵《にゃくにんおめ》、口則閉塞《くそくへいそく》、遊行無畏《ゆぎょうむい》、如師子王《にょししおう》、知慧光明《ちえこうみょう》、如日之照《にょにっししょう》、若於夢中《にゃくおむちゅう》、但見妙事《たんけんみょうじ》」百回、「諸余怨敵皆悉摧滅《しょよおんてきかいしつさいめつ》」百回唱えるなどの前行の後、野狐退散苻《ふ》を呑ませてから、病者に向かって妙九字《みょうくじ》を切り、病者の眉間《みけん》に「〓蘭神」の三字を重ねて書いたのち、中指で眉間を強く押してから弾《はじ》く。それから喉《のど》のへこみの下（喉仏《のどぼとけ》の下）と胸のみずおちに「〓」の字を書いて、それぞれ同じように弾く。

そのあと、如来寿量品《にょらいじゅりょうほん》五回、観世音菩薩普門品《かんぜおんぼさつふもんぼん》五回、念彼観音力刀尋段段壊《ねんぴかんのんりきとうじんだんだんえ》（念彼段）十三回、陀羅尼呪《だらにじゅ》五回、普門呪《ふもんじゅ》五回を唱える。読経中は、行者は左手で呪縛の呪《まじな》いを行い、右手で念珠を持ち、背中、肩先から腰下まで打ちながら降ろす。その際、ところどころで急に強く叩いて病者を驚かすようにするのが秘訣《ひけつ》とされる。

次に「梵天王魔王自在大自在《ぼんてんおうまおうじざいだいじざい》」五十回、「一者不得作梵天王《ふえさぼんてんおう》、二者帝釈《たいしゃく》、三者魔王《まおう》、四者転輪聖王《てんりんじょうおう》、五者仏身《ぶっしん》」

三十回、「諸余怨敵皆悉摧滅《しょよおんてきかいしつざいめつ》」を三十回祈念しながら、責めつづけると、野狐に憑かれた病者は「お許し下さい。この病人から退散します」などと詫び言をいうようになる。

けれども、まだ許さずに「諸余怨敵皆悉摧滅《しょよおんてきかいしつざいめつ》」を誦しつづけ、妙九字を切りかける。すると、病人は真剣に許しを乞うようになるので、そこで「では、二度と来てはならぬぞ」と戒める。そして「この病人から離れていき、二度と憑かなければ、米でも油揚《あぶらあげ》でもお前の食いたいものをあたえてやる」と約束する。

その供物（食べ物）を用意し、病者が普通の人間のように食べれば、それを咎《とが》めて「お前の食い方で食わなければ、許さない」と命じるのである。すると、その供物を投げて食うものであるという。さらに立ち去るときも、概ね狐のような身振りをしたまま行き、部屋を出て、玄関や戸口のところで倒れ伏す場合が多いという（例外もある）。

そうしたら次の修法を行う。喉の下の窪みと胸のみずおちに「鬼」の字を記し、中指で強く三回、ないし四回弾いたのち、数珠《じゅず》の大珠《おおたま》で体を撫《な》でおろして手先へと憑物の霊を寄せるようにする。つまり、引取加持《ひきとりかじ》（二五二ページ）の仕儀で行うのである。また背中の一骨から数珠で撫でおろし、陀羅尼咒と円頓止観《えんとんしかん》を行って、憑物を打ち払うのである。

病者が人事不省《じんじふせい》になっているようであれば、しばらくそのままにしておく。あるいは家から外へ飛び出していたら、引取加持の後、そこに寝かさず、ただちに家の中へと運び込む必要がある。いずれにせよ、病者から野狐が脱したからといってすぐに安心せず、次の行動に移る。すなわち、病者の拭取加持《ふきとりかじ》

円頓章（円頓止観）

夫れ円頓とは初めより実相を縁ず境に造《いた》るに即ち中なり、真実ならざる事なし、縁を法界に繋け、念を法界に一《ひとし》うす、一色一香として中道に非る事なし、己界および仏界衆生界も亦然りなり、陰入皆如《おんにゅうかいにょ》なれば苦として捨つべきなく、無明塵労《むみょうじんろう》すなわち是れ菩提なれば集として断ずべきなく、偏邪皆中性なれば道《どう》として修すべきなく、生死即涅槃《ねはん》なれば滅として証すべきなし。苦なく集なし。故《かるがゆえ》に世間なく道なく滅なし、故に出世間なし。純一実相にして実相の外更に別の法なし、法性寂然なるを止《し》と名《な》け、寂として常に照らすを観《かん》と名く、当に知るべし、身土は一念の三千なり、故に成道の時、此の本理に称《かな》うて一身一念法界に偏《あまね》し。

（一五四ページ）を行い、拭取紙を河川に流す一方、病室を掃《は》き清め、病者の布団を取り替え、さらに部屋の四方に野狐除けの妙符を貼付しておかなければならないとされる。

また憑依している野狐にもよるが、基本的には五段祈禱の野狐祈禱を一日行ずることで、野狐は退散するものとされる。だが、年功を経た野狐に憑依されていれば、退散すると見せかけて、修法師を玩弄《がんろう》したり、翻弄《ほんろう》したりすることがあるので、絶対に油断してはならないという。実際に、退散したはずの野狐が再び憑依することも少なくないといわれる。その場合は野狐を装った強力な畜霊《ちくりょう》（畜生の霊）が憑いているとみる。それを払うにはどうすればいいのか。

上記の修法をベースにして行うが、を病者の眉間に書くとよいとされる。さらに肩先と両手にも「」の字を書き記すのである。病者が狂乱状態になれば、丈夫な紐の輪に妙符を複数くくりつけたものを、その病者の首に掛ける。また同様のものを病者の両手足に結び付ける。そして野狐退散符を普通の水に万年青《おもと》の根と茗荷《みょうが》の搾《しぼ》り汁を一緒にして呑ませると妙験があるとされる。

鬼畜教化鈔（鬼畜怨霊の祟りを除去する誦文。一名、霊気教化鈔）

南無久遠実成本師釈迦牟尼仏、南無霊山会上来集の分身諸仏、南無諸大菩薩、五番善神、諸天等、殊《こと》には鬼子母《きしも》大善神《だいぜんしん》、惣じては仏眼所照の一切三宝、来臨影嚮妙法経力、速得自在、諸仏守護、増益寿命、心中所願、決定成就、善知識者、是大因縁、令得正見、不堕悪趣、須臾《しゅゆ》聞之《もんし》、即得究竟と云々、汝等業障に因《より》て鬼畜、野干《やかん》卑賤、醜陋《しゅうる》の身を受け三毒毎《つね》に熾盛《さか》んにして永く三悪を離るる能《あた》わず、偶《たまた》ま少分の業通を感じて僅かに一分の自在を得ると雖も、正念に住する能わざるが故に仏道を障《さしつか》えては、罪根弥《いよいよ》重く善心を碍《さまた》げては輪廻《りんね》増々多し、仮令《たと》え魔界の眷属たらんも、遂に永く其の通力を恃《たの》むこと能わざるべし、転我邪心、夫れ将《は》た何れの時ぞや、今、一乗流布《いちじょうるふ》の国に来て、法華経に信順するものを悩《なやま》すこと久し、梵釈《ぼんしゃく》諸天が仏前擁護《おうご》の誓状と殊には鬼子母神、十羅刹女が頭破作七分《ずはさしちぶん》の誓状とを恐れざるか。抑《そもそ》も汝等の業障は元《も》と無明従《よ》り生ず、無明は暗くして冥々たり、法華経は生死の長夜を照す大灯明なり、明暗、並ぶべからず、暗は光明を消すこと能わず、無明の妄念いずくんぞ能く真の行道を障えんや、時は今、末法たりと雖も、日月《じつげつ》未だ地に堕ち給わず、行者は不肖なりと雖ども、帰依正法《きえしょうぼう》の者たらば、豈《あに》、祈禱の威力を現わさざらんや、況《いわん》や、又、三宝諸天善神照覧の砌《みぎ》りたるに於《おい》てをや、一切業障海、皆、妄想《もうぞう》より生ずと云々、水、大海に入て、同一鹹味《かんみ》と成り、風、太虚《たいこ》に消また、あまり勧められる方法ではないとされるが、野狐を香《こう》で燻《いぶ》すこともあった。香の処方の詳細は非公開であるが、大まかにいえば、安息香《あんそくこう》、雄黄《ゆうおう》、艾《も》葉《ぐさ》、和琥珀《くにろく》、硫黄《いおう》、蒼木《あおき》、沫香《まっこう》、白鶏冠《しろけいとう》（花実）、沈香《じんこう》、韮子《きゆうし》、狐舌、狐肝、狼毛などを混合させて調製したものである。それを大香炉《こうろ》か常香盤《じょうこうばん》に盛って昼夜焼く。病人を直接、燻す場合、上記の処方に艾《も》葉《ぐさ》を多く混ぜる。次に親指の太さほど小さな袋を複数こしらえて、その袋に「南無本師釈迦牟尼仏《なむほんししゃかむにぶつ》」とすき間がないほど書き記し、そこに艾葉をつめて、それを病者の鼻の前に置いて燻すのである。だが、この燻す方法は、修法師の法力《ほうりき》が弱いと見なされるなどの理由によって、通常の法華行者《ほっけぎょうじゃ》はほとんど用いなかったといわれる。

『五段秘法之大事』

日蓮宗に伝わる祈禱秘法《きとうひほう》の大事を裏付ける秘書が『五段秘法之大事《ごだんひほうのだいじ》』である。祈禱秘法の重要性を五段に分類して強調するものである。すなわち、第一段は「師資相承《ししそうじょう》」、第二段は「元意《がんい》」、第三段は

えて寂然として声無し、因縁所生、法我説、即是空、亦名為仮名、亦是名道義と云々、又、曰く、見法を諦求するに、見者有ること無し、若し見者無くんば、誰か能く見法を用んや、外色を分別せば見不可見を見るべし、見法無きが故に、識触、受愛の四法、皆無きなり、愛なきを以ての故に十二因縁の分、亦無きなり、是の故に眼に色を見る時、即ち是れ涅槃の相なり、余も亦た、例して爾なり等云々。魔界、仏界、衆生界、一如にして二如無く、心仏及び衆生、是の三も、亦た全く無差別なり、三にして而も、不異なり、不異にして而かも又、三なり。一道清浄なれば、障碍《しょうげ》なく又、自他無し。虚空を挙げて虚空を礙《さま》たぐること能わず、実相を提げて何ぞ実相を諍《あらそ》うことを為さんや。是の如くんば則ち趣々唯だ名のみあり。神仏も亦た復た然なり、故に業障を解脱するの道は其の本源に還《かえ》つて生滅の法に達し入出自在にして実相を観ずるに在り、何ぞ祟って人を苦しむることを為さんや、いずくんぞ又、反つて己《おのれ》を苦しむことを為さんや、寧《むし》ろ還滅門《げんめつもん》の身と為《な》つて真浄の法味を嘗《な》め、己れの威光、勢力を増して護法善神の一分と為るべきなり、流転三界、所有の衆生は皆、是れ久遠劫来、世々の父母なり、悪業を増長して泥梨之苦果《ないりのくか》を顧りみざらしよりは、速やかに妄念の夢を覚まして、早く本覚の正念に還るべし、妙法蓮華経は十界皆成《じっかいかいじょう》の教なれば、鬼畜野干も亦た成仏す、邪見即正の教なれば魔王眷属も亦た降伏して仏法を護るべし、行浅功深以顕経力、悪魔々民皆護仏法・諸余怨敵・皆悉摧滅・還念本誓・怨敵退散・一切無障碍。南無霊山一会・儼然未散仏眼所照・一切三宝・諸天善神・自他法界・平等利益。

「意地《いじ》」、第四段は「正加持《しょうかじ》」、第五段は「表示《ひょうじ》」である。

第一段の「師資相承」とは、釈迦牟尼仏《しゃかむにぶつ》が上行菩薩《じょうぎょうぼさつ》である日蓮《にちれん》に祈禱秘法を授与したとするもの。そもそも釈迦がこの世に出世《しゅっせい》した理由は、一切衆生《いっさいしゅじょう》の身心両病を治療するためであり、末法《まっぽう》の時代には釈迦の意を体した日蓮ないし日蓮の弟子が身心の両病を治す役割を担うとされている。なお流派には中山《なかやま》相伝、伊東《いとう》相伝、下山《しもやま》相伝、唯観《ゆいかん》流、一道院《いちどういん》流などがあるが、根本の法は同じである。

第二の「元意」とは、「験者《げんざ》（行者・修法師）の一大事の用心」である。祈禱の威徳、威力をもって己《おのれ》だけの「利養《りよう》」にしようとすれば、かえって大罪となる。また祈禱によって、その場で霊験《れいげん》があったとしても、そのままにしておくのはよくない。法は正しく伝えなければならない。何となれば祈禱加持の元意は、ひとえに令法久《りょうぼうく》住《じゅう》のためにあるからだと説かれる。

第三の「意地」は、もっぱら「慈悲心」ということである。霊的な障害を受けた病人本人からはもちろん、関係者を通じて祈禱で助けてほしいという要望や懇請《こんせい》があれば、その病人の症状をつぶさに問い合わせて調べたのちに、正しく加持を行う。その際、大慈大悲《だいじだいひ》の念を奮《ふる》い起こして祈禱をしなければならない。それが「意地」であるという。

ここでの秘訣は、病人はひとまずおいて、その病人に憑《つ》いている死霊《しりょう》や生霊《いきりょう》などの霊的存在を深く慈《いつく》しむことである。もし死霊や生霊が憑依しているのならば、次のようにして深く心に観念する。

「汝《なんじ》、僅《わず》かの怨みをもって仏性同体《ぶっしょうどうたい》の人間を悩ますのは、あまりにも悲しいではないか。願わくばこの法門《ほうもん》を聴《ちょう》聞《もん》して、速やかに瞋《いか》りと恨みを除いて、極難値遇《ごくなんちぐう》の妙法に結縁《けちえん》して、邪心を翻《ひるがえ》し、早く未来の仏果《ぶっか》を求むべし。これ併《あわ》せて邪見即正《じゃけんそくしょう》の道理に叶うべし」

狐が憑いているならば、「汝、下劣畜生《げれつちくしょう》の身をもって、忝《かたじけ》なくも五戒十善の果報を得た人間を悩ますとは何事か。早く邪瞋《じゃしん》を散じて仏教を開け。この功徳《くどく》をもって畜身を転ずべし」

また疫病《やくびょう》には、「早く邪心を開いて、守護神となるべし」と勧める方法がある。

祈禱を行おうとするときには、最初に仏前で、三宝《さんぼう》並びに鬼子母神《きしもじん》や日頃、帰依する祈禱本尊に対して「元意」の趣旨を奉告《ほうこく》する。次に、自分の家を出るときに、護身の法を行う。すなわち、両方の手の大母指（親指）を「吽之鬼《うんしき》」をもって封ずるのであるが、それは〝病鬼〟は必ず験者（行者）にも憑こうとするものであるためとされるからである。そのために、両方の大母指を封じて鬼をして入らせないようにするのである。では何故、鬼と大母指が関係するのかというと、『肺は五臓の華蓋』で、「大母指は肺脛《はいけい》と通じている」と考えられていた。そこで鬼が肺から入ると、五臓に早くわたりやすいために、大母指を封じておく必要があるというのである。肺は五臓を主《つかさど》るという。

さらに護身の法として九字を切る方法もある（二六三ページ参照）。

第四の「正加持」は、まさに字義どおりである。まず病者に対して、直接、九字を切り、口に「止々不須説」と唱える。これは病人に憑いているものが種々、悪口雑言することがあるので、それを止めるためである。ここにおいても「意地」が重要であるが、それを用いても効果がみられなければ、法力と五番神の威徳によって責め立てて除くことである。

病人に憑依しているものが定かでない場合は、既

長命・幸福祈願文

毎日三遍唱えれば、寿命長寿、福徳増進が疑いないとされる。

我《が》本行菩薩道《ほんぎょうぼさつどう》、所成寿命《しょじょうじゅみょう》、今猶未尽《こんゆうみじん》、復倍上数《ぶばいじょうすう》、所願不虚《しょがんぷうこ》、亦応現世《やくおうげんぜ》、得其《とくご》福報《ふくほう》。

吹加持の秘法

鬼病・悪病の病者に対しては「梵天王魔王《ぼんてんのうまおう》自在《じざい》大自在《だいじざい》、除其《じょご》衰患令得安穏《すいがんりょうとくあんのん》、諸余《しょよ》怨敵皆悉摧滅《おんてきかいしつざいめつ》」を三度唱えたのちに、左の人差し指で三度弾《はじ》く。

木剣の九字使用法

木剣《ぼつけん》を九字で使用するには、折伏木剣《しゃくぶくぼつけん》の場合は右手を風指（人差し指）一本とし、左手は風指一本を腰に指す。護身木剣の場合は、右手を火指（中指）と風指の二本とし、左手は風指一本を腰に指すのである。

述の指相識別《しそうしきべつ》の法《ほう》（二三八ページ）を用いる。病根が判明していれば、その病人の胸に鬼の字を書く。そうすると、病人は気が静まるとされる。

病根の封じ方にはいくつかあるが、次に一法を述べる。

病人の両方の手の指に鬼の字を書く。そのあと、病人の背中に護符を書く。そして数珠《じゅず》を用いて相手の足の先から肩のあたりまでへと叩き上げるようにするが、その時の数珠の動きは九字を切る要領で行う。またその際「諸余怨敵皆悉摧滅《しょよおんてきかいしつざいめつ》」という誦文を唱える。さて肩のあたりまで数珠を用いたら、鬼の字をもって封じて止める。次に頭の頷のあたりから数珠で打ち下ろすようにして両方の手先のところで、やはり鬼の字を書いて封じて止めるのである。

この呪法により鬼病《きびょう》は去るはずであるが、それでも平癒《へいゆ》しがたい場合は、より強力な呪力を持っているとされる三鬼《さんき》の秘法を行う。

第五の「表示」は、三鬼の秘法の密教的な説明である。三鬼は、悪鬼の横行を「トムル（止ムル）」を意味すると同時に、神道の三種の神器《じんぎ》に相応するとされる。三鬼のうち、初めの鬼は神璽《しんじ》（八尺瓊曲玉《やさかにのまがたま》）。第二の鬼は宝剣《ほうけん》（天叢雲剣《あめのむらくものつるぎ》）。第三の鬼は内侍所《ないしどころ》（八咫鏡《やたのかがみ》）であるという。三鬼の秘法を用いれば、天照大神《あまてらすおおみかみ》も冥応《みょうおう》し、病魔を除去するというのである。

吹加持の秘法

息を吹きかけることによって穢れや悪霊、さらには痛苦を払うといったシャーマニスティックな方法が日蓮宗にも伝承されている。妖魔や病魔を祓い除けるこの修法を吹加持《ふきかじ》という。この吹加持では、前述の「三鬼」が霊的な呪字《じゅじ》として用いられている。

では具体的にどういう場合に吹加持を用いるのかというと、『法華経』の威力を基調にしてさまざまな魔を祓《ふっ》除《じょ》するという一点においてである。

長年、加行《けぎょう》した修法師の中には、取り立てて診脈法《しんみゃくほう》などの魔物の正体を知るための霊的方法を行わなくても死霊や生霊などの妖霊を敏感に察知する特殊能力を持っている者もいるとされる。たとえばその家に入っただけで霊的障害の気配を感ずるわけである。ベテランの名医が一見しただけで、その病人の病状をある程度正確に読み取れる能力があるのと同様といってもよいかもしれない。

家の中や空間の妖気邪霊を祓い清める方法としてはまず、両目を閉じ、日蓮宗系の主要な守護神である鬼子母神《きしもじん》など諸天善神の加護を祈りながら、合掌《がっしょう》。続いて空中に「三鬼」の字を右手の人指し指を伸ばして書くのである。書く方向は、魔鬼が籠《こ》もっていると感知されるところである。

そのあと、左の人指し指を弾指《たんじ》させる。弾指とは、人指し指を親指で抑えるようにしたのちに、強く弾《はじ》くことである。この弾指を三回繰り返すのであるが、その時は「梵天王魔王《ぼんてんおうまおう》自在《じざい》大自在《だいじざい》。除其衰患令得安穏《じょごすいげんりょうとくあんのん》。諸余怨敵皆悉摧滅《しょよおんてきかいしつざいめつ》」の誦文を三度唱える。

次に「曠野嶮隘処《こうやけんあいしょ》、獅子象狐狼《ししぞうころう》」と一度唱えてから、再び人指し指を三回、弾指させる。そして眼を開いて、鼻孔から空気を吸って腹が膨《ふく》れるようにして（腹式呼吸の要領で）息をため、口から息を長く細く、強い調子で、吹きかけるようにして吐くのである。これは魔鬼が即座に退散する〈最上の秘法〉であるという。

痛みを無くしたり、軽減するためにも吹加持を用いる。いくつか口伝があるが、病患がわかっていれば、その部分に行うのが原則である。最初に病人に向かって題目《だいもく》「南無妙法蓮華経《なむみょうほうれんげきょう》」を唱え、九字を切ると、より効果的である。手の痛みの場合には、肩先から手首までの部分に楊枝木剣《ようじぼっけん》か高指（中指）で「鬼子母神《きしもじん》」と「十羅刹女《じゅうらせつにょ》」をそれぞれ三回書く。そして手首の脈のところを強く握りしめながら、「諸余怨敵皆悉摧滅《しょよおんてきかいしつざいめつ》」の誦文を十二回唱えたあと、数珠でその部分を加持し、指で撫でる。次いでふたたび九字を切り、諸天善神の擁護を請いつつ、上記のように息を吹きかけるのである。

引取の加持

この引取《ひきとり》の加持《かじ》は、人間に憑《つ》いた魔を除くための秘伝である。死霊・生霊などを祈禱で得道《とくどう》、退散させたあと、病者の邪気は、この修法によって完全に浄化されるといわれている。その方法は、『積善坊流伝書』などによれば、勧請読経《かんじようどきよう》（『遠離教訓書《おんりきようくんしよ》（遠離秘法）』『略法華経《りやくほけきよう》』『御祈禱肝文経《ごきとうかんもんきよう》』）などの前行《ぜんぎよう》を行ったのち、まず鬼調伏《おにちようぶく》の「鬼」の字を、病者の肩のツボに書く（男は左肩、女は右肩）。書く道具は原則的に引取楊枝《ひきとりようじ》（木剣《ぼつけん》の一種）を使用する。鬼の字を書く際に注意すべきことは、鬼の字の終わりの点を強く押しながら、そのまま相手の肘《ひじ》（外側の肘）まで書き延ばすことである。次いで肩の内側、つまり脇の下のツボに鬼の字を書くが、同じように鬼の字の終わりの点を強く押しつけて、肘（内側の肘）まで引く。そして初めに鬼の字を書いた肩のツボのところに「鬼子母神」、脇の下のツボに「十羅刹女」と書いて、やはりそれぞれの字の終わりの点を肘（内側と外側の両方）まで書き延ばすのである。さらに肘（内側と外側の両方）に鬼の字を書いて、

庶民信仰・守護神信仰の主要寺院

・厄除けの祖師＝日蓮宗妙法寺（東京都杉並区堀之内三～四八～八）
・厄除け開運の祖師＝日蓮宗円福寺（東京都新宿区横寺町十五）
・厄除け布引きの祖師＝日蓮宗幸国寺（東京都新宿区）
・読経の祖師＝日蓮宗円通寺（東京都港区赤坂五～二～三九）
・日限《ひぎり》の祖師＝日蓮宗本覚寺（東京都台東区松ケ谷二～八～一五）
・満願の祖師＝日蓮宗妙延寺（東京都町田市）
・願成の祖師＝日蓮宗中道寺（東京都杉並区）
・願満の祖師＝日蓮宗昌柏寺（千葉県佐倉市）
・病即消滅の帝釈天＝日蓮宗題経寺（東京都葛飾区柴又七～一〇～三）
・子育ての鬼子母神＝日蓮宗法明寺（東京都豊島区南池袋三～一八～一八）
・厄除け、治病延命、悪魔降伏の鬼子母神＝日蓮宗大本山法華経寺（「中山法華経寺」千葉県市川市）霊験特に著しい鬼子母神を祀る、日蓮宗祈禱根本道場として知られる。
・厄除け開運の鬼子母神＝法華宗本門流真源寺（東京都台東区下谷一～一二～一六）鬼子母神の妙験が際立っていることから、蜀山人が「恐れ入り谷の鬼子母神」と洒落言葉を発したと伝える。

その字の終わりの点を手首の甲の部分（外側）と手首の脈のところ（内側）まで引き延ばす。次いで肘（内側と外側の両方）に「鬼子母神十羅刹女」と書いて、その止点を強く押しながら手首のそれぞれの部分まで引く。

これが終わると、掌に鬼の字を書いて、字の最後の点力を強く押しつけるようにし、さらに「鬼子母神」と書き記して、引取楊枝と引取守《ひきとりまもり》を和紙に巻きつけたものを、病者の合掌している両手のあいだにそれを差し入れて、数珠でこれをおおうようにするのである。

そのようにしたら、「急げ人、御法の船の出《いで》ぬ間に乗り遅れては誰か渡さん」と、十五回口の中で低く唱える。この詠歌に加えて、「取りて取る引くに引かれぬ神はなし、請《う》け取り給《たま》え、今日の聞神《ききがみ》。千《ち》早振《はやふ》る雲井《くもい》遥《はる》かにへだて行き本《もと》の在所《ざいしょ》へ還《かえ》り給えや」と詠む伝もある。このあと「仏音甚希有《ぶつおんじんきう》、能除《のうじょ》衆生闇《しゅじょうあん》、五十人等即従座起《ごじゅうにんとうそくじゅうざき》礼仏而《らいぶつに》退《たい》」と、三回誦してから、右手を引取楊枝の下側にかけて、「妙法蓮《みょうほうれん》華経衆怨敵退散《げきょうしゅおんてきたいさん》」、あるいは「諸余怨敵皆悉摧滅《しょよおんてきかいしつざいめつ》、病即消滅不老不死《びょうそくしょうめつふろうふし》」と唱えて引取守の紙を引き取る。最後に止九字《とめくじ》を切るが、こうして引き取った紙

・商売繁盛の毘沙門天＝日蓮宗妙法寺（静岡県富士市今井二～七～一）
・末法総鎮護の七面大明神＝日蓮宗七面山敬慎院（山梨県南巨摩郡身延町四二一七～一）
・開運の大黒天＝日蓮宗妙円寺（京都市左京区松ケ崎東町三一）「松ケ崎の大黒天」の通称で知られる。京都七福神の第一番所でもある。
・家内安全の妙見菩薩＝真如寺（大阪府能勢町地黄六〇六）
・武運長久の清正公＝日蓮宗本妙寺（熊本市花園四～一三～一）天正十一年（一五八三）に日真が開基。清正公とは熱烈な法華信仰者だった武将・加藤清正のこと。その死後、神格化された清正に願をかけて所願成就を祈る。清正公を祀る寺院は全国に点在する。

中山法華経寺内にある荒行堂

は、清浄な川に流すのである。

拭取の加持

邪気邪霊、怨念など人間に害を成すと考えられている障《さわ》りを払拭《ふっしょく》したあとの封じの加持としては、引取加持同様、拭取《ふきとり》の加持の作法が併せて行われる。これは病人の身体を拭取紙《ふきとりがみ》（守紙《まもりがみ》）で拭き取るもので、邪気払いとしての意味合いがある。

具体的には咒陀羅尼《じゅだらに》、普賢咒《ふげんじゅ》を各七回ずつ唱え、「今此《こんし》三界皆是我有《さんがいかいぜがう》、其中衆生悉是吾子《ごちゅうしゅじょうしつぜごし》、而今此処《にこんししょ》、多諸患難《たしょげんなん》唯我一人《ゆいがいちにん》、能為救護《のういくご》、苦道即法身《くどうそくほっしん》、煩悩即般若《ぼんのうそくはんにゃ》、結業即解脱《けちごうそくげだつ》、三千具足《さんぜんぐそく》、妙色妙心《みょうしきみょうしん》、得聞此経《とくもんしきょう》六根清浄《ろっこんしょうじょう》　神通力故《じんづうりきこ》、増益寿命《ぞうやくじゅみょう》、法華妙理《ほっけみょうり》、釈尊金言《しゃくそんきんげん》、当生《とうしょう》　信心無有虚妄《しんじんむうこもう》」と誦す。

そして二つに折った半紙を相手の額に置しあてて、その上から引取楊枝で調伏《ちょうぶく》の「払鬼」を三度書く。次いで火指《かし》（中指）で額を三度弾《はじ》くのである。そのあと、相手が男ならば左から顔の左半面を拭いて、その拭取紙を下げていき、首から左肩先のツボへと進める（女性は男とは逆に右半面から行う）。左肩先のツボのところで、紙の上から再び鬼の字を三度書く。続いて、そこから拭取紙を左腕の外側から拭

疫神教化鈔（疫神の祟りを除く誦文、除病延命の祈禱の際にこれを唱える）

南無久遠実成本師釈迦牟尼仏、南無霊山会上来集の分身諸仏、南無諸大菩薩、梵釈日月四天王等、五番善神、殊には鬼子母大善神、惣じては仏眼所照の一切三宝、来臨影嚮。妙法経力、速得自在、諸仏守護、増益寿命、心中所願、決定成就。

夫れ此の妙法蓮華経は常住仏性を以て咽喉《いんこう》と為し一乗の妙行を以て眼目《げんもく》と為し再生敗種を以て心腑と為し顕本遠寿を以て其の命と為す。唯有一乗法・無二亦無三等云々、故に梵天・帝釈・日月諸天、殊には鬼子母神《きしもじん》、十羅刹女《じゅうらせつにょ》等、此経を恭敬《くぎょう》し、受持の者を擁護《おうご》すること、なお己の眼《まなこ》を惜《おし》むが如し。凡そ権化の諸天・魔梵《まぼん》・其の本地《ほんじ》は法華経の一実相なれども垂迹《すいじゃく》の門は無量

き下げていき手首に達すると、すぐに脇のツボに移動させ、そこでも鬼の字を三度書いて呪《まじな》うのである。そのあと、腕の内側を拭き取りつつ、手首まで移動させてから、その紙を丸めて左手に握らせるのである。今度は同じようにして右半面の拭き取りを行う。

それから、別の拭取紙を相手の胸部にあてて鬼を字を三度書いたあと、その紙を押さえつけながら腹部へ下げ、そこでも鬼の字を三回記す。そしてその紙を最初の手（男であれば左手）に握らせておく。同様にして両足（両足の股の外側）を、膝頭《ひざがしら》の部分まで拭き取るのである。この時も鬼の字を三度書いて呪うことを忘れてはならない。足を拭き取った紙は次の手（男であれば右手）に握らせる。

足を拭き取ったあとは、首の後ろと背中と腰部の三か所にそれぞれ鬼の字を三度書く。背中を呪《まじな》い終わったときに、喝《かつ》を入れるようにばしっと平手で叩くのがコツであるという。両手・胸腹部・足・背面の都合五枚の拭取紙を、大きな紙で一つに包み、それを男ならば左手、女ならば右手に握らせる。その上から数珠《じゆず》で纏《まと》い、『御祈禱肝文経《ごきとうかんもんきよう》』『五段教化鈔《ごだんきようかしよう》』などを読誦し、払九字《はらいくじ》を切るなどしてから、紙流しを行うのである。

なり。若し本《もと》に従《よ》つて説かば亦《ま》た是の如し。昔、刹《せつ》、等の悪の中に於て能《よ》く出離す。是の故に亦た、刹を以て化他《けた》の法門と為すと、是れ則ち化他門に出《いで》たまう時、我が得道《とくどう》の門を示せしなり。今、形疫流行神《ぎようやくるぎようしん》の本地を案ずるに蓋《けだ》し亦た法性亦名《ほうしようやくみよう》の如来なるべきか。大慈悲の内証自《よ》り、末法澆季《まつぽうぎようき》の衆生が悪業煩悩の深重なることを憐れみ暫らく化益の為めに疫神《やくじん》と現じ、因縁業果の理《ことわり》を示し給うか。或説己身或説他身等云々観音なお三十三身を現じ、妙音又、三十四身を現ず。今、疫神と現じ給うとも、何ぞ本より実の邪神《じやしん》ならんや。即ち是れ形を十界に垂れて種々の像《かたち》を作すの類なる者歟《か》。既に是の病者、過去の罪障深重なりと雖も、妙法流布の時に生れて本化地涌《ほんけじゆう》の流を汲み、堅固の信地に安住して最勝の経王を憑《たの》み奉り、しかのみならず本化の行者某甲《それがし》に除病延命の祈禱を求めたり、すなわち是の道場に於て三宝諸天等を勧請し、其の加被力《かびりき》を蒙《こうむ》つて之を申すなり 者《ていれは》疫神は須《すべから》く病者の邪熱を醒まし本復せしむべし、なお外に障碍《しようげ》有らば、亦た興《と》もに、之を除《のぞき》て速かに退散すべし、若し夫れ慈悲の為めに病者を悩ますとならば、己に最勝の妙法蓮華経を憑み奉れり、然らば則ち本縁に従い反つて是の病者を守護あるべき者なり、斯く理を尽して申すだにも、なお用い給わずば、更に三宝諸天に言上して、治罰を申し請うべきか。仏、此の世界と他方の世界との梵釈、日月四天、竜神等を集め告げて曰《のたまわ》く、我が正像末《しようぞうまつ》の持戒《じかい》、破戒、無戒等の弟子等を第六天の魔王、悪鬼神等が人生《にんしよう》、人民等の身に入《いり》て悩乱せんことを見ながら、聞きながら、治罰せずして須臾《しゆゆ》も過すならば、必ず梵釈等の使《つかい》をして四天王に仰せ付けて治罰を加うべし。若し氏神治罰を加えずんば、梵釈四天等も守護神に治罰を加うべし。梵釈も亦た是の

守護符

護符《ごふ》は神仏が種々の災いや厄難から守護するとされるもので、日蓮宗のそれには紙などに題目《だいもく》や守護《しゅご》神名《じんめい》や呪字《じゅじ》などが記され、秘妙符《ひみようふ》、御守り、神符とも称する。用途別に応じて多くの守護符があるが、日蓮宗系では呑んで使用する呑み符を苻《ふ》と書いて区別することもある。護符の製作は原則的に、日蓮宗の加行僧《けぎようそう》が百日間の加行中、伝師《でんし》より伝授された方式をもとにしてつくられる。吉日を選定し、日の出前に吉方（吉方は聞神《ききがみ》がいる方角。聞神は、その日の干支《えと》の方角から三つめにあたるもので、たとえば子の日ならば、寅の方角）から墨に用いる水を汲み、尊前（仏前）に備えて読誦祈禱。その後、水行して身心を清めたのちに、作成するのである。つくり終えた護符は、護符用の包み紙に入れて尊前に備え、さらに読経祈念して入魂《にゆうこん》してから信者に授ける。信者もまた、この符は良薬であると絶対に疑うことなく、深く信じて用いることで霊験が得られるとされている。

日蓮宗系の護符にはたとえば病気治しのためには「得聞是経病　即消滅《とくもんぜきようびようそくしようめつ》」（法華経薬王品《やくおうほん》）、「即便服之病尽除癒《そくべんふくしびようじんじよゆ》」（法華経寿量品《じゆりようほん》）など『法華経』の要文の一部のほか、他の神咒、秘文が記されているのが主であるが、これを肌身につけたり、所持したり、呑んだり、家や部屋などに貼付《ちようふ》して使用することにより、『法華経』の利益と行者の信仰の妙力で充満され、身心両病が退散、快癒するというのである。

一般的に日蓮宗系では病人が死魔などの重病に犯されているようであれば、死霊苻《しりようふ》を三日間毎日一苻ずつ水な

如し、他方世界の梵釈日月四天等は必ず此の世界の梵釈、日月四天等を治罰すべし、若し然らずんば三世の諸仏の出世にも漏れ永く梵釈等の位を失って無間大城《むけんだいじょう》に沈むべしと、釈迦多宝十方の諸仏の御前にして、起請《きしょう》を書き置かれたり、無戒等の弟子を擁護《おうご》するなら、なお以て此の如し。何かに況んや、若暫持者、是名持戒の病者に於て豈《あ》に守護の利生無からん乎《か》。法華経の行者、信心に退転無く、身に詐親《さしん》無く、一切法華経に其身を任せて金言の如く修行せば、慥《たし》かに後生は申すに及ばず、今生には息災延命にして勝妙の大果報を成就すべし。法華経の祈りは湿めれたる木より火を出し、乾ける土より水を儲《もう》くるが如く、利《り》生《しょう》あるべきなり。言上を痛しと思《おぼ》さば、速かに、是の病者の苦患を除き給え。転我邪心・令得安住・於仏法中・得見世尊・南無霊山一会・儼然未散・仏眼諸照・一切三宝・自他法界・平等利益。

どどともに呑ませる。三日目に生霊符《いきりょうふ》を服用させる。四日目にいたって初めてその病気のために効力があるとされる符を呑ませるのである。

重病時に最初に死霊符を使用する理由は、口伝によれば、万病の根本は死霊が原因しているからであるとされる。そして死霊符と生霊符とを併せて用いるのは、死霊には、生霊が結びついて強力になっていることが多いためであるという。

護符を謹製する注意事項としては、護符の文字を書いているあいだは、どんなことがあっても席を立ってはならないという決まりになっている。しかもその間、原則的に普賢咒《ふげんじゅ》を唱えつづけ、祈りの内容以外は絶対に他のことを考えてはならない。また、護符の文字に使用する筆や墨（墨のほか、朱・紅を使用）は、それ専用のものとし、別の用途で使ってはならないとされている。

墨を溶かしている時には、「不染世間法如蓮華在水《ふせんせけんほうにょれんげざいすい》、東西南北中 央龍 王名《とうざいなんぼくちゅうおうりゅうおうみょう》」と三回唱えて、日天子《にってんし》の御影《みえい》である日光にあてるべしという口伝がある。また「一切護符」のように護符の文字を一字に見えるよう重ねて書く方法など、書き方の秘伝は数多《あまた》伝わっている。

護符を呑ませる場合に読誦する秘文がある。この呑み符は、『法華経《ほけきょう》』序品《じょほん》などを誦《じゅ》したのち、「釈迦の説教は一乗《いちじょう》に留《とど》まり、諸仏《しょぶつ》の成道《じょうどう》は妙法《みょうほう》に在り。諸余の怨敵皆 悉く《おんてきみなことごと》摧滅《ざいめつ》せん。この好《よ》き良薬《ろうやく》を今留めて此《ここ》に在《お》く。汝取って服すべし。癒《い》えじと憂《うれ》うことなかれ」と唱えるのである。

病気平癒のための護符に「病即消滅不老不死《びょうそくしょうめつふろうふし》」と記すものがあるが、その文字の「病滅老死」の四字の上に「吽《うん》の鬼」を、また残りの「即消不老不」の文字の上に「阿の鬼」の字を重ねて書くと効能は倍増するとされる。それでも際立った効果が現れなければ、秘中の秘として「病滅老死」の文字の左右に不動明王《ふどうみょうおう》の梵字《ぼんじ》《カン》を、「即消不老不」の文字の左右に愛染明王《あいぜんみょうおう》の梵字《ウン》を書くと、必ず妙験があり、実際に起死回生した事例が少なくないともいわれる。

護符の種類は枚挙《まいきょ》にいとまがない。主要な実例を図示したので、ご覧いただきたいが、あらゆる現世利益《げんぜりやく》が授与されるという一切護符のような万能符のほか、死霊の祟《たた》りを退散させる死霊川施餓鬼流守《しりょうかわせがきながしまもり》、無事安産のための安産御符、合格祈願など勝負事に効く出陣勝守《しゅつじんかちまもり》、病気平癒の御符、交通安全の符、防火守などがある。病気でもすべての病気に効く符だけでなく、風邪、熱病、難病、流行病、眼病、ノイローゼ、食欲不振、疱瘡などの個別の秘符も用意されている。

開運守

亦於現世得其福報（●———）福聚海無量
如子得母如渡得船如病得医如闇得燈如貧得宝如民得王如賈客得海
此経能救一切衆生者此経能令一切衆生離諸苦悩此経能大饒益一切衆生
恵美酒太神
南無上行無辺行菩薩　大梵天帝釈天王　八大龍王神　天照太神
南無多宝如来　南無薬王菩薩　年徳玉女神　鬼子母神
南無妙法蓮華経　法主日蓮大菩薩
南無釈迦牟尼仏　南無勇施菩薩　大黒天神　十羅刹女
南無浄行安立行菩薩　大日月明星天子　八幡大菩薩
大弁才天十干十二神
充満其願如清涼池能満一切諸渇乏者如寒者得火如裸者得衣如商人得主
如炬除闇此法華経亦復如是能令衆生離一切苦病痛能解一切生死之縛
当於今世得現果報（●———）福聚海無量

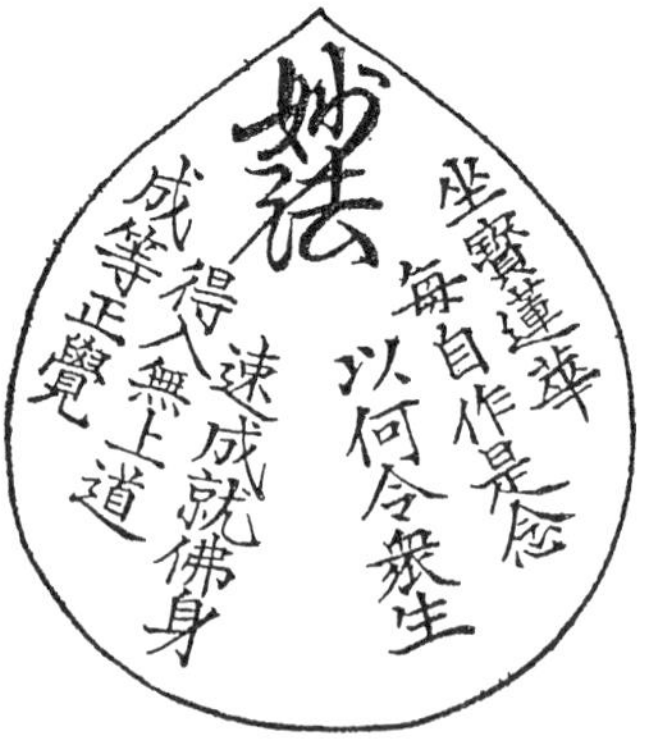

死霊川施餓鬼流守。流れの早い川へ流すこと

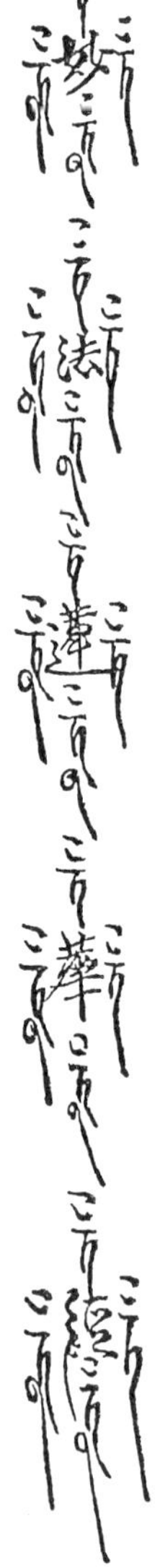

一切護符。一字に見えるように重ねて認めること

出陣勝守。文字を強く書くこと

怖畏軍陣中　刀杖不加
南無妙法蓮華経正八幡大菩薩
衆怨悉退散　毒不能害

安産護符

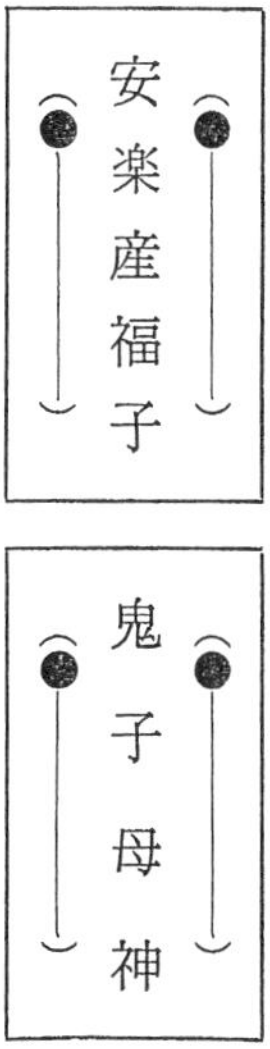

諸病平癒の符

鬼
鬼是好妙
鬼良薬妙

一

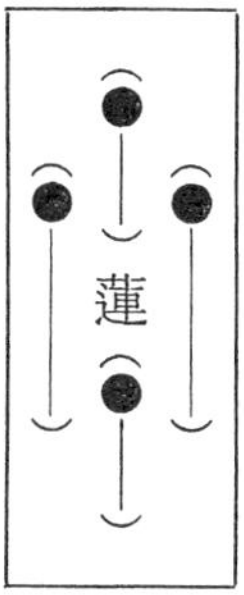

二

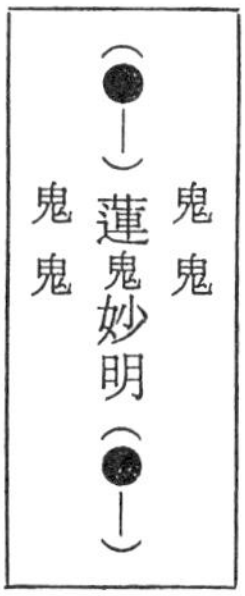

三(有口伝)

防火守

自我　為悦衆生故　身上出水　充満
妙法蓮華経　鬼 鬼鬼　七面大明神守攸
我此　現無量神力　身下出水　仏身

除熱符

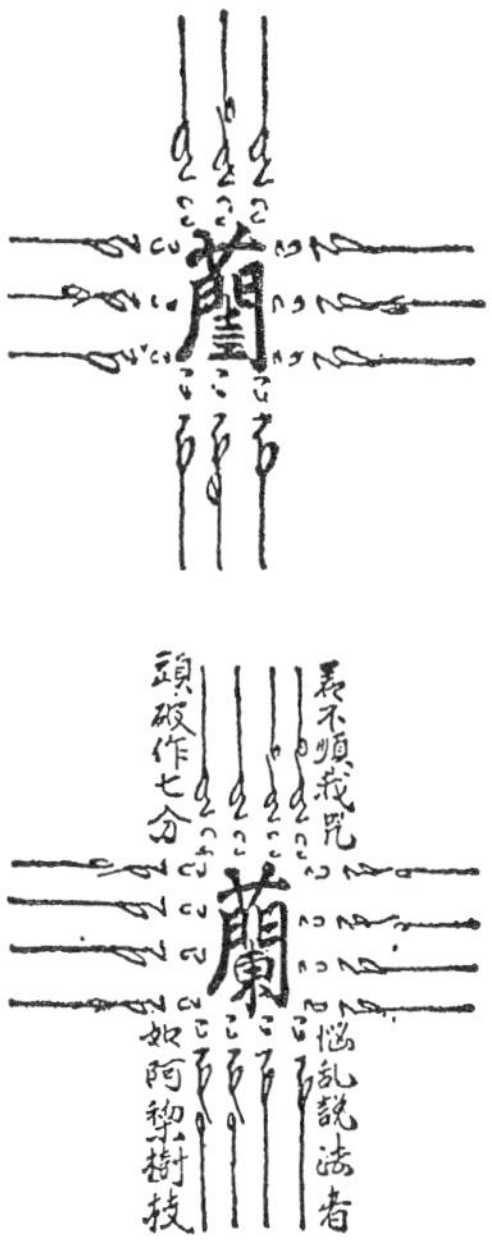

眼病守。一粒。七日間精進、日天子を十三度礼拝していただくこと

(●)(●)(●)
開山眼開心開
(●)(●)(●)

流病守

能二聖鬼三十番神為
令百由旬内(●)天照太神
其中衆生悉是吾子鬼子母十女
今此三界皆是我有唯我一人守
而今此処多諸患難七面大明神
無諸衰患(●)八幡大菩薩
護二天鬼五番神呪救

疱瘡除守

(●)
読是経者常無憂悩
南無妙法蓮華経日蓮大聖人守所
鬼子母神
病即消滅
又無病痛顔色鮮
(●)
不老不死
十羅刹女

表　五番神守護所
(●)
裏　兜醯兜醯　阿闍世王
(●)

日蓮伝授の所願成就の秘法

『新池抄《しんちしょう》』によれば、日蓮《にちれん》は日に一度は日天子《にってんし》（太陽）に向かって立って、大地に自分の影を映していたとされ、そこから日天子（太陽）を拝する修法が生じたとする伝がある。毎日早朝、持仏堂《じぶつどう》（もしくは仏間）に入り、どの経典でも問わず、一巻を読誦《どくじゅ》したのち、日天子の前で『法華経《ほけきょう》』の方便《ほうべん》・寿量《じゅりょう》・勧持《かんじ》・涌出《ゆじゅつ》・神力《じんりき》の各品《ほん》を誦す。その後、「勝」の字を日天子に向かって三度書くと、所願が成就するという。

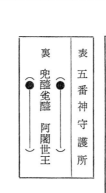

鬼字

願望成就、調伏降魔《ちょうぶくごうま》、延命長寿、交通安全など、それぞれの効能別を表した鬼の字（鬼字《きじ》）の咒符《じゅふ》も、日蓮宗ではひじょうによく使われている。護符の一種である鬼字には、三鬼のほか、十二鬼、二十鬼、三十七鬼、百鬼などの相伝《そうでん》が知られている。種類が多様化している理由は、効能を細分化しているためでもある。鬼字には、図示したように書き方の基本がある。清浄な紙に、信者が必要とする鬼字を書いて呪《まじな》うのである。なお、極意として書き上げた鬼字に霊力を込めるために、九字を切ったりする。また、九字を切った直後に、空中に鬼字を書いて、九字の法力《ほうりき》をさらに強める働きもある。そのほか、護身の呪いとして行者が外出前に掌に鬼字を楊枝《ようじ》（木《ぼっ》剣《けん》）で書いたりもする。

鬼字について記した『鬼《き》伝大事《でんだいじ》』からいくつか引いてみよう。

鬼字相承。数字の順に書く

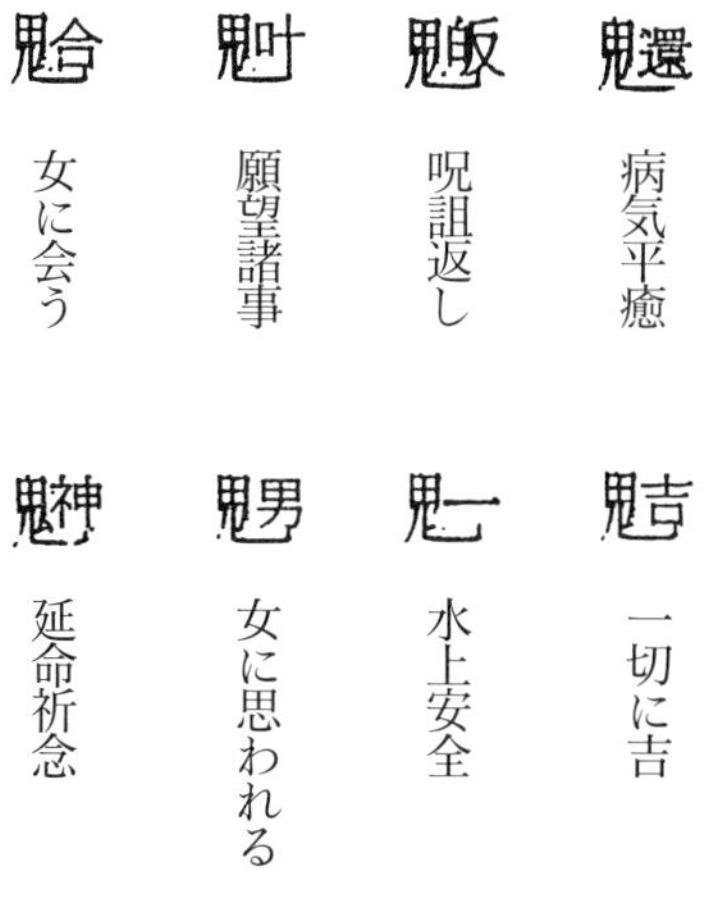

鬼伝大事

海川渡時

門出旅立

霊気追放

更賜寿命

問答勝負

火伏祈念

障碍離別

病者祈念

諸符祈念

願望諸事

疫魔遠離

調伏降魔

呪咀本還

延命祈念

成就留鬼

息災除難

成願祈念

怨敵退散

長寿祈念

調伏払鬼

諸事咒符大事

九字の法

九字《くじ》といえば、修験道《しゆげんどう》の山伏《やまぶし》の専売特許のように思われがちであるが、日蓮宗《にちれんしゆう》でも従来より頻繁に修されてきた。元来、九字切りは道教《どうきよう》で災厄を祓《はら》うために執行された呪法《じゆほう》で、日本では修験道や密教を中心とした山岳信仰《さんがくしんこう》系で用いられ、のちに日蓮宗系の祈禱でも採り入れられたのである。ちなみに日蓮は、信者に宛てた手紙『四条金吾殿御返事《しじようきんごどのごへんじ》』において「臨兵闘者皆陳列在前《りんぴようとうしやかいじんれつざいぜん》の文も『法華経』より出でたり」と述べている。

九字の九は、陽数が極まったもので、最大の吉数とされた。つまり最上の陽気で、それによって魔の拠り所となる陰を裁断《さいだん》、打破するると考えられたのである。九字切りは相手を摧破《さいは》する場合の折伏《しやくぶく》用、相手の攻撃から身を防御《ぼうぎよ》するための護身用の二種類に大別される。前者には折伏木剣《ぼつけん》、後者には護身木剣を用いる。

法華経二十八品《ほん》の経文中から各品の要諦を「九字」に抜粋して纏《まと》めたものが、『法華経二十八品九字文』である。この九字には行者の護身だけでなく、

呪咀教化鈔
（呪詛による祟りを除去する誦文）

南無久遠実成本師釈迦牟尼仏、南無霊山会上来集の分身諸仏、南無諸大菩薩、梵天帝釈日月四天等、五番善神、殊《こと》には鬼子母《きしも》神《しん》、十羅刹女等、惣じては仏眼所照の一切三宝、来臨影嚮、妙法経力、速得自在諸仏守護、増益寿命、諸余怨敵皆悉摧滅心中所願決定成就。

夫《それ》、如来の秘密神通の力とは三身法界に遍《あまねく》して体用如々なり、前後の二際を利して三世を一念に帰し常に無辺の衆生を度するなり、毎自作是念等云々。抑《そもそ》も恒沙の萬徳は元より一心の本源に具《そな》わる邪正、亦《ま》た一如なり、彼の久遠を観るになお今日の如し。元初の一念一法界より外に六道四聖無きなり。迷悟本と我に任るのみ、一たび元品の無明動いて、三千皆塵労なり、無明一たび定まんぬれば、三千悉く常住なり。然るに業障の雲、起つて、天真独朗の月を覆い、妄想偏執《もうぞうへんじゆう》の風、揺《うご》かして差別の枝を鳴らす。爰を以て三毒呪咀の猛火《みようか》・熾然《しねん》として自ら焼き、又、将《まさ》に他を焼かんとす。何ぞ夫愚《それおろか》なるや。瞋恚《しんに》陥曲《てんごく》の心を盛んにして正直の神明を強《し》い、又は仏陀の悲願を頼んで私の怨念を果たさんと欲す邪横神《じやおうしん》等、其の短を伺い求めて、之に代るが故に或は一往の祈りとも為るべきに似たるか。然れども道理に叶わざる祈りなるが故に、遂には本人に還著《げんじやく》して愈々《いよいよ》還堕《げんだ》三塗《さんず》の色を増して輪廻も亦た転《うた》た長からん、豈《あ》に悲しまざらんや。若し今、法華経を以て之を救わんに祈り必ず祈りと為るべし。

国家安泰や衆生救済などの利益をもたらすとされている。それぞれの九字文を唱えながら九字を切るのである。

序品《じょほん》（第一）「皆是《かいぜ》阿羅《あら》漢諸漏《かんしょろ》已尽《いじん》」。方便品《ほうべんぽん》（第二）「如優《にょう》曇鉢華《どんはつけ》時《じ》一現耳《いちげんに》。為衆生説法無《いしゅじょうせつぽうむ》有《う》余《よ》乗《じょう》」。譬喩品《ひゆほん》（第三）「為《い》無上道故常教化汝《むじょうどうこじょうきょうけにょ》」。信解《しんげ》品《ほん》（第四）「世《せ》尊令我等出於三界《そんりょうがとうしゅつおさんがい》」。薬草喩品《やくそうゆほん》（第五）「観衆生心欲而将護之《かんしゅじょうしんよくにしょうごし》」。授記品《じゅきほん》（第六）「有《う》魔《ま》及魔民皆護《ぎゅうまみんかいご》仏法《ぶつぽう》。知《ち》諸大弟子《しょだいでし》心之《しんし》所念《しょねん》」。化城喩品《けじょうゆほん》（第七）「常楽説是妙法蓮華経《じょうらくせつぜみょうほうれんげきょう》」。五百弟子受記品《ごひゃくでしじゅきほん》（第八）「以《い》無価《むか》宝珠繋其《ほうじゅけいぎ》衣《い》裏《り》」。授学無学人記品《じゅがくむがくにんきほん》（第九）「山海慧《さんかいえ》自《じ》在通王如来《ざいつうおうにょらい》」。法師品《ほっしほん》（第十）「爾時《じじ》宝塔中出大音声《ほうとうちゅうしゅつだいおんじょう》」。見宝塔品《けんほうとうほん》（第十一）「是《ぜ》法《ほ》華経蔵深固《けきょうぞうじんこ》幽遠《ゆうえん》」。提婆達多品《だいばだったほん》（第十二）「由《ゆ》提婆《ばいば》達多《だつた》善知《ぜんち》識故《しきこ》」。勧持品《かんじほん》（第十三）「号一切衆生喜《ごういっさいしゅじょうき》見如来《けんにょらい》」。安楽行品《あんらくぎょうほん》（第十四）「滅三毒出三界破《めっさんどくしゅつさんがいは》魔《ま》網《もう》」。従地涌出品《じゅうじゆじゅっほん》（第十五）「於《お》千万億劫数不《せんまんのくこうすうふ》能尽《のうじん》」。如来寿量品《にょらいじゅりょうほん》（第十六）「諸善男子《しょぜんなんし》汝等当信解《にょとうとうしんげ》」。分《ふん》別功徳品《べつくどくほん》（第十七）「阿《あ》僧祇《そうぎ》衆生得大饒益《しゅじょうとくだいぎょうやく》」。随喜《ずいき》功徳品《くどくほん》（第十八）「而《に》訓道之《くんどうし》即集此衆生《そくしゅうししゅじょう》。於《お》講法処《こうほうしょ》坐《ざ》更有《こうう》人来《にんらい》。勧令坐聴若分座《かんりょうざちょうにゃくふんざ》令坐《りょうざ》。有経名法華《うきょうみょうほっけ》

抑も法華経の祈りとは道理なり。また慈悲なり。大聖人《だいしょうにん》が八《はち》幡大菩薩《まんだいぼさつ》を諫暁《かんぎょう》せしは是の道理なり。又、日本国一閻浮提《えんぶだい》の一切衆生を救わんが為に之を申せしは慈悲なり。今、汝が呪咀の怨念を憐むが故に無明即明、三惑即三徳の理を教うるなり。先ず呪咀の怨念を翻《ひるがえ》して正念に復し、即成《そくじょう》の大果報を得せしめ給え。邪横神等も頭破作七分《ずはさしちぶん》の誓状を恐れなば、速やかに転我邪心して守護の善神となるべし。妙法蓮華経、広宣流布《こうせんるふ》の奉為《おんため》に今、是の病者を救うなり、涅槃経《ねはんぎょう》の会座《えざ》には諸大菩薩天人等は法華経の敵の舌を切るべき由、座を列《つら》ねざる由、法華経の敵の国には霜雹《そうばく》と為るべき由、等の誓いあり。又、道理有って法の成就せざらんには反って本尊を責むること有り。尼倶律陀長者が樹神を責めたりしことは、付法蔵経《ふほうぞうきょう》に出たり。蘇悉地経《そしつじきょう》には本尊を治罰すること鬼魅《きみ》を治するが如し、等云々。文の心は経文の如く所願を成ぜんが為め、数年が間、法を修行するに、成就せずんば、祈禱の本尊を責めよとなり、祈禱の本尊すら、なお以て此の如し、況んや、其の余の邪横神等、何の恐れを抱くべきこと有らんや。行者は如世尊勅・当其奉行の誓状を存知するが故に守護無からん時は、是の文を先として諸天を諫暁するなり。さきに道理と言せしは是なり。然れば法華経の行者の祈る祈りは、響きの物に応ずるが如く影の身に副《そ》うが如く鏡の像《すがた》を浮かぶるが如く、琥珀《こはく》の塵を取るが如く諸大菩薩、天龍八部、二聖二天、鬼子母神、十羅刹女の利生擁護も速やかなるべきなり。良医の視る所、百毒薬に変じ、仏智の照らす所、衆生即ち、仏なり、然るに一切衆生は、無始已来、六境の風、一如の法海に荒《す》さみ、本覚の月、三業の池水《ちすい》に宿とることなし。生に即して是れ法、凡を離れて仏なし、不二にして而《しか》も二なるを不変真《ふへんしん》

可共往聴《かきょうおうちょう》」。法師功徳品《はっしくどくほん》（第十九）「生善処悪処悉《しょうぜんしょあくしょしっ》於中現《おちゅうげん》」。常不経菩薩品《じょうふきょうぼさつほん》（第二十）「猶高声 唱 言我《ゆうこうじょうしょうげんが》不敢軽《ふかんきょう》。於汝等汝等皆当作仏《おにょとうにょとうかいとうさぶつ》」。如来神力品《にょらいじんりきほん》（第二十二）「有国名娑婆世界有仏《うこくめいばばせかいうぶつ》」。嘱累品《ぞくるいほん》（第二十二）「令一切衆生普得聞知《りょういっさいしゅじょうふとくぶんち》。獅子座上者及多宝仏《ししざじょうしゃぎゅうたほうぶつ》」。薬《やく》王菩薩本事品《おうぼさつほんじほん》（第二十三）「又如日天子能除諸闇《ゆうにょにってんしのうじょしょあん》」。妙音菩薩品《みょうおんぼさつぽん》（第二十四）「釈迦牟尼仏光照其身《しゃかむにぶっこうしょうぎしん》。我《が》身六百 八十 万由旬《しんろっぴゃくはちじゅうまんゆじゅん》。其面貌端正復過於此《ぎめんぼうたんしょうぶくかおし》。衆生能《しゅじょうのう》降伏諸魔怨不《ごうぶくしょまおんぷ》。是妙音菩薩欲得相見《ぜみょうおんぼさつよくとくそうけん》。能如是饒益無《のうにょぜぎょうやくむ》量 衆 生《りょうしゅじょう》。華徳菩薩得法華三昧《かとくぼさつとくほっけさんまい》」。観世音菩薩普門品《かんぜおんぼさつふもんぼん》（第二十五）「観世音菩薩有如是力《かんぜおんぼさつうにょぜりき》」。陀羅尼品《だらにほん》（第二十六）「若此法師得是陀羅尼《にゃくしほっしとくぜだらに》。令百由旬 内無諸衰患《りょうひゃくゆじゅんないむしょすいげん》。修行是経 者令 得安穏《しゅぎょうぜきょうしゃりょうとくあんのん》」。妙荘 厳王本事品《みょうしょうごんのうほんじほん》（第二十七）「天人衆《てんにんしゅ》中 広説法華経《ちゅうこうせつほけきょう》。於法華三昧久已通達《おほっけさんまいきゅういつうたつ》。以神通変化転我邪心《いじんづうへんげてんがじゃしん》」。普賢菩薩勧発品《ふげんぼさつかんぼっぽん》（第二十八）「於如来滅後必得作《おにょらいめつごしっとくさ》仏《ぶつ》。以一切衆生 所喜見身《いいっさいしゅじょうしょきけんしん》。亦不為女人之所惑乱《やくふいにょにんししょわくらん》。令多所衆生 安楽利益《りょうたしょしゅじょうあんらくりやく》。得百 千万億旋陀羅尼《とくひゃくせんまんおくせんだらに》。妙法蓮華経作《みょうほうれんげきょうさ》礼而去《らいにきょ》」。

如《にょ》と云い、二にして不二なるを随縁真如《ずいえんしんにょ》と云う。法界を一心に収め、一心を法界に収むること是なり。故に他《ひと》を呪咀するは自らを呪咀するなり、之に代わるは亦《ま》た、己れを呪咀するなり、邪見即生。善悪不二と悟って呪咀の怨念を翻すときんば、其の当処に無始の惑障、氷の如く銷《さ》え、現当の福智、雲の如く集まるべし、是れ実《まこと》に対治生善《たいじしょうぜん》の勝計、即身成仏の妙術なり、霊山常住にして劫火《ごうか》にも焼かれず唯だ本化上行《ほんげじょうぎょう》の大地より涌出《ゆじゅつ》するを見奉《たてまつ》るのみ。須臾間之。即得究竟。病即消滅。不老不死。諸余怨敵・皆悉摧滅。南無霊山一会・儼然未散・仏眼所照・一切三宝・自他法界・平等利益。

木剣と数珠《じゅず》とともに九字を唱えて切る日蓮宗の九字切りの法式は江戸時代に完成したとされる。普門院日憲《ふもんいんにちけん》が文政三年（一八二〇）に記した伝書には、「九字大事」という一項目があり、木剣と加持数珠を一緒に合わせて行う三重《さんじゅう》の九字の伝授が大事である旨が記されている。木剣と数珠をともなう九字にも留《とめ》九字、払《はらい》九字、五段《ごだん》九字など数十におよぶ秘密の相伝がある。九字は護符などと同じように目的に応じてさまざまな切り方があることは、前にも触れたとおりである。ここでおもだった九字を紹介しておこう。九字の形象が同一であるものの、誦文が違っていたり、誦文は同じであるが九字の形象に相違がある場合など、組み合わせにより、まったく意味が異なることにも留意されたい。

＊死霊《しりょう》に切りかかり成仏させる九字「阿耨多羅三藐三菩提《あのくたらさんみゃくさんぼだい》」
＊生霊《いきりょう》・疫病《やくびょう》を調伏《ちょうぶく》させる九字「令百由旬内無諸衰患《りょうひゃくゆじゅんないむしょすいげん》」
＊引取《ひきとり》・退散一切に用いる九字「令百由旬内無諸衰患《りょうひゃくゆじゅんないむしょすいげん》」
＊護身・擁護《おうご》のために切る九字「妙法蓮華経仏所護念《みょうほうれんげきょうぶっしょごねん》」
＊怨敵《おんてき》退散、調伏の九字「妙法蓮華経呪咀毒薬《みょうほうれんげきょうじゅそどくやく》」
＊勝負事・訴訟・試験に勝利する九字「妙法蓮華経序品第一《みょうほうれんげきょうじょほんだいいち》」
＊病気回復と悪霊《あくりょう》成仏の九字「妙法蓮華経毒病皆癒《みょうほうれんげきょうどくびょうかいゆ》」
＊悪因縁《あくいんねん》解消、離別の九字「妙法蓮華経令離諸著《みょうほうれんげきょうりょうりしょじゃく》」
＊祈禱極秘の鎮護《ちんご》の九字「妙法蓮華経諸法実相《みょうほうれんげきょうしょほうじっそう》」

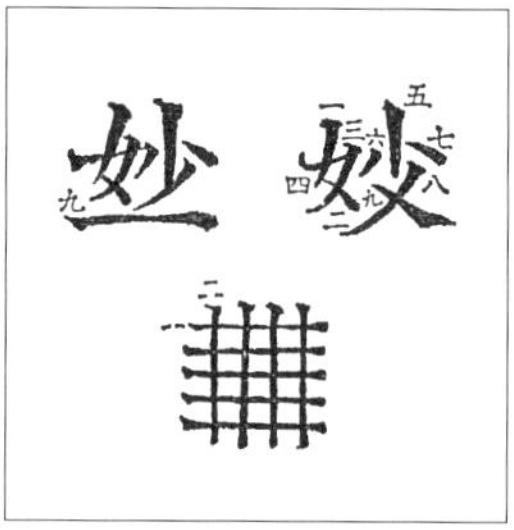

九字相承。右上：調伏の九字。左上：成満の九字。下：調伏の九字。

悪鬼・邪神・天魔・怨霊に憑依された者を救済するために数座にわたって教化《きょうけ》、加行《けぎょう》してもまったく埒《らち》が明かず、その者の狂乱がやまない場合の秘策として「頭破七分《ずはしちぶん》の九字」が知られている。「妙《みょう》、法《ほう》、蓮《れん》、華《げ》、経《きょう》、頭《ず》、破《は》、七《しち》、分《ぶん》」と誦して、九字を切る。すると、その瞬間に鬼子母神《きしもじん》が発動して、その者に憑依《ひょうい》していた悪鬼などを摧破《さいは》し尽くすという。

つまりこの九字を受けた悪鬼は瞬時に頭が七分に割れ、堕地獄《だじごく》を免れない。しかも、無量億劫《むりょうおくこう》という気の遠くなるような歳月を経ようとも、絶対に救出しがたいとされる。

最上稲荷の霊験

商売繁盛を中心にした祈願寺として知られる最上稲荷教《さいじょういなりきょう》総本山妙教寺《みょうきょうじ》（岡山市高松稲荷七一二）の本尊・最上稲荷は『法華経』の本仏が衆生救済のために応験したとされる最上位経王《さいじょういきょうおう》大菩薩で、あらゆる神通力があるという。法華信仰と稲荷神信仰が結びついた日本独自のものである。その姿は柔和な顔つきをした女神で、左肩に稲束を担い、右手に鎌をもち、口に宝珠を加えた白狐に乗っている。天平年間に開基の報恩大師が稲荷山の八丈岩で修行中に最上位経王大菩薩が降臨したところから、

十字の秘法

九字のほかに、十字《じゅうじ》もある。「九字十字」というが、あくまでも十字は九字のカテゴリーに属するということで、伝によっては「十字九字」とも呼称する。九字の法力《ほうりき》をさらに徹底化させたもので、まさに究極《きゅうきょく》の呪力があるとされる。それだけに十字の安易な利用は厳《げん》に禁じられている。『九字護身大秘法《くじごしんだいひほう》口訣《くけつ》』によれば、「九字十字の神秘の法は、有情無《うじょうむ》情《じょう》をも摧破《ざいは》切断《せつだん》すべき事、疑い無きものなるをもって、容易《たやす》くこれを修《しゅう》す時は、かえって仏神《ぶっしん》の御罰《おんばち》を、我が身に受くる事、必《かならず》せり、極信《ごくしん》に住《じゅう》して修し奉《たてまつ》るべきものなり」とある。扱い次第では、両刃の剣のように危険極まりないのである。悪霊の力が強烈すぎて九字が効かない、あるいはみずからの命も危いといった緊急事態に対処する秘法として把捉《はそく》されよう。

*呪詛を切り返し、調伏する十字九字　「念波妙法《ねんぴみょうほう》力刀尋段段壊《りきとうじんだんだんえ》」

*敵を切り返し、調伏する十字九字　「念波妙法《ねんぴみょうほう》」

この信仰が始まったと伝える。脇神として水神の八大龍王、開運を招くとされる三面大黒天を併祀している。境内には最上稲荷に仕える諸天王を祀る七十七社があり、厄除け、安産、良縁、身体健全などさまざまな利益をもたらすという。京都の伏見稲荷、愛知県豊川市の豊川稲荷と並ぶ日本三大稲荷の一つとも称される。

参拝方法は合掌し、題目をとなえるのが基本である。

最上稲荷の仁王門

力環著於本人《りきかんじゃくおほんにん》」

*死霊・生霊を退散させる十字九字

「怖畏《ふい》軍陣中《ぐんじんちゅう》 衆怨悉退散《しゅおんしったいさん》」

念彼観音力還著於本人
向敵切返十字九字
妙法蓮華経衆怨悉退散
払十字九字。

一字一妙の秘法

九字切りに一字《いちじ》一妙《いちみょう》の秘法がある。左の掌に「切」という字を書き、右手の指を握って「諸余《しょよ》怨敵《おんてき》皆悉《かいしつ》摧滅《ざいめつ》」と七回繰り返し唱える。そして邪悪な敵の方向に向かって破壊すると強く念じながら、九字を切るのである。

妙九字の切り方

邪気払いと調伏のための九字である。「妙法蓮華経序品第一《みょうほうれんげきょうじょほんだいいち》」と唱えながら、図1の「妙」の字を書いて九字を切る。妙の画数は八画であるが、九字用に九画に変形させている。この変形の「妙」について『九字護身大《くじごしんだい》秘法口訣《ひほうくけつ》』は「今九画に作る事、甚深の秘事なり」としている。

妙の字を護符などに書き記す場合は、図2のようにする。これも九画にしている。この字を書くときは「令百由旬内無諸衰患」の九字を唱えながら書く。無病息災の祈願になるとされる。

図1

図2

荒れる霊を呪縛する止縛法

祈禱中、相手の人間が急に凶暴化したり、いうことを聞かなくなることもないではない。そのような折りには、瞬時に相手を呪縛するという止縛《しばく》法を行う。それだけに妄《みだ》りに行うことは、禁じられている。この修法は基本的に口伝でのみ伝えられるが、体得すれば、必ず霊応があるとされる。

荒れる霊には、身体を縄で固く縛りつけるよう、全身全霊を傾けて祈念する。それから五番神咒を誦しつつ（五番神を念じてもよい）、木剣で相手の体を細かく叩きながら、三度巻きつけるように念じて行なう。ただし巻き終わったときに、気合とともに「ム」の字で相手を強く縛り上げる。

いくつかある止縛法のうちで、比較的多く用いられるのが、黄金縄縛りである。その空間の中にある一切の邪霊悪霊を縄で結びつけて留《と》めておく秘法となっている。

また、止縛法は鎮めにも用いられる。この場合、五番神（法華守護の善神で、薬王《やくおう》・勇施《ゆうせ》の二菩薩と持国《じこく》・毘《び》沙門《しゃもん》の二天と鬼子母神）を念じながら、「止止不須説《ししふしゅせつ》（止みなん止みなん説くべからず）」（法華経方便品第二）と唱えて、図のように木剣を動かすのである。

荒れる霊を呪縛する止縛法（『法華祈禱秘抄』より）

第5章 神道・古神道系の呪術

『大祓詞《おおはらえのことば》（延喜式）』に国津罪《くにつつみ》の一つとして「蠱物《まじもの》せる罪」がある。蠱物とは呪術のことである。つまり、神に祈願して怨みに思う相手を呪うことである。上古には呪術が広く行われていた事情を物語る。

神道や古神道の基本典籍となっている記紀《きき》を繙けば、呪詛に関わる語として「ノロヒ」「トコヒ」「マジナイ」「カシリ」「ウケヒ」などがある。呪いは「罵る」から派生した語とされる。自分が怨念を抱く者を害するために神仏に祈禱するわけであるが、いわゆる記紀の神典にはそれに関する具体的方法はほとんど明記されていない。

だが、俗伝はある。憎悪する相手をかたどった人形《ひとがた》（偶像）を作って、それに釘を打ち込んで呪いを掛けたり、神社の境内の神木に釘を打ちつける処法である。藁《わら》人形の詳細に関しては後述の本文を参照していただきたいが、相手を仲違いさせるには呪いの藁人形を火中に投じ、縁切りには神社の社殿の下に埋め、人命を断つには墓地に埋め、人を狂気にするには四つ辻に埋納するという方法もあった。

また祭文《さいもん》や祝詞《のりと》を唱えて呪詛したり、五穀断ちや食断ちや火断ち、さらに期日を定めて集中的に祈禱することもよく知られている。

神道でいう祟りは本来的には神が現れ出る徴《しるし》を意味したが、のちには神罰、すなわち神の意に反した言動によって生ずる咎めや罰を指すようになった。広い意味では病気や災難、怪我、不幸続きなどを神祟《しんすい》とする場合もある。聖地を汚したとか、祭祀を怠っているとか、あるいは神木を伐採したなどが原因で祟られたという話も少なくない。神が祟ってい

鹿占神事の光景（『阿伎留神社年中十二祭絵巻』、阿伎留神社蔵、写真＝あきる野市五日市郷土館）

る場合、夢のなかに直接、示現があるともいわれる。また神の祟りか否かを調べるには、布斗麻邇《ふとまに》（太占）などの占いで決定することもある。太占は亀《き》卜《ぼく》あるいは鹿卜《ろくぼく》で、『古事記』にも天《あめの》香山《かぐやま》の真男鹿《まおしか》の肩骨で占った記述があるが、太占神事は現在も御嶽《みたけ》神社（東京都青梅市）や一之宮貫前《いちのみやぬきさき》神社（群馬県富岡市）などで行われている。その方法は鹿の肩骨を準備し、清浄な火で錐《きり》を焼いて、占いたい内容を祈願したのち、その錐で肩骨を突き刺すのである。すんなり貫ければ大吉、そうでなければ小吉か凶とし、錐が立たなければ大凶とする。祟りを祓《はら》うには身を慎み、禊《みそ》ぎ祓えを修し、祓えの物を供え、罪科の許しを神明に祈るのである。

布斗麻邇御霊

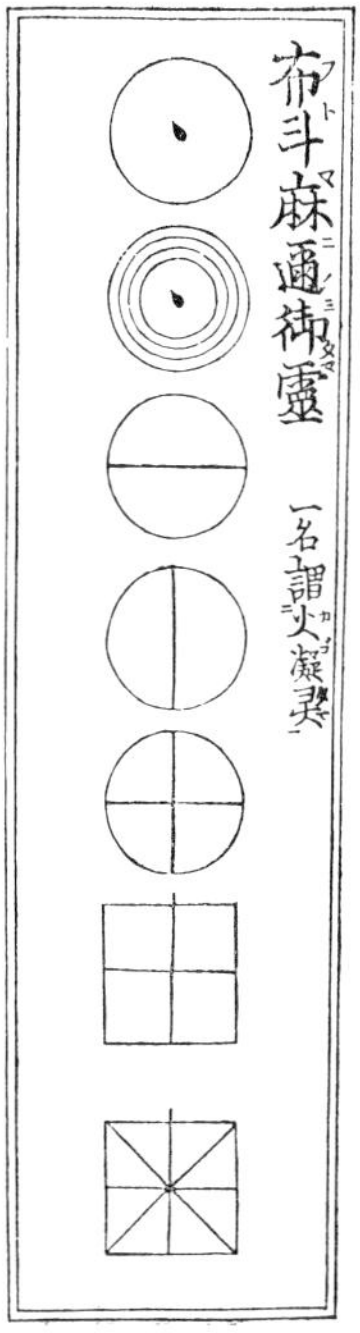

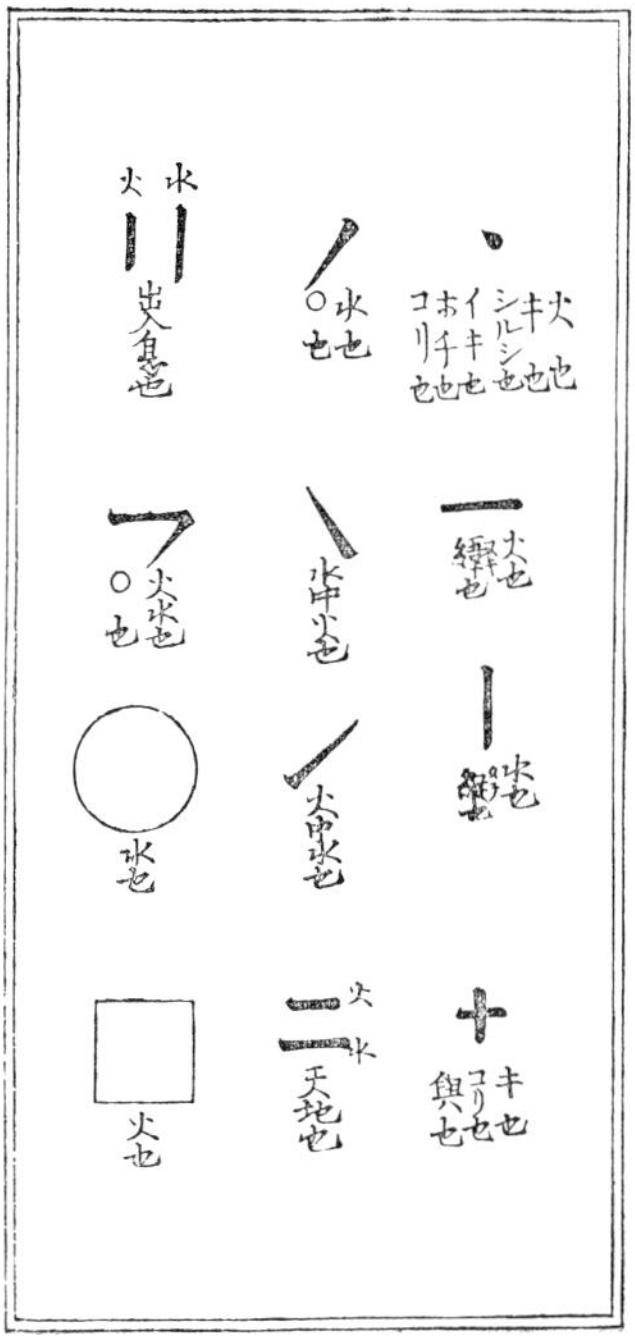

稲荷古伝
（以上、日稗田阿礼、和銅四年二月伏見稲荷御示現之際奉奠之—水穂伝火之巻一より）

『古事記』にみえる恐るべき呪術として、八目《やつめ》の荒籠《あらこ》鎮《しず》めの呪詛《とこい》がある。この呪法は但馬国（兵庫県）の伊豆《いず》志《し》神社（出石神社）に伝えられていたともいわれている。伊豆志河の河嶋の節竹《よたけ》を編んで八目の荒籠を作り、その河の石をとり塩をまぶして竹葉に包み、次のように呪詛する。「此の竹葉《たかば》の青むが如《ごと》、此の竹葉の萎《しぼ》むが如、青み萎め。またこの塩の盈《み》ち乾《ひ》るが如、盈ち乾よ。また此の石の沈むが如、沈み臥《こや》せ」。そうして荒籠を烟《かまど》の上に置いていたところ、呪われた者は八年間「干《かわ》き萎み病み枯《こや》しき」という慢性疾患のような病状を呈した。その詛戸《とこいど》を返したところ、病気が回復したとある。

日本には怨霊神として恐れられていた御霊《みたま》を祀っている神社がいくつか存在している。この場合の御霊とは、非業の死を遂げた怨霊に対する尊称である。祈禱しても祟りが納まらない場合は、怨霊を祭り上げて守護霊へと転換する方法が図られた。それを御霊《ごりょう》信仰という。このような御霊信仰のメカニズムは古代からあったが、明確な形をとって現れたのは奈良時代末期から平安時代にかけてである。とくに皇位争いや政府高官位の争奪戦に破れ、非業の死を遂げた権力者は、凶暴な怨霊と化して、朝廷のみならず、社会にも災厄を及ぼすと考えられた。皇室の変事や疫病の流行、雷・地震・大火・大雨などの自然災害まで怨霊の祟りと見なされたのである。その背後には国家機構に組み入れられていた呪禁師《じゆごんじ》や陰陽師《おんみようじ》が、天皇や高官などの病気や死、あるいは天災地妖の原因を怨霊に原因があると結びつけて占う要素が大きく作用していた。

宝亀三年（七七二）、光仁天皇の后・井上皇后が皇太子・他戸《おさべ》親王とともに光仁天皇を呪詛したとする事件が起こった。それにより井上皇后は后の地位を剝奪されたばかりか、他戸親王も皇太子位を廃された。その後、光仁天皇の姉の難波内親王が死去するに及んで、井上皇后がまた「魘魅《えんみ》大逆《たいぎやく》」を行って呪殺したと讒訴《ざんそ》された。井上皇后と他戸親王の母子は大和国宇智郡に幽閉され、同日に死んだ。井上皇后の怨霊伝説の始まりである。

怨霊となったのは、井上皇后だけではなかった。桓武天皇の次の皇位継承者に決定していた早良《さわら》親王もそうである。桓武天皇の信任が篤かった藤原種継暗殺事件に連座して、皇太子を廃され、淡路国に流される途中、絶食したまま憤死した。その祟りを鎮めるべく、桓武天皇は延暦十九年（八〇〇）、早良親王に崇道《すどう》天皇の追号を送った。そしてすでに井上皇后を祭神としていた上出雲寺の鎮守・御霊堂に祀り込めたのである。この御霊堂がのちの上御霊《かみごりょう》神社（京都市上京区御霊前烏丸東入御霊竪町）である。

御霊として祀られたのは、崇道天皇、伊予親王（桓武天皇の第三皇子で謀叛の疑いで大和の川原寺に幽閉され、服毒自殺）、藤原吉子（伊予親王の母で、反逆の罪を問われ、服毒自殺）など、六柱であった。御霊にはのちに二柱が加わり、八所御霊とよばれて、上御霊神社と下《しも》御霊神社（京都市中京区寺町丸太町下ル下御霊町）に鎮斎された。

上下両社には菅原道真も祀られている。藤原時平の中傷で左遷され、太宰府の地で失意のまま没した道真は、激しく祟る怨霊となり、落雷をもたらす天神と同一視され、朝廷を襲うとされた。道真は天満自在天神（天神）として北野天満宮にも祀られていることはいうまでもない。

死後、怨霊になったといわれる天皇として、崇徳天皇と淳徳天皇がいる。明治天皇が白峯《しらみね》神宮（京都市上京区今出川堀川東入）にこの二人の天皇を御霊として祀ったのも、新政府が怨霊に祟られないようにするためであったとする説がある。祀ることによって天皇自身と国家の安泰を図ったのである。

御霊信仰は時代とともに推移している。当初御霊となるのは貴族中心だったが、貴族が凋落し、武家社会が台頭すると、御霊となる対象も貴族から武家や庶民へと変化していった。江戸時代には特定の個人の横死、冤罪死などを発生基盤にして御霊神が次々と生み出された。愛媛県宇和島市和霊町の和霊《われい》神社も御霊信仰の一種といえる。祭神は伊達家の旧家臣山家公頼（山家清兵衛）。謀略事件で暗殺され、死後、藩内に凶事が続き、鎮祭すると、やんだ。和霊様を祈れば、作物豊穣、大漁の霊験があるとされ、庶民の信仰が篤い。御霊神の代表格・北野天神がそうであるように、御霊信仰は結局のところ、現世利益信仰へと帰着していくようである。

禁厭の神

日本神話における禁厭《きんえん》＝呪《まじな》いの神としては、大己貴神《おおなむちのかみ》と少彦名神《すくなひこなのかみ》の二神が代表的である。この二神は禁厭の神であるばかりではなく、治病や医薬の祖神でもある。それは治病や医薬は禁厭に由来していたためである。

大己貴神と少彦名神が禁厭の神とされる根本的な理由は、『日本《にほん》書紀《しょき》』の記述にある。つまり両神が「鳥獣昆虫の災異を攘《はら》うために、禁厭の法を定めて人々に伝えた」ことによるのである。ではその時の禁厭法が正確に伝承されているのかといえば、不明というほかはない。真偽は別にして、あくまでも民間に秘伝として伝えられているものがある。

神道には大己貴神と少彦名神よりも古くから禁厭の神が存在している。『古事記』の記述によれば、この世とあの世の境にあるとされる黄泉《よもつ》平《ひら》坂《さか》で、伊邪那美神《いざなみのかみ》を筆頭とする黄泉軍を桃の実によって打ち払った伊邪那岐神《いさなぎのかみ》がそうで、その事蹟から伊邪那岐神を禁

少彦名神像（内藤記念くすり博物館蔵、水巻中正『くすりの文明誌』かんき出版より）

大己貴神を祀る神田明神

厭の神の嚆矢《こうし》とみる。

呪詛祭

両部神道《りょうぶしんとう》系の祭祀《さいし》に呪詛祭《じゅそさい》があった。この祭りの祭神《さいしん》は素戔嗚尊《すさのおのみこと》である。素戔嗚尊と呪詛はどう結びつくのかというと、その根拠は『日本書紀』における素戔嗚尊の高天原《たかまのはら》での振る舞いにある。自分の姉にあたる天照大神《あまてらすおおみかみ》の神田である天狭田《あめのさた》・長田《ながた》に素戔嗚尊は、種を重ねて播《ま》き、田の畦《あぜ》を壊し、さらに天斑駒《あめのふちこま》（天馬）を放して田を荒らした。また天照大神が神聖な新嘗祭《にいなめさい》（新穀を神に供える祭）を行っているときに、こっそりとその部屋に糞をして汚し、天照大神が神衣《かむみそ》を織るために機《はた》屋にいるのをみて、天斑駒の皮を剝いで御殿の屋根に穴を開けてそこから投げ入れたのである。

驚きのあまり、天照大神は機織《はたお》りに用いる道具の梭《ひ》で身体を傷つけてしまい、激怒して、天《あめ》の岩屋《いわや》に入って、固く磐戸《いわと》を閉ざして籠《こ》もってしまった。そのため、国中が常闇《とこやみ》となり、昼夜の区別すらつかなくなった。それを憂いた八百万の神々は、天の安河《やすかわ》のほとりに集まって、相談。天鈿女命《あめのうずめのみこと》の踊りや、田力雄神《たちからおのかみ》の尽力などで天の岩

素戔嗚尊（牛頭天王）像（高御位神宮蔵、『古神道の本』学研より）

屋から天照大神を引き出すことに成功するのであるが、その一方で神々は素戔嗚尊に沢山の捧げ物を供えさせる罰を負わせた。手足の生爪を抜いて、罪の贖いもさせ、高天原から追放したのである。

　地上に降《くだ》った素戔嗚尊は八岐大蛇を征服するなど、その神性は勇猛熾烈で、神々中、その神威は群を抜いているところから、素戔嗚尊を呪詛の祭神にしたとされる。もちろん、これは神道の正伝ではなく、俗伝であるが。

丑の刻参り

　呪詛《じゅそ》の方法でもっともよく知られているのが、丑《うし》の刻参りであろう。いわゆる丑満《み》つ時（午前二時から三時のあいだ）に神社にひそかに参じて、呪《のろ》う相手に見立てた人形を神木や鳥居などに打ちつけて呪うというものである。

　丑の刻参りは一口だけではなく、七日間の日程で行うのが通例であった。丑の刻参りに

能の鉄輪（撮影＝岩野俊夫　李家正文『文学と伝承の間』永田書房より）

内宮（「伊勢参宮細見大全」、西垣晴次『お伊勢まいり』岩波新書より）

参ずるには、藁人形《わらにんぎょう》と五寸釘と鉄槌を用意し、白衣と神鏡を身につけ、一枚歯（あるいは三枚歯）の高下駄を履き、女ならば櫛を口に加え、五徳を逆さに立てて、そこに三本のローソクを灯《とも》して頭にかぶり、道中、決して人に見られてはならないなどの作法がある。また藁人形の制作にしても、特殊な神言を唱えながらつくるのであるが、呪う相手の髪の毛や爪があればそれに毒物を混ぜてその藁人形にすり込むとか、打ち込む釘（五寸釘）も定められた法で制作するなどといった、こまごました伝承が残されている。丑の刻参りで有名なのが、京都市左京区鞍馬《くらま》貴船町《きぶねちょう》に鎮座《ちんざ》する貴船神社《きぶねじんじゃ》である。嫉妬深い公卿の女が貴船神社に詣でて、「我を生きながら鬼神《きじん》に成してたまえ」などと口走りながら、相手の女を呪殺しようとして祈ると、明神《みょうじん》の示現《じげん》があったと『太平記《たいへいき》』などに伝える。その女の容貌は、顔に朱を指し、髪を五つに分けて五つの角をつくり、身には丹を塗り、鉄輪《かなわ》をいただき、口には燃やした松明《たいまつ》をくわえていた。そうした姿で夜更けに大和大路を走り出る姿は、鬼形《きぎょう》に異ならない、文字どおり身の毛のよだつようなものであったという。

　藁人形に釘を打ち込むのにも伝があって、相手を呪い殺すのならば、急所である心臓部に打ち込む。そのようにして満願の七日目になれば、呪

貴船神社社頭

貴船神社拝殿

った相手は死ぬとされた。殺さずに懲らしめるだけならば人体に相応する部分を集中的に打つ。たとえば、相手を頭の病気にして懊悩させるためには、それを念じつつ、人形の頭に五寸釘を打ち込むのである。

呪詛の神事と呪詛を打ち返す神事

相手を呪詛《じゅそ》するための方法が、民間系の神道に伝わっていた。星宿説を交えた習合神道で行われていたもので、四方中央の神と、月々と十二支に配当する神、さらに日々に配当する神を用いて祈る秘法である。

四方中央の神とは、東西南北の四方の神（東の主神《しゅしん》＝天八十万日魂尊《あめのやそよろずひたまのみこと》、西の主神＝天八百日魂尊《あめのやおひたまのみこと》、南の主神＝天合魂尊《あめのあいたまのみこと》、北の主神＝天三降魂尊《あめのみくだりたまのみこと》）と中央の神の天八降魂尊《あめのやくだりたまのみこと》である。月々と十二支に配当する神は、一月と子《ね》の神は国之常立神《くにのとこたちのかみ》、二月と丑《うし》の神は豊斟渟神《とよくむぬのかみ》、三月と寅《とら》の神は宇比地邇神《ういじにのかみ》、四月と卯《う》の神は須比智邇神《すいじにのかみ》、五月と辰《たつ》の神は角杙神《つぬぐいのかみ》、六月と巳《み》の神は活杙神《いくぐいのかみ》、七月と午《うま》の神は大斗能地神《おおとのじのかみ》、八月と未《ひつじ》の神は大斗能弁神《おおとのべのかみ》、九月と申《さる》の神は淤母陀琉神《おもだるのかみ》、十月と酉《とり》の神は訶志古泥神《かしこねのかみ》、十一月と戌《いぬ》の神は伊邪那岐神《いざなぎのかみ》、十二月と亥《い》の神は伊邪那美神《いざなみのかみ》である。また日々に配当する神は一か月の各日に相当する神という意味で、一日は大加牟豆美神《おおかむずみのかみ》、二日は長乳歯《ながじはの》神《かみ》、三日は和豆良比能宇斯能神《わずらいのうしのかみ》、四日は飽咋之宇斯神《あきぐいのうしのかみ》、五日は奥疎神《おきざかるのかみ》、六日は奥津那芸佐毘古神《おきつなぎさびこのかみ》、七日は奥津《おきつ》甲斐弁羅神《かいべらのかみ》、八日は辺疎神《へざかるのかみ》、九日は辺津那芸佐毘古神《へつなぎさびこのかみ》、十日は辺津甲斐弁羅神《へつかいべらのかみ》、十一日は底津綿津見神《そこつわたつみのかみ》、十二日は底筒之男神《そこつつのおのかみ》、十三日は中津綿津見神《なかつわたつみのかみ》、十四日は中筒之男神《なかつつのおのかみ》、十五日は上津綿津見神《うわつわたつみのかみ》、十六日は上筒之男神《うわつつのおのかみ》、十七日は天之狭土神《あめのさづちかみ》、十八日は国之狭土神《くにのさづちのかみ》、十九日は天之狭霧神《あめのさぎりのかみ》、二十日は国之狭霧神《くにのさぎりのかみ》、二十一日は天之闇戸神《あめのくらとのかみ》、二十二日は国之闇戸神《くにのくらとのかみ》、二十三日は大戸惑子神《おおとまどいこのかみ》、二十四日は大戸惑女神《おおとまどいめのかみ》、二十五日は沫那芸神《あわなぎのかみ》、二十六日は沫那《あわな》美神《みのかみ》、二十七日は頰那芸神《ほなぎのかみ》、二十八日は頰那美神《ほなみのかみ》、二十九日は速玉之男神《はやたまのおのかみ》、三十日は事解之男神《ことときのおのかみ》、三十一日は大《おお》直日神《なおびのかみ》である。

もし寅年の生まれの者が、五月一日に相手を呪詛しようとすれば、四方中央の神（この神はどの年の生まれでも共通して用いられる）とともに、寅年の守護神である宇比地邇神と、五月と一日の守護神に相当する角杙神と大加牟豆美神を一緒に奉斎《ほうさい》するのである。呪詛するにあたっては一日だけではなく、それ以降も毎日続けて行ったほうが、効果があるとされる。順次行うのであれば、それに合わせて月日に相当する守護神をきちんとあてはめて斎行《さいこう》する必要がある。

逆に相手から呪詛されている場合、いち早く対処しなければならないが、それには相手が呪詛に用いている神と、同じ神を用いるのがよいとされる。毒には毒をもって制するのだ。つまり、相手が四方中央の神、月々と十二支に配当する神、日々に配当する神を併祭しているのであれば、基本的にそれと同じ方法で行うのである。

仮に子年の者から呪われていることが、たまたま六月一日にわかった場合には、四方中央の神のほか、子年に配当する守護神である国之常立神と、六月の月に配当される守護神の淤母陀琉神と一日に相当する守護神の大加牟豆美神とをあわせて祀るのである。それにより相手の呪いを打ち返すことが可能であるという。相手の呪いがひじょうに強いようであれば、この打ち返しの神事を一日だけではなく、毎日続けて行えばよいとされている。

願掛け

願掛《がんか》けは願望成就のために神社仏閣に参詣し、祈禱《きとう》を施したり、供物《くもつ》を供え寄進する習俗で、古代から広く行われてきた祈禱法である。もともとは古代の僧侶や社僧が潔斎して祈願したり、修行して功徳を積む生活習慣から生じたものとされる。歴史的には鎌倉時代以降の武家が社寺に領地を寄進するかわりに戦勝祈願した事例が有名であるが、一般的にも病気の回復や子供の出生を特定の神や観音・地蔵などに祈願して霊験をあたえられたとする伝説が多いし、現在にもそれが受け継がれている。

境内に掲げられている絵馬《えま》も典型的な願掛けであることはいうまでもない。また願掛けのために、茶や酒などの自分の好物を絶ったり、水垢離《みずこり》をとるなどの方法は江戸時代に整えられたとされる。社寺の境内には、願掛けに有効だとされる願掛け石や、百度石《ひゃくどいし》があったりもするが、これは願掛けの習慣が民間信仰におよんだものである。百度石は、社寺の境内の一定の距離を百回往復し、そのつど、拝礼することで、そのための標識として立てられた石である。

蟇目神事

妖魔怪物を除き、圧伏する神事を蟇目《ひきめ》神事と称する。蟇目は引目・挽目とも記す。蟇目神事は、夜間に大形の鏑《かぶら》をつけた矢を弓で射ることによって魔怪を祓除《ふつじょ》するものであるが、もとは狩猟に用いられていたとされる。蟇目神事に用いる蟇目は、中を空にした木製のやじりで、数個の穴を穿《うが》っているので、それを射れば、その穴に風が入って自然に鳴音を発する。その音が魔怪を祓う霊力があるとされているのである。しかも、蟇目を射る際に弦をならすことになるので、魔を除くのにも相乗効果があるというわけである。蟇目とよばれるのは、鏑の部分が蟇（ヒキガエル）の目に似ているからとも、響き目が転訛《てんか》したものともいわれる。

いずれにせよ、蟇目の矢が飛んでいく音が、蟇の鳴く声に似ており、蟇は夜でもよく物を見て虫を捕えることができるという神秘的な要素が結びついて、蟇目神事が成立した。

世に行われている蟇目神事は二《ふ》荒山《たらさん》神社（栃木県日光市）にルーツがあるという伝説がある。同神社では毎年、弓矢の神鳴鏑神を祭り、神前で射法を行っているが、縁起《えんぎ》によれば、二荒の神と赤城の神（赤城《あかぎ》神社《じんじゃ》）が中禅寺湖の領地を争ったことがあった。両者は拮抗《きっこう》し、なかなか決着がつかなかったが、しだいに赤城の神の軍勢が優勢になった。敗れるのではないかと危ぶんだ二荒の神に、鹿《か》島《しま》神宮《じんぐう》（鹿島神宮）が猿麻《さるま》呂《ろ》という射法の名手を派

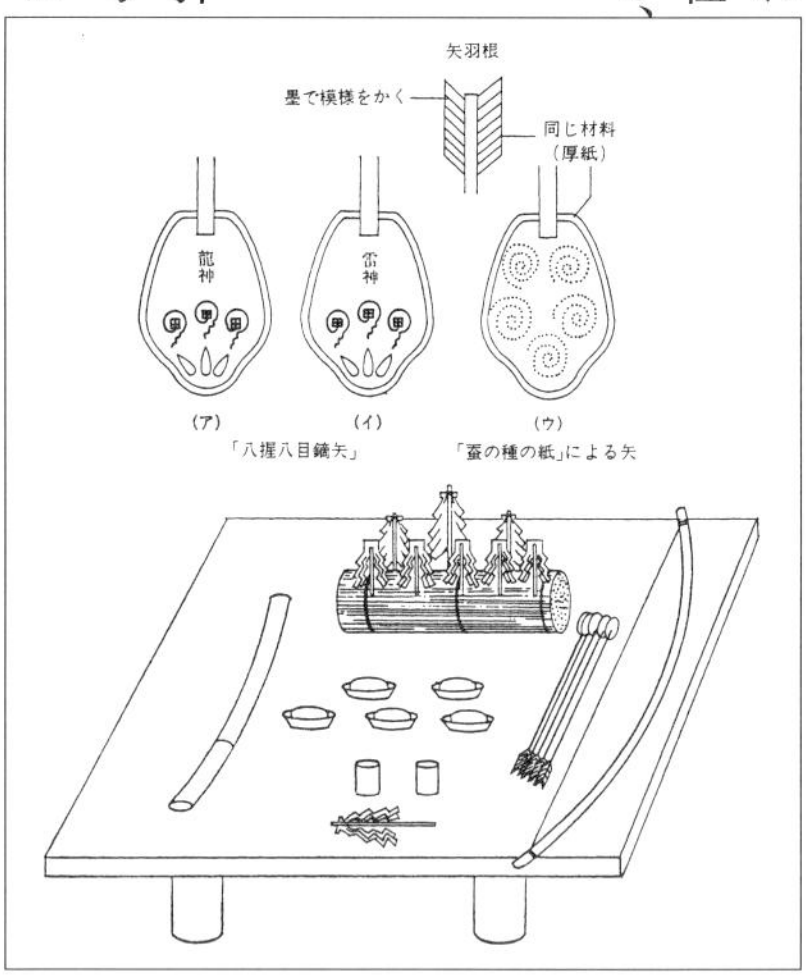

蟇目神事で使用する鏑矢と神殿（長谷部八朗『祈禱儀礼の世界』名著出版より）

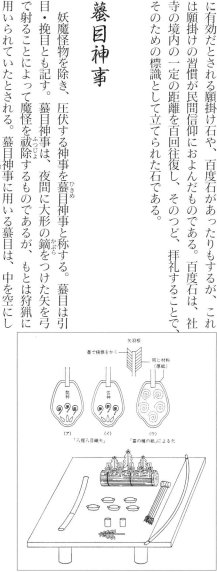

遣して加勢したため、形勢は逆転した。猿麻呂が赤城の神の神使《しんし》・ムカデの目を射ったので、中禅寺湖は二荒の神の領地となったという。

愛媛県中予地方にある神社では橘家《きつけ》神道《しんとう》系の蟇目神事が行われていることを、長谷部《はせべ》八朗《はちろう》氏が『祈禱儀礼の世界』で報告している。それによれば、蟇目の法の主目的は、生霊憑《いきりょうつ》きの祓い、男女間の三角関係の解消、離婚依頼、重病者の治癒祈願、失せ物探しなどである。関係の清算の具体例として、依頼者が夫と離婚したいにもかかわらず、夫が応じない場合、夫に別れたいという気持ちを起こさせる呪法を行うのである。

その方法は夜半の午前十二時から三十分ほど行う。日にちをとくに限ることはしないが、長くても七日間程度である。神前に向かって左側に祭場を設置、神饌《しんせん》（酒・魚・昆布その他の海産物・塩・水・果実など）を用意し、修祓《しゅばつ》後、大祓祝詞《おおはらえのりと》を三巻唱える。以上が御魂鎮《みたましず》めの神事《しんじ》にあたり、そのあと蟇目祭《ひきめさい》の祝詞を奏上《そうじょう》。さらに弓祈禱《ゆみきとう》とつづく。蟇目祭の祝詞は初日だけ唱える。弓祈禱に用いる弓は長さ約一メートルの竹製の鏑矢を基本とし、弦は琴線を使用する。的《まと》は奉書紙でつくった人形である。その人形の前部に氏名・年齢・性別・祈願内容を記したのち、九字を切って奉書紙の帯をしめる。箱に人形を納めて、八脚の上においてから、蟇目の祭文と神言《しんげん》「ひふみよいむね、こともちろらね、しきるゆいとは、そはたまくめか」を唱えつつ、矢を箱に向けて射る。矢を射る回数は状況に応じて、三、五、七回というように奇数回である。

禊ぎと祓い

神道《しんとう》の身心浄化法ともいうべき禊《みそ》ぎの淵源は、日本神話によれば、伊弉諾尊《いざなぎのみこと》が筑紫日向《つくしのひむか》の橘《たちばな》の小戸《おど》の阿波岐原《あわぎはら》で黄泉国《よみのくに》の穢《りが》れを禊《みそ》ぎ、清浄の身心で天照大御神《あまてらすおおみかみ》など三柱の貴子《うずのみこ》を得た事蹟に始まる。古代日本において海中に入って禊ぎをする慣習があったことは『魏志倭人伝《ぎしわじんでん》』に出ているが、禊ぎの本来は葬儀の際、海水に浸かって沐浴《もくよく》して身を清めることであった。死は穢れであり、穢れの気を身に受けたときに、それをみずから洗浄する方法

熊野那智大社

が禊ぎであった。禊ぎは身滌《みそ》ぎであったわけである。

また祓《はら》いは、身心についた罪や穢れを除去する方法である。祓いは「払《はら》い」に通ずる。高天原《たかまのはら》で天津《あまつ》罪《つみ》を犯した素戔嗚尊《すさのおのみこと》が八百《やお》万《よろず》の神《かみ》によって科せられたことを最初とする。素戔嗚尊は天照大御神の神田を荒らし、神聖な斎場《さいじょう》を穢《けが》したために、群神会議で処罰が決定し、素戔嗚尊は財産を差し出すなどして高天原を追放されるにいたった。つまり祓いのルーツは一種の刑罰で、罪に属する行為に対して、他からこれを払ってもらう儀式というわけである。そこから祓いは身に振りかかった汚穢を祓うという意義も生ずるようになった。

禊ぎ祓いと一言で括《くく》る言い方もあるが、厳密には両者は別である。自主的に行ずるものが禊《みそ》ぎであるのに対して、祓いは他動的である。江戸後期の国学者・橘守部《たちばなのもりべ》（一七八一〜一八四九）の説に「禊ぎと祓いとは別なり。祓いは惣名《そうめい》にて禊ぎはその中の一種なれば、禊ぎというべく、祓いというべからず、禊ぎは水辺にて行うに限れる名なり」とある。橘守部は禊ぎを祓いのカテゴリーに含める見方をしているものの、両者は厳然と異なることを強調している。禊ぎはまず身を浄化することによって心も清め、祓いは第一に心を清めるという意味が強い。

禊ぎ祓いは、修祓《しゅばつ》ともいう。修祓は心身の汚穢を祓う神事で、いわゆるお祓《はら》いである。お祓いには水のほか、塩、火、幣《ぬさ》を用いる。

水によるお祓いは海水、河川、湖水、池、泉に入ったり、滝に打たれたり、井戸水を浴びたりして行う。神社参拝前に境内《けいだい》の手《て》水舎《みずや》で両手を清め、口をすすぐのは、いわば略式の潔斎《けっさい》にあたる。重要な神饌《しんせん》の一つでもある塩は殺菌および浄化作用があり、古来から神聖視されていた。そのため、邪気を祓う物質として祭場や神棚・神具などの清めにも利用されている。また、相撲取《すもうと》りが仕切りなおしのたびに塩を撒《ま》いて土俵を清めるのも祓いの一種で、これは土俵の災厄《さいやく》除去と悪霊退散、さらに怪我《けが》除けの呪《まじな》いの意味が込められている。塩といえば、葬式の死穢《しえ》を浄めるために用いたり、料亭などの玄関の盛《も》り塩も有名である。

火による祓いは、和歌山の熊野那智大社《くまのなちたいしゃ》や京都の鞍馬神社《くらまじんじゃ》などの火祭りに代表される。火祭りの火炎は罪穢れを焼き払い、浄化する聖火である。松明《たいまつ》から出る火の粉を浴びることによって厄や災いが祓われるのである。

神霊を宿した幣による祓いは、神社での正式参拝では欠かすことのできない神事となっている。祈禱内容は参拝者によってさまざまであるが、正式参拝のおもな次第を記しておけば、次のようになる。①修祓《しゅばつ》②献饌《けんせん》③宮司(あるいは宮司代理の神職《しんしょく》)の祝詞奏上《のりとそうじょう》④祈念《きねん》⑤巫女神楽《みこかぐら》⑥玉串奉呈《たまぐしほうてい》⑦撤饌《てっせん》⑧直会《なおらい》——である。宮司の祝詞奏上にあたっては、二拝(礼)、二拍手ののち、祝詞奏上となる。祝詞が終わり、二拍手、一拝となる。宮司の拝《はい》や拍手《かしわで》に合わせて参拝者も同様に行う場合もある。祈念とは、祭神に対して真心を込めて真剣に祈りを行うことである。神慮を和め奉る巫女神楽が終わると、巫女は鈴を持って参拝者を祓う。それは祓魔《ふつま》の儀でもある。

清祓い

祓いを儀式化・様式化したものが、清祓《きよはら》いである。通常の神事の前や災厄に関する神事のあとに、触穢《しょくえ》を祓《はら》い清めるために行う。祓いの主要な祭神《さいしん》は祓戸《はらえど》の大神《おおかみ》である。祓戸の大神は瀬織津比売神《せおりつひめのかみ》、速秋津比売神《はやあきつひめのかみ》、伊吹戸《いぶきど》主神《ぬしのかみ》、速佐須良比売神《はやさすらひめのかみ》の総称とする見方もある。瀬織津比売神は、世のなかの罪穢れを浄化し、凶事を除去する神で、伊弉諾尊《いざなぎのみこと》が中津瀬《なかつせ》において禊《みそ》ぎしたときに生まれた八十禍津日神《やそまがつひのかみ》の別称とされる。天照大神の荒魂《あらみたま》であるとも伝えられる。速秋津比売神は伊弉諾尊と伊弉冉尊《いざなみのみこと》の子で、流れ行く潮のあいだにあって諸々の罪穢れを祓い清める神徳がある。世の災い、罪や穢れを吹き祓って清める働きをする伊吹戸主神《いぶきどぬしのかみ》は、本居宣長《もとおりのりなが》(一七三〇〜一八〇一)によれば、伊弉諾尊が禊ぎを行ったときに生まれた大直日神《おおなおびのかみ》のことと述べている。速佐須良比売神は神道の地獄ともいうべき「根《ね》の国、底《そこ》の国」にあってあらゆる罪や穢れをすべて祓い滅する神とされる。速佐須良比売神の出自は伊弉諾尊の子とも、素戔嗚尊の子とも伝えられ、また須勢理毘売《すせりびめ》と同神ともいわれるが、定かではない。

言葉による祓い

『万葉集《まんようしゅう》』巻十七に出ている大伴家持《おおとものやかもち》の歌「中臣《なかとみ》の太祝詞言《ふとのりとごと》い祓《はら》え、贖《あが》う命《いのち》も誰《た》が為に汝《なれ》」とある。祓いの祝詞は、命を延ばす重大な呪法であることがわかる。

神道の祓詞と大祓詞

神道は祓いの宗教とよばれるほど、祓いが重要である。祓いで身心を清浄に保っていれば神の守りが篤いといわれる。祓詞《はらえことば》は神事の前に必ず唱えられる祝詞である。

一方、大祓詞《おおはらえのことば》は中臣祓《なかとみのはらえ》ともよばれ、奈良・平安時代を通じて六月と十二月の晦日《みそか》に御所の朱雀門《すざくもん》で百官が集って厳修された大祓式に淵源を有する。中臣祓と呼ばれる理由は、大祓詞を宣《の》る役目は代々、中臣氏に限られていたためである。『日本書紀』神代巻を要約したものとされる大祓詞は現在宮中や各

ひふみ祓詞による祓い

四十七音からなるひふみ祓詞《はらえことば》は古神道系の祓いの言霊である。

「ひふみよいむなや　こともちろらね　しきるゆゐつ　わぬそをたはくめか　うおゑにさりへて　のますあせえほれけ」

地の神社の行事において、年二回の大祓式（大祓祭）のときはもちろん、いろいろな祈願祭で唱えられている。奏上すれば、あらゆる罪や穢れが祓われ、どんな厄も落とすことができると信じられているもっとも強力な言霊である。各家庭でも祓詞や大祓詞を毎朝夕に神前で唱えつづけていれば、一切の災禍が祓われ、家内安全と繁栄が保たれるとされている。大祓詞を唱える時間的余裕がないときには、祓詞だけでも充分効果があるという。

祓詞「掛けまくも畏《かしこ》き伊邪那岐大神《いざなぎのおおかみ》筑紫の日向《ひむか》の橘の小戸《おど》の阿波岐原《あわぎはら》に御禊《みそぎ》祓え給いし時に生《な》り坐《ま》せる祓戸《はらえど》の大神等《たちもろもろ》諸の禍事《まがごと》、罪穢《けがれ》有らむをば祓え給い清め給えと白《もう》す事を聞食《きこしめ》せと恐《かしこ》み恐みも白す」

大祓詞「高天原《たかまのはら》に神留《かむづまり》坐す皇《すめら》が親神漏岐命《むつかむろぎのみこと》、神《かむ》漏《ろ》美《みの》命以《も》ちて八百万《やおよろず》の神等《かみたち》を神集《かむつど》えに集《つどえ》賜い神議《かむはか》りに議り賜いて我が皇御《すめみ》孫《ま》命は豊葦原水穂国《とよあしはらのみずほのくに》を安国《やすくに》と平けく知食《しろしめ》せと事依奉《ことよさしまつ》りき、此《か》く依奉《よさし》りし国中《くぬち》に荒《あら》振《ぶ》る神等をば神問《かむと》わしに問賜《とわし》い神掃《かむはら》いに掃賜《はらい》いて語《こと》問いし磐根《いわね》樹根《きね》立草《たちくさ》の片葉《かきは》をも語止《ことや》めて天《あめ》の磐座《いわくら》放ち天の八重雲《やえぐも》を伊頭《いつ》の千別《ちわ》きに千別きて天降《あまくだ》し依奉《よさしまつ》

家内安全を祈る祝詞

神の守護によって一家の安泰と繁栄が得られるという祝詞《のりと》である。毎朝晩に神前に向かってとなえておけばよいとされる。

「八十日日《やそかび》は有《あ》れども、今日の生日《いくひ》の足日《たるひ》に掛巻《かけまく》も畏《かしこ》き、（氏神あるいは崇敬している神名を入れる）大神《おおかみ》の大前《おおまえ》に畏み畏みも白《もう》さく、大神の氏子（本人の姓名を入れる）い、かねてより大神の神徳《みいつ》を崇め尊び仕え奉《まつ》らくを、見行《みそなわ》し給いて、大神の高き貴き御恩頼《みたまのふゆ》を以て、恤《あわれ》み給い慈み給いて、家内《いえうち》の親族《うからやから》は各《おの》も各も清き赤き真心に誘《いざな》い導き給いて、日に異《け》に勤《いそ》しみ励む生業《なりわい》を弥進《いやすす》め給いて、過ち犯しけん罪咎《つみとが》あらんをば、見直し聞き直し坐《ま》して、諸々の禍事《まがごと》有らしめず、子孫《うみのこ》の八十連属《やそつづき》に至るまで、家門《いえかど》高く立栄《たちさか》えしめ給えと、畏み畏みも白す」

地震の際に被害に遭わない神歌

地震が起こったときにこの神歌を詠めば、地震が早くおさまり、被害を免れるといわれる。鹿島神宮《かしまじんぐう》（茨城県鹿島郡鹿島町宮中）には地震の原因になっているとされる「地震なまず」を押さえているという要石《かなめいし》がある。その要石に対する呪いの歌である。

「揺るぐともよもや抜けじの要石、鹿島の神のあらん限りは」

りき、此《か》く依奉《ま》りし四方《よも》の国中《くになか》と大倭日高見国《おおやまとひだかみのくに》を安国と定め奉りて下《した》つ磐根《いわね》に宮柱太敷立《みやばしらふとしきた》て高天原《たかまのはら》に千《ち》木《ぎ》高知《たかし》りて皇御孫命《すめみまのみこと》の瑞《みず》の御殿仕奉《みあらかつかえまつ》りて天《あめ》の御蔭《みかげ》、日の御蔭と隠坐《かくりま》して安国と平けく知食《しろしめ》さむ国中《くぬち》に成《なり》出《い》でむ天《あめ》の益人等《ますひとら》が過《あやまち》犯しけむ、種種《くさぐさ》の罪事《つみごと》は天《あま》つ罪、国つ罪、許許太久《ここだく》の罪、山《い》でむ、此く出でば天《あま》つ宮事以《みやごともち》て天つ金木《かなぎ》を本《もと》打ち切り末打断《すえうちた》ちて千座《ちくら》の置き座《くら》に置足《おきたら》わして天津菅麻《すがそ》を本刈断《もとかりたち》末刈切りて八針《やはり》に取辟《とりさ》きて天つ祝詞《のりと》の太祝詞事《ふとのりとごと》を宣《の》れ、

此く宣らば天つ神は天の磐門《いわと》を押披《おしひら》きて天の八重雲を伊頭《いつ》の千別《ちわ》きに千別きて聞食《きこしめ》さむ、国つ神は高山の末《すえ》、短山《ひきやま》の末に上坐《のぼりま》して高山の伊褒理《いぼり》、短山の伊褒理を掻別《かき》けて聞食《きこしめ》さむ、此く聞食してば罪と云う罪は在らじと科戸《しなど》の風の天《あめ》の八重雲を吹放《ふきはな》つ事の如く朝《あした》の御霧《みさり》、夕べの御霧を朝風《あさかぜ》、夕風の吹払う事の如く大津辺《おおつへ》に居《お》る大船を舳解《へとき》放ち艫《とも》解放ちて大海原《おおうなばら》に押放《おしはな》つ事の如く彼方《おちかた》の繁木《しげき》が本を焼鎌《やきがま》の敏鎌《とがま》以ちて打掃《うちはら》う事の如く遺《のこ》る罪は在《あ》らじと祓え給い清《きよめ》給う事を高山の末、短山の末より佐久那太理《さくなだり》に落多岐《おちたぎ》つ速川《はやかわ》の瀬に坐す瀬織津比売《せおりつひめ》と云う神、大海原に持《もち》出《い》でなむ、此く持出往《もちいでい》なば荒潮《あらしお》の潮《しお》の八百道《やおじ》の八潮《やしお》道《じ》の潮の八《や》百会《あい》に坐す速開都比売《はやあきつひめ》と云う神、持加加《もちかか》

究の字の占法

明治維新まで約八百年間、宮中祭祀を司ってきた伯家《はっけ》神道（白川《しらかわ》神道）の流れを汲む花谷《はなたに》家（大阪市鶴見区・鶴見《つるみ》神社）には、亀卜《きぼく》を簡略化した究《きゅう》の字の占法が伝えられている。宮司が祓詞を奏上するなか、対座した人が白紙の人形《ひとがた》に次々と筆で「究」の字を書いていく。その後、宮司が人形を一枚選んで、その書き方からその人の性格や運勢、近々吉凶があるかどうかなどまでわかるという。

邪霊除去の言霊

悪霊や邪霊に憑依されている者や深刻なノイローゼを患っている人に対して、それらの霊を除去して癒す威力があるとされている言霊がある。これを発声する前に必ず水を浴びて身心を清め、浄衣を着用してから唱える。

方法は悪霊を祓うと祈念しながら「アチメ・オーオーオー」と病人の向かって力強く大声で唱える。そのあと、声を出さずに心中で「登ります、トヨヒルメが御霊《みたま》ほす、もとはカナホコ、すえはキホコ、もとはカナホコ、すえはキホコ」と黙唱するのである。

呑《の》みてむ、此く加加呑みてば気吹戸《いぶきど》に坐す気吹戸主《ぬし》と云う神《かみ》、根国底国《ねのくにそこのくに》に気吹放《いぶきはな》ちてむ、此く気吹き放ちてば根国底国に坐す速佐須良比売《はやさすらひめ》と云う神、持《もち》佐須良い失いてむ、此く佐須良い失いてば罪と云う罪は在らじと、祓給《はらえ》い清《きよめ》給う事を天つ神、国つ神、八百万神等共《やおよろずかみたちとも》に聞食せと白《まお》す」

なお、神社界で唱えられている大祓詞の「種種の罪事は天つ罪、国つ罪、許許太久《ここだく》の罪、出《い》でむ、此く出でば」の間には、一部省略箇所がある。本来は「雑雑《くさぐさ》の罪事は天津罪《あまつつみ》と畔《あ》放ち溝埋樋《みぞうめひ》放《はな》ち敷蒔串刺《しきまきくしざし》生剝逆剝屎戸《いきはぎさかはぎくそへ》許々太久《ここたく》の罪を天津罪とは法別《のりわけ》て、国津罪と生膚断《いきはだたち》、死膚断《しにはだたち》、白人胡久美《しらびとこくみ》、己が母犯せる罪、己子《おのがこ》犯せる罪、母と子と犯せる罪、子と母と犯せる罪、畜《けもの》犯せる罪、昆虫《はうむし》の災《わざわい》、高津神《たかつかみ》の災、高津鳥《たかつとり》の災、畜仆《けものたお》し蠱物《まじもの》せる罪許々太久《ここだく》の罪出《い》でむ、此《か》く出でば」とつづくのである。

最上祓いと最要祓い

祓詞や大祓詞と同等に扱われる祓いの言葉として最上祓いと最要祓いがある。大祓詞を奏上する余裕がないと

邪気祓いの秘咒

神道作法の所作、火打ち石で切り火をしたり、大麻で祓ったりするときにこの秘言で、邪気や妖気が祓われるとされる。それだけではなく、そのような用具の持ち合わせがないような、緊急の事態にも、これを三度唱えれば、その言霊《ことたま》で清められるという。三度奏上したのちに、左・右・左の三方に息を吹き掛けて清める方法（伊吹法《いぶきほう》＝息吹法）もある。

「神火《しんか》清明《せいめい》、神水清明、神風清明」

幽冥神語

縁結びの神であり、幽世《かくりよ》（黄泉《よみ》の国）の大神とされる大国主命（出雲神話の主神）の神徳を仰ぐ方法で、困ったときに三度となえれば、救済が施されるという。普段でも折にふれて奉唱しておくと、よいとされる。

「幽世の大神、憐《あわ》れみ給い恵み給え、幸魂奇魂《さきみたまくしみたま》、守り給い幸い給え」

きや、大祓詞では仰々しすぎるという場合などに用いる。最要祓いは大祓詞の省略形である。最上祓いはさらにその省略であるが、効果の上で大祓詞と比べてとくに優劣はないとされている。

最上祓い「高天原《たかまのはら》天《あま》つ祝詞の太祝詞を持ち加加《かか》む呑《の》んでむ。祓《はら》え給い清め給う」

最要祓い「高天原に神留《かむず》まり坐《ま》す、皇《すめら》が親神漏岐《むつかむろぎ》、神漏美《かむろみ》の命《みこと》を以《もち》て、天《あま》つ祝詞の太祝詞事《ごと》を宣《の》れ。此《か》く宣らば、罪という罪、咎《とが》という咎は在《あ》らじ物をと、祓え給い清め給うと白《もう》す事の由を諸々《もろもろ》神の神等《かみたち》に左男鹿《さおしか》の八《や》つの耳を振り立てて、聞こし食《め》せと白す」。

三種祓詞の言霊

三種祓詞《みくさのはらえことば》「吐菩加身依美多女《とほかみえみため》 祓い給え清め給え」は、伯家神道を中心にあらゆる祈りの言葉として用いられている。自他の穢れを祓う場合にも効果的であるとされている。

トホカミエミタメに続けて、「寒言神尊利根陀見《かんごんしんそんりこんだけん》 祓い給え清め給え」ととなえる三種大祓もある。寒言神尊利根陀見は易の八卦（坎艮震巽離坤兌乾）に基づくとされるので、純粋な神道を志向した復古神道系の神道家らは三種大祓を退け、三種祓詞のみを重視した。

また、トホカミエミタメの八音を一音一息ずつとなえる鈴振りの行法がある。幕末の神道家で禊教の教祖の井上正鐵《いのうえまさかね》（一七九〇～一八四九）が提唱したとされる鎮魂法で、鈴の音に合わせて「トー・ホ

善悪探知法

対面した相手が自分にとって良い人か悪い人かを知る秘密の言霊とされる。対座している折りを見計らって目を閉じて、相手の本心が必ずわかると念じつつ、この秘言をとなえてしばらくすれば、危険人物か否かが感知されるという。とくに初対面のときに効果的であるといわれる。

「神火《しんか》清明《せいめい》、神水清明、神心《しんしん》清明、神風《しんぷう》清明、善悪応報《ぜんあくおうほう》、清濁《せいだく》相見《そうけん》」

ー・カー・ミー・エー・ミー・ター・メー」と一音ずつ、それぞれを息がつづく限り長くのばして発声する。それを何度も繰り返したのち、今度は「トホー・カミー・エミー・タメー」と二音一息で同様に行い、さらに「トホカミー・エミタメー」の四音一息、最後に「トホカミエミタメー」と八音一息で唱えるのである。

悪事災難の一切を免れ、願望が成就される禊ぎ祓え

京都・上賀茂神社の社家出身で烏伝神道を創始した梅辻規清《うめつじのりきよ》（一七九八～一八六一）の『神道烏伝祓除抄』によれば、禊ぎ祓えをするだけで、悪事災難の一切を免れ、願望が成就すると主張している。規清は人間の本心を国常立尊《くにとこたちのみこと》の分身であるがゆえに本来的に「尊体」であると位置づけている。しかし「不浄」にまみれているために本来の神徳を発揮できないでいる。「不浄」を祓う、「禊ぎ祓え」こそ、それを発揚する最高の方法であるというのである。

「（人間の）本心とは、国常立尊分身の尊体にて、

伊吹法（息吹法）による祓い

伊弉諾尊《いざなぎのみこと》が狭霧《さぎり》を吹き払った由緒にちなむといわれる息吹法は、罪や穢れ、病気や邪気を祓うといわれる秘伝である。伊吹法にはいくつかの方法があるが、ここでは三度となえて、自分は神のミコトモチ（神の御言《みこと》を持つ者＝神の代理人＝神そのもの）と想念し、息を強い調子で吹きつける。

「神の御息《みいき》は我が息、我が息は神の御息なり。御息を以て吹けば穢《けが》れ（ここには「穢れ」のほか、罪や病気など任意のものをいれる）は在《あ》らじ。残らじ。阿那清々《あなすがすが》し、阿那清々し」

呪詛返しの秘言

特定・不特定を問わず、誰かの呪いを受けているようであれば、この秘言を心をこめてとなえることによって、かけられた呪詛はそっくりそのまま相手に返っていくとされる。また相手が無意識で放った呪い（陰口など）も祓われるといわれる。注意事項として決してみだりに多用しないこととされている。

「しかしくま、つるせみの、いともれとおる、ありしふゑ、つみひとの、のろいとく」

また、呪詛返しはもちろん、魔を祓う次の秘文がある。

「天《あめ》切る、地《つち》切る、八方《はっぽう》切る、天に八違《やちがい》、地に十の文字《ふみ》、秘音、一も十々、二も十々、三も十々、四も十々、五も十々、六も

烏伝神道を開いた梅辻規清（岡本逸夫氏蔵）

願わずとも極楽なり。此の尊体不浄にまみれ給えるを洗い濯《そそ》ぎ、払い清めて国常立尊清浄の御姿ともなり給わば、その生死苦楽は夢の覚めたる如くなるべし。扨《さ》て祓除《ふつじょ》の肝要なる所は、かの年来染付《そみつき》の不浄心を洗い濯ぎ、払い清めて、元の清浄心になせるの脩行《しゅうぎょう》なり。故に我《わが》是まで思い違いの垢《あか》を日々洗い濯ぎ、払い清めて、胸中清く浄《あきら》かになす時は忽ち神命胸中を居宅となし給う。然れば、この以来悪事災難と云う一切を免れ、成所の願望成就せずと云う事なし」。

十々、ふっ切って放つ、さんびらり」

帰幽した命（死者）の霊魂に供物を捧げるときの神言

「早馳《はやち》風《かぜ》の神、取次《とりつ》ぎ給え」

精神を統一して穏やかな心で、亡くなった人の名前をとなえてから、供物を捧げると必ずそれが届き、冥福になるという。

言霊延命法

長生きを願う場合にとなえれば長寿疑いないとされるだけではなく、危篤状態にある人も今しばらくは長らえることができるといわれる強力な秘密の咒文である。方法としては心ゆくまでとなえつづけるのが基本である。

「たまのをを、むすびかためて、よろづよも、みむすびのかみ、みたまふゆらし」

八丈島で栫辻規清から伝法を受けたことのある井上正鐵も『在島日記《ざいとうにっき》』で「身も心も不浄にふるると雖《いえど》、祓除の教徳により悉く祓去《はらいさ》りて、神と同体の位に至るものなり」としている。

修祓がたんなる参拝の準備ではなく、神となる神聖な方法であるというのである。

治病祈禱の祝詞

治病祈禱祝詞は神道系で病気を治す祈禱のための祝詞のひとつで、祝詞をとなえる者が精進潔斎《しょうじんけっさい》したのちにこれを病人の前で厳かに奏上《そうじょう》すれば、速やかに快方に向かうとされる。

「掛けまくも畏《かしこ》き吾《あ》が皇神《すめみかみ》の大前《おおまえ》に畏み白《もう》さく、某所（病人の住所）某（病人の氏名）某病（病名）有りて、月《つき》日《ひ》佐《さ》麻《む》弥《ね》く病臥《やみとこ》せり、故是《かれここ》を以《もち》て（斎主名）に事議《ことはか》りて雖恐《こけれど》、吾が皇神の大前を斎《いつ》き奉《まつ》りて蒼生《あおひとくさ》を恵み給う恩《みたまの》頼《ふゆ》を乞《こ》い祈《のみ》奉らむとして今日《きょう》の吉日《よきひ》の吉時《よきとき》に、某（名前）に礼代《いやしろ》の幣《みてぐら》を捧げ持ちて恐《かしこ》み恐みも称辞《たたえごと》竟《お》え奉らしむ、掛けまくも畏き皇神、此の状《さま》を平らけく安らけく聞こし召して何某（病人の名）が悩む病の速やかに直し給い、癒し給い堅磐《かきわ》に常磐《ときわ》に命長く夜《よ》守《もり》日《ひ》守《もり》に守り給い幸《さきわ》い給えと畏み畏みも白《もう》す」

次の病気平癒の祝詞をとなえてもよい。

「掛けまくも畏き（氏神か崇敬している神名）大神《おおかみ》の大前に（祝詞をとなえる者の姓名を入れる）畏み畏みも白さく、（病人の名前）い、去《い》にし（病気になった年月を入れる）の頃より、故無くも病を得て悶熱懊悩《あつかいなや》みつつ有るを以て、親族《うから》家族《やから》打ち寄り、夜と無く昼と無く、胸差し押え肩押し摩《なず》り、治《おさ》むる医師《くすし》も其の為《なし》の限りを尽し、与うる薬《くす》も其の奇しき極みを施せども更に其の験《しるし》有る事無く、所為便《せんすべ》知らに此処《このところ》に詣《もう》でて、御饌御酒《みけみき》種々《くさぐさ》の幣帛《へいはく》を供え奉《まつ》らくを平けく安らけく聞こし食し給いて、其の煩い苦しむ悩みをば一日《ひとひ》も早く大御《おおみ》恵《めぐ》みを幸《さきわ》え給いて、燃ゆる火に水打ち注ぐが如く、速雨《はやさめ》の塵打ち洗うが如く、身内燦《さ》然《や》かに残る方無く、癒し給い直し給いて速かに元の如く健全《すこやか》に楽しき身と成し幸《さきわえ》え給えと恐み恐みも白す」

厄除祭の祝詞

一般の神社神道で厄除《やくよ》けのときに唱えられる祝詞である。この祝詞を奏上することにより厄を落とすことができるとされる。厄年は男が二十五歳と四十二歳、女が十九歳と三十三歳とされている。厄年（本厄）だけではなく、本厄の前後の各一年を前厄・後厄として厄除け祈禱を行う習わしもある。

「掛け巻《まく》も畏《かしこ》き、何某神社（参拝・崇敬している神社名）の大前《おおまえ》に某宮司（もしくはこの祝詞を奏上している斎《さい》主《しゅ》の氏名）恐《かしこ》み恐みも白《もう》さく、何某（厄年に当たる者の名前を入れる）い、大神の高き尊き恩頼《みたまのふゆ》を蒙《かがふ》り奉《まつ》り喪無く在経《ありへ》つゝ、新玉《あらたま》の年を重ねて此の春は早くも何歳（厄年を入れる）の齢《よわい》に成りぬるを此の年はしも石上古《いそのかみふる》き往昔《むかし》より厄年《まがどし》と言いて万《よろず》の事に忌み慎むべき年となも語り継ぐ習《なら》いの随《まにま》に今日の生日《いくひ》の足日《たるひ》に大前に御食御酒《みけみき》種《くさ》種《ぐさ》の物を献奉《たしまつ》り敬《うやま》い拝《おろが》み奉《まつ》る状《さま》を平らけく安らけく諾《うずな》い聞食《きこしめ》して過犯《あやまちおか》しけん、諸《もろもろ》の罪咎《つみとが》あらんをば神直日《かみなおひ》大直日に見直し聞直し坐《ま》して些《いささ》かの障《さわ》りも有らしめず、心静けく身健かに守幸《まもりさきわ》え給い縦《よし》や禍神《まがつかみ》の疎《すさ》び荒《あら》び来て種種の禍《まが》事《ごと》有らんにも兆さぬ前《さき》に神祓え退《そ》け給いて生業《なりわい》に励み締《しま》り親族《うから》家族《やから》相共に和《なご》み睦《むつ》びて家門《いえかど》高く穏《おだ》いしく立栄《たちさか》えしめ給えと恐み恐みも白《もう》す」

「掛け巻も畏き、（氏神あるいは崇敬している神名）の大神、祓戸大神《はらえどの》たちの大前に（この祝詞を唱える者の名前を入れる）恐み恐みも白さく、大神の氏子（厄祓いを受ける者の名を入れる）い、今年（厄祓いを受ける者の年齢）歳《とせ》の厄年《まがとし》に当たりぬるを、斎《ゆま》わり清《きよ》まり祓え除《そ》けむと為《し》て、式《のり》の儘《まにま》に解除《はらえ》の事仕《ことつか》え奉るを、大神等《たち》の御心《みこころ》に平けく安《やすら》けく聞食《きこしめ》して進《たてまつ》る宇豆《うず》の幣帛《みてぐら》を安《やす》幣帛の足《たる》幣帛と相珍《あいうず》ない見行《みそなわ》し坐《ま》して諸の病、又種々《またくさぐさ》の禍事《まがごと》は形代《かたしろ》の背に打ち負《おわ》せて、遠く払い給い除《そ》け給うを、祓戸大神等の相受持《あいうけも》ちて、根国底国《ねのくにそこのくに》へ遙《はる》けく遠く神逐《かむやら》いに逐い賜いて、（厄祓いを受ける者の名を入れる）が身にも家にも、喪なく事なく守り恵み給いて、其の産業《なりわい》を緩《ゆる》む事なく、勤《いそし》み務《つと》めて家門を起さしめ給いて、子孫《うみのこ》の八十《や》続《そつづき》に至迄《いたるまで》、五十橿《いかし》八桑枝《やぐわえ》の如く立栄えしめ給えと、恐み恐みも白す」

憑霊観破法

すべての人間は自覚の有無を問わず、必ず神憑り状態にあるというのが古神道の立場である。平時において、あるいは外出中、または祝詞をとなえているなどの神事の最中などに、自分の頭部の一部に何らかの感応があり、それを基にしてどのような神が憑っているのかを具体的に知る秘法が憑霊観破法《ひょうれいかんぱほう》である。憑依霊《ひょういれい》の正体やその属している霊界を識別できるとされる古神道系の秘密の方法で、一部の行法団体の秘義になっているものであるが、識別者に少しでも慢心の気持ちがあると、妖魅界や邪神界などの邪霊が識別者の霊を取り込み、身心に異常を来すこともあるので、この方法を査《しら》べる場合は、精神を集中するなどして慎重を期さなければならないとされている。いずれにせよ、毎朝祝詞を唱えるなどして神明生活を送っていると、何が憑《かか》っているか、その気線が知覚できるようになるという。気線とは霊界と現界とをつなげる電波のようなもので、霊的に敏感な人であればその感

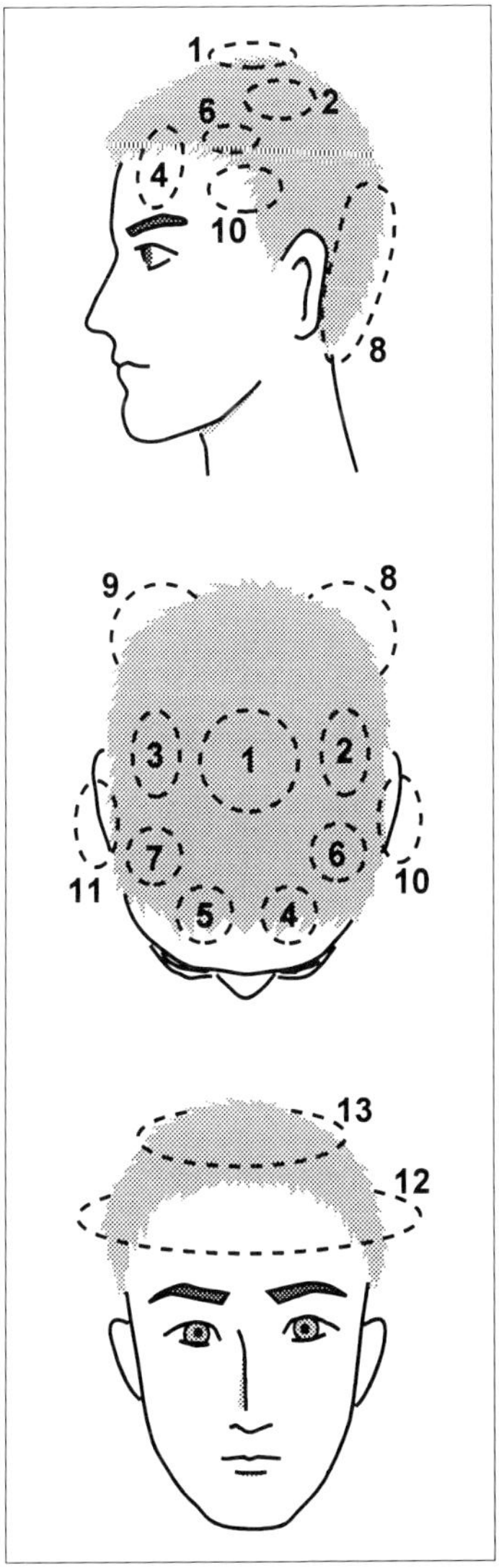

憑霊観破法

触がわかるとされている。憑依霊に完全にとり憑かれている状態は、外見的にはほとんど脳が病んでいるようにみえるといわれる。

憑霊には正神界系と邪神界系に大別される。詳細には正神界系《せいしんかいけい》、天狗界、妖魅界、邪神界、魔界などに分かれ、正神界を除いて、その他の各界には人霊や動物霊が入り交じっているといわれる。古神道仙法教《こしんとうせんぼうきょう》の創始者であった正井頼益《まさいよしみつ》の『神祇大道《しんぎたいどう》』によると、頭頂部（図の1）にさわやかな爽快感が感じられていれば、正神界系の中位の神が憑依しているとみる。この神霊は当人が普段その存在を気にすることがないほど自然で、すがすがしいものであるという。これは幽の神憑りと称され、神意にかなって生きているまともな人間の普通の状態であるとされる。

逆に頭頂部に鈍痛を感じたり、疼くような痛みを知覚しているのであれば、神の怒りに触れている疑いがあるとみる。その痛みが強いようであれば、神（あるいは霊）の怒りは強く、痛みが弱ければ神（霊）の怒りもそれほどのものではないとする。つまり、痛みの強弱が神（霊）の怒りと比例しているとみるのである。たんに気線を感ずる場合は一種の

類焼を防ぐ明石人麻呂信仰

和歌の名手であった柿本人麻呂《かきのもとのひとまろ》（人麿）は歌の神として祀られているが、その人麻呂という名前が転訛して「火止《ひと》まる」として、防火防災の神としても信仰されている。

火事が起こったら、「焼亡《しょうぼう》は柿の本まで来《きた》れども、赤人《あかひと》なれば、そこで人丸」という神歌をとなえれば、不思議と類焼しないといわれる。ついでながら、「人丸」は「人生まれる」とも転ずるためか、安産の守護神としても祀られている（たとえば人丸神社など）。

銃弾除け・事故除けの護符

「𢬵𢮦𢬵𢭐（サムハラ）」という文字を白紙に書き、お守り袋などに携帯していると、不慮の災難——銃弾、交通事故、飛行機事故などに遭わないという。サムハラは古くは古代中国の生命の守護神とされ、孔子の弟子曹子《そうし》がこの神を信仰していたおかげで、生涯を無事終えることができたといわれる。日本では豊臣秀吉が朝鮮に出兵したとき（文禄の役）に、加藤清正が刀にこの文字を彫りつけていたために九死に一生を得たといい、その後も徳川家治《とくがわいえはる》の小姓新見愛之助が不慮の災害に遭遇したけれどもまったく怪我をせずにすんだという。

警告や注意であり、それほど実害はないが、痛みであれば、本人に害が及ぶことになるといわれる。

もし、鈍痛や疼痛を感じているようであれば、飲酒や刺激物を避け、身を慎み、神前に神饌を捧げて神の怒りが解けて納まるようひたすら祈念しなければならないとされている。また、祖先の霊（祖霊）が本人に注意や警告を発したり、あるいは怒りを伝えることがあると、頭頂部に近い両側面**2**か**3**に何らかの異常感を起こさせるという。左側面**2**ならば男の霊、右側面**3**であれば女の霊である（ただし、これは本人が男性の場合で、女性ならば左側面が女の霊というように男性と逆になるとする説がある）。ともあれ、霊が怒っている場合は鈍痛や疼痛を感じ、喜んでいる場合は清々しい爽快感があるという。祖霊が怒っているように感じられれば、謹慎反省して供物を捧げて、冥福を祈らなければならないのである。

さらにその祖霊が自分とどういう関係にあるのかを知るには、左手を広げればわかるとされている（女性は右手に現れるともいわれる）。祖霊が憑ってきた場合は必ずといっていいほど、特定の指がピクピクと震えたり、疼痛や冷気を感じたりする。親指（天ノ指）ならば遠い祖先の霊、人指し指（風ノ指）は父親か祖父、中指（火ノ指）は母親か祖母、薬指（水ノ指）は兄弟姉妹か叔父叔母、小指（地ノ指）は子供の各霊の印が現れるとされる。具体的な印の現れ方として、たとえば、親指の指頭が針で突かれたように急に痛み出せば、先祖霊が本人に凶事や災難が近づいているのを知らせているとみる。また、親指の両側がズキズキと痛んでいれば、先祖霊が本

日清・日露戦争や大東亜戦争のときには、「サムハラ」の護符を所持していれば絶対に弾丸に当たらないという呪《まじな》いが流行ったこともあった。大阪市西区立売堀二にサムハラ神社がある。教祖の田中富三郎《たなかとみさぶろう》はサムハラのお守りを持っていたため、日清・日露戦争に出征し、激戦地を転戦したが、身に傷を受けることはなかった。旅順港二〇三高地では五人の使役とともに爆風で吹き飛ばされ、仲間全員が死傷したにもかかわらず、ただ本人だけが無傷であった。そのために神徳を顕彰するため、同神社を建立したという。なお、田中によれば、祭神サムハラ大神は天御中主尊《あめのみなかぬし》、高皇産霊尊《たかみむすび》、神皇産霊尊《かむみむすび》の三神の総称であるとしている。

平田篤胤《ひらたあつたね》や宮地水位《みやじすいい》らを教導したとされる神仙道系の仙人・杉山僧正《すぎやまそうしょう》は、𢭏抬𢭏搯を「剣難、鉄砲難、悪病難」を除く効能があり、「サンバ、サンバ」「シャクコウ、シャコウ」「キンカツ、キンシン」との訓み方があるとしている（宮地水位『異境備忘録』）。

人を近く起こる災厄から本人を護っている状態とされているのである。指の根元の部分が理由もなく痛むようであれば、その指に該当する霊が祭祀・供養を求めているので、すみやかに神事を執り行う必要があるといわれる。また指に現れるのは死霊だけではなく、生霊もありうる。つまり、人指し指が急に激しく痛み出したら、本人の父親に急変があることを意味し（父親が存命中に限られることはいうまでもない）、特定の指が軽く痺れるような気線を感じたら、その指に該当する近親者の霊が近づいているとみる。稀に親指・人指し指・中指のいずれかが伸びきったまま曲がらなくなることがあれば、神々の何らかの知らせであるという。その指の感じ方によって神意を探らなければならない。基本的に痛ければ祭りを厳格にせよとの印であるとする。

また前頭部の**4**か**5**に何らかの気線（霊的な感触）や異常を感ずる場合も、上記の**2**と**3**の状態と基本的に同じであるとみる。ただし、**4**と**5**の憑依霊は**2**と**3**のそれよりも霊格（神格）が低いと判断される。祖霊では生前の行いによって高低のランクがあり、高級霊であればあるほど、前頭部に近い箇所に憑ってくるわけである。人によっては天狗界系の霊物が憑依することもある。この場合、**6**か**7**の部分が異常を感ずることが多いという。天狗界には正邪の別があり、人間界で僧侶であった者が多いとされる。天狗系の霊物には、上は「大僧正」クラスに当たるものから、下は修行中の動物霊（狐・狸・鳶・鷲など）まで無数いるとされる。もし本当の大僧正クラスの神格が憑依しているのであれば、頭頂部の**1**に近いところに何らかの知覚異常を感ずる。慣れてくれば自然にわかるようになるという。

また変死者や夭折者、この世に未練を残して死んだ者の怨霊が憑依する場合は、後頭部の**8**か**9**に異常な気線を感ずることが多いと説かれている。首筋から両耳の上の部分までぞっとするような気線を感ずるのは、ほとんどが異常死の霊か生霊の怨念の仕業であるとされる。異常死の憑霊の場合、人によっては肩に重圧を感じることもある。

妖魅霊が憑依すれば、こめかみ付近かその上部**10**に気線や痛みを感ずるといわれる。何物かが重く留まっているような不愉快な感じになる。妖魅霊は野狐（動物霊）が多いという。ちくちく痛むのは妖魅霊がその人物を襲っているので、祓いを受けたり、祝詞を唱えたりして霊的な防衛をしなければならないとされる。

また龍神系が憑依するときは、12の図のように頭全体をうっすらと紐で締められたような気線を感ずるものという。気線ではなく、痛みを感ずれば龍神の怒りに触れていることを意味するので、しかるべく対処しなければならないとされている。龍神が怒る主な原因は、知らぬあいだにその聖地（池や沼などがある）を汚している場合が多いという。降雨法のひとつとして、わざと聖地を汚して龍神の怒りを招き、雨を起こさせる方法もある。

頭全体が痛みをともなうほど、強く締められたように感ずる場合（図の13）は、邪霊、ことに蛇霊の仕業であるとされているので、注意が必要である。

また頭全体をすり鉢で覆われるような重い気線を感ずるときは、浮かばれない浮浪霊が憑こうとしている印であるという。自分に憑《かか》ろうとしている場合もあるが、自分の側《そば》にいる者がすでに憑依されている場合もあるので、よく見極めて対処しなければならないという。対処法は祓いや祝詞奏上などさまざまな方法で行えばよい。

憑依霊が物を言いたいときには、腕や足に気線を感知する。男の霊であれば左腕か左足に、女の霊であれば右腕か右足に憑ってくるが、いずれにせよ、それらはすべて高級霊ではなく、低級な霊界に属しているという。

流行病に感染しない蘇民将来の神符

赤紙（白紙でも可）に「蘇民将来《そみんしょうらい》之《の》子孫《しそん》也《なり》」という文字を記し、家の戸口などに貼っておくと、一家が流行病に感染することはないとされている。

これは『備後《びんご》風土記《ふどき》逸文《いつぶん》』の蘇民将来伝説と牛頭《ごず》天王《てんのう》信仰が融

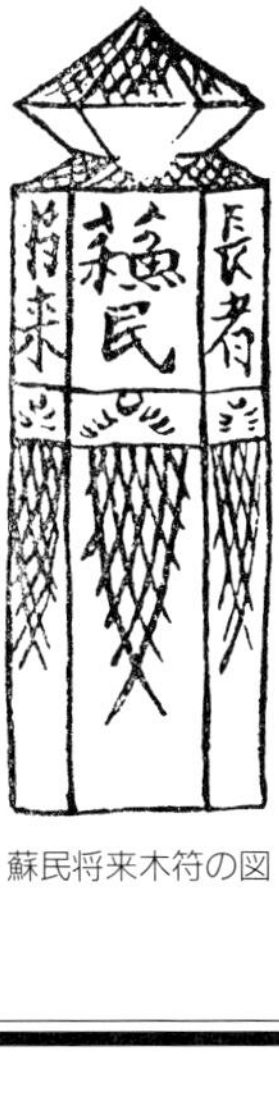

蘇民将来木符の図

合して中世に成立したもので、祇園《ぎおん》信仰の中軸をなしている。祇園信仰の総本社は、京都の八坂神社《やさかじんじゃ》（京都市東山区祇園町北側）で、御利益としてはとくに疫病《やくびょう》退散や邪気祓いに霊験があるとされている。八坂神社の祭礼・祇園祭は、疫病を祓うために斎行された祇園御霊会《ごおんりょうえ》が基になっている。貞観十一年（八六九）、悪疫が流行したため、日本全国六十六国と同数の鉾《ほこ》（神の武器）をつくり、疫神・牛頭天王を歌舞音曲とともに賑々《にぎにぎ》しく祀って慰撫《いぶ》し、神泉苑《しんせんえん》へ送って祓ったのが、祇園御霊会の最初とされる。祇園祭は祓いの夏祭の源流で、祇園囃子《ばやし》も巡行要素の基本形として全国の神社に大きな影響を与えた。

京都の八坂神社以外の祇園信仰の代表的なものとしては、勇壮な川渡御の神幸式で知られる津島《つしま》神社（愛知県津島市）の津島祭、九州最大の祇園祭といわれる櫛田《くしだ》神社（福岡県福岡市）の祇園山笠《やまがさ》などがある。

牛頭天王はインドで武塔《むとう》大神とよばれ、祇園精舎を守護するという仏教系の外護神《げごしん》であったとする縁起がある。が、もとは朝鮮を源流とした陰陽道系の神という見方が有力である。牛頭天王は中世に「蘇民将来伝承」と結びついた。鎌倉末期に成立し

盗難を避ける咒歌

家のなかではもちろん、旅先で寝ているときに盗難を防ぐ呪歌として「さよ更《ふ》けてもしも音《おと》づるものあらば、引きおどろかせ我がまくら神」を三遍となえてから眠ると、盗難を免れ、安心して就寝することができるという。

雨を祈る祝詞と晴天を祈る祝詞

日照りがつづいて雨がまったく降らずに困っているときには、降雨のための祝詞が効果的である。

「常も仕え奉《まつ》る（自分の日頃崇敬している神名を入れる）大神《おおかみ》の御殿《みあらか》に掛け巻くも畏《かしこ》き天水分神《あめのみくまりのかみ》、国水分神《くにのみくまりのかみ》、高意賀美《たかおかみ》、闇意《くらお》賀美《かみ》の神霊《みたま》を招《お》ぎ奉りませ奉りて、畏《かしこ》み畏みも祈み奉らくは今年（降雨のない月の名前）月の始めより旱魃《ひでり》打ち続きて、蒔《ま》きし畑も植えし田も朝毎に萎《しぼ》み夕毎に枯れ損《そこ》なえるを百姓《おおみたから》等の見悲しみ思い惑《まど》わい、天津水《あまつみず》を乞《こ》い祈み奉る状《さま》を憐《あわれ》みて大前に奠《たてまつ》る大神酒《おおみき》大御饌《おおみけ》、種々《くさぐさ》の物を平けく安けく聞し食《め》して今も天津水を降《くだ》して良水《よきみず》の甘水《うましみず》と受けしめ給いて五穀《いつくさのたなつもの》を始め草の片葉《かきは》に至るまで潤い普《あまね》く繁り立ち栄えて賑う御代と成し幸《さきわ》え給い、百姓等が心足《こころた》らいに足らしめ給い、速やかに神験《みしるし》有らしめ給えと畏み畏みも白す」

た『釈日本紀《しゃくにほんぎ》』所収の「備後国風土記」逸文にスサノオと蘇民将来にかかわる記述がある。それによれば、往古、北の海にいた武塔神が南の海の女子を娶《めと》ろうとして夜這《よば》いに出た途中で日が暮れ、宿を借りようとした。兄の蘇民将来は貧しかったが、宿を貸し、粟飯を与えてもてなした。弟の巨旦《こたん》将来は家倉百軒をもつ金持ちであったにもかかわらず、宿を貸さなかった。後年、武塔神は八柱《やはしら》の御子《みこ》を率いて戻り、蘇民将来に「汝の子孫が、巨旦将来の家にいるか」と尋ねた。蘇民将来は自分の娘と妻がいると答えると、茅《ち》の輪を腰の上につけさせておくようにといったので、そのようにさせると、その夜、蘇民とその家族だけを除いて、すべてを殺し滅ぼした。そのとき、武塔神は自ら速須佐能雄神《はやすさのおのみこと》（素戔嗚尊）であると名乗り、後世に疫病があれば、「蘇民将来の子孫」といって茅の輪を腰の上につけておけば、その家の者は全員免れると詔したという。

ここから武塔神＝スサノオ（牛頭天王）という図式が確立し、蘇民将来の信仰も習合した。八坂神社など牛頭天王系の神社では蘇民将来の符を疫病除けの神符として配付している。「蘇民将来の子孫」の護符が各地の神社仏閣に伝わっているのは、中世末期以降、八坂神社に関係していた陰陽師や御師《おし》がこの伝説を広めたためである。

茅の輪を腰の上につけるというのは、神社では六月頃の夏越《なご》しの祓え（大祓）の時に参道に大きな茅の輪を設置し、その輪のなかをくぐらせて、厄を祓うという行事に結びつけられている。それにより病魔退散・厄難除去・息災延命などの御利益がえられるとされている。

民間習俗として、牛頭天王を信ずる者はキュウリを食べることが戒められている。それを食べるとたちまち疫

一方、降雨がつづいて大水や崖崩れなどの恐れがあるときには晴天を祈念する祝詞がある。

「掛け巻くも畏《かしこ》き天照大神《あまてらすおおみかみ》、級津彦神《しなつひこのかみ》、天水分神、国水分神等を招《お》き奉りませ奉りて、畏み畏みも白さく、此の頃、霖雨《ながあめ》降り続きて、陸田《くがた》水田《みずた》に生《お》る物は日麻禰《ひまね》く水に浸りて朽ち傷えむとす、爾《ここ》に百姓等《おおみたからら》憂え歎《なげ》かい、大神等の大前に御酒《みき》は甕《みか》の辺《へ》高知《たかし》り、御饌《みけ》は和稲《にぎしね》荒稲《あらしね》に海川野山の味物《たなつもの》は横山の如く置き足《たら》わして鶉《うずら》なす伊這《いは》い廻《もとお》り仕え奉らくを御心も明かに聞こし食《め》して、速《とみ》に天の村雲《むらくも》を級戸《しなど》の風に気吹《いぶき》払い、伊照《いて》り輝く天津日の御陰《みかげ》を仰がしめ賜いて百姓等が手肱《たなひじ》に水沫《みなわ》揺き垂り向股《むかもも》に泥《ひじか》揺き寄せて取り作る奥津御年《おくつみとし》を始め、草の片葉《かきは》に至るまで朽ちる事なく傷《いた》む事なく弥繁《いやしげ》りに繁り、弥栄えに栄えて氏子《うじこ》産子等《うぶこら》の心足《こころた》らいになし幸《さきわ》え給えと畏み畏みも乞い祈み奉らくと白す」。

病に感染すると信じられていたのである。牛頭天王の紋所は木瓜《きうり》なので、胡瓜《きゆうり》と誤解されたのではないかと丈我老圃の『天保佳話』（天保八年刊）に記されているが、現在でも長野県安曇郡などのようにキュウリを牛頭天王に供えて川に流す習わしを伝えている地域がある。ちなみにキュウリといえば、病患に当てて邪気をとり、それを河川に流す胡瓜封じがあるが、牛頭天王の邪気祓いとの関連が指摘される。

病や災いを祓い除ける本田親徳の禁厭法

古神道を復活した本田親徳（一八二二〜一八八九）によれば、呪《まじな》いとは、交之霊《まじない》で、自他の霊が交流して調和し、病や災いを除去するものという。

その方法は神前に向かって浄心を保ち、二拝二拍手したのち、「橘《たちばな》の小戸《おど》の身禊《みみそぎ》を始めにて今も清《きよ》む吾《わ》が身なりけり」「千早振《ちはやふ》る神の御末《みすえ》の吾《われ》なれば祈りし事の叶わぬは無し」の神歌を唱える。

次に神招《かむおぎ》の文「招《お》ぎ奉《たてまつ》る此の柏手《かしわで》に恐《かしこ》くも来たりましませ薬師《やくし》の大神《おおかみ》」と唱えて、柏手を一回打ち、「神皇産《かむみむす》霊神《びのかみ》、高皇《たかみ》産霊神《むすびのかみ》、生産霊神《いくむすびのかみ》、足産霊神《たるむすびのかみ》、玉留産霊神《たまつめむすびのかみ》、大宮能《おおみやの》女《め》神《かみ》、御《み》食《け》津神《つのかみ》、事代主神《ことしろぬしのかみ》、直日神《なおひのかみ》、普留《ふる》御魂神《みたまのかみ》、此の神床《かむどこ》に仕え奉る人々に寄り来たり給いて速《と》く病を癒し給《たま》えと恐み恐みも白す」と奏上してから、「奥津鏡《おきつかがみ》、辺津鏡《へつかがみ》、八握剣《やつかのつるぎ》、生玉《いくたま》、足玉《たるたま》、死反玉《まかるかえしのたま》、道反玉《ちかえしのたま》、蛇比礼《おろちのひれ》、蜂比礼《はちのひれ》、品々物比礼《くさぐさのもののひれ》」と、十《と》種《くさ》の神宝《かんだから》の名を唱えるのである。そのあと、石笛《いわぶえ》を吹く。石笛は石でできた笛で、鎮魂などに用いられるものである。長く玄妙に吹奏するのであるが、それには「ひと、ふと、み、よ、い、むよ、なや、ここ、たり、ふるべゆらゆら」の歌を唱えるように吹くことになっている。

そうしてから鎮魂印《ちんこんいん》を結び、「心苦しく悩むの禍災《わざわい》を療《いや》し給えや薬師の大神、年を経て身を妨ぐる禍災を祓い賜えよ天地《あめつち》の神、一節《ひとふし》に十種唱えて祈りなば浮世の病療えざるはなし、禍神《まがかみ》の災《わざわい》より病発《おこ》るとも直日の神ぞ直し給える」との神歌を唱え、ふたたび石笛で「ひと、ふた、み、よ、い、むよ、なや、ここ、たり、ふるべゆらゆら」と唱えるようにして吹く。

次に「血の道と血の道と其の血の道と血の道復《かえ》し父母の道、ひふみよいむなやこともちろらねしきるゆゐつわぬそをはたくめかうおゑにさりへてのますあせえほれけ」と奏し、「禍災に悩む病も此の加持《かじ》に今吹き払う伊勢《いせ》の神風《かみかぜ》」ととなえて、伊吹《いぶき》の加持を行う。伊吹の加持は病患部に向けて、息によって邪気を吹き払うと念じながら、強く吹きかける。

そのあと、神送《かみおくり》の文「恐《かしこ》くも此の柏手に大神の本《もと》つ御魂《みたま》へ帰りましませ」と唱えて、柏手を一度打つのである。

死者をも生き返らせる十種の神宝

物部氏《もののべし》の始祖とされる饒速日命《にぎはやひのみこと》が天降《あまくだ》ったときに、天津神《あまつかみ》から十種《とくさ》の神宝《かんだから》とその神法《しんぽう》を授けられたという。十種の神宝とは、すなわち息津鏡《おきつかがみ》、辺津鏡《へつかがみ》、八握剣《やつかのつるぎ》、生玉《いくたま》、

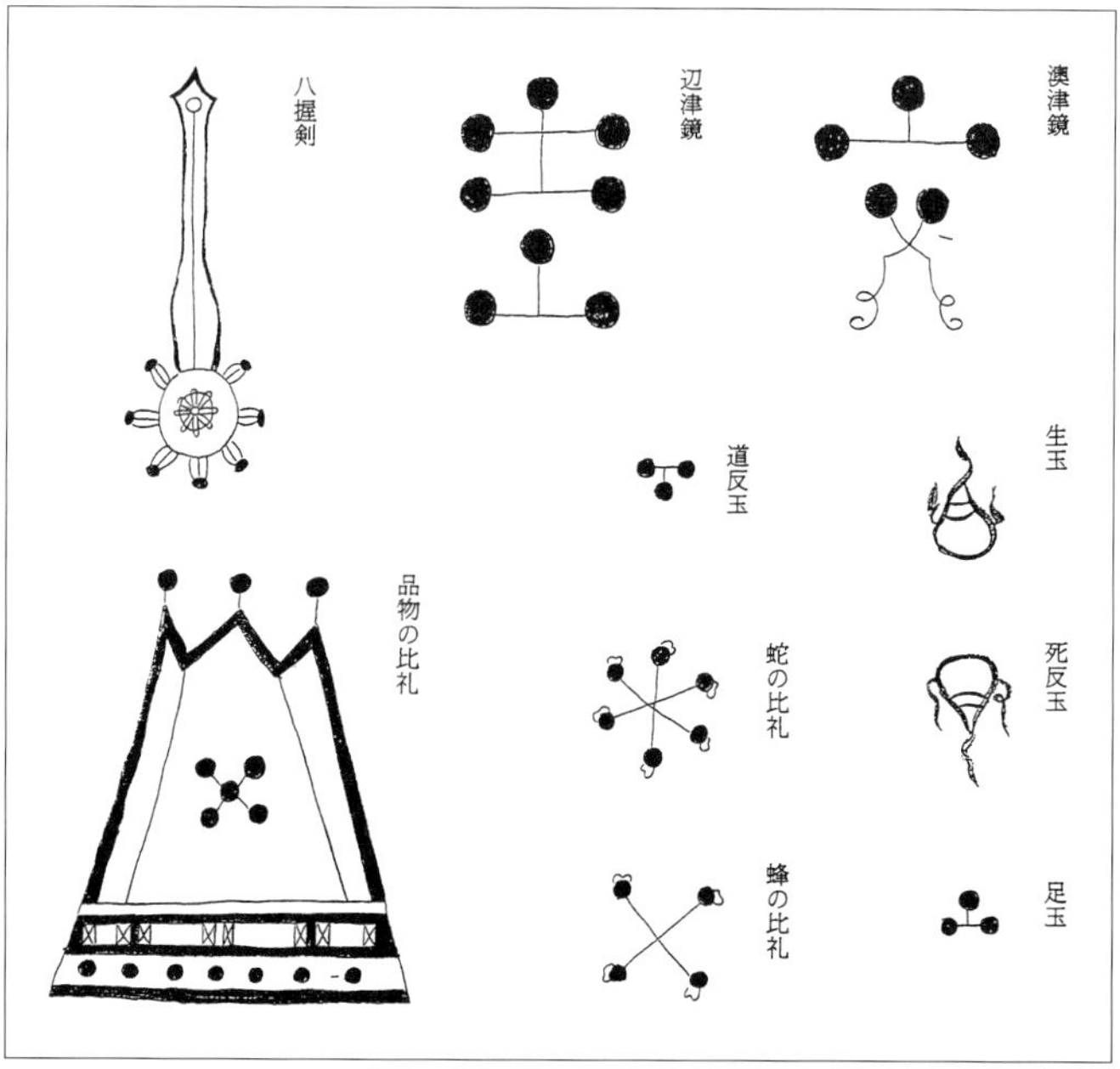

垂加神道流の十種の神宝図（島津家所蔵）

足玉《たるたま》、死反玉《まかるかえしのたま》、道反玉《ちがえしのたま》、蛇《おろち》の比礼《ひれ》、蜂《はち》の比礼《ひれ》、品々物《くさぐさのもの》の比礼《ひれ》である。このうち、鏡・剣・玉（曲玉《まがたま》）は古代豪族が伝家の宝物としていたものであり、比礼は薄い布状の飾具の一つとされている。

その教えは、もし痛むところがある者は、この十種の神宝を合わせて、「一（ひと）、二（ふた）、三（み）、四（よ）、五（いつ）、六（む）、七（なな）、八（や）、九（ここの）、十（たり）」といって布瑠部由良由良《ふるべゆらゆら》と布《ふ》瑠部《るべ》と揺り動かす。こうすれば死せる人も生き返る（『令義解《りょうのぎげ》』）という。

あらゆる病気のみならず、死者ですら蘇生させるという十種の神宝の神伝の記録は『令義解』のほか、『先代《せんだい》旧事本紀《くじほんぎ》』『江家次第《ごうけしだい》』などにも記されている。

十種の神宝の秘事にちなんだ呪法は、古代においては鎮魂祭《たましずめのまつり》として行われていた。新嘗祭《にいなめさい》の前日にあたる陰暦十一月の中寅の日、生命力が弱まって低下している天皇の魂を身体に鎮《しず》めてとどめ、再活性化させる祭事として行われた。農耕儀礼の最高権威者でもある天皇の生命力の弱体化は、農耕社会の衰勢、ひいては社会基盤の崩壊に直結すると考えられた。天皇の鎮魂祭は、農耕社会に連なる人々の安定のためでもあった。

『令義解』には、「鎮魂の鎮は安であり、人の陽気を魂という。魂はまた運である。したがって鎮魂とは、離遊の運魂を招き、身体の中府に鎮めることである」という旨が書かれている。古代においては人間が弱まったり、病気になったりすると、その原因は魂が肉体から遊離しているためであると考えた。魂が分離してしまえば、死が訪れる。そうならないよう、生者の遊離した魂を祈禱の儀によって招いて、元の身体に鎮め、長寿を祈ったのである。それが鎮魂祭の起源である。十種の神宝を「ふるべゆらゆら」と揺り動かすことなどから、御魂振《みたまふり》ともいわれた。

鎮魂祭（十種の神宝の神事）

重病などの人の非常時には、鎮魂祭《ちんこんさい》（みたましずめのまつり）によって活力を付与して病魔を払い、延命させる祈禱を行う。これには宮中神殿の八神《はつしん》（鎮魂祭の神）と大直日《おおなおび》の神を招請《しょうせい》して斎行する。

斎行の方法はまず祭場を鋪設する。案《あん》（机）を据えて神座を設け、鈴《すず》一口を付けた榊《さかき》を寄せて立たせる。榊のかわりに松または桧《ひのき》でもよい。案上には柳《やなぎ》筥《ばこ》を置き、その中に赤糸を十筋《すじ》、納めておく。柳筥の前に斎主《さいしゅ》の場を設置する。その側に四方框《かまち》の板床を用いた宇気槽《うきぶね》と、和琴《やまとごと》とを置き、その前に巫子《かんなぎ》と琴弾き役の座を用意する。また鎮魂主人（被鎮魂者）の座を用意しておく。（鎮魂主人が着座できなければ、その衣服をそこに置く）。

以上の祭場の準備ができたら、清祓《きよはらい》を行い、斎主以下、着座する。次に降神《こうしん》行事ののち、神饌《しんせん》を供える。神饌は米、酒、鰭の広物《ひろもの》、鰭《ひれ》の狭物、野鳥、水鳥、粟、稗《ひえ》、麦、豆、海菜、野菜、菓《このみ》、塩、水（神饌を清酒のみで代表させる場合もある）。次に斎主が鎮魂祭祝詞を奏上する。鎮魂祭祝詞は十《と》種《くさ》の神宝《かんだから》の神徳を讃えるものである。

次に鎮魂行事。この儀は、琴弾き役が和琴を弾き（清掻《すがが》き）、巫子が矛先または榊《さかき》を取り、立って宇気《うき》をつく。その際、槽に上がって、「一つ、二つ、三つ、四つ、五つ、六つ、七つ、八つ、九つ、十《とう》」と

鎮魂祭祝詞

鎮魂祭祝詞《ちんこんさいのりと》は鎮魂祭で唱えられる祈りの言葉である。大は天皇の魂の強化、共同体の蘇生、小は個々人の起死回生、治病を祈願しながら奏上する。

掛《か》け巻《ま》くも畏《かしこ》き、大宮内《おおみやうち》の神殿《かんどの》に坐《ま》す神魂《かみむすび》、高御魂《たかみむすび》、生魂《いくむすび》、足魂《たるむすび》、玉留魂《たまつめむすび》、大宮能売《おおみやのめ》、御膳津神《みけつつのかみ》、辞代主《ことしろぬし》、大直日神等《おおなおびのかみたち》の御《み》前《まえ》に畏《かしこ》み畏みも白《もう》さく。高天原《たかあまはら》に神留《かむずま》り坐《ます》、神魯岐《かむろぎ》、神魯美《かむろみ》の命以《みこともち》て、宇麻志摩治命《うましまじのみこと》の御父《みおや》饒速日《にぎはやひ》ノ《の》命《みこと》に十《と》種《くさ》の瑞《みず》の宝《たから》、息津《おきつ》鏡《かがみ》、辺津《へつ》鏡《かがみ》、八握剣《やつかのつるぎ》、生玉《いくたま》、足玉《たるたま》、死反玉《まかるがえしのたま》、道反玉《ちがえしのたま》、蛇《おろち》の比《ひ》礼《れ》、蜂の比礼、品々物《くさぐさのもの》の比礼を授けたまいて、天津《あまつ》日《ひ》嗣《つぎ》と大八《おおや》島国《しまこく》しろしめす、皇御孫命《すめみまのみこと》の大御《おおみ》身《ま》を始めて、豊葦原《とよあしはら》の瑞穂《みずほ》の国に、在《あ》らゆる現《うつ》しき青人草《あおひとくさ》等が身に至るまで、阿都加比奈夜《あつかいなや》米流《める》所有《ところあ》らむには、この十種の瑞を合わせて、一二三四五六七《ひとふたみいよむゆなな》八九十《やここのたり》というて、布留倍由良由良《ふるべゆらゆら》と布留倍《ふるべ》。かくなしては、死《まか》れる人も生き返りなむと言依《ことよ》さして、天降《あまくだ》し賜いし御因縁《みいわれ》に依りて、志貴島《しこきじま》の大和《やまと》の国、橿原《かしはら》の大宮に、肇国《はつくに》しろし召《め》し坐《ま》し天皇《すめらみかど》の大御《おおみ》代《よ》に、宇摩志麻治《うましまじ》の命に令《おお》せて、大御《おおみ》魂《たま》を斎《いわ》い鎮《しず》め奉《まつ》らしめたまいし御例《みあと》のまにまに、御代御代の天皇の大御《おおみ》廷《かど》にも仕《つか》え奉《まつ》らしめたまいし御神事《みかんわざ》に習いて、掛け巻くも畏き大宮内の神殿に坐す神魂、高御魂、生魂、足魂、玉留魂、大宮能売、御膳津神、辞代主、大直日神達《たち》の大前に宇気槽《うきふね》覆《ふ》せて、撞《つ》き登々呂加志《とどろかし》、天《あめ》の数歌《かずうた》、宇多比《うたい》上げて、浮かれ往《ゆ》かまくする、

唱えながら、槽を十度つくのである。

次に赤糸を一筋とって、一つから十まで唱えて、これを結ぶ。このようにして赤糸を十度結び終えたら、これを柳筥に納める。この間、鎮魂主人は座したまま、袖《そで》を左、右、左と振り続ける。鎮魂主人が着座できなければ、代理のものか斎主が、被鎮魂者のその衣服を振る。

また、玉を十個用意しておき、絹に包んで、これを十種の神宝として一つを息津鏡《おきつかがみ》、二つを辺津鏡《へつかがみ》、三つを八握剣《やつかのつるぎ》、四つを生玉《いくたま》、五つを足玉《たるたま》、六つを死反玉《まかるがえしのたま》、七つを道反玉《ちがえしのたま》、八つを蛇《おろち》の比礼《ひれ》、九つを蜂《はら》の比礼《ひれ》、十を品々物《くさぐさのもの》の比礼《ひれ》というように順次、一つから十まで唱え、由良由良《ゆらゆら》と振るわせながら、柳筥に納めて、赤糸十筋でその柳筥を結ぶ儀もある。

次に神饌《しんせん》を撤《てつ》し、昇神《しょうしん》行事を行ってから、退出となる。

鎮魂祭終了後、柳筥は鎮魂主人の関係神社、あるいは氏神神社、祖霊社に納めておくのが原則である。また秘伝として赤糸十筋で結んだ柳筥を封じて鎮魂主人に携帯させたり、また柳筥を木綿《ゆう》で結わえて鎮魂主人の首にそれを掛けて鎮魂祭の儀とする方法などもあった。


玉の緒《お》を確《たし》に結《ゆ》い留めて、魂結《たまゆい》の神事仕《かんわざつか》え奉《まつ》る状《さま》を宇麻良《うまら》に聞こしめし幸《さきわ》えたまえと、献《たてまつ》る幣帛《みてぐら》を平《たいら》けく安らけく聞こしめまして、某《それがし》が身に阿都加倍奈夜米流《あつかえなやめる》、夜佐加美阿倍久病《やさかみあえぐやまい》をば、献《たてまつ》る厳《いづ》の清酒《すみさけ》、いと速やかに伊夜志《いやし》たまいて、そが生命《いのち》をば堅酒《かたみき》の堅磐《かきは》に常磐《ときわ》に守り幸《さき》わいたまえて、玉の緒は仁波奈の佐良受《さらず》、現身《うつそみ》の世の長人《ながひと》と在らしめたまえと、乞いのみ奉る言《こと》の由を、平けく聞こしめしたまえと、猪自物膝折《ししじものひざお》り伏せ鵜自物頸根《うじものうなね》衝《つ》き抜き、天《あめ》の八《や》平手《ひらて》打《う》ち上げて畏み畏みも白《まお》す。

石切剣箭神社の撫守

腫れ物を患う者が祈願すれば必ず霊験があると信じられている石切剣箭神社《いしきりつるぎやじんじゃ》（東大阪市東石切町）は、独特の御供米《ごくまい》入りの撫守《なでまもり》の護符を祈禱者に授与している。

「石切 大神《いしきりのおおかみ》」と唱えながら、その護符を患っている箇所につけて一心に撫で、並行して毎朝一粒ずつ御供米を初水とともに服していると、「石切大神」の神徳が働いて鮮やかな守護があるという。護符には一週間分の御供米（七粒）入っており、信者がそれを呑んでいるあいだ、神社側でも毎朝夕、病気平癒祈禱を行っている。

「石切大神」とは石切剣箭神社の主祭神・饒速日尊《にぎはやひのみこと》のことである。饒速日尊は霊妙な十種の神宝を地上にもたらした神。宮司の木積家は秘伝とされている加持祈禱「マジナイ」の伝承者でもある。

苦手の法

苦手《にがて》の法は少彦名命《すくなひこなのみこと》（少名毘古那神《すくなびこなのかみ》）が創始したとされる病を癒《いや》す俗伝である。少彦名命は神産巣日《かみむすびの》神《かみ》（造化三神《ぞうかさんしん》の一人）の子で、鷦鷯《さざき》（みそさざい）の羽、あるいは蛾《が》の皮をまとい、白蘞《かがみ》（ブドウ科の低木で、根を薬用にする）の皮でつくった天之羅摩《あめのらま》船《ふね》に乗って漂着した神とされ、大国主命《おおくにぬしのみこと》の国造《くにづく》りにも協力している。

苦手の法により病気の一切はもとより、害虫や悪獣を防いだり、駆除したとされる。方法は印契《いんげい》と呪《じゅ》言《げん》である。印契の形は異説もあるが、右手の五指を伸ばし、人指し指の第一関節だけを折り曲げるのである。先天的にそれができる人はいいが、できない人のほうが多い。じっくりと習練すれば、それに近い形になるといわれるが、どうしても第二関節まで曲がってしまう場合は、そのままでもやむをえない。

この印契ができるようになったら、少彦名命の守護を念じ、次の呪言を唱えながら、右手の人指し指の第一関節を折り曲げたままの形で、病患部を何度も撫《な》でるのである。呪言は、己《おのれ》が少彦名命の神徳を

十言神咒（とごとのかじり）

神道天行居《しんとうてんこうきょ》の創始者で神道霊学《しんとうれいがく》の大家であった友清歓真《ともきよよしさね》（一八八八〜一九五二）が、最高神界の高天原主宰者・天照大御神《あまてらすおおみかみ》の神法《しんぽう》として公開したものの一つ。

これは「アマテラスオホミカミ」という神名《かみな》だけの神咒《しんじゅ》で、至誠を込めて毎日三十分以上連唱《れんしょう》する修行を一か月以上つづけると、「あらゆる悩みも悶《もだ》えも解消、種々無量の神徳《しんとく》を授けられる」（『古神道秘説《こしんとうひせつ》』）と述べている。唱え方に関して「声の大小は其《そ》の場合と其の人の体質上の便宜《べんぎ》に随《したが》えばよいので、かれこれ拘泥《こうでい》を要し」ないというから、誰でも無理なく実践できる神法である。

霊的国防修法中の友清歓真（『友清歓真全集　四巻』神道天行居より）

顕現するという信念を込めて「この手は我が手にあらず、常世《とこよ》にいます久斯《くし》の神・少彦名命の苦手なり。苦手をもって呪《まじな》えば、いかなる病も癒《い》えずということなし」と念唱するのである。薬の神でもある少彦名命にふさわしい呪法である。

蔭針の法

少彦名命の秘伝の一つとされるものが、蔭針《かげばり》の法《ほう》である。神道霊術家として知られた宮永雄太郎《みやながゆうたろう》が紹介しているもので、和紙（半紙）でつくった人形《ひとがた》（形代《かたしろ》）と針と畳を使って行う呪法である。宮永は明治六年、宮崎県の神馬《そま》城峰八幡宮《きのみねはちまんぐう》の社家に生まれた。家伝の神書のほか、各地の神社の伝法書を収集、研鑽して名を成した。蔭針の法の効能は家出人などの足止め、怨敵調伏《おんてきちょうぶく》、当病治癒、厄除《やくよ》け、縁結びや縁切りなどに霊応が著しいとされている。

人形と針を使った呪《まじな》いは、藁人形《わらにんぎょう》と釘のそれを簡略化したもので、世上では比較的知られているが、蔭針の法

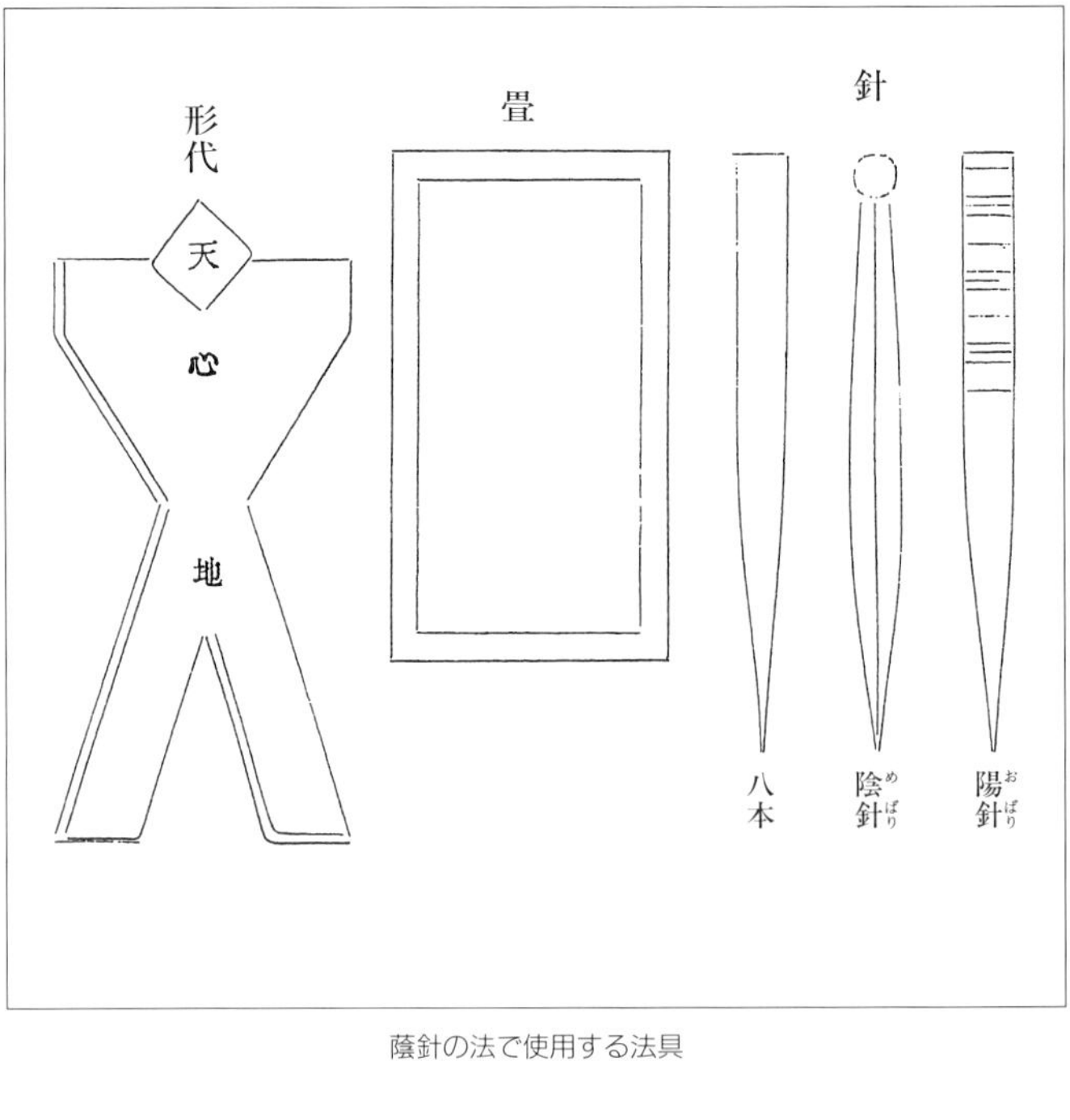

蔭針の法で使用する法具

は畳を介在しており、いささか異質である。

人形は、図のように二つの半紙を折って調製する。人形の大きさは縦八寸、横五寸の枠よりも小さくつくる。半紙は斎戒沐浴《さいかいもくよく》後にみずから漉《す》いてつくった紙を用いるのが望ましいという。針も既成のものではなく、一対《いっつい》の陽針《おばり》と陰針《めばり》（長さ四寸八分、頭部の幅四分）を謹製して使用するのが正式である。それらの針の材質は、金、銀、あるいは鉄でもよいが、甲子の日の日の出の時刻に合わせて、金床を清めてからつくることになっている。とはいえそこまではなかなかできないこともあって、略式としてふつうに流通している針で行ってもよいとされている。

また畳は二枚用意し、大きさは一つは長さ八寸、幅五寸、厚さ一寸八分で、もう一つは長さ八寸、幅五寸、厚さ四分。畳の四方の縁には、いずれも大和錦《やまとにしき》の赤地を用いることになっている。

施法《せほう》に先立ち、用意した人形、針、畳を神前の案《あん》（机）に載せ、神前に向かって二礼二拍手する。次に修祓《しゅばつ》、大麻《おおぬさ》で自祓したのち、少彦名命の招神《かむおぎ》を行う。

そして人形を厚さ一寸八分のほうの畳の上に置き、その人形の上に厚さ四分の畳を被《かぶ》せる。それから針を両手でいただき、さらにその針をみずからのへそのあたりにあてて、念を凝らす。次に右手で針をもち、左手で針先を畳の上にあてて、怨みのある人間を呪うには、「禁厭《きんえん》の一念《おもい》を通《とお》す神の御針《おんはり》、怨敵調伏」と三度、唱えてから、一思《ひと》いに畳の下の人形を刺し貫くのである。人形を刺し貫く場所は怨敵調伏の場合、基本的に天（頭）の部分が効果的であるとされる。呪文は願意に応じて変えなければならない。縁結びならば、「禁厭の一念《おもい》を通す神の御針、良縁成就」と唱えて、人形の心（胸）の部分を貫くようにするのである。当病治癒の場合は、たとえば腎臓の病ならば、同様にして「…腎臓治癒」と述べて、人形の病患部に針を指し貫く必要がある。

その呪法が済み次第、送神《かみおくり》をしてから、再拝二礼して退座する。

陽針と陰針はどのようにして使い分けるのか。これは呪う相手の性別にともなう、つまり相手が男性ならば陽針、女性ならば陰針を用いるとか、反対に、呪う自分の性に応じて用いるなどの説がある。

ともあれ、施法を行ったら、願意が成就するまで針は刺したままにしておく。効果がみられない場合は、改めて再度行う。願意成就後は、少彦名命に深謝しつつ、鈴を振って祓《はら》いをしたのち、「天晴《あわ》れ、穴面白《あなおもしろ》、穴楽志《あなたのし》、穴佐耶気於気《あなさやけおけ》」と唱えながら抜き取る。呪法に用いた人形は、清《きよ》め火《び》で焼き、その灰は人の踏まない土に返すか、和紙などに包んで川へ流す。

白山比咩神社における祈禱の秘義

神社神道の定められた形式とは別に、古来の神社の祈禱の仕方を組み合わせることにより独特の祈禱法《きとうほう》を確立して行っていた宮司もいた。白山比《しらやまひ》咩《め》神社《じんじゃ》（石川県石川郡鶴来町）の前田《まえだ》勝也《かつや》宮司であった。この祈禱法は霊験著しかったと伝えられるが、どんなものであったか。

未明に起床し、潔斎所《けつさいしょ》で禊《みそ》ぎをしてから、拝殿《はいでん》へ行き、そこで太鼓《たいこ》を一定のリズムで叩きながら、大祓祝詞《おおはらえのりと》（『大祓詞』）を奏上《そうじょう》するのである。奏上する回数は三回ほどである。そのあとに、「諸々《もろもろ》の罪穢《つみけが》れ禊祓《みそぎはら》いて清々《すがすが》し」を数回繰り返す。次に「綾瓊《あやに》綾瓊《あやに》奇《くす》しく尊登《とうと》大御《おおみ》前《さき》に坐《ま》す神《かみ》の御《み》前《さき》を拝《おろが》み奉《まつ》る」といい、その神社で祀《まつ》られている祭神《さいしん》の神名を唱える。次いで「大神大神《おおかみおおかみ》稜威輝《いつかがや》く尊《とうと》しや」を数回くりかえす。

霊峰白山を神体山とする加賀一宮白山比咩神社

次に祈願の内容を祈念する。祈願者の願意が成就するよう、神に祈るのである。この時に以下のように願意を声を出して唱える。たとえば「天下《てんか》泰平《たいへい》万々無窮歳《まんまんむきゅうさい》」「国家《こつか》安康《あんこう》万々無窮歳」「皇室《こうしつ》繁栄《はんえい》万々無窮歳」「五《ご》穀《こく》豊《ほう》穣《じょう》万々無窮歳」「生業繁盛《せいぎょうはんえい》万々無窮歳」「交通安全《こうつうあんぜん》万々無窮歳」「心願成就《しんがんじょうじゅ》万々無窮歳」「恋愛成就《れんあいじょうじゅ》万々無窮歳」などである。これらの願意はいくつあっても構わない。

続いて「大神大神神《おおかみおおかみみ》霊幸《たまさき》わえ給《たま》え」と何度もくりかえしたのち、太鼓の音に合わせて無言のまま、心を鎮《しず》めて鎮魂《ちんこん》する。そして最後に「天晴《あわ》れ、あな面白《おもしろ》、あな手伸《たの》し、あなさやけおけ」という神言を唱えて、太鼓を打ち止める。

以上で神事は終わりであるが、引き続いて大麻《おおぬさ》でみずからを祓《はら》ってから、額《ぬか》ずいて神拝すると完璧《かんぺき》である。また、神殿の床などを雑巾掛《ぞうきんが》けしながら、「とおかみえみため、祓《はら》え給《たま》え清《きよ》め給《たま》え」と唱える方法もある。雑巾掛けをする際、みずからの心の曇りや汚れを拭《ぬぐ》い去る気持ちで行うのである。これが心を磨《みが》く修行となるという。

飛驒一之宮水無神社

飛驒一之宮水無神社の祭神の霊威

天《あめ》の浮船《うきぶね》の降臨《こうりん》伝説もある位山《くらいやま》を背後にした飛驒《ひだ》一之《いちの》宮水《みやみ》無神《なしじん》社《じゃ》(岐阜県大野郡宮村字石原)は、終戦まで国幣小社《こくへいしょうしゃ》の格式を誇っていた名社《めいしゃ》である。この神社の祭神は御歳大神(水無大神)だが、その神威《しんい》は、専門の神職を畏怖《いふ》させるほど凄《すさ》まじいものとされている。というのは神社のもっとも大きな年中行事である例祭《れいさい》(「宮祭《みやまつり》」)にあたって、宮司がみずから斎戒を厳重にしなければ、祭神《さいしん》から咎《とが》めを被《こうむ》り、その身を押さえつけられてしまい、まったく身動きがとれなくなるというのである。つまり金縛り状態である。

特定の宮司ならばいざ知らず、何人もの宮司がその金縛りに見《み》舞《ま》われていたというから尋常ではない。かつて同神社の宮司をしていた上杉一枝氏の回想によれば、氏が名誉主典《しゅてん》であったときの某宮司がやはり、神に体を押さえつけられたのを目撃している。

某宮司は同神社の神異《しんい》を迷信だとして一笑《いっしょう》に付《ふ》していたが、例祭当日、御霊代《みたましろ》（祭神の神霊《しんれい》にかえて祭るもの）を神輿《みこし》に遷座《せんざ》させるためにみずから本殿に参入《さんにゅう》した。例祭で本殿に参入できるのは宮司一人のみなのである。ところが、いつまでたってもでてこない。そこで禰宜《ねぎ》が上杉氏に様子を見てきてほしいと告げたので、行ってみた。上杉氏が本殿の奥の方をのぞいてみると、内陣《ないじん》から外へ向かって某宮司の二本の足がつっぱったように伸びているではないか。驚いて、近寄ってみると、某宮司は上半身だけを内陣の中に入れて、御霊代に手を掛けたまま気絶していたのである。上杉氏は禰宜を呼んで、二人で某宮司を内陣から引き出して、介抱した。すると、気がついた某宮司は、きょとんとして「どうしたんだ」と聞いた。そこで、「神さまに押さえられていたのです」というと、気を取り直し、神事を続行したというのである。

同神社では、御霊代を神輿に遷《うつ》すと、闘鶏楽《とうけいがく》の鉦《しょう》が乱打され、それが合図《あいず》となって、神輿の出御《しゅつぎょ》となるが、神輿を担《かつ》ぐもので斎戒の足りない者は、やはり同じように身動きがとれなくなることがあるという。

河合繁樹氏（鹽竈神社《しおがまじんじゃ》志波彦神社《しわひこじんじゃ》元宮司）も飛驒一之宮水無神社の宮司として赴任した際、前任の近藤宮司から「この神社の神さまは恐ろしい。自分は最初の御神幸《ごしんこう》のときに神さまに押さえられた」といわれた。河合氏は一瞬たじろいだが、例祭に先立って、神慮《しんりょ》を伺《うかが》おうと、あえて内陣の中に入ることを決意した。入って見ると、御神座《ごしんざ》は七十二柱の幣束《へいそく》であったが、すべて濛々《もうもう》たる埃《ほこり》にまみれていた。神社によっては内陣の掃除をすると、死ぬというジンクスがあり、そのため決して内陣の掃除をしないところがある。だが、河合氏は念入りに掃除を行った。至誠を込めて奉仕したためか、河合氏自身は在任中、決して押さえられることはなかったという。霊威《れいい》に満ちた神は、祈り方次第で、つまり至誠を込めて祈れば、心願の成就もすみやかであるとされている。

恐ろしい神事といえば、一之《いちの》宮貫前神社《みやぬきさきじんじゃ》（群馬県富岡市一ノ宮）の御鎮神事を挙《あ》げないわけにはいかない。御鎮神事は同神社の特殊神事で、祭典奉仕中《さいてんほうしちゅう》、絶対に一言も物をいってはならないのである。口を利《き》けば、死ぬという伝えがある。

吉松芳美氏（長崎諏《ながさきす》訪《わ》神社《じんじゃ》元宮司）が、若手の神職《しんしょく》として着任すると、先輩神職から御鎮神事で無言を厳守しなければ生死にかかわると注意を受けたが、その時はまともに信じられず、てっきり、からかわれているのではないかと思ったという。神事の時間が近づいてくるにつれて、先輩神職たちの顔つきが異様に青ざめてきたので、吉松氏は初めて冗談ではないことを知ったのである。

ある宮司がその奉仕をしたが、外出にあたって玄関先で、ついうっかりと、「火は大丈夫か」と漏らした。その翌日、あろうことか、急死。いつもの口癖が仇《あだ》になったのである。祭典中、あっと叫んだだけで、頓死《とんし》した神職もいる。咳払《せきばら》いですら、死を免れないという。神馬《しんめ》も嘶《いなな》いたと思ったら、即死したといわれる。

御鎮神事は夜に行われるが、社務所《しゃむしょ》の座敷で草履《ぞうり》を履いて土間に降り、提灯一つをもって参道を通る。周囲の家は明かりを消して、大人たちも布団《ふとん》をかぶって息を潜《ひそ》めているという。神事奉仕中の神職に会うことすら、忌《い》むのである。吉松氏は神社の裏にある「御鎮さん」の塚へ行って供物を納める

鎮護利民の霊神を祀る一之宮貫前神社

役であった。その間、社務所に帰るまで無言のまま奉仕しなければならず、気が気でなかったという。そのかわりに、御鎮神事で使用した草履は、神聖きわまりない魔除《まよ》けになるとして崇敬《すうけい》が篤《あつ》い。

憑物を落とす吉田神社の特殊祈禱

吉田兼倶《よしだかねとも》（一四三五〜一五一一）が創始した吉田《よしだ》神道《しんとう》の本社・吉田神社《よしだじんじゃ》（京都市左京区吉田神楽岡町）には、憑物《つきもの》を落とす特殊祈禱《きとう》、正式には障害解除の祈禱が伝わっている。いわゆる狐憑《きつねつ》きや重い精神病に罹《かか》った人に対して、驚くばかりの奇瑞《きずい》を示す。

「最高最後の祈禱所」といわれる吉田神社境内にある大元宮《たいげんぐう》——日本全国の神々を祭った八角の根本宮《こんぽんぐう》で、ここに参拝すれば日本の全神社を拝《はい》したことになるとされる——を舞台に斎行される秘密神事である。

吉田神道の原理に基づいてつくられた大元宮の後部に接した後房とよばれる六角の建物の中に、神職一人が憑物に犯された本人だけをつれて入る（付添《つきそ》

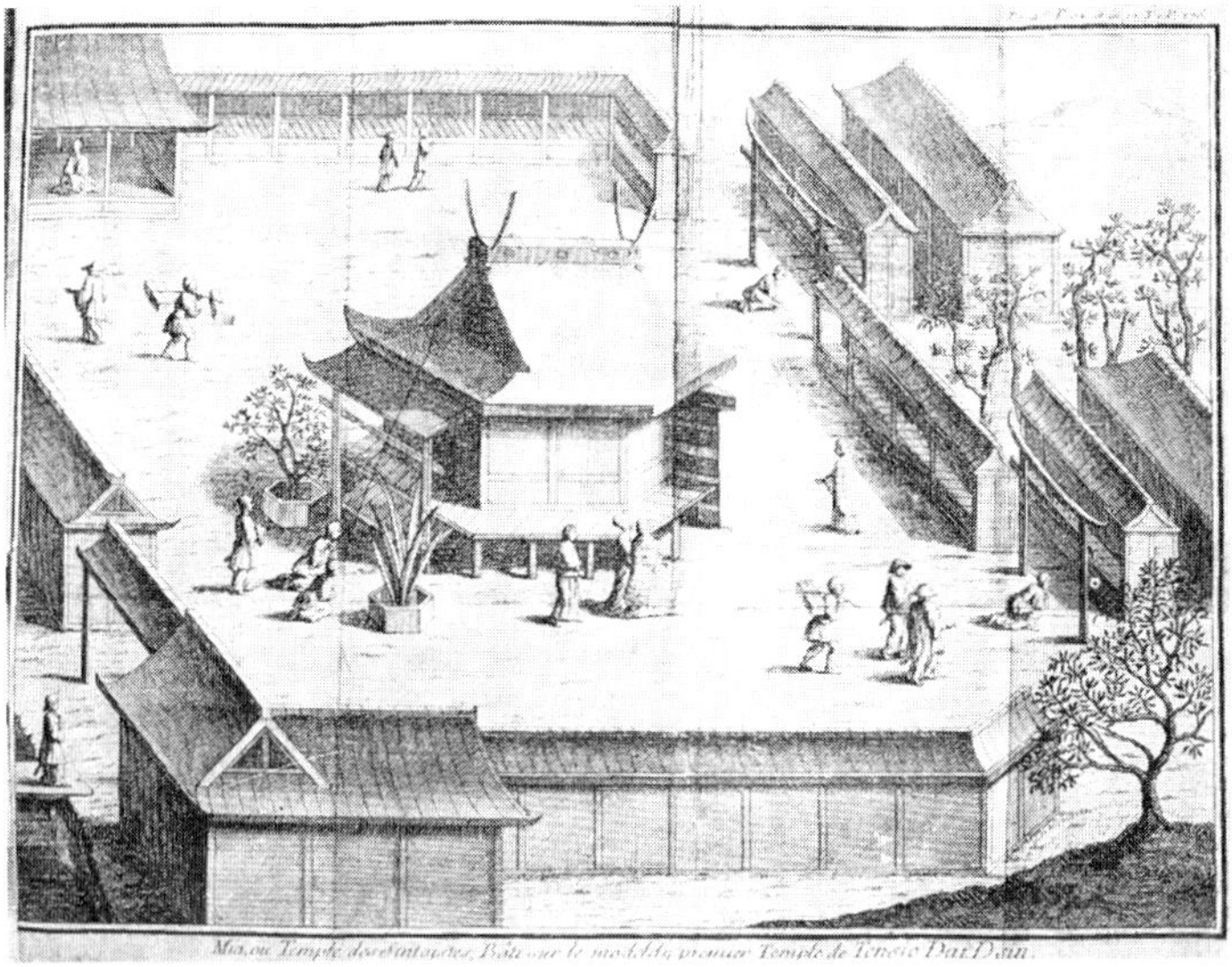

吉田神社末社大元宮古図（Charlevoix, Pere De. Histoire Et Description Generale Du Japon, Tome Premier, Paris, 1736より）

吉田神社本宮

大元宮

いがいても、その中には入らせない）。その本人を神前にすわらせてから、神職は、憑物をした本人に背を向けて、一段高い祈禱座《きとうざ》にすわる。そして天神《てんしん》地祇《ちぎ》八百万神《やおよろずのかみ》が自分を守ることを確信しつつ、祈禱《きとう》文《ぶん》を唱えるのである。

祈禱文は『中臣祓詞《なかとみのはらえことば》』『三種大祓詞《みくさのおおはらえのことば》』『六根清《ろっこんしょう》浄大祓詞《じょうおおはらえのことば》』などの吉田神道の秘呪《ひじゅ》である。これらを一心に唱えていると、不思議なことに、憑物が正体を現すようになる。その人物に狐が憑《つ》いていれ

生霊や死霊などの祓除

高知県幡多地方のある神社の特殊修法として生霊や死霊などの祓除《ふつじょ》がある。宮司が祈願者に御幣《ごへい》をつけた榊《さかき》をもたせて、対《たい》座《ざ》する。そして大幣《おおぬさ》で祓い清め、『大祓詞《おおはらえのことば》』を奏上《そうじょう》すると、祈願者はおもむろに震《ふる》え出す。それでも構わずに、『大祓詞』を唱えつづけていくと、激しく飛び跳《は》ねたり、のたうちまわったりもする。のたうちまわるのは動物霊に憑依されている場合が多いという。

いずれにせよ、そのような状態になったら、祈願者の息を、白紙の袋の中に三度吐き出させたのち、ただちにその袋の口を麻紐《あさひも》でしっかりと結《ゆ》わえて封《ふう》ずる。そして榊で祈願者を祓《はら》ったのち、その榊と袋を持ちかえらせて、川か海に捨てさせるのである（祈願者の近くに川か海がない場合は氏神神社《うじがみじんじゃ》の古神札焼《こしんさつしょう》納祭《のうさい》用の箱などに処分させる）。

また、同じ高知県の神社では、憑物に憑かれた依頼者を前にして『大祓祝詞《おおはらえののりと》』と『十種太祓』をあげて祈念する方法もある。そのあとで「どうぞ神々方《かみがみがた》、それぞれのお社《やしろ》にお帰りください」といい、相手の背中に気合《きあい》を込めて喝《かつ》を入れるのである。すると、おおむね正気に戻るという。狐が憑いたというある女の子は常識では考えられないようなことを口走ったりする。相手の財布にいくら入っているかをあてたりするなど絶対にわからないはずのことを簡単に言いあてたり、命令口調でお供《そな》えを求めたりするという。

そこで祈禱《きとう》を行うと、「もう帰ります」といいはじめたので、喝を入れると、正気づいた。女の子はその間の出来事を一切、覚えていなかったという。このような憑物に憑かれるタイプは、再発しやすいので、相手が「もう来ません」というまで、問い詰めることが肝心であるとされる（長谷部八朗『祈禱儀礼の世界』）。

ば、狐のような恰好をして悶《もだ》えたり、犬神憑《いぬがみつ》きならば、吠えながら飛びまわり、蛇に憑依《ひょうい》されていれば身を蛇行《だこう》させたりする。憑物をした本人を背後にしているので、直接見るわけではないが、憑物の正体が気配でよくわかるという。

しかし、この時に絶対に後ろを振り返って見てはならない。相手が大声を出そうが、無言であろうが、凶暴になろうが、どんなに気になっても、振り返って見ることは禁じられている。見てしまうと、これまでの祈禱が無駄《むだ》になるばかりか、相手の憑物に自分がとり憑かれてしまいかねない。であればこそ、ますます一心不乱に祈禱文を誦《よ》みつづけなければならない。そしてここぞと思うところで、神前《しんぜん》の右側に立てていた幣串《へいぐし》（長さは四、五尺）をすばやくとって、後ろを向くと同時に、幣串の先で相手の急所に、気合と力を込めて強く押さえつけるのである。急所の部位は秘伝になっており、憑物の種類によって違うという。

憑物をした本人は、必死になって抵抗する。大爺《おおや》恒夫《つねお》吉田神社元宮司の談によれば、神職が押さえる幣串に、憑物が発する荒神《こうじん》の猛烈なエネルギーがビリビリと伝わってくるという。汗だくになるほどの大変な重圧を感ずる場合もある。それでも急所を押さえつづけていると、相手のエネルギーが急に弱まり、ピタリとやむ。それは憑物が落ちて、治った瞬間であるという。

また、夜になると眼がギラギラと妙な光を発し、言動がおかしくなる「狸眼《たぬきめ》」と称される患者の祈禱を頼まれることもある。この「狸眼」の患者は、病状が出る夜中に祈禱を行えば、回復するという。

この憑物を落とす特殊祈禱を行う神職は、長年神明《しんめい》に仕え、強い精神

吉田神道を樹立した吉田兼倶を祀る神龍社

力と健康な体があれば、ことさらに特別な潔斎《けっさい》や修行を積む必要はない。要するに祈禱中は神の守護を絶対的に信じ、不安に思ったり、弱気にならないことが肝要《かんよう》である。それを忘れて油断したため、相手の憑物に憑かれて狂い死にした島根県の神社の神職の事例もあったという。

山蔭神道の呪法

古神道のひとつとされる山蔭神道《やまかげしんとう》では、罹病《りびょう》の原因を・幸魂《さきみたま》の「異状」から起こる心の病気・和魂《にぎみたま》の異状から起こる体の病気・荒魂《あらみたま》の異状から起こる環境からくる病気・奇魂《くしみたま》の異状に発する霊的な病気の四種類に分類している。古神道の人間を一霊四魂《いちれいしこん》とみる考え方を基本的に踏襲している。

その病気祈禱として・神殿大前での祈禱（延命大祈禱、憑霊を鎮める祈禱、丙子除、海運祈禱など）・現地における祈禱（病家祈禱、病人祈禱、野外での祈禱、野外大浄焔祭など）がある。祈禱作法には祝詞を奏上する祝詞作法と「霊呪霊法」がある。

山蔭神道の封じ物として「荒毘鎮《あらびしづめ》の封じ」という竹封じがあるが、これは青竹の一節を切り、そこに紙の人型（型代）を入れて封じるもので、酒乱、悪癖、淫乱、悪感情、病気、邪霊、悪気邪気、前生の悪因縁などが解消されるという。封じの作法としては、酒乱などには幸魂、発狂には奇魂、凶暴な者には荒魂、憑依霊には因縁霊、四魂の調整をはかるには現霊を封ずる。人型に該当人物の氏名と封ずる霊の名（たとえば荒魂）を書いておき、別に神前に着座して祓詞、万霊供養、大祓詞を奏上、祈禱祝詞をとなえたのち、招霊印と招霊呪を結誦して祈禱する者の一魂（封ずるべき一魂）を招霊して息をとめたまま、人型を青竹の中に入れ、竹を包むための表包みの霊符（奉書紙）を竹に巻きつけ、それう麻苧《あさお》で縛って封じ込めてしまうのである。

そのあと、山蔭神道の万能の言霊とされる大神呪《だいしんじゅ》「アジマリカム」を奉唱し、九字・十字を切って完全に封ずるのである。山蔭神道ではアジマリカムは「天地根元のときから存在する言霊」で、その功徳は「深甚にして限り無く、無量無辺に遍満自在するが故に、大寰宥《だいかんう》の霊妙至真の大妙智」であり、「大神呪に逆く者は悉々《ことごと》く滅し、随う者は弥々《いよいよ》栄え、天地宇内の中にある、如何なる悪気、悪霊の妖気、邪精も、怖威恐々として、影をひそめ、形を消して、悪念を捨て、怨讐を断ち、只管《ひたすら》に無上真実道の成果を願い奉らむ」。また大神呪を一言となえれば、「三明六通を俱し、至深魔可魔神変の妙文と成れば、正に百万の経典、万億の唱名、題目、念仏を唱うるに弥勝《いやまさ》らむ」といい、さらに「誦者は瑞々たる瑞光に包まれ、身より金光を放ちて、光明の中に在れば、如何なる天魔破神悪鬼悪霊も近寄って災を成し得ず、況んや諸悪諸毒厄に遭う事なし」（『神呪看経』）とされている。言霊よる決定的な護符が「アジマリカム」であるというのである。

ちなみに、竹封じに用いる浮浪霊の憑霊を封ずるための祈禱祝詞は「掛巻《かけま》くも綾《あや》に畏き天津《あまつ》渦々志《うづうづし》八奈芸大神《やつなぎのおおかみ》を始めて大已貴大神《おおなむちのおおかみ》、少彦名大神の大前に（竹封じを主宰する宮司名を入れる）伊《い》、謹み畏《かし》み白《もう》さく。（憑依された者の氏神神社名を入れる）神社の御氏子《おんうじこ》（憑依された者の名前を入れる）が、今病めるの状を眺めみるに、この御子《みこ》は出縁《ゆかり》を持たぬ妖しき霊の災にして、諸々の罪科汚《けがれ》など多《さわ》に持てる霊《みたま》なるが故に、かかる災《わざわい》を起してあるなれば、占《いにしえ》の法《のり》の定めに従いて、この青竹に封じ込め給いて速かに、この御子を癒し給い幸《さきわ》い給えと乞祈奉《こいねぎまつ》らくと白す」。山陰神道では呪詛調伏・増益などの型代《かたしろ》祈禱も行われている。悪人や悪霊など悪縁を切るためには、茨《いばら》のような刺のある木か、ドブなどの汚れた場所の粘土を芯にして、それを茅などで束ねて人形を作る。それに縁切りの符に氏名と願文を書いた三枚重ねの紙（黄・赤・黄）の型代を付け加えて土中などに捨てる。竹封じを併用すれは効果が著しいという。また、延命祈禱や縁結びなどの増益においては、その旨を記した三枚重ねの紙の型代を中に入れた、麻で作った人型を用いるのである。

第6章 浄土宗系の呪術

念仏を称えるたびに、その口から小さな仏が次々と飛び出したと伝えられている空也《こうや》は、浄土信仰に立脚した念仏聖であった。京都の六波羅蜜寺にある空也像は、その伝説を基にして造られたもので、読者のなかにもご覧になった方がおられると思う。踊りながら、念仏を勧めた空也は一種の祈禱師であり、その強力な呪力によって民衆の様々な苦しみを直接的に救い、熱烈な支持を得ていた。この空也の流れがのちの時宗の一遍などの遊行聖の運動に飛び火していくわけであるが、浄土信仰にはこのような呪術性が顕現している事実がある。

念仏信仰の呪術の形として次のようなものもある。何一つ不自由がないほどの権勢を誇っていた藤原道長が臨終に際して望んだのは、浄土往生であった。阿弥陀尊像の手に五色の糸を掛けて、その端をしっかりと握りしめ、「南無阿弥陀仏」と念仏を称えながら阿弥陀仏の来迎を待っていたという道長の行為のなかには、浄土教系の呪術的要素が脈打っているといっても過言ではない。

その後、鎌倉時代に至って、法然を教祖とする浄土宗や親鸞を開祖とする浄土真宗が成立する。両者のいずれにせよ、正面きって呪術性の強い現世利益《げんぜりやく》を説くことも強調することもないが、法然や親鸞はある程度念仏にともなう現証《げんしょう》利益を認めているのである。

念仏を称えると、実際に肉眼で阿弥陀仏などを見仏することもできたとされる法然は、毎日一万遍念仏を称え続けていれば、阿弥陀仏と諸々の聖衆《しょうじゅ》が念仏者の身の回りに来て護念してくれるため、念仏者は「延年転寿《えんねんてんじゅ》」して長生きすることができると強調している（『選択集《せんちゃくしゅう》（選択本願念仏集）』）。つまり、念仏は長命をもたらす働きがあるというのである。

また病気治しにも念仏に効能があることを述べている。法然によれば、念仏者が病気になるのは宿業によるものでありやむをえないことである。しかしながら、本当はもっと悪くなるはずだったところを、念仏の功徳の力により軽くすんでいるというのである（『浄土宗略抄』）。この意味からすれば、念仏は、病気を軽減して治すものなのである。

また法然は『和語灯録』で、阿弥陀仏が昔誓った本願は、有智も無智も善人も悪人も、持戒者も破戒者も貴族も庶民も、男も女も分け隔てするようなことはなく、仏が在世のときの衆生も仏がなくなった後の衆生も、末法万年の後の三宝（仏法僧）が見えなくなったときの衆生も、念仏のみが現当二世（現世と来世）の祈禱になると言明している。つまり、念仏は来世往生のためだけのものではなく、現世の利益にもなるとはっきりと打ち出しているのである。

さらに念仏を称えれば、その念仏者に関わる一切の罪業がなくなるだけではなく、観音や勢至などの諸尊が出現して、その念仏者の側を離れずに、常に念仏者のことを心にかけて護ってくれるとしている（『選択集』）。また阿弥陀仏を念じて往生を願えば、阿弥陀仏はただちに二十五菩薩を遣わして、その念仏者を前後左右から擁護し護念するという。しかもその念仏者がどのような状態にあっても必ず護持してくれるので、悪魔や鬼神ですら、その念仏者を襲うことはできず（『選択集』『逆修説法』『要義問答』）、また諸々の横暴をなす悪鬼・悪神が近づいても、阿弥陀などの諸仏菩薩が払いのけてくれるので、念仏者は現世において煩うことなく、安心して暮らすことができ、なおかつ命終《みょうじゅう》のときには極楽へ迎えられることになっているという（『浄土宗略抄』）。

浄土宗はいうまでもなく、阿弥陀仏を本尊としているが、それ以外にもそれぞれの寺の因縁によりいろいろな諸尊を祀っているところが多い。阿弥陀信仰とは別に、そのような諸尊に関わる祈禱や祈願は普通に行われている。浄土宗系の寺院のなかには呪術を得意としている僧侶もいるのである。

特殊な阿弥陀信仰の習わしがある寺もある。たとえば浄土宗の二祖弁長ゆかりの吉祥寺（北九州市八幡区）には弁長が自ら刻んだとされる「腹帯弥陀」（着帯阿弥陀如来）があり、安産祈願が行われている。祈願後、最初に出会った人間の性別によって、生まれてくる子供の性別を占うのである。

また浄土宗の本山寺（香川県本山町）には「太刀《たち》受けの阿弥」がある。十六世紀頃、長曽我部氏の軍兵が寺に乱入したのを咎めた住職が、兵に切り倒された。ところが、住職には怪我はなく、阿弥陀仏の右手から血が流れていた。それを見た軍兵は恐れて退散したという。「太刀受けの阿弥」は身代わり不動として機能しているのである。

法然の弟子で、浄土真宗を開いた親鸞は、現世を祈禱する行者や良時吉日を選んだり、卜占《ぼくせん》祭祀を勤めることを雑行雑修《ぞうぎょうぞうしゅ》といって退けるとともに、念仏の呪術的な理解を否定したとされている。他力本願を奉じた親鸞によれば、真実の念仏（称名）は、他力廻行の信心による救いの報恩の表現であるとした。

『歎異抄』によれば、親鸞は「念仏は行者のために非行非善なり」と、念仏の無功徳性を強調しているが、その一方で「信心の行者には天神地祇《てんじんちぎ》も敬伏《きょうぶく》し、魔界外道も障碍《しょうげ》することなし。善悪も業悪も感ずることあたわず。諸善もおよぶことなきゆえなり」ともいっている。また親鸞は『教行信証』のなかで「現世利益和讃」（三二六ページ参照）の一綱目を記し、念仏と現世利益との関わりについて述べているが、結局、念仏の絶対性・超越性を開示したのが、親鸞であったといえるのである。ある意味において、念仏こそ、現世利益から浄土往生までのすべてを保証する、万能にして究極の真言なのかもしれない。

念仏生活していれば、現世利益が無限に与えられているので、わざわざ神仏に直接祈願するには及ばないというのが、真宗の基本的な立場なのである。しかし、真宗が呪術や加持祈禱をいかに否定しようが、庶民信仰レベルでは浄土真宗の門主を生神扱いしていた歴史がある。全国親教の際、門主が湯船に漬かった湯をもらい受け、病気治しに用いるという風儀すら行われていた。現今でも特定の地方によってはその遺風が残っているところもあるといわれる。また真宗信者でありながら、他の神社仏閣へ行って祈願する人も少なくない。否、それが昔から当たり前となっている地域もある。秘儀を通じてのみ、信仰継承が保たれているかくし念仏系などの教団も過去の話ではなく、今なお現存しており、親鸞や蓮如（東西両本願寺の中興の祖）などが布教した旧跡地のなかには、あたかも弘法大師伝説に対抗するかのように、彼らの奇瑞譚が伝えられている。たとえば親鸞が新潟県蒲原郡白川小島において供御《くご》に出された塩漬けの梅を大地に蒔いたところ、生えるはずのない芽が生じたばかりか、その花一輪に八つの実を結んだ。それを見て親鸞は「後の世のしるしのために残し置く弥陀頼む身のたよりともがな」と詠んだと伝える。また、宿を乞うた蓮如の頼みをことわった老婆が、その夜の夢で鬼に追われて、助けを求めたところ、蓮如が現れて救ってくれた。そこで蓮如を部屋に招き入れて、煎り豆でもてなしたら、その煎り豆から芽を生じたという。このような呪術性の濃い伝承も忘れてはならないのである。

かくし念仏

かくし念仏《ねんぶつ》は密教的な念仏系の秘密宗教であり、東西両本願寺《ほんがんじ》を代表とする浄土真宗《じょうどしんしゅう》からは異安心《いあんじん》（異端）として位置づけられている。真宗とは弥陀《みだ》の本願を信じる点では共通しているように見えるが、かくし念仏の信者の場合、秘密伝授（秘事）を通じてのみ、同行《どうぎょう》（信者）として認められ、救いの道が開けるという点において決定的に異なっている。かくし念仏の信者（同行）は秘密結社的な信仰組織で、親から子へと代々引き継がれている。信者間では表向き「在家仏教《ざいけぶっきょう》」とし、「御内法《ごないほう》」「御内証《ごないしょう》」ともいう。初期の頃は寺檀《じだん》制度を否定したため、東西両本願寺教団から非難され、幕藩の弾圧を受けて地下にもぐらざるをえなかった歴史がある。

かくし念仏の組織は、後述するように東北を中心に多数あるが、その大まかな主張は、真宗の念仏には内法と表法《ひょうぼう》の二種類があり、表法は東西両本願寺教団など真宗十派（真宗大谷派《おおたには》・浄土真宗本願寺《ほんがんじ》派《は》・真宗興正派《こうしょうは》・真宗仏光寺派《ぶっこうじは》・真宗三門徒派《さんもんとは》・真宗出雲路派《いずもじは》・真宗山元派《やまもとは》・真宗誠照寺派《じょうしょうじは》・真宗高田《たかだ》派《は》・真宗木辺派《きべは》）が奉じている皮相浅薄で、他力廻《たりきえ》向《こう》のない信心にすぎず、それに対して内法は、真実の法義で、必ず救われる信心であるという。かくし念仏の流派は世に行われている真宗教団の権威を一切認めていないのである。

かくし念仏の起源は諸説あり、法脈も多く分かれ

六斎念仏による憑物落とし

六斎念仏《ろくさいねんぶつ》によって狐憑きなどの憑物《つきもの》を落としたりする習俗が、山梨県南都留郡秋山村無生野で毎年旧正月十六日と八月十六日に行われている。二十八宿《しゅく》や二十五菩薩《ぼさつ》などをかたどった御幣《ごへい》で荘厳された切り飾りとよばれる注連《しめ》をめぐらした道場内には、阿弥陀如来《あみだにょらい》、不動明王《ふどうみょうおう》、十六善神などの掛軸が掛けられ、供物が捧げられている。念仏踊りの中心は法眼《ほうげん》と称され、三人一組で踊る。病人を道場に寝かせて布団を掛けて、その病人の回りで刀をもって激しく勇躍する。念仏の種類には大念仏と小念仏があり、大太鼓や鉦をたたきながら行う。最後に念仏を唱えながら、タンポ槍（青竹の先にタンポがついたもの）で病人の布団を払いのけると、病人に憑依《ひょうい》していた悪霊はいたたまれずに退散するという。

ていて複雑である。高橋梵仙《たかはしぼんせん》の『かくし念仏考』によれば、起源説として親鸞《しんらん》起源、是信房《ぜしんぼう》起源、蓮如《れんにょ》起源、鍵《かぎ》屋《や》（京都在家）起源、その他（起源が不明確）に大別される。

細分化すれば、①親鸞が長男の善鸞《ぜんらん》に秘かに伝えたとする説、②親鸞が本願寺二代・如信《にょしん》（善鸞の息子）に伝え、そこから白河上野守に相伝され、その法系は現在、福島県白河市の真宗大網派《おおあみは》の常瑞寺《じょうずいじ》を本山として伝えられているとする白河大網派（同寺には親鸞の二巻の口伝秘書『正流安心秘伝鈔《しょうりゅうあんじんひでんしょう》』『法理《ほうり》八万帖《はちまんちょう》』と、親鸞自刻の寿像に親鸞の骨灰を漆に混ぜて塗り上げて造ったという親鸞座像がある）、③如信から白河上野守を経由して仙台藩水沢邑主留守左近将監宗利益、その家臣山崎杢左衛門《やまざきもくざえもん》（杢左兵衛《もくさへえ》）、さらに百姓小野寺某へと伝承され、それが水沢に伝わったとする水沢派《みずさわは》、④如信が白河大網在住のときに法相宗僧《ほっそうしゅうそう》の淵厳《えんげん》が弟子入りして浄円《じょうえん》と改名し、水沢の在俗に伝えたとする水沢派の一派、⑤親鸞の二十四輩《はい》（門弟《もんてい》）の一人・是信房《ぜしんぼう》が奥州《おうしゅう》へ下り、化導《けどう》して授伝したとする説、⑥本願寺を中興した第八代・蓮如が近江《おうみ》金ケ森《かながもり》（滋賀県守山市）の道西《どうさい》に伝え、道西から近江の八郎に授伝され、八郎から鍵屋、鍵屋から墨屋、墨屋から水沢在住の山崎杢左兵衛に相伝されたとする山崎派、⑦蓮如が京都柳馬場の鍵屋の祖先に伝え、江戸時代明和（一七六四～一七七二）の頃、墨屋仁兵衛より渋谷《しぶや》地《じ》某に伝承されたとする渋谷地派、⑧京都柳馬場の鍵屋から伝わったとする説で、これには上記の山崎派と渋谷地派のほか、上幅派、紫波派、順証派、小舟渡派、八重畑派、桜井派、大橋派、鍵屋派、山崎派、三本柳派、片子沢派、嘉兵衛派、雲随派、庄五郎派があるが、現在では滅びたものもあるといわれる。

高橋梵仙によれば、かくし念仏は、真言宗祖の弘法《こうぼう》大師《だいし》空海《くうかい》、真言宗中興の興教大師覚鑁《こうぎょうだいしかくばん》などの密教的起源の上に、布教上の方便として真宗の教義が偽託され

山崎杢左衛門の墓（門屋光昭『隠し念仏』東京堂出版より）

たため、密教的起源や意義が忘却されることになったとしている。その理由として多くの派が空海・覚鑁・親鸞の木像を本尊とし、日常的には親鸞を「くろぼとけ」として祀《まつ》っているなどを挙げている。かくし念仏には秘事などの密教思想が入っているが、その起源でもっとも多いのが、浄土真宗に端を発し、京都の鍵屋から伝授された法系とする説であり、実態からいっても真宗系の密教的異流と考えられる。

東北に広まったのは、宝暦（一七五一～一七六四）頃から明和（一七六四～一七七二）の頃とされ、その後、江戸末期から明治初期にかけてさまざまに分流した。明治時代までは隠れキリシタン同様、禁教とされていたので、信者の中には摘発されて殉教《じゅんきょう》した者もいた。水沢館主伊達主水《だてもんど》の家臣で小姓組の山崎杢左衛門が京都に上って鍵屋宇兵衛《かぎやうへえ》から法を受けたが、発覚し、宝暦四年（一七五四）水沢の郊外で磔刑《たっけい》に処された。

山崎杢左衛門処刑の申渡書《もうしわたししょ》（仙台藩公式記録『忠山公治家記録』）には、秘事念仏の方法の一端も記されている。

「その方は、俗の身にして仏間《ぶつま》をつくり、文章を語り聞かせ、第一在々所々かけ行き、一念帰《いちねんき》信心決定《しんじんけつじょう》の法に事《こと》寄《よ》せ、諸人を勧《すす》め、他の疑いを避くべきため、真宗《しんしゅう》の出家《しゅっけ》へ帰依《きえ》せしめ、一応の同行《どうぎょう》（信者）といい、追ってその身に帰依することに及び、同行と称し、脇へ漏れ聞こえ候《そうろう》を恐れ、その法、蓮如上人《れんにょしょうにん》より初めて俗へ伝わり候条《じょう》、同流の出家へも聞こせ間由約束せしめ、帰依する者を山中へ引き入れ、或《ある》いは土蔵へ会し、如来《にょらい》（阿弥陀如来）の絵像を前に置き、蠟燭《ろうそく》を立て、息を帰《かえ》さし、助けたまえ、唱《とな》えたまえと教え、その精神をつからしめ、既に無病に成り候節《せつ》、蠟燭をとり、口中を見、成仏疑いなき由称《よししょう》し、大《おお》いに人の信を起こし、邪法をもって数郡の百姓、大勢を誣《し》い惑わし、御政事を害し、非道の重科に仍《より》てその所において磔《はりつけ》に行われ候事」

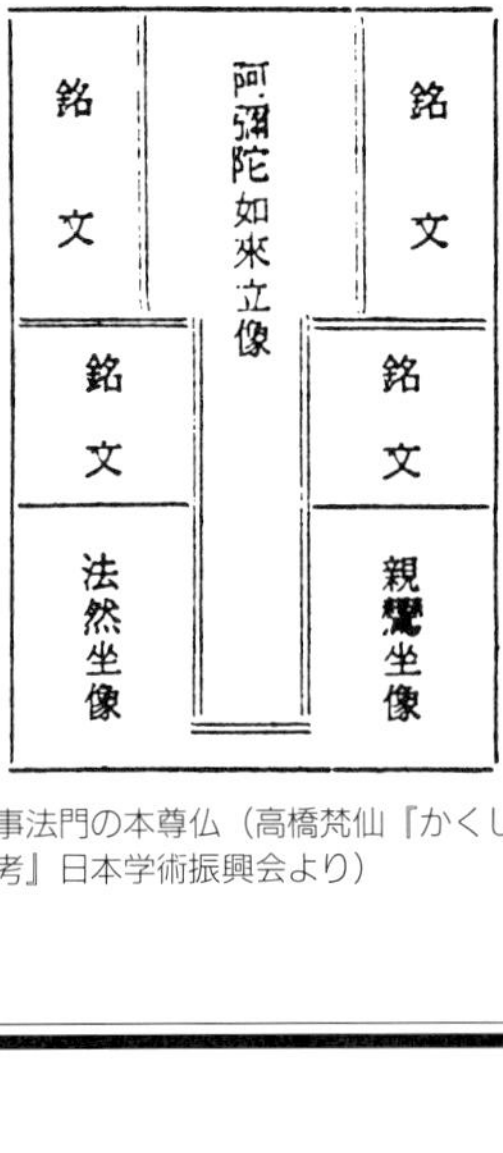

秘事法門の本尊仏（高橋梵仙『かくし念仏考』日本学術振興会より）

山崎杢左衛門が刑に処された瞬間、同行がひそかに守り、祈っていた李左衛門の内仏《うちぼとけ》（本尊）の胸部から血が噴《ふ》きでたという伝説がある。その身代わり本尊は「血流れ本尊」として大橋派に伝わっているといわれる。

かくし念仏の相伝は、必ず秘事《ひじ》（秘密事法）を通じてのみ行われる。たとえば、京都の鍵屋十八代・鍵屋宇兵衛から法義を受伝した木村養庵《きむらようあん》が岩手柴波郡に広めたという柴波派《しばは》は、子供が四、五歳になると、「おとりあげ（御執揚）」といってその派の知識《ちしき》（僧にあたる存在）から一念帰命《いちねんきみょう》の信心の種を授けてもらう。儀式には、法義を受法する子供のほか、導師の知識一人、脇役二人、それに世話人がつく。儀式は、名号《みょうごう》（南無阿弥陀仏《なむあみだぶつ》）を掲げた密室（民家の奥座敷など）に子供を入れ、何度も称名させたのち、「助けたまえ、助けたまえ、助けたまえ……」と数十遍も連唱させ、頃合いを見て、その鼻や口のあたりに、火のついた蠟燭を近づけて、気息《きそく》をはかる。そして息のある限り、腹の底から息を吐き出させ、その息がもう出ないという瞬間に、知識が「助け」と一喝するなどして、子供に特別なショックを授けるのである。これを「往生日《おうじょうび》」として記念させ、儀式は終わる。

この「おとりあげ」は他派においても大同小異である。秘事法門《ひじほうもん》の八重畑派《やえはたは》では、本尊の秘仏（原則的に他見不許で、未信者に見せれば、地獄に堕《お》ちるといわれる）を前にして幼児を合掌正座させ、「助けたまえ」とひたすら連唱させる。次いで両手を組ませ、瞑目《めいもく》させたのち、口を大きく開かせ、一気に息を吐き出させるのである。そのあいだ、脇役（付添い）の一人は幼児の目と背に手をあて、もう一人の脇役は幼児の組んでいる手と背にあてている。

幼児が息を出し切ったところに、導師（僧）が「お助け」の声をかけると同時に、二人の脇役が幼児をそのまま床に伏せさせるのである。これで秘事が終了する。そのあと、幼児は脇役とともに仏前にすわり、導師から秘事の『改悔文《かいけもん》（領解文《りょうげもん》）』を受ける。そのあと、蓮如《れんにょ》の『御文《おふみ》』（御文章《ごぶんしょう》）を拝聴したりする。各派には基本的に厳重な管理のもとに秘密文書の相伝が行われており、八重畑派では鍵屋の祖先が蓮如から相伝していると称する『改悔文』がある。この『改悔文』は、東西本願寺に伝わっている『改悔文』を改竄《かいざん》したものと考えられているが、御用をもたない者（八重畑派以外の者）が手を触れたり、見たりすると、眼がつぶれるか、地獄に堕ちるという。また、御用持《ごようも》ち（八重畑派の信者・相伝者）が他人に被見《ひけん》を許したり、写させたりすると、その御用持ちもまた必ず盲目になるか、地獄に堕ちるという。もし御用持ちが死ぬと、五人の立会人のもとにその『改悔文』を棺桶《かんおけ》に入れるか、焼却する。そうしないで『改悔文』を誰かが目にしたり、触れたりすれば、大変な怪我人がでるものと信じられている。この儀式の内容は、たとえ家族であっても他言が禁じられていて、それを破れば、厳罰を被り、地獄行きを免れないとされている。

現在のかくし念仏の実態

かくし念仏の主流は、岩手県では渋谷地念仏講中《しぶやじねんぶつこうちゅう》（渋谷地派）とされている。同派では起源を蓮如《れんにょ》とし、僧の信仰は表一《おもていち》応《おう》の法で正統ではなく、俗人の宗教である内法《ないほう》こそ、蓮如の教えを正しく受け継ぐものであるとする。講中は法要ごとに当番の家に集まり、法要を行う。教典は親鸞の『正信偈《しょうしんげ》』と蓮如の『御文章《ごぶんしょう》』である。かくし念仏の信者は一般的に表向きの信仰である旦那寺《だんなでら》に属し（曹洞宗《そうとうしゅう》が多いという）、死者が出れば、旦那寺の僧侶に葬式をあげてもらい、僧侶が帰ったあとにかくし念仏の講中だけでふたたび葬儀を行う。つまり信仰形態は二重構造になっている。

渋谷地念仏講中では、赤子の誕生の通過儀礼《つうかぎれい》として「おもとづけ」（赤子元付《もとづけ》ともいう）」を行う。生後一週間の嬰児《えいじ》を対象とし、導師《どうし》が『領解文《りょうげもん》』を一句ずつ読むと、嬰児を抱いている親がそれをくりかえす。そのあと『御文章』の第五帖目第六通を読み、式が完了する。

入信式にあたる「おとりあげ」（御執揚）の儀式（御座）は、かつては外に警番《けいばん》（見張り人）を立て、部外者に知られぬよう土蔵《どぞう》の中で厳重に行われ、そのため、土蔵秘事《ひじ》、鍵《かぎ》かけ法門《ほうもん》ともいわれていたが、現在は警番を立てず、民家の奥座敷を用いて秘かに行うのが通例である。ただし、儀式の内容はもとより、それを行ったという事実ですら絶対秘密が貫かれている。持参の阿弥陀如来《あみだにょらい》画像の掛軸を床柱に掲げ、その前には机の上に松葉を指した花瓶、蠟燭《ろうそく》、線香、鉦《かね》、供物の菓子を並べて祭壇《さいだん》

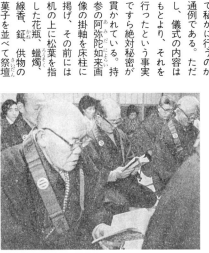

かくし念仏の主流・渋谷地派（写真提供　河北新報社）

導師の示す方法により秘事を行う幼児(同書)

脇役から「拝み方」を教わる幼児(『かくし念仏考』より)

仏間からオトリアゲの式場に入る(写真提供　河北新報社)

秘事の瞬間(同書)

後面の姿(同書)

伏せられた瞬間の姿(同書)

オトリアゲでの申し渡し(写真提供　河北新報社)

とする。参加者は導師、脇役《わきやく》、世話人で、渋谷地派の輪袈裟《わげさ》をつける。

儀式を受ける御行者は、年齢的には早すぎても遅すぎてもだめで、五、六歳頃から十二歳頃までがちょうどよいという。まずは仏間で数珠《じゅず》を手に合掌正座《がっしょうせいざ》し、両脇の脇役が「ハッハー、タァー」「ハッハー、タァー」と、秘事にともなう呼吸法を教える。しばらくそれを練習したあと、導師の合図で全員が「なんまんだぶ…」の念仏を唱える。そのあと、導師と脇役一人か二人が御行者をつれて奥座敷に移る。そこで正座した御行者に「極喜三昧耶印《ごくきさんまやいん》」の印《いん》を組ませ、「たすけーたまえー」と一心不乱に連呼《れんこ》させる。そのあいだ、導師は印の真言《しんごん》を唱えているという。その後、さきほど練習した呼吸法にしたがい「ハッー、たすけーたまえー、タァー」と繰り返させ、もうこれ以上息がつづかないというところまで息を吐き出させる。側では脇役が、ふらふらになった御行者の体を支えているのである。そのぎりぎりの段階を見はからって、阿弥陀如来の身代わりになっている導師が「助けた」といって鉦《かね》を打ち鳴らす。この瞬間、阿弥陀如来が御行者の口の中から体内に入るというのである。脳を酸欠状態にさせた擬死《ぎし》の状態から、一気に空気を吸い込むことによって生の世界に再生させる。まさに生死の疑似体験がこの儀礼に集約されているのである。

導師の「なんまんだぶ…なんまんだぶ…ありがとうございます」という導師の声に続いて、御行者も同じ言葉を返す。この時、脇役は御行者に光明真言《こうみょうしんごん》とその印契《いんげい》を結誦《けつじゅ》させる場合もあるという。このおとりあげの儀式が終わると、導師が法話するが、この儀式で、拝んだことの口真似をしたり、形を真似たりしてはならない、また他人から聞かれても知らないというように教えられるのである。おとりあげの儀式の日は以後、本人の精進日《しょうじんび》となることも告げられる。その後、仏間に移り、導師が蓮如直伝という『領解文』を一句ずつ唱え、それを復唱する。

カヤカベ教――かくれ念仏

薩摩《さつま》藩《はん》の浄土真宗《じょうどしんしゅう》禁制政策によって、同地域の真宗信仰は地下に戻り、かくれ念仏となった。しかし、その後も本願寺の援助を受けていた経緯もあり、かくれ念仏は、異端の烙印《らくいん》を押されていたかくし念仏とは別である。禁制後はかくれ念仏をつづける方便《ほうべん》として霧島神宮《きりしまじんぐう》を崇敬する修験道《しゅげんどう》組織を偽装しながら、カヤカベ教が誕生することになった。真宗の教義は地下に潜《もぐ》り、存続した。表向きは修験道系の霧島講《きりしまこう》であるが、裏では内信《ないしん》の秘密法座《ほうざ》が行われ、念仏が唱えられていた。

「カヤカベ」の通称は、本尊を茅《かや》の壁に隠していたためとも、山中で茅壁《かやかべ》を立てて法座を開いたためともいわれるが、実情は不明である。カヤカベ教は鹿児島で真宗が解禁された明治以後も真宗の信仰形態にすべて完全に復帰することなく、民間習俗化し、現在も講員によって「牧園《まきぞの》・横川《よこかわ》連盟霧島講」として霧島山麓の鹿児島県姶良郡牧園町と同横川町を舞台に伝承されている。組織は善知識《ぜんちしき》を頂点に、中親《なかおや》（流れ親）、郡親《こいおや》、取次《とりつぎ》、知識、御同行衆からなる。善知識は終身制である。

歴史的には九州・霧島地方には天台僧《てんだいそう》・性空《しょうくう》が開いたといわれる念仏信仰の底流があった。その後、真宗の阿弥陀信仰という一神教的な教義が農民の一揆《いっき》運動に結びつくことを懸念《けねん》して、薩摩藩は慶長二年（一五九七）に真宗を禁教にし、その禁制は明治九年（一八七六）の解禁時まで約二八〇年間つづいたのである。かくれ門徒《もんと》は年に二度、村役人の前で門徒やキリシタンでないことを誓約していた。壁や柱に隠すことができるよう小型に作られていた本尊は御座仏と称され、講中の僧侶代役の御番役が守護し、法座は深夜、厳重な見張りを立ててガマ（洞穴）や山中などで行われた。

カヤカベ教によれば、薩摩伊集院《いじゅういん》出身の宗教房《しゅうきょうぼう》（宮原真宅《みやはらしんたく》）を開祖としている。宗教房は京都本願寺で修行したのち、一向宗《いっこうしゅう》（真宗）の頭領として郷里で秘《ひそ》かに活動していたが、明暦元年（一六五五）、磔刑《たっけい》に処された。カヤカベ教の年中行事は正月元日（お願日）、

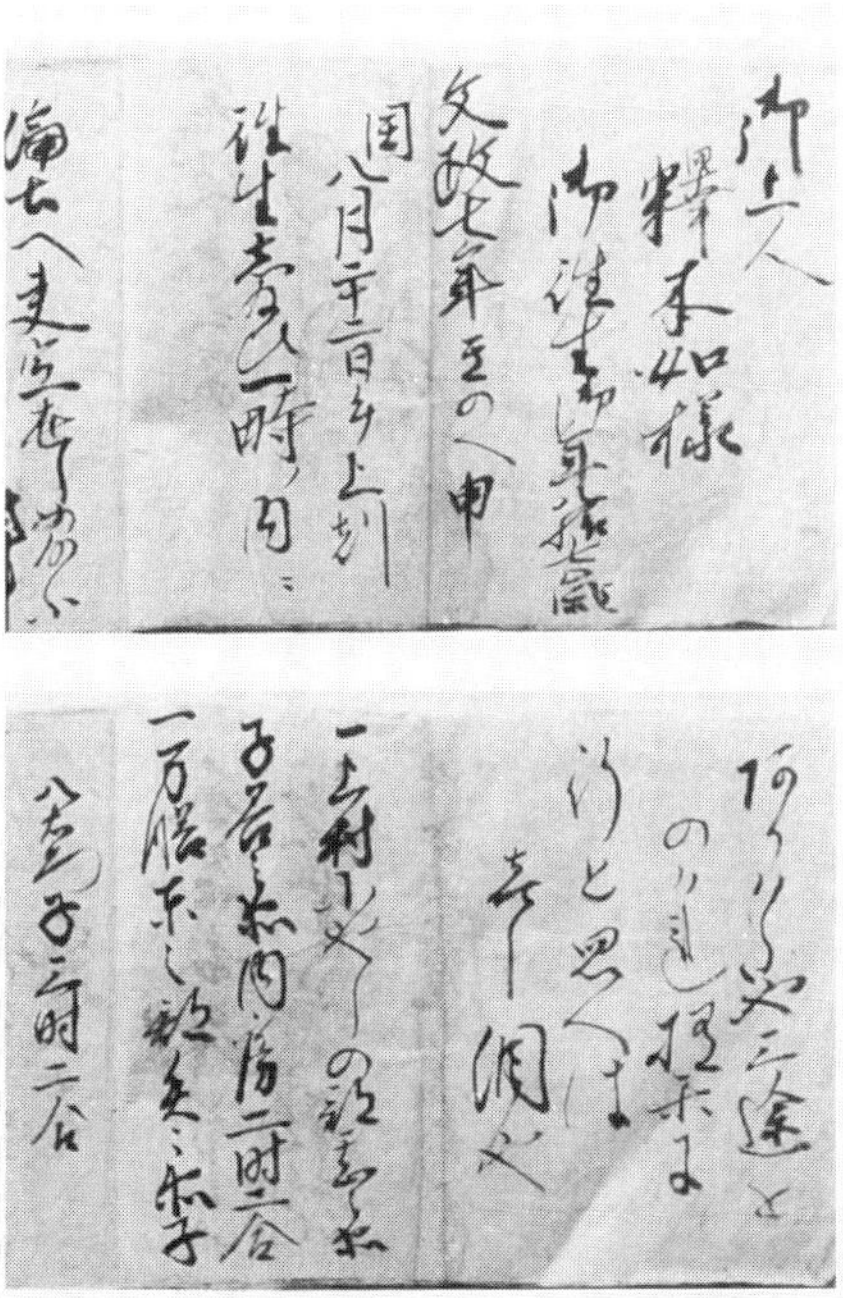

御状（星野元貞『薩摩の隠れ門徒』著作社より）

春秋の彼岸、霧島神宮参拝（九月十四日）があり、月行事に蓮如忌（十一日）、カヤカベ教中興者・吉永市蔵《よしながいちぞう》（一七九七〜一八七三）の親幸忌（十三日）、親鸞忌（十六日）がある。なかでも特別重要とされているのが、衆生済度の願を立てて、血の池に沈んで修行していた阿弥陀仏が願《がん》を成就し、地上に上がったという元旦である。これらの行事はいずれも午後十一時以降から信者だけで厳重に行われる。

儀式は、名号《みょうごう》や仏画などの礼拝《らいはい》対象はなく、小机の上に、花瓶、御仏所米（仏飯《ぶっぱん》）、香炉、油灯皿を載せる。供えられる仏飯は下肥《しもごえ》を用いない特別清浄なものに限られる。妊娠、誕生、成人、結婚、葬送に際してそれぞれ独特の儀礼がある。葬儀では死者の衣類が郡親《こいおや》へ運ばれ、葬儀が準備される。納棺はカヤカベ教信者だけで行い、異教徒は家族であっても立ち会うことはできない。葬儀は神式で、太夫《たゆう》（神職）が執り行うが、死者が浄土へ行くために、また阿弥陀如来がその死者を迎えにくるために、米の供養を不可欠とするところに特徴がある。信者の心得のタブーとしては、行事に供える花は、赤い花を忌《い》むことである。阿弥陀如来が願を成就して地上に上がったときに、血のつばきを吐き、それが椿と

阿弥陀仏の霊験

難産救護、難病治癒、怨霊払除などを念仏のみで霊験《れいげん》を示した僧が、浄土宗の称念《しょうねん》（一五一三〜一五五四）であった。ただ念仏を教えるだけで、その他を多く語らなかったが、彼が念仏を唱えると、みなすべて奇験があったという伝説が残されている。念仏は万能の真言なのである。

念仏の一行

唐代前期の僧で、浄土教を大成した善導大師《ぜんどうだいし》の『観念法門《かんねんほうもん》』に「もし男子女人あって、七日七夜および一生を尽くして、もっぱら阿弥陀仏《あみだぶつ》を念じて往生《おうじょう》を願えば、その人、つねに六方恒《ろっぽうごう》河沙《がしゃ》等の仏、ともに来たりて護念したまうことを得る」とある。真剣に念仏精進していれば、諸々の悪鬼神はその者を相手にせず、また重病、横死、厄難はなく、一切の災障《さいしょう》は自然に消散するとも教示している。つまり、「南無阿弥陀仏」と唱える一行だけで、現当二世《げんとうにせい》の利益《りやく》があたえられている。現在を通じて永遠に涅槃《ねはん》と菩提《ぼだい》を得ることができるとされているのである。この善導大師の教えを信奉していたのが法然《ほうねん》の高弟で浄土宗の成立に多大な貢献をすることになった弁長聖光《べんちょうしょうこう》（鎮西《ちんぜい》上人）であった。

ツツジになったためであるとされる。また食べ物では鶏《にわとり》（神の使いであり、羽根が合掌の姿をしている）、牛・馬（農耕に必要な家畜）、スッポン（霧島神宮の神の使い）を食べない。とくに鶏を食べれば、その罪を消すことは不可能で、必ず地獄へ堕ちるという。

　カヤカベ教の信仰は真宗とはまったく異質である。因果応報《いんがおうほう》が強調され、善行《ぜんぎょう》により浄土往生できるとする。また現世の者の供養により死後、三途に沈んでいる者を救済できるという。同教には、「御状」「法語」「四十八人菩薩」「八十四」「ミチオキ」の五部構成の『御書物《おしょもつ》』が唯一の教典として伝授されている。「御状」は浄土にいる往生者から娑婆世界の家族へ宛てた手紙と称するものをまとめたものである。「御状」の成立には冥界と現世をとりもつ霊《れい》媒《ばい》が関わっている。霊媒は「杓取《しゃくとり》」とよばれる女性が行っている（現在では「杓取」は善知識の妻「内房」が司っている）。死者が浄土往生に要した時間なども「杓取」は受信できるとされる。カヤカベ教の教理にしたがい、信心堅固な者は短時間で往生する傾向があり、教団の掟に背いた者は往生できずに死後の魂は事実上、地獄に行くという。

蛇を追い払う文

「これ群蛇《ぐんだ》どもよく承《うけたまわ》れ、汝《なんじ》らは今日、この沢（場所）が埋められたるため、汝らの住所を失ったというのであろう。これ汝らの妄念なるぞ。三界《さんがい》はこれ一として、汝らの住所ならざるところはない。しかもなんじら住所の跡には仏陀説法の講筵《こうえん》講堂が立てられるのじや。もし汝ら仏果菩提《ぶつかぼだい》を求めんと欲せば、講堂の基石の下に死して護法の鬼神《きじん》となれ。もししからざれば速やかに去って他の沼沢《しょうたく》に住まえ、たとえ年功を経て妖通《ようづう》を得るとも六道の輪廻《りんね》は離れることは得ざるものと知れ」

　浄土宗の僧・虎角《こかく》が龍沢山大巌精舎《りゅうたくさんだいがんしょうじゃ》造営の任にあたり、大沢を埋めつつあったときに、無数の蛇が群がりでてきたため、作業員が恐れて工事がはかどらない。そこで虎角は先の教導文を告げたところ、ふたたび群蛇を見ることはなくなった。虎角は諱《いみな》は雲潮《うんちょう》、甲州（山梨）の人で、十三歳で剃髪《ていはつ》し、のちに大巌寺二世となる。文禄二年（一五九三）、二月四日寂す。

閻魔王への来迎申請状

　浄土宗総本山知恩院《ちおんいん》の門主《もんしゅ》、福田行誡《ふくだぎょうかい》（一八〇九〜一八八八）はみずからの死に際して、閻魔王《えんまおう》に仲介を執ってもらうために手紙を冥界へ送っている。福田行誡といえば、明治時代を代表する僧であるが、八十三歳となり、余命いくばくもないと

亡霊供養に霊験のある念仏会

浄土宗系で勤められる死者・亡霊供養、それが念《ねん》仏会《ぶつえ》である。明応二年（一四九三）、西三河の上野、寺部、挙母《ころも》などの諸城主が謀議して岩津の城を攻撃した。岡崎城主松平 親忠《まつだいらちかただ》が手兵を率いて出陣、三千にあまる大軍を打ち破り、主戦場となった井田の里には死屍《しし》累々《るいるい》として野に満ちるありさまであった。

その後、井田の里に鬼神《きじん》が悲しげに叫ぶ声や、人馬が競い、刀が相接《あいせつ》する音が、いずこともなく聞こえるという噂がたち、里人は近寄らないようになった。それを知った松平親忠は、戦死者の幽魂《ゆうこん》が変化《へんげ》した所作《しょさ》であろうと考え、浄土宗僧・愚底《ぐてい》に廻向《えこう》を依頼した。愚底は十七日間、野辺に念仏会を修して慰霊《いれい》。高声《こうじょう》に念仏し、廻向文《えこうもん》を唱え、「往生安楽国《おうじょうあんらくこく》」の句にいたると、たちまち剣戟《けんげき》の声がやみ、あたりを覆っていた陰惨《いんさん》の気がはれたという。松平親忠の帰依《きえ》を受けた愚底の念仏会は、徳川家と浄土宗を結びつける端緒となったのである。

〔廻向文〕

知ったとき、床の間の軸物を閻魔王像に変えさせて、筆を染めた。明治二十一年四月のことである。

「閻浮提大日本国《えんぶだいだいにほんこく》　行誡八十三

右老病臨終《りんじゅう》の趣に付き、点検《てんけん》申し候処《そうろうところ》、御本願《ごほんがん》相応の人と断定《だんてい》候に付き、御都合次第、御来迎《ごらいこう》の御用意、しかるべく候、この段宜《よろ》しく執奏《しっそう》これあるべく候なり。

閻魔王府

西方世界二十五菩薩王庁《さいほうせかいにじゅうごぼさつおうちょう》」

こう認《したた》めて、閻魔王像の前にそれを置くと、同月二十五日正午、頭を北に顔を阿弥陀浄土がある西に向けて右脇に臥《ふ》し、掩《えん》然《ぜん》眠るがごとく正念往生《しょうねんおうじょう》を遂《と》げたという。

福田行誡（増谷文雄『明治高僧伝』日本評論社より）

願以此功徳《がんにしくどく》
平等施一切《びょうどうせいっさい》
同発菩提心《どうほつぼだいしん》
往生安楽国《おうじょうあんらくこく》

十念

十念《じゆうねん》とは、念仏を十回唱えることで、浄土宗などの普段の勤行《ごんぎょう》で行われている。同時に、除災招福《じょさいしょうふく》から亡者廻向《もうじゃえこう》、天下泰平《てんかたいへい》などさまざまな祈願《きがん》のためにも用いられている。より長期間にわたって行うには百万遍念仏《ひゃくまんべんねんぶつ》もあるが、その利益《りやく》は十念と基本的に同じといわれる（百万遍《ひゃくまんべん》のほうがいっそう効果があるとする説もある）。

百万遍

千八十珠の大数珠《だいじゅず》（念珠《ねんじゅ》）を念仏を唱えながら繰《く》り回す百万遍念仏《ひゃくまんべんねんぶつ》がある。一珠を繰るたびに「南無《なむ》阿弥陀仏《あみだぶつ》」の念仏一回分として数え、大勢で繰ることにより、百万遍念仏を唱《とな》えたことと同じであるとする。百万遍念仏に関しては、『阿弥陀経《あみだきょう》』に「もし人が阿弥陀仏を念じて百万遍に達すれば、極楽世界に生まれ変わることが決定される」とあることに

秘事法門系の現世利益

真宗《しんしゅう》で異端とされている秘事法門《ひじほうもん》系の現世利益《げんぜりやく》には次のようなものがある。①死の前に予知がある。②染香《せんこう》の身になる（体がよい香りになる）③病人に床擦《とこず》れがない。④安産をする。⑤鬼門《きもん》・金神《こんじん》の祟りはない。⑥暗夜でも足許が明るくなる。⑦浄土《じょうど》の相が観ぜられ、音楽を聞く。⑥死屍《しし》は腐敗しない。⑦火災の予知がある（火事になると、足にぬくみを感ずる）⑧祟りはない。⑨水あたりしない。⑩千里《せんり》の人に念仏をかけられる——などがある（大原性實『秘事法門の研究』より）。

後醍醐天皇により「百万遍」の寺号を下賜された知恩寺

基づく。それを中国の浄土教の高僧・道綽《どうしゃく》が「七日間、専心に念仏すれば百万遍を得る」とし、それを受けて、聖覚法印《しょうかくほういん》が法然《ほうねん》の三年目の法事に百万遍念仏を勧めたとされている。浄土宗《じょうどしゅう》大本山知恩寺《ちおんじ》（京都市左京区田中門前町）の御忌《ぎょき》法会《ほうえ》で行う百万遍念仏が有名で、そこでは十人の僧が百回、回して百万

親鸞の「現世利益和讃」

浄土真宗《じょうどしんしゅう》の宗祖親鸞《しんらん》（一一七三～一二六二）は念仏の功徳として十五首の「現世利益和讃《げんぜりやくわさん》」（『浄土和讃』）を残している。信心していれば、次のような利益がそなわると述べている。

「阿弥陀如来《あみだにょらい》化《け》して　息災延命《そくさいえんめい》のためにとて
金光明《こんこうみょう》の寿量品《じゅりょうほん》　ときおきたまへるみのりなり」
「山家《さんげ》の伝教大師《でんぎょうだいし》は　国土人民《にんみん》をあはれみて
七難消滅の誦文《じゅもん》には　南無阿弥陀仏をとなふべし」
「一切の功徳にすぐれたる　南無阿弥陀仏をとなふれば
三世の重障《じゅうしょう》みなながら　かならず転じて軽微《きょうみ》なり」
「南無阿弥陀仏をとなふれば　この世の利益《りやく》きはもなし
流転輪廻《るてんりんね》のつみきへて　定業中夭《じょうぎょうちゅうよう》のぞこりぬ」
「南無阿弥陀仏をとなふれば　梵王帝釈《ぼんのうたいしゃく》帰敬《ききょう》す
諸天善神《ぜんじん》ことごとく　よるひるつねにまもるなり」
「南無阿弥陀仏をとなふれば　四天大王《してんだいおう》もろともに
よるひるつねにまもりつつ　よろづの悪鬼《あっき》をちかづけず」
「南無阿弥陀仏をとなふれば　堅牢地祇《けんろうぢぎ》は尊敬《そんきょう》す
かげとかたちとのごとくにて　よるひるつねにまもるなり」
「南無阿弥陀仏をとなふれば　難陀跋難大龍等《なんだばつなだいりゅうとう》
無量《むりょう》の龍神尊敬《りゅうじんそんきょう》し　よるひるつねにまもるなり」
「南無阿弥陀仏をとなふれば　炎魔《えんま》法王《ほうおう》尊敬す
五道《ごどう》の冥官《みょうかん》みなともに　よるひるつねにまもるなり」
「南無阿弥陀仏をとなふれば　他化天《たけてん》の大魔王

遍とする。後醍醐《ごだいご》天皇のときに、知恩寺《ちおんじ》の善阿空円《ぜんあくうえん》が百八の念珠十連を合わせて大念珠をつくり、疫病退散のために七日間、紫宸殿《ししんでん》で念仏会を行い、念仏が百万遍に達すると、流行がやんだ。それで知恩寺は「百万遍」の号を賜った。知恩寺には昭和五年の善導大師《ぜんどうだいし》千二百五十年遠忌《おんき》記念としてつくられた世界一という大念珠もある。一般的に行われるようになったのは、江戸時代からで、疫病退散、虫送り、雨乞い、彼岸供養、葬儀などにも行われる。

浄土宗総本山知恩院

釈迦牟尼仏《しゃかむにぶつ》のみまへにて　まもらんとこそちかひしか」
「天神地祇《てんじんちぎ》はことごとく　善鬼神《ぜんきじん》となづけたり
これらの善神みなともに　念仏のひとをまもるなり」
「願力《がんりき》不思議の信心は　大菩提心《だいぼだいしん》なりければ
天地にみてる悪鬼神《あっきじん》　みなことごとくおそるなり」
「南無阿弥陀仏をとなふれば　観音勢至《かんのんせいし》はもろともに
恒沙塵数《ごうじゃじんじゅ》の菩薩と　かげのごとくに身にそへり」
「無碍光仏《むげこうぶつ》のひかりには　無数の阿弥陀ましまして
化仏おのおのことごとく　真実信心をまもるなり」
「南無阿弥陀仏をとなふれば　十方無量の諸仏は
百重千重圍繞《いにょう》して　よろこびまもりたまふなり」

親鸞によれば、堅牢《けんろう》な信心を得たものは、現生において十種の益《やく》があると『教行信証《きょうぎょうしんしょう》』で述べている。

①冥衆護持益《みょうしゅごじのやく》（目に見えぬ方々から護られる）
②至徳具足益《しとくぐそくのやく》（この上もなく尊い功徳が身にそなわる）
③転悪成善益《てんあくじょうぜんのやく》（罪悪を転じて念仏の善と一味になる）
④諸仏護念益《しょぶつごねんのやく》（諸仏に護られる）
⑤諸仏称讃益《しょぶつしょうさんのやく》（諸仏にほめたたえられる）
⑥心光常護益《しんこうじょうごのやく》（阿弥陀如来の光明につつまれて、つねに護られる）
⑦心多歓喜益《しんたかんぎのやく》（心が真のよろこびに満たされる）
⑧知恩報徳益《ちおんほうとくのやく》（如来のご恩を知らされ、報謝の生活をする）
⑨常行大悲益《じょうぎょうだいひのやく》（如来の大悲を人に行うことができる）
⑩入正定聚益《にゅうしょうじょうじゅのやく》（やがて仏になると定まった正定聚の位に入る）

ぽっくり信仰

阿弥陀《あみだ》信仰は現世《げんぜ》よりも死後の安心《あんじん》を重視するが、近年、高齢化社会が進むにつれて、多くの老人の信仰を集めているのが、ぽっくり往生《おうじょう》の寺である。

老いて病気になってもすぐに治してほしい。もし不治の病になれば、長びくことなく、家人などに下の世話にならぬよう、苦しまずに楽にすみやかに往生させてほしいと、阿弥陀に祈る信仰である。

有名なのは、奈良県生駒郡斑鳩町の法隆寺《ほうりゅうじ》近郊の浄土宗清水山吉田寺《きちでんじ》で、参詣者はほとんど貸切りバスの団参《だんさん》である。寺の本堂で勤行《ごんぎょう》、本尊前に各自の肌着（腰巻きなどの下着類）などを備え、住職の祈禱《きとう》を受ける。これは下《しも》の世話にならず、病気にかからず、延年長寿を保つための祈禱である。そのあと、住職の説教がある。また境内には鉱泉があり、そこに浴し、またお斎《とき》（食事）をいただいて過ごしたのちに、祈禱がすんだ肌着とともに御札《おふだ》をいただいて、それを身につけれていれば、寿命が来たら、ぽっくり往生できるというものである。この祈禱は「この寺にのみ伝わる秘法」で、できれば祈禱を三回以上受けるのが望ましいという。

吉田寺多宝塔

祈禱のための方法は、参詣者が持参した下着の上に守札《まもりふだ》（御札）を置き、包み紙で包んでから、それを金銀の水引《みずひき》で結ぶ。水引は一本に往生できるようにとの願いをこめて、必ず一本だけで結ぶ。包み紙には中央の下部に蓮台《れんだい》が印刷されているので、その蓮台の上に乗るような形で、祈願者（病人）の住所・氏名・年齢を書く。そのあと、住職の祈禱が終わると、祈願者はその下着をいただき、守札をぬきとり、包み紙はそのままにして、布団の下に敷いておくと、阿弥陀如来《あみだにょらい》がお迎えにきてくださるという。

吉田寺の境内には、『往生要集《おうじょうようしゅう》』などの著作で浄土信仰を唱導《しょうどう》した天台僧・恵心僧都《えしんそうず》源信《げんしん》（九四二〜一〇一七）が掘ったと伝えられる井戸があり、その水を「香水《こうずい》」として授与している。この水を飲めば、産気づいた人は安産するとされる。寺で祈禱した御札の「名号《みょうごう》」は六字《ろくじ》（南無阿弥陀仏）の文字が印刷された紙片であるが、これを水とともに服用すると、楽に往生できるといわれる。

吉田寺の御礼

阿日寺

吉田寺と並んで「ぽっくり信仰」で知られるのが、恵心僧都の誕生地ともいわれる奈良県香芝市良福寺にある浄土宗阿日寺《あにちじ》である。阿日寺の寺号は、恵心僧都が母のために刻んだ阿弥陀如来像の「阿」と、父のために彫った大日如来像の「日」の二尊に由来する。寛和元年（九八五）母の死期を悟った恵心僧都が、母に浄衣《じょうえ》を着せ、除魔《じょま》の法を修して念仏すると、母は安楽《あんらく》往生《おうじょう》したという。毎年七月十日の恵心僧都の命日が大祭日で、その縁日を中心に無病長寿・下の世話をかけない安楽往生ための浄衣祈禱を行っている。

お迎えが来たら、苦しまず、長患《ながわずら》いせず、誰にも迷惑をかけずに極楽往生できるというぽっくり信仰は、昨今の延命治療や安楽死の是非の論議に一石を投ずるような信仰形態ではある。

ぽっくり信仰は阿弥陀如来を本尊とする寺院が多いが、観音《かんのん》系や薬師《やくし》系の「コロリ観音」「コロリ地蔵《じぞう》」なども ある。老齢になったら、患うことなく、コロリと死ねるように祈願するところはまったく同じであるが、一日とか三日とか一週間とか死ぬ前の病気の期間までも願うこともあるという。秋田県湯沢市浦町の長谷寺境内の小堂に「コロリ地蔵」があり、山形市長谷堂にやはり「コロリ観音」（如意輪《にょいりん》観音《かんのん》）がある。また、米沢市関根の普門院《ふもんいん》では「コロリ薬師」が信仰を集めている。「コロリ薬師」は錦戸薬師《にしきどやくし》といい、例祭は毎月八日、大祭は四月八日で、御詠歌は「往生に、のぞみをかくる、極楽は、月の輝く錦戸の寺」。

このほかのポックリ往生信仰の寺には「会津のコロリ三観音」として知られる福島県大沼郡新鶴村の中田観音（弘安寺）、同県河沼郡会津坂下町の立木観音（恵隆寺）、同県耶麻郡西会津町の鳥追観音

那須与一ゆかりの「床擦れ」にならない祈願寺

京都市東山区泉涌寺山内町の即成院《そくじょういん》は阿弥陀二十五菩薩を本尊としているが、その裏手には那須与一の墓がある。『源平盛衰記《げんぺいせいすいき》』でも名高い那須与一は病気平癒をこの寺に祈願して癒《いや》されたという。その後、伝説では下《しも》の病気にかかって寝込むようになったときに「我は業病《ごうびょう》であるから、治らない。死後、守護神になって病気を治す」と誓ったという。同寺では中年以上の婦人の参詣者が多く、また、病気になって寝込んでも床擦《とこず》れしない護符を授与している。

廻向させる偈文

一切精霊生極楽《いっさいしょうりょうしょうごくらく》　上品蓮台成正覚《じょうぼんれんだいじょうしょうかく》
菩提行願不退転《ぼだいぎょうがんふたいてん》　引導三有及法界《いんどうさんゆうきゅうほっかい》

地蔵菩薩《じぞうぼさつ》の応化身《おうげしん》とされた鎌倉光明寺《こうみょうじ》（浄土宗大本山）第八世の祐崇《ゆうすう》が、つねに口誦して廻施《えせ》していた偈文《げもん》である。祐崇は明応四年（一四九五）、後土御門《ごつちみかど》天皇の勅令で浄土宗で初めて十夜法要《じゅうやほうよう》を行った僧としても知られている。この年に光明寺は勅願所となった。十夜法要は十日十夜にわたって念仏を唱えるという別時念仏法要で、浄土での十日十夜が他の仏国土《ぶっこくど》での千

（如法寺）などがある。

賦算「南無阿弥陀仏〔決定往生六十万人〕」

時宗《じしゅう》の宗祖で遊行聖《ゆぎょうひじり》の一遍智真《いっぺんちしん》（一二三九〜一二八九）は、「南無阿弥陀仏《なむあみだぶつ》〔決定往生《けつじょうおうじょう》六十万人〕」と記された極楽往生《ごくらくおうじょう》を保証した念仏札《ねんぶつふだ》を配って歩いた。熊野《くまの》本宮《ほんぐう》の証照殿《しょうじょうでん》に参籠中、熊野《くまの》権現《ごんげん》（本地《ほんじ》垂《すい》迹《じゃく》説からいえば、熊野権現は阿弥陀仏《あみだぶつ》を本地とする）から賦算《ふさん》の方法を教えられたのがきっかけであった。賦算とは、念仏を彫った形木《かたぎ》をもとにして札《ふだ》をつくり、それを配ることである。この札を受け取れば、信仰がある、ないにかかわらず、また社会から見捨てられた最低辺の人々、賤民《せんみん》であろうが、貴族であろうが、男であろうが、女であろうが、身分に関係なく、必ず阿弥陀仏の救済措置が施されるという画期的なものであった。まさに極楽行きの通行券である。念仏札の賦算は弟子に受け継がれ、現在でも、念仏札は時宗総本山清浄光寺《しょうじょうこうじ》（神奈川県藤沢市西富・遊行寺《ゆぎょうじ》）で毎年正月十一日に、一遍の衣《い》

関東有数の大寺の一つ鎌倉光明寺（『浄土の本』学研より）

年の善行《ぜんぎょう》に勝るという『無量寿経《むりょうじゅきょう》』に典拠がある。十夜法要は現在では十月（十一月）に三日三晩、あるいは夜だけにするなど縮めて行われるのが通例。光明寺には関東一円から信徒が参籠し、夜を徹して御詠歌や念仏を唱える。

念仏札（大橋俊雄『一遍と時宗教団』教育社歴史新書より）

鉢《はつ》を継いだ遊行上人《ゆぎょうしょうにん》によって配られている。
　一遍は熊野への道中、ある僧に出会った。そこで一遍は「　念の信を起こして、南無阿弥陀仏と称《とな》えて、この札《ふだ》をうけたまうべし」と札をあたえようとした。しかし、その僧は「今、阿弥陀仏を信ずる心にないし、念仏する気もない。無理に称えたところで、心にもないことをいった罪に問われかねない」といって受けとろうとはしなかった。だが、一遍はくいさがり、「今、信心がなくとも、念仏を称えなくともよいから」といって無理やり、押しつけるようにしてあたえた。そのあと、一遍はそれでよかったのかと、反省し、熊野権現の啓示を仰いで額《ぬか》づいていたのである。
　すると白装束に身をかため、長頭巾をかぶった熊野権現が現れて告げた。「融通念仏《ゆうずうねんぶつ》を勧《すす》める聖《ひじり》（一遍）よ。どうして念仏を間違えて勧めているのか。

万病の薬だった一遍上人の尿

　一遍《いっぺん》が行くところ、花が降り（散華《さんげ》）、紫雲《しうん》がたなびくという奇瑞《きずい》があった。そのため、遊行《ゆぎょう》する先々で生き仏として扱われていたが、その尿《にょう》もまた「万病の薬」として霊験あらたかであるとされていた。「花のことは花に問え、紫雲のことは紫雲に聞け」と、本人はみずから奇跡を起こす存在であるとの見方を否定していた。けれども、彼を生き仏と熱狂的に信ずる民衆は決してそうは見なかったのである。一遍の尿にも功徳があると信じ、競ってその尿を求めたのである。

　『天狗草紙《てんぐぞうし》』には阿弥衣《あみごろも》の前をはだけて立っている一遍の股ぐらに、尼が竹筒を差し入れているシーンが描かれている。この竹筒は尿筒《にょうづつ》で、携帯用のしびんであるという（横井清《よこいきよし》『的《まと》と胞《え》衣《な》』）。一遍は当たり前のように自然体で、その竹筒の中に尿をしているのである。その周囲にも尿を乞う人たちが集まっている。『天狗草紙』の図中の書き入れには、盲目の尼《あま》が「一遍の尿で目を洗えば治る」と信じていたり、別の尼が「腹の病いになっているので、薬として一遍の尿を飲む」と記録されている。『天狗草紙』は一遍を揶揄《やゆ》した絵草紙であるが、生き神扱いされていた一遍の生身《しょうじん》の〈真実〉が鮮やかに浮き彫りにされていて興味が尽きない。

　病気治しといえば、中風で働けない男が、「どうか助けてください」と一遍に願ったことがある。「知らない」と、つっぱねた一遍だったが、再度、頼み込んできたので、「それほどな御房《ごぼう》のすすめによって一切衆生《いっさいしゅじょう》が初めて往生できると思うのは勘違《かんちが》いもはなはだしい。阿弥陀仏が法蔵《ほうぞう》菩薩《ぼさつ》であった十劫《こう》の遠い昔に、誓ったことにより、衆生は弥陀の浄土に往生できることが決定されているのである。だから信・不信をえらばず、浄・不浄をきらわず、札を配りなさい」

この熊野権現の神勅によって一遍は「南無阿弥陀仏〈決定往生六十万人〉」の賦算を開始することを決意したのである。念仏の下に記されている〈決定往生六十万人〉とは、六十万人に往生を約束するというものである。六十万人という数の根拠は一遍が熊野本宮の証照殿でつくった偈《げ》にある。

六字名号一遍法《ろくじみょうごういっぺんぽう》　十界依正一遍体《じっかいえしょういっぺんたい》
万行離念一遍証《まんぎょうりねんいっぺんしょう》　人中上々妙好人《にんちゅうじょうじょうみょうこうにん》

この偈の最初の文字を合わせれば、「六十万人」となる。六十万人について一遍の弟子真教《しんきょう》は、一切衆生に札を渡して往生させるのは現実的に不可能であるから、当初の目標として六十万人として定め、その目標に達したら、次の六十万人を目標にすると説明している。偈にある六字名号＝「南無阿弥陀仏」は仏の絶対の教えで、すべてのもの、善悪・正邪・浄不浄・美醜の一切がこの六字名号の功徳で、

らば」と、その男のところへ行ってみると、中風が治ったという。

念仏・和讃《わさん》を唱え、全身を力強く躍動させて躍《おど》りまくるだけで浄土往生できるという踊躍念仏《ゆうやくねんぶつ》（踊《おど》り念仏）も一遍が弘安二年（一二七九）から導入したものであるが、それは同時に悪霊《あくりょう》払《ばら》いや祖先の供養、鎮魂《ちんこん》などの呪術的な作用もあると一般民衆には考えられていた。踊躍念仏は、聖俗一体の狂熱的な霊的験力の饗宴であって、そのまっただなかに一遍がいたのである。

一遍の尿を乞う人びと（『天狗草紙』伝三井寺巻、個人蔵）

仏の本体と同一になるという。おのれのはからいを捨て、名号を唱えれば、仏の悟りが得られ、人間のなかの上々の白蓮《びゃくれん》の華になるというのである。

弘安七年（一二八四）閏《うるう》四月十六日、近江から入《にゅう》洛《らく》し、釈迦堂《しゃかどう》で説法した際、一遍から念仏札をもらおうとして群衆がひしめきあった。「貴賤上下群をなして、人はかえりみることあたわず、車はめぐらすことえざりき」と当時の記録は伝えている。群衆のあまりの殺到振りに、一遍は弟子に肩車してもらって、やっと賦算できたという。

「南無阿弥陀仏（決定往生六十万人）」の賦算は、熊野本宮の護符を聖が人々に売り歩いていたことに触発されてつくったものともいわれる。護符を持参すれば開運・魔除け・治病などに効果があると信じられていたが、念仏札も同様の霊妙な利益があるものとして人々のあいだには理解されていた。一遍から念仏札をもらった家が焼けたことがある。紙でできている念仏札も当然、消失したが、そこに書かれていた南無阿弥陀仏の名号だけが灰の中に残っていたという伝説もある。念仏札に霊験があるのではなく、六字の名号こそ、永遠の真理なのである。それが一遍の教えであった。

一遍時代の念仏踊りは長野県佐久の跡部村の西方寺《さいほうじ》に伝わっている。また時宗総本山清浄光寺（遊行寺）の開山忌《かいざんき》でも行われる。

一遍を開祖とする時宗総本山清浄光寺（写真提供　学研イメージネットワーク）

呪術者・善鸞

真宗の開祖・親鸞《しんらん》は晩年、自分だけが特別に親鸞から別の教えを受けたと称して、呪術を行っていた長男の善鸞《ぜんらん》を異解《いげ》の念仏を伝えているとして義絶した。その後、親鸞の曾孫《そうそん》・覚如《かくにょ》が東国で、善鸞に出会った。風邪をひいていた覚如の体調を心配して善鸞は親鸞が書いた名号《みょうごう》を取り出し、これを呑むと治るといって渡した。呪術を否定していた覚如は呑むふりをしてそっとしまいこんだという。善鸞が説いた念仏は秘事法門ともよばれるが、その血脈は大網願入寺《おおあみがんにゅうじ》に伝承されている。

亡者廻向などとしての念仏——時宗系の念仏奇瑞

念仏は往生を保証するものであるが、『六条縁起《ろくじょうえんぎ》』によれば、弘安七年（一二八四）、一遍が誓願寺《せいがんじ》（浄土宗西山深草派《せいざんふかくさは》総本山）で和泉《いずみ》式部《しきぶ》の亡霊に遭い、「誓願寺」という寺額をとりのけ、そのかわりに六字の名号《みょうごう》「南無阿弥陀仏《なむあみだぶつ》」を掛けると、和泉式部の霊は成仏したとされる。それは謡曲《ようきょく》『誓願寺』のモチーフになっている。亡霊を廻向させる功徳《くどく》が六字の名号にはある。

遊行十四代・太空《たいくう》が念仏を唱えながら斉藤実盛《さいとうさねもり》の墳墓《ふんぼ》をめぐって廻向《えこう》し、また応永二十五年（一四一八）には上杉禅秀の乱で戦死した者の供養塔を建てて弔っているのも、亡者廻向としての念仏の働きを認めていたからである。

一遍の後継者だった二代遊行上人・他阿真教《たあしんきょう》によれば、念仏を唱えるたびに、罪を懺悔《さんげ》することにもなっているという。念仏を唱えれば「妄執の罪は消えてなくなるので、念々称名常懺悔《ねんねんしょうみょうじょうざんげ》という」と説明している。また真教は「一向専念《いっこうせんねん》の行者」

京都の新京極にある誓願寺

（他力《たりき》の念仏者）は、現世利益《げんぜりやく》のために祈禱したり、行《ぎょう》をしたりする必要はないとしている。「称名の一行のなかに、一切の善根《ぜんこん》が納まっているから」と述べている。

　遊行七代・託阿《たくあ》は九州肥前《ひぜん》松浦《まつら》沖《おき》で大波で船が転覆しそうになったときに名号《みょうごう》で波を鎮めたとか、遊行十六代・南要がやはり名号で九州別府の鉄輪《かんなわ》温泉の鬼山地獄の泥土が沸騰するのを止めたという奇特《きどく》も伝えられている。いずれも時宗の念仏の現世利益にかかわる伝承である。

融通念仏宗の護符「お血脈」

　血脈《けちみゃく》は本来、師から弟子に伝える正法《しょうぼう》、あるいはその相承《そうじょう》の系譜《けいふ》である。融通念仏宗《ゆうずうねんぶつしゅう》では宗祖・良忍《りょうにん》（一〇七二〜一一三二）が阿弥陀如来《あみだにょらい》から融通念仏を直受、それを弟子・厳賢《げんけん》などに伝授した系譜を「お血脈《けちみゃく》」とよび、護符にしている。

　この系譜を刷った紙（「お血脈」）を細かく折りたたんで、お守り袋に入れて、肌身離さずにもっていると、「現世《げんぜ》安楽《あんらく》、後生極楽《ごしょうごくらく》で臨終時には気が動転しない」（田代尚光《たしろしょうこう》融通念仏宗元管長）という。宗祖良忍が天台宗《てんだいしゅう》の僧であったことから、血脈は天台宗系の寺でも盛んに配付してきた。融通念仏勧進《かんじん》の化《け》導《どう》に尽くした長野の善光寺《ぜんこうじ》七十九世貫主・等順《とうじゅん》（一七四二〜一八〇四）は、一代で道俗あわせて一八〇万人にこの血脈を渡したといわれている。

良忍上人像（大念仏寺蔵）

融通念仏宗総本山大念仏寺本堂

融通念仏宗の伝法儀式
名帳（勧進帳）による往生保証

融通念仏宗の伝法《でんぽう》とは、五日間にわたって行われる秘密儀礼である。第一日目は勤行《ごんぎょう》と勧戒《かんかい》ののち、菩薩戒《ぼさつかい》を受ける。第二日は、勤行と勧戒ののち、「おかみそり」とよばれる剃髪式を行う。第三日目は、勤行と勧戒ののち、善知識《ぜんちしき》の手印が仏祖妙《ぶつそみょう》伝《でん》の十念印信《じゅうねんいんしん》に押されるお手判式《てはんしき》である。これは融通念仏宗の開祖良忍が釈迦から直受《じきじゅ》したとされる手印《しゅいん》と同じ意義をもつ。つまり善知識が釈迦の身代わりになっているとするもので、浄土宗鎮西派《ちんぜいは》の派祖・弁長聖光《べんちょうしょうこう》（一一六二～一二三八）もこの方法論をとっていた。

四日目からは密室儀礼ともいうべき「道場入り」となる。道場の戸をすべて締め切り、天井、壁、床の場内のすべての面を白晒木綿《しらすもめん》を張り、弥陀三尊《みださんぞん》を荘厳《しょうごん》し、十六羅漢《らかん》を設置し、円頓《えんどん》戒《かい》血脈を授ける。そして五日目になると、弥陀三尊の本尊のもと、宗祖良忍上人、中祖法明《ほうみょう》上人の各像を掲げて、仏祖相伝という融通念仏、すなわち十念と融通念仏血脈・融通念仏日課が授けられるのである。これによって浄土往生《じょうどおうじょう》が保証されるのである。

こうした伝法儀式とは別に、良忍は、念仏を百遍唱えると、名帳（勧進帳《かんじんちょう》）にその名を記帳して同行《どうぎょう》と認めた。同行とは往生が保証された人達の総称なのである。

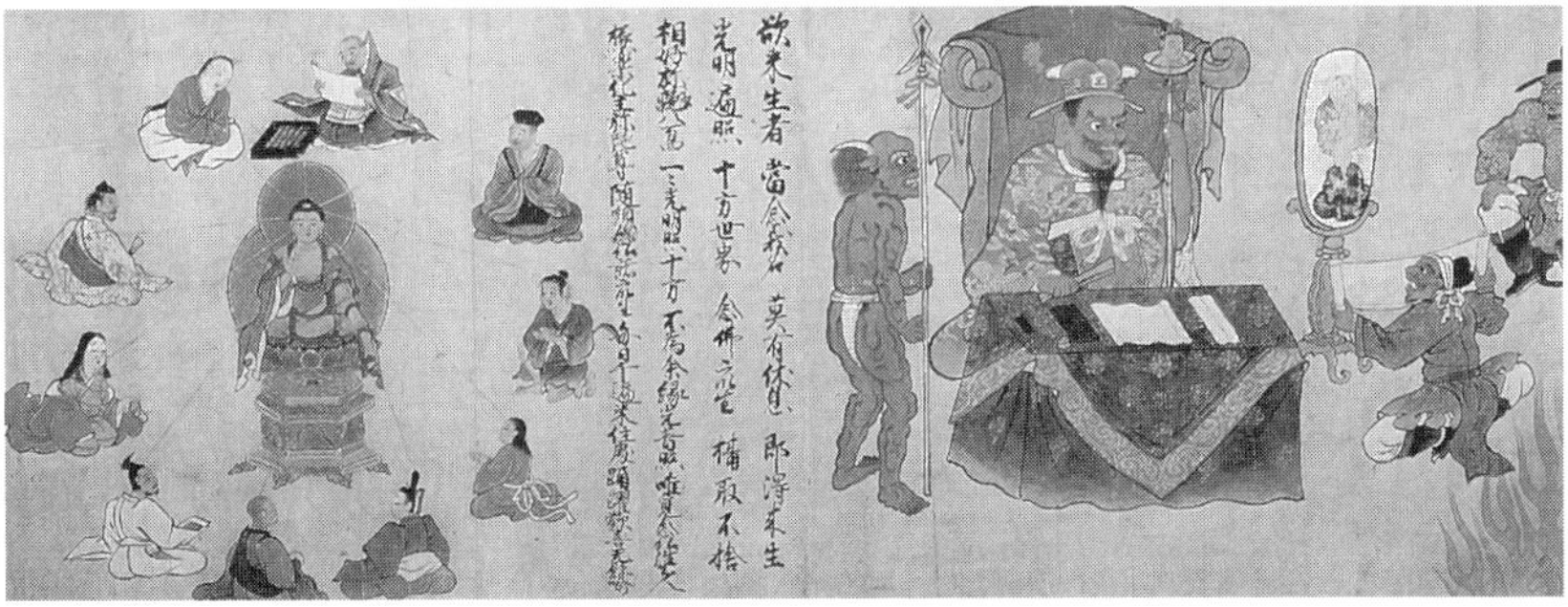

融通念仏縁起（義尚本）（大念仏寺蔵）

最高の呪術師・祐天

浄土宗総本山増上寺《ぞうじょうじ》三十六世であった祐天《ゆうてん》は、江戸時代の最最の呪術師のひとりであった。密教僧でなかったにもかかわらず、強力な怨霊に襲われていた者たちを救済、その怨霊までも念仏の力で成仏させたといわれている。

陸奥国磐城郡新妻村に生まれた祐天は、増上寺の檀通《だんつう》上人に弟子入りしたが、暗愚のため、経文を覚えられず、破門され、それを恥じて成田山新勝寺に参籠。不動尊から剣を喉に刺し込まれる夢を見て智慧を授かり、以後力量を発揮する。享保三年(一七一八)八十二歳で示寂。遺体を火葬したときに舌根と数《じゅ》珠《ず》が焼けずに残ったとされている。死後は中目黒に祐天寺が建立され、常行念仏の道場となった。

祐天の奇瑞で名高いのは、下総国飯沼の弘経寺にいたときに、羽生村(茨城県水海道市羽生町)の累《かさね》という女の亡魂を解脱させた話で、それをもとに曲亭馬琴が『新累解脱物語《しんかさねげだつものがたり》』を著している。のちには三遊亭円朝の怪談『真景累ケ淵《しんけいかさねがふち》』で有名になった。

祐天の呪術方法は、霊媒を活用して病人などに憑依した悪霊や死霊を呼び出し、それらの霊に対して徹底的に問答を仕掛けて、称名念仏のみが真の救済である旨を強調し、説き伏せるのである。つまり、悪霊に念仏を授けることによって成仏させていたのである。それだけではなく、悪霊が憑くことになった因縁を洗い、それに係わったものがいれば、その人物を懺悔させたうえ、追善のための廻向《えこう》をさせるというものであった。

『祐天上人御一代記』(栄泉社)より

第7章 禅宗系の呪術

禅は現世利益的な祈禱や呪術とは本来無縁であるとされる。しかし、関係がないというのは、建前にすぎない。曹洞宗、臨済宗を問わず、程度の差はあれ、密呪的な祈禱が行われている。たとえば千手観音の功徳を讃える咒文『大悲咒《だいひしゅ》』、日中諷経《にっちゅうふぎん》として唱えられる咒文『仏頂尊勝陀羅尼』、障難を消除する咒文『消災咒』などは日常的に用いられている。禅僧の多くは、状況に応じて印を結んだり、九字を切るなどの呪法も行う。

曹洞禅を日本に伝えて永平寺を開いた曹洞宗の宗祖・道元は必ずしも祈禱を否定していない。道元が行った祈禱には、今上皇帝の聖寿万安を祈禱する祝聖《しゅくしん》があり、別に竈公諷経《そうこうふぎん》や土地堂諷経などがある（『知事清規《しんぎ》』）。竈公とは、かまどの火の守護神のことで、竈公真宰《しんさい》ともいう。この竈神に道元は回向を捧げているのである。現行の『曹洞宗回向要集』にも「竈公諷経」として「上来、大悲心陀羅尼を諷誦《ふじゅ》する功徳は、当山竈公真宰に回向す、法を護り人《にん》を安《やす》ぜんことを」とある。また、土地堂諷経は結制安吾とよばれる修行に際し、土地神に修行中の無事を祈願するものである。

道元は、坐禅を本格的に学ぶためには他事に囚われてはならないという配慮のためか、「霊験を得んがために仏法を修すべからず。ただ仏法のために仏法を修する、すなわち是れ道《どう》なり」（『学道用心集』）とクギを刺している。霊験のための仏法修得を否定しているものの、仏法修得後の霊能云々に関しては言及していないのも事実である。

霊能といえば、悟りに達したあと、数々の奇瑞を現した臨済宗系の普菴印粛《ふあんいんしょう》のような異能の禅師もいた。曹洞宗大本山総持寺の開山であり、のちに曹洞宗の中興の祖としても位置づけられた瑩山紹瑾《えいざんじょうきん》は、普菴印粛を敬慕してやまず、その利益にあずかろうとして普菴の頂像《ちんぞう》（肖像画）を掲げて礼拝供養する修行法の普菴諷経を採用したほどだった。

瑩山は信者の因病祈禱や祖先の追善供養などを始めるなど密教的要素を積極的に採り入れたことで知られている。曹洞宗が形成され、その教線が全国的に広がったのは、瑩山というオルガナイザーの密禅兼修路線によるところが大きい。

江戸時代の曹洞宗は「祈禱上堂法」が成立していたことが、面山瑞方《めんざんずいほう》編の『僧堂清規』に書かれている。同書には祈禱の種類として「祈晴、祈雨、祈雪、遣蝗（虫送り）、日蝕月蝕、余の除災、病人の本復、誕日祝寿」を記している。

曹洞宗に属する呪術性の濃厚な祈禱寺院には天狗信仰と習合した最乗寺や可睡斎、荼吉尼《だきに》信仰と結びついた豊川稲荷（妙厳寺）などが有名である（本文参照）。

では、臨済宗系はどうか。臨済宗の祖・栄西は天台宗葉上流《ようじょう》の流祖でもあり、円密禅の三宗一致を基本にしていた関係上、鎮護国家を祈るなど密教色が強かった。栄西が入宋中に天台山で修行していたところ、郡主に祈雨（雨乞い）を頼まれ、断りきれずに修法を行うと、栄西自身の全身からまばゆい光が燦然《さんぜん》と放射された。そして、ほとんど時を同じくして雨が降るという奇跡が起こり、それにより現地で千光法師とよばれるようになったという伝説がある。栄西は自ら記した予言書というべき『未来記』で、自分の死後、五十年を経て禅宗が興隆することになると述べていたが、実際にその通り、禅宗は盛んになった。

また、聖一国師円爾《しょういちこくしえんに》を派祖とする臨済宗東福寺（京都市東山区）も、密教的な要素を伝承しているといわれる。円爾は禅の祖師とともに真言八祖像を同寺に安置、密教系の伝法灌頂を行うなど真言・天台・禅の兼修から出発した人物であった。

江戸時代の臨済宗を復興した傑僧といわれる白隠慧鶴は、現世利益の持つ側面をかなり重視していた。その著作『釜斯幾』によれば、ある日、一人の婦人が白隠のもとを訪ね、祈禱してほしいと頼まれた。聞いてみると、娘に狐が憑いたようで、終日罵ったり、高笑いをしたりしているという。そこで白隠は「わしはまだ加持祈禱の法を学んでいないからだめだ」と断ったが、懇請されたので、『般若心経』を数遍読誦した。すると、翌朝になってその婦人が、娘が快癒したと、謝辞を述べにきた。そこで白隠は「祈禱の験があったのか、なかったのかは、わしも知らないこと」と答えているのである。自由自在の禅機・機略の持ち主でもあった白隠にとっては、『般若心経』ですら方便としての加持祈禱の一つだったようである。

供養法における禅僧の禅定力の凄まじさを物語る次のような話がある。肥後国の龍雲寺の宗俊和尚《そうしゅんおしょう》が同寺の住職をしていたときに、八戸《はつと》城《じょう》の南に円蔵院という寺があり、その裏手に七僧の墓が立っていた。その墓から毎夜のように怪火が燃え出るというので、近くの住民は怖れて、巫覡《ふげき》に祈禱を頼んで幽火を祓おうとした。けれどもどうすることもできなかった。それを知った宗俊和尚は日没とともに秘かに問題の墓辺へ行き、坐禅を行ったのである。やがて夜になると、妖炎が現れた。そこで偈頌《げじゅ》を念じて曰く、

種々の幻化《げんげ》は覚心《かくしん》より生ず
しばらく道《い》え、幻《げん》尽き、覚《かく》尽くる時、如何《いかん》

さらに「喝ーツ」、と大喝を下して曰く、

薪《たきぎ》尽きて火滅す

すると、それまでさかんに燃えていた妖火は、言下に滅して、ふたたび燃え出ることはなかったという。こうした偈頌と喝による死霊退散の呪法もある、といったらいいすぎであろうか。

禅宗と呪法との関係を探る興味深い事例として、徳川家康の側近で、黒衣の宰相の異名を持つ金地《こんち》院崇伝《いんすうでん》のエピソードがあるので紹介しておこう。金地院崇伝は臨済宗南禅寺派の禅僧で、南禅寺の塔頭《たっちゅう》の一つ、金地院を開創している。

崇伝の『本光国師日記』慶長二十一年（一六一六）五月二十二日付けの記録に、本多上野介から豊臣家最後の血統である豊臣秀頼の子の殺害日の日取りを問われた崇伝は、「五月二十二日つちのとみ、則ち明日、軍枚《ぐんばい》日《ひ》にて候。申酉之間に害せらるる可く候」と返答したことを記している。つまり、崇伝は豊臣秀頼の子を殺し

ても徳川家に災いが及ばないという日柄（五月二十三日つちのとみの軍枚日）と時間（申と酉の刻のあいだ）を占っているのである。禅門そして武家には密教のみならず、陰陽道系の暦法の影響が浸透していたことがはっきりと見てとれるのである。

なお、臨済宗に属している祈禱系の教団としては、一畑薬師《いちばたやくし》教団（島根県平田市小境町、総本山一畑寺）がある。九世紀末に開山したとされ、病気平癒祈願を中心に行っている。

禅宗最高の祈禱法ー『大般若経』転読《てんどく》と「般若理趣分」読誦

禅宗でもっとも広範囲に修されている最高の祈禱法《きとうほう》は、唐の高僧・玄奘三蔵《げんじょうさんぞう》が漢訳した『大般若経《だいはんにゃきょう》（大般若波羅蜜多経《だいはんにゃはらみったきょう》）』六百巻の転読《てんどく》と、「般若理趣分《はんにゃりしゅぶん》」（『大般若波羅蜜多経』五七八巻）の読誦《どくじゅ》である。祈禱寺院では大祭のときに必ず行う。

それになぜ功徳《くどく》があるかといえば、『大般若経』の思想的内実である空《くう》の教理に関係するためである。一切の煩悩《ぼんのう》は、あらゆる苦悩の根源であって、それらが般若の智慧《ちえ》の火炎によって焼き尽くされると説いているのが『大般若経』である。般若の智慧からみれば、一切は空なのである。そのため、『大般若経』を奉ずれば、罪業消滅、除災招福の功徳が得られ、しかもそれは本来の仏性そのもの、清浄にして平安な状態に回帰することでもあるとしているからである。

一方、『大般若経』のなかの一巻にあたる「般若理趣分」には、「衆悪《しゅあく》を調伏する般若の理趣」が説かれ、この経文を聴聞し、所持し、普及させれば、一切の悪魔は降伏《ごうぶく》し、最高の境地が成就されるというのである。

『大般若経』六百巻の転読を称して「大般若」、あ

盤珪と超能力

「一切は不生《ふしょう》の仏心でととのいますわいの」という「不生禅《ふしょうぜん》」を唱えた盤珪永琢《ばんけいようたく》は「生身《しょうじん》の釈迦」と謳《うた》われた高僧である。元和八年（一六二二）、播州《ばんしゅう》（兵庫県）の姫路に生まれ、元禄六年（一六九三）に網干《あぼし》の龍門寺《りゅうもんじ》で示寂《じじゃく》するまで、七十二年の生涯を弟子の育成につとめた。在俗を含めた弟子の数は五万人以上とされる。

二十六歳で大悟《だいご》した盤珪には、神通力《じんづうりき》が備わっていた。ある時、美濃の玉龍庵《ぎょくりゅうあん》において突然、「雲甫全祥《うんぽぜんしょう》和尚が病気で臥《ふ》せっている。見舞いに行かなければならない」と、いいだした。雲甫和尚とは、盤珪の師で、播州赤穂《あこう》に住していた。玉龍庵にいた仙首座《せんしゅざ》という者が、「どうして雲甫和尚が病気だということがわかるのか」と不思議がった。

「わしにはわかる」と盤珪はいう。「ばかなことをいうな。俺も雲甫和尚に用事があるから、一緒に行ってみよう」ということになったのである。

るいはその大いなる霊験を尊格化して「般若さま」ともいう。『大般若経』を転読する行事には、正月三が日の修正会《しゆしようえ》（三朝祈禱《さんちようきとう》）などがあるが、古来より鎮護《ちんご》国家、招福 攘災《じようさい》、正法久住《しようぼうくじゆう》の祈禱会《え》の定番として修されてきた。

祈禱法は道場を浄めたのち、須弥壇《しゆみだん》の上に『大般若経』を信ずる者を守護する十六善神《じゆうろくぜんじん》の図像を掲げ、宝牘《ほうどく》（祈禱札）を用意して、禅僧が数人がかりで『大般若経』六百巻のうちのいくつかの巻を分担して転読する。その際、禅僧は経巻を右左に転翻《てんぽん》しながら、同経の要所部分や「般若聞持不忘陀羅尼《はんにやもんじふぼうだらに》」などを唱える。

「ナモバギャバテイ・ハラジャハラミタエイ・タニヤタ・シツレイ・シツレイ・シツレエイサイ・ソワカ」。

この陀羅尼は、正法をよく聞持して絶対に忘れない、だからこそ成仏は間違いないという願意が込められた呪的なものである。

「転読大般若会回向《えこう》」では、『大般若経』六百巻の転読(「大般若」)の後、『般若心経《はんにやしんぎよう》』と「消 災妙 吉祥陀羅尼《しようさいみようきちじようだらに》(消災咒)を誦する。消災妙吉祥陀羅尼は、八世紀に入唐《につとう》したインド僧で真言宗の祖師の一人でも

その旅の途中で盤珪はまたもや「旧知の嫁が今亡くなった」といいだした。とても信じられない仙首座は「いい加減にしろ」とたしなめたのである。大坂に着くなり、盤珪はその知人を訪ねた。出迎えた亭主は盤珪を見ると「妻が三日前に死にました。死ぬまで盤珪さんを慕っておりました…」と告げたのである。仙首座は驚いて、盤珪に弟子入りしたというのである。

その後、赤穂に到着したが、雲甫和尚は前日に亡くなっていた。だが、「我が禅宗を支えて興隆させるのは必ず永琢（盤珪）である…」との遺言を残していたのである。

盤珪は説教の席で、たびたび予知的な話をしたが、いずれもそのとおりになった。『正眼国師逸事状《しようげんこくしいつじじよう》』によれば、弟子の潜《せん》嶽龍公《がくりゆうこう》が盤珪にいった。「和尚様は普通の人とは異なってはいませんが、それでもやはりどこか異なっているところがあります。神通の妙用は、和尚様にはまったく普通のことでしょうが、普通の人には疑わしいものと考えるでしょう」。黙って聞いていた盤珪は以後、その種の話を二度としないようになったという。

また『盤珪仏智弘済禅師御示聞書《ばんけいぶつちぐさいぜんじごじぶんしよ》』に出ている話であるが、ある人が盤珪に尋ねた。「みなが申すには、禅師には人の心が読める他心通《たしんつう》があるということですが、本当ですか」。すると盤珪は「我が宗には、そんな奇怪なことはござらん」と言下に否定し、「たとえあったとしても仏心《ぶつしん》は不生なものでござるところで、用いませぬ。わたしがみなの衆の身の上のことを批判して聞かせるので、他心通があるように思われるが、そんなものはござらん。みなの衆と同じことでござる。不生でおりさえすれば、仏心は諸仏神通《しよぶつじんづう》のもとでござるので、神通を頼まないでも、一切のことが調うて埒《らち》があきますわい」と述べた。仏心

ある不空金剛《ふくうこんごう》が訳した『仏説熾盛光大威徳消災吉祥《ぶっせつしじょうこうだいいとく》陀羅尼経』に基づくもので、仏の大きな威徳の光により星のめぐり合わせによる災厄がすべて払拭され、各人の命運が好転し、吉祥がもたらされるという。

消災妙吉祥陀羅尼は「ノーモー・サンマンダ・モトナン・オハラーチー・コタシャー・ソノナン・トージートー・エン・ギャーギャー・ギャーキーギャーキー・ウンヌン・シフラー・シフラー・ハラシフラー・ハラシフラー・チシッター・チシッター・シッチリー・シッチリー・ソハジャー・ソハジャー・センチーギャー・シリエー・ソモコー」。

そのあと導師は転読大般若会回向の偈文を唱える。

「総持《そうじ》は猶《な》お妙薬のごとし、能《よ》く衆《しゅ》の惑病《わくびょう》を療《りょう》ず、亦《また》は天の甘露《かんろ》の如《ごと》し、服する者は常に安楽なり。仰《あお》ぎ冀《こいねが》わくは三宝《さんぼう》、俯《ふ》して照鑑《しょうかん》を垂れたまえ。

上来《じょうらい》、大般若波羅蜜多経六百軸《じく》の金文《こんもん》を転読し、摩訶般若波羅蜜多心経《まかはんにゃはらみったしんぎょう》、消災妙吉祥陀羅尼《しょうさいみょうきちじょうだらに》を諷誦《ふじゅ》す、集《あつ》むる所の功徳《くどく》は、般若会上諸仏菩薩《はんにゃえじょうしょぶつぼさつ》、及び十六善神《じゅうろくぜんじん》、一切護法の諸天、当山土地合堂《とうざんどじがっとう》の真宰《しんさい》、威光を増加《ぞうぎゃ》せる無量の徳海《とくかい》に回向《えこう》す。祈る所は正法興隆《しょうぼうこうりゅう》、国土昌平《こくどしょうへい》、万邦和楽《ばんぽうわらく》、群生康寧《ぐんじょうこうねい》、山門繁栄、檀信帰《だんしんき》崇《そう》、海衆安穏《かいしゅあんのん》、諸縁吉祥《しょえんきちじょう》ならんことを」

自体に、あらゆる利益《りやく》が備わっているという逆説である。であればこそ、加持祈禱を表にださないのが、盤珪に代表される臨済禅の立場なのである。

次のような問答も残されている。

「わたしは人一倍、雷が恐ろしくてなりません。雷の声を聞くと恐ろしさのあまり、気分が悪くなって病気になります。この恐ろしさをなくす方法を授けてください」という女に対して盤珪は、雷除けの秘訣《ひけつ》を伝授している。

「生まれた時は、ものを恐れるような心はなく、ただ不生の仏心のみ。ものを恐れる妄想は、生まれて後にできた一念の化け物である。雷は人のために世界へ雨を降らせるありがたいもので、人に仇《あだ》をなすものではない。その雷を相手にして、恐れをなすのは、かの一念の化け物の仕業《しわざ》で、外よりくるものではない。今後、雷の声を聞いた時は、自心《じしん》自仏《ぶつ》を一筋に拝みなされ」(『仏智弘済禅師法語《ぶっちぐさいぜんじほうご》』)。

盤珪禅師頂相（祥福寺蔵）

『大般若経』六百巻を転読するだけでも複数の僧を必要とするため、一人で行う場合は、「般若理趣分」の転読のみが普通である。その作法の次第は、道場に入って、諸仏に合掌礼拝する壇前普礼《だんぜんふれい》を行う。つづいて自己の身口意の三業《さんごう》を浄め、諸仏の加護を求めて障碍《しょうげ》をとりのぞく護身法《ごしんぽう》を修する。そしてボロン加持ののち、「臨兵闘《りんぴょうとう》者皆陳列在前《しゃかいじんれつざいぜん》」の九字《くじ》を切るなどして修法者と参列者ら一切を浄化する加持道場《かじどうじょう》を行い、開経念偈《かいきょうねんげ》となる。

壇前普礼、護身法、ボロン加持、加持道場、開経念偈にはすべてそれぞれの陀羅尼と印相があることはいうまでもない。「般若理趣分」の転読では、やはり陀羅尼を唱えながら、印相を結ぶが、それ自体、口訣《くけつ》（口伝）である。これにより一切の罪障が消滅し、心願成就するという。

大般若理趣分の各作法における陀羅尼を記しておく。これは禅宗のみならず、修験道なども共通して用いられるものである。

①壇前普礼

オン・サラバタターギャタ・ハンナ・マンナナウ・キャロミ

②護身法の一（浄三業《じょうさんごう》）

オン・ソワバンバ・シュダ・サラバダラマ・ソワハンバ・シュドカン

護身法の二（仏部《ぶつぶ》三昧耶《さんまや》＝身の浄化）

オン・タターギャト・ドハンバヤ・ソワカ

護身法の三（蓮華部《れんげぶ》三昧耶＝口の浄化）

オン・ハンドボ・ドハンバヤ・ソワカ

護身法の四（金剛部三昧耶＝意の浄化）

オン・バゾロ・ドハンバヤ・ソワカ

護身法の五（被甲護身《ひこうごしん》）

オン・バザラギニ・ハラチハタヤ・ソワカ

③ボロン加持（一字金輪咒）

ボロン

④加持道場

オン・ヤリキリ・バサラ・ウン・ハッタ

⑤開経会偈（般若菩薩真言）

オン・ジ・シュリ・シュロタ・ビジャエイ・ソワカ

一家繁栄・家内安全諸願望成就祈願の本尊上供（曹洞宗）

『般若心経《はんにゃしんぎょう》』を読誦《どくじゅ》すると、神聖な呪文が無量の功《く》徳《どく》となって現れるとされる。『般若心経』を一遍読誦したのち、合掌《がっしょう》しながら、この本尊上供《ほんぞんじょうぐ》の偈文《げもん》を唱えると、その功徳が格段に広がり、諸願望も叶うという。

「上来《じょうらい》、摩訶般若波羅蜜多心経を諷誦《ふじゅ》する功徳は、大恩教主本師釈迦牟尼仏《だいおんきょうしゅほんししゃかむにぶつ》、（ここに祀っている本尊名か信仰している本尊名を入れる）、高祖承陽大師《こうそじょうようだいし》、太祖常済大師《たいそじょうさいだいし》に供養し奉り、無上仏果菩提《むじょうぶつかぼだい》を荘厳《しょうごん》す。伏して願わくは四恩《しおん》総《すべ》て報じ、三有《さんぬ》斉《ひと》しく資《たす》け、法《ほう》界《かい》の有情《うじょう》と同じく種智《しゅち》を円《まど》かにせんことを。冀《こいねが》う所は、○○家家門繁栄《かもんはんえい》、（ここに祈願する言葉を入れ

禅僧の祈禱法

明治の代表的な禅匠《ぜんしょう》であった竹田黙雷《たけだもくらい》（一八五四〜一九三〇臨済宗建仁寺派元管長《りんざいしゅうけんにんじはもとかんちょう》）は、禅僧の祈禱《きとう》は通常の祈禱法とは断じて違うと明言している。寺の守護神を挑発する次のような激烈な方法である。「さあ、八百万《やおよろず》の神々よ、おれのいうことを聞け。おれのいうことを聞けば尊敬してやるが、もし聞かなかったらただではおかないぞ。神々の奴隷《どれい》ども、何をぐずぐずしておるのだ。十分の守護もせずにそれで役目がたつと思っているのか。おれが主人公でおまえら神々はおれの家来だぞ。主人の命令を守らない神々ならば、どんどん放逐《ほうちく》してしまうぞ」。

竹田黙雷禅師

る）、子孫長久、災障消除《さいしょうしょうじょ》、諸縁吉祥《しょえんきちじょう》ならんことを」

このあと略三宝《りゃくさんぼう》の偈「十方三世一切仏《じーほうさんしーいっしいふう》、諸尊菩薩《しいそんぶうさあ》摩訶薩《もうこうさあ》、摩訶般若波羅蜜《もうこうほうじゃほうろうみい》」を唱える。偈文中の承陽大師、常済大師はそれぞれ道元と瑩山《けいざん》。

大安心を得る「予修」と「本修」の念仏

専門家のためではなく、一般人を対象とする場合には、兀然端坐《ごつねんたんざ》の王三昧《おうざんまい》とよばれる坐禅とともに、「南無釈迦牟尼仏」の称名念仏《しょうみょうねんぶつ》が時機相応の化導法《けどうほう》とされる。

称名念仏は禅宗でも重視されていたことは、東晋《とうしん》（中国）の念仏結社・白蓮社《びゃくれんしゃ》の慧遠禅師《えおんぜんじ》（三三四〜四一六）が行っていたことからも明らかである。「坐禅」の効能について詳しく記している天台大師《てんだいだいし》智顗《ちぎ》（五三八〜五九七）の『摩訶止観《まかしかん》』第二においても「九十日、身、つねに行じて休息なく、九十日、心、つねに念仏して休息なく、あるいは唱名《しょうみょう》と念仏とともに運び、あるいは先に念仏して後に唱名し、あるいは先に唱名して後に念仏し、唱名念仏あい継《つ》

いわば守護神に対する恐喝以外のなにものでもない。実際、このようにしてはかりしれないほどの妙験《みょうげん》を得ていたというから、驚かされる。

黙雷は次のような実例もあげている。東福寺《とうふくじ》（臨済宗東福寺《りんざいしゅうとうふくじ》派総本山）で臨済宗の大法会《だいほうえ》があったとき、予想よりも多い千人以上の雲水《うんすい》（修行僧）が全国から集まったため、食物が足りなくなり、大変困ったことになった。

そこで評席役位会《ひょうせきやくいえ》を開いて、台所の守護神として祀っていた韋駄天尊《いだてんそん》を荒縄でグルグル巻きに縛《しば》り上げ、「貴様がぐずぐずしておったから、こんな始末になったのだ」と罵《ののし》り、韋駄天を寄ってたかって打ち叩いたというのである。すると、まもなくして、全国各地からたくさんの米や薪炭《しんたん》が送られてきたという。

なんとも凄《すさ》まじい迫力である。黙雷のような峻厳《しゅんげん》な人物にかかっては、神々も緊張して、うかうかしてはいられなかっただろう。

東大で初めて仏教哲学を講じたことで知られる曹洞宗《そうとうしゅう》の禅僧に原坦山《はらたんざん》（一八一九〜一八九二）という人物がいた。坦山は新任の住職として箱根湯本近郊の最乗寺《さいじょうじ》に入寺することになった。この寺では霊験あらたかとされる天狗の道了尊《どうりょうそん》を祀っていることで有名で、新任の住職は天狗開扉《かいひ》の式をする決まりになっていたのである。その当日、檀信徒ら崇敬者が集まっていると、坦山が現れた。坦山は本堂の壇上に安置されていた天狗像を下ろすと、みずからその壇上に登り、結跏趺坐《けっかふざ》を組んだ。参集者たちは仰天《ぎょうてん》して気色ばんだ。

「和尚《おしょう》さま、そんなことをしたら大変な罰があたりますぞ」

その瞬間、「喝《か》ーッ」と、堂内を揺るがすばかりの大喝《だいかつ》が轟《とどろ》

ぎて休息するときなし」とある。それを「般舟三《はんじゆざん》昧《まい》」という。般舟三昧とは、天台宗でいう常行《じようぎよう》三昧を意味する。常行三昧は仏立《ぶつりゆう》三昧ともいい、行者《ぎようじや》が称名念仏を修すると、諸仏諸菩薩がその行者の周辺に囲繞《いによう》して守護するとされている。天台大師（天台宗）の教えを日本に伝えた伝教大師《でんぎようだいし》最澄《さいちよう》（日本天台宗祖）は、この「般舟三昧」を比叡山の常行堂《じようぎようどう》で奨励し、それが地方の寺院にも広まり、のちに禅宗系などにも影響をあたえた。

ただし、この般舟三昧の称名念仏は、専門の行者のためのものであるから、一般の人が行ずるのは時間的にも困難をきわめる。誰でもできる修行法が、次の予修の称名法なのである。

まず釈迦の姿勢をまねることから始める。釈迦は就寝の際、北枕にして右腋《みぎわき》を下にして横臥したとされる。つまり、顔は西側、西方浄土《さいほうじようど》を拝むことになる。そのような横臥の状態で、「吹気《すいき》三息《さんそく》」。つまり、鼻から空気を深く吸い込んで、口から吐き出す深呼吸を三回行う。この「吹気三息」によって、一日中の妄想や悪気をことごとく吐き出すと念じて修する。

そのあと、称名「南無釈迦牟尼仏」を百五十回繰

きわたった。すっかりしょげかえってしまった参詣者たちを前に、坦山は「天狗というものは人間から見たら位がずっと下だ。人間のほうが偉いんじゃ。天狗には今、わしが授戒《じゆかい》しておいたから大丈夫。罰などあたらん」と平気な顔をしていたという。禅僧の祈禱に対する姿勢の一例として印象深いものがある。

山陽道随一の禅道場である神戸の祥福寺《しようふくじ》住職を務めていた黙《もく》伝宗璞《でんそうはく》（?～一八三七）は、特殊な霊能の持ち主であったとされ、その類《たぐい》の逸話も少なくない。ある日の午後、黙伝は裸足《はだし》のまま、あわてた様子で寺から飛び出してきた。そして、瀬戸内海を隔てた四国のほうへ向かって、真言らしきものを唱えながら、手に抱えていた丼《どんぶり》の水を撒《ま》いたのである。

たまたまそれを見ていた新参《しんざん》の雲水（修行僧）は、「和尚はいったい何をしているのだろう」と訝《いぶか》しげに思っていた。それから五日ほどたって、その理由がわかった。徳島の興源寺《こうげんじ》の信徒総代が、祥福寺に和尚を訪ねてきたからである。

「先日はうち（興源寺）の本堂から火が出て、危うく大火事になるところでしたが、祥福寺の方角から読経《どきよう》の声が聞こえ、そのうちに土砂降りの大雨となり、延焼《えんしよう》を免れました。大事にならずにすみ、本当にありがとうございました」。

下野《しもつけ》（栃木県）の東光寺《とうこうじ》の禅僧、通応《つうおう》は祈雨《きう》に卓越した祈禱能力を持っていた。駆虫法《くちゆうほう》なども、今なお寺に伝えられているという。通応が遠州《えんしゆう》（静岡県）の大通院《だいつういん》に招かれたことがあった。当地では日照りが続き、近隣の村の代表が和尚の徳望を慕ってやってきた。

「和尚さま、旱魃《かんばつ》が続いてこれでは皆、生きてはいけません。どうか雨が降るようにご祈願下さいませ」。

り返す。空気を鼻孔から深く吸い込み、口から吐き出しながら「南無釈迦牟尼仏」と声を出して唱えるのである。一呼吸ごとに一称名である。それが「一息一称名」（称名一回分）にあたる。「南無釈迦牟尼仏」と唱える声の大きさは、その部屋に自分一人で寝ているのであれば、力強く発声する。家族などが一緒に寝ている場合は、邪魔にならない程度に発音する。

称名の数を正確に数えるためには、「一息一称名」したら、右手の親指を折りまげる。次に二称名したら、同じく右手の人指し指を曲折する。三称名して、中指をまげ、四称名して、薬指をまげ、五称名して、小指をまげる。そして六称名したら、その右手のまげている小指を起こす。

このようにして十称名して、最後の親指を起こしたら、今度は左手の親指を折りまげる。それで十回と数える。同様に行い、二十回になったら、左手の人指し指を折りまげる。そのようにつづけて六十回を数えたら、折りまげている左手の小指から起こしていく。百回を数え終わったら、その後はふたたび、左手の親指から折りまげて百十回となり、順次、折りまげて百五十回となる。

これをひととおり、終えると「予修の念仏」が完了したことになる。肝要なのは、「一息一称名」の称名を百五十回、誤りなく、また妄想や雑念をまじえることなく、行うことである。もし途中で間違えたら、初めから称名を唱えなおす。

次に「本修の念仏」に入る。仰向けになるか、左腋を下にして臥す。まず「吹気三息」、深呼吸を三回行うが、

「この寺のそとには、海が広がっているではないか。よろしい。龍神《りゅうじん》に掛けあって、雨を降らすよう、祈願してみましょう」と応じた。海辺へ赴くと、通応は海に対面して坐禅《ざぜん》し、その間、弟子に『法華経《ほけきょう》』の「観世音菩薩普門品《かんぜおんぼさつふもんぼん》」を読誦《どくじゅ》させた。すると、それまで雲一点もない晴天だったにもかかわらず、海面から濛々《もうもう》と雲がわき起こりはじめた。やがて三十分もたたないうちに、雷鳴とともに激しく雨が降りだしたのである。雨は翌日になってようやく上がった。村人たちはおおいに歓び、みなその法徳に服したという。

通応の臨終はいかにも禅僧らしいものである。身を清めたあと、医者を訪ね、診察を頼んだ。通応は医者の前に坐禅を組み、医者に請われるまま左手の脈を診せた。次に医者が右手を診ようとしたところ、通応は「喝！」と大声で一声。驚いた医者が通応の顔をみると、すでに坐ったまま息が絶えていたという。嘉永七年、享年《きょうねん》五十四歳だった。

この深呼吸は「予修の念仏」の方式とは異なり、鼻孔から空気を吸って、同じく鼻孔から吐くことを三回繰り返す。この場合も、身心が清浄無垢の状態になると思いながら行う。

四度目の深呼吸から、深く吸い込んだ息を吐き出しつつ、「南無釈迦牟尼仏」という念仏を百五十回、繰り返す。声をまったく出さずに、心の中で「南無釈迦牟尼仏」と念ずるのである。称名ではなく、念仏であることに注意する。

「予修の念仏」のときには、一称名ごとに、右手の指を折りまげて数えたが、「本修の念仏」では、一息一念仏ごとに右手の指を折りまげず、心中で数えながら、十念仏する。十念仏したら、初めて左手の手の親指を折りまげて、十回と数える。次に二十回、念仏して左手の人指し指を曲折し、三十回では同じように中指を折りまげる。こうして左手の指の全部を折りまげて五十回、小指から順次開いて百回、さらに親指から小指へと折りまげて百五十回となる。このようにして誤ることなく、百五十回の念仏ができれば、仏我一如、釈迦牟尼仏と念仏者が一体となる。

「予修の念仏」＝称名百五十回と、「本修の念仏」＝念仏百五十回のすべてを、とどこおりなく修しても、わずか十五分ほどである。不眠不休状態で念仏を唱えつづける常行念仏の場合は、信心が堅固でなければ難しいが、予修・本修の念仏は普通の人がいつでもどこでも行うことができる。最低でも一週間から半月ほど毎日つづければ、妄想や雑念はなくなり、毎晩、釈迦牟尼仏の懐に抱かれて熟眠することができるようになるという。夢を見てもけっして悪夢とはならず、安眠できる。

半年以上つづけると、みずからの境界が一変し、「自分はつねに、釈迦牟尼仏が守護して下さるという、大自覚が生ずる。つまり『同行二人《どうぎょうににん》』という自信である。この自信、この大自覚があれば、いかなる不幸、いかなる病魔に罹《か》かっても、大聖《だいしよう》釈尊が見ていて下さるという自信があるから、その不幸は退散し、病苦も苦とならない。それは赤んぼが、母の懐に、いだかれていれば、いかなる災厄の前でも、大安楽であり、大安心でいるのと同様である」と、この予修・本修の念仏の実践者であった岡本碩翁《おかもとせきおう》が『洞門百話』で明言している。

病人をすみやかに成仏させる秘法

医療を尽くしても、もうこれ以上、治る見込みがない病人で、しかも、苦しみあえいでいる状態がつづいている場合、禅僧などに「般若理趣分《はんにゃりしゅぶん》」（『大般若波羅蜜多経』第五七八巻）を読誦《どくじゅ》してもらえば、その病人は苦痛を脱し、すみやかに往生できるとされている。瀕死の病人の関係者にとっては、「般若理趣分」の読誦が呪術的な力を持つものとしてとらえている節があるようだ。原則としてはその病人の家族が旦那寺《だんなでら》＝菩提寺《ぼだいじ》の僧に依頼するものであるが、だからといってどんな僧でもすんなり受け入れるとは限らない。また、臨終に際し、成仏のために「般若理趣分」を誦することもある。

災難除去・治病・福徳円満を約す最乗寺の道了大薩埵

曹洞宗《そうとうしゅう》系寺院のなかには、現世利益《げんぜりやく》的な要素を濃厚に伝えている寺院がある。その代表的なものが、

坐禅で怨霊を退散させた晦巌

幕末の勤皇僧《きんのうそう》・晦巌道廓《まいがんどうかく》（一七九八〜一八七二）はその風貌《ふうぼう》からいっても、奇僧というのにふさわしい。面貌は異形《いぎょう》、眼光は鋭く、眼窩《がんか》は深くえぐれたようになっており、太陽を直視してもまぶしがらなかったという。また、その足の裏はまっ平らであったが、奇妙なことに「大《だい》」という字の文様があった。晦巌はたびたびみずからの足の裏に墨を塗って、それを判子《はんこ》のかわりに使ったが、まるで彫刻したかのように「大」の字が判然と印《いん》されていた。信者たちは悪霊退散《あくりょうたいさん》や富貴栄達《ふうきえいたつ》の護符《ごふ》として珍重《ちんちょう》したという。

その声は巨大で、朗々と響きわたり、大きな鐘を鳴らしているようなものだったとされる。また、だれに対しても直言苦言を呈したが、慈悲の念を根底に滲《にじ》ませたものだったので、本気で怒る者はいなかった。

この晦巌は、博多の臨済宗《りんざいしゅう》の仙厓義梵和尚《せんがいぎぼんおしょう》に参じたのち、仏教をきわめようと京都の各宗本山に参じたが、適した寺がなく、激しく嘆きながら、五条橋《ごじょうばし》の真ん中で「東西南北、愚僧《ぐそう》多し」と放吟《ほうぎん》したと伝えられる。

宇和島藩《うわじまはん》の城外に罪人を死刑にする断頭場《だんとうば》があった。そこは

大雄山最乗寺《だいゆうざんさいじょうじ》（神奈川県南足柄市大雄町）の鎮護《ちんご》神《しん》・道了大薩埵《どうりょうだいさつた》に対する呪的信仰である。曹洞宗の大寺として知られる最乗寺は、了庵慧明《りょうあんえみょう》（一三三七～一四一一）が創建した祈禱《きとう》寺院としておおいに栄えている。相州《そうしゅう》（神奈川県）大住郡糟谷に生まれた慧明は、峨山韶碩《がざんじょうせき》（一二七五～一三六五）に謁《えつ》し、その法嗣《ほうし》の通幻寂霊《つうげんじゃくれい》の法脈を受け継いでいる。峨山は瑩山紹瑾《じょうきん》（一二六八～一三二五）の弟子で、総持《そうじ》寺二祖《じにそ》となり、曹洞宗発展の基礎をつくった人物として知られる。

通幻の後継者として総持寺に住《じゅう》したのち、相州上曽我に庵（現在の竺土寺）を結んでいた慧明に関して次のような伝説がある。ある日、袈裟《けさ》を干していると、鷲が一羽飛来して、その袈裟を奪い、大雄山のほうへ飛び去っていった。慧明が袈裟の行方を求めて行くと、大雄山中腹の老松《おいまつ》の梢《こずえ》に掛けられているのを発見した。「ここに寺を建てよ」ということと感じて準備に取りかかろうとしていると、大山明《おおやまみょう》神《じん》が老翁《ろうおう》となって現れ、その開創を勧めた。さらに慧明の弟子・道了大薩埵が寺院建立のために神変《じんぺん》不可思議の霊力を現して岩をうがち、谷を埋めるなどして助けたとされる。矢倉沢《やくらざわ》・飯沢《いいざわ》の二神も樵《きこり》や人

死罪になった罪人たちの怨霊が祟って、夜毎《よごと》に火の玉や鬼火《おにび》などの怪光が飛び交い、まさに呪われた一角になっているという噂が広まっていた。冤罪《えんざい》で打ち首になった者の怨みの念が中心になって祟っているらしいという噂もあった。そのためか、夕闇迫る頃には、豪胆《ごうたん》な武士ですらも、極力そこを通らないようにしていたし、夜になれば、そこを通る者は皆無に等しかった。これまで祈禱僧らが、因縁消滅《いんねんしょうめつ》の修法を行っていたが、どれも応験がなかった。調伏《ちょうぶく》に失敗し、強力な悪霊《あくりょう》にとりつかれて狂い死にした祈禱僧も現れ、このままでは藩の面目にかかわると、晦巌に白羽の矢が立てられたのである。晦巌がとった方法は坐禅であった。悪霊を退散させるには加持祈禱が中心であるが、禅僧である晦巌は霊を成仏させるには坐禅《ざぜん》しかないと、決意したのである。そして供養の一環として夜更けになると、弟子たちをその断頭場に集め、その場で一晩中坐禅させたのである。効果はてきめんに現れた。一週間後には火の玉などの怪光は見えなくなり、霊異《りょうい》はすっかり納《おさ》まったという。

宇和島侯《こう》・伊達春山《だてしゅんざん》は晦巌を敬して厚遇したが、晦巌は伊達侯に対しても遠慮することなく、直言した。宇和島侯と閑談中のこと。庭内に大名竹《だいみょうだけ》とよばれる竹があり、宇和島侯はその名の由来を晦巌に尋ねた。

晦巌曰く「大名竹はいたずらに大きいだけで、ほかに用いる道がなので、そういうのです」と答えた。侯は「それはあんまりではないか」と苦笑いするのであった。

また宇和島侯が「仏典の中には、それを読誦する者の頭上に、化身仏《けしんぶつ》が姿を現すと書かれているものもあるが、今どきの僧侶の中で、そこまで神通《じんづう》している僧はいるだろうか」と聞いた。

夫となって建材を切り、清泉を掘り、箱根《はこね》権現《ごんげん》も翁となって慧明のもとに参禅し、菩薩戒《ぼさつかい》を受けた恩義に感じて良水《りょうすい》を供養したという。これらの背景には曹洞宗という禅宗が、すでに地域に根ざしていた神《しん》道《とう》や修験道《しゅげんどう》を取り込みながら、習合化していく過程が反映していることはいうまでもない。つまり、禅の教えと並行して現世利益で民衆の教化を行っていったのである。最乗寺の本尊は釈迦牟尼仏《しゃかむにぶつ》であるが、民衆にあっての信仰の中心は山門《さんもん》の鎮護神の道了《どうりょう》（道了大薩埵）である。道了はもともと修験者《しゅげんじゃ》であったが、慧明が総持寺にいたころにその弟子となり、妙覚《みょうかく》と号したとされる。『熊野《くまの》三山験記《さんざんげんき》』によれば、至徳元年（一三八四）七月、聖護院覚増法親王《しょうごいんかくぞうほうしんのう》が熊野《くまの》三山《さんざん》に入峰《にゅうぶ》したときに、大峯山《おおみねさん》中で悪鬼妖魔の妨げによって列中の先頭が進めなくなった。すると列中にいた三井寺《みいでら》（園城寺《おんじょうじ》）南院《なんいん》金乗坊《こんじょうぼう》の住持で、満位《まんい》の行者《ぎょうじゃ》であった道了が法弓《ほうきゅう》で結界《けっかい》し、斧《おの》を振って妖魔を退治したとある。

道了尊は「金胎両部自性法身《こんたいりょうぶじしょうほっしん》の行者」としても認められていたようで、『続史抄《ぞくししょう》』によれば、康応二年（一三九〇）正月十六日、足利義満の第（邸宅）において「尊星王法修行点頭供奉《そんじょうおうほうしゅぎょうてんとうぐぶ》」として修法を行っている。その後、道了尊が天狗になって行方不明になったと記しているのが『園城寺学頭代北林院日記《おんじょうじがくとうだいほくりんいんにっき》』である。そこには明徳四年（一三九三）九月十七日、相模房《さがみぼう》道了が勧学《かんがく》の座において十一面観音の小咒《しょうじゅ》を十万遍唱えたのち、その人容が忽然《こつねん》と天狗に変じ、窓を開いて飛び立ち、金壺前の大杉に移り、東面へ向かって飛び去り、以後、その姿を見た者はなかったという。この天狗に化したという記述は、道了が天台修験系の三井寺の俊英だったにもかかわらず、それを捨てて曹洞禅に転宗した消息を物語る。

慧明が応永十八年（一四一一）三月二十七日に逝去すると、弟子の道了は「先師すでに示寂《じじゃく》せらる。予の因縁《いんねん》もここに終われり。しかれども尽未来際《じんみらいさい》（未来永却）、当山（最乗寺）に在って、伽藍《がらん》を守護し衆庶を利済《りさい》すべし」と誓った。そして道了は遺言ともいうべき次の「五大請願」を示したのである。

晦巌は即座に「侯は目が悪くなりましたかな。わしの頭の上には四六時中、化身仏が浮かんでいるのが見えませんか」。

さすがの宇和島侯も絶句《ぜっく》して二の句が次げなかったという。

晦巌は「古人《こじん》の多くは七日前に自分の死期を知るとされるが、老僧も今それを自覚している」といった。はたして七日後、その予言どおりに遷化《せんげ》。世寿《せじゅ》七十五。明治五年八月の暑い盛りであった。

①常に三宝尊《さんぼうそん》をおそれ、言直和順《げんちょくわじゅん》の心を念ずる者には、八苦の抜済《ばっさい》を護せしむべし。
②常に四恩《しおん》をおそれ、慈悲心をもって我を念ずる者には、七難ことごとく除きて武勇の術を護せしむべし。
③常に父母師長《ぶもしちょう》をおそれ、平等心《びょうどうしん》をもって我を念ずる者には、衆々の悪病消滅を護せしむべし。
④常に自讃毀他《じさんきた》の意をおそれ、正道心をもって我を念ずる者には、衆心の愛敬を護せしむべし。
⑤常に作業《さごう》の事をおそれ、初めより間断なき心をもって我を念ずる者には福徳円満を護せしむべし。

要するに、基本的に仏弟子《ぶつでし》としての自覚を保持し、道了を祈念して行動すれば、七難八苦は除去され、悪病難病は消滅し、人々から敬愛され、福徳円満の人生を送ることを保証するというものである。この「五大請願」を唱えると、道了はその形を変じて虚空《こくう》に昇った。そして右手に降魔《ごうま》の輪杖《りんじょう》をもち、左手に縛魔《ばくま》の剛縄《ごうじょう》を握り、両羽翼を生じ、全身大火焔《だいかえん》を起こし、依然として法衣《ほうえ》を着したまま、白狐《びゃっこ》に乗り、別峰の峰大樹のあいだに降りたと『大雄山誌』は記している。

最乗寺の奥の院には、道了大薩埵（明治時代までは「大権現《だいごんげん》」号が付されていた）の本地《ほんじ》（真実の姿）とされる十一面観音菩薩が祀られている。道了大薩埵を祈れば、十一面観音菩薩を祈願することになるというわけである。境内には道了が掘りあてたといわれる金剛水《こんごうすい》が湧出する水堂があり、万病に効くとされている。

祈禱方法はどうなっているのか。道了大薩埵を祈念するだけでもよいのであるが、正式には暁天打坐《ぎょうてんたざ》、朝課諷《ちょうかふ》経《ぎん》を行ったのち、御真殿《ごしんでん》（妙覚宝殿《みょうかくほうでん》）へ行き、転読大般若・理趣分読誦などを行う。これだけでは曹洞宗の『行《ぎょう》持軌範《じきはん》』と別段かわらないようにみえるが、じつは特殊な祈禱方式が挿入されている。それは導師が鈴を振って「南無道了大薩埵」と数回、唱えつつ、内陣を一巡する点である。「南無道了大菩薩」と唱えることによって、個人的な祈願の実現など、さまざまな利益がもたらされることになるというのである。

道了大薩埵に対する信仰は、禅宗に限らない。天台、真言、日蓮宗、浄土宗など宗派を問わず、崇敬している。彼らによって講が組織され、定期的に参籠修行《さんろうしゆぎょう》が行われている。駒沢大学教授の山内舜雄氏は「ご祈禱のような手段がなくては、庶民は入信への契機をよういに把《つか》むことができないのである。ご祈禱もまた必要であり、大切にされねばならない」と述べている。

道了が身を隠したのは、師・慧明の示寂《じじゃく》の翌日の応永十八年三月二十八日である。その日を縁日にして妙覚宝殿で御会式《おえしき》が行われている。白衣を身にまとい、白布を頭につけた僧が天狗のように飛ぶ所作をする独特の山伏《やまぶし》作法が繰り広げられる。そのあと、大本堂《だいほんどう》で開山《かいさん》への報恩の読経（御開山諷経《ごかいさんふぎん》）が営まれる。

防火の守り神にして苦悩を救う可睡斎の三尺坊

火伏《ひぶ》せの神とされる秋葉三尺坊大権現《あきばさんじゃくぼうだいごんげん》を祀《まつ》る可睡斎《かすいさい》（静岡県袋井市久能）は、洞門《どうもん》屈指の修行道場であるとともに、祈禱寺院としての側面があり、多くの信者を集めている。応永年中に恕仲天誾《じょちゅうてんぎん》を開山として可睡斎が建立された。恕仲天誾の法脈をたどれば、峨山韶碩《がざんじょうせき》の系統である。可睡斎は元は東陽軒《とうようけん》という名称であったが、十一世住持の鳳《ほう》

秋葉山の大天狗

可睡斎

山等善《ざんとうぜん》が、徳川家康の前で居眠りをしたとき、家康から「睡《ねむ》る可《べ》し、睡る可し」といたわられたことにちなんで、改称《かいしょう》した経緯がある。

可睡斎と三尺坊との関係は、可睡斎第十五世住職の道中雲達和尚《どうちゅううんたつおしょう》の時代に、法相宗秋葉山秋葉寺《ほっそうしゅうあきばさんしゅうようじ》の霊場が山伏《やまぶし》によって横領されかけた事件があり、秋葉寺住職の光幡《こうはん》和尚が、東海地方の僧録《そうろく》でもあった可睡斎に助けを求めたことが発端《ほったん》である。これにより、寛永三年（一六二六）五月晦日《みそか》、秋葉寺が可睡斎の末寺となり、曹洞宗に転宗した。慶応四年（一八六八）には、有栖川宮《ありすがわみや》の勅願所《ちょくがんしょ》となり、「護国殿《ごこくでん》」の勅額《ちょくがく》を下付《かぶ》された。明治六年に神仏分離令で秋葉寺が廃寺となったため、同寺の秋葉三尺坊大権現の御《ご》真体《しんたい》など一式が可睡斎に合併奉安《がっぺいほうあん》され、同十九年に有栖川宮から「秋葉総本殿」の勅額を賜ってからは、秋葉総本殿といい習《なら》わすようになった（神仏分離令で分離した秋葉《あきは》神社は火の神である迦遇突智神《かぐつちのかみ》を祀《まつ》る）。

三尺坊大権現は、十一歳で出家し、長野の戸隠山《とがくしやま》の西洞窟で修行。その後も越後国蔵王堂《えちごのくにざおうどう》の十二坊の一つ、三尺坊（貫主坊）に籠もって十三ヶ条の請願《せいがん》を立てて苦行を重ねた。一日に千座の護摩《ごま》を焚《た》き、

釈宗演の六字の名号

釈宗演禅師

臨済宗円覚寺派《りんざいしゅうえんがくじは》や建長寺派《けんちょうじは》の管長であった釈宗演《しゃくそうえん》（一八五九～一九一九）にまつわる因縁解消の話がある（『釈宗演全集』第十巻）。明治四十一年四月、宗演禅師《ぜんじ》が信州飯田《しんしゅういいだ》の直指会《じきしえ》に臨んだときのこと。同地の禅刹《ぜんさつ》・百丈山大雄寺《ひゃくじょうざんだいゆうじ》からあまり離れていないところに女夫池《みょうといけ》という古池があり、年々、そこへ投身するものが多いので、篤志家がなんとかして不祥事のないようにと、種々方策を施した。

あるものはその池の畔に法華供養塔《ほっけくようとう》を建てようと献策《けんさく》し、またあるものは多くの鯉を放流して、営利的に鯉釣りを始めた。

三十七日間、ぶっとうしで不動三昧《ふどうざんまい》の法を修した。満願日《まんがんび》の暁にいたり、ついに護摩壇《だん》の香煙のなかに観音《かんのん》三十三身の応身《おうじん》（人間の機縁に応じて出現する仏身《ぶっしん》）の一つ、迦楼羅神《かるらしん》を感得。まさにその瞬間、飛行が自由自在になる神通力《じんづうりき》を得ると同時に、観音の化身であることを自覚したという。ただちに白狐《びゃっこ》に乗って諸国を飛行し、救世活動に尽くしていたが、秋葉山にとどまったのは、大同四年（八〇九）のこととされている。以来、火焰を背に、右手に剣、左手に羂索《けんさく》をもち、白狐に跨乗《こじょう》した忿怒《ふんぬ》天狗《てんぐ》像《ぞう》として表されている。なお、三尺坊大権現が身を変化《へんげ》したという迦楼羅は、龍をとらえて食うとされた古代インドの巨鳥ガルーダの音《おん》写《しゃ》で、仏教に取り入れられて仏法守護八部衆の一つとなった。

　三尺坊大権現がわれわれ衆生のために請《う》け負ったとされる三大利生《りしょう》がある。

第一、我を信ずれば、失火と延焼と一切の火難を逃す。

第二、我を信ずれば、病苦と災難と一切の苦患《くかん》を救う。

第三、我を信ずれば、生業《せいぎょう》と心願と一

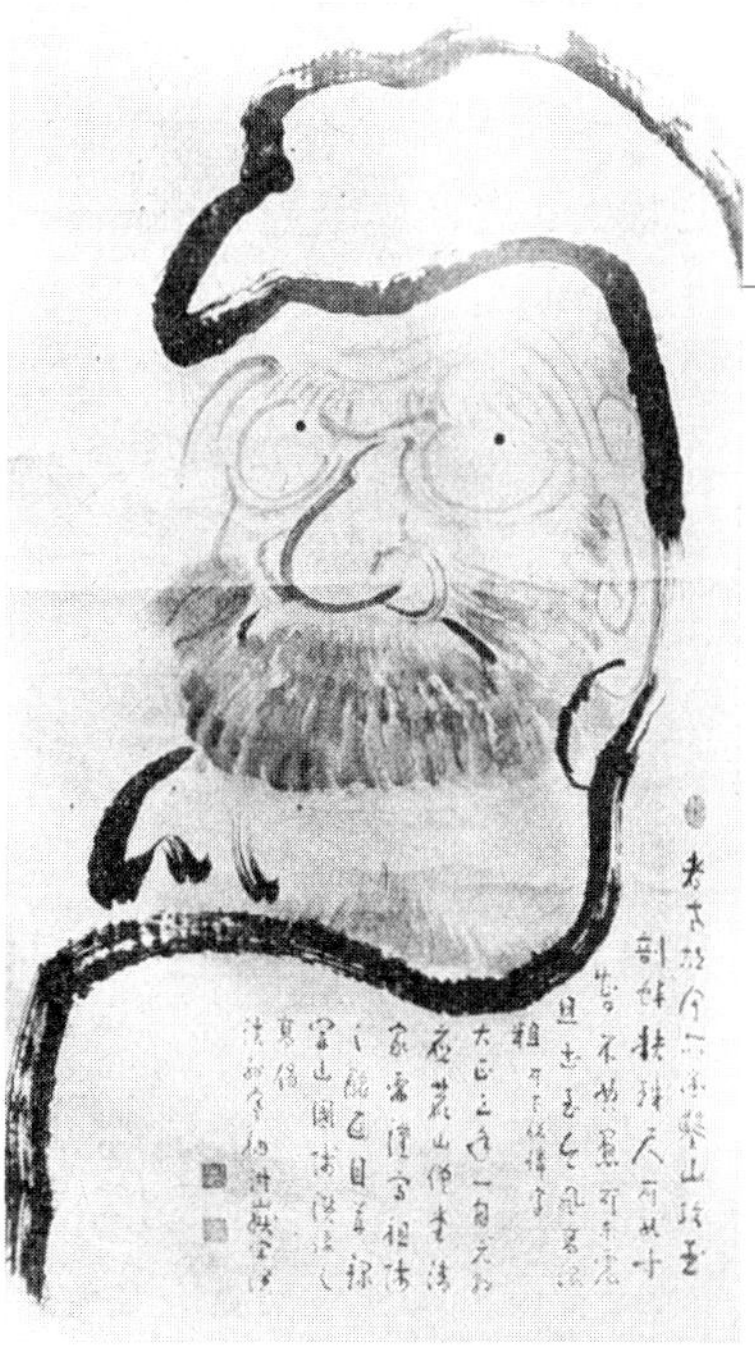

宗演禅師筆達磨自画讃

それによって人間の出入りを多くして投身者を防ごうとしたというのであるが、それでも投身者がたえず、魔の池とも称されるようになった。

　すると、宗演禅師は、このことを知っていたかどうかはわからないが、大雄寺の沙弥《しゃみ》と居士《こじ》などを連れて、この女夫池へ来て、一竿《いっかん》の風月《ふうげつ》を楽しんだ。その巧みな釣り方には、鯉釣りの営業主を驚かせたという。ひとしきり釣りを楽しんだのち、宗演禅師は釣った鯉をことごとく池に放った。その時は営業主は釣りをしていた人物が宗演禅師だとはまったく知らなかったというが、だれかれいうともなく、その人が宗演禅師であったことがわかった。とくに篤志家が懇請して、宗演禅師から六字の名号《みょうごう》「南無阿弥陀仏」の執筆を賜り、それをもとに池畔《ちはん》に建碑《けんぴ》したところ、それ以来、不祥事が起こらなくなったという。

切の満足を与う。

火災の守り神としての神徳があるばかりではなく、病気災難を救い、職業の安定と家の繁栄、さらに心願成就まで意のままにしてくれるという現世利益信仰なのである。

また、十三の請願は次のとおりである。

①失火延焼の難を遁す。――(自ら火事をださず、他からの類焼も受けない)
②怨賊刀杖の難を遁す。――(凶暴な盗賊から武器で襲われることはない)
③大火流溺の難を遁す。――(大火に遭わず、水に溺れることもない)
④悪風怨敵の難を遁す。――(暴風の害を受けず、怨みのある敵の攻撃を受けない)
⑤一切苦舌の難を遁す。――(すべての悪口雑言の被害から免れる)
⑥悪鬼毒蛇の難を遁す。――(祟りをなす鬼や怨霊、毒蛇の害を受けない)
⑦杻《ちゅう》械枷鎖の難を遁す。――(逮捕されたり、刑罰を受けない)
⑧心苦怨敵の難を遁す。――(苦難に遭わず、怨敵の攻撃も受けない)
⑨一切病苦の難を遁す。――(あらゆる病気の苦しみを除く)
⑩呪詛毒薬の難を遁す。――(呪いを受けず、毒薬の害にも遭わない)
⑪宮廷訴訟の難を遁す。――(国家からの罰を受けず、訴訟の難も免れる)
⑫迅雷疾風の難を遁す。――(雷や強風の被害に遭わない)
⑬短命無福の難を遁す。――(若死にせず、不幸にならない)

三尺坊大権現への祈禱は、午前五時頃からの一時間ほどの朝課諷経《ちょうかふぎん》を行ったのち、御真殿で「大般若《だいはんにゃ》」(『大般若経』六百巻の転読)と「般若理趣分《りしゅぶん》」の読誦を修法《しゅほう》する。この両者は禅門などでは広く修されているが、可睡斎ではさらに防火に関係する「火伏せの法」の秘法を行っている。秋葉権現《ごんげん》の真言は「オン・ヒラ・ヒラ・ケン・ヒラ・ケンナウ・ソワカ」である。この真言は英彦山修験道《ひこざんしゅげんどう》経典『灼摩経《しゃくまきょう》』にも同じものがあり、互いの影響関係が指摘されている。

可睡斎の行事は、毎月十六日が例祭。最大の年中行事が火防災除と招福を祈願する火祭りで、十二月十日から十六日までつづき、その間、鎮火《ちんか》大祭、御神輿《おみこし》奥ノ院《おくのいん》渡御《とぎょ》、七十五膳献供《ぜんけんぐ》の儀式などが行われる。このうち七十五膳献供の儀式は、三尺坊大権現の眷属である七十五座の御真体に膳を供える秘密儀礼である。神道、密教、修験道の諸要素が混じりあった秘祭であることは疑いない。

なお、火伏せはただ単に、現実的に火事をださない、火事に遭わないといった限定的な意味に限らず、煩悩《ぼんのう》の火を消す、つまり、心火消滅して事理成就、心願満足という意義をあわせもっている。三尺坊大権現の請願の骨子《こつし》はそこにあると可睡斎側では教示している。

妙厳寺と豊川稲荷

一般によく誤解されがちなのが、豊川稲荷《とよかわいなり》である。名称が稲荷のためか、稲荷系の神社として間違えられているのである。豊川稲荷は曹洞宗に属する寺で、正式には円福山妙厳寺《えんぷくざんみょうごんじ》(愛知県豊川市豊川町)といい、「吒枳尼真天《だきにしんてん》」を中心に祀っている。この寺は嘉吉元年(一四四一)十一月二十二日、道《どう》元禅師《げんぜんじ》六代の法孫・東海義易《とうかいぎえき》によって開かれた。

義易の法脈は寒巌義尹《かんがんぎいん》から派生している。義尹は順徳《じゅんとく》天皇の第三皇子《おうじ》として建保五年(一二一七)に生まれたのち、京

豊川稲荷

都宇治《うじ》の興聖寺《こうしょうじ》で道元について学び、寛元元年（一二四三）二十七歳で宋《そう》に渡り、各地で修行して帰国した。その後、ふたたび入宋し、帰朝の際、海上に白狐《びゃっこ》に跨乗《こじょう》した容姿端麗の霊神《れいじん》が出現、「唵尸羅婆陀尼黎吽娑婆訶《おんしらばったにりうんそわか》」と唱え、「我は吒枳尼天である。今よりまさに師の法をこの神呪《しんしゅ》をもって守護する。また、我は師の教化《きょうけ》に帰服する者を守り、つねに安穏快楽《あんのんけらく》をあたえよう。我のいうことを絶対に疑ってはならない」と告げて、消えたという。文永四年（一二六七）のことであった。

感激した義尹はこの神呪を称念し、祈禱することを弟子に教えるとともに、吒枳尼真天の影像を刻して護法の善神とした。吒枳尼真天は義易によって開創された豊川稲荷の守護神として祀られたが、豊川稲荷の本尊は宋から義尹が将来したとされる千手観世音菩薩《せんじゅかんぜおんぼさつ》像である。吒枳尼真天の詳細は密教の項に譲るが、簡単に説明すれば、梵語のダーキニーの音写で、古代インドでは地母神の配偶者で、農業の豊穣を司る神であった。その後、憤怒などの性格が付け加えられ、ついには人間の死を六か月前に予知することができるとされた神通力をもった鬼神《きじん》とされ、人間の心臓を食うと恐れられていたが、仏法に帰依してからは護法善神になったとされる。のちに神道の稲荷神と習合し、稲束を担い、宝珠《ほうじゅ》を捧げて眷属の白狐にまたがる女神影像として描かれている。

吒枳尼真天の祈禱法は、現在では大般若転読・理趣分読誦などが中心で、読経とともに太鼓を用いるのが特徴である。義尹が豊川稲荷第二世の性慶《しょうけい》に授与した「吒枳尼天大菩薩儀規」によれば、「具一切功徳慈眼視衆生《ぐいっさいくどくじげんししゅじょう》、福聚海無量是故応頂礼《ふくじゅかいむりょうぜこおうちょうらい》」、「唵摩訶伽嚧尼法娑婆訶」百返、「南無大金光明最勝王経《なむだいこんこうみょうさいしょうおうきょう》」百返、「唵誐羅曉吒尼理《おんしらばつだにり》吽娑婆訶《うんそわか》」白返、「理趣分真読」一座、「般若心経」百返、「消災吉祥咒」百返——の以上が修されていた。これを朝暮に怠りなく行えば、その功徳により一切衆生を成仏させることができると記されている。

義尹が感得した正式な神呪の唱え方は、「南無豊川稲荷吒枳尼天《なむとよかわいなりだきにてん》、唵尸羅婆陀尼黎吽娑婆訶《おんしらばつたにりうんそわか》」を二十一回繰り返して唱えるというものである。それによってすべての苦悩、病気、悪事、災難などが吒枳尼真天の助力によって打ち破られ、福徳と喜びに満ちた人生が成就するという。時間や場所を問わず、これを唱えると、功徳が得られるといわれる。

豊川稲荷のおもな行事としては尊霊示現《そんれいじげん》の因縁を祀る初午祭《はつうまさい》、四月二十一、二十二両日の春期大祭、十一月二

十一、二十二両日の秋期大祭である。この両大祭に先立つ一週間前から加行所《けぎょうしょ》で加行が行われ、吒枳尼尊天とその眷属（霊狐《れいこ》）三百一体に供養が施される。三百一体にちなむ伝説がある。東海義易が豊川稲荷を開創してまもない頃、平八郎《へいはちろう》と名のる老翁がどこからともなくやってきて、奉仕を申し出て、住み着くようになった。義易の側に仕え、朝から晩までまったく休むことなく、よく働いた。平八郎の持ち物は小さな釜一つであったが、それで飯を炊いたり、野菜を煮たり、湯茶を沸かした。不思議なのは、大勢の参詣者が来ても、その釜だけで過不足なく間に合うことであった。ある時、参詣者の一人が、どんな神通力を用いているのか聞いた。すると、平八郎は自分には三百一の眷属がいるので、どんなことでもでき、またどんな願い事でも叶うと答えたという。やがて義易が示寂すると、平八郎はその釜を寺に残して姿を消してしまった。この平八郎の釜と称するものが豊川稲荷に現存しているのは、興味深い。

豊川稲荷の別院は東京、大阪、横須賀、札幌、福岡にあるが、東京・赤坂の別院は、大岡越前守忠相《おおおかえちぜんのかみただすけ》が屋敷神《やしきがみ》として祀っていた分霊社《ぶんれいしゃ》をもとにしている。

観音十大願文

地獄《じごく》・餓鬼《がき》・畜生《ちくしょう》・修羅《しゅら》を救済してやまない観音。その徳を讃《たた》え、その功徳《くどく》を得る早道は、次の観音十大願文《かんのんじゅうだいがんもん》を唱えることであるとされる。

南無大悲観世音《なむだいひかんぜおん》　願わくは我速やかに一切の法を知らんことを。

南無大悲観世音　願わくは我早く智慧眼《ちえげん》を得んことを。

南無大慈観世音　願わくは我速やかに一切の衆を度《ど》さんことを。

南無大慈観世音　願わくは我早く善《よ》き方便《ほうべん》を得んことを。

南無大慈観世音　願わくは我速やかに般若《はんにゃ》の船に乗らんことを。

南無大慈観世音　願わくは我早く苦海《くかい》を越えるを得んことを。

南無大慈観世音　願わくは我速やかに戒定道《かいじょうどう》を得んことを。

南無大慈観世音　願わくは我早く涅槃《ねはん》の山に登らんことを。

南無大慈観世音　願わくは我速やかに無為《むい》の捨《しゃ》を会《え》せんことを。

南無大慈観世音　願わくは我早く法性身《ほっしょうしん》を同じくせんことを。

火災鎮護の半僧坊

　静岡県引佐郡引佐町の臨済宗方廣寺派《りんざいしゅうほうこうじは》大本山方広寺（奥山半僧《おくやまはんぞう》坊《ぼう》）に守護神として祀られている半僧坊は、火災鎮護《ちんご》に霊験《れいげん》があるとされている。後醍醐《ごだいご》天皇の皇子・無文元選《むもんげんせん》（一三二三〜一三九〇）が元中元年（一三八四）に開基《かいき》。半僧坊は無文元選が入山のときに姿を現し、その弟子になったという。無文元選の死後、一山を守護すると誓って天狗になった。

　毎月十六、十七の両日と十月の大祭には崇敬者が押し寄せる。鎌倉の建長寺《けんちょうじ》（臨済宗建長寺派大本山）にも半僧坊が同寺の鎮守《ちんじゅ》として祀られているが、それは明治二十三年に霄貫道《おおぞらかんどう》住職が方廣寺から勧請《かんじょう》したものである。

無文元選頂相（方廣寺蔵、「別冊太陽　禅」平凡社より）

半僧坊

迦葉山と中峰尊者

群馬県沼田市の迦葉山《かしようさん》龍華院《りゆうげいん》弥勒寺《みろくじ》は、大天狗とされる中峰尊者《ちゆうほうそんじや》（大薩埵《だいさつた》）を守護神としている。嘉祥元年（八四七）、東国鎮護のための霊場として天《てん》台宗《だいしゆう》の慈《じ》覚《かく》大師《だいし》円仁《えんにん》によって開創されたと伝えるが、その後、荒廃。室町時代中期の康正年間（一四五五〜五七）に曹洞宗《そうとうしゆう》の小田原《おだわら》最乗寺《さいじようじ》の住職・天巽禅師《てんそんぜんじ》が、同寺を復興した。復興に際しては、禅師に従っていた中峰尊者が土木工事や伽藍《がらん》の造営などに超人的な力を駆使して助力したといわれる。山号《さんごう》の迦葉山は、釈迦《しやか》の十大弟子の一人、迦葉尊者《かしようそんじや》の名にちなむが、迦葉尊者は中峰尊者の本地《ほんじ》でもあったという。

天巽が遷化《せんげ》すると、中峰尊者は「私は迦葉尊者の化身《けしん》であるが、今後は迦葉山に棲《す》み、この寺に頼ってくる者の苦を除き、楽をあたえよう」と誓願し、弥勒寺の南方にある案山峰から天に飛翔《ひしよう》した。その跡には天狗の面と羽団扇《はうちわ》が残されていたという。また、本坊の奥山には和尚台《おしようだい》とよばれる岩峰がひときわ迫り出しているのが見える。案山峰から飛行した中峰尊者がここに降臨したと伝えられている。迦葉

大悲咒（大悲心陀羅尼）

千手観音《せんじゆかんのん》の功徳《くどく》を説いた根本的な咒《しゆ》で、禅宗に限らず、密教でも盛んに誦《じゆ》持されている。罪障消滅《ざいしようしようめつ》、諸縁吉祥《しよえんきちじよう》など、あらゆる功徳が得られるという万能の陀羅尼《だらに》である。中国の禅宗ではもっぱらこの大悲咒と楞厳咒《りようごんしゆ》を用いるほど。この大悲咒は七世紀のインド僧・薄伽梵達摩《ばがぼんだるま》訳『千手千眼観世音菩薩広大円《せんじゆせんげんかんぜおんぼさつこうだいえん》満無礙大悲心陀羅尼経《まんむげだいひしんだらにきよう》』のなかにある

ナムカラタンノートラヤーヤー・ナムオリヤー・ボリョキーチーシフラーヤー・フジサトボーヤー・モコサトボーヤー・モーコーキャールニキャーヤー・エン・サーハラハーエイ・シュータンノートンシャー・ナムシキリートイモーオリヤー・ボリョキーチーシフラーリントーボー・ナームーノーラーキンジー・キーリーモーコーホードーシャーミー・サーボーオートージョーシューベン・オーシューイン・サーボーサートーノーモーボーギャー・モーハーテイチョー・トージートー・エンオーボーリョーキイ・ルーギャーチー・キャーラーチー・イーキリ・モーコーフジサートー・サーボーサーボー・モーラーモーラー・モーキーモーキーリートーイン・クーリョークーリョーケーモー・トーリョートーリョーホージャーヤーチイ・モーコーホージャーヤーチイ・トーラートーラー・チリニー・シフラーヤー・シャーローシャーロー・モーモーハーモーラー・ホーチイリー・イーキーイーキー・シーノーシーノー・オラサンフラシ

山の奥の院ともなっている和尚台の基底部には空洞があり、そこをくぐると生命力が増すという胎内《たいない》くぐりができる

延宝七年（一六七九）、沼田藩の領主・真田伊賀守《さなだいがのかみ》信澄《のぶすみ》が迦葉山で狩りをすることになった。『沼田根元記《ぬまたこんげんき》』によれば、家臣や僧侶が、殺生禁断の霊域であることを理由に迦葉山での狩りを思いとどまらせようとしたが、領主は聞き入れず、村人を勢子《せこ》に使って獣を迦葉山に追い込んだ。勢子らは祟《たた》りを恐れて迦葉山の結界《けっかい》内に入り込むのを躊《ちゅう》躇《ちょ》したが、領主の命令で結界に乱入していった。すると、全山が鳴動し、大暴風雨となった。激しい稲光の中に奇怪な異形《いぎょう》の者が乱舞する姿が見え、勢子らは恐怖のあまり次々と倒れ伏し、藩主も気絶。やがて息を吹き返した藩主は、迦葉山に非礼を詫びて

「中峰尊堂のお借り面」（撮影　御所野洋幸、本間正樹『日本の伝説を探る』佼成出版社より）

ヤーリー・ハーザーハーザー・フラシャーヤー・クーリョークーリョーモーラー・クーリョークーリョーキイリー・シャーローシャーロー・シーリーシーリー・スーリョースーリョー・フジャーフジャー・フドヤーフドヤー・ミーチリヤー・ノラキンジー・チリシュニノー・ホヤモノ・ソモコー・シドヤー・ソモコー・モコシドヤー・ソモコー・シドユーキー・シフラーヤー・ソモコー・ノラキンジー・ソモコー・モーラーノーラー・ソモコー・シラスーオモギャーヤー・ソモコー・ソバモコオシドヤー・ソモコー・シャキラーオシドーヤー・ソモコー・ホドモギャシドヤー・ソモコー・ノラキンジーハーギャーラヤー・ソモコー・モーホリシンギャラヤー・ソモコー・ナムカラタンノートラヤーヤー・ナムオリヤー・ボリョキーチー・シフラーヤー・ソモコー・オンシデトーモドラーホドヤー・ソモコー

（大意＝仏法僧《ふつぽうそう》の三宝《さんぼう》に帰命《きみょう》したてまつる。聖観自在菩薩《しょうかんじざいぼさつ》なり。大有情《だいうじょう》なり。大慈悲者に帰命したてまつる。おお、一切の恐怖を除去したまうたものに帰命したてまつる。すでに聖観自在菩薩に帰命しおわって、予はまさにこの光輝ある観音の咒を説かんと欲す。秘咒、それは一切の希願を満足せしめ、一切の鬼神《きじん》もそれに打ち勝つことをえず、迷える有情をして、清浄ならしむるところの秘咒である。いわゆる法身報身応身《ほつしんほうじんおうじん》を具せる智慧者なり。すなわち、この世界を超越したる大菩薩を召請したてまつる。その大菩薩は一切の塵垢をなくした清浄の心で、つねに衆生済度の事業をなしつづけておられる。

よく保存し、最尊最勝の根本、後得の二智を保持して、すべてに王者の自在を保持しておられる。よく行動し無垢清浄の解

額《ぬか》づき、弥勒寺に寄進を誓ったところ、暴風雨はおさまったという。

弥勒寺の中峰尊堂には、祈禱を施された大小多数の天狗の面が安置されている。この面は「お借《か》り面」といって、願い事のある人がこの天狗面を一つ借りて祈願し、御利益があったら天狗の面を二つにして返すという習《なら》わしになっている。本堂にある太鼓は勤行《ごんぎょう》のときに叩くが、天狗を招くための叩き方は口伝となっている。また遊山《ゆさん》のあとで参詣する「逆《さか》さ参《まい》り」を行えば、中峰尊者の怒りを招いて祟られるという伝承もある。

脱を授けたまう本体よ。召請したてまつる。貧瞋痴《とんじんち》の三毒を壊滅せる無垢清浄の本体を速疾に速疾に、無垢清浄の本体たる菩薩を召請したてまつる。堅実に堅実に我等を悟入せしめて、自覚覚他の覚行円満ならしめたまえ。

慈悲《じひ》の権化たる観音よ、貪欲の我等を満足せしめたまえ。悉地を成就し、大悉地を成就し、瑜伽自在《ゆがじざい》を成就し、観音の御心を体せり。無垢清浄なりし、獅子王の如き勇者となりて、あらゆるものにその身を現ずることを得、輪宝を得、蓮華手を得、自在に説きて、自在に済度することを得。観音のすべてを学び、堅く鉄鎖を以て、今後離れしめないように結びつけおわれり。仏法僧の三宝を敬礼したてまつる。観自在菩薩に帰命したてまつる。あらゆるものを成就し、あらゆるものを具足し、あらゆる吉祥を得て究竟す＝伊藤古鑑著『禅門聖典講義』による)。

大漁・豊作祈願の善宝寺

曹洞宗三祈禱所の一つ、山形県鶴岡市大字下川の龍沢山善宝寺《りゅうたくさんぜんぽうじ》は、龍神《りゅうじん》信仰の根本道場の一つとして知られ、大漁・海上安全・豊年祈願などが盛んに行われている。山門の守護神として龍王尊《りゅうおうそん》、すなわち龍宮《りゅうぐう》龍道大龍王《りゅうどうだいりゅうおう》と戒道大龍女《かいどうだいりゅうじょ》を祀《まつ》る。

天慶・天暦年間（九三八～九五七）にかけて真言宗の妙達《みょうたつ》がこの地で龍神を見て、『法華経《ほけきょう》』で廻向《えこう》して善宝寺の元を開いたとされる。その後、延慶年間（一三〇八～一三一〇）に総持寺《そうじじ》の二祖・峨山韶碩《がざんじょうせき》、さらに文安年間(一四四四～一四四八)に太年浄椿《たいねんじょうちん》がそれぞれ龍神に遭遇して、仏祖正伝の仏戒を授け、その証拠として戒脈《かいみゃく》を授与した。

太年浄椿はまた、二柱の龍神に龍道大龍王（娑竭羅《しやがら》龍王）、戒道大龍神（第三龍女《だいさんりゆうにょ》）という法号《ほうごう》を附与したところ、龍神は「われらもろもろの眷属とともに、尽未来際《じんみらいざい》、この山を守護し奉《たてまつ》らん。またわれらに祈請《きしよう》する者あらんには、そのために風水の厄《やく》を免れ、必ず願望をして満足せしめん」と誓い、その身を池中に蔵したという。この経緯により太年浄椿は中興の開山とされている。

その池は善宝寺の梅寒《ばいかん》が天正七年（一五七六）、血脈《けちみやく》を奉納した深谷現池《みすまいけ》とされている。ちなみに善宝寺の裏の貝喰池《かいばみのいけ》にも古くから椀貸し伝説や龍神信仰がある。こうした民間信仰の吸収の上に、江戸中期の宝暦年間（一七五一～一七六四）頃までに弥勒《みろく》信仰を採り入れて善宝寺の信仰が形成されたのである。善宝寺は天明六年（一七八六）には有栖川宮《ありすがわのみや》の御祈願所にもなっている。初期の信者層は漁業関係者が中心で、明治末期に龍王講が組織された。漁師は善宝寺の龍王殿に祈願し、奉納物《ほうのうぶつ》とよばれる納札（龍神に対する血脈＝戒脈）を寺から授かり、それを漁場に流す。すると、龍神の神力《じんりき》により大漁がもたらされると信じられている。のちには漁師だけではなく、一般の人々も商売繁盛などの利益にあずかるようになった。守護神・龍王尊の縁日《えんにち》は毎月三日・八日・二十七日の三回である。年中行事には弥勒尊の例祭が恒期大般若会とともに七月八日（かつては旧暦六月八日）に行われている。

龍王尊に対する祈願としては、港湾に堆積《たいせき》する砂や泥を龍神に頼んで退散させる土砂退散祈禱《どしやたいさんきとう》がある。三十七日間の祈禱を修し、満願の日に秘密の陀羅尼文を小石に記し、それを該当の箇所に沈めるもので、天明六年に善

龍沢山善宝寺

宝寺二十六世住職・大雲祥嶽《だいうんしょうがく》が堺港の戎嶋慈眼院《えびすしまじげんいん》で厳修《ごんしゅう》したところ、不思議にも海底が深くなり、天保六年（一八三五）には同地に別院が勧請されている（この別院は明治維新後の廃仏毀釈《はいぶつきしゃく》で、南院寺に附属された）。

なお、善宝寺の境内には、性神信仰の一種とみられる松の木の「すりこぎ」が吊《つ》るされている。これを拝んでから少し削り、それを所持すれば、安産に効能があるとされている。

巣鴨高岩寺ととげぬき地蔵

東京都豊島区巣鴨にある曹洞宗高岩寺《そうとうしゅうこうがんじ》は「とげぬき地蔵《じぞう》」の御利益で有名である。扶岳太助《ふがくたいじょ》が慶長元年（一五九六）に開基。御札《おふだ》を丸めて呑み込むと喉《のど》の刺《とげ》がとれるというような具体的な刺から、不運の刺、病気の刺、貧乏の刺などの抽象的な刺まで、あらゆる刺が除きとられるという。参詣者でいつも賑《にぎ》わっている。

由来は正徳三年（一七一三）、田付某という人の妻が病気になった。妻がいうには「実家の家系では女は二十五歳までしか生きられませんので、私の寿命もどうやら尽きるようです」。夫は驚いて日頃から信仰している地蔵にひたすら祈ると、ある日、夢枕に一人の僧が現れて次のように告げた。「この御姿を一万体、紙に写して川へ流せば、病は癒《い》える」。

消災咒（消災吉祥陀羅尼）

「大悲咒《だいひしゅ》」と並び、各宗で汎用されている。消災咒《しょうさいしゅ》は消災吉祥招福・開運長寿の祈願に用いられている。天界の星が各自の運命を支配しているとするインド占星術の宿命論が、この陀羅尼成立のバックグラウンドになっている。つまりこの陀羅尼をとなえることで仏の力により運命が好転するというのである。唐の不空《ふくう》訳『仏説熾盛光大威徳消災吉祥陀羅尼経《ぶっせつしじょうこうだいいとくしょうさいきちじょうだらにきょう》』のなかに収録されている。

ナウモ・サンマンダ・ボダナン・アラハチ・カタシャーサタナン・タニャタ・オン・ギャーギャー・ギャーキーギャーキー・ウンウン・ジンバラジンバラ・ハラジンバラ・ハラジンバラ・チシッタ・チシッタ・シッチリ・シッチリ・サフタ・サフタ・センチギャ・シリエイ・ソワカ

眼が覚めると、枕許に一寸三分の小さな地蔵があり、夢のお告げにしたがって、一万体を紙に写して浅草川に流した。すると、その夜に夢の中で見たのと同

とげぬき地蔵（高岩寺）の本堂

身代わり地蔵

施餓鬼法「甘露門」

「甘露門《かんろもん》」とは、餓鬼道《がきどう》に落ちて飢餓に苦しむ亡者（餓鬼《がき》）に仏の教法を施して災禍《さいか》をなくし、福報《ふくほう》を得る呪《しゅ》である。先祖供養の功徳もあるとされている。江戸中期の曹洞宗の学匠・面山《めんざん》瑞方《ずいほう》（一六八三～一七六九）が、施餓鬼会《せがきえ》の法会《ほうえ》で使用する陀《だ》羅尼《らに》を編集して甘露門と名づけた。現在の施餓鬼会では「大悲《だいひ》呪《じゅ》」「法華経観世音菩薩普門品」とともに甘露門を誦《じゅ》している。

甘露門は以下の①から⑩までの陀羅尼を唱える。

①雲集鬼神召請陀羅尼《うんしゅうきじんしょうしょうだらに》

ナウボー・ボホリキャリタリ・タターギャタヤ

（離執如来《りしゅうにょらい》に帰依《きえ》したてまつる）

②破地獄開咽喉陀羅尼《はじごくかいいんこうだらに》

オン・ボホテイリキャリタリ・タターギャタヤ

（大日如来《だいにちにょらい》に帰依したてまつる）

③無量威徳自在光明加持飲食陀羅尼《むりょういとくじざいこうみょうかじおんじきだらに》

ナウマク・サラバ・タターギャタ・バロキティ・オン・サンバラー・サンバラー・ウン

（如来観世音《にょらいかんぜおん》に帰依したてまつる。どうか養いたまえ、養いたまえ、円満にしたまえ）

④蒙甘露法味陀羅尼《もうかんろほうみだらに》

ナウマク・ソロバヤ・タターギャタヤ・タニャタ・オン・ソロソロ・ハラソロハラソロ・ソワカ

（阿閦如来《あしゅくにょらい》に帰依したてまつる。この仏尊の呪を示せば、甘

じ僧が現れて病気の妻の悪霊《あくりょう》を追い払う姿が見えた。ほどなくして妻は全快した。田付某は地蔵尊像を高岩寺に奉納したところ、この地蔵の姿（御影《みえい》）をもらって祈願すれば、病気の刺を抜いてくださるという噂が広がり、いつしか「とげぬき地蔵」といわれるようになった。毎月四の日が縁日《えんにち》（四日、十四日、二十四日）で、その日には人の波がたえない。

なお境内にある「身代《みが》わり地蔵」は、自分の病患部と同じ場所を洗うと、治癒《ちゆ》するといわれ、こちらも崇敬者が多い。

海雲寺と荒神

東京都品川区南品川の龍吟山海雲寺《りゅうぎんさんかいうんじ》は荒神《こうじん》を守護《しゅご》善神《ぜんしん》としている。本尊は十一面観音《じゅういちめんかんのん》。この寺が開創されたのは建長三年（一二五一）、臨済宗建長寺派《りんざいしゅうけんちょうじは》大本山建長寺を開いた大覚禅師《だいかくぜんじ》（蘭渓道隆《らんけいどうりゅう》）の弟子・不山東用《ふざんとうゆう》によってである。その後、慶長元年（一五九六）海雲寺五世の分外祖耕《ぶんがいそこう》を開山として曹洞宗に改宗した。

荒神堂に祀られている千躰荒神は、明和七年（一

露を出したまえ、出したまえ、よく出したまえ、出したまえ、めでたし）

⑤普施一切餓鬼陀羅尼《ふせいっさいがきだらに》
ナウマク・サンマンダ・ボダナン・バン
（普《あまね》き諸仏に帰依したてまつる）

⑥五如来宝号召請陀羅尼《ごにょらいほうごうしょうじょうだらに》
ナウボ・バギャバティ・ハラボタ・アラタンナウヤ・タターギャタヤ（南無宝勝如来《なむほうしょうにょらい》）
ナウボ・バギャバティ・ソロバヤ・タターギャタヤ（南無阿《なむあ》閦 如来《しゅくにょらい》）
ナウボ・バギャバティ・アミリティ・アランジャヤ・タターギャタヤ（南無阿弥陀仏《なむあみだぶつ》）
ナウボ・バギャバティ・ビホラギャタラヤ・タターギャタヤ（南無大日如来《なむだいにちにょらい》）
ナウボ・バギャバティ・アバエンキャラヤ・タターギャタヤ（南無釈迦如来《なむしゃかにょらい》）

⑦発菩提心陀羅尼《ほつぼだいしんだらに》
オン・ボージシッタ・ボダハダヤミ
（われ菩提心《ぼだいしん》をおこさん）

⑧授菩薩三昧耶戒陀羅尼《じゅぼさつさんまやかいだらに》
オン・サンマサヤ・トヴァン
（汝は平等一味《びょうどういちみ》なり）

⑨大宝楼閣善住秘密陀羅尼《だいほうろうかくぜんじゅうひみつだらに》
ナウマク・サラバ・タターギャタナン・オン・ビホラギャラベイ・マニハラベイ・タターギャタ・ニダシャニ・マニマニ・ソハラベイ・ビマレイ・シャギャラ・ゲンビレイ・ウンノン・

七七〇）に肥前国《ひぜんのくに》（佐賀県）佐賀藩主鍋島家《なべしまけ》の芝二本榎の下屋敷内の三つの堂に祭祀されていたものを移したものである。荒神は、火と水、台所の神とされる。毎年三月および十一月の二十七、二十八両日を縁日としている。荒神堂《こうじんどう》の内陣では朝から夕方まで護摩《ごま》を焚き、信者は各家の台所に祀っている荒神用の宮《みや》を風呂敷などに包んで、首から下げて参詣する。この宮を護摩の火で浄めたのち、同じ恰好で帰宅するのである。護摩炊きという密教修法によって一年間の息災《そくさい》、増益《ぞうやく》などが得られるとされている。

海雲寺荒神堂（『しながわの史跡めぐり』品川区教育委員会より）

ジンバラ・ジンバラ・ボダ・ビロキテイ・グギャ・ジシュチタ・ギャラベイ・ソワカ

心陀羅尼《しんだらに》

オン・マニ・バジレイ・ウン

随心陀羅尼《ずいしんだらに》

オン・マニダレイ・ウン・ハッタ

⑩諸仏灌頂光明真言陀羅尼《しょぶつかんじょうこうみょうしんごん》（光明真言）

オン・アボキャ・ベイロシャナウ・マカボダラ・マニ・ハンドマ・ジンバラ・ハラバリタヤ・ウン

災難から身を護る陀羅尼「三宝荒神咒」

曹洞宗《そうとうしゅう》大本山総持寺《そうじじ》第三世・太源宗真禅師《たいげんそうしんぜんじ》（?～一三七〇）が三宝荒神《さんぼうこうじん》から「われを祀《まつ》り、この真言を唱えれば、総持寺は災難に逢うことはない」という夢告を受けて伝えられたという伝説がある。同寺の朝課《ちょうか》で唱えられている。大日如来《だいにちにょらい》・阿《あ》弥陀如来《みだにょらい》・文殊菩薩《もんじゅぼさつ》の化身《けしん》といわれる三宝荒神は、総持寺の守護神で、七難消滅、福寿長久の功徳《くどく》がある。陀羅尼に出てくる動神《どうしん》とは、大日の変化神《へんげしん》・日天子《にってんし》の眷属《けんぞく》とされている。

オン・ケンバヤ・ケンバヤ・ウン・パッタ・ソワカ

（おお、動神よ、動神よ、忿怒《ふんぬ》して魔障《ましょう》を撃破せよ。あなかしこ）

殺生石調伏の源翁心昭と妖狐伝説

総持寺《そうじじ》二祖・峨山韶碩《がざんじょうせき》の法系に位置する源翁心昭《げんおうしんしょう》（一三二〇〜一三八〇）にまつわる「殺生石《せっしょうせき》」は謡《よう》曲《きょく》でお馴染みである。奥州熱塩（福島県耶麻郡熱塩

殺生石

修行の無難を守護する「十一面観音咒」

オン・マカキャルニキャヤ・ソワカ
（大悲尊に帰依したてまつる）

曹洞宗大本山永平寺《えいへいじ》の守護尊・白山妙理権現《はくさんみょうりごんげん》（本地《ほんじ》が十一面観音《じゅういちめんかんのん》）の真言で、これを唱えて修行の無事を祈ったものである。

禅宗で祀るおもな守護神

禅寺《ぜんでら》の庫裏《くり》には韋駄天《いだてん》、台所には大黒天《だいこくてん》、東司《とうす》（便所）には烏枢瑟摩《うすしま》（烏枢沙摩《うすさま》）などを守護神として祀《まつ》っている。禅寺以外の寺や民家などでもそれらの護符を眼にしたりすることが多い。いずれもヒンドゥー教系の神が仏教に採用されて守護神となった。韋駄天はスカンダの音写。もとはシヴァ神の子で戦の神であったが、仏教化するにつれて南方増長天王《なんぽうぞうちょうてんのう》の八将の一として護法の善神となり、伽藍《がらん》を守護する。捷疾鬼《しょうしつき》とよばれる夜《や》叉《しゃ》が奪った仏舎利《ぶっしゃり》を韋駄天走りで取り返した伝説がある。韋駄天真言は「オン・イタテイタ・モコテイタ・ソワカ」。

シヴァ神の眷属で、「偉大なる黒い者」を意味するマハーカーラの訳語である大黒天《だいこくてん》は、仏法《ぶっぽう》守護と台所の神である。七世紀にインドを旅行した中国僧・義浄《ぎじょう》（六三五〜七一三）の『南《なん》海寄帰内法伝《かいききないほうでん》』によれば、インドの大寺の厨房《ちゅうぼう》の柱の側に、黒

加納村埶塩）源翁は玄翁玄妙、元翁心昭とも記されるように詳らかでない要素も多いが、元徳元年（一三二九）二月十九日、越後に生まれ、美作《みまさか》（岡山県真庭郡勝山町）の化生寺《けしょうじ》、下野《しもつけ》（栃木県那須郡烏山町）の泉渓寺《せんけいじ》などを開いた。

殺生石は、那須野ケ原にあり、人々に災いしていたが、源翁が引導《いんどう》を渡したので、その害が除かれたとされている。伝説によれば、康応元年（一三八九）五月五日、下野国《しもつけのくに》那須野《なすの》において怪石が出現した。毒気があり、それに近づいたり、触れる者は必ず死亡したところから、殺生石と称した。諸宗の高徳の僧がこれを降伏《ごうぶく》させようとしたが、できなかった。官命により、曹洞宗の総持寺《そうじじ》に照会があった。そこで源翁心昭が選ばれて、那須野へと赴き、応永二年（一二九〇）正月十一日、仏事を行った。源翁心昭は殺生石に向かって「汝、元来、石頭《せきとう》。喚《よ》んで殺生石と為《な》す。霊、何処《いづこ》より来たり、性《さが》、何処より起こる。現今証拠して仏性真如《ぶっしょうしんにょ》の全体と成さん」といい、さらに三摩《さんま》して曰《いわ》く「会《え》すや、去れ、結句に曰く、法々塵々端的底《ほうほうじんじんたんてきてい》、本来の面目未《めんもくみ》曾蔵《ぞうぞう》、現成公《げんじょうこう》案大難事《あんだいなんじ》、異類中行度量《いるいちゅうぎょうどりょう》に任《にん》ず」。この下語《げご》を終え、拄杖《しゅじょう》で殺生石を打つと、その殺生石はたちまちこな

色の彫像（大黒天）が祀られていたとあり、台所の神として定着していたことがわかる。大黒天の真言は「オン・マカキャラヤ・ソワカ」。

烏枢瑟摩は、不浄を浄化する神とされ、便所の神、安産・婦人病の神として奉祀《ほうし》されている。烏枢瑟摩の真言は「オン・クロダヤ・ウン・ジャク・ソワカ」。

仏像や仏壇、墓や塔婆の開眼法

開眼《かいげん》法には真言と印相《いんぞう》のほかに、魂を入れるという意気込みが必要である。合掌《がっしょう》して親指を並べて、中指の間に入れ、両方の人指し指を中指の第一関節の背につける。小指と薬指は少しはなす。その状態で仏眼《ぶつげん》真言「ナウマク・サンマンダ・ボダナン・ナン・ボダロシャニ・ソワカ」と唱える。

楞厳呪（八句陀羅尼）

「楞厳呪《りょうごんしゅ》は、仏頂《ぶっちょう》すなわち仏の大覚《だいかく》を仰ぎ、正法久住《しょうぼうくじゅう》、魔障退《ましょうたい》散《さん》の自護呪《じごしゅ》として、今はほとんど禅宗専用みたいに用いられる」と、陀羅尼《だらに》研究家の坂内龍雄《さかうちたつお》曹洞宗双璧寺住職はいう（『真言陀羅尼』）。各種祈禱や、仏殿・僧堂などをめぐるときなどに唱えられる。楞厳呪のエッセンスとされる八句陀羅尼は

ごなに破却されたという。

その夜、端正な姿形の霊女が源翁のもとに来て、告げた。「我は石魂《せきこん》なり。慚愧宿業《ざんきしゅくごう》あり、八万劫《はちまんこう》、野狐神《やこじん》に堕《だ》す。転々として国を滅ぼしたが、ついに咎《とが》めをうけて霊魂がこの荒野に残り、化して石となる。奇怪善縁合するときに、和尚《おしょう》の摂引《しょういん》を蒙《こうむ》り、ただちに天上の妙薬を得たり。伏して請う、我に浄戒を授け、仏の慧命《えみょう》をつがしめたまえ」。源翁が霊女の言にしたがい、仏戒を授けると、霊女は作礼《されい》して退いた。この霊女は玉藻《たまも》の前《まえ》という妖狐であったという。

この玉藻の前の話には異説もある。重複する箇所もあるが記してみよう。玉藻の前の前身は中国の殷《いん》の紂王《ちゅうおう》に輿入《こしい》れした妲妃《だっき》で、その正体は金毛九尾《きんもうきゅうび》の狐であった。金毛九尾の狐は国家の最高権力者の夫人や愛人に憑依して、その国家を滅亡させることを使命にしている邪悪な妖精とされる。金毛九尾の狐は紂王を悩殺して国を滅ぼしたが、仙術の大家でもあった太公望《たいこうぼう》によって殺された。だが、金毛九尾の狐の本霊《ほんれい》は逃れ去り、やがて日本に渡ることになった。聖武《しょうむ》天皇の時代、天平五年(七三四)、遣唐使多治比広成《たじひのひろなり》が帰朝する途次、船内に忽然《こつねん》と十六、十

「オン・オノリー・ビシャチー・ビラホジャラトリー・ホドホドニー・ホジャラーホニハン・クキツリョヨウハン・ソモコー」。

仏頂尊勝陀羅尼(仏頂咒)

『仏頂尊勝陀羅尼経《ぶっちょうそんしょうだらにきょう》』に出典がある陀羅尼で、禅宗のみならず、密教系寺院などでも誦されている。一週間後、地獄畜生に堕ちると予言された善住天子《ぜんじゅうてんし》が、最高神・帝釈天《たいしゃくてん》に救いを求めたが、どうにもならず、釈迦《しゃか》に救済をもとめたところ、釈迦はその頭頂から光明《こうみょう》を放ち、すべての悪業《あくごう》、魔障《ましょう》を浄化する陀羅尼(仏頂咒)を天子に授けた。それで天子は救われたのである。その夜閻魔王《えんまおう》も出現、この陀羅尼を誦持《じゅじ》する者は誰であれ、万全に守護し、地獄へは堕《お》とさないと誓ったという。このような縁起《えんぎ》がある仏頂咒は、亡者廻向《もうじゃえこう》などに無量の功徳《くどく》があるとされている。

ナウボ・バギャバテイ・タレイロキャ・ハラチビシシュタヤ・ボダヤ・バギャバティ。タニャタオン・ビシュダヤ・ビシュダヤ・サマサマサンマンタ・ババシャ・ソハランダ・ギャチギャカナウ・ソハバンバ・ビシュデイ。アビシンシャトマン・ソギャタバラバシャナウ・アミリタ・ビセイケイマカマンダラハダイ・アカラアカラ。アユサンダラニ・シュダヤ・シュダヤ・ギャギャナウビシュデイ・ウシュニシャビジャヤ・ビシュ

七歳の美しい少女が現れて、「玄宗帝《げんそうてい》の臣・司馬元《しばげん》脩《しゆう》の娘で、名を若藻《わかも》といいます」と述べた。広成は驚いたが、唐土へ引き返すには手遅れであったので、やむなく日本へ連れ帰ることにした。博多に着くと、この少女は消えた。その後、京都に現れ、鳥羽《とば》天皇（一説に近衛《このえ》天皇ともいう）の女官《にょかん》となり、玉藻の前と名乗り、天皇の寵《ちょう》を受けて、人々を惑乱《わくらん》した。元永三年（一一二〇）、陰陽師《おんみょうじ》の安倍泰親《あべのやすちか》が清涼殿《せいりょうでん》に祈壇をもうけて霊鏡《れいきょう》を手にすると、玉藻の前正体が金毛九尾狐であることがわかった。ただちに壇上にあった四色の幣《へい》を投げつけると、玉藻の前は消え、妖雲と化して去った。ところが、投げつけた四色の幣のうちの青い幣だけがその妖雲を追って飛んでいった。安倍泰親は、青色の幣が落ちたところに妖狐がとどまると諸国に令した。すると、下野国那須原に落ちたと注進《ちゅうしん》があった。

領主の那須《なす》八郎宗重《はちろうむねしげ》が鎮めたが、妖狐の害が起こったので、上総国《かずさのくに》の上総介広常《かずさのすけひろつね》を大将に安房国《あわのくに》の三《み》浦介義純《うらのすけよしずみ》や、安倍泰親などが動員され、退治に乗り出した。それによりさすがの妖狐もついに仕留められ、石に化した。妖狐が死ぬとき、尾の一つが飛んで、埼玉・群馬地域の尾先狐《おさきぎつね》（大崎狐）となったと

デイ・サカサラアラシメイ・サンソジテイ・サラバタターギャタ・バロキャニ・サタハラミタハリホラニ・サラバタターギャタ・キリダヤジシュタンナウ・ジシュチタ・マカボタレイ・バザラキャヤ・ソウカ・タナウ・ビシュデイ・サラババラダ・バヤドラギャチ・ハリビシュデイ。バラチニバラタヤ・アヨクシュディ・サンマヤ・ジシュチテイ・マニマニマカマニ。タターボタクチ・ハリシュデイ・ビソホタ・ホウジシュデイ・シャヤシャ・ビジャヤビジャヤ・サンマラサンマラ。サラバボダ・ジシュチタシュデイ・バジリバザラギャラベイ・バザランババトママ・シャリラン・サラバサトバンナン・シャ・キャヤハリビシュデイ。サラバギャチハリシュデイ・サラバタターギャタシッシャメイ・サマジンバサエンド・サラバタターギャタ・サマジンバサ・ジシュチテイ・ボウジヤ・ボウジヤ・ビボウジヤ・ビボウジヤ・ボウダヤ・ボウダヤ・ビボウダヤ・ビボウダヤ・サンマンダ・ハリシュデイ・サラバタターギャタ・キリダヤ・ジシュタナウ・ジシュチタ・マカボダレイ・ソワカ。

（大意＝世尊《せそん》に帰命《きみょう》したてまつる。その世尊はじつに三世《さんぜ》を通《つう》貫《かん》して、もっとも無比独尊なる大覚者の世尊よ。いわゆる応報《おうほう》の三身如来よ。この如来の神力加持《じんりきかじ》によって、煩悩所知の二障を浄除し、光明遍照《こうみょうへんじょう》せられて、六趣に舒遍《じょへん》し、事理分明となって、そのまま清浄《しょうじょう》ということができる。我をして灌頂《かんじょう》せしめ、浄土に導く特殊な教えの甘露水《かんろすい》よ。よろしく至心に祈禱せよ。必ず延命増寿《えんめいぞうじゅ》の無上果《むじょうか》を成す。

尊勝仏頂《そんしょうぶっちょう》はじつに清浄なり。仏頂より千の光明を放って、我等有情《うじょう》を警覚《きょうかく》して、仏道を引入《いんにゅう》し給う。一切如来の大悲方便《だいひほうべん》た

いう話もある。尾先狐は狐憑きのことで、その家筋を尾先持ちという。石に化してからもまだ毒気を出しているので、殺生石と称された。触れれば人畜を害するため名僧知識が祈禱するなどしたがその甲斐《かい》はなく、源翁の出現を待たざるをえなかった。そして源翁が至徳二年（一三八五）八月十三日、殺生石を鉄の杖で六度たたき、ついに調伏したというのである。なお、源翁によって割られた殺生石の破片が飛んで、各地の祟りをなす石になったという伝説もある。殺生石の周辺には、硫化水素などの有毒ガスを発生する孔があり、ときとしてそのガスが激しく噴出して即死する場合もある。そのため、殺生石伝説がつくられるようになったとも考えられている。

る神力加持はさらに偽りに非ず。金剛《こんごう》の如く鉤鎖《こうさ》の如く確実にして、有情は一切の障難《しょうなん》を浄除して、自性に一点の汚泥なく清浄と成る。

　寿命は延長せられて清浄となり、凡を転じて聖と成し、世の福田《ふくでん》となることを得。また真如清浄の理を証得し、真如清浄の智は顕現《けんげん》せられて、世間にも出世間《しゅつせけん》にも最尊最勝《さいそんさいしょう》となり、理智定慧《じょうえ》が両輪の如く、鳥の双翼の如くに相応することができる。

　一切諸仏の道場に雲集して、我等有情を加持して清浄ならしめ、金剛堅固の菩提心《ぼだいしん》はますます牢固として抜くべからず。終に一切の祈願は満足せられて、ああ、じつに真個の自分というものを見出すことができる。ああ、斯くして一切の有情の身は清浄となり、また一切の人天鬼畜等の六趣も清浄となりしが、是《こ》れ皆一切如来の神力加持に依《よ》る。この加持に依って自分の身の清浄を覚《さと》り、あらゆる万境の清浄を覚って、速疾《そくしつ》に真俗二諦の深旨《じんし》を契証《けいしょう》し、遂に自身を忘れ、万境を忘れて、一切に自由自在の大神力を現すことができる。是れを以て涅槃成就《ねはんじょうじゅ》のところとも云うべきか。じつに涅槃成就のところなり。）

至道無難の死霊の弔い法

「予《よ》が弟子、死霊《しりょう》を弔《とむら》う事を問う。第一、身を消し、心を消し、修行成就《しゅぎょうじょうじゅ》して弔えば、浮かぶなり。年老い、色の念なくても、心にうつるうちは、弔いても浮かぶ事なし。必ず無念にして弔えば、悪霊《あくりょう》も浮かぶなり。この道成就する人には、確かなるしるしあり」（至道無難《しどうぶなん》『即心記《そくしんき》』）。

　天下に死霊があり、その仕業《しわざ》によって人も家も滅びることが確かであると主張する人がいた。それに対して臨《りん》済宗《ざいしゅう》の僧・至道無難（一六〇三～一六七六）は次のように答えている。死霊には四種類ある。一つは、国の霊である。国の霊は昔の国主《こくしゅ》の霊で、子孫に伝えようと思う念が残って死霊となる。二つ目は、屋敷《やしき》の霊である。三つ目は、家の霊。城の霊も同じである。四つ目は名字《みょうじ》の霊である。初めの三種類はその所から去れば、問題はない。だが、四つ目の名字の霊（執着霊《しゅうじゃくれい》）はどこへ行っても、逃れることはできないから、善《ぜん》知識《ちしき》（僧侶《そうりょ》）を頼み、弔《とむら》えばよいと述べている（『自性記《じしょうき》』）。なお、至道無難は美濃《みの》に生まれ、大仙愚堂《だいせんぐどう》に随《したが》って江戸へ行き、麻布《あざぶ》の東北庵《とうほくあん》に住した。その法は正受老人《しょうじゅろうじん》こと道鏡《どうきょう》慧端《えたん》に相伝され、正受老人から臨済禅の巨匠・白隠慧鶴《はくいんえかく》へと継承された。

病気回復・無病長生に霊験がある『延命十句観音経』

臨済《りんざい》宗《しゅう》中興《ちゅうこう》の祖・白隠慧鶴《えかく》（一六八五～一七六八）が『へびいちご』に『延命十《えんめいじっ》句観音経《くかんのんきょう》』のもたらす霊験《れいげん》を強調している。

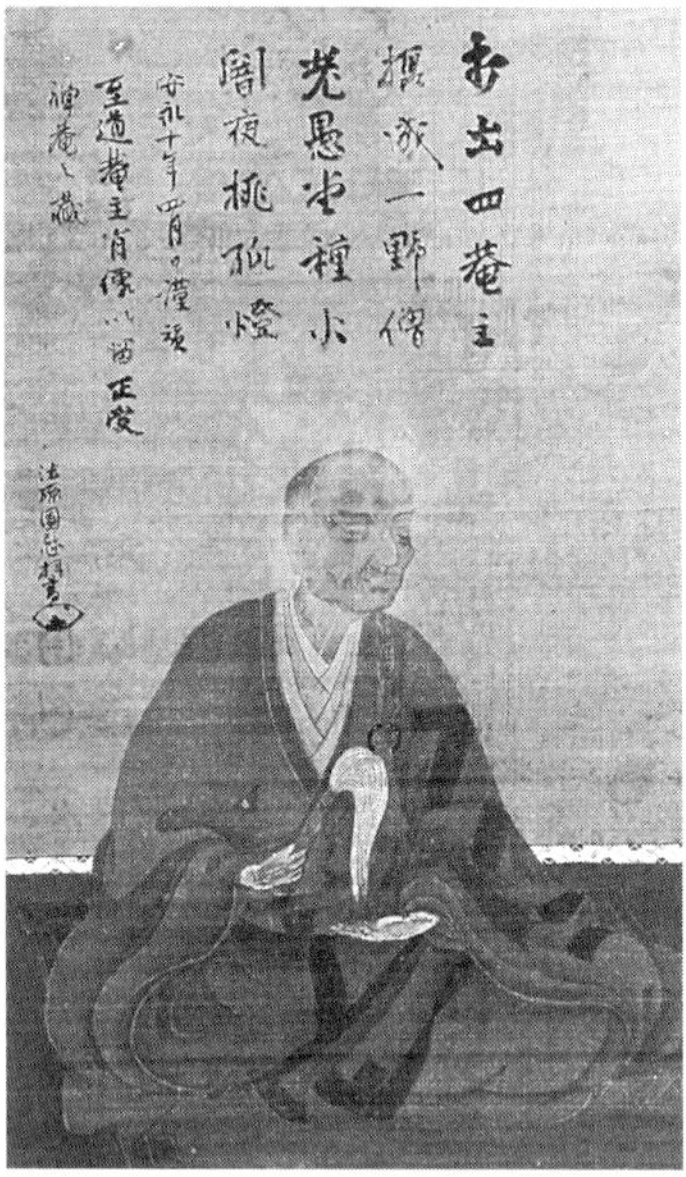

至道無難頂相（正受庵蔵、「別冊太陽　禅」平凡社より）

白隠木像（松蔭寺蔵、「別冊太陽　禅」平凡社より）

重病あるいは不慮の災難に遭った人にあたえて、この経文を毎日二百返か三百返、真実に読誦すれば、必ず驚くばかりの霊験が現れるという。またこれを誦する者は至極無病で長生きするとも述べている。

白隠がこの経文《きょうもん》に注目するようになったのは、江戸在住の森田《もりた》平馬《へいま》という武士から信じがたいような手紙が届いたことによる。平馬は折にふれて『延命十句観音経』を読誦《どくじゅ》し、人にも勧めていた。ところが、ある日、突然、息がたえてしまったのである。三途《さんず》の川を渡り、気がついたら閻魔《えんま》大王《だいおう》の前にいた。

閻魔大王は「今、お前をここによんだのはほかでもない。お前一人で『延命十句観音経』を広めていても、一人の力では小さくて限度がある。近頃、東海の原宿に白隠禅師《ぜんじ》という和尚《おしょう》がいる。どうかその和尚の力で『延命十句観音経』を世の中に広めてもらうよう、伝えてもらいたいのじゃ。わしも務《つと》めで閻魔大王をしているが、最近は地獄があまりに繁盛しすぎて、鬼どもも疲労ぎみだし、人間どももかわいそうである。お前は戻ってぜひとも和尚にそう伝えてくれ」と依頼したのである。森田平馬は「必ず白隠和尚にその旨をお伝えいたします」と約束した。その瞬間に、棺桶《かんおけ》の中で平馬が息を吹き返したので、

禅宗系の主要祈禱寺院

・曹洞宗法光寺《そうとうしゅうほうこうじ》（青森県三戸郡中川町）…北条時頼《ほうじょうときより》が建長年間（一二四九〜五六）に開創したとされ、釈迦牟尼仏《しゃかむにぶつ》を本尊とする。学業成就・縁結び・家内安全など。

・曹洞宗正法寺《しょうほうじ》（岩手県水沢市黒石町）…無底良韶《ぶていりょうしょう》が正平三年（一三四八）に開基《かいき》。曹洞宗の名刹《めいさつ》、奥羽二州の本山。本尊は如意輪観音《にょいりんかんのん》。子宝・安産の祈願所として有名。

・曹洞宗双林寺《そうりんじ》（宮城県栗原郡筑館町小山）…孝謙《こうけん》天皇が天平宝字元年（七五七）に開基。薬師《やくし》如来《にょらい》坐像を本尊とする。病気平癒など。

・曹洞宗長谷寺《ちょうこくじ》（秋田県本庄市赤田上田表）…是山和尚《ぜざんおしょう》が寛政元年（一七八九）に開創。通称「赤田《あかだ》の大仏《だいぶつ》」。日本三大観音の一つで、交通安全・家内安全・大漁豊作の祈願所。本尊は釈迦牟尼仏。是山和尚は修験道《しゅげんどう》の達人でもあり、千里眼《せんりがん》を備え、亡者の怨霊《おんりょう》を成仏させるなど、一種の超能力者であった。

・曹洞宗金勝寺《きんしょうじ》（山形市山家町二丁目）…夢窓国師《むそうこくし》の開基とされ、摩利支天《まりしてん》を祀《まつ》る。学業成就・試験合格祈禱を行う。

・臨済宗妙心寺派円蔵寺《りんざいしゅうみょうしんじはえんぞうじ》（福島県河沼郡柳津町寺家町）…法相《ほっそう》宗の高僧・徳一《とくいつ》が大同年間（八〇六〜八一〇）に開基。本尊は日本三虚空蔵《こくうぞう》の一つ、福満《ふくまん》虚空蔵菩薩。一月七日の七日堂裸祭りが有名。

・黄檗宗達磨寺《おうばくしゅうだるまでら》（群馬県高崎市鼻高町）…東皐心越《とうこうしんえつ》が十七世紀に開創。水戸徳川家の祈願所。本尊は北辰鎮宅霊符尊《ほくしんちんたくれいふそん》・達磨《だるま》大《だい》

葬式に集まっていた人たちは一様に驚いた。

平馬はその経緯《いきさつ》を記した手紙を白隠に送った。不思議な因縁《いんねん》を感じた白隠は、『延命十句観音経』を在家《ざいけ》にあたえて実践させるとともに、みずからも研究しはじめたのである。すると、この経文《きょうもん》を一心に読誦する人々は、すべてなんらかの効能を得ていることがわかった。死にかかっていた病人が回復したり、宿痾《しゅくあ》が治ったり、牢獄《ろうごく》に入れられて死罪が決まっていた罪人が許されたり、一旦死んだ者が蘇生《そせい》するようなことすらあった。そうした多くの実例は白隠の『八重葎《やえむぐら》（延命十句霊験記）』に記載されている。そこで白隠は、「閻魔大王は偽りをいわなかった。これは大変な功徳《くどく》のある経文だ」、「この経の利益《りやく》によって、在家は家業繁栄。出家《しゅっけ》は次第に信心《しんじん》堅固《けんご》、大道の淵源《えんげん》に徹し、大法施《だいほうせ》を行じ大菩薩を成《じょう》就《じゅ》するというのも、みなこの経の功徳ではないか」と『延命十句観音経』を絶賛している。ちなみに、この経文は禅宗に限らず、真言宗などでも広く唱えられている。

『延命十句観音経』
観世音《かんぜおん》　南無仏《なむぶつ》　与仏有因《よぶつういん》　与仏有縁《よぶつうえん》　仏法僧縁《ぶっぽうそうえん》
常楽我浄《じょうらくがじょう》　朝念観世音《ちょうねんかんぜおん》　暮念観世音《ぼねんかんぜおん》　念念従心起《ねんねんじゅうしんき》　念念不離心《ねんねんふりしん》

師《し》・十一面観世音《じゅういちめんかんぜおん》。一月六、七両日のダルマ市は、商売繁盛、開運、出世、合格、選挙必勝などに御利益がある。

・曹洞宗茂林寺《もりんじ》（群馬県館林市堀工）…大林正通《だいりんしょうつう》が応仁二年（一四六八）に開基。釈迦牟尼仏を本尊とする。分福茶釜《ぶんぶくちゃがま》のお伽話《とぎばなし》の舞台で、金運増強・招福の利益。

・曹洞宗三光寺《さんこうじ》（静岡県榛原郡川根町家山）…夢窓国師が貞和二年（一三四六）に開基。本尊は阿弥陀如来《あみだにょらい》。境内《けいだい》の足地蔵《あしじぞう》は足の病に効き目があるとされる。

・曹洞宗金龍山明徳寺《みょうとくじ》（静岡県田方郡天城湯ケ島町市山）…不浄を転じて清浄となす烏芻沙摩明王《うすさまみょうおう》を守護神とする。「手水場《ちょうずば》（便所）の神さま」として伊豆一円に信仰される。元和元年（一六一五）に僧聞国逸和尚《そうぶんこくいつおしょう》が韮山真珠院《にらやましんじゅいん》から利山忠益《りざんちゅうえき》を拝《はい》請《しょう》して開山。八月二十九日が縁日で、「不浄除《ふじょうよけ》」（清浄破水）で祈禱した褌や腰巻きを授与。下《しも》の世話にならずに大往生《だいおうじょう》するという利益がある。

・曹洞宗足柄山聖天堂《しょうてんどう》（静岡県駿東郡竹之下）…宝鏡寺《ほうきょうじ》の境外仏堂《ぶつどう》で、大聖歓喜天《だいしょうかんぎてん》尊を祀《まつ》る。ここに祈願すれば、他人に下の世話にならずに無病長寿・安穏《あんのん》成仏できるという。

・曹洞宗影向寺《ようこうじ》（愛知県知多郡南知多町豊浜）…永禄年間の創建。十一面観世音を本尊とする。安産祈願所として著名。

・曹洞宗雲巌寺《うんがんじ》（熊本県熊本市松尾町）…東陵永璵《とうりょうえいよ》が正平六年（一三五一）に開基。四面馬頭観音《しめんばとうかんのん》を本尊とする。奥の院の洞窟に観音を祀る。通称「岩戸《いわと》観音《かんのん》」。

第8章 教派神道系の呪術

本稿は「教派神道系」と銘打っているように、厳密な意味での「教派神道」ではない。便宜的に教派神道系としたもので、より正確にいえば神道系新宗教である。したがって本稿には教派神道の一部も含まれているが、それ以外のものもあるということを、ご承知おきいただきたい。本稿で紹介しているのは、黒住教、金光教、天理教、大本教、岡本天明（ひかり教会）、真《まこと》の道、世界救世教、岡田光玉《こうたま》（世界真光《まひかり》文明教団・崇教真光）である。そのうち黒住教・金光教・大本教が現在、教派神道連合会に属し、天理教が諸教、ひかり教会・真の道・世界救世教・世界真光文明教団・崇教真光が新宗教に分類される。これらの教団については本文をお読みいただきたい。

ここでは本文で紹介していない主な「教派神道」の呪法について簡単に触れておこう。

①禊教《みそぎきょう》　伯家《はくけ》神道系の神職井上正鐵《まさかね》（一七九〇～一八四九）を教祖とする禊教では、身曽岐《みそぎ》神社（旧名・井上神社＝山梨県北巨摩郡小淵沢町高天原）で各種の祈禱を行っている。身曽岐神社は井上正鐵の木像を安置する本殿のほか、祖霊殿、鉄安霊社、拝殿、火祥殿《かしょう》、水祥殿がある。特筆すべきは神（火水《かみ》）を象徴しているという火祥殿、水祥殿の両殿。八角形の護摩壇（火祥台）を擁した火祥殿では神道護摩神事による祈禱が行われ、神水井戸を神座としている水祥殿では交通安全祈願として、その神水を自動車に注いで邪気を祓う。また十種《とくさの》神宝《かんだから》の神徳を現す古神道修行の道場ともいうべき瑞祥宮もある。この宮では水による禊ぎのほか、十種神宝御法（鎮魂法）を行じ、最終的には天地の根源（造化三神）と合一することになっている。

②神道大教　明治八年に組織化された神道事務局を元とし、天之御中主神《あめのみなかぬしのかみ》などを祭神としている。本部（東京都港区西麻布）では祈禱・禁厭《まじない》によって凶事を除き、災禍を祓い、吉事を祈りつつ、顕幽一致、神人合一の境地への到達を目的としている。

③出雲《いづも》大社《おおやしろ》教　出雲大社の祭主家（出雲国造家）の千家《せんげ》尊福《たかとみ》が明治六年に出雲大社敬神講を組織したことに始まる。祭神は幽世《かくりよ》の主宰神とされる大国主《おおくにぬし》大神である。大国主の霊威を仰いで、この世の幸福を実現するための祈りの呪文「神語《しんご》」として「幸魂《さきみたま》　奇魂《くしみたま》　守《まもり》　給《たまえ》　幸《さきはえ》　給《たまえ》」を唱える。現世の幸福はすべて幽世からの恩《みたまの》

頼《ふゆ》によって与えられるが、神語奉唱はその幸福を得る秘鍵であるとされる。また、帰幽した先祖などに対する供養の祈りの言葉「幽冥神語《ゆうめいしんご》」として「幽冥大神《かくりよのおおかみ》　憐《あわれみ》　給《たまえ》　恵《めぐみ》　給《たまえ》、幸魂奇魂守給幸給」を唱える。儀式には、みたまむすびの霊行などがある。本部は島根県簸川郡大社町大字杵築東。

④神理《しんり》教　饒速日命《にぎはやひのみこと》の末裔とされる家に生まれた佐野経彦《さのつねひこ》（一八三四〜一九〇六）を教祖とする神理教（福岡県北九州市小倉南区徳力）の祭神は『古事記』の諸神である天在諸神《あめにますもろもろのかみ》と配祀諸神《あわせまつるもろもろのかみ》。佐野経彦は秘教的な五十言伝に基づいた言霊学や神学を説いた。各種祈禱、鎮魂、独特の卜占のほか、家伝の十種神宝による禁厭《まじない》で病気治しを行う。教義は古神道理論が中心で、易や陰陽五行説の影響もある。

⑤神習《しんしゅう》教　大中臣《おおなかとみ》家の末裔という津山藩士芳村正秉《よしむらまさもち》（一八三九〜一九一五）が明治一四年（一八八一）に開いた。奉斎主神として造化三神など天神地祇を祀る。外伝と内伝の神事があり、身滌《みそぎ》、祓除、物忌み、鎮魂、神事五法を厳修。それにより神人合一の安心を得ることを目的とする。儀式として探湯式《くがたちしき》、鎮火式、日貴目鳴《ひきめめい》絃式《げんしき》などがある。本部は東京都世田谷区新町。

⑥神道大成教　外国奉行であった平山省斎《ひらやませいさい》（一八一五〜一八九〇）が創設。主神は天之御中主神など七神。横山丸三《まるみつ》が創始した淘宮（天源学系の修行と卜占）、儒学、心学などの諸団体を結集している。静座調息法の実践を行う。本部は東京都渋谷区神宮前。

⑦丸山教　富士講出身の伊藤六兵衛を教祖とし、「お日の丸様（大元祖神《おおもとのおやがみ》）を本尊とする丸山教は、修験道系の呪法を用い、「南経」により患者の体をさすって病気を治療する身祓《みはらい》や、呪符を神水とともに呑む御海封《ごかいふう》などを行う。丸山教の基本的な唱え言葉は「天明海天」である。本部は神奈川県川崎市多摩区登戸。

黒住教のまじない——

黒住教《くろずみきょう》は文化十一年（一八一四）、黒住宗忠《くろずみむねただ》（一七八〇～一八五〇）が開いた神道系の宗教である。備前国御《びぜんのくにみ》野郡上中野《のごおりかみなかの》村《むら》（岡山市大元《おおもと》）に、今村宮《いまむらぐう》の禰宜職《ねぎしょく》の三男として生まれた宗忠は、文化十年に労咳《ろうがい》（肺結核）となり、臥床の身となった。翌年正月には容体が悪化し、危《き》篤《とく》状態に陥ったのである。同年十九日、もはや助からないと死を悟った宗忠は、この上は、じたばたせずに死のうと決めた。死んでから神になって、自分と同じ病気で苦しむ人を助けようとしたのである。すると不思議にも心が落ちついてきた。それとともに何故病気になったのかを思い起こしてみた。大病になったそもそもの発端《ほったん》は、父母の死であった。それを嘆き悲しむあまり、陰気になり、病気になったのである。心が陽気《ようき》になりさえすれば、治るはずだ。死を願うよりも、息をしているあいだだけでも陽気を心掛けることが真の孝行ではないか、そう思い返すと、病状は快方へと向かったのである。

その年の三月十九日、体は衰弱していたが、入浴して、太陽を一心に拝んで日拝《にっぱい》すると、全身に力がみなぎり、一時に全快した。同年十一月十一日、冬至の一陽来福《いちようらいふく》の朝、日拝して祈っていると、太陽の陽気が身体《からだ》全体に満ちわたった。その一団の温《ぬく》い玉のような陽光を丸ごと飲み込んだかと思うと、形容《けいよう》しがたい心地よさ、楽しさに包まれた。「天命直授《てんめいじきじゅ》」とよばれる天地生々の霊機《れいき》を感得《かんとく》したのである。宗忠が太陽＝天照太神《てんしょうだいじん》と一体となり、生きながらにして神となった瞬間であった。この「天命直授」の時を黒住教では立教《りっきょう》の時としている。宗忠は、腹痛に苦しむ同家の婢ミキに陽気を吹きかけて治したのを手始めに、天照太神の道を講釈する一方、まじない（禁厭《きんえん》）を行い、布教を開始したのである。

黒住宗忠肖像（武田五峰画、原敬吾『人物叢書　黒住宗忠』吉川弘文館より）

黒住教によれば、陽気の根源である天照太神は万物の親神《おやがみ》であると同時に、万物を生成化育《せいせいかいく》する絶対神でもある。人間はすべて天照太神の神の子であるから、陽気の神徳《しんとく》を有り難くいただくことによって、魂は生き通《どお》しとなるという教えである。

まじないは「混《ま》じりない」の略称であると宗忠は述べている。宗忠が行うまじないは、世上思われているような、迷信めいた胡散臭《うさんくさ》いものではなく、混じりがない、純粋純正なものであると位置づけたのである。

黒住教のまじない（禁厭）は、霊的治療が主軸で、「じきまじない」と「かげまじない」の二種類がある。前者の「じきまじない」は手を患部にあてて撫《な》ぜたり、息を吹きかけたりする直接的呪法で、本人に直《じ》かに行うまじないである。後者の「かげまじない」は、遠隔地にいる病者を祈念して治したり、守り札《ふだ》や御符《ごふ》を送って授けたり、あるいは紙片《しへん》（人形《ひとがた》など）に病者の姓名、年齢を記させて、祈念してからその人形に陽気を吹きかけて治療する、間接的呪法である。

まじないは御利益《ごりやく》、お蔭《かげ》を得ることである。お蔭にはいろいろあるが、すべてみな人の誠のなすところであるという。「人々の誠のところから、天地の誠の生き物（天照太神の分心《ぶんしん》）を呼び出す」（黒住宗忠）としている。それがお蔭になるのである。誠とは人間の心の清浄＝正常な状態で、その状態に戻すことが、黒住教のまじないの本質でもある。

太陽を礼拝することによって天照太神と神人合一《しんじんごういつ》するという「天命直授」の神秘体験を得て、全身に霊力が充満し、霊的能力を発揮することができるようになった。黒住宗忠は、手を通じ、あるいは息を吹き掛けるなどして、病気を治療したのである。

宗忠は病気について「人の生きものは心ばかりであって、肉体は心が活《い》かしているのであるから、心を清水のように澄ますときは病はない。病は（心を）濁《にご》すところより諸々の病を生ずるゆえ、心を澄《す》ますときは直《ただ》ちに病は消え失せる」としている。人の生きものは心というが、その生きものの本体は、天照太神であると宗忠は説いた。つまり、人の心は天照太神の分霊《ぶんれい》であるというのである。

文政十一年（一八二八）六月、亀山平六郎の十七歳の妹が水疱瘡《みずぼうそう》で重体となった。医者が診察したものの、思わしくない。宗忠が呼ばれて行くと、瀕死《ひんし》の状態であった。宗忠自身の書簡によれば、「(亀山の妹は)いよいよさしこんで、息も絶え絶《ただ》えのところに、小生が到着しました。少し手をあてると、即座に意識が戻って窮地《きゅうち》を脱したのです。その後、薬をやめさせて、二、三回ほど、まじないをしてみると、水疱瘡はすっかり治ってしまいました。まことに村じゅう、上を下へと大騒ぎしていましたが、いまでは大風がやんだようにすっかり落ちついています。まことに不思議なことで、有り難く存じています。しかし、これも小生の力ではありません。自然のお蔭《かげ》だと思っています」。宗忠は自分の力ではなく、あくまでも自然の治癒力に重点をおいている。自然の治癒力とは、宗忠にとって天照大神の有り難い働きにほかならなかった。

また、翌年三月には、福田という重病人を手をあてて治している。宗忠曰《いわ》く「臨終におよび、家族親戚一同が臨終を看取《みと》ろうとしているところに、はなはだ難儀《なんぎ》でしょうが、今一度お参りしていただきたいと頼まれましたので、参りました。その時、小生は心に思いました。この道(宗忠の方法)が、もし天照大神の御心《みこころ》に叶うのならば、ただ今、ここにおいて祈り返して、末代《まつだい》までの道の印と存ずることに致します。八百万《やおよろず》の神に祈ったところ、不忠議にも、祈念《きねん》のあとで、手を少し病人の腹中へあてると、即座に苦痛は去り、高熱もさめました。まことにさしもの重体も夢のように治ってしまったのです。その場にいた人達はびっくりしてあきれ、小生も何と申していいのやら有り難さに言葉もでませんでした。それより日々快方に向かったのです」。『宗忠大明神御伝記《むねただだいみょうじんごでんき》』にも、宗忠が手をあてるだけで病人が治ったことを明記している。「長患《ながわずら》いのような難病でも、先師(宗忠)の御手に触れさえすれば、そのままに疾病《しっぺい》は消えてゆく。こうした奇《くす》しきことを聞き伝えて寄り集い、お蔭を受けるものが、日に日にまして数えきれないようになった(大意)」

据え置きご祈念

黒住宗忠が生誕した岡山市上中野(大元《おおもと》)に鎮座し、宗忠を祭神としている宗忠神社では「据《す》え置きご祈念」

という独特の禁厭《きんえん》を行っている。祈願者の氏名と願意を禁厭紙に書き込み、神前に一か月間据え置き、その間、斎主が毎日五回、祈って呪《まじな》うものである。その禁厭紙は翌月の初めに祈願者に渡され、一種のお守りとなるのである。

黒住教の禊祓詞《みそぎはらえのことば》

高天原《たかまのはら》に神留《かむづ》まり坐《ま》す神漏岐《かむろぎ》神漏美命《かむろみのみこと》以《も》ちて皇御《すめみ》祖神伊《おやかむい》邪《ざ》那岐命《なぎのみこと》筑紫日向《つくしのひむが》の橘《たちばな》の小戸《おど》の阿波岐原《あはぎはら》に御禊祓《みそぎはら》え給《たま》う時に生坐《あれま》せる祓戸《はらえど》の大神等《おおかみたち》諸《もろもろ》の枉事《まがごと》罪穢《つみけがれ》を祓《はら》え給え清《きよ》め給えと申《まお》す事の由《よし》を天《あま》つ神国《かみくに》つ神八百万神等《かみやほよろづのかみたち》共《とも》に天班馬《あめのふちこま》の耳振り立てて聞《きこ》し食《め》せと恐《かし》み恐み白《まお》す。

とおかみ、えみため、祓給《はらえたま》え清給《きよめたま》え（五回）

御洗米によるまじない

黒住宗忠の手や息による治癒のほかに、御洗米《ごせんまい》を用いたまじないに関する信者の見聞録も知られている。御洗米とは、きれいな米を洗って乾かし、神前《しんぜん》に供えたもので、金光教《こんこうきょう》などでも用いられる。弘化元年（一八四四）頃、岡山の門人・黒田平八郎が頸《けい》部リンパ腺の結核性の潰瘍《かいよう》・瘰癧《るいれき》で咽喉《のど》が腫《は》れて、医者も手遅れだと匙《さじ》を投げた。宗忠は「承《うけたまわ》れば、ご難儀の由、おまじないをいたしますぞ」といって、しばらく祈念を凝らした。そして黒田平八郎の腫《は》れ物に手をかけて、「これは仕合わせです。まことに結構なことで、もし咽喉の内部が腫れて

黒住宗忠の生誕の地に建つ宗忠神社

いたら、湯水も通らないところでした。しかし、私がまじないを施せば、すぐに治ると、確信なされよ」と続けた。平八郎はしっかと、うなずいた。

それをみた宗忠は懐中《かいちゅう》から、御洗米を取り出すと、平八郎にいった。「この御洗米を縁先《えんさき》へ出て、日光を写した清浄な水と一緒に有り難くいただきなさい」。そのとおりにすると、たちまち気分が爽快《そうかい》になり、やがて全快したのである。洗米と日光と水によるまじないは、天照大神信仰と直結している。宗忠のまじないは基本的には御会日《ごかいじつ》（二と七のつく日）の宗忠の講釈後に行われた。宗忠は横になって寝たまま、まじないをしたこともあった。

神水によるまじない

朝一番の水を汲んで、日拝のときに供えて、祈念を込めた水が、神水《しんすい》となる。神水は天地の恩恵の根源的なものとされる。神水を飲んだり、患部につければ、心身が陽気に満たされ、病が治ったりする。「五人ほどの婦人の髪がはげていた箇所に、一心に神水をつけたところ、そこから髪が伸びて四十日ばかりで五寸ほどになった……もっとも、病に神水が効《き》いて平癒《へいゆ》した数ははなはだ多い」などと、宗忠はその御文《ごぶん》（『黒住教教典《くろずみきょうきょうてん》』）に書き記している。また、神水を撒《ま》くと、枯れかけていた草木や花々が生き返ったり、濁って利用できなかった井戸水が澄んだり、腐りかかっていた酒が元に戻るなどの実例が伝えられている。

息によるまじない――「陽気を吹きかける」

長らく病気であった美作国《みまさかのくに》（岡山県）勝北郡大町村の野々上帯刀《ののがみたてわき》は、黒住宗忠《くろずみむねただ》の講釈を聞きにいったときに、まじないを受けている。宗忠は野々上の腹を押さえて、「あるものは皆吹き払え大空の無きこそ元の住家《すみか》なれ」

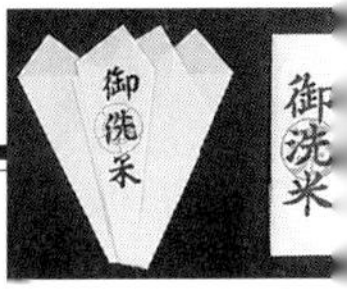

黒住教で配布してい
御洗米

と唱えて、陽気《ようき》を吹きかけた。この陽気とは、息のことであるが、天照太神《てんしょうだいじん》のお蔭であると念じながら吹きかけるものとされる。陽気を受けた野々上帯刀は、積年の迷夢が覚めた心地《ここち》がして、宿痾《しゅくあ》も平癒してしまったという。

医者の小林倹造《けんぞう》が命に関わるような重病人を宗忠に送ってみると、いずれもまじないで快方に向かう。なぜ治ってしまうのか、宗忠の門人に聞いてみたところ、「ただ吹いて撫《な》でるのみ」ということであったという。

まじないは宗忠だけが行ったのではなく、他の者にも許可している。備前国《びぜんのくに》（岡山県）山田村の亀蔵という者が名主《なぬし》の常太郎に頼まれて、常太郎の娘の腹痛に対する祈念を宗忠に依頼した。祈念を凝らしたのち、宗忠は亀蔵自身が常太郎の娘にまじないをするように命じた。「私などとてもできません」と拒んだ亀蔵だったが、宗忠は「私の代理と心得て、辞退してはならない」と諭《さと》し、亀蔵の掌へ陽気を吹きかけた。帰村した亀蔵が教えられたとおりにまじないを施すと、常太郎の娘の腹痛は全快した。息によるまじないは、心掛け次第で誰にでもできることを示したものである。

祈念および御札などによるまじない

直接手をあてたり、陽気《ようき》を吹きかける「じきまじない」ではなく、病人と離れた遠方の場所から祈念して治した「かげまじない」の事例も数多く伝わっている。「かげまじない」は前にも触れたように、遠隔療法の一種である。たとえば、御札に祈りを込めて病人のもとに送り、それによって治癒《ちゆ》するというものである。江戸詰《づ》めの石尾乾介《いしおけんすけ》の腫《は》れ物を、岡山にいた黒住宗忠《くろずみむねただ》が祈念で治している。

宗忠によれば、「誠の祈りには叶《かな》わぬことは無きもの」である。全世界の日月《じつげつ》は一体のものであり、人間の心もみなそれに連《つら》なっているのだから、我意を捨て誠意を込めて祈念すれば、どんなに距離が離れていても、必ず

黒住教で配布してい
御神水

相手の心に感応《かんのう》して霊験《れいげん》が現れるのである。

宗忠が夢に現れて癒《いや》したということもあった。岡山藩士の石田鶴右衛門《かくえもん》が江戸表《おもて》から帰国途中、播磨《はりま》（兵庫県）で重体となった。石田は宗忠の教えを思い起こし、下腹に息を入れる心地《ここち》で心を鎮《しず》めて鎮魂《ちんこん》し、天照太神《てんしょうだいじん》を黙禱《もくとう》。そして宗忠のことを慕い、またその講話を思い出し、死に臨んでも乱れず変わらずとは今この時であると思い定めた。宗忠は死は恐ろしいものではなく、天照太神に連なることができる有り難いものであると教えていたのである。石田は「やがて私は天照太神の御分心《ごぶんしん》（天照太神の幸魂《さきみたま》にして、我が体中個有の神とされる）になる」と思いながら、諸々《もろもろ》の雑念を去り、我を離れ、神にすっかり任せる気持ちになって、肉体のことを忘れ、心労苦痛に心を乱さず、ひたすら「有り難い、有り難い…」と念じつづけていたのである。すると、いつしか眠ってしまい、宗忠が来て治療してくれた夢を見たのである。それを契機にして快復したのであった。

岡山へ着くと、ただちに石田は宗忠のもとへ馳《は》せ参じ、これまでの経緯を述べて感謝した。黙って聞いていた宗忠は「私は直接参《まい》ってはいませんが、あなたがご病気になられたということで祈禱を頼まれましたので、厚くご祈念申し上げました。そのために幸魂が往《い》って働くことがあるものですから、私の幸魂があなたのところへ参ったのでしょう」と答えている。神道では霊魂の働きを一霊四魂《いちれいしこん》に分類して捉《とら》える場合がある。幸魂はその一つである。幸魂が往って働くとは、「遠隔治療の本質を一言で解明した言葉」（原敬吾《はらけいご》『黒住宗忠』）であるが、石田が宗忠に治してもらった夢が、幸魂の働きであると宗忠が認識していたのは印象的である。また人間は祈りという行為により幸魂が働いて、相手の幸魂に感応するものであるとも、宗忠は教示していた。

祈りの一念を紙に付したものが御札＝御符《ごふ》（護符）である。宗忠はそうした守り符をつくって祈念し、信者に授けることもあった。宗忠によれば、御符はその形のためというよりはむしろ、心のため、つまりそこに込められた祈念の心をいただくことが大事であると説いている。そういう心構えであれば、利益《りやく》も大きいというのである。

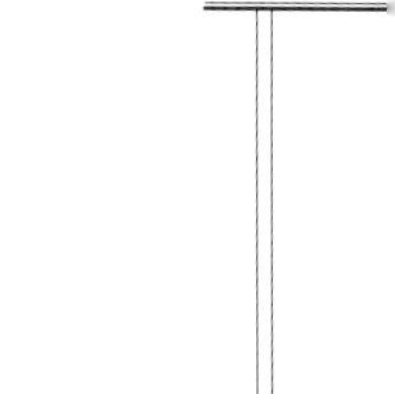

黒住教の御礼

陽気法

黒住宗忠によると、迷いは祟《たた》りの原因であるという。「迷えば魔寄《まよ》ると申して、人の心が迷うときは、その虚《きょ》へつけ込み、悪魔が寄り集《つど》いて、さまざまな因果《いんが》、祟《たた》りをいたす」（『高弟星島良平撰《こうていほしじまりょうへいせん》・三十ヶ条』）。迷いを除くには、陽気法《ようきほう》（御《ご》陽気修行）、お祓い修行などの方法がよいとされる。

黒住宗忠が編《あ》み出した呼吸法が陽気法である。毎朝、東に向かい、楽な姿勢ですわるか立つかして、心を澄《す》まして日拝《にっぱい》する（両手は合掌《がっしょう》もせず、印《いん》も組まず、できるだけリラックスさせる）。太陽に感謝し、口を細く鯉《こい》の口のように開いて、太陽の光（陽気）を胸腹から下腹部（丹田《たんでん》）に吸収しておさめ、息を止めて心を凝《こ》らして鎮《ちん》魂《こん》する。限度にいたって、息を鼻孔《びこう》から徐々に吐き出すのである。これを数十回繰り返すと、心気が壮快になって開運する。継続して行えば、万病を癒す効果があるとされる。ただし、呼吸器系の疾患《しっかん》がある場合は、静かに慎重に行う必要がある。

お祓い修行

『大祓詞《おおはらえのことば》（中臣祓《なかとみのはらえ》）』を数多く唱えて修行することで、「数《かず》の祓《はら》い」ともいう。黒住宗忠《くろずみむねただ》は生涯で六度、伊勢神《いせじん》宮《ぐう》への参宮《さんぐう》を行っているが、伊勢詣《もう》での途上で数の祓いを数千度唱える修行を行ったといわれる。『大祓詞』を繰り返し唱えることで、妄想や妄念が祓われ、心の曇《くも》りが清明心《せいめいしん》に復帰する。この修法は、下腹に力を込め、音《おん》吐《と》朗々《ろうろう》と行うのがよいとされる。回数は最低でも一日十回。慣れてきたら回数を増やし、一日三百回以上が望ましいとされる（宗忠は一日千回行ったとも伝えられる）。効能は、陽気となり、精神壮大となって心の苦しみが除去され、病を治し、災いを祓うという。

天保六年（一八三五）、紅屋与介の病気平癒を祈念して、宗忠は数の祓いを行っている。大願成就《たいがんじょうじゅ》の暁《あかつき》には数の祓いを一万度お礼《れい》に執行する旨を記した記録も残されている。

金光教と呪術

金光教《こんこうきょう》ほど呪術と程遠い宗教はない。加持祈禱、まじないごとの一切、日柄方角《ひがらほうがく》の吉凶の占いなどを人間の神に対する無礼《ぶれい》な行為であるとして否定しているのである。金光教教祖・金光大神《こんこうだいじん》（一八一四～一八八三）によれば、神に一心《いっしん》に願いさえすれば、ありとあらゆるお蔭《かげ》をいただけるとしている。

神を一心に願うとは、どういう意味か。拍手（手を四回打つ）して神前に向かってからは、たとえ鉄砲で撃たれようが、槍《やり》で突かれようがけっして後ろを振り返ってはならないほど、また物音や他人の声が聞こえなくなるほど、真剣に夢中になって祈ることであるという。しかも神の心と一つの心となって祈願する姿勢が大切であるとしている。

祈念する場所は広前《ひろまえ》（神前《しんぜん》）が基本であるが、「世界中が神の広前である」ともいわれるように、どこでもよい。また危険に遭遇したときや、まさかの時には「金光

金光教本部広前の結界。拝む目当てとして天地書附を掲げている

大神、助けて下さい」と願えば、いついかなる状況下においても、必ずお蔭を授けてくれるという。

金光大神は、祈念の仕方として次のように述べている。

①いかに有り難そうに拝《おが》み言葉を唱えても、心に真《まこと》がなければ、神にうそをいうのと同様である（真の心を込めて祈ること）。

②神を拝礼するのに、別に決まりはない。実意丁寧、正直、真一心が要《かなめ》である。

③神を拝むのに手や口を洗っても、心を洗わなければ何にもならない。心は火や水では洗えない。真一心で心を洗って信心せよ。

④拝み信心をするな。真でなければいけない。

要するに、形式にとらわれず、神に一心にすがって拝めば、お蔭が得られるというのである。

金光大神は文化十一年（一八一四）、備中国《びっちゅうのくに》（岡山県）浅口郡占見村《あさくちごおりうらみ》（浅口郡金光町）で農民の次男として生まれた。幼名は香取源七《かんどりげんしち》。その後、養子となり川手文治郎《かわてぶんじろう》に改名、その後、養父の遺言で赤沢文治《あかざわぶんじ》を名乗った。勤勉な農民として仕事に従事していたが、家族が次々と病死する不幸に見舞われ、四十二歳の厄年《やくどし》には氏神《うじがみ》神社に正式参拝したが、その年にのどけ（扁桃腺炎《へんとうせんえん》）となり、重体となる。親族が集まって祈禱すると、石鎚山《いしづちやま》の修験者《しゅげんじゃ》が神憑《かみがか》りとなって「普請《ふしん》、転居につき、豹尾《ひょうび》・金神《こんじん》へ無礼をしたため、病気になった」というお下がりがでた。文治は「凡夫《ぼんぷ》でわからず」と、ひたすら神に無礼を詫びると、病気は回復した。金神《こんじん》がいる方位を犯せば最悪の場合、七人の犠牲者がでる（七殺金神）という陰陽道《おんみようどう》系の金神信仰がこの地域で盛

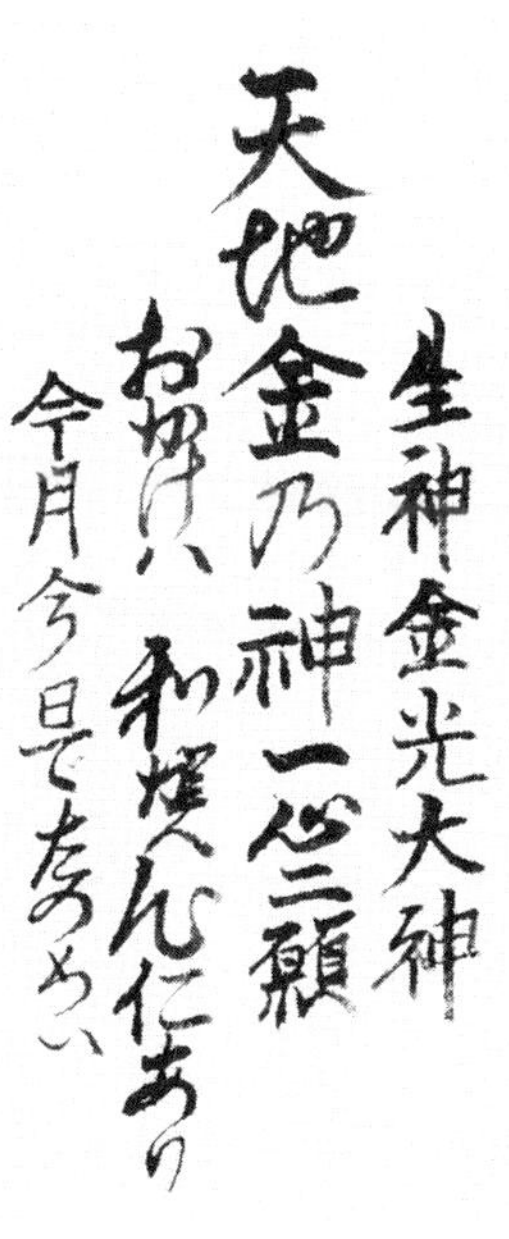
生神金光大神
天地金乃神一心ニ願
おかけハ和賀心にあり
今月今日でたのめい

天地書附

んに行われていたのである。それから二年後、実弟の香取繁右衛門《かんどりしげえもん》が、金神の神憑りになったのを契機に、文治は金神の熱心な信者となる。やがて金神から「金子大明神《こんしだいみょうじん》」の神号を許されるまでに信頼された文治は、安政六年（一八五九）十月二十一日、ついに神から次の神伝が下った。それは家業（農業）をやめて、世間で難儀している氏子《うじこ》（人類）を取《と》り次《つ》いで助けてやってくれというものであった。文治は、それを受け入れ、神の取次として人間の救済活動に専念した。すなわち、金光教の立教である。神から「金光大神」の名を許された文治は、金神は恐ろしい祟《たた》り神とする俗信を退け、金神こそ天地の祖神《おやがみ》、人間の氏神、最高の救済神であると位置づけた。そして神と人間は親子であり、互いに助け合う関係にあるとするなど、神の子としての人間本位の現世利益を強調した。「如何なる所、如何なる時、如何なる方も、人間に宜《よろし》きは吉所《よきところ》、吉日《よきひ》、吉方《よきほう》なり。日柄方位等は、神が氏子を苦しめる事ではない」「信心はむつかしいようにゆうが、信者がむつかしうするのぞ。神様と心やすうするが、信心になる。それを、金神様《こんじんさま》はおそろしい神様のよふにおもうから、たまたま信心する者が、にげにげおがむよふにする。金神様はたたり神でもなし。人をとる神でもなし。人をたすけてやる神であるぞ。氏子の心次第で助かる神である。『金神様、どうぞたすけてくだされ』と申して信（まこと）一心におすがり申して信心する者は、すぐに御蔭《おかげ》をくだされる神であるぞ」（『金光大神御理解集《こんこうだいじんごりかいしゅう》』）。

金光教の信心の要諦《ようたい》は金光大神が明治六年（一八七三）に発表した「天地書附《てんちかきつけ》」にある。「生神金光大神《いきがみこんこうだいじん》　天《てん》地《ち》金《かね》乃《の》神《かみ》　一心《いっしん》に願《ねがえ》　おかげは和賀心《わがこころ》にあり　今月今日《こんげつこんにち》でたのめい」。これを日々唱えていれば「心の守り」になるという。

取次

取次《とりつぎ》は「生神金光大神《いきがみこんこうだいじん》」が創始した神と人の霊的交流法である。人の願いを神に、神の願いや思いを人に伝えて、神と人がともに助かっていく世界＝理想世界を地上に実現するために行う。金光大神は安政六年（一八五九）十月二十一日に神の願いによって家業の農業をやめ、取次に専念することになった。

取次を行う人を取次者といい、金光教の教師に受け継がれている。取次は金光教本部広前《ひろまえ》（神前）、あるいは全国の教会の広前で行われている。金光大神は自宅の上《かみ》の間《ま》の床に、神をまつり、その前にすわって、参拝者を取り次いだが、各地の教会も基本的にそれを襲踏している。神には口がなく、物をいうことができないので、みずからの代弁者として取次者がいるわけである。取次者は自分に聞こえてくる神の思いをそのまま告げたり、あるいは自分の心に浮かんできたり、響いてくる神意や思いを感受して伝達する。取次者は参拝者の願い事を聴き、それを受けてから、神に祈念して、その参拝者の願い事に対してどうすればよいかを相手に取り次いで教え示す。金光教の取次者は神憑《かみが》りの一種には違いないが、劇的にトランス状態に入って、奇怪な様相を呈するようなことはまったくない。

取次においては、どんな願い事でも遠慮することなく、包み隠すことなく、願えばよいとされる。願ってならない事柄は何もなく、他人に話すことがはばかれるような願い事であっても、ストレートに神に願うことが奨励《しようれい》されている。

「天地の間に住む人間は神の氏子《うじこ》（神のいとし子）である。身の上に痛みや病気があっては、家業ができがたい。身の上安全を願い、家業出精《かぎようしゆつせい》、五穀成就《ごこくじようじゆ》、牛馬にいたるまで、身の上のこと何事でも、実意をもって願え」「大きなことはお願いし、これくらいのことは構わないということはない。神には、大きいこと小さいことの区別はない。何事にも神のおかげをいただかなければならない」（『金光教教典《こんこうきようきようてん》』）。

誤解のないように述べておくと、このような願い事は、取次者によることはもちろん、直接、自分で神に祈念しても構わない。ともあれ、金光教の救済法の特色が表れているのが、取次なのである。

手みくじ

祈りの願いが叶うか、どうかを知る方法として金光大神《こんこうだいじん》は、手みくじを行うことがあった。この方法は手を合《がっ》掌《しょう》させて、願い事を神に祈念する。その祈りが聴き届けられるのならば、合掌したままの手が自然に上がる。逆に成就しないようであれば、自然に下がるのである。

このような手みくじは、金光大神の信仰がまだ初期の頃の安政五年（一八五八）頃に行われていた。その後は手みくじをしなくても、神が直接、金光大神に思念などで具体的に伝えるようになった。それを「お知らせ」というが、手みくじでは可否だけだったものが、より具体的に示されるようになったわけである。そうしたこともあって、現在、手みくじは基本的に行われていない。

御神米

金光大神《こんこうだいじん》は取次《とりつぎ》のしるしとして、御神米《ごしんまい》（洗米《せんまい》）を剣先形《けんさきがた》に折った白紙に包んで手渡した。御神米は手をつけずに七回洗ったのちに干して乾燥させ、神に捧げたお神酒《みき》をそれにかけて、ふたたび干したものである。急病になった際や重病になったときに神に助けを祈りながら、御神米を黒焼きにして服用すると、際立ったお陰《かげ》をいただけるとされる。口に含むことができなければ、御神米を側に置いておくだけでもよいとされる。天地《てんち》金乃神《かねのかみ》の恵みを象徴するのが、御神米なのである。

杉田つわをの息子が下痢のときに、金光大神にお参りすると、「お剣先（御神米）を黒焼きにして、薬と思っていただけば治る」といわれたので、そのようにして全快した話が伝わっている（『金光大神御理解集』）。

お土とお水

金光大神は、お土《つち》の徳を説いている。かつて金光大神は百姓時代にマムシに嚙《か》みつかれたときに、お土を塗って安心を得て快癒した。岡山県児島郡灘崎《なださき》町の塩田茂八《しおたもはち》に対して「お土でもお水でも、おかげが受けられるから、不自由はない」（『金光大神御理解集』）。また山で腹痛になったら、お土を少し服用すれば治るとも述べている。明治十六年二月には寺政与三兵衛という人に「その方らが山に行ったら、マムシに嚙みつかれることもあろうが、その時には、お土地から涌く水をつけなさい。水のない時には、お土をつけなさい。すぐにお蔭をいただけます」と教えている。

鬼門

世上、丑寅《うしとら》（東北）・未申《ひつじさる》（西南）の方角の鬼門《きもん》に便所を建てることを忌《い》む習わしがあるが、どうしてもそこにしか場所がなければ、次の断りをいって神に頼めばまったく問題がない。「丑寅未申鬼門金乃神大明神《うしとらひつじさるきもんかねのかみだいみょうじん》」と崇《あが》めて、「ここに建てることをお許し下さい」とことわっておけばよい（『金光大神御理解集』）

瘧や疣を落とす

間歇熱《かんけつねつ》の一種である瘧《おこり》や疣《いぼ》を落とすために、地蔵《じぞう》や観音像《かんのんぞう》を縛《しば》ったりする習俗があるが、金光大神《こんこうだいじん》はそれを禁じている。そういうことをすれば、三代後には必ず縛られる者ができるという（『金光大神御理解集』藤井きのの伝え)。特殊な願かけの風習を戒めているわけである。と同時に金光大神が、人間の転生《てんしょう》を認めていたことが窺い知れるのである。

天理教と呪法

天保九年(一八三八)十月二十六日、中山《なかやま》みき(一七九八〜一八八七)に次のような天啓《てんけい》が下った。「我は元《もと》の神・実《じつ》の神である。この屋敷にいんねんあり。このたび、世界一れつをたすけるために天降《あまくだ》った。みきを神のやしろに貰《もら》い受けたい」と。みきが「神のやしろ」として定められたこの日を天理教《てんりきょう》では立教の日としている。

みきは安産の守護や疱瘡《ほうそう》などの病気治しといった「おたすけ」を行い、信者が集まるようになっていった。慶応二年(一八六六)より祈りの作法ともいうべき「つとめ」の形式が整えられ、神楽《かぐら》と手おどりの地歌《ぢうた》からなる『みかぐらうた』をつくり、さらに明治二年から同十五年にかけて天啓を受けるままに書きつづった『おふでさき』を著した。天理教では『みかぐらうた』と『おふでさき』のほか、みきの晩年の言葉とみきから神の言葉の取次《とりつぎ》を許されていた本席《ほんせき》・飯降伊蔵《いぶりいぞう》(一八三三〜一九〇七)の言葉を筆録してまとめた『おさしづ』が教団の原

奈良県天理市にある天理教教会本部

典となっている。

その間、明治八年には中山家の敷地内（奈良県天理市三島町の天理教教会本部神殿）に親神《おやがみ》・天理王命《てんりおうのみこと》が人間世界を創造した拠点という「ぢば」が定められた。

『おふでさき』によれば、この世には病気はもとより、祟《たた》りや化け物、妖怪などは存在しないとしている。「この世（よふ）に病とゆうてないほどに、身のうち障《さわ》りみな思案（しやん）せよ」「この世（よふ）にかまい（祟《たた》り）、憑物《つきもの》、化け物も必ずあるとさらに思うな」（『おふでさき』）。それらはすべて心に原因しているものであり、実体がないものであるという。すなわち、心の埃《ほこり》（惜《お》しい・欲しい・可愛い・欲・高慢が埃になる）や迷いが肉体上の現象＝身上《みじょう》（病気）や事情《じじょう》（悩み）となって現れるというのである。したがって天理教では、心の持ち方を正すことに主眼をおく。心を治すことによって肉体やその他の難儀も回復するようになると説かれている。病というものは、親神の心に添わないために、親神が立腹して手入れのために示すものであるとされる。それを悟り、反省し、心を入れ換《か》えることが治療の根本なのである。いわゆる「拝《おが》み祈祷《きとう》」で病人を治すという方法とはまったく別で、心次第で治るというのである。

『正文遺韻《せいぶんいいん》』（諸井政一《もろいまさかず》著）のなかに次のような話がある。天理教教祖・中山みきが、ある時、弟子から「天理《てんり》王命《おうのみこと》の姿は、あるのでしょうかと尋ねられますが、どのように答えればよろしいでしょうか」と質問されたことがある。それに対して、みきは「あるといえばある。ないといえばない。願う心のまことから、見える利益《りやく》が神の姿やで」と教えた。真心から親神（天理王命）にもたれれば、親神に通じて利益として現れるというのである。また、荒神《こうじん》が祟ったり、禍《まが》つ神が災難を起こすというのは、本当だろうかと弟子たちが集まって話をしているのを聞いていたみきは、微笑みながら、「どのような神もみなあるで。人の心の理《り》から、どんな神もできるで。人は神ともいうであろう。また見える利益が神の姿ともいうてあろう。人の心の理から、どんな神もできるのやで」と説いている。

みきは世界一れつの子供（人間）が真に助かる道を説き、それを実践して、不思議な守護《しゅご》を今も現実的にみせているという。その方法が後述する「よろずたすけ」の道としての「つとめ」と、身上《みじょう》（病気）治しの「さづけ」である。

明治二十年陰暦正月二十六日にみきは現身《うつしみ》を隠《かく》した。「子供（人間）可愛い故《ゆえ》、をや（みき）の命を二十五年先の命を縮めて、今からたすけするのやで。しつかり見て居よ」（『おさしづ』）とある。天理教ではみきは姿を隠しただけで、その魂は生き通しのまま、親心の「たすけ一条」を行っているとしている。「たすけ一条」とは、身上の悩みの救済だけではなく、病気にならず、年をとっても弱らないという世界の具体化である。

かんろだい

天理教神殿がある至聖地〈おちば〉の中核に、礼拝の中心とされる「かんろだい（甘露台）」がある。天《てん》理王命《りおうのみこと》が鎮《しず》まっている「かんろだい」の前で礼拝《れいはい》するだけで心身が癒《いや》されるということも少なくない。礼拝の中心は、救済の中心でもある。将来、時節《じせつ》がくると、「かんろだい」に天から天の食物《じきもつ》である甘露が降ってきて、それをいただく者は、どんな病気でも治り、誰でも百十五歳の定命を得ることができるとされている。

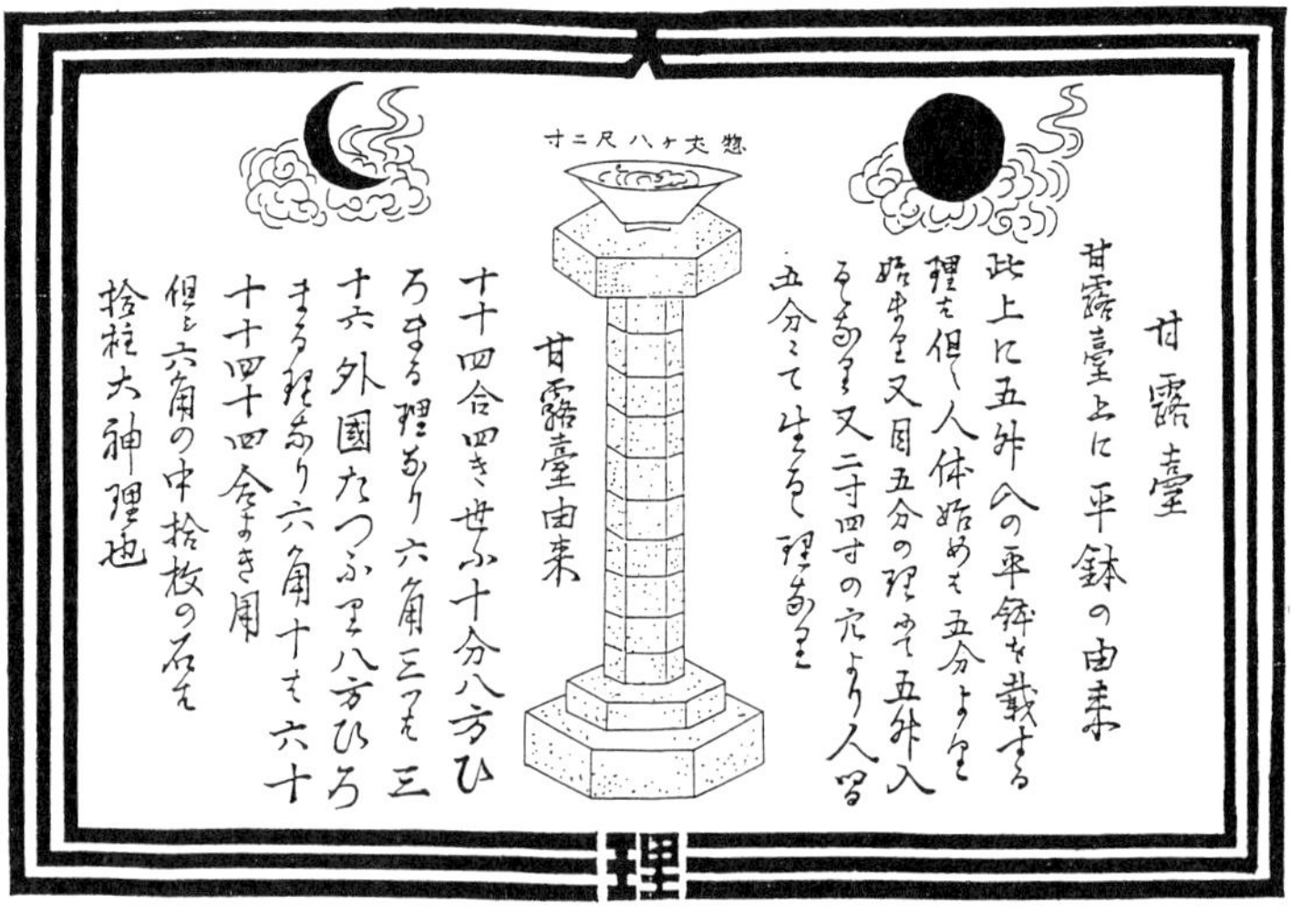

大正十五年頃のかんろだいの説明図

それは同時に「陽気ぐらし」（陽気に明るく勇んだ心で日々を暮らす）という理想世界の到来でもあるという。

人類救済装置ともいうべき「かんろだい」は、六角の台を最初に二段、次に十段、さらに一段というようにして十三段まで重ねて、総高は八尺二寸。その上に天の甘露を受ける五升入りの平鉢《ひらばち》を載せてつくられる。天理教に伝わっている口伝によれば、ハッタイ粉《こ》（麦こがし＝麦を炒《い》って粉《こな》にした散薬《さんやく》）を入れた「かんろだい」の平鉢に天から甘露が降りてくることになっている。そこでハッタイ粉と甘露とをよく混ぜ合わせて、これをいただくと、百十五歳の寿命を保つだけでなく、出直《でなお》し（死）の際には、来世にどこに生まれてくるかまでわかるという。

現在の天理教に据《す》えられている「かんろだい」は、「ひながた（雛形）かんろだい」とよばれていることからもわかるように、正式な「かんろだい」とはいえない。将来的には、教祖が意図していた「かんろだい」が建つともいわれるが、それがいつになるのか具体的には明かされていない。その実現を祈願して天理教では、定期的に「つとめ人衆《にんしゅ》」が「かんろだい」を囲み、手振《てぶ》りを揃《そろ》え、鳴物《なりもの》に合わせて「つとめ」を行っている。なお「かんろだい」が救済という効力を発揮しうるのは、それが「おぢば」に位置しているという「ぢばの理」による。つまり、「かんろだい」と「おぢば」の不可分性である。

それに対して「かんろだい」は「おぢば」に一か所あると同時に、神から選ばれた唯一の人間＝天啓者の意味もあるとして、人間を「甘露《かんろ》台《だい》」とする大西《おおにし》愛治《あいじ》郎《ろう》（ほんみち教祖）のような天理教系の異流も現れた。大正二年、大西愛治郎はみずから天啓者「甘露台」と自覚したのである。その後、ほんみちなどから分派した各教団でも教主はそれぞれ人間甘露台を名乗っている。

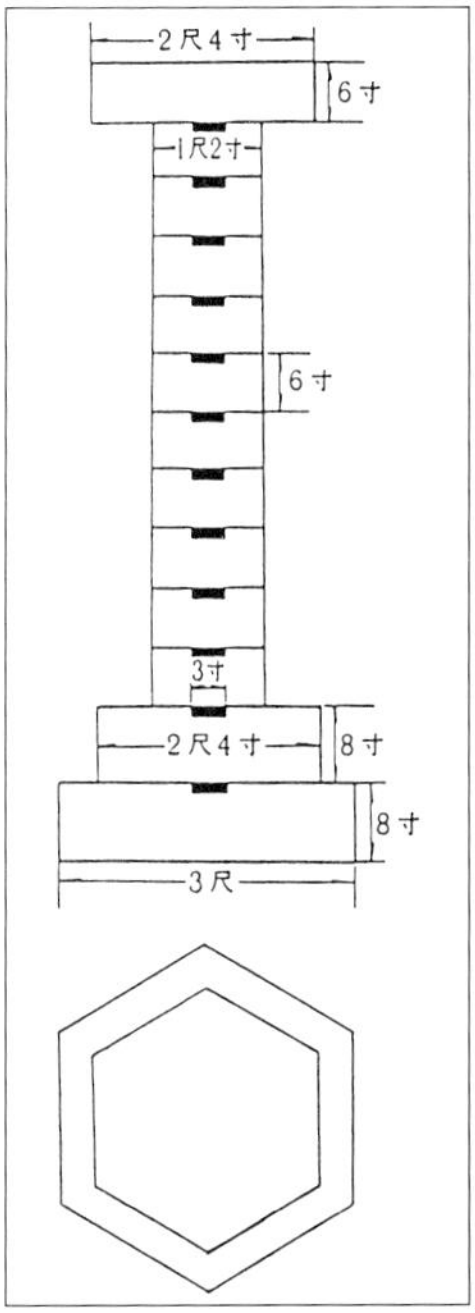

かんろだいの形状および寸法
（『「元の理」と甘露台』天理やまと文化会議より）

願いづとめ

天理教教祖《てんりきょうきょうそ》・中山みきが人間に授けた救済儀礼として、かぐらづとめと十一通りのたすけのつとめが伝わっている。かぐらづとめは、人間の理想である陽気暮らしの実現のために行われる。「よろずたすけのつとめ」「かんろだいづとめ」「ようきづとめ」「たすけづとめ」などとも称されるかぐらづとめは、世界の人類の祖先が出現した根本聖地とされる「ぢば」（奈良県天理市三島町の天理教教会本部神殿）のかんろだい（甘露台）の前で毎月二十六日に神楽面《かぐらめん》を用いて、地歌《ぢうた》（祈りの歌）と手振《てぶ》りをつとめて行う。これにより親神《おやがみ》の思《おぼ》し召《め》しにより人間世界が陽気ぐらしの世の中になるという。万般の難事は解決され、所願が成就するなど、親神の鮮やかな守護があるとされている。

天理教には、十一種類の特定のたすけを祈念するつとめがある。その内訳は、①を《お》びや（帯屋）②ほふそ《う》（疱瘡）③一子《いっし》④ちんば（跛）⑤肥《こえ》⑥萌出《はえで》⑦虫払い⑧雨乞《あまご》い⑨雨あずけ⑩みのり⑪むほん——である。これらにもそれぞれ異なる地歌（祈りの歌）と手振りがある。

十一種類のうち、身上《みじょう》（身体上の病気など）に関するつとめが①おびや②ほふそ③一子《いっし》④ちんばの四種類で、立毛《りゅうけ》（農事）に関係するつとめが⑤肥⑥萌出⑦虫払い⑧雨乞い⑨雨あずけ⑩みのりの六種類、さらに事情治め（息災《そくさい》）のつとめが⑪むほんである。

①「おびや」のつとめは、昔は女性の一大事であった出産に関するもので、安産のたすけを祈願するつとめである。地歌は「悪《あ》しきを払うて、どうぞ、おびや、すっきり助けたまえ、天理王命《てんりおうのみこと》、南無《なむ》天理王命、南無天理王命」（以上を七回繰り返す）。

②「ほふそ」のづとめは、幼児が疱瘡《ほうそう》に罹ったときに、病気快癒を祈って行われた。地歌は「悪しきを払うて、どうぞ、ほふそせんよに、しっかりたのむ、天理王命、南無天理王命、南無天理王命」（以上を七回くりかえす）。

③「一子《いっし》」づとめは、子供に恵まれない人に子供を授けるための祈願である。子供は継承者という意味も含まれている。地歌は「悪しきを払うて、どうぞ、一子をたのむ、天理王命、南無天理王命、南無天理王命」（以上を七回繰り返す）。

④「ちんば」のつとめは、不自由な足を治す祈願ということであるが、中山みきの息子の中山秀司《なかやましゅうじ》が天保八年（一八三七）十月からしばしば足の痛みに冒され、歩行に不自由をきたした際に、その平癒を祈って行ったことに由来する。地歌は「悪しきを払うて、どうぞ、足のちんばをすっきり早く、たすけたまえ、天理王命、南無天理王命、南無天理王命」（以上を七回繰り返す）。

⑤「肥《こえ》」のつとめは、糠《ぬか》三斗、灰三斗、土三斗を合わせて、かんろだいに供えて祈願する。それを肥料として田畑に施すと相当の効験《こうげん》があるという。地歌は「悪しきを払うて、どうぞ、肥をしっかりたのむ、天理王命、南無天理王命、南無天理王命」（以上を七回繰り返す）。

⑥「萌出《はえで》」のつとめは、毎年四月下旬頃に農作物の発芽の段階で豊作の守護をいただくために行われるもの。地歌は「悪しきを払うて、どうぞ、萌出をしっかりたのむ、天理王命、南無天理王命、南無天理王命」（以上を七回繰り返す）。

⑦「虫払い」のつとめは、害虫駆除を祈るものであるが、これは虫除《よ》け札《ふだ》（虫札）を神前に供えて、それを下《か》付《ふ》したとされる。その虫札を田畑にもちより、つとめを行ったのである。地歌は「悪しきを払うて、どうぞ、やまひむし、すっきり、いらぬやう、しっかりたのむ、天理王命、南無天理王命、南無天理王命」（以上を七回繰り返す）。

⑧「雨乞《あまご》い」と⑨「雨あづけ」のつとめは、それぞれ状況に応じて降雨《こうう》、あるいは止雨《しう》を祈って行われる。天理教の古い記録では明治六年に「河内《かわち》の法伝寺《ほうでんじ》八尾《やお》の辺りにて雨乞い勤め」を行っている。また明治十六年には三島村《みしまむら》（天理市三島町）の人々が旱魃《かんばつ》のために村に伝わっている方法で雨乞いをした。けれども効き目がなかったので、中山家に「雨乞い」を依頼。当時、天理教は官憲から厳しい取締りの対象となっていたが、中山みきは「雨降るも神、降らぬも神、神の自由である。心次第、雨を授けるで」と述べたので、それに力を得た天理教の

幹部・辻忠作《つじちゅうさく》、仲田儀三郎《なかたぎさぶろう》ら十数人が「かぐら面」をつけて、鳴物《なりもの》とともに雨乞いのつとめをした。「悪しきを払うて、どうぞ雨をしっかりたのむ、天理王命、南無天理王命、南無天理王命」と唱えると、大夕立《ゆうだち》となった。警察は、近くの村まで降るはずの雨を三島村へ降らせたという理由で水利妨害、さらに街道の傍らでつとめをして道路妨害をしたという理由で、教祖《きょうそ》を留置、他の幹部も科料処分《かりょうしょぶん》に付したことがある。官憲ですら天理教の雨乞いつとめの霊力を間接的に認めていたということになる。

最近の雨乞いづとめは、昭和二十二年八月三十一日から三日間、丹波市《たんばいち》（天理市）町民の懇請《こんせい》によって勤行されている。

また雨あづけのつとめの地歌は「悪しきを払うて、どうぞ雨をしっかりあづけ、天理王命、南無天理王命、南無天理王命」（七回繰り返す）。

⑩「みのり」のつとめは、収穫前の重要な時期に台風や強風などの害を受けずに無事収穫ができるよう祈願してつとめられるものである。地歌は「悪しきを払うて、どうぞみのりをしっかりたのむ、天理王命、南無天理王命、南無天理王命」（七回繰り返す）。

⑪「むほん」のつとめは、争いごとや騒動、戦いなどを治めるための祈願のつとめである。地歌は「悪しきを払うて、どうぞむほん、すっきり早くおさめたまへ、天理王命、南無天理王命、南無天理王命」（七回繰り返す）。

以上の十一通りのつとめのうち、現行されているのは、もっぱら「おびや」と「はえで」である。

安産の守護――おびや許し

中山みきが「よろずたすけ」という人類救済の道を踏み出す第一歩として最初に行った霊的救済が「おびや（帯屋）許し」とよばれる安産の許しである。〈おびや〉とは、産屋《うぶや》の転訛《てんか》で、産婦が出産のために忌《い》みのあいだ、別火《べっか》の生活を送る産室《さんしつ》を意味する。おびや許しは、神が安産を許す＝保証するということである。「おびや許しを受けた者は、必ず皆引き受けて安産さす。おびや一切常の通り。腹帯《はらおび》いらず、毒忌《どくいみ》（妊産婦の食物の忌み）いらず、凭《もた》れ物（当時の分娩《ぶんべん》方法は今と違い、俵《たわら》・藁束《わらたば》や重ねた布団《ふとん》などに凭《もた》れて行った）いらず、七十五日間の身のけがれも無し（産婦の穢れが完全に解消するのは七十五日目とされた）」（『稿本天理教教祖伝《こうほんてんりきょうきょうそでん》』）。おびや許しによって中山みきの霊能が初めて一般的に注目を集めるようになり、進展していったのである。そのため初期の頃、天理教はお産の神様とまでいわれていたほどであった。

　おびや許しは、中山みきが「おびや試し」と称して四十四歳のときに自分で試したことが最初であるが、さらに三女のはるに試して安産の守護を得てから、関係者に広めていったのである。おびや許しの本体は、御供《ごく》とよばれる洗米《せんまい》である。中山みきの在世時は、洗米ではなく、ハッタイ粉（麦を焦がして粉にしたもの）、あるいは金平糖《こんぺいとう》を用いていた。ちなみに、ハッタイ粉の御供よりも以前には、みきは妊婦の腹に息を三度吹きかけたのち、三度撫でて安産の守護としていた。

　現在、女性が懐妊《かいにん》して五か月を経過したら、求めに応じて御供が三包み授けられる。この御供は、ぢばの甘露《かんろ》台《だい》に供《そな》えて、おびやづとめの勤行《ごんぎょう》を経たものである。一包みは「身持ち」の御供で、家に帰り次第、神に妊娠を感謝して、すぐに服用する。そうすれば母子ともども無事で支障がないという。二包み目は「早め」の御供で、産気《さんけ》づいた直前に呑《の》む。安産が約束され、出産にともなう余計な気遣いや心配が解消される。三包み目は「清め」の御供とよばれ、出産後に服用するのである。

病気治しの御供

　御供《ごく》は、中山みきが「存命《ぞんめい》の理《り》」をもって今も暮らしているとされる教祖殿《きょうそでん》に日々、供えられた洗米のお下がりを清浄な紙で包んだものである。安産の御供として用いられるほか、主として病気平癒の守護のアイテムとして普通に用いられている。『おさしづ』によれば、御供はそれ自体に呪術的な力があるから効《き》くのではない。神からいただいた尊いものであると素直に受け取る心に、親神の守護が働いて、結果的に霊験《れいげん》が得られることになるという。

　御供の一種として「煮たものの食物《じきもつ》のさづけ」があった。この御供は白米三合を袋の中に入れて、煮だった湯の中に三編浸《つ》ける。その粥《かゆ》に近い状態になった米を保存したものが煮たものの食物となる。おたすけをいただきたいと願う病人にそれを授けると、御守護があったとされる。教祖在世時代に松尾《まつお》市兵衛《いちべえ》（一八三五〜一八七九）がこのさづけを取り次いでいた。

お守り――赤衣

天理教におけるお守りには、証拠《しょうこ》守《まも》りと疱瘡《ほうそう》守《まも》りがある。天理教の聖性の中心地である「おぢば」に参ったしるしであり、一生を守護するお守りである証拠守りには、中山みきが着た赤衣《あかき》（赤色の着物）が使われている。

　明治七年（一八七四）十二月二十六日から、みきは赤衣のみを着用するようになった。天理教の原典である『おふでさき』には「このあかいきもののなんとをもている　なかに月日《つきひ》がこもりいるそや」とある。この赤い着物を何と思っているのか。その中には月日（神）が籠もっているのだぞという大意である。赤衣を着ることによって、七十七歳のみきは神であることを強く主張したのである。ちなみに、赤衣の赤い色は、天照大神《あまてらすおおみかみ》の衣装

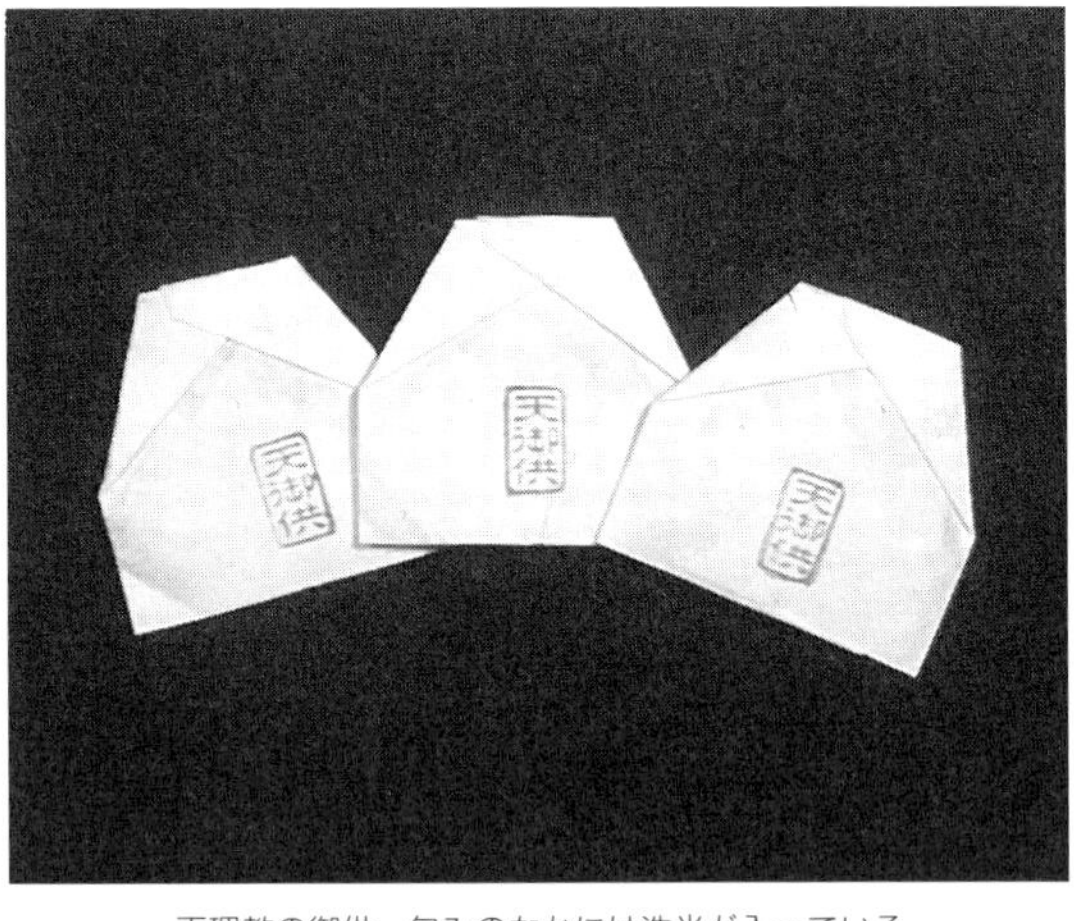

天理教の御供。包みのなかには洗米が入っている

の色でもある。伊勢《いせ》神宮《じんぐう》の神御衣祭《かんみそさい》では、赤引糸《あかびきいと》で織った神御衣を天照大神に供えることになっている。みきが赤衣を着るようになった背景には、そのような影響もあったのかもしれない。

みきが身につけた赤衣は、生前から信者に下げ渡していた。信者はそれを護符、あるいは教会の目標《めどう》（礼拝目標）として大切にしていたのである。みきは明治二十年（一八八七）に九十歳で現身《うつしみ》を隠したが、教団ではその魂は存命のままであるとして、今日もなお教祖殿において三度の食事から、風呂、寝室にいたるまで日夜給仕している。みき着用のための赤衣も、夏には単衣《ひとえ》、寒くなれば袷《あわせ》という具合に定期的に新調され、また召し下ろしたとされる着物は裁断されて、お守りとして信者に下付《かふ》されるのである。

疱瘡守りは、十五歳以下の子供に授けられる守りで、彼らを対象とした証拠守りのかわりにもなっている。本来はもっぱら疱瘡除けのためであったが、そこから転じて病気や悪難《あくなん》から子供を守護するものとなっている。

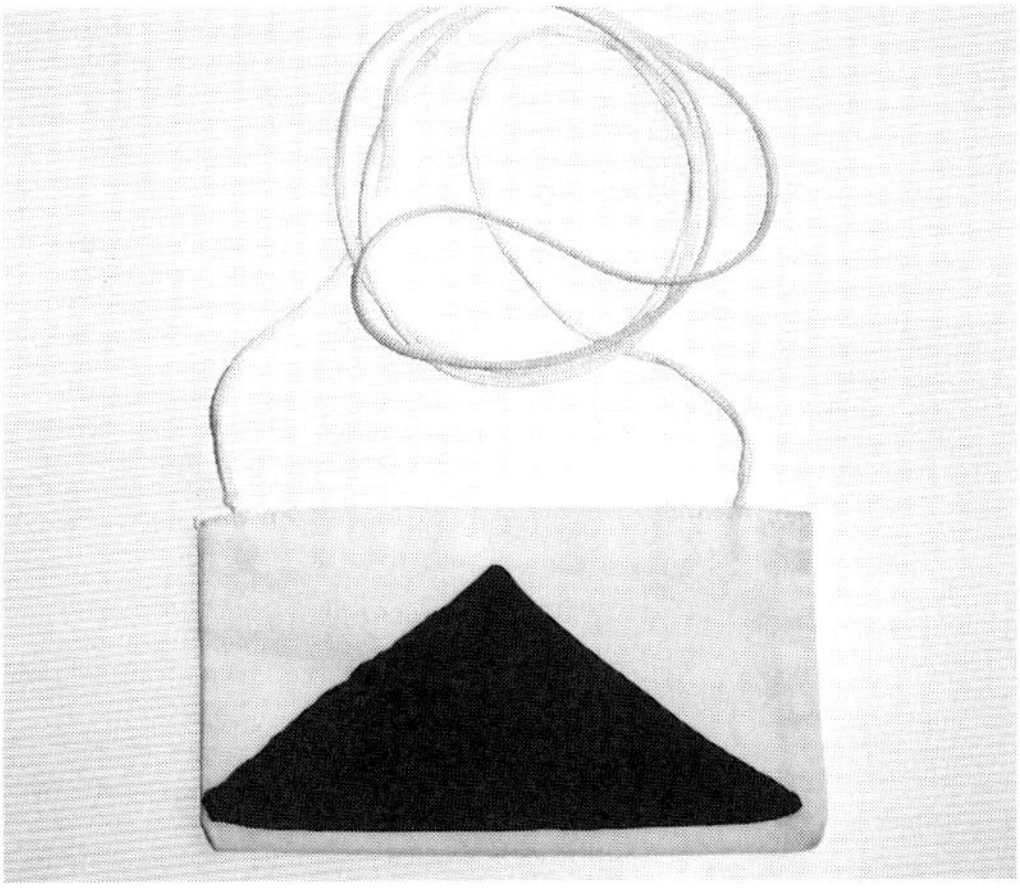

みき着用の着物を切って作られた赤衣（お守り）

悪しき払いのさづけ——病気祈祷、精神病、悪因縁の癒し

さづけは天理教独自の救済手段で、真《まこと》の心でさづけを取り次げば、必ず親神《おやがみ》の特別な守護が得られるというも

のである。取次というのは、自分が治すのではなく、神の守護の働きが主であることを踏まえている。悪《あ》しき払《はら》いのさづけにより、病気平癒はもとより、さまざまな悪因縁《あくいんねん》が払われるという。現在行われているさづけの取次のほとんどすべてが、悪しき払いのさづけとなっている。

この取次に先立ち、天理教の病気の考え方を相手に理解してもらう必要がある。人間の身体は神から貸しあたえられている借り物で、心だけが自由に使えることができる。人間は神の守護で成り立っており、病は神の働きかけの意味をもっている。つまり、神の道から外《はず》れたような生き方、心得違いに対する神の警告が病となって現れるという。病は神が当人に対して心を入れ換えてほしいという諭《さと》しなのである。

このような神の親心ともいうべき思いを知って反省してほしいと病人に諭してから、取次に着手するのである。病人の側にすわり、二拍手ののち、神に病人の名前と病状を報告し、願う事柄を述べる。

そして「悪しき払い、たすけたまえ、天理王命《てんりおうのみこと》」を、定められた手振《てぶ》りとともに、三遍唱えて、押しいただいた掌《てのひら》を返して、病気の患部（痛み場所・苦しみ場所）を三遍撫《な》でる。これを都合三度繰り返すのである。撫で方は「ただ形で撫でるのではない、教祖《おやさま》（中山みき）の救《たす》けてやりたい真実なる親心を我が心として、撫でるのである」（桝井《ますい》孝四郎《こうしろう》『おさしづ語り草』）。そのあと、神に感謝の念を捧げて、二拍手して終わる。患部が複数ある場合でも、一か所ずつ取り次ぐ定めとなっている。取り次ぐ順序は、上から下へ、前部から背部へ、頭、顔、胸、腹、背中という具合である。両目、両耳に疾患がある場合は、左右同時に取り次ぐ。ただし、両手、両足は左右別々に取り次がなければばならない。

さづけの取次は「ようぼく（用木）」とよばれる信者であれば、誰でもできることになっている。病人は、一回のさづけで治れば問題ないが、すぐに効果がみられないこともある。その場合、さづけを繰り返して行う。一人の病人がさづけを一日に受ける回数は六回まで許されている。昼三度（朝、昼、夕）、夜三度（宵《よい》、真夜中、夜明け）である。さづけを取り次ぐ場合は、漫然と取り次いではならず、時間や日を限るのが原則である。日を限るときは、最長でも三日三夜までとし、それでもだめなようならば、神に追加の願いをしてからふたたび行うことになっている。

ある老齢の病人の例であるが、脳内出血で意識不明となった。最新医療を行ったが、意識は戻らず、危篤《きとく》となった。その病人の息子は神に祈って、必死になってさづけを取り次いだのである。その時「せめてあと三年でよいですから、父の命を延ばして下さい」といって、神に祈っていたという。すると、翌日、病人は意識を取り戻し、後遺症もなく、元気になって社会復帰したのである。それからちょうど三年後、上記の病人がまた倒れて昏《こん》睡《すい》状態になった。この時もさづけを取り次ぐと、意識を一時戻し、遺言をしっかりと述べてから、出直《でなお》（死去）したという。

なお、かつては特別な人には「かんろだいのさづけ」も許されていた。かんろだいづとめの手振《てぶ》りで「ちょと話、神のいうこと聞いてくれ、悪《あ》しきのことはいわんでな、この世（よう）の地（ぢい）と天とをかたどりて、夫婦《ふうふ》をこしらえきたるでな、これはこの世のはじめだし、ようしようし」といったのち、「あしきはらいたすけたまえ、いちれつすますかんろだい」、または「悪しきを払うてたすけせきこむ、いちれつすましてかんろうだい」と三遍唱えて三遍撫でる。これを三度繰り返すというものである。

扇のさづけ

中山みきの弟子の中には、みきから授けられた扇《おうぎ》を膝《ひざ》の上に立てて持ち、願い事を祈念すると、扇が自然に動き、その開き加減や動く方向などで神意を悟ることができた者が多数いた。その数は五十人から六十人に上ったといわれる。扇を用いて神にうかがうので、扇のうかがいとも称した。また扇のかわりに、御幣《ごへい》で行うこともあった。

扇のさづけは、人助けのために行うのが本筋であったが、それ以外の用途で行う者が続出し、教内が混乱して収拾《しゅうしゅう》がつかなくなってきたので、みきは扇のさづけの使用を禁じ、それにともなう霊力を抜き取ってしまった。例外的にただ一人、みきから信頼されて扇のさづけを許されていたのが、本席《ほんせき》と称される飯降伊蔵《いぶりいぞう》である。みきの名代《みょうだい》でもあった伊蔵は神の言葉を直接取り次ぐ「言上《ごんじょう》のさづけ」を明治八年からいただくようになった。天理教内では扇のさづけも言上のさづけも今日絶えている。が、その分派に相当する「おうかんみち」の元教主・江《え》上寿胤《がみとしたね》が扇のさづけによって天啓を取り次ぎ、現在では寿胤の長男の現教主・江上光由《こうゆ》が継承しているとされる。ほかにも扇のさづけを勧めている教団もある。

息のさづけと水のさづけと笹葉のさづけ

息《いき》のさづけは、息を直接、患部に吹きかけて治す癒《いや》しの方法である。天理教の原典『おふでさき（お筆先）』には「これからは痛み悩みもでき物も、息、手踊《ておど》りでみな助けるぞ」「どのようなむつかしきなる病でも、真実なるの息ゞ助ける」とある。息のさづけにはコツがあり、病人を何が何でも治してやりたいという親の心で神に祈って行うことが前提である。そうすると、息が霊妙《れいみょう》な月日《つきひ》（神）の息に変わるというのである。中山みきは、参拝に来れない病人の着物や襦袢《じゅばん》をその家族がもってくるとそれに息を吹きかけた。その着物を病人が着ると鮮やかな守護をいただいたという。息のさづけを清浄な白い和紙などに吹きかけたものを「お息の紙《かみ》」というが、その紙で患部を撫《な》ぜたり、貼《は》って治すこともあった。息のさづけはもっぱら中山みきが行っていたが、信者が増えてくるにしたがい、弟子の仲田《なかた》儀《ぎ》三郎《ざぶろう》（一八三一～一八八六）に伝授した。みきの死後は高井《たかい》猶吉《なおきち》、梅谷《うめたに》四郎《しろ》兵衛《べえ》、増井《ますい》りんの三人が神からそれを許されている。結局、息のさづけを取り次いでいたのはこの四人だけであった。

水のさづけは、清水を湯飲み茶碗などに入れ、先にそれを三口飲んでから、それを病人にあたえる。その清水を飲んだ病人は、すぐに気分が楽になり、快方へ向かうといわれる。水のさづけの取次は、中山みきの直弟子で、その後、離反して独立した飯田《いいだ》岩治《いわじ》郎《ろう》が有名であった。飯田岩治郎はわずか六歳でありながら、みきから許されて水のさづけを行っていた。また清水に白砂糖を入れて用いる、食物《じきもつ》の神水《こうずい》とよばれるさづけもある。これも水のさづけと同様に行うが、山沢良治郎《やまざわりょうじろう》・為造《ためぞう》親子のみが取次を許されていた。

水のさづけと関連するが、笹葉《ささば》を水に浸してそれを振りかけて治癒するという笹葉のさづけもあった。中山みきの妹の義埋の娘タカがみきから許されて取り次いでいたもので、信者は小さな事柄はこの笹葉のさづけによって助けを受けていた。

肥のさづけ

肥《こえ》のさづけは中山みきが農民のために授けたものである。「長の道中、肥なくては通られようまい。路銀《ろぎん》として肥授けよう」（『稿本天理教教祖伝《こうほんてんりきょうきょうそでん》』）といって信者に渡したという。肥のさづけは、糠《ぬか》三合、灰三合、土三合の合わせて九合の分量であるが、これで金肥の一駄分《だぶん》（四十貫）の守護があたえられたとされる。『みかぐらうた』にも「正月のこゑ（肥）のさづけは、やれめづらしい」とあり、その霊験を強調している。

亡霊たすけのつとめ（亡霊祭）

中山みきが在世時に特別に許したとされる亡霊《ぼうれい》を救済する秘儀がある。天理教《てんりきょう》では亡霊は心の迷いであるから、本質的には存在しないとしている。にもかかわらず、何らかの怪異現象が頻出《ひんしゅつ》するといった事情が起こった場合には、悪《あ》しき払《はら》いのつとめを行うのが原則である。それにより、基本的にはそのような現象は解消されるという。

だが、より具体的な方法が、亡霊たすけのつとめである。これは天理教本部では行われておらず、天理教系の天輪王明誠教団《てんりんおうめいせいきょうだん》（横浜市保土ヶ谷区新井町六一六）のみに秘儀として伝わっている。なぜそうなったのかというと、中山みきが「明誠《めいせい》（天輪王明誠教団）は、やがて〝おぢば〟（天理教本部）にこれなくなるから、このつとめを許しておこう」といって授けたという伝承がある。天輪王明誠教団の由緒は、明治十三年、信徒の松谷喜《まつたにき》三郎《さぶろう》から講社名を授けてほしいと頼まれた中山みきが、直接「明誠」と命名したとされる。みきはその時「この講社は親神《おやがみ》より明誠と御名をいただいた。明誠とは月日《つきひ》（神）の言葉成《な》り」と述べたという。「月日」と「言成」を合成すれば、「明誠」となる。

　亡霊たすけのつとめとは、どういうものか。「故人の魂を洗い浄《きよ》めて、一切の埃《ほこ》りを家系に遺《のこ》さず、人間創造の浄らかなる元魂《もとたましい》に近く昇化還元《しょうかかんげん》を（親神に）乞う処の勤《つと》め」（若林勝美《わかばやしかつみ》『天輪王明誠教団百年史』）であり、特定の勤め人衆が、敬虔な心と誠をもって祈念しながら、決められた時間を定めて「お手振り」と唱《とな》え言葉でつとめあげるものである。亡霊たすけのつとめは、「いうなれば、出直《でなお》（死去）した故人の生涯を通じて、その生活の明暮《あけく》れに、又世間を渡る中の人々との触れ合いに、心ならずも積《つ》んだ、憎しみ、恨み、腹立《はらだち》、慾《よく》、高慢等の

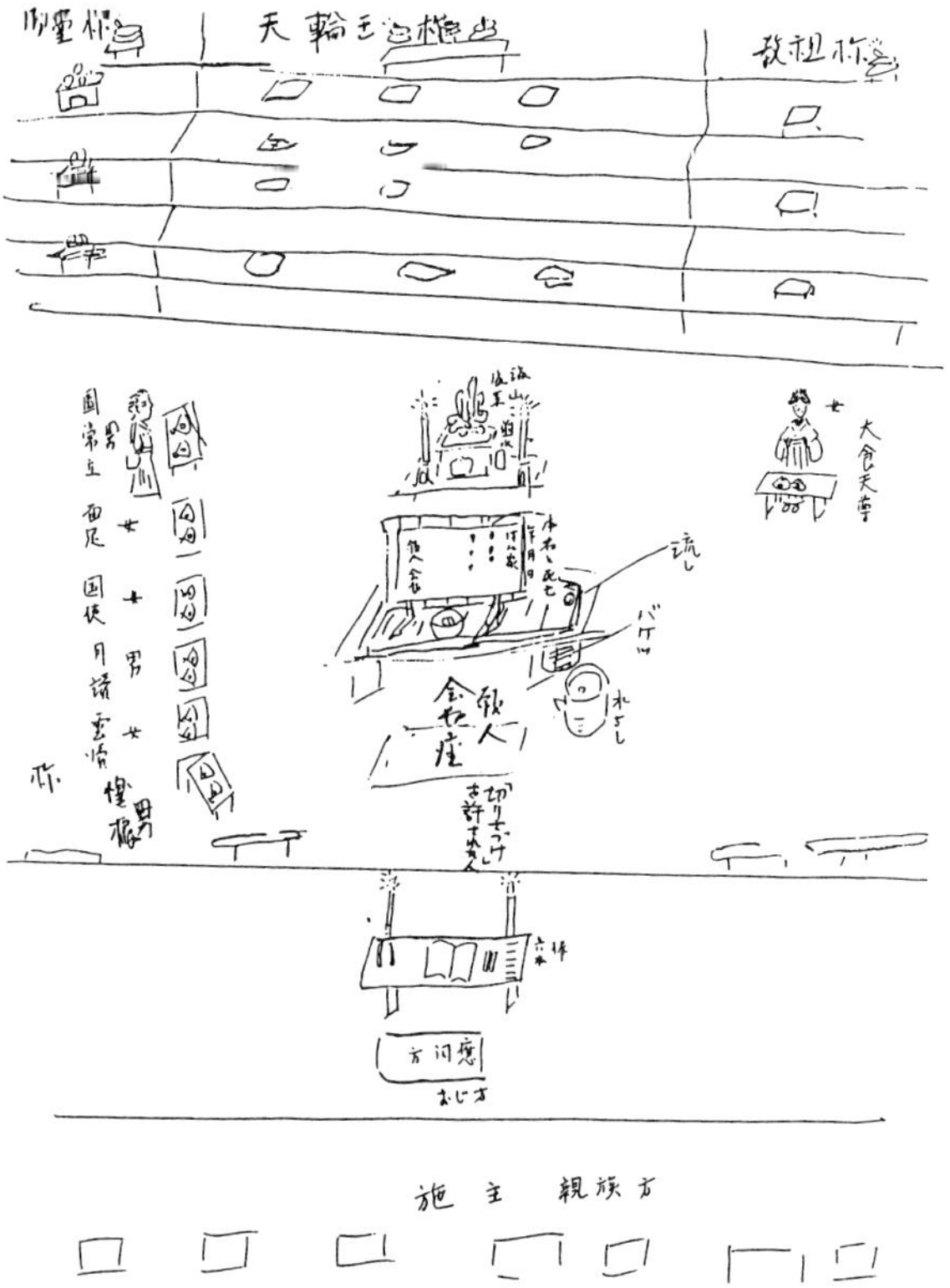

亡霊祭の模様

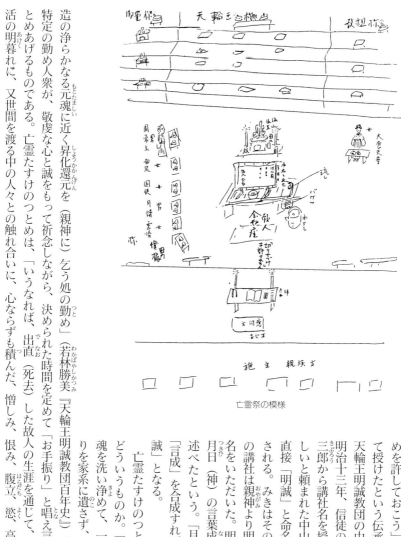

八つの埃《ほこ》り、測《はか》らざるも通《とお》った道の誤り、心遣《こころづか》いの違い等、積み重ねて行けば罪障《ざいしょう》とも因縁にも到る其《それ》らの過誤を、埃りと知らず誤りとも思わぬままに出直した故人の霊に代《か》わって、親神にお詫《わび》して、その許しを願上《ねがいあ》げると共に、故人の前世《ぜんせい》よりの持越《もちこ》しの因縁の納消《のうしょう》をも、併《あわ》せて祈念する祭儀なのである」(『天輪王明誠教団百年史』)。人間を助けるように亡霊も助けるという思いが、このつとめの基調としてある。

天輪王明誠教団では、先祖供養ないしは慰霊祭として「亡霊たすけのつとめ」と「亡霊未来助《みらいだす》けのつとめ」を併せて行うのが普通である。同教団では人間が死ねば、魂は神のふところへ抱かれるとされるが、生前の罪の因縁を洗い清めてからでなければ、神のほうで抱きようがないので、慰霊祭を行っているという。慰霊祭を行えば、清い御霊《みたま》となって次の世(来世)に生まれ変わることができるとされている。場合によっては一人の死者のために何回も繰り返して行う。仏教の追善供養と似通《にかよ》っているといってもよい。

式作法は、勤め方七人、願人《ねがい》(願い方)一人、應詞方《おうじ》一人の九人で行う。ほかに施主《せしゅ》・親族方が臨席。開始の時間は午後六時からで、宮司に相当する願人が祓詞《はらえことば》を奏上《そうじょう》後、修祓《しゅばつ》、御霊(故人名)の読み上げ、願い言《ごと》を唱える。

願い言《ごと》は状況に応じて変わるが、通常「柏手《かしわで》をうちて、天輪王命《てんりんおうのみこと》と南無天輪王命様《なむてんりんおうのみことさま》、恐れながら国常立命様《くにとこたちのみことさま》、おもたりの命様《みことさま》、くにさつちの命様《みことさま》、月読之命様《つきよみのみことさま》、くもよみの命様《みことさま》、惶根之命様《かしこねのみことさま》、大食天《たいしょくてん》の命様《みことさま》、大戸辺命様《おおとのべのみことさま》、伊弉諾命様《いざなぎのみことさま》、いざなみの命様《みことさま》、総名十柱《そうめいとはしら》の親神様《おやがみさま》、このよを照《て》らし守護なし給う真実親神様《しんじつおやがみさま》、天輪王命《てんりんおうのみこと》、真道弥《しんどうみ》広言知女命様《こうげんちひめのみことさま》、願い言」といって願意を述べる。続いて第一座として「ちょと話、神のいう事きいてくれ、悪しきの事はゆはんでな、この世の地(ぢい)と天とをかたどりて、夫婦をこしらへきたるでな、これはこの世のはじめだし、南無天輪王命、ようしようし」と手振りをともなって唱えたのち、「悪しきを払うてしもうて、もろうて、たすけてもろうて天輪王命」を早口で十八回唱える。十八回目に、勤め方の中の「たいしょく天のみこと(大食天の命)」の役の人(丑年か寅年生まれの人)が、いんねん(因縁)を切る手振りをする。「たいしょく天のみこと」は、中山みきの天理教の神話体系の中にでてくる十柱の神の一柱で、人間の命を司る仏神である帝釈《たいしやく》天《てん》に由来するものとされる。そのあと、「悪しきを払うてたすけせきこむ一れつすましてかんろだい」を三編ずつ三度繰り返す。この一座を六回行うのである。

それがすむと、『みかぐらうた』の「よろづよ八首」より十二下《じゅうにくだ》りの手振りをする。七下り目に入ると、願人が三度御霊に「きりさづけ」を施し、御霊書（紙に故人の名と死去した年月日を書いたもの）の書面に水を数度かける（御霊書は簡易方《かんいがた》の流し台の上に置き、そこへ流した水は必ずバケツなどの容器にためる）。九下り目に入ったら、施主方が一人ずつ御霊書の書面に水をかけ、十二下りがすんだら、勤め方一同も順次同様に水をかけるのである。

以上が「亡霊たすけのつとめ」の次第であるが、それに続いて七時頃から「亡霊未来助けのつとめ」を行う。後者の方法は前者と基本的に同じであるが、「亡霊たすけのつとめ」の際に用いた御霊書は故人の魂の罪いんねんが付着しているので使わずに、新たな御霊書を用意して行うことになっている。第一座は前述の「ちょと話⋯」のあと、「悪しきをはろうてしもうて、もろうて、たすけてもろうて天輪王命、南無天輪王命、南無天輪王命」を十八回早口で唱え、さらに「あしきをはろうてたすけせきこむ一れつすましてかんろだい」を一度奉唱する。そのあとは「亡霊たすけのつとめ」と同様の所作をして八時に終了する。

以上が終わったら、御霊の「罪いんねん」を流した水は、バケツに入れたまま運び、川に流すのである（「亡霊たすけのつとめ」で用いた御霊書も一緒に川へ流すが、「未来助けのつとめ」の御霊書はそのまま保存しておく）。

これに関して奇怪な話が伝わっている。かつて京都で亡霊祭に使った水を、係の者がバケツに入れて鴨川《かもがわ》に流すために出かけたが、何時間たっても係の者は帰ってこない。心配した教会の人間が探しに行くと、その係の者が空のバケツを持ったまま、教会前の通りを呆然《ぼうぜん》と歩いているのを発見した。聞いてみると、鴨川の道のりが遠いこともあって、誰も見ていないからと、道端へ捨てた。そのあと教会へ帰ろうとしたけれども、どうしても帰れなくなったという。つまり、教会の前まで来ると、目の前が急にボーと霞《かすみ》がかかったようになって何もかもわからなくなってしまい、教会の前を通り過ぎるとはっと我に返る。発見されるまで、そうした行き来を何度も繰り返していたというのである。その後、横浜の教会でも、崖から水を捨てた者が、同じような事態を起こしたので、以来、水を川へ流しに行くのは、必ず二人一組と定められるようになったという。

さて、亡霊祭の翌朝には「未来助けのつとめ」で用いた御霊書はすでに乾いているはずなので、それをたたみ、施主に渡す。施主は十日ほどしてから、その御霊書に水を上げる。そしてその水を、川か海に捨てさせる。その後、御霊書は、仏前あるいは御霊舎に祀るのである。

呪殺の秘法

これは秘伝中の秘伝として天理教系の一部の関係者のあいだに伝授されていたといわれるものである。現在は廃絶しているが、凶悪きわまりない者がいて、教化しようとしてもままならないような場合、その者の魂をいち早く神に引き取ってもらうよう、祈念しながら、秘密裏につとめられたとされる。方法は丑満時に特殊な手振りと地歌《ぢうた》によって行われたという。親神《おやがみ》の十の神性の一つで、命を絶ったり、息を引き取る世話をする神「たいしよく天のみこと（大食天の命）」に対する働きかけを強調した秘儀とされているが、実態は闇に包まれている。

大本教の呪術

大本教団《おおもときょう》は明治二十五年（一八九二）、の節分祭《せつぶんさい》の夜、開祖・出口なお（一八三七～一九一八）に、「艮《うしとら》の金神《こんじん》」が神懸《かみがか》って「三千世界一度に開く梅の花、艮の金神の世になりたぞよ」（『大本神諭《おおもとしんゆ》』）と、この世の立《たて》替《か》え立直《たてなお》しをすると宣言することによって始まった神道系の新宗教である。艮の金神は、悪神や祟り神と呼ばれて忌避《きひ》されてきたが、じつはこの世を創世した親神《おやがみ》である国祖《こくそ》・国常立尊《くにとこたちのみこと》とされる。かつては人類を厳正に主宰していたが、他の神々の共同謀議によって地球の艮（東北）に位置する日本に三千年あまり、封印されていたという。他の神々に地上を任せて、みずからは隠退《いんたい》していたのであるが、神々がすっかり慢心して跳梁跋扈《ちょうりょうばっこ》し、強いもの勝ちの世となり、このままでは世界は荒廃し、人類は滅亡するほかないという危機に立ち至ったので、それを根本解決するため、ついに出口なおに神懸って再現したという。

『大本神諭』は明治二十五年の初発《しょはつ》の神示から、なおが昇天する大正七年まで断続的に記されたが、その分量は二十枚綴《つづ》りの半紙一万枚におよんだ。内容は「三千世界の立替え立直し」に代表される旧体制の崩壊と地上天国の到来など、終末的な色合いの濃い予言や警告に満ちており、当時の緊迫した国際情勢や日本の社会情勢と相まって、大きな反響を喚起した。

なおは筆先を書きつづけるとともに、予言や病気治しなどで活動を開始、宗教界の大立者となる出口王仁三郎《でぐちおにさぶろう》（一八七一～一九四八）を女婿《じょせい》に迎えることによって、大本教は飛躍的に発展していった（『大本神諭』には、なおの娘婿となる出口王仁三郎が神業遂行上、重要な役目をはたすことなども記されている）。

大本教の根本聖地は、なおが『大本神諭』を伝達した大本発祥の地である京都府綾部市の梅松苑《ばいしょうえん》と、聖師《せいし》と尊称される出口王仁三郎が神の経綸《けいりん》を現実に移写《いしゃ》したとされる京都府亀岡市の天恩郷《てんおんきょう》の二か所である。同地を参拝するだけでも深い神縁があるとされている。梅松苑では主として祭事の執行を司り、天恩郷では神教《しんきょう》の宣伝《せんでん》を担っている。

大本教の開祖・出口なお

大正七年、出口なおが昇天すると、なおが予言した神の経綸は王仁三郎を中心にさらに大きく展開されることになる。王仁三郎は完全無欠の霊魂とされる伊都能売《いづのめ》の身魂《みたま》を自覚。五十六歳七か月になった昭和三年三月三日に「みろく大祭」を挙行し、自身が弥勒菩薩《みろくぼさつ》の化身《けしん》（みろく下生《げしょう》）であることを宣言した。

大本教は戦前、既成の価値観の変革を告げる予言とともに、急進的な世の立替え立直しの運動を展開したため、国体と相容れない不穏な宗教団体と見なされ、大正十年と昭和十年の二度にわたる弾圧を被った。昭和十年十二月の第二次大本事件（不敬罪《ふけいざい》と治安維持法違反の嫌疑）では、王仁三郎以下教団幹部らはのきなみ逮捕され、教団施設なども徹底的に破壊され、教団はほとんど壊滅状態となった。戦後、無罪が確定、大本教は再発足を遂げた。その間、王仁三郎は神懸り状態で口述した膨大な教典『霊界物語《れいかいものがたり》』を著す一方、霊能者・予言者としても勢力的に活動した。戦後は楽焼《らくやき》制作など芸術活動に力を注いだ。王仁三郎が昭和二十三年に昇天した後は、第二次大本事件で当局の拷問を受けて精神に異常をきたした出口日出麿《でぐちひでまる》（大本三代教主補《きょうしゅほ》）が独特の霊能ぶりを示したとされる。大本教の現世利益《げんぜりやく》的な祈禱としては、安産祈願、出産祈願、初宮詣で、厄除け祈願、病気祈願、事業その他の成功祈願、入学・就職祈願、平安祈願、賀寿、渡航、豊漁祈願などがある。

出口王仁三郎

御手代

大本教の基本的な治病の方法に御手代《みてしろ》の取次がある。御手代は竹でつくった杓子《しゃくし》である。大正十二年、出口王《でぐちお》仁三郎《にさぶろう》が九州巡教《じゅんきょう》の折、熊本県阿蘇郡小国町の杖立温泉《つえたておんせん》から持ちかえった竹の杓子百六十本に歌を書き込み、これに署名と拇印《ぼいん》を押して霊を込めたものが最初で、治病などの神器《しんき》として用いられている。病人に御手代をかざしながら、天津祝詞《あまつのりと》、感謝祈願詞《みやびのことば》、神言《しんげん》などを唱えると、御手代から霊光《れいこう》が出て病気が快癒するという。また神に祈願したのち、御手代で病人の患部を押さえても、同様の効果があるという。邪霊に犯されて精神障害を起こしている人も御手代によって改心させたり、邪霊を去らせることもできるとされる。この御手代は世界救世教《せかいきゅうせいきょう》など大本教系の教団に多大な影響をおよぼした。

　余談ながら、杓子は招福の呪物として神社仏閣の授与品の一つになっているなど、昔から各地で信仰されている。

言葉の護符

　言葉の護符《ごふ》として代表的なものが「惟神霊幸倍坐世（かむながらたまちはえませ）」である。大本教に限らず、大本教から離脱した教団でも基本的にこの祈りの言葉を唱えている。「神の御心《みこころ》のままに、御加護下さいますように」という意味で、朝拝、夕拝、大祭などの祝詞《のりと》の最後にもこの祈りを唱える。

　出口王仁三郎の『霊界物語』には、「惟神霊幸倍《かむながらたまちはえ》ませ」が霊界探査において危険に遭遇したときの「護身用の呪文」として記されている。突然、事故に遭った際、「かんながら」、あるいは「かんたま」と叫ぶだけでも、「惟神霊幸倍ませ」とまったく同じ効果があるとされている。ビルの工事現場の足組みから二十メートルも転落したにもかかわらず、とっさに「かんたま」と叫んだので、無傷で助かったという人もいる。

　「惟神霊幸倍ませ」は、万能の呪文で、霊障《れいしょう》（霊的障害）を受けたようなときや、金縛《かなしば》りに遭ったときなどにも有益とされる。とはいえ、いかに効力があるからといっても、〝惟神中毒〟になってはいけないとも王仁三郎はクギを刺している。努力せず、尽くすべき手段を講じず、世界の苦難を傍観《ぼうかん》し、わが身の安全のみを守り、何事も「かんながら」に任せるという態度に終始していれば、効果は薄いともいわれる。

天の数歌

天《あま》の数歌《かずうた》は呪術的要素が強い唱《とな》え詞《ことば》とされ、病気平癒の祈願から鎮魂法《ちんこんほう》などにいたるまで多様な用途がある。神に対して祈願し、天の数歌を奉唱《ほうしょう》すると、神の助力を受けて病難なども解消される一方、招魂式《しょうこんしき》、祖霊鎮祭《それいちんさい》、合祀祭《ごうしさい》などの祭式の一部としても用いられている。

唱え詞は「ひと、ふた、み、よ、いつ、むゆ、なな、や、ここの、たり、もも、ち、よろず」である。字面《じづら》では「一、二、三、四、五、六、七、八、九、十、百、千、万」となる。王仁三郎は、ひとが「一霊四魂《いちれいしこん》（霊魂の仕組《しぐ》み）」、ふたが「八力（主神の全《まった》き力、動力・静力・解力・凝《ぎょう》力・引力・弛《し》力・合力・分力）」、みが「三元（霊・力・体）」、よが「世」、いつが「出」、むゆが「燃」、ななが「地成」、やが「弥」、ここのが「凝」、たりが「足」、ももが「諸」、ちが「血」、よろずが「夜出」の密意――宇宙創世の順序――があると示している。出口王仁三郎によれば、普通の人間の耳には聞こえないが、大宇宙には、この天の数歌が不断に鳴り響いているという。神＝大宇宙と、人間＝小宇宙は相似の関係にある。各数字に含有されている密意が、言霊の発声によって霊的に発動し、現実世界に大きな影響力をおよぼすのである。

瀕死の人の病床で天の数歌を一心に唱えると、意識が戻ったり、蘇生したという事例は少なくない。天の数歌を病人に取り次ぐには、左記の「…もも、ち、よろず」のかわりに、鎮魂のための「…ふるべゆらゆら」の呪言を用いる。自分の信念で治してやるという考え方ではなく、自分は神力《しんりょく》の媒介者であると自覚して固くならず、真心をもって取り次ぐことが重要とされる。病人の悲惨な様子を見て、かわいそうだという感情が入ると、奉唱の妨げになる場合があるので、そのような心配があるときは、眼をつぶったまま行う。

天津祝詞

天津《あまつ》祝詞《のりと》は霊魂や精霊《せいれい》や世界を浄化する神徳を発揮する神の言葉=言霊《ことだま》であり、邪神界などに対して禊《みそ》ぎ祓《はら》いの霊的効能があるとされる。邪神界とは宇宙創造の主神《すしん》や正神界《せいしんかい》の神業《しんぎょう》を妨害し、精霊と人間と悪しき方向へと引き入れようとする邪悪な霊魂の集団を指す。天津祝詞を唱えれば、その人物の霊的向上が得られるという。

霊的向上といえば、天津祝詞は「霊衣《れいい》」とも関係がある。出口王仁三郎は人間や死人の霊衣を霊視することができたといわれる。霊衣とはオーラで、生者の霊身は丸く、体一面に霊衣を放出しているが、亡者の幽体《ゆうたい》は頭部が山形にとがっているので、三角形に見えるだけでなく、腰から下の霊衣は消えて見えないという。死にかかっているような病人でも王仁三郎はその霊衣が見えるので、その生死を確実に判断することができたといわれる。霊衣が厚ければ重症でも助かるし、薄くなっていれば本当に命が危ないということになる。薄くなっている霊衣を厚くするには、心の持ち方を反省して神に謝罪し、天津祝詞を円満晴朗に奏上すると、山形にとがっている頭の霊衣も次第に円形に変化し、やがて蘇生するという。祝詞の奉上は、一揖《ゆう》、二拝、四拍手ののち、祝詞を唱え、終わって、四拍手、一拝、一揖をする。ただし、祖霊《かみがみ》（先祖霊）を拝む場合は一揖、一拝、二拍手となる。

『天津祝詞』「高天原《たかあまはら》に大天主太神《もとつみおやすめおおかみ》あまたの天使をつどへて永遠《とことわ》に神《かみ》つまります、神《かむ》ろぎ神《かむ》ろみの御言《みこと》もちて神伊邪那岐尊《かむいざなぎのみこと》つくしのひむかのたちはなのをどのあはぎがはらに、みそぎ祓《はら》ひたまふ時になりませる祓戸《はらいど》の大神《おおかみ》たち、もろもろの曲事罪穢《まがことつみけがれ》を、祓《はら》ひたまへ清めたまへとまをす事の由《よし》を、天津神《あまつかみ》、国津神《くにつかみ》、八百万《やおよろず》の神たちともに、天《あめ》の斑駒《ふちこま》の耳ふり立てて聞《きこ》しめせと恐《かしこ》み恐みも白《まお》す」

正神・邪神の見分け方

こちらが霊を念ずると、霊も現出する——それを大本教では相対ないしは相応の原理としている。霊について正神界系か邪神界系かを見分けるには、どうするのか。それなりに身魂磨《みたまみが》きの修行（一霊四魂の錬磨《れんま》）を充分にしたうえでなければ、関わりをもたないほうがよいとされるが、霊を感じたときに、正しい霊ならば額《ひたい》が熱くなる。悪い霊ならば、首すじや尻の辺りから入り込むような感じがするという。霊魂は「みたまのふゆ」というように、善を思って善行をなせば、無限大に増え、逆に悪いこと思ったり悪い行為をすると、減ってしまうとも述べている。

邪神界系の霊が人間に憑依《ひょうい》した場合、ある種の霊能者が脈診《みゃくしん》すれば、憑依霊の脈がたしかにうっているのがわかるといわれる。「今の医者ではちょっとわかるまい」と王仁三郎は指摘している。癲癇性《てんかんせい》の病気でひっくりかえっている場合は、その足の裏に「艮《うしとら》の金神《こんじん》」と墨で書けば正気に返るという。

大本言霊学の実践秘法

言葉には霊妙な力が宿っているという言霊《ことだま》の観念は、柿本人麻呂《かきのもとのひとまろ》の和歌「敷島《しきしま》の大和《やまと》の国は言霊の助くる国ぞまさきくありこそ」などでもお馴染みであろう。言霊の神秘に関する研究は国学者や神道学者によって行われてきたが、出口王仁三郎は、それを大成して大本言霊学《おおもとことだまがく》を樹立した言霊学者でもあった。

宇宙は言霊から成立しているという伝統的な言霊学を踏まえていた王仁三郎は、宇宙が発する精妙な言霊の音を常時聞くことができたとされる。「宇宙にはアオウエイの五大父音が不断に鳴りとどろいている」と述べている。言霊学中興の祖とされる中村孝道《なかむらたかみち》の姪にあたる祖母・宇能《うの》から言霊学の知識を伝授された王仁三郎は、のちに江戸時代の言霊学者・山口志道《やまぐちしどう》（杉庵思軒《さんあんしけん》）、中村孝道の言霊学、さらに山本秀道《やまもとしゅうどう》の言霊学を継いで発展させた大石凝真素美《おおいしごりますみ》の大日本言霊学をも吸収、統合して大本言霊学を大成したのである。

王仁三郎の言霊観については割愛するが、言霊を実際に活用する言霊隊を組織して次の実験を行っている。

大正八年八月、神界の経綸《けいりん》の人界における実行のために、国祖《こくそ》大国常立命《おおくにとこたちのみこと》の二度目の世の立替《たてか》え立直《たてなお》しのために言霊隊が出修《しゅっしゅう》した。

言霊隊は八人のグループで三隊に分けられた。一隊は鎌倉、二隊は近江国《おうみのくに》の伊吹山《いぶきやま》（滋賀・岐阜県境）、三隊は大和国《やまとのくに》の大台ケ原《おおだいがはら》（奈良・和歌山県境）を目的地としていた。出立《いでたち》は白装束《しろしょうぞく》に蓑笠《みのがさ》、杖のかわりに八角のこん棒をもっていた。同月七日、一隊を率いていた王仁三郎は「日本国の臍《へそ》なる世継王山（京都府綾部《あやべ》の四ツ尾《よつお》山）」に登り、大祓詞《おおはらえのことば》を奏上して言霊の実習を行っている。すると、たちまち大雨が巽《たつみ》方から襲ってきたので、白い扇を開いて『天津《あまつ》祝詞《のりと》の太祝詞《ふとのりと》』を高く唱えると、「風伯雨師《ふうはくうし》」（風雨）は、その声に応じて東北へ去ったという。

王仁三郎の弟子・湯浅仁斎《ゆあさじんさい》が参加した大台ケ原へ向かっていた三隊目は八月十一日に目的地に到着した。今でも原生林で鬱蒼《うっそう》としている大台ケ原であるが、当時は「この山へ登れば生きて帰れない」といわれるほどの難路の山であった。頂上付近には修験道《しゅげんどう》系の教会があり、その先生から「今日は日本晴れの快晴」であるといわれたので、蓑笠などの携行品をそこに預けた一行はもっとも標高《ひょうこう》の高い日の出岳に登り、正午を期して全員で『天津祝詞』を十回ほど唱えた。すると二十分ほどしてから天候は急変、大暴風雨となった。辺《あた》りの木が折れるほどで、各自、ばらばらになって教会に逃げ込んだという。伊吹山でも『天津祝詞』と『大祓詞』を声調をそろえて臍下《せいか》丹田《たんでん》から言霊を発し、さらに言霊の七十五声《せい》を繰り返してから下山した。

言霊隊の実修はたちまち顕現した。王仁三郎の説明によると、同十三日、台風が紀州沖に現れ、地動《ちどう》がこれにともなって能登に反響し、次いで名古屋、静岡、信越地方に突破し、東京を直撃しようとしていた。鎌倉にいた王仁三郎は急遽《きゅうきょ》、神宮山（新宮山？）に登って言霊を活用して発したので、東京方面の被害は免れたという。

言霊を発するにしても、心掛けが重要であることを王仁三郎は強調している。「祝詞はすべて神明の心を和らげ、天地人の調和をきたす結構な神言であるが、その言霊が円満晴朗らかにして初めて一切の汚濁と邪悪を払拭することができる。悪魔の口より唱えられるときは、かえって世の中はますます混乱悪化するものだ。けだし悪魔の使用する言霊は世界を清める力がなく、欲心、嫉妬《しっと》、憎悪、羨望《せんぼう》、憤怒《ふんぬ》などの悪念によって濁っている結果、天地神明の御心《みこころ》を損なうにいたるからである。それ故、日本は言霊の幸はう国とはいっても、身も魂も本当に清浄となった人がその言霊を使って初めて、世の中を清めることができる。これに反して、身魂《みたま》の汚れた人が言霊を使えば、その言霊には一切の邪悪分子を含んでいるから、世の中はかえって暗黒になるものである」（『霊界《れいかい》物語《ものがたり》』）。

おひねりとお肌守り

大本教の現世利益的な護符《ごふ》には「おひねり」と「お肌守《はだまも》り」がある。おひねりは明治三十一年から使用され、生漉《きす》きの和紙に「うしとらのこんじん」「ひつじさるのこんじん」と墨で記した教祖《きょうそ》の真筆《しんぴつ》を折りたたんだものが根本で、急病、難病などの大事の際に神水《しんすい》（神に捧げた清水）とともに服用する。教祖が昇天したのちは、おひねりの作製は代々の教《きょう》主《しゅ》に受け継がれている。「大本は、雌松《めまつ》とおひねりでひろめてくだされよ」（『大本神諭《おおもとしんゆ》』）とあるように、おひねりは大本教の草創期から起死回生《きしかいせい》の秘薬として重用されてきた。

おひねりには、二体入りの病気重体の際に服用す

急病などに霊験あらたかといわれる「おひねり」

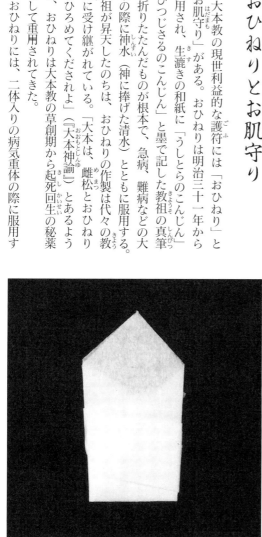

るものと、三体入りの「塩釜様《しおがまさま》（安産を守護するとされる大本塩釜大神《おおもとしおがまおおかみ》）」の安産用の二種類がある。

二体入りのおひねりは、危機的な病だけではなく、精神性の病にも神徳があるとされている。通常の病気のための常備薬のかわりではなく、ここ一番というような大事の時にいただくのがコツである。服用方法は、神に祈念したのち、まず一体を神水と一緒に飲む。それから数日後に病状をみて、残りの一体をいただくのである。重病で長期加療をしている病人の場合は、神水をコップに入れ、その中に一体を浮かして入れ、それが溶けるまで水とともに何度も服用してもよいとされる。

塩釜様の安産のおひねり（塩釜おひねり）は、三体入りで、妊婦専用である。一体目は懐妊したことがわかったら、妊婦は「胎児・母体が丈夫で、月満ちて無事安産いたしますように」と祈ってから神水とともに飲む。二体目は産気づいたときに安産を祈願しながら、三体目は分娩後に「母子ともに健康で母乳もよくでますように」と祈念して服用する。京都府綾部市《あやべし》の梅松苑《ばいしょうえん》には安産祈願の神を祀った大本塩釜神社（祭神は伊邪那岐大神《いざなぎのおおかみ》、伊邪那美大神《いざなみのおおかみ》、乙米姫命《おとよねひめのみこと》）があり、塩釜おひねりはその神徳が宿っているとされている。安産祈願には「腹帯」という方法もある。教主が「八塩路《やしおじ》の塩《しお》の八百路《やおじ》の道《みち》あけて守らせ給《たま》へ塩釜《しおがま》の大神《おおかみ》」と書いたサラシを腹帯に縫いつけて使用する。使用開始日は一般的には妊娠五か月後の戌《いぬ》の日に帯祝いをする習俗があるが、大本では塩釜神社の月次《つきなみ》祭当日である二十七日（妊娠五か月後の二十七日）を期して腹帯をしはじめる帯祝いを行う。帯祝いには多くの黒大豆入りの赤飯を供えて祝うが、その赤飯には小豆を三粒だけ加えることになっている。というのもその小豆には高倉《たかくら》、朝日《あさひ》、月日《つきひ》の三明神へのお供えの意味があるとされているからである。腹帯を着帯する前には、神前に供えて、着帯祈願祝詞を唱えてから、二十七日に締める。

お肌守りは、歴代教主の真筆の御神体が元で、一般的な意味でのお守りに相当する。魔除招福の守護が約束され、各信徒はつねに肌身につけておくことになっている。お肌守りは、現在は金色と銀色の二種類のペンダントである。ペンダントの表面の浮き彫りは、この世の救い主とされる瑞《みづ》の御霊《みたま》の御恩頼《みたまのふゆ》（霊威）を仰ぎ、わが身を通じて無限大に「みろくの神」（大宇宙の神の総称）の御威徳《みちから》をいただくことを具象したものであるという。そのほか、車守り（交通安全）や船守り（船上安全）などのお守りもある。

お土

大本教では、土を聖別して「お土《つち》さん」と称し、それを病気治しなどに用いている。人間の発祥も神によって土から〈むしわかされた〉ものとして捉えている。土が土台なのである。そのため、「お土で治らない病気は何をしても治らない」（出口王仁三郎）といわれるほどで、火傷《やけど》、打撲《だぼく》、怪我など外傷はもとより、腹痛などの内患にいたるまで、ほとんど万能薬として使われている。大本では医者や現代医学を否定するわけではなく、それも充分に頼りながら、神から伝えられたというお土を重用しているのである。少々の火傷や皮膚病、切り傷ならば、神に快癒を祈念しつつ、土を塗ると、痛みや痒《かゆ》みがとまり、跡形もなくきれいに治ってしまう。下痢や腹痛など内臓諸病にもお土を、やはり万能薬とされる清浄な水で薄めて、その上澄《うわず》みを飲めば、治るのである。内臓系の病気には、土に水を混ぜてからいったん煮て、さらにそれを水に薄めて服用するという方法もある。煮て用いれば、土、水、火の三つの神徳をいただくことができるので、いっそう結構であると王仁三郎は述べている。また土であればどの土でもよいわけではない。粘りけのある神聖な土を用いなければならない。水は、普通の水道水よりは、生気溌剌《せいきはつらつ》とした汲みたての井戸水のほうがよいとされる。

ある信者は足の指をマムシにかまれ、みるみるうちに指の患部は紫色になって腫《は》れ上がった。そこで神に守護を祈り、取次をしてから、土を塗ると、痛みが消えて、二、三日で治ったという。

お松

松（基本的に雌松《めまつ》）は大本では玉串《たまぐし》や祭場《さいじょう》の結界《けっかい》を示す具として用いるなど、神聖な植物とされている。雌松は神が一番最初につくった木とされ、神が宿る神籬《ひもろぎ》の木と位置づけられている。松は身体にもよく、衰弱した人には、雌松の中ほどの新芽を毎日、五本か六本食べると体力が回復して丈夫になるといわれる。松葉を生のまま嚙《か》んでも薬となる。

病気にも松を利用する。「たいがいの病気は松と土と水さえあったら治るものである」と出口王仁三郎は述べているが、風邪などで発熱したならば、雌松の葉を神に供えたのち、煎《せん》じて飲むと、じきに熱がさがるという。王仁三郎はまた、心臓病には一寸ほどの長さの松炭を粉末状にして毎日一回、一さじずつ飲むと効果があり、胃腸病には青い松かさを煎じて飲むと効くと語っている。大神に供えた松の小枝の「立て松」をお下がりとして捨てずに煎じて服用するのが基本となっている。

京都府綾部市の大本の神域にある鶴山《つるやま》の落ち葉によってつくられた「鶴山松灰」は、「お土」と同様の効能があるとされるばかりではなく、農作物の肥料にも用いられている。

病気平癒を祈る歌

出口王仁三郎は言霊《ことだま》の霊的作用という観点から、病気平癒を祈る歌をつくっている。まず「言霊の天照《あまて》る国ぞ言霊の幸《さき》はふ国ぞ生《い》くる神国」と唱え、「いたづきを按《あん》じ患《わず》らふことなかれ、有明月《ありあけつき》の輝く世なれば」と唱える。そして中風（中気）には「久方《ひさかた》の高天原《たかあまはら》の神風に暴風中風逃げ散りてゆく」、喘息《ぜんそく》には「何事《なにごと》も宣《の》り直します神なれば、この喘息《ぜんそく》を善息《ぜんそく》とせよ」、胸の病には「この胸は千本かつを木の棟《むね》にして病はらひ戸《と》神《かみ》社の御棟《おんむね》」、腹の病には「この腹は高天原の腹にして生命《いのち》の神のつどひます腹」、足腰の病には「腰もたち足もたつべし惟神《かむながら》、国常立《くにとこたち》の神《かみ》の助立《すけだち》」などとそれぞれ唱えるのである。

便秘、下痢、腹痛など内臓全体の調子が悪ければ、「十二支《じゅうにし》（十二指腸）も空《むな》（空腸）しく廻《めぐ》る盲（盲腸）の世、結《むす》（結腸）びし夢も直《す》（直腸）ぐに肛門」と詠じつつ、右の掌で下腹部の左側を下へ、さらに右側を上へと円を描いて撫《な》でるとよいという。

禊ぎ祓いの意義

世の中にある病気はすべて、人間の心の悩みの反映であるという見方に立っているのが、大本の考え方である。事故、災害の多くも心の誤った働きが作用しているとみる。

人間の心が平和と喜びと慈しみに満ちているときには、その五体から明紫《めいし》の霊光を放っているが、心が乱れて、悲しみと憎悪に満ちていると、暗赤《あんせき》の色を放射するものであると、王仁三郎は語っている（『愛善健康法《あいぜんけんこうほう》』）。五体からの暗赤色の光は破壊性、殺害性の力を有しているので、そのための刺激を受けると、精神的にも肉体的にも生長力を疎外されるという。意図しているわけではないのに、いつのまにか衣類や器具などを汚したり、破損したりというように物持ちの悪い人がいるが、それも右のような破壊性、殺害性の暗赤色を知らず知らず放出しているためであるという。そのような色素が天地に充満してくると、肉体的には病気となり、精神的には不安や懊悩を生じておかしくなりやすくなる。禊ぎ祓いは、この悪気を祓い清める行事であるという。

呪殺を感知した出口王仁三郎

出口王仁三郎の霊験譚《れいげんたん》は枚挙《まいきょ》にいとまがないが、戦前のある時、知り合いの鍛冶職《かじしょく》・西田元吉が猩紅熱《しょうこうねつ》になった。命に関わる重病だから助けてやってほしいとの知らせで、王仁三郎が西田宅へ行ってみると、立入禁止になっている。警察や医者、衛生係などがいて、伝染するから家の中に入ってはならないという。

その時、王仁三郎の脳裏に閃《ひらめ》くものがあった。西田の弟子が、ある鍛冶屋から三円もらい、西田を呪い殺せとの依頼を受けて、産土神社《うぶすなじんじゃ》の杉に釘を七本打ち込んでいたが、それを一瞬にして霊視したのである。西田の鍛冶の腕前は一流で、しかも相場よりも安く請け負っていたために、別な鍛冶屋がそれを恨んだ上での所業《しょぎょう》であった。

そこで王仁三郎は「これは猩紅熱でも何でもない。産土神社の杉に釘が七本打ってあることが原因だ」といって、近所の人や、何くわぬ顔をしていた釘を打った当人まで、現地へ行かせて調べさせた。すると、王仁三郎のいったとおりであった。その晩のこと、呪いを行った弟子はいたたまれなくなって、紀州《きしゅう》へ去ったという。

翌日、王仁三郎は杉の釘を抜き、その穴に餅《もち》を詰めた。釘を抜くと同時に西田は快方へ向かった。だが、王仁三郎は西田が本当に回復するには、あと百日間かかると述べたが、はたして毒が体に残っていて、体が腫《は》れ上がり、畳の敷居の高さまでも這《は》って越せないようになった。そして百日目に臀部《でんぶ》から破裂して、三升ほど泥水のような膿が出て、それで完治したという。

王仁三郎によれば、とくに生木《なまき》の神木《しんぼく》には強い霊力がある。呪術を行った弟子がその木を相手に「あ奴《やつ》を殺《や》ったら、抜いてやる、殺ったら、抜いてやる…」と呪いをこめながら釘を打ちつけていたので、強力に祟《たた》った。そのため病気が長引くことになったというのである。また、釘を打って紀州に去った弟子も、その後、同じように病気になった。呪詛《じゅそ》の念が自分に帰ってきたのである。回復した西田に「弟子のところへ行ってやれ、そして許してやるさかいにといってやれ」と王仁三郎がいい聞かせ、西田がそのようにしたら、弟子も百日後にやっと治ったという。

小安石と大安石

癒《いや》しをあたえてくれるとされる石は各地にあるが、大本亀岡本部（天恩郷《てんおんきょう》）にも、伊都能売観音《いづのめかんのん》の下に小安石と大安石とよばれる石が安置されている。いずれも出口王仁三郎がこれらの石に「病気を治すように」と言霊で命じて霊を入れ、生き石としたとされるものである。生き石とは霊が宿っている石のことである。

平坦な形をした小安石は、子供の病気平癒に霊験がある。子宝を祈願してもよいという。この石は京都府亀岡市曽我部町法貴谷《はうきだに》の赤子岩《あかごいわ》と名づけられていたものであった。赤子岩には赤子の足跡のような形がついているが、王仁三郎によれば天子《てんし》の足跡であるとしている。それを譲られたのを機に、小安石として活用したのである。

一方、大安石は長野県産の国魂石《くにたまいし》で、大人の病難消滅のための霊石である。それに祈願すれば、あらゆる病に効くというが、とりわけ胃腸など腹部の病気に卓効があるといわれる。

金明水・銀明水・長命水

金明水《きんめいすい》と銀明水《ぎんめいすい》は京都府綾部市梅松苑《ばいしょうえん》にある。金明水はなおが水行《すいぎょう》で使った井戸の水である。明治三十四年、神示によって京都府舞鶴《まいづる》沖の冠島《おしま》と沓島《めしま》の中ほどの海（龍宮海）に注がれた。これは世界の泥を濯《すす》ぎ、汚れた身《み》魂《たま》の洗濯をして元の神世《かみよ》に返す神業《しんぎょう》であったとされる。金明水は神水として土地の潔斎《けっさい》神事に用いられているが、「将来、京阪神から金明水の水をもらいにくるようになる」と出口なおは予言していた。銀明水は出口家の元屋《もとや》敷《しき》の井戸から湧出する水である。この井戸は二代教主・出口すみ（出口なおの実子）が産湯《うぶゆ》でつかったとされている。

同じく梅松苑内の鶴山《つるやま》山麓から湧きだしている水を長命水《ちょうめいすい》という。王仁三郎が命名したもので、これを飲むと不老長寿になるといわれ、子宝や安産祈願にも効能があるとされている。

各家で神棚に供える日供《にっく》用の水は、早朝の水を使用するが、供え終わったら湯茶などに用いる。また庭先などに捨てて餓鬼《がき》に施すという方法もある。出口王仁三郎によれば、家の周囲には餓鬼の霊がたくさん寄ってきているので、その霊に施すと、功徳《くどく》があるという。

邪気を祓う

出口王仁三郎の神示によると、霊的なことに関わっている神業奉仕者《しんぎょうほうししゃ》や宣伝使《せんでんし》（布教使）の中には、はっきりとした病気ではないにもかかわらず、時として身体がだるくなったり、病気のように感ずることもある。そうした場合はブドウないしは干しブドウを食べるのがよいと述べている。霊体一致《れいたいいっち》の理によって精霊《せいれい》が元気づき、身体も元どおりになってくる。またブドウ酒も同じ作用があり、とくに邪気を払い、新陳代謝を助けるという。

気分の悪いときや病気のときには体内から邪気などが出ており、その邪気はタバコを吹かすことによって祓《はら》い清めになるという。さらに「他人が吹きかける邪気や悪気を祓いのけるにもよい」とタバコを吹かす効能を語っている。「タバコは吸うものではない。吹かすものである」と王仁三郎は指摘している。

伝染病は悪霊の仕業

「伝染病はすべて悪霊《あくれい》のなす作用であるから、それを根絶しようと思えば、年に一度くらい餓鬼《がき》に供養してやるとよい。ダンゴをつくり、河縁に置いて、ていねいに慰霊祭をやれば、決して悪病は蔓延《まんえん》せぬものである」（『愛善健康法《あいぜんけんこうほう》』）。

インフルエンザなどの流行性感冒も、悪霊の仕業であるという。また流行性感冒と戦争はつきものであるともいう。昭和九年に流行性感冒がはやったときに、出口王仁三郎は満州事変や上海事変などで多くの戦死者を出したにもかかわらず、禊《みそ》ぎの行事が行われていないから、そのようなものが流行するのであると警告していた。

地上のどこかで戦争あるいは戦闘、あるいは民族間の対立抗争などがあれば、邪気が充満して、地上が汚濁して、やがて流行性の悪病になって現れるというのである。伝染病やインフルエンザなどは霊からくる病気であるにもかかわらず、それを体的《たいてき》（肉体的）にのみ解そうとするのは愚かなことで、それに対するには偉大なる霊的な処方、すなわち禊ぎの行事を行えと王仁三郎は注意を喚起してやまなかった。

「禊ぎの行事の偉大なる効果を知る人は、凶事あるごとにつねにこれを行うべきである。さすれば一家はつねに朗《ほが》らかで、めったに病気などにはかからぬものである」（出口王仁三郎）。

鎮魂帰神法

大本教で大正時代を中心に行われていた法で、現在では鎮魂法《ちんこんほう》のみ行われ、帰神法は中絶している。みずからの霊魂を身体の中府である臍下《せいか》丹田《たんでん》に鎮《しず》める鎮魂法と、神懸りにするなどの帰《き》神法《しんぽう》を連結して行う霊的感応法で、神道霊学者《しんとうれいがくしゃ》の本田《ほんだ》親徳《ちかあつ》（一八二二～一八八九）が古代の朝廷で行われていたとされるこの神伝秘法を明治時代に復興。それを出口王仁三郎が大本教で採用し、海軍機関学校教授を辞職して大本入りした浅野《あさの》和三郎《わさぶろう》らが中心となって行い、大々的な反響を呼び起こしたのである。

人間を鎮魂させ、その後霊的に発動させて神懸り状態にさせる。そこに憑依《ひょうい》した霊を審査して、その霊が邪神界系のものであると判断されれば、改心《かいしん》を迫り、訓戒をあたえて、正しい神界の神にし、それによってその人物を矯正《きょうせい》することを目的に行われていたのである。邪神か正神かを判断し、教導する役目が審神者《さにわ》である。審神者は誰でもすぐになれるというものではなく、一定の修養を終え、体力気力ともに充実し、確固たる信仰心をもった霊的権威者でなければならない。真の審神者はその背後に神力《しんりょく》の助けがあるので、どんな守護神《しゅごしん》をも発動させる特権を持っているという。守護神がどうしても帰順しなかったり、凶暴に振る舞ったり、ものすごい強圧的な霊力で審神者に逆襲することもある。その場合でも、審神者は正神界の神の守護を祈りながら、権威をもって誘導したり、なだめすかしたり、叱責したり、霊縛《れいばく》したりするなどして救済の道を尽くすのであるが、それでも無理な場合は強制的に元に戻す。

鎮魂帰神法を慎重に行えば、憑依している邪霊なども教化され、その結果、心身共に健全になるという。また霊覚が開けたり、神通力のような力がついたり、予言的な言動を吐くような場合も多々ある一方で、神懸り状態でおかしくなるような者もあったようである。また、審神者役にしてもいったい誰がそのような大役を務めることできるのかという問題もあって、中止の運びにいたったといわれている。

戦前の大本では神政復古《しんせいふっこ》という考え方から神界を霊的に革正統一しようとして、鎮魂帰神法を精力的に行った。正しい神が憑依すれば、正しい霊言を伝えるという。だが、邪神界系でも高級な神であればあれほど、正神界の実相をも洞察する力があるため、ベテランの審神者ですらも瞞着《まんちゃく》させられる場合があるという。

鎮魂帰神法は、幽斎式《ゆうさいしき》の場合、術者である審神者と、被術者である神主《かんぬし》とのあいだで行う。審神者は記紀などの日本の古典や神典はもちろん、諸仏典、さらに霊学の奥儀に通暁《つうぎょう》していることが望ましい。

被術者は禊ぎ祓いなどで身心を清浄にしたのち、審神者の前に瞑目正座《めいもくせいざ》し、手に鎮魂印《ちんこんいん》を組む。審神者の指導に従って、一回三十分から四十分ほど行うと、次第に手足の感覚が薄れていき、また身体は空中を縹渺《ひょうびょう》と漂うかのように感ずるようになる。これを数回重ねると、神人感合《しんじんかんごう》の域に入るようになる。神人感合といってもこの段階ではまだ鎮魂法である。鎮魂法には霊魂を鎮めて、丹力を鍛えるという効能がある。慣れてくれば鎮魂法は自修できる。

帰神法は鎮魂法から一歩大きく踏み出すわけであるが、これは危険をともなうので、審神者の指導が不可欠であるとされている。被術者は手に印を組んで、瞑目正座する。審神者は「ヒト、フタ、ミ、ヨ、イツ、ムユ、ナナ、ココノ、タリ、モモ、ヨロズ」という神文《しんもん》を数回唱えてから、被術者に向かって「ウーン」といいながら、人指し指である種の霊力を降《ふ》り注《そそ》ぐのである。審神者の指示どおりに進めると、被術者はまず印《いん》を組む両手が微動しはじめ、続いて身体全体が動き出す。この発動は被術者の守護《しゅご》神《しん》（大本教では守護神を正《せい》守護神と副《ふく》守護神に分類している）の霊動《れいどう》によるものであるという。この段階で、何かを口走ったり、苦しそうに呻《うめ》いたり、号泣したり、あるいは滔々《とうとう》と話しはじめたりすることもある。いずれにせよ、多種多様である。ただし、どんなに異常な振る舞いをしようとも、またどんなことを口走ろうとも、ほとんどの場合、被術者の意識＝本然の霊魂は冷

神主の印契

静沈着で、もう一人の自分を客観的に見ているものであるといわれる。

審神者は神懸り状態にある被術者にさまざまな質問をして、守護神の動きやその言説などを冷静に観察しなければならない。審神者の中心人物だった浅野和三郎によれば「その守護神が乱暴なれば圧服《あっぷく》し、嘘つきなれば本音を吐かせ、法螺《ほら》吹きなれば戒告し、優柔なれば激励し、邪曲なれば改悟を迫り、あるいはなだめ、あるいはすかし、あるいは叱《しか》り、あるいは縛《しば》りて、あらゆる手段を施し、いよいよ始末に余れば、神界に引き渡す。かくして守護神の改善、または変更を終わりて止《や》む」（『神霊界』）。

これが審神者としての最大の任務なのである。しかし憑霊状態にある者に対して、予言を求めたり、天眼通力を試みることは神則《しんそく》（神界の規則）の違反に属しており、それを無理に行わせようとしても正しい守護神ならば、絶対に秘密は漏らさないという。また聞きもしないのに、無用な予言を軽々しく発するのは、すべて邪神界系の守護神のものであるとしている。

ちなみに、古代の朝廷では重大な時局にあたって、帰神法を修し、それによって神勅《しんちょく》を得ていたとされる。それは記紀《きき》などにも実例がある。天宇受売命《あめのうずめのみこと》が神懸《かみがか》りとなって磐戸《いわと》開《びら》きのきっかけにしたり、神功《じんぐう》皇后の三韓征伐、さらに道鏡《どうきょう》が皇位を奪おうとした際に宇佐八幡の神託をもたらした和気清麻呂なども帰神法が介在していた。その後、平安中期になって朝廷における神人両界を連絡する神伝秘法は歴史の表舞台から消えたとされる。この法を幕末から明治初年にかけて復興したのが、本田親徳であった。王仁三郎は本田親徳の霊魂である異玉彦命《ことたまひこのみこと》の直接指導の下に、亀岡の高熊山修業《たかくまやましゅぎょう》によって鎮魂帰神法をも修得したともいわれる。大本教では鎮魂帰神法の実践活動などによって入信者が相次ぎ、社会の耳目を集めたが、国家体制が根底から覆り、神政復古がなると主張する浅野和三郎らの「大正十年立替え立直し」説が主因となって大正十年に第一次大本事件の弾圧を被った。この事件を機に浅野和三郎は大本教を脱退。事件前から有害無益の社会不安を煽るものとして帰神法の実践にブレーキを掛けていた王仁三郎であったが、事件後は同法を絶法にしたのである。

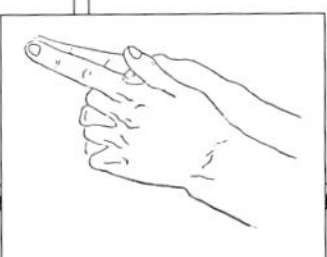

審神者の印契

本田親徳と大本教

鹿児島に生まれた本田《ほんだ》親徳《ちかあつ》（一八二二〜一八八九）は、漢学と剣道を修め、十九歳で脱藩、水戸へ行き、会沢正志斎《あいざわせいしさい》に入門して三年間学ぶ。その後、吉田松陰《よしだしょういん》に師事したという説もある。古道研究を志し、深山幽谷に入って身心を修練し、名社霊域に参《さん》籠《ろう》して神霊に触れるなどして平安時代より途絶していた正神界と通ずる鎮魂帰神《ちんこんきしん》の法を一千年ぶりに復興したとされる。

明治十八年に静岡県の浅間神社《せんげんじんじゃ》の宮司として招聘《しょうへい》された親徳は、さらに同地で『古《こ》事記《じき》』や『日本書紀《にほんしょき》』などを神示や神勅によって解釈を施し、ついには独自の霊学《れいがく》（いわゆる本田霊学）を大成するにいたった。ちなみに親徳を招いたのは、親徳と同郷で、その学徳見識を高く評価していた静岡県知事・奈《な》良《ら》原繁《はらしげる》とされる。

親徳の弟子は少なくないが、最高の駿足《しゅんそく》が明治政府高官でもあった副島種臣《そえじまたねおみ》（一八二八〜一九〇五）である。本田霊学の神髄《しんずい》をきわめた副島種臣は、派手な神業活動こそしていないため、地味に見受けられがちであるが、居ながらにして神通自在であったと伝えられる。親徳と副島種臣の両者が神懸りになって著したとされる『真道《しんどう》問対《もんたい》』が知られる。副島種臣に次ぐ親徳の高弟が、静岡県・御穂神社《みほじんじゃ》社司の長沢雄楯《ながさわかつたて》（一八五八〜一九四〇）である。修行時代の王仁三郎は長沢雄楯に師事している。

鎮魂帰神法を復興した本田親徳
（写真提供　八幡書店）

本田親徳は神示を得て、丹波国《たんばのくに》（京都府）が深い神縁の地であって、ここに神政復古《しんせいふっこ》の大業《たいぎょう》にあたる神人《しんじん》がいるということを知った。明治二十一年四月、丹波へと旅立ち、ついにそこで大本教開祖・出口なおと出会ったのである。そしてなおが肉体的には女性であるが魂は男性の身魂《みたま》を備えた変性男子《へんじょうなんし》であること、さらに天下が仰視《ぎょうし》すべき神人であることを喝破《かっぱ》し、十年後になおの神業に欠かせない不世出《ふせいしゅつ》の人間が訪ねて会いに来るなどと予言したという。

不世出の人間とは、ほかでもない、出口王仁三郎《でぐちおにさぶろう》である。驚くべきことだが、本田親徳はなおと会見した翌日、帰路についていた途中の梨木峠で十八歳の出口王仁三郎と出会っているのである。当時王仁三郎はまだ無名の一青年にすぎなかったが、種粉を積んだ小車を父と一緒にひいていた。梨木峠の頂上に達し、側《そば》の岩の上に腰掛けて一休みしているときに、足元に縞財布《しまさいふ》が落ちているのを発見した。拾い上げてみると、ずっしりと重い。王仁三郎は「交番に届けなければ」というと、ことなかれ主義の父は後難を恐れて「そのまま打ち捨てておけ」といって聞かない。二人のあいだで言い争っているところに、峠を登ってきた人品卑しからぬ老人、すなわち本田親徳が近寄ってきて、その財布の持ち主は自分であると告げたのである。

王仁三郎が中にいくら入っているかを尋ねてから、中身を調べると、親徳のいうとおり四百二十金であったので、そのまま親徳に渡した。親徳はお礼に五十金をあたえようとしたが、父子は固辞するばかりでどうしても受けとらない。そこで親徳は父子の住所氏名を聞き、そのまま別れたのである。

この間、時間にしてわずか二、三十分の出来事であったが、親徳はこの青年の王仁三郎が将来の傑物になることを知覚していたようである。同年十月、親徳は弟子の長沢雄楯を枕元に呼び、「十年後、丹波から斯道《しどう》研究に熱心な青年が汝の許に訪ねてくる。その者が現れて初めて皇道《こうどう》は全世界に普及するだろう」と遺言して長逝《ちょうせい》したのであった。

いずれにせよ、その後、王仁三郎は本田親徳の霊魂の神名・異玉彦命から霊学を学んだばかりではなく、実際に静岡の長沢雄楯を訪ねて、雄楯から本田霊学の実践を学ぶことにもなったのである。

岡本天明と呪法

　大本教系の天啓者とされる岡《おか》本天明《もとてんめい》（一八九七〜一九六三）は、予言書『日月神示《ひつくしんじ》』を取り次いだことで知られる。青年時代、大本教に入信した岡本天明は、大本教の幹部であった浅野和三郎《あさのわさぶろう》の霊媒《れいばい》役を経たのち、人類愛善新聞の編集長をしていた。その後、昭和十年の第二次大本事件を契機に大本教を離れ、画家と霊界研究に専念することになる。

岡本天明

　昭和十九年六月十日から同三十四年三月二日まで天明が自動書記によって伝達したという『日月神示』は、神の世《せ》界経綸《かいけいりん》の目的や宇宙の真理、霊界の実相、さらに人間の生き方などまでを説き、人間の慢心が世界人類の滅亡につながることを繰り返し警告する。つまり、人類に対して改心を強く迫る一方、近い将来、空前絶後の大変革が起こり、「神のまことの代《よ》」の理想世界が達成されると主張している。岡本天明の出自に加えて、『日月神示』が『大本神諭《おおもとしんゆ》』の内容と密接に関わっていることから、大本教系の神示につながるものと考えられている。『日月神示』の表記は漢数字が中心という特異なもので、今なお読解不能な箇所もある。神示の解読方法は「八通りによめる」と『日月神示』に記されているように、多義的な要素が多い。

　このような『日月神示』を世にもたらした岡本天明はいくつかの呪法を行っているので、以下に紹介してみよう。

霊現交流秘伝

霊界《れいかい》と現界《げんかい》（現実世界）との交流の簡易な方法を岡本天明が伝えている。この交流法は中国の道院《どういん》（道教《どうきょう》系団体）で行われている扶乩《フーチ》のシステムに基づいている。扶乩は西欧のプランケットやウイジャ盤に相当する。昭和十九年、天明は審神者《さにわ》としてこの扶乩の実験に関係しているときに初めて、『日月神示《ひつくしんじ》』の神である「ヒツクの神」（人類の親神《おやがみ》とされる）と出会うことになったのである。

交流に際しては、霊具《れいぐ》「砂盤《さばん》」と「乩木」を用意する。砂盤は正方形の木箱（白木《しらき》）で、大きさは通常、縦横二尺一寸、深さ六寸。その中に清浄な砂（粒は粗いほうがよい）を三寸ほどの厚さで入れる。また乩木は白木でつくり、その長さは三尺にする。

参加者は全員斎戒沐浴《さいかいもくよく》のこと。神前に向かって霊具を祓い清めてから、審神者が参加者を代表して「ただいまから霊現交流の行事を行わせていただきます。なにとぞこの行事が神様の御旨《みむね》に添いますよう、祓《はら》い清めて弥栄《いやさか》にお守り、お導き下さいますようお願い申し上げます」と唱える（岡本天明は、仏教信仰者であれば仏前でも構わないとしているが、ここでは対象を神道として話を進める）。

次に北・東北・東・東南・南・南西・西・西北の八方向に向かって一方向四拍手ずつ柏手《かしわで》を打つ。方向の順序を違えてはならない。そのあと、霊具と、参会者へ向かってそれぞれ四拍手する。篤い敬神の念とともに祭儀をしっかり行う。そうしなければ、幽界霊《ゆうかいれい》（地獄霊）が感応《かんのう》してくることが多いとされる。そのため遊び半分で行ってはならないという。

次に定められた場所に着座する。参会者は①審神者《さにわ》②正筆《せいしつ》（霊媒）③副筆《ふくしつ》（霊媒）④拝読係《はいどくがかり》（砂盤上に書かれた文字を読む役・正副の二名）⑤記録係（審神者と拝読係のやり取りを記録する役・正副の二名）の七人一組で行うのがベストとされるが、都合によっては拝読係と記録係を各一人ずつにした計五人でもよい。正副の霊媒と、拝読係と記録係を兼ねた審神者の三人だけでも差し支えないとしている。

次に神前《しんぜん》に神酒《みき》などの供え物（献饌《けんせん》）を捧げる。そして審神者は心を鎮《しず》めて、大神に行事開始にともなう祈願の言葉を唱える。

「謹《つつし》んで大神様《おおかみさま》に申し上げます。ただいまから大神様の御旨のまにまに審神《さにわ》の神事《しんじ》を執り行わせていただきます。大神様の御子《みこ》としての本来の姿に立ち還《かえ》らせていただきたい念願であります。天地不二《てんちふに》、霊現一体《れいげんいったい》の御旨に添い奉《たてまつ》る務めの一つとしてのこの行事を弥栄《いやさか》にお導き下さいませ。ひふみゆらゆら、ひふみゆらゆらひふみゆらゆら、ひふみゆらゆらひふみゆらゆらひふみゆらゆら」

唱え終わったら、八回拍手する。正筆と副筆の二人の霊媒は、行事開始とともに座《ざ》を正し、心を慎めて軽く瞑《めい》目《もく》。そして大神の絶大な守護があると信じて、気負《きお》うことなく、乩木を軽く握る（正筆の霊媒は右手、副筆の霊

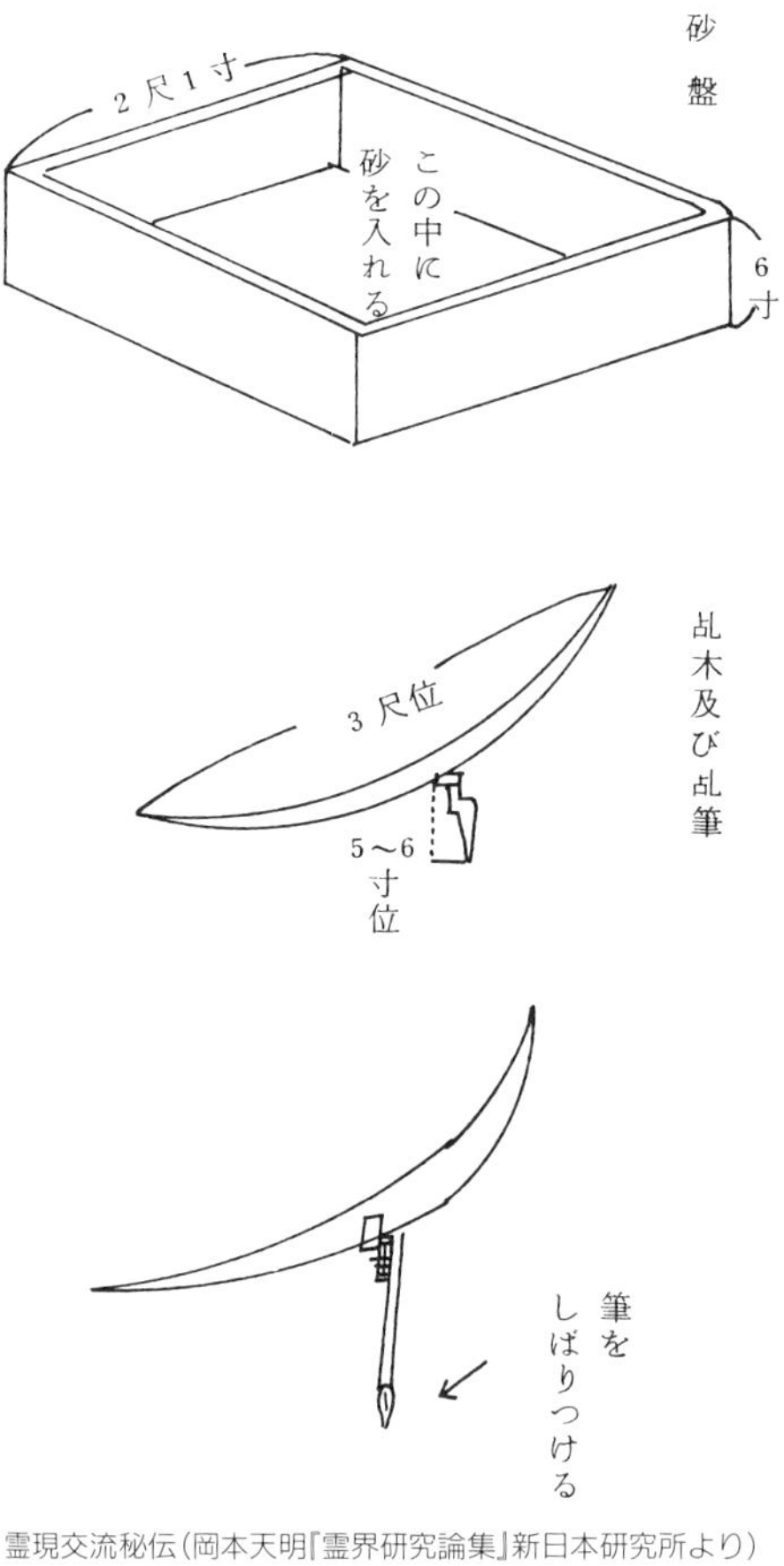

霊現交流秘伝（岡本天明『霊界研究論集』新日本研究所より）

媒は左手で）。霊媒の心得としては自分の意志は一切出さず、自分以外の意志（感応霊《かんのうれい》）を感ずる場合は、その力のままに任せる。砂盤上にどのような文字が現れようとも、また審神者や他の者が何をいおうとも、我関せずの態度に終始する。

審神者は次の天《あま》の数歌《かずうた》を三度繰り返して奏上《そうじよう》する。「一《ひと》、二《ふた》、三《み》、四《よ》、五《いつ》、六《むゆ》、七《なな》、八《や》、九《ここの》、十《たり》」。三度目の数歌の最後に必ず「百《もも》、千《ち》、万《よろず》」の奏唱を付け加える。

このあと、審神者は両手の人指し指を、二人の霊媒の腹部に向けて送霊《そうれい》の取り次ぎをする。送霊は霊を送ることで、相手を浄霊《じようれい》する意味も込められている。送霊の取り次ぎの際、黄色い布を人指し指に巻いて行えば、霊流が一段と強まるという。続いてふたたび、数歌を三度繰り返して奏上、三度目の数歌には「百《もも》、千《ち》、万《よろず》」を付け加え、同じように送霊する。この数歌の奏上と送霊を数回くりかえしていくうちに、二人の霊媒がもっている乱

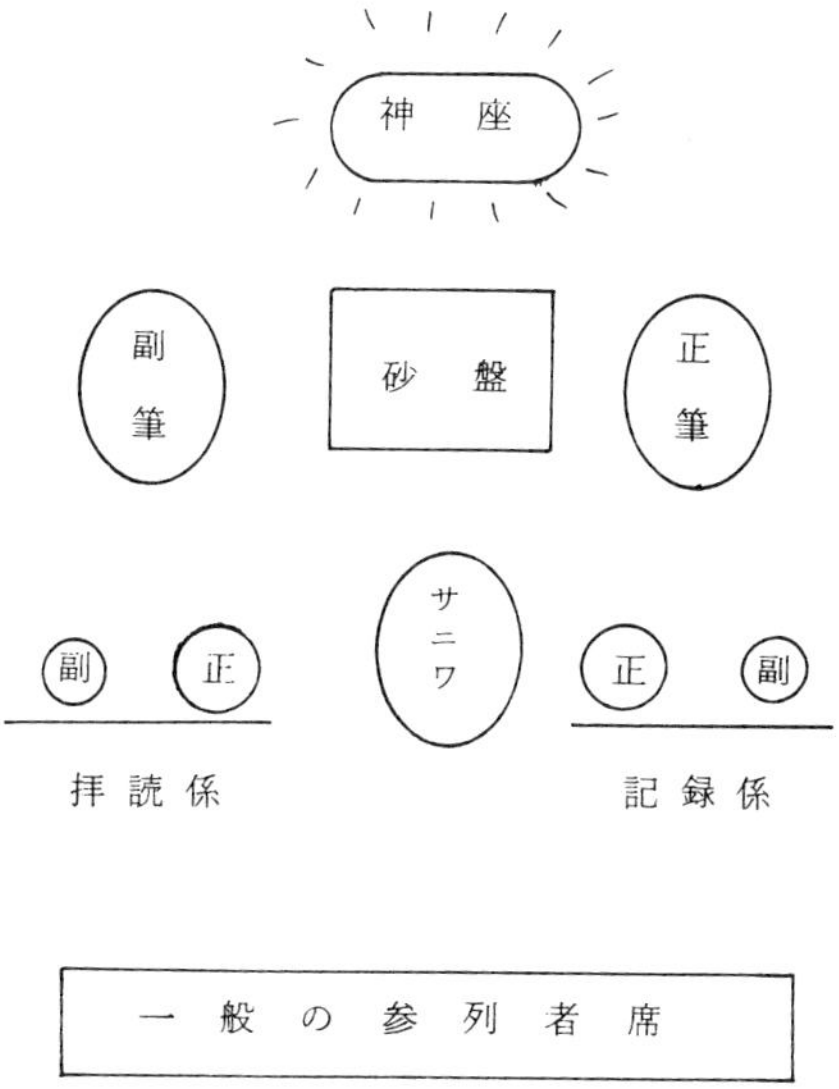

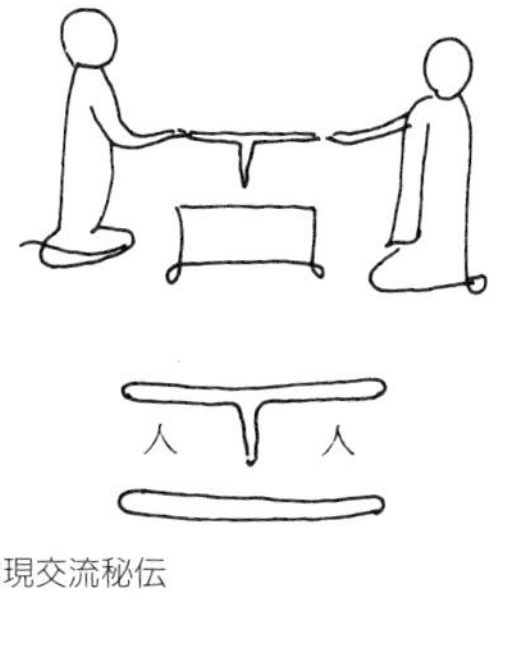

霊現交流秘伝

木が微妙に振動しはじめるはずである。その微動が開砂《かいしゃ》（交流開始）の印《しる》という。審神者はそれを見計らって、質問を開始する。質問は「あなたは何といわれるお方ですか」「なぜこの場にお出まし下されたのですか」と神名などから聞くのが通例である。

いずれにせよ、霊が感応すれば、霊媒および審神者は一種異様な感覚になることが多い。おおむね最初に肉体の前側、額や顔が何となく温かく感ずれば正霊《せいれい》（天国霊《てんごくれい》）系であるといわれる。背筋がぞっとしたり、寒けを覚えれば邪霊《じゃれい》（幽界霊《ゆうかいれい》）系とされる。邪霊でも高度のものは正霊的に振る舞うことがあるので留意すべきであるという。経験があまりない審神者は、邪霊が感応してきた場合、ひとまず中止したほうが無難とされる。

基本的に霊媒は憑依《ひょうい》状態にあっても自分の意志がはっきりしているものであるが、感応霊と統一融和の状態になってくると、自分を見失ってしまう場合もある。また、霊媒によっては、感応霊が次に何を書くのか、先にわかってしまうこともあるというが、それに慢心してはならないと岡本天明は強調している。

霊現交流は長時間行ってはならず、一回三十分から四十分ほどが望ましい。交流を中止する場合は、審神者は頃合《ころあい》をみて「ここに審神《さにわ》の神事を終了させていただきます。感応霊様はどうぞお引き取り下さい」などといって終了する。

霊の発動を止める秘法

ある種の霊が感応《かんのう》、憑依《ひょうい》して鎮《しず》まらない場合は、「国常立大神守《くにとこたちのおおかみまも》り給《たま》へ幸《さき》わい給《たま》へ」を三回繰り返して唱え、憑霊状態にある霊媒《れいばい》の腹の部分に人指し指を向けて、鎮まるように念じながら送霊を取り次ぐ。そして「豊雲野《とよくもぬの》大神《おおかみ》守り給へ幸わい給へ」を三回唱えて同様に送霊する。これを何度か繰り返すと、発動が納まるはずである。

それでも納まらなければ、奥の手として次の「ヒフミの神歌《かみうた》」の逆言《さかごと》を奏上する。「けれほゑせあすまのてへりさにえをうかめくはたおそぬわつゐゆるきしねらろちもとこやむいよみふひ」

逆言を受けた霊は大神から神罰をくらうことになっているので、逆言をひじょうに恐れるとされる。いずれにせよ、逆言は安易に用いてはならず、極力、唱えないようにする。

霊現交流における問題

霊現交流法《れいげんこうりゅうほう》において感応《かんのう》してくる霊の正体を見分けるにはどうすればいいのか。岡本天明《おかもとてんめい》によると、霊界は神《しん》界《かい》と幽界《ゆうかい》に分類される。神界は天人が住む天国、天使が居住する霊国《れいこく》に分かれ、幽界《ゆうかい》は陰陽両界《いんようりょうかい》がある。幽界はいわゆる地獄である。地獄といっても仏教的な地獄とは異なる。幽界は本来は存在しないものであるにもかかわらず、人間の地獄的な想念が生み出している世界であり、人間の思想・行動様式と密接な関係性をもっている。人間の想念は実体をもつものであるから、実際は迷信であっても、それを信ずる者がいれば、その想念が迷信を実体化して幽界を造りだしてしまうのである。迷信を信ずるものが増えれば増えるほど、その幽界も強大化し、現実界に作用してくるようになるという。

霊現交流の最初期の感応は、幽界系の霊が多く、また低級の霊ほど、高級な神名を名乗るものであるとされる。だがどんな下級霊であっても、審神者はその霊を見下してはならないという。一応はその語ることを聞いた上で、教え諭してやる。幽界でも高級な霊は神界の霊と見分けがつきにくく、よほど霊覚の開けた審神者《さにわ》でなければ、その判断を誤ることがある。判断を誤ると、邪霊の虜《とりこ》になってしまう恐れがある。それを見分けるには強い信仰と、良識と体験が必要である。つまり優れた見識経験をもっている審神者の指導がなければ、迂闊《うかつ》に手をつけてはならないということでもあろう。

岡本天明によれば、霊のなかには病気を上手に治すものもいるという。けれどもそれが正しい霊かは別問題で、悪霊や邪霊がその人間にとりいるために、わざと病気にして困らせておいてから、その病気を治し、信頼させて邪道に引き込むこともありうると警告を発している。

霊現交流自習法

複数ではなく、一人で行う霊現交流法では、当然ながら二人でもつ乩木は使用できない。そこで、天井から紐を下げて、そこに字を書くほうの手首を通して、その手が自在に動くようにする。そして筆記用具を持ち、机の上には紙を置く。

この白習法でも審神者がいるほうが望ましい。自分自身で行う場合は霊媒と審神者を兼ねることになる。まず自分の手に霊的存在が降りるように神に祈願したのち、自分の心と肉体を二つに分離するよう意識する。その方法は肉体はそのままで自分の心を別室に置き、そこから自分の肉体を客観的に見るようにする。そのうちに手首がピリピリと動きはじめると、心のなかで「どなたさまですか」と質問をする。すると、紙に自動書記現象が現れてくるという。ただし、自動書記現象といっても、すんなりと文章にはならず、初めのうちは抽象的な模様などが多いようである。

岡本天明は、そうした場合、意識的に「ア」とか「イ」などの文字を書いて霊を誘導したのち、「どうぞご遠慮なく、この肉体をおつかい下さい」と祈願した。すると自動的に文字が現れるようになったとしている。

霊障を解く霊手療法

岡本天明の独自の神霊療法《しんれいりょうほう》が、霊手《たまて》療法である。天明が神に祈りながら、半紙に自分の掌の形を書き、霊障《れいしょう》に悩む相手にそれを渡す。直接渡してもいいし、手紙で送付してもよい。相手はその半紙を病んでいる患部にあてて撫《な》で、さらに自分の息を吹きかけたのち、その半紙を天明に返却する。

あるいは家族の者や関係者が、病人が寝ているときを見計らって、その病人の寝息を半紙に移すか、病患部を軽く撫でつける方法でもよい。いずれにせよ、天明がそれを供養すると、どんな霊障も解消されたという。

「真の道」の秘儀「み霊鎮め」

「真《まこと》の道《みち》」は、霊媒師《れいばいし》として一流とみられていた萩原真《はぎわらまこと》（一九一〇～一九八一）と、彼に協力した医学博士塩谷《しおや》信男《のぶお》によって心霊研究団体「千鳥会《ちどりかい》」が昭和二十三年に結成され、その翌年、萩原真を教主にして宗教法人となった（「真《まこと》の道《みち》」）。戦前まで萩原真は大本教系の心霊研究家小田秀人《おだひでと》主宰の「菊花会《きくかかい》」に、また塩谷信男は大本教系の神政龍神会《しんせいりゅうじんかい》（元海軍大佐・矢野祐太郎《やのゆうたろう》主宰）にそれぞれ籍をおいていた。

萩原真らは、交霊会《こうれいかい》でトランス状態になって霊言《れいげん》を発することと並行して、中国の道院《どういん》で用いられた扶乩を改良した神託伝達法《しんたくでんたつほう》を行っていた。この神託伝達法はT字型の棒と砂盤のかわりに、正副二人の神伝人が木の棒の中心に固定した毛筆を用いて和紙に神意を自動書記で伝えるというもので、「天杖《てんじょう》」とよばれる。これにより大峰老仙《おおみねろうせん》、烏仁仙《うじんせん》といった高級神仙や、萩原真の亡友・梶光之《かじみつゆき》などの霊的メッセージが記録された。

ここで行われていた神人合一の「み霊鎮《たましず》め」の秘儀は、神霊から伝授されたもので、個人の霊能力を発揮し、世界平和実現につながるものであるという。「み霊鎮め」の方法は、正座し背筋を伸ばし、膝《ひざ》は拳《こぶし》が二つ入るくらいに広げる。足は親指を重ねてすわる。両目を軽く閉じ、両手は肘《ひじ》から下が水平になるようにして鳩落《みずおち》のあたりで鈴《すず》の印《いん》（お握りをにぎるような感じで、掌のなかを中空にして両手を組み合わせる）を組む。

呼吸をととのえ、「アーオーウーエーイー」の五大母音を一息で発声。「イー」のときに息を全部吐き切ったあと、充分に息を吸い込んで、五大母音の発声を五回繰り返す。その発声は一回ごとに音階をあげ、三回目に最高までにしたあと、四回目以降はふたたび音階を下げて、五回目は一回目と同じ音調にする。以上ののち、低い声で「ウー」と発声し、息を吐き切り、イロハ四十八音を唱える。イロハ四十八音は七音ずつ区切って発音し、第一音がもっとも高く、次第に低くなるようにする。つまり、七音目が一番低くなる。そして四音目で息継ぎし、七音目で息を吐ききる。具体的には「(息を充分吸い込み) イーローハーニー (息継ぎ)、ホーヘートー (息を吐き切る)」、このようにして続けて「チーリーヌールー、オーワーカー」「ヨーターレーソー、ツーネーナー」「ラームーウーキー、ノーオークー」「ヤーマーケーフー、コーエーテー」「アーサーキーユー、メーミーシー」「ヱーヒーモーセー、ス、ウーン」となる。最後は「ス」で区切り、「ウーン」の「ン」の発声のときに丹田《たんでん》に力を込めるのがコツである。このイロハ四十八音を三回繰り返す。三回目が終わった段階で、下腹部の丹田に力を込めながら、神人合一《しんじんごういつ》を念ずる精神統一を十五分から三十分間行う。それによりやがて霊眼が開けてきて、審神《さに》者《わ》同様、霊の正邪がわかるようになるとされている。同時に霊肉両面に関わる一切の不安や諸問題が解消されるという。

癒しの秘法「真手」

マニマス大神《おおかみ》(「真の道」が奉ずる絶対唯一神で「真心・誠・慈悲・癒《いや》し」の根源という) によって病気治療の力が授かるという神帰法「真手《まなて》」の秘儀がある。これは「み霊鎮《たましず》め」の鎮魂法《ちんこんほう》を終えたあとに行い、「お受けの行《ぎょう》」とよばれている。この場合「み霊鎮め」のイロハ四十八音は一回だけ、精神統一も五分ほどでよい。正座したまま「あな尊《とう》とあな尊《とう》とマニマス大神。癒しのみ力《ちから》、我のもろ手に授け給《たま》え。我の心魂《みたま》におさめ給え」の祈《ね》ぎ言《ごと》を、印とともに三度繰り返すのである。つまり、「あな尊《とう》とあな尊と」で、鳩落のあたりの鈴の印を解いて合掌印《がっしょういん》を結ぶ。「癒しのみ力」で合掌印を解き、両手を左右に開いて、「我のもろ手に授《さず》け給《たま》え」と唱えるとともに神の力をいただけると確信して両手を寄せる。さらに「我の心魂《みたま》に」で両手を下腹部におろして左右の指先が触れ合うようにする。「おさめ給《たま》え」で両手を丹田のあたりに添えて、神の力をもらさずおさめたという姿勢をとる。

このあと、肉体を浄化する言霊《ことだま》「ハーフー」と、魂を浄めて神と一体化する言霊「ホーフー」を、二十回唱える。「ハーフー、ホーフー」が一回分である。この呪文《じゅもん》のあと「ここに我、マニマス大神の癒しのみ力《ちから》がふりたり。このみ力もて我、諸人のいたつき癒《いや》し参《まい》らせん」という誓《うけ》い言《ごと》を奏上《そうじょう》する。

「お受けの行」が終わると、晴れて真手の施行者となり、「癒《いや》しの行《ぎょう》」ができるようになる。「癒しの行」の方法は、まず病者を楽な姿勢で寝させ、眼を軽く閉じさせる。真手《まなて》の施行者《せこうしゃ》は病者の横にすわり、「み霊鎮め」を行い、精神を統一する。病者が重病で、「み霊鎮め」を行う時間がなければ、鈴を印を結び、息を整えるだけでも構わない。そして真心《まごころ》を込めて「マニマス大神、癒《いや》しのみ力、我のもろ手より顕《あらわ》し給《たま》え。この病《や》み人《びと》を癒し給え」と祈りを捧げる。そのあと、病者の全身を両手でさすり、患部に手（掌）をあてる。患部にあてた手は、第三者からは見えない程度に微震動《びしんどう》させながら、患者の呼吸に合わせて「ハーフー、ホーフー」の呪言《じゅごん》を二十回唱える。以上が「癒しの行」である。

相手の全身や患部をさすることが不可能な場合は、両手をかざすだけでもよい。また、重病人の場合は、集団で連携しながら真手を施したり、あるいは人形《ひとがた》や写真を用いて遠隔治療しても効果があるという。医者の塩谷信男は西洋医学を施しつつ、この「癒しの行」を行って相当の効験を得ていたと主張している。

世界救世教の浄霊

人間は誰しも無病息災と天寿をまっとうできる健康体を与えられていると世界救世教《せかいきゅうせいきょう》（静岡県熱海市桃山町）の教祖・岡田茂吉《おかだもきち》（一八八二〜一九五五）は述べている。大正九年に大本教に入信、東京大森の紫雲郷《しうんきょう》別院長になっていた岡田茂吉は昭和九年に大本教を脱退したが、すでに昭和元年には観世音菩薩《かんぜおんぼさつ》の化身《けしん》を自覚し、同六年六月十五日には千葉県の鋸山《のこぎりやま》山上で「霊界の夜昼転換」のヴィジョンを見るなど、独特の神秘体験を得て、独立志向を強めていた。

岡田茂吉によれば、霊と体の二元的要素から成立している人間の霊に曇《くも》りを生ずると病気になるという。曇りは神に意志に反した生活習慣、遺伝的要因、後天的な薬害や食品の化学物質・食品添加物の摂取、水や空気などの汚染、霊的因縁などが原因になって起こるとされている。曇りを除く浄化作用は人間に本来的に備わっているとされるが、その浄化作用を促進させるのが浄霊《じょうれい》である。

浄霊は掌《てのひら》をかざして神の光を取り次ぐ方法である。浄霊を行う資格は教主から授けられたお守りの「おひかり」のペンダントを首にかけることにより得られる（お守りのオリジナルは岡田茂吉の自筆の「おひかり」であったが、現在はペンダントになっている）。神霊の光が教主から霊線を通じて各人のお守りにとどまり、そのお守りから霊光が掌を通して病人の患部へ放射されるという。浄霊を取り次ぐ者は、病人に対して向かい合ってすわり、心を静めて合掌し、天津祝詞《あまつのりと》を唱えるなどして神を念じて相手の幸福を祈ってから開始する。

相手に向ける掌は、相手より二十センチから三十センチほど離し、腕は少し曲げて、手に必要以上の力が入らないようにして軽い楽な気持ちで行うのがよいとされる。掌の指は軽くつけて、揺すったり振らないようにする。浄霊の順序は、前頭部から始めて、身体の前面、そして背面となる。また病患部を中心に行うこともあるが、その場合でも全身を浄霊すると治りが早いといわれる。時間は一回十五分から三十分を原則とする。浄霊によって曇りが浄化されれば、病霊の憑依《ひょうい》が不可能になり、健康が回復されるという。浄霊によって悪霊を祓ったり、身体に害のある化学物質を除いたり、あらゆる危難を除去することが可能とされている。地鎮祭《じちんさい》においても天津祝詞を唱えたのちに、土地の中央に立ち、東西南北に掌をかざして浄霊を施すのである。

天津祝詞は「高天原《たかあまはら》に神留《かむづま》り坐《ま》す神漏岐《かむろぎ》神漏美《かむろみ》の命《みこと》以ちて皇御祖神《すめみおやかむ》伊邪諾尊《いざなぎのみこと》筑紫《つくし》の日向《ひむか》の橘《たちばな》の小戸《おど》の阿波岐《あわぎ》原《はら》に御禊《みそぎ》祓《はら》い給う時に生《な》りませる祓戸大神等《はらいどのおおかみたち》諸々《もろもろ》の枉事罪穢《まがごとつみけがれ》を祓《はら》い給え浄《きよ》め賜《たま》えと申す事の由《よし》を天津神《あまつかみ》国津神《くにつかみ》八百万《やおよろず》の神等《かみたち》共《とも》に天《あめ》の斑駒《ふちこま》の耳振り立てて聞こし食《め》せと恐み白す。大光明真神《みろくおおみかみ》守り給え幸倍《さきはえ》賜え。おしえみおやぬしの神守り給え幸倍賜《さきはえたま》え。惟神《かむながら》霊《たま》幸倍《ちはえ》ませ」

「おひかり」（昭和23年から26年頃までに信者に下付されたものの一枚、谷口慧『神様を見せてあげよう』徳間書店より）

岡田光玉の真光の業と天津《あまつ》祈言《のりごと》

岡田《おかだ》光玉《こうたま》（一九〇一～一九七四）は昭和三十四年二月二十七日に天啓を受けて、世界真光文明教団を開き、教祖（教え主）となった。その霊的修法は大本教の教義や世界救世教の浄霊の方法論と似ていることが多いが、それは岡田光玉が世界救世教の教理を学んでいたことと無縁ではあるまい。

光玉の死後、後継者争いから関口榮を教え主とする世界真光文明教団（静岡県田方郡伊豆町大字冷川字大幡野）と岡田恵珠を教え主に載く崇教真光（岐阜県高山市上岡本町）とに教団は二分化して今日に至っている。光玉によれば、人間の霊魂が穢れると、宇宙の「ミソギハライ」の原理＝自浄作用が働き、その過程で病気とよばれる現象が現れることがあるという。

霊魂の穢れの原因の八十パーセントが霊的障害（霊障）、すなわち憑依霊によるものであるとしている。憑依霊には人間霊、動物霊、自然霊の三種があり、世界の病気、貧困、争いごと、災害の八十パーセントがそれらの憑依によって起きているという。奇病や難病のほとんどは、憑霊によるものといわれる。そして、残りの二十パーセントは、人間が再生や転生を繰り返してきたあいだの罪穢の集積によるものであると説かれている。

霊魂の穢れを清めるには、「真光《まひかり》の業《わざ》」とよばれる手かざしのお浄めを行う。神の光を照射すると、すべての邪気や毒気が祓い浄められ、憑依霊は次第に悪業をしない性格に転換し、その人間から離脱するとされる。

手かざしの方法は、祭神＝御《み》親元主《おやもとス》真光大御《まひかりおほみ》神《かみ》の神前に向かって二礼三拍手し、二人が向かい合って正座する（相手が病人などの場合は横臥した状態でもよい）。そして神の光を受ける方が眼をつぶって合掌し、手かざしをする方（神組《かみく》み手《て》ないしは組み手という）が天津祈言《あまつのりごと》を唱えたのち、相手の額に向けて手をかざすのである。神組み手は満十歳以上になれば、性別に関係なく、組み手になる資格ができる。つまり、

真光の業

教団が主宰する三日間の研修を受講すれば、「御《お》み霊《たま》」と称されるペンダントを授けられ、真光の業の許しが与えられるのである。このときから「天地創造の神」と当人とのあいだに眼にはみえない電波線が引かれて、手をかざせば神の光を放射できるという。

高次元からの神の光が掌を通して相手の額の奥にある松果体《しょうかたい》（魂が宿る場所という）に照射され、霊・心・肉体が浄化されるといわれている。手かざしの一回の時間は四〜五十分であるが、人間だけではなく、食品添加物や農薬などの毒性や自然環境などに対しても浄めることができると信じられている。たとえば腹部に病気があるとか、右足に怪我をしたという場合には、それらの患部を集中的に手かざしする。また自然治癒作用を促進するために、人体の主要な急所を手かざしすることもある。

なお、手かざしによって相手がしばしば霊動という特有の動きをともなう憑依（浮霊《ふれい》）現象を起こし、人格が一変することもあるが、それは憑依霊が浮霊して現れたためであると説明されている。そのような異常な状態になっても慌てずに霊査《れいさ》（霊動を観察）し、人間霊か動物霊などの見当をつけ、人体に憑いた理由をその霊から聞き出すなどして、手かざしを繰り返すことにより、どんな凶悪な憑依霊も次第に改心して悟りの世界に入るようになるという。霊動状態にある者を鎮めるには、相手に「おしずまり」という掛け声を掛けながら、両手を相手の頭から下の方へ八の字を描くようにして行う「鎮魂《ちんこん》の業《わざ》」を施す。

天津祈言の方法は、二拝三拍手一拝したのち、「極微実相玄幻子界《ごくびじっそうげんげんしかい》、高天原《たかあまはら》に神魂霊《かむたまひ》、燃え出で坐《ま》す、神《かむ》ロギ神《かむ》ロミのみ力《ちから》もちて、万生《ばんせい》とヒトの御祖神天津《みおやかむあまつ》主《ス》の真《ま》光《ひかり》大《おお》み神《かみ》、祓戸《はらひど》の大神等《おほかむたち》、諸々《もろもろ》の逆法魂霊《さかごとたまひ》の包み氣枯《きが》れをば真光もて開陽《ハラヒ》霊氣《きよ》与め霊削《みそ》ぎ給いて、神の子の力甦らせ給えと申すことの由《よし》を畏《かしこ》み畏みも白《まお》す」と唱え、一拝し、「御《み》親元主《おやもとス》真光大御《まひかりおおみ》神《かみ》、護《まも》り給え、幸《さきは》い給え」を二回拝誦し、一拝、さらに「惟《かむながら》 神魂霊《たまひ》幸《ちは》いませ」と唱え、四拍手一拝を行う。

天津祈言のなかの「御親元主真光大御神」の部分は各自の信仰によって変更しても差し支えないとされている。たとえば神道ならば「御親元主・天之御中主《あめのみなかぬし》・真光大御神《まひかりおおみかみ》」「御親元・天照主・真光大御神」などと唱える。

また仏教の僧侶が行う場合は、天津祈言のかわりに次の「浄めの祈禱言《のりごと》」を拝誦する。「紫微実相宮《しびじっそうかい》にましまし、慈意妙陽《じいみようよう》の如く、悲体《ひたい》の戒雷《かいいかずち》のごと震《ふる》い給う、元主《もとス》聖観音《せいかむのん》真観《まかん》清浄《しようじよう》の光もて、諸々の逆《さか》ごと魂霊《たまひ》の包み氣《き》枯《が》れをば祓《はら》ひ浄め給いて、一切の病《やまい》苦厄《びようく》を除き祓い給えと謹《つつし》み伏《ふ》して請《こ》い祈《ね》ぎまつる。御《み》親元主《おやもとス》正《せい》（聖《せい》）観音《かむのん》、護《まも》り給《たま》え幸《さきは》い給え、南無《なむ》福寿海無量《ふくじゆかいむりよう》たらしめ給え」

あとがき

本書は日本の歴史に現れた主要な呪術や呪法の方法、それにまつわる史話やエピソードなどを宗派別の枠組みで分類して纏めたものである。

読者は呪術に関してどのようなイメージをお持ちであろうか。ある人にとっては藁人形に五寸釘のセットを彷彿させるような何かしらおぞましいものであり、ある人にとっては非科学的な迷信の類にすぎないものかもしれない。

呪術という語を手元の小さな辞書で調べてみると、①まじない②魔術――と出ている。別の辞書には、神仏を祈って他人に不幸をもたらすこととある。実はそれだけでは不充分で、学者の説を総合して呪術を定義すれば、神仏あるいは、ある種の超自然的な威力によって災禍を免れたり、起こしたりすることなのである。つまり、密教的にいえば息災と調伏との二重の意味が含有しているのである。事実、呪術の呪とは「呪い」を示すとともに「祝い」をも意味する。呪（咒）は仏教的には陀羅尼とよばれる真言の訳語で、善を保ち悪を防ぐ梵語の呪文なのである。必ずしもダーク・イメージのなかにどっぷりと漬かっているわけではないのだ。

呪法というものには程度の如何にかかわらず、利益の要素がある。呪術が行われるところには、プラスの方向にせよ、マイナスの方向にせよ、実際に食べられるかどうかは別にして、現世利益の果実があることは間違いない。逆に言えば、現世利益には呪術的な光と影がつねにつきまとっている。呪術と現世利益とは不離の関係にある。

呪術には闇の中から一瞬、妖しいまでの光芒を放って輝き、その使命を達し終えたものもあれば、依然として暗黒の地下伏流のなかで渦を巻いているものもあろう。世の中には愛すべき呪術もあれば、身の毛のよだつような恐ろしい呪術もある。

本書は一応の目安として密教系、修験道系、陰陽道系、日蓮宗系、神道・古神道系、浄土宗系、禅宗系、教派神道系の八項目に区分したが、呪術の種類によっては各宗で横断的に汎用されているものもある。たとえば禅宗系の呪術の箇所にある「大般若転読」は基本的に浄土宗系ないし浄土真宗系を除く諸宗で修されている。また、誤解のないようにいっておくと、その宗派内に特定の呪術があるからといって、現在もそれが実際に行われているとは限らない。呪術も「術」である以上、師資相承の伝承過程が失われてしまい、文献や伝聞を通じてしかわからないものが多々ある。また時代の要求によって生命を与えられた呪術のなかには、すでに廃絶してしまっているものもある。

なお、最後になったが、本書刊行をお勧めいただいた原書房第三編集部の高橋泰部長、煩瑣な編集作業で何かとお手数をお掛けした同編集部の飯浜利之氏に厚く感謝したい。

著者識

一九九八年八月

主要参考文献（含絶版）

『弘法大師空海全集』全八巻　同全集編纂委員会編　筑摩書房
『密教世界の構造』宮坂宥勝　ちくま学芸文庫　筑摩書房
『天台密教章疏』全五巻　日本大蔵経編纂会編　名著出版
『台密諸流伝法全集成』全六巻　東方出版
『秘密事相の研究』栂尾祥雲　密教文化研究所
『真言密教大全』平原貞治　史籍出版
『密教事相大系』高井観海　藤井文政堂
『真言密教事相概説　諸尊法・灌頂部』上下　上田霊城　同朋舎出版
『不動明王』渡辺照宏　朝日新聞社
『密教大辞典』密教学会編　法蔵館
『天部の仏像事典』錦織亮介　東京美術
『呪術宗教の世界』速水侑　塙書房
『民衆宗教史叢書』第Ⅰ～Ⅲ期　全二十巻　雄山閣出版
『山岳宗教史研究叢書』全十八巻　名著出版
『修験道要典』服部如実　三密堂書店
『修験道儀礼の研究』宮家準　春秋社
『修験道――山伏の歴史と思想』宮家準　教育社
『修験道辞典』宮家準編　東京堂出版
『仏教民俗学体系３　聖地』櫻井徳太郎編　名著出版
『図聚天狗列伝』全二巻　知切光歳　三樹書房
『天狗と修験者――山岳信仰とその周辺』宮本袈裟雄　人文書院
『日本仏教思想史』古田紹欽　角川書店
『日本陰陽道史総説』村山修一　塙書房
『近世陰陽道史の研究』遠藤克己　豊文社
『陰陽道叢書』全四巻　村山修一他編　名著出版
『日本古代呪術――陰陽五行と日本原始信仰』吉野裕子　大和書房
『古事記苑　方技部』吉川弘文館
『魔よりとまじない』中村義雄　塙書房
『妙術秘法大全』松田定象　神宮館
『憑霊信仰論』小松和彦　ありな書房
『方忌みと方違え』ベルナール・フランク　岩波書店
『近世の流行神』宮田登　評論社
『日蓮聖人全集』全七巻　渡辺宝陽　小松邦彰編　春秋社
『日蓮宗の祈祷法』宮崎英修　平楽寺書店
『法華祈祷秘抄』天晴日凰　妙聖会修法部
『神社と古代民間祭祀』大和岩雄　白水社
『神道――日本の民族宗教』薗田稔編　弘文社
『神道の秘儀』上下　小野祖教　平河出版社
『諸神・神名祭神辞典』矢部善三　展望社
『本田親徳全集』鈴木重道編　八幡書店
『良忍上人の研究』融通念佛宗教学研究所編　百華苑
『カヤカベ――隠れ念仏』龍谷大学宗教調査班　法蔵館
『法然全集』全三巻　大橋俊雄編訳　春秋社
『真宗信仰と民俗信仰』金児暁嗣　永田文昌堂
『ポストモダンの親鸞』木村英昭　金児暁嗣　佐々木正典編　同朋舎出版
『近世浄土宗の信仰と教化』長谷川匡俊　北辰堂
『一遍上人語録』大橋俊雄校注　岩波書店
『禅学大辞典』全三巻　駒澤大学禅学大辞典編纂所編　大修館書店
『日本禅門偉傑伝』菅原洞禅　国書刊行会
『民間信仰辞典』櫻井徳太郎編　東京堂出版
『日本宗教の現世利益』日本佛教研究会編　大蔵出版
『呪術・祈祷と現世利益』大法輪編集部編　大法輪閣
『新宗教辞典』松野純孝編　東京堂出版
『新宗教事典』井上順孝　孝本貢　対馬路人他編　弘文堂
『哲人宗忠』延原大川　明徳出版
『天理教事典』天理大学おやさと研究所編　天理教道友社
『天理教原典集』天理教教会本部編纂　天理時報社
『金光教教典』金光教本部教庁編集　金光教本部教庁
『巨人　出口王仁三郎』出口京太郎　社会思想社
『ブックス・エソテリカ・シリーズ』学研

【著者】豊嶋泰國（とよしま・やすくに）

1959年北海道函館市生まれ。宗教学、民俗学などを学ぶ。
新聞社、出版社勤務を経て、現在宗教文化研究に専心。
主な著作に『仏教現世利益事典・第1巻』（興山舎）などがある。

【写真提供】※名称は初版刊行時のものです。
愛知県観光協会東京案内所、青森県観光物産東京サービスセンター、石川県観光物産東京案内所、愛媛県東京観光物産センター、（社）岡山県観光連盟、群馬県東京物産観光事務所、静岡県東京観光案内所、とちぎ観光センター、福岡県東京事務所物産観光課、山形県観光協会、和歌山県東京観光センター

【カバー写真】
「山越阿弥陀図」（京都国立博物館）
「泣不動縁起」（清浄華院蔵）

［図説《ずせつ》］日本呪術全書《にほんじゅじゅつぜんしょ》
普及版《ふきゅうばん》

●

2021年12月10日　第1刷

著者…………豊嶋泰國《とよしまやすくに》

装幀…………岡孝治

本文AD…………株式会社ビスタ

発行者…………成瀬雅人
発行所…………株式会社原書房

〒160-0022 東京都新宿区新宿1-25-13
電話・代表03（3354）0685
http://www.harashobo.co.jp
振替・00150-6-151594

印刷…………三松堂印刷株式会社
製本…………東京美術紙工協業組合

ISBN978-4-562-05986-7, Printed in Japan

※　本書は1998年刊行『図説 日本呪術全書』の普及版です。